Exilforschung · Ein internationales Jahrbuch · Band 35

Exilforschung
Ein internationales Jahrbuch

Herausgegeben im Auftrag der Gesellschaft für Exilforschung/
Society for Exile Studies von Bettina Bannasch, Doerte Bischoff,
Burcu Dogramaci, Claus-Dieter Krohn und Lutz Winckler

Exilforschung
Ein internationales Jahrbuch

35 / 2017

Passagen des Exils /
Passages of Exile

Herausgegeben von / Edited by
Burcu Dogramaci und Elizabeth Otto

et+k

edition text + kritik

Redaktion der Beiträge / Volume Editors:

Prof. Dr. Burcu Dogramaci
Institut für Kunstgeschichte
Ludwig-Maximilians-Universität München
Zentnerstraße 31
80798 München
burcu.dogramaci@lmu.de

Prof. Dr. Elizabeth Otto
Department of Art
The State University of New York at Buffalo
202 Center for the Arts
Buffalo, NY 14260-6010
eotto@buffalo.edu

Rezensionen:

Prof. Dr. Claus-Dieter Krohn
cdkrohn@web.de

Dieser Band erscheint seit 2021 als Print-on-Demand-Titel (POD) und E-Book (PDF)
bei De Gruyter.
ISBN POD 978-3-11-077998-1
e-ISBN (PDF) 978-3-11-078062-8

Bibliografische Information der Deutschen Nationalbibliothek

Die Deutsche Nationalbibliothek verzeichnet diese Publikation in der Deutschen
Nationalbibliografie; detaillierte bibliografische Daten sind im Internet über
www.dnb.de abrufbar.

ISBN 978-3-86916-602-5

Foto auf Seite 1: Gertrud Hindemith: Paul Hindemith bei der Abreise von Istanbul,
Schiffsfahrt durch den Kanal von Korinth, 22. Mai 1936. Mit freundlicher Genehmigung
der Fondation Hindemith, Blonay (CH)
Umschlaggestaltung: Thomas Scheer, Stuttgart
Register: Susann Kühn

© edition text + kritik im Richard Boorberg Verlag GmbH & Co KG, München 2017
Levelingstraße 6a, 81673 München
www.etk-muenchen.de

Satz: Olaf Mangold Text & Typo, 70374 Stuttgart
Druck und Verarbeitung: Laupp & Göbel GmbH, Robert-Bosch-Straße 42, 72810 Gomaringen

Inhalt / Table of Contents

Burcu Dogramaci, Elizabeth Otto

Passagen des Exils: Zur Einleitung / Passages of Exile: An Introduction

I.

Aus der Soziologie kamen in den letzten Jahren wichtige Impulse für eine neue Perspektivierung von Einwanderung als »postmigrantisch«.[1] Dieses »post« betont ein »Danach« und behauptet, dass die moderne Gesellschaft längst durch das Moment der Migration geprägt und verändert wurde. Dieses Konzept stellt sich zugleich gegen dominante Narrationen, nach denen Einwanderer und Einwanderinnen nie aus der ihnen zugewiesenen Rolle als »Andere« heraustreten können, und es verneint, dass Gemeinschaften unvermischt und pur sind oder so erhalten werden sollten. Zugleich, und dies ist die andere Seite dieses Konzepts, legt sich das »post« über das »prä«, das heißt, die Vorgeschichte der Einwanderung bleibt blass oder sogar unsichtbar. Die Vorgeschichte meint im Kontext dieser Publikation eben nicht das Leben und Wirken im Herkunftsland und nicht die Ursachen, die zur Migration beitrugen. Gemeint ist vielmehr der Weg, der zwischen Ausgangspunkt, Zwischenzielen und Endpunkt von Migration liegt. Dieses Dazwischen und die Frage, wie die Routen und die auf den Wegen der Migration erlebten Erfahrungen das (kreative) Handeln der Individuen prägen können, wird diesen Sammelband im Wesentlichen bestimmen.

Mit dem Begriff der »Passagen« ist der Schwellenzustand gemeint, in den Migrant*innen, Geflüchtete und Exilanten zwischen Abreise aus ihrem Herkunftsland und Ankunft in einem Zielland oder den verschiedenen Zwischenstopps eintreten. Diese Passagen können Tage, Wochen, Monate oder Jahre dauern, oft kommt es dabei zu Änderungen der Routen, es werden mit oder ohne Papiere oft mehrere territoriale und kontinentale Grenzen passiert. Die Transportmittel differieren ebenso wie die Umstände und die sozialen Konstellationen, denen das Individuum auf seinen oder ihren Wegen begegnen muss. Obgleich die Passagen der Flucht oder Migration spätestens durch die bisweilen tragischen Schiffsüberfahrten über das Mittelmeer mit vielen Verletzten und Toten sowie die mediale Berichterstattung über die Balkan-Route seit 2015 vermehrt in den Blick traten, haben sich beispielsweise viele wissenschaftliche

---

1 Vgl. Erol Yildiz und Marc Hill (Hg.): Nach der Migration. Postmigrantische Perspektiven jenseits der Parallelgesellschaft. Bielefeld 2014; Marc Hill: Nach der Parallelgesellschaft. Neue Perspektiven auf Stadt und Migration. Bielefeld 2016.

Disziplinen bislang nur zurückhaltend mit Konturen der Flucht und Fluchterfahrungen auseinandergesetzt. So wird erst seit wenigen Jahren systematisch zu
einer kunstwissenschaftlichen Exil- und Migrationsforschung beigetragen, wobei die Schwerpunkte auf der Zeit *vor* Migration und *nach* Ankunft in der
Zielheimat liegen und sich die Fluchtwege oftmals undeutlicher konturieren.[2]

Das vorliegende Jahrbuch für Exilforschung wird Routen als kulturelle Erfahrungsräume in interdisziplinärer Perspektive diskutieren. *Passagen des Exils*
subsumiert dabei verschiedene historische und zeitgenössische Ortsverlagerungen des 20. Jahrhunderts und der Gegenwart, wie beispielsweise das Exil der
NS-Zeit, Flucht im Zeichen des Kalten Krieges sowie Flucht- und Migrationsbewegungen der aktuellen Zeit. Diese verschiedenen Migrationsphänomene
geben Gelegenheit, die verwendeten Begriffe genauer zu umschreiben: In der
öffentlichen Debatte um die vermeintliche »Flüchtlingskrise« hat die Differenzierung zwischen Geflüchteten, »Asylanten« oder »Wirtschaftsmigrant*innen«
eine besondere Brisanz. Den einen wird eine politische Legitimation ihrer
Flucht zumindest nicht von vornherein aberkannt, die anderen scheinen »nur«
in der Hoffnung auf ein ökonomisch besseres Leben zu kommen. Die politische Instrumentalisierung verschiedener Begriffe, die den temporären oder
dauerhaften transnationalen Wechsel des Wohnortes bezeichnen, führt zur
Frage ihrer Geschichte, Konzepte und Zuschreibungen. Die terminologische
Definition ist dabei wesentlich an die Ursachen der Ortswechsel gebunden.
Exil, Emigration, Diaspora, Flucht, Vertreibung, Migration und Arbeitsmigration kennzeichnen unterschiedliche Phänomene dieser grenzübergreifenden
Ortsverlagerungen, die auch für das Selbstverständnis und das Arbeitspro-
gramm wissenschaftlicher Disziplinen kategorial sind: So konzentriert sich die
Exilforschung auf die erzwungene Vertreibung und Ausreise von Verfolgten in
der Zeit des Nationalsozialismus. Das Exil oder die Emigration – hier wird in
Bezug auf die Dauer des Aufenthaltes und dem Wunsch nach Rückkehr unterschieden – ist im Verständnis der Exilforschung ein singuläres Phänomen in
den Migrationslinien des 20. Jahrhunderts und bedingt deshalb eine eigene Bezeichnung und wissenschaftliche Auseinandersetzung. Die Migrationsforschung wiederum, die von den Geschichtswissenschaften und der Soziologie
geprägt wurde/wird, untersucht große Migrationsbewegungen in Geschichte
und Gegenwart. Begriffe wie »Vertreibung« oder »Diaspora« markieren nicht
nur die Bandbreite politischer, ideologischer, kultureller und ethnischer Impli-

---

2 Beispielhaft sind historisch ausgerichtete Studien, die der Tätigkeit emigrierter Architekten in
   den USA wie Walter Gropius, Mies van der Rohe oder den Architekten Oskar Gerson gewidmet
   sind. Besonders in der Literatur und Literaturwissenschaft ergibt sich ein leicht verändertes Bild:
   Die Erinnerungen von Lisa Fittko (Mein Weg in die Pyrenäen, 1985), die autobiografischen Erzählungen von Georges-Arthur Goldschmidt (Die Absonderung, 1991) oder in jüngerer Zeit
   Abbas Khiders Texte (Der falsche Inder, 2008) sind bereits intensiver wissenschaftlich gewürdigt
   worden. Siehe dazu die Beiträge von Veronika Fuechtner und Ivo Theele in diesem Band.

kationen, sondern verweisen auch auf unterschiedliche Theorien, Konzepte und Methoden. In diesem Bewusstsein lässt sich nach Benennungen von transnationalen Wohnortwechseln und ihren Semantiken aus kunst-, literatur- und kulturwissenschaftlicher Perspektive fragen. Wie notwendig ist für die Forschung eine feine Differenzierung zwischen verschiedensten Fluchtursachen, historischen Kontexten und ihren Benennungen? Und wie lässt sich vermeiden, dass mit Beschreibungen von Migration als »Mobilität« oder »moderner Nomadismus«, wie sie in Wissenschaft und Populärkultur zu finden sind, eine Nivellierung und Vereinheitlichung existenzieller Migrations- und Fluchterfahrungen stattfindet? *Passagen des Exils* soll verschiedene Migrations- und Fluchtphänomene behandeln, ohne sie zu egalisieren. Für die kunst- und kulturwissenschaftliche Annäherung wird das Verständnis von Exil adaptiert, wie es beispielsweise in Texten von Edward Said zum Ausdruck gelangt, der damit ein intellektuelles Displacement meint.[3]

Auch der Begriff der »Passage« ist sicherlich vielfältig zu deuten und meint nicht unbedingt nur (aber unter Umständen auch) Arnold van Genneps ethnologisches Konzept der »rites de passage« (1909), das Übergangsrituale untersucht, darunter Lebensphasen und kultische Initiationsriten. Der Historiker Jakob Vogel verweist in seinem Beitrag für den vorliegenden Band darauf, dass Genneps Konzept auch für die Migrationsforschung brauchbar ist, weil ihn räumliche Übergänge oder territoriale Grenzübertritte interessierten. Bei Gennep heißt es:

> Räumliche Übergänge können als Modell für die im Folgenden behandelten anderen Arten von Übergängen dienen. Mit Ausnahme der wenigen Länder, für die noch immer ein Paß benötigt wird, kann in den zivilisierten Regionen heutzutage jedermann ungehindert eine Landesgrenze überqueren. Die Grenze – eine imaginäre Linie, die Grenzsteine oder -pfähle verbindet – ist eigentlich nur auf Landkarten wirklich sichtbar. Es ist aber noch gar nicht so lange her, daß das Überschreiten von Landesgrenzen oder innerhalb eines Landes das Überschreiten von Provinzgrenzen und noch früher selbst das Überschreiten von Landgütergrenzen von verschiedenen Formalitäten begleitet war.[4]

Schon etymologisch ist dem Begriff der Passage die Bedeutung von »Durchgang« oder »Weg« inhärent.[5] »Passage« verweist dabei nicht nur auf den »Passagier«, sondern enthält auch das Wort »Pass«, jenes Dokument also, das als amt-

---

3 Siehe Edward Said: Reflections on Exile. In: Ders.: Reflections on Exile and other Essays. Cambridge Mass. 2002 (3. Aufl.), S. 173–186.

4 Arnold von Gennep: Übergangsriten (Les rites de passage). Frankfurt a. M. 2005 (3. Aufl.), S. 26. Gennep veröffentlichte sein Buch im Jahr 1909, also einige Jahre, bevor mit dem Ersten Weltkrieg die Passpflicht umfassend eingeführt wurde.

5 Jacob und Wilhelm Grimm: Deutsches Wörterbuch, Bd. 7: N.O.P.Q. Leipzig 1889, S. 1483.

licher Ausweis für die Erfassung von Identität über physiognomische Merkmale, Geburtsort und -datum, Name, Geschlecht und Wohnadresse einsteht. Der Pass weist nicht nur staatliche Zugehörigkeit aus, sondern ermöglicht die Reisebewegung von einem souveränen Staat in den anderen, ebenso wie die Rückkehr in das eigene Hoheitsgebiet. Seine Provenienz hat der Begriff des Passes im italienischen »passo« oder dem französischen »passer«, das auf die Erlaubnis zum Durchgang durch eine Tür oder ein Tor (port) hinweist.[6] Der Pass ist für alle Formen der Migration ein bedeutendes Schriftstück, da es – abhängig vom ausstellenden Staat – die Besitzer*innen als Visumspflichtige ausweist oder für den Grenzübertritt oder dessen Verweigerung entscheidend ist. Shumona Sinhas Novelle *Erschlagt die Armen* erzählt von Geflüchteten, die Geschichten über ihre Herkunft erfinden, um Asyl zu erhalten. Diese erfundenen Biografien werden mit Erinnerungen an Fluchterfahrungen gekreuzt. So schreibt Sinha über einen Geflüchteten, der in einer französischen Behörde befragt wird:

> Er gab vor, ein Journalist zu sein, der in seinem Land die Machtpyramide auf lokaler Ebene ins Wanken gebracht hatte. Während der Befragung verrieten seine Blicke seinen Hunger auf Frauen und seine Verachtung für sie. Seine Worte schmeichelten, während er innerlich überlegen lachte. Dieses Spiel aus Verachtung und Verlangen setzte sich in seinen Erzählungen über die Länder, die Reiserouten, die Tage und Nächte fort. Dies ist nicht sein Land. Nicht mehr als das, das er verlassen hat. Er gehört zu keinem Land. Er gehört nur sich selbst. Von Stadt zu Stadt, von Land zu Land, erinnert er sich nur an die Grenzen. Ein tauber Wind weht im leeren Raum. Auf beiden Seiten des Stacheldrahts. Er sammelt Grenzen. Er sammelt Stacheldraht, tauben Wind und Leere. Er erinnert sich nicht an die Städte. Nicht an die Brücken und Flüsse. Er erinnert sich nicht an die Gebäude und Cafés. Nicht an die Leute. Sein Weg gleicht dem eines Pfeils. Er zählt die zurückgelegten Kilometer. Von seinem Dorf zu einem anderen, von der großen Stadt zu einer anderen, von der Küste zum Hafen, der erste und der nächste, er zählt die Kilometer und ist stolz. Einer, der überlebt hat. Seine Seelenlandschaft scheint ein trockenes, wüstes Gebiet zu sein. Ohne Bäume, ohne Wasser. Ohne Menschen. Er ist allein, ein Krieger. Er sieht den Startpunkt hinter sich, weit weg, fast nicht zu erkennen. Er zieht eine Gerade. Er kennt nur eine Richtung. Er kann nur klare Entscheidungen treffen und alle Hindernisse aus dem Weg räumen. Und genauso verhält es sich mit den Schwachstellen in seinem Bericht. Er füllt die Löcher zwischen den Sätzen, zwischen den Tatsachen, zwischen den Wahrheiten. Er webt eine Geschichte und zieht sie sich über. Er fühlt sich sicher wie unter einem Kettenhemd.[7]

Dieser Auszug aus Sinhas *Erschlagt die Armen* zeigt aufschlussreich, dass sich die Geschichte von Exil und Flucht und damit auch der Passagen als Historie der

---

6 Vgl. Thomas Claes: Passkontrolle! Eine kritische Geschichte des sich Ausweisens und Erkanntwerdens. Berlin 2010, S. 7.
7 Shumona Sinha: Erschlagt die Armen. Hamburg 2015, S. 69 f.

Abb. 1: Gertrud
Hindemith: Paul
Hindemith bei der Abreise
von Istanbul, Schiffsfahrt
durch den Kanal von
Korinth, 22. Mai 1936

legalen oder unerlaubten Grenzüberquerungen wie auch der Passfälschungen erzählen ließe. Neben Überlegungen zu »legalen« und »illegalen« Grenzüberquerungen waren für die Konzeption dieses Bandes auch Texte von James Clifford zu »Routen« und damit zu zirkulierenden Objekten, Akteuren und Theorien von Bedeutung.[8] Und auch verwandte, dabei jedoch so unterschiedliche Konzepte wie das Reisen sollten bei der Reflexion über Migration nicht unbeachtet bleiben. So fragt beispielsweise Caren Kaplan nach den »continuities and discontinuities between terms such as ›travel‹, ›displacement‹ and ›location‹ as well as between the particularized practices and identities of ›exile‹, ›tourist‹ and ›nomad‹. All displacements are not the same.«[9]

Die Diffusionen zwischen Reisen und Migrieren lassen sich anhand einer Fotografie diskutierten (Abb. 1), die Gertrud Hindemith im Jahr 1936 anfer-

---

8 James Clifford reflektiert in seinem Buch über den Zusammenhang zwischen Moderne und Mobilität und verweist auf die Beziehung zwischen lokaler Kultur und diese durchquerenden, mobilen Menschen, Gedanken und Objekten: »In the twentieth century, cultures and identities reckon with both local and transnational powers to an unprecedented degree.« James Clifford: Routes. Travel and Translation in the Late Twentieth Century. Cambridge Mass. u. a. 1997, S. 7.
9 Caren Kaplan: Questions of Travel. Postmodern Discourses of Displacement. Durham, London 1996, S. 3.

Abb. 2: Paul und Gertrud Hindemith: Album der Türkei-Reise 1937. Schiffspassage durch den Kanal von Korinth, 26.–29. September 1937

tigte: Zu sehen ist der Komponist Paul Hindemith bei seiner Rückreise aus Istanbul und bei der Schiffspassage durch den Golf von Korinth. [10]

Zwischen 1935 und 1937 verbrachte das Ehepaar Hindemith vier mehrmonatige Aufenthalte in der Türkei, während derer Paul Hindemith eine Reihe detaillierter Gutachten für den Aufbau des türkischen Musiklebens erarbeitete. Da der Komponist zu jener Zeit zwischen der Türkei und Deutschland pendelte, ist er zumindest für jene Lebensphase noch nicht als Emigrant zu bezeichnen. Zudem stand der Komponist während seiner Tätigkeit für die türkische Regierung in engem Kontakt mit Repräsentanten des Deutschen Reiches, denen er vom Fortschritt seiner Bemühungen Bericht erstattete. Damit ist diese Fotografie von Gertrud Hindemith vermutlich eher eine Reisefotografie, so wie auch die anderen Aufnahmen im Reisealbum die Ästhetik touristischer Fotografien atmen (Abb. 2).

Und dennoch bereiteten die Reisen in die Türkei bereits die spätere Exilierung der Hindemiths vor: Den Komponisten trieben die erschwerten Arbeits-

---

10 Paul Hindemith war in den 1930er Jahren auch als Lehrer an der von Erich Mendelsohn geplanten, nie verwirklichten Académie Européenne Méditerranée vorgesehen. Siehe dazu den Beitrag von Deborah Ascher Barnstone in diesem Band.

bedingungen in Deutschland und die Verfemung seiner Kompositionen durch die Nationalsozialisten seit 1938 endgültig in die Emigration: Zunächst in der Schweiz lebend, nahm er 1940 einen Ruf an die Yale University an. So kann Hindemiths Wirken in der Türkei in den Jahren vor seinem tatsächlichen Exil vermutlich als erste Orientierung ins Ausland gewertet werden.

Der klassischen Abfahrtsikonografie der Fotografie Hindemiths kann eine fast zeitgleich entstandene Formulierung für die Wege des Exils zur Seite gestellt werden (Abb. 3): Die Flucht des Fotografen Hans Günter Flieg aus Deutschland nach Brasilien im Jahr 1939 findet einen visuellen Ausdruck in zwei Aufnahmen eines belichteten Filmstreifens. Das letzte in Deutschland aufgenommene Foto zeigt den Ausblick aus der Wohnung in Chemnitz, während das nächste Bild drei Monate später in São Paolo entstand.

Zwischen diesen beiden Fotografien bleibt die mehrtägige Reise zwischen Heimat und Exil unsichtbar beziehungsweise trennt das Hier und Dort nur ein schmaler Streifen, in dem die Zäsuren, Reise- und Fluchterfahrungen kumulieren.

Die beiden vorgestellten, fotografisch reflektierten Passagen führen zu den zentralen Fragen dieses Jahrbuchs: Wie werden Wegstrecken des Exils – auch jenseits eigener Fluchterfahrungen – von Künstler*innen und Literat*innen reflektiert? Welche Techniken der Aufzeichnungen sind bereits auf der Flucht möglich, wie werden diese später ausformuliert? Wie prägen Reisewege und auch Transportmittel – Schiff, Eisenbahn, Flugzeug oder Automobil – die spezifischen Fluchterfahrungen, und welche Bedeutung haben die (auch geschlechtsspezifischen) Machtverhältnisse auf den verschiedenen Routen? Inwieweit werden Flucht, Transit und Passage später autobiografisch gedeutet, umgedeutet oder verdrängt? Wie werden Sprachwechsel im Transit zwischen

Abb. 3: Hans Günter Flieg: Belichteter Filmstreifen, links: letztes Bild in Deutschland, Blick aus dem Fenster der eigenen Wohnung in Chemnitz, August 1939; rechts: erstes Bild in Brasilien, São Paulo, Dezember 1939

Herkunfts- und Zielland wahrgenommen? Und wie lässt sich der Zwischenraum zwischen dort und hier, der Heimat und der Fremde, der Vergangenheit
und Zukunft, dem »Bereits« und »Noch nicht« in Bilder, Filme, Objekte und
Texte fassen?

II.

In this volume's twenty essays and three short stories, the authors of *Passages of
Exile* propose myriad answers to these questions as they grapple with art, archives, literature, film, and photography from the early twentieth century
through the present, and in relation to issues of experience, memory, politics,
and methods and modes of representation. The difficulty of representing experiences of migration and flight can be grasped in part by engaging so-called
infographics, the representations through which news outlets make mass-scale
global movements of peoples understandable at a glance. In the summer of
2015, *The New York Times* created one such representation of »The Flight of
Refugees Around the Globe« in order to show the sixty million people displaced
due to conflict or persecution (Fig. 4).[11]

In this map, trajectories are represented as direct, fine threads – originally in
brilliant red – that are thin at their points of origin and thicken as they approach
their destinations. The journeys are pictured as straight lines that leap borders,
bodies of water, and continents in single bounds; their pictorial impact is con-
centrated in blood colored spots where the refugees land. In its reductiveness,
the map relies upon and generates certain fictions: that journeys – especially
journeys made by those moving under duress – are so direct, or that all journeys
are the same, or that the trip itself leaves little trace on its traveler or the land
over which such numbers of refugees pass. Yet this map also reveals useful in-
sights very quickly, above all about the massive number of people who have
become refugees in recent years. It shows the hot spots so frequently in the news,
such as the 11.9 million displaced Syrians, half of the population. It also represents many other stories of migration that we might not have expected, including the large numbers of »refugee flows« that remain exclusively within the
African continent, or the fact that the majority of refugees are displaced within
their own countries of origin or to directly neighboring countries. As *The New
York Times* points out in the accompanying article, these neighbors who accept
the bulk of the world's refugees are »often some of the world's poorer nations,«
so that, in fact, 85% of all refugees today live in the regions of Africa, the

---

11 Sergio Peçanha and Tim Wallace: The Flight of Refugees Around the Globe. New York Times,
    June 20, 2015: http://www.nytimes.com/interactive/2015/06/21/world/map-flow-despe
    rate-migration-refugee-crisis.html (accessed: May 30, 2017).

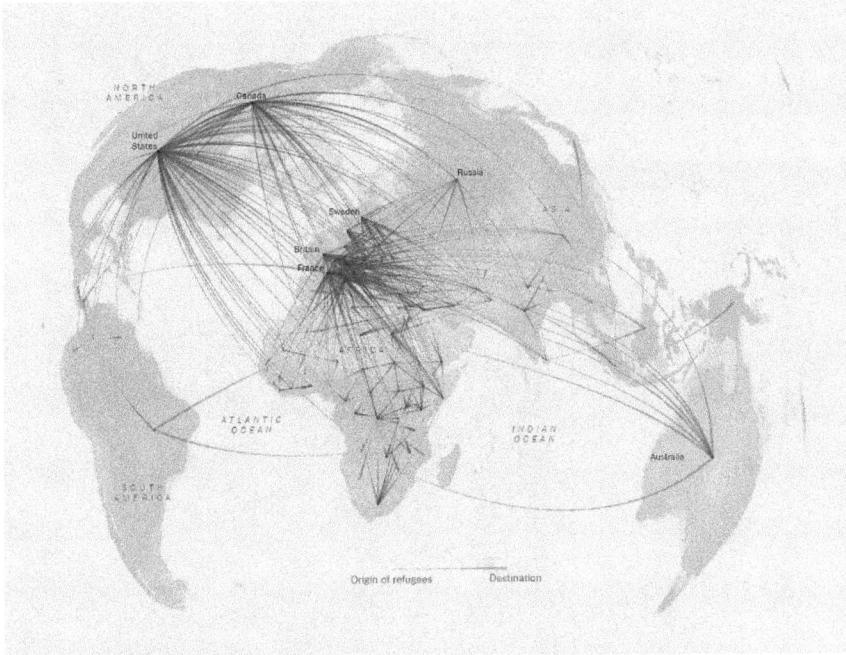

Fig. 4: »The Flight of Refugees Around the Globe,« infographic from
The New York Times, 2015

Middle East, and Southeast Asia.[12] According to the United Nations, there have
never been as many refugees displaced in the world as there are right now.

Indeed, with the scarcity of resources and habitable land increasing due to
environmental degradation and often with no end to current conflicts in sight,
it seems that *the refugee* has already become the paradigmatic figure of the twenty-first century. The 2016 election in the United States most certainly brought
the figure of »the migrant« vividly into a political spotlight where it became a
grotesque caricature frequently deployed to powerful rhetorical ends, always
devoid of the nuance in terms – refugee, economic migrant, displaced person,
diaspora member – which are so helpful in parsing and comprehending why
people have moved from one place to another. In addition to such linguistic
nuances, three conceptual themes are particularly relevant for an understanding
of the passages into exile and their representation that are taken up by the contributors to this volume, namely *geographies*, *temporalities*, and *media*.

---

12 A further map in the article yields more specifics, a combined 1.2 million refugees in Ethiopia
and Kenya, 1.6 million in Turkey, just under a million (982,000) in Iran, and 1.5 million in
Pakistan. See also Dawn Chatty's essay in this volume.

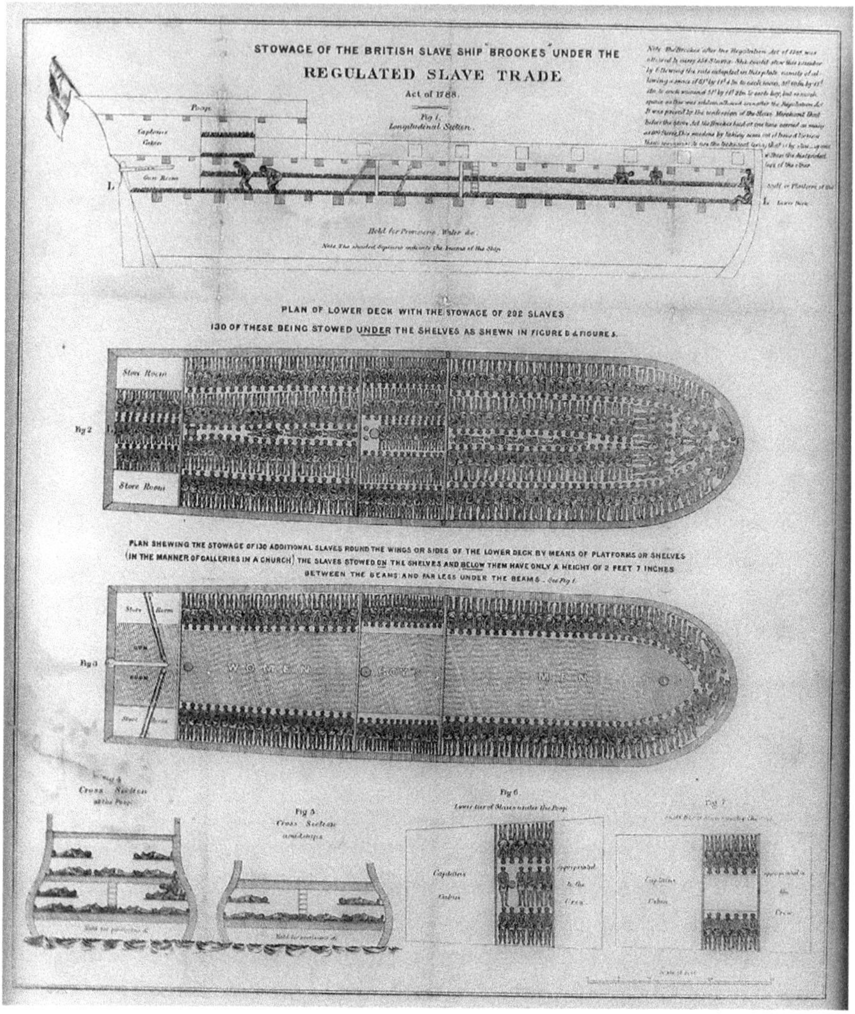

Fig. 5: Anonymous: Stowage of the British Slave Ship Brookes under the Regulated Slave Trade Act of 1788, c. 1788, etching. Collection of the United States Library of Congress

Geographies, the locations from which and to which we train our gazes, have a tremendous impact upon the stories that we allow ourselves to see, as *The New York Times* map suggests. These geographies implicitly structure our moral frameworks and political discourses. The US has long proudly worn the mantle of »a nation of immigrants«; yet, in recent years, the word »immigrant« – often deployed as a catch-all for anyone newly arrived, including refugees – has for many become a slur. Yet the moniker »nation of immigrants« itself willfully obfuscated the violent and forced movements of peoples upon which the country was built, namely the brutal colonization and displacement of Native

Fig. 6: Kerry James Marshall: Great America, 1994, acrylic and collage on canvas.
The National Gallery of Art

Americans and the often deadly importation of abducted and enslaved Africans
(Fig. 5), in which the US served as one destination for the largest forced migration in human history.[13] Although this so-called Middle Passage went largely
unrecorded in durable form by those who survived it, artists and writers since
that time have reflected upon this brutal journey and its ramifications (Fig. 6).
In the mid 1990s – well before any presidential candidate claimed that he
would »Make America Great Again« – African American artist Kerry James
Marshall made *Great America*, his own representation of The Middle Passage.
Full of bright colors and ironically happy exclamations, Marshall depicts the

---

13 For more on the numbers of this forced migration, the medium of its execution, and the stories
    behind it, see Marcus Rediker: The Slave Ship: A Human History. New York 2007, esp. pp.
    4–13; see also Paul Gilroy: The Black Atlantic: Modernity and Double-Consciousness. Cam-
    bridge 1995. For a specific case study of one legendary ship, including an astonishing reconst-
    ruction of aspects of the lives, skills, and experiences of the abducted individuals who were on
    it, see Marcus Rediker: The Amistad Rebellion: An Atlantic Odyssey of Slavery and Freedom.
    New York 2012.

horrific journey as a mash-up with an over-filled amusement-park ride. Marshall sees the theme park as an emblem of both excitement and terror; in the painting he wanted »to capture both those feelings, both those senses and hold them together at the same time.«[14] *Great America* is a pantomime of despair that reflects this haunted trans-Atlantic passage and its ongoing implications for life in the US today. »Black people always have to wonder,« muses Marshall, »when did America become great for black folks?«[15]

Likewise, the geographical context in which an examination of exile is situated can profoundly shape the impact of the narrative told. Exhibitions that confront the crimes of fascist Europe hosted within the context of US museums may serve on the one hand to illuminate some of the darkest aspects of recent history and foster understanding and dialogue.[16] Yet, situated outside of their original contexts, such exhibitions may also reinforce some of the same kind of location-specific national mythmaking that positions the US as savior and refuge, always on the right side of history. Edward Linenthal refers to this phenomenon as the »comfortable horrible,« a mechanism for remembering events such as the Holocaust while »allowing Americans to reassure themselves that they are engaging profound events, all the while ignoring more indigestible events that threaten Americans' sense of themselves more than the Holocaust.«[17] Many fewer exhibitions have focused on, for example, the failures of US policy in relation to Europe's refugees from fascism; the Native American genocide during Euro-American's colonization legitimated by their ideology of Manifest Destiny; or of the deportation and incarceration of Japanese Americans during

---

14 Kerry James Marshall, interview, October 27, 2013, National Gallery of Art website: http://www.nga.gov/content/ngaweb/global-site-search-page.html?searchterm=Kerry%20James%20Marshall&category=Audio%2FVideo&pageNumber=1&lastFacet=category [accessed: May 30, 2017].

15 Kerry James Marshall, quoted in Robin Cembalest: 9 Art Shows to See After »12 Years A Slave.« ArtNews, December 3, 2013 (http://www.artnews.com/2013/12/03/art-shows-to-see-after-12-years-a-slave/) [accessed: May 30, 2017]. Importantly for our thinking about geography and the means of passage, the novel that garnered the 2016 US National Book Award, Colson Whitehead's *The Underground Railroad*, takes the form of a travel narrative that imagines the famous »underground railroad« – the name of the informal and formal networks that helped enslaved African Americans escape from the US South to the free North and to Canada – as an actual railroad.

16 See for example: Stephanie Barron, ed.: Exiles + Émigrés: The Flight of European Artists from Hitler. New York 1997; Stephanie Barron, ed.: Degenerate Art: The Fate of the European Avant-Garde. Los Angeles 1991; or Olaf Peters, ed.: Degenerate Art: The Attack on Modern Art in Nazi Germany, 1937. New York 2014.

17 Edward T. Linenthal: Preserving Memory: The Struggle to Create America's Holocaust Museum. New York 2001, p. 267. See also »Introduction: Theorizing Multidirectional Memory in a Transnational Age.« In: Michael Rothberg: Multidirectional Memory: Remembering the Holocaust in the Age of Decolonization. Stanford 2009, pp. 1–29, esp. 7–12. Thanks to Daniel Magilow for useful conversation on this topic and for these references.

the Second World War.[18] Perhaps a brighter spot in these debates can be located in the Washington Mall where now the National Museum of the American Indian (2004) and the National Museum of African American History and Culture (2016) have finally joined the United States Holocaust Memorial Museum (1993) to yield a more complete picture of the painful passages upon which the nation was built.[19] We must be alive to the geographical and ideological locations from which we pose our questions as much as to the questions themselves.

Moving through the geographies of exile can also produce unexpected discoveries. *Finding oneself* is a literary trope upon which scholars of queer migrations in particular have remarked. Many gay and lesbian writers and artists experienced what the Chicana feminist and lesbian theorist Gloria Anzaldúa formulated so well:

> I had to leave home so I could find myself, find my own intrinsic nature buried under the personality that had been imposed upon me. I was the first in six generations to leave the Valley, the only one in my family to ever leave home. But I didn't leave all the parts of me: I kept the ground of my own being. On it I walked away, taking with me the land, the Valley, Texas.[20]

For Anzaldúa, growing up surrounded by structures of family, religion, and community left her only an extremely narrow range of ways to be an adult woman, a situation that created such alienation from her own self, she later found, that it was in leaving home that she could become herself most fully. In so doing, the homeland that supported her body as she traveled away then became truly her own. Thinking of Anzaldúa's words, we must ask: how do elements of identity including race, ethnicity, gender, or sexuality map onto the traveling body?

Temporalities of travel provide another way to consider this question of how identities map onto the body in motion, since they are essential means through which subjects are constituted. Cultural critic Stuart Hall builds on James Clifford's notions of »routes«[21] – the paths that we have traveled to become who we are becoming – as more important to understanding identity than our attachment to our »roots.« For Hall, »actual *identities* are about questions of using the

18 There are, of course, important exceptions to our critique. See for example Peter John Brownlee, Michael Hogue, and Angela Miller: Manifest Destiny, Manifest Responsibility: Environmentalism and the Art of the American Landscape. New York 2008; and Jasmine Alinder: Photography and the Japanese American Incarceration. Illinois 2010.
19 Michael Rothberg points out how, during the silence surrounding the topic during the first decades following World War II, it was absolutely essential to foster acknowledgement and understanding of the Nazi genocide. Rothberg: Introduction (see fn. 17), p. 8.
20 Gloria Anzaldúa: Borderlands / La Frontera: The New Mestiza. San Francisco 1987. p. 16.
21 Clifford: Routes (see fn. 8).

resources of history, language, and culture in the process of becoming rather than being ....«[22] For exiles, claiming the right to narrate or represent the routes taken is a means to empowerment that wrenches authority back in otherwise disempowering situations. In these stories, one can identify with one's roots but also remake oneself through the routes and choices made along the way that have brought one to the present moment. As some of our authors also point out, a refusal to repeat their story can also be a form of claimed agency.[23]

Yet more often than not, passages of exile are marked with the otherness of the traveling stranger who is seen as out of place in the community through which she is passing. Temporal constructs are often deployed as a means to brand this person as different; she is not of the current or right time. Johannes Fabian has pointed out how the anthropological subject of study is traditionally not taken to be coeval – of the same time – as the anthropologist's own present, a device which renders the cultural Other always out of sync and inferior in his or her understanding of the world. »The Other's empirical presence turns into his theoretical absence, a conjuring trick which is worked with an array of devices that have the common intent and function to keep the Other outside the time of anthropology.«[24] This temporal Othering of those who are in close physical proximity creates an unbridgeable distance that means the Other need not be fully recognized or accounted for. Arguably no cultural group in Europe is more surrounded by racist stereotypes of both rootlessness and an inherent longing for travel routes than the Roma. Although they are Europe's largest ethnic minority, the Roma are rarely recognized as such and frequently denied appropriate legal status or protections.[25] Often held in a permanent state of statelessness and unable to legally belong to any one European nation, Roma are perceived and represented at best as merry travelers tied to an earlier way of life with its easy pleasures. At worst they are viewed as unintelligent, lazy, rootless, lawless, and above all primitive.

Contemporary Roma performance artist Selma Selman engages the implications of this perceived lack of coevalness in the temporalities thrust upon the Roma. In her 2013 performance *Sister, Beware of Criminals* (Fig. 7), Selman traverses busy shopping streets of a contemporary European urban landscape.

22 Stewart Hall: Introduction: Who Needs »Identity«? In: Questions of Cultural Identity, Ed. Stuart Hall and Paul Du Gay. London 1996, p. 4.
23 See Lena Gorelik's essay in this volume, for example.
24 Johannes Fabian: Time and the Other: How Anthropology Makes its Object. New York 2002 (second edition), p. xli. See also, Johannes Fabian: The Other Revisited: Critical Afterthoughts. In: Anthropological Theory 6/2 (2006), p. 139–52, esp. 143. David Lowenthal notes that nostalgia for the past is a positive spin on this same dynamic. David Lowenthal: The Past Is a Foreign Country. Cambridge 2015 (second edition).
25 See the »Justice« page of the website of the European Commission, which documents recent pushes to improve: http://ec.europa.eu/justice/discrimination/roma/index_en.htm [accessed: May 30, 2017].

Fig. 7: Selma Selman:
Sister, Beware of Criminals!
2013, photograph of the
performance, Ort 2015.
Collection of the artist

She wears her waist-length dark hair loose and is dressed in stereotypical »gypsy«
clothing – a low-cut red top and lacy black skirt belted with a colorful scarf –
that one might expect in a production of French composer Georges Bizet's later
nineteenth-century opera *Carmen*. But rather than appearing as a sexy street
walker, Selman cries as she walks the streets and warns other Roma women,
»Sister, Beware of Criminals,« a strong contradiction to the stereotypes of Roma
criminality that instead highlights the victimization that they routinely endure
through poverty and violence.[26]

Media, a final conceptual theme for considering these passages of exile and
their representation, are also an essential element for Selman's traveling performance. Experienced only by those who happened to there, *Sister, Beware of
Criminals*, would have been confusing to most viewers who were there to shop,
not to witness performance art. This guerilla strategy was impactful through the
element of surprise for this small, unwitting audience. Yet, caught in a photograph, Selman's passage can circulate widely in a form suspended in time; she is
always in that moment of pain as she embodies the timeless »gypsy« juxtaposed
with one of the premiere symbols of contemporary global capitalism, the Mc-
Donald's logo. In considering media, how do cultural producers capture and
represent a passage that is a temporary state, often a solitary experience, that can
last from a brief period of a few minutes (stepping over a boarder) or years (being sent back or held in camps)?

Mediums of transport may also leave their traces in different forms of
representation, as in the film *Fuocoammare* or *Fire at Sea*, Gianfranco Rosi's
poetic and utterly undogmatic documentary, which was the 2016 Berlinale
Film Festival's Golden Bear winner and the first documentary ever to do so
(Fig. 8). Rosi engages the ongoing crisis of refugees trying to cross the Mediterranean Sea; as the film tells us in the opening credits, during the past fifteen

---

26 Jasmina Tumbas: Selma Selman (Exhibition Catalogue). Maribor 2016. The performance took
place in Banja Luka, Bosnia and Herzegovina.

Fig. 8: Fire at Sea, documentary film, Italy 2016, screenshot. Director: Gianfranco Rosi

years alone, over 17,000 people have died attempting the crossing. Built around scenes of daily life on the Italian island of Lampedusa, where Rosi spent eighteen months filming, as critics have pointed out, *Fire at Sea* is really two films that rest uneasily together, one the story of a young boy coming of age in a small and isolated community, the other harrowing scenes of refugees under extreme duress.[27] The filmmaker's unwavering gaze and avoidance of the standard tropes of documentary – most notably voiceover or any non-diegetic sound – makes the most powerful use of the medium of film to weave together the sights and sounds of the island. Shots repeatedly thematize various people's gazes and call attention to what they can and can't see. The film likewise evinces a constant attention to means of communication – radio, cell phones, and radar, but also conversations, interviews, or impromptu singing – that play a role in the island life and in the migrants' fate. *Fire at Sea* does its subjects a kind of justice by capturing them together in a Total Work of art. Theirs are fleeting yet enduring images brought together in a landscape of land, air, and sea that ultimately binds us all to each other.

Many essays in this book originated as talks during an extraordinary two-day conference in December of 2016 that likewise bore the title »Passages of Exile« and was generously hosted by The Center for Advanced Studies at The Ludwig Maximilian University in Munich. We have been pleased to be able to add selected essays by authors who we identified through our international call for

---

27   Bilge Ebiri: Review, »Fire at Sea« Reveals Parallel Lives as the Refugee Crisis Hits Italy. In: The Village Voice, October 20, 2016.

papers and other sources. The Gesellschaft für Exilforschung (Society for Exile Studies) generously supported the realization of the edited volume. We are extremely grateful for the support that this project has received and to each and every one of this volume's contributors.

Bildnachweise / Image Credits:
Abb. 1, 2: Mit freundlicher Genehmigung der Fondation Hindemith, Blonay (CH); Abb. 3: Hans Gunter Flieg / Instituto Moreira Salles Collection, São Paulo; Fig. 4: The New York Times; Fig. 5: The United States Library of Congress; Fig. 6: ©Kerry James Marshall. Courtesy of the artist and Jack Shainman Gallery, New York; Fig. 7: reproduced with kind permission of Selma Selman; Fig. 8: Gianfranco Rosi and Kino Lorber.

Jakob Vogel

Die Passage
Annäherungen des Historikers an ein analytisches Konzept

Wie andere geisteswissenschaftliche Fächer leben auch die Geschichtswissenschaften von der beständigen Konfrontation ihrer Konzepte mit jenen Bildern und Vorstellungen, welche die zeitgenössischen Debatten in Politik, Gesellschaft und Medien prägen. Tatsächlich erlauben diese Konfrontationen immer wieder wichtige Neubewertungen oder Nuancierungen von eingefahrenen Forschungstraditionen. Das Konzept der »Passage« erscheint in diesem Sinne als ein anschauliches Beispiel für eine produktive Auseinandersetzung mit der Aktualität, erlaubt es doch, eine ganze Reihe von wichtigen Impulsen für die Migrationsgeschichte aufzunehmen, neu zu bündeln und mit wesentlichen Erfahrungen der aktuellen politischen Debatten zusammenzuführen.

Tatsächlich evoziert das Bild »Passage« nicht zuletzt jene Bilder und Erfahrungen, die uns spätestens seit 2015 prägten und mit dem äußerst problematischen Begriff der »Flüchtlingskrise« verbunden sind, gleichzeitig aber an ein zentrales Element der Migrationsgeschichte des 19. und 20. Jahrhunderts anknüpfen: die Schiffspassage. Die Ereignisse der vergangenen Jahre haben nicht nur schlagartig die globale Problematik der interkontinentalen Migration ins öffentliche Bewusstsein gerufen, sondern auch gezeigt, wie grausam und gefährlich die Wege der Migranten und Flüchtlinge zwischen ihren Heimatländern und ihren Aufnahmeländern sind. Die tragische Flucht vieler Zehntausender über das Mittelmeer und die Bilder der Schiffe von Hilfsorganisationen wie etwa der »Aquarius«, die seit Anfang 2016 im Mittelmeer im Auftrag von »SOS Mediterranée« an der Rettung von schiffbrüchigen Flüchtlingen beteiligt ist, haben in Erinnerung gerufen, dass die transkontinentale Migration in der Geschichte keineswegs als mehr oder weniger beschauliche Dampferreisen erfolgte.

Jenseits dieser Aktualität eröffnet der Begriff der »Passage« für die Forschung aber auch wichtige Bezüge zu einem zentralen Konzept der anthropologischen Forschung, den »rites de passages«, mit dem der französisch-niederländische Ethnologe Arnold van Gennep am Beginn des 20. Jahrhunderts den rituellen Übergang von einer Lebensphase in eine andere reflektierte. Dieser Punkt scheint für die Konzeptbildung besonders wichtig, gilt es doch insbesondere, die lebensgeschichtliche Bedeutung der Migrationserfahrung zu thematisieren, also den elementaren Übergang von einem Status in einen anderen, wie etwa von dem eines Einwohners Syriens oder Eritreas in den eines Flüchtlings bzw. Asylbewerbers in Deutschland.

Ein solches lebensgeschichtlich orientiertes Konzept der »Passage« leistet aber auch einen wichtigen Beitrag zur aktuellen historischen Migrationsforschung. Tatsächlich ist die Migrationsgeschichte bis heute stark von der Perspektive des Staates geprägt, welche insbesondere die Problematik der Grenze und des Grenzübertritts sowie Fragen der Integration in den Mittelpunkt der Aufmerksamkeit rückt.[1] Bereits in den 1990er Jahren forderte eine Reihe von Historikern, die Migrationsgeschichte als Teil einer breiteren »transnationalen Gesellschaftsgeschichte« zu verankern,[2] dennoch hatten solche Appelle in der deutschen Forschung lange Zeit nur ein vergleichsweise geringes Echo.[3] Dies erklärt sich sicherlich nicht zuletzt durch die enge Verflechtung der Migrationsgeschichte mit den politischen Debatten.[4] Der aktuelle Kontext bietet insofern eine Chance für einen Perspektivenwechsel, der nicht nur Migration als eine nicht primär nationale, sondern gemeinsam europäische, ja globale Herausforderung vor Augen führt und die langwierigen, zum Teil äußerst gefahrvollen Passagen der Migranten stärker in den Mittelpunkt der Aufmerksamkeit rückt.

Obwohl der Passagen-Begriff ganz zweifellos eine große Suggestivkraft besitzt, ist es gleichzeitig richtig und wichtig, noch genauer infrage zu stellen, wie weit seine vielschichtigen Bedeutungsebenen wirklich tragen. Kann das Bild der Schiffspassage tatsächlich allgemeine Migrationserfahrungen abbilden oder müssen nicht auch noch andere Elemente und Raumbeziehungen in ein erweitertes Konzept der »Passage« einbezogen werden? Ebenso ist zu fragen, inwieweit eine an die anthropologische Debatte angelehnte Begriffsbildung eines Konzepts der »Passagen« für die Migrationsgeschichte fruchtbar gemacht werden kann. Besonders wichtig erscheint es daher, die Analogiebildung zwischen den Übergangsriten einerseits und den Reisewegen der Migranten andererseits kritisch unter die Lupe zu nehmen und mit weitergehenden Anregungen aus der neueren internationalen Migrationsgeschichte zu konfrontieren.

---

1 Vgl. zuletzt etwa Jochen Oltmer: Handbuch Staat und Migration in Deutschland seit dem 17. Jahrhundert. Berlin 2016. Mit einem Fokus auf die Grenzen als Ort der Regelung der Migration siehe ebenfalls die exzellente Studie von Christiane Reinecke: Grenzen der Freizügigkeit. Migrationskontrolle in Großbritannien und Deutschland, 1880–1930. München 2010.

2 Jürgen Osterhammel: Transnationale Gesellschaftsgeschichte. Erweiterung oder Alternative?. In: Geschichte und Gesellschaft 27 (2001), S. 466–479; Marita Krauss: Migration, Assimilierung, Hybridität. Von individuellen Problemlösungsstrategien zu transnationalen Gesellschaftsbeziehungen. In: Eckart Conze, Ulrich Lappenküper und Guido Müller (Hg.): Geschichte der internationalen Beziehungen. Erneuerung und Erweiterung einer historischen Disziplin. Köln 2004, S. 259–276.

3 Siehe jetzt aber Barbara Lüthi: Transnationale Migration – Eine vielversprechende Perspektive?. In: Connections. A Journal for Historians and Area Specialists, in: www.connections.clio-online. net / article / id / artikel-627 [abgerufen: 05.05.2017].

4 Krauss: Migration, Assimilierung, Hybridität (s. Anm. 2), S. 261–263.

Ausgehend von diesen Grundfragen, führt der Aufsatz seine Annäherung an das Konzept der »Passage« in drei Schritten: So soll zunächst gezeigt werden, welche Hilfestellungen das von van Gennep in den wissenschaftlichen Konzeptbaukasten eingeführte Konzept der »rites de passages« bietet, um die Bedeutung der »Passagen« der Migranten aus einer lebensgeschichtlichen Perspektive zu analysieren. Danach werde ich vorstellen, wie wichtig es ist, die Vielfalt der Passagen und ihren Wandel in der Vergangenheit und Gegenwart in den Blick zu nehmen, um nicht dem suggestiven Bild der Dampfpassage zu erliegen, das immer wieder gerne in das Zentrum der Konzeptbildung gerückt wird.[5] In einem dritten Teil schließlich sollen einige wichtige Themenfelder der neueren Migrationsgeschichte angeführt werden, die neben den Formen der interkontinentalen Passagen auch andere zentrale Momente der Migrationserfahrung thematisieren. Dies soll helfen, die Passagen in einer breiteren lebensgeschichtlichen Perspektive zu betrachten und sie damit zu ihrem konzeptionellen Ausgangspunkt zurückführen, den Anleihen bei van Genneps Begriff der »rites de passage«.[6]

I. Migration, ein »rite de passage« (A. v. Gennep)

Um das in Ethnologie und Anthropologie verbreitete Konzept der »rites de passage« für die Analyse von Migrationsphänomenen zu übertragen, muss man sich zunächst der Entstehungsgeschichte dieses Konzepts zuwenden, das von dem niederländisch-französischen Ethnologen Arnold van Gennep zu Beginn des 20. Jahrhunderts entwickelt wurde. In seinem Werk von 1909 bietet van Gennep eine erste Definition der »rites de passage«:

> In jeder Gesellschaft besteht das Leben eines Individuums darin, nacheinander von einer Altersstufe zur nächsten und einer Tätigkeit zur anderen überzuwechseln. Wo immer zwischen Alters- und Tätigkeitsgruppen unterschieden wird, ist der Übergang von einer Gruppe zur anderen von speziellen Handlungen begleitet, wie sie etwa der Lehre bei unseren Handwerksberufen entsprechen. [...] Jede Veränderung im Leben eines Individuums erfordert teils profane, teils sakrale Aktionen und Reaktionen, die reglementiert und überwacht werden müssen, damit die Gesellschaft als Ganzes weder in Konflikt gerät, noch Schaden nimmt. Es ist das Leben selbst, das die Übergänge von einer Gruppe zur anderen und von einer sozialen Situation zur anderen notwendig macht. Das Leben eines Menschen besteht

---

5 Vgl. zur Schiffsreise in der literarischen Exilforschung z. B. Kristine von Soden: »Und draussen weht ein fremder Wind ...«. Über die Meere ins Exil. Berlin 2016.

6 Mit dieser auf die individuelle Erfahrungsebene angelegten Perspektive unterscheidet sich der hier diskutierte Ansatz von dem eher auf kollektive Wahrnehmungsprozesse gerichteten Rückgriff auf van Gennep bei Valeska Huber: Channelling Mobilities. Migration and Globalisation in the Suez Canal Region and Beyond, 1869–1914. Cambridge 2013, S. 37–71.

somit aus einer Folge von Etappen, deren End- und Anfangsphasen einander ähnlich sind: Geburt, soziale Pubertät, Elternschaft, Aufstieg in eine höhere Klasse, Tätigkeitsspezialisierung. Zu jedem dieser Ereignisse gehören Zeremonien, deren Ziel identisch ist: Das Individuum aus einer genau definierten Situation in eine andere, ebenso genau definierte zu überführen.[7]

Gehen wir von dieser Formulierung aus, so kann der Akt der Migration zweifellos als eine entscheidende Lebensphase verstanden werden, die in elementarer Weise mit einem Übergangsritus verbunden ist, im Idealfall die Übergabe der Anerkennung der Integration des Individuums durch einen Ausweis der neuen Staatsangehörigkeit oder des Aufenthaltsrechts. Van Gennep spricht in seinem Buch daher auch konkret »räumliche Übergänge« als einen Anlass von Übergangsriten an, wobei er auch den Übertritt von Staatsgrenzen und das Passwesen als ein hierfür besonders typisches Beispiel anführt. Seine Begründung, warum er dieses Beispiel eines modernen Übergangsritus nicht weiter verfolgt, mag aus heutiger Perspektive erstaunlich vorkommen:

> Mit Ausnahme der wenigen Länder, für die noch immer ein Pass benötigt wird, kann in den zivilisierten Regionen heutzutage jeder ungehindert eine Landesgrenze überqueren. Die Grenze – eine imaginäre Linie, die Grenzsteine oder -pfähle verbindet – ist eigentlich nur auf Landkarten wirklich sichtbar. Es ist aber noch gar nicht so lange her, dass das Überschreiten von Landesgrenzen oder innerhalb eines Landes das Überschreiten von Provinzgrenzen und noch früher selbst das Überschreiten von Landgütergrenzen von verschiedenen Formalitäten begleitet waren. Diese Formalitäten waren hauptsächlich politischer, juristischer oder ökonomischer Natur, doch gab es auch solche magisch-religiöser Art.[8]

Van Genneps Beschreibung der Welt vor 1914 als eine Epoche der ungehinderten Grenzüberschreitungen berührt angesichts des Schengener Abkommens und der realen und juristischen Mauern, die Europa umschließen, heutzutage natürlich sehr. In der Tat war es im letzten Drittel des 19. Jahrhunderts zu einer weitgehenden Aufhebung des Passzwanges zwischen vielen Staaten Mittel- und Westeuropas gekommen.[9] Dennoch entsprach van Genneps Darstellung keineswegs der umfassenden Realität der Grenzregime vor 1914: Tatsächlich blieben Pässe nicht nur zwischen Russland und dem Deutschen Reich, sondern auch in der transatlantischen Migration weiterhin gebräuchlich. Migrationsbeschränkungen gab es zudem zwischen den Kolonien und den Mutterländern, etwa durch die besonderen Einschränkungen für die eingeborenen Bevölkerun-

---

7 Arnold van Gennep: Übergangsriten (Les rites de passage) (1909). Frankfurt a. M. 1981, S. 15.
8 Van Gennep: Übergangsriten (s. Anm. 7), S. 25.
9 Siehe u. a. Gérard Noiriel: Etat, nation et immigration. Paris 2001; John Torpey: The invention of the passport: surveillance, citizenship and the state. Cambridge 2000.

gen.[10] Auch wenn wir uns also von dem idealisierten Bild, das uns van Gennep bietet, nicht täuschen lassen sollten, ist das Zitat doch ein interessanter Beweis für den historischen Wandel der Wahrnehmung von Grenzregimen in der Geschichte.

Für die Konzeptbildung wichtiger erscheint jedoch die analytische Unterscheidung dreier Phasen in den Übergängen und ihren Ritualen, die van Gennep auch territorial verortet: jene »Schwellen-« oder »liminale Phase«, die für den Ethnologen den Übergang von dem ursprünglichen Zustand in einen nächsten beschreibt.[11] Van Gennep verwendet an dieser Stelle in der Originalfassung den französischen Begriff der »marges«,[12] also einer »Randzone«, der vielleicht auch noch besser die räumliche Ausdehnung trifft, als es der aus der ethnologischen Tradition und van Genneps späteren Arbeiten stammende Begriff der »Schwellenphase« tut, der in der deutsche Übersetzung verwendet wird.

Von Anfang an benutzt van Gennep damit auch einen räumlich verorteten Begriff des Übergangs und die Analogie der Passage mit der Grenzüberschreitung, die heutzutage allgemein für die Definition der Migration herangezogen wird. Insofern kann es nicht verwundern, dass auch in der Forschung wiederholt mit dem van Gennep'schen Modell des dreiphasigen Übergangs und seiner Rituale gearbeitet wurde: eine erste Phase der Separation, der Trennung von dem Ausgangszustand bzw. der Ausgangsgesellschaft, eine zweite des eigentlichen Übergangs, die Schwellen- oder liminale Phase, und schließlich die letzte Phase der (Wieder-)Eingliederung, der Anpassung an die neue Aufnahmegesellschaft.[13] In diesem Sinne bildet die »Passage« denjenigen Moment jeder Migrationsbewegung, durch den sich ein Individuum räumlich von seiner Ausgangsgesellschaft trennt, bevor es am Ende wieder in der neuen Gesellschaft Aufnahme findet. Sie ist damit ein elementarer Bestandteil des Migrantenschicksals.

Wie hilfreich das ethnologische Begriffsinstrumentarium van Genneps sein kann, um die Passage der Migranten zu beschreiben, zeigt auch die Tatsache, dass mit diesem Übergang historisch wie aktuell stets eine ganze Reihe von Trennungs- und Aufnahmeriten verbunden war und ist: vom Abschiednehmen auf dem Dorf oder der Familie angefangen, bis hin zur Ankunft in der Auf-

---

10　Vgl. Dieter Gosewinkel: Schutz und Freiheit? Staatsbürgerschaft im Europa des 20. und 21. Jahrhunderts. Frankfurt a. M. 2016 sowie Benno Gammerl: Untertanen, Staatsbürger und Andere. Der Umgang mit ethnischer Heterogenität im Britischen Weltreich und im Habsburgerreich 1867–1918. Göttingen 2010.

11　Van Gennep: Übergangsriten (s. Anm. 7), S. 28.

12　Arnold Van Gennep: Les rites de passage. Paris 1909, S. 28.

13　Dirk van Bekkum u. a.: Rituals and protective wrapping in psychiatry, in: http://www.beschermjassen.nl/wp-content/pdf/2010_Bekkum_et.al._RITUALS.pdf [abgerufen: 02.04.2017].

nahmegesellschaft, symbolisiert für die Auswandererströme aus Europa nach Nordamerika am Beginn des 20. Jahrhunderts durch die Einwandererstation auf Ellis Island. Diese Riten haben sich tief in die populären Geschichtsbilder diesseits wie jenseits des Atlantiks eingebrannt: Edgar Reitz etwa hat in seinem Film *Die andere Heimat* den Abschied der Einwanderer anschaulich in Szene gesetzt, ein nachträglich ästhetisiertes Bild, das aber auch zeitgenössischen Schilderungen nahekommt.[14] Ellis Island mit seiner bürokratischen Maschinerie der Aufnahme in die Einwanderergesellschaft ist in den Vereinigten Staaten und darüber hinaus geradezu zu einem zentralen Symbol der amerikanischen multikulturellen Nation aufgestiegen, das alljährlich von Tausenden von Touristen besucht wird.[15]

Gerade die interkontinentalen Schiffspassagen bieten in diesem Sinne ein Musterbeispiel für eine »liminale Phase« im Sinne von van Gennep: dienten sie doch nach dem Abschiednehmen nicht zuletzt der gemeinschaftlichen Diskussion unter den Emigranten und dank der intensiven Lektüre von älteren Reisebeschreibungen der Vorbereitung auf den Ankunftsort, wie beispielsweise Andrew Hassam in seiner Analyse der Schiffstagebücher von britischen Emigranten nach Australien im 19. Jahrhundert deutlich gemacht hat.[16]

Allerdings würde es sicherlich zu weit gehen, wie van Gennep und in seiner Folge Victor Turner diese Reisephase als eine völlige Loslösung von den früheren Zuständen zu überhöhen.[17] Denn auch auf der Schiffspassage blieben die Migranten ständig eingebunden in die alten Netze zu ihrer Heimat, hielten Briefe nach Hause in aller Regel beständig die Verbindung zu der verlassenen Lebensphase aufrecht. Dennoch betonen die wenigen Studien, die sich in diesem Sinne der Geschichte der Schiffspassagen angenommen haben, die wichtige gemeinschaftsbildende Funktion der Schiffsreisen, da die Passagiere nicht nur ihre Gemeinsamkeiten untereinander erlebten, sondern sich auch die vermeintlichen Differenzen zwischen den einzelnen nationalen Gemeinschaften hervorhoben.[18]

---

14 *Die andere Heimat – Chronik einer Sehnsucht*, Regie: Edgar Reitz (2013). Siehe auch Edgar Reitz: Die andere Heimat. Chronik einer Sehnsucht. Das Buch der Bilder. München 2013.
15 Joachim Baur: Die Musealisierung der Migration. Einwanderungsmuseen und die Inszenierung der multikulturellen Nation. Bielefeld 2009.
16 Andrew Hassam: Sailing to Australia. Shipboard Diaries by Nineteenth Century British Emigrants. Manchester 1994.
17 Victor Tuner: The ritual process. Structure and anti-structure. New York 1995.
18 Vgl. etwa Michael Pesek: Von Europa nach Afrika. Deutsche Passagiere auf der Dampferpassage in die Kolonie Deutsch-Ostafrika, in: Werkstatt Geschichte 52 (2009), 71–90; Marine Fiedler: Von Hamburg in die Welt. Die Erfahrung der Seereise im Zeitalter der Globalisierung am Beispiel von zwei Bordtagebüchern aus den 1840er Jahren. Manuskript. Bern 2016; Roland Wenzlhuemer und Michael Offermann: Ship Newspapers and Passenger Life Aboard Transoceanic Steamships in the Late Nineteenth Century. In: Transcultural Studies 1 (2012), S. 77–121.

II. Die historische Vielfalt der Passage

Betrachten wir in diesem Sinne die Passage als eine Phase eines ebenso individuellen wie kollektiv geprägten Übergangs in der Migrationsgeschichte, so gilt
es zunächst festzuhalten, wie sehr sich die Formen der Passage unterschieden
und darüber hinaus auch über die Jahrhunderte hinweg wandelten. Auswan-
dererreisen nach Amerika um die Wende vom 18. zum 19. Jahrhundert unterschieden sich eben sehr stark von den Überfahrten um 1900.[19] Dies war auch
eine Frage der Zeit: Benötigte man am Anfang des Jahrhunderts noch mindestens zwei Wochen für die Transatlantikpassage, so verringerte sich die Fahrtzeit
mit dem Übergang von der Segel- zur Dampfschifffahrt deutlich. Dabei ergab
sich ein deutlicher Sprung in der Verkehrsgeschwindigkeit nicht nur durch die
Fortschritte im Schiffsbau und seiner Antriebsarten, sondern auch bei der Navigation und bei den Wettervorhersagen, die ebenfalls unerlässlich für die
Schifffahrt waren.[20] Auf anderen interkontinentalen Routen, insbesondere
nach Indien und Asien, aber auch an die ostafrikanische Küste, kam den Migranten ab 1869 auf ihren Passagen zudem der neu erbaute Suezkanal zugute,
indem er die Dauer der Schiffreise deutlich verringerte.

Noch wichtiger als der zeitliche Faktor der Überfahrt waren sicherlich die
sozialen Unterschiede, die das Reisen auf den Transatlantikpassagen im Laufe
der Zeit je nach Passagiergruppen charakterisierten. Schon lange bevor die großen internationalen Schifffahrtsgesellschaften zwischen Europa und Amerika
ihr System unterschiedlicher »Klassen« auf den Ozeandampfern einführten, in
denen sie die industrielle Klassengesellschaft auf Reisen schickten,[21] trennten
sich die Erfahrungen der Reisenden deutlich nach sozialen Schichten und Milieus. Geradezu unmenschlich waren dabei die »Reiseerfahrungen« auf den
Sklaventransporten des 18. und frühen 19. Jahrhunderts, die zweifellos sehr
fern von dem heutzutage mitunter idealisierten Bild der Schiffspassage waren,
das in erster Linie mit den Schiffsreisen auf den Hochseedampfern des späten
19. und frühen 20. Jahrhunderts identifiziert wird. Für jene Millionen von
Menschen, die von den europäischen Sklavenhändlern von Afrika in die »Neue
Welt« verfrachtet wurden, bildete die Überfahrt der eher an Viehtransporte er-
innernden Sklavenschiffe einen elementaren Bestandteil ihrer zwangsweisen
Migrationserfahrung. Die Forschung hat dies etwa am Beispiel der Berichte der

---

19 Simone Blaschka-Eick: In die Neue Welt! Deutsche Auswanderer in drei Jahrhunderten. Reinbek bei Hamburg 2010.
20 Vincent Guigueno: L'Europe des Lumières. Organisation et technique de signalisation maritime
au XIXe siècle. In: Histoire & Société 21 (2007), S. 30–43.
21 Volker Plagemann: Industriekultur in Hamburg. Des Deutschen Reiches Tor zu Welt. München
1984.

Aufständischen des Sklavenschiffes »Amistad« nachzeichnen können, die in den verschiedenen Gerichtsverfahren in den USA zusammengestellt wurden.[22]

Unterschieden sich die Passagen europäischer Migranten insofern fundamental von jenen im Atlantikhandel transportierten Sklaven, so trennten sich auch die Erlebnisse der europäischen Überseereisenden deutlich nach ihrer sozialen Herkunft: Während etwa die großbürgerlichen oder adeligen Auswanderer des 18. Jahrhunderts bei den Überfahrten an Bord weitgehend den Schiffsoffizieren gleichgestellt waren, wurden die einfachen, aus unterbürgerlichen Schichten stammenden Reisenden eher der Mannschaft zugeordnet.[23] Vor allem die Orte und Formen der Verpflegung und die jeweilige Schlafunterkunft symbolisierten die deutlichen Unterschiede in der Ausgestaltung der Reise für diese Personengruppen. Die strikte Differenzierung der jeweiligen Passagen markierte die tiefe gesellschaftliche Distanz, die schon vor der Einführung des komplexen Systems unterschiedlicher »Klassen« von Passagieren zwischen den einzelnen Personengruppen existierte – und zwar unabhängig davon, dass sie allesamt Auswanderer auf dem Weg zu einem anderen Kontinent waren. Die Reedereien des späten 19. und frühen 20. Jahrhunderts verfeinerten insofern lediglich ein bereits existierendes Klassensystem der Auswandererfahrten und verfestigten es auch materiell in der Schiffsausstattung. Deutlich werden diese markanten sozialen Unterschiede der Passage in dem Stummfilm von Charlie Chaplin von 1917, *The Immigrant*, der sehr anschaulich die sozial unterschiedlichen Reiseerfahrungen der Migranten wie auch ihre Ankunft und Aufnahme in die Aufnahmegesellschaft thematisiert.[24]

Die schematische Trennung zwischen der bürgerlichen Schiffspassage und den beengten, ärmlichen Reiseerfahrungen der unterbürgerlichen Auswanderer muss allerdings ihrerseits weiter nuanciert werden. Marine Fiedler hat beispielsweise anhand einer vergleichenden Analyse der Bordtagebücher des Hamburger Kaufmanns Valentin Lorenz Meyer und seiner Schwester Caroline aus der ersten Hälfte des 19. Jahrhunderts deutlich gemacht hat, wie sehr Geschlechterdifferenzen sowie individuelle Vorgeschichte und Persönlichkeit die individuelle Verarbeitung der jeweiligen Reiseerfahrung beeinflussten.[25] Insofern entwickelten sich unterschiedliche Diskurse über die jeweils »eigenen« Reiseerfahrungen, welche sich auf der Quellenebene auch durch das unterschiedliche Zielpublikum charakterisierten. Auf den ganze vier Monate dauernden Fahrten

---

22 Marcus Rediker: The Amistad Rebellion: An Atlantic Odyssey of Slavery and Freedom. New York 2012; Michael Zeuske: Die Geschichte der Amistad. Sklavenhandel und Menschenschmuggel auf dem Atlantik im 19. Jahrhundert. Stuttgart 2012.

23 William O'Reilly: Working for the Crown. German Migrants and Britain's Commercial Success in the Early Eighteenth-Century American colonies. In: Journal of Modern European History 15 (2017), S. 130–152.

24 *The Immigrant*, Regie: Charlie Chaplin (1917).

25 Fiedler: Von Hamburg in die Welt (s. Anm. 18), passim.

von Hamburg nach Singapur, wo die Familie eine Handelsniederlassung unterhielt, notierten beide Geschwister ihre Erlebnisse und Ansichten in ihren Tagebüchern, hatten dabei aber jeweils andere Leserschaften im Auge: Während
Caroline ihre Aufzeichnungen im Sinne der bürgerlichen Schriftkultur an einen
größeren Kreis von Freunden und Bekannten richtete, waren die Notizen ihres
Bruders weit persönlicher und nur für den engeren Familienkreis bestimmt,
was naturgemäß den Inhalt der Äußerungen über Mitreisende und die eigenen
Gefühle auf der Seereise prägte.

Die Auswertungen derartiger Selbstzeugnisse, wie sie auch an anderer Stelle
vorgenommen wurden,[26] unterstreichen sehr stark die individuelle Dimension
der Verarbeitung des Lebens an Bord. Dieses wurde von den Reisenden des
19. Jahrhunderts aufgrund der langen Reisedauer gerne als temporäre Heimat
und als kleiner Mikrokosmos der Gesellschaft dargestellt. Häuslichkeit und Ge-
schlechterfragen, aber auch die Zugehörigkeit zur eigenen Nation und dem
Empire wurden auf diese Weise von den Reisenden zu einem elementaren Bestandteil der eigenen Erfahrung ihrer interkontinentalen Passagen. Regelmäßig
hervorgehoben, gerade auch von den großbürgerlichen Reisenden, wurde dabei
die Tatsache, dass sie an Bord und Land auf ihren Überfahrten mit Situationen
konfrontiert wurden, welche nicht den von ihnen in der Heimat gepflegten
Lebensumständen und der sozialen Segregation entsprachen.[27] Mit dem Aufkommen der neuen Ozeandampfer gegen Ende des 19. Jahrhunderts ver-
schwanden diese Elemente einer Konfrontation mit anderen sozialen Milieus
zwar nicht komplett aus dem Erscheinungs- und Erfahrungsbild der individuellen Passagen, doch wurde mit dem Aufbau eines Marktes von Luxusreisen
und der entsprechenden Gestaltung von Schiffen und Schiffsumgebung das
Passageerlebnis von den Reedereien noch stärker den an Land üblichen Gewohnheiten ihrer großbürgerlichen Klientel angepasst. Die französische Journalistin Andrée Viollis, die in ihrem 1932 erschienenen Buch *Indochine S.O.S*
einen Reisebericht der Fahrt des französischen Kolonialministers Paul Reynaud
auf dem Dampfer »D'Artagnan« in die asiatischen Kolonien lieferte, beschrieb
in diesem Sinne die Schiffspassage als eine Art Verlängerung des politischen
Lebens der französischen Hauptstadt. Das soziale Leben bestand weitgehend
darin, dass die Mitglieder der offiziellen Delegation wie auch die mitreisenden
Kolonisten, Kaufleute und Industriellen versuchten, möglichst in die Nähe des
Ministers zu gelangen und sich mit diesem über die eigenen Projekte und Ge-
schäfte auszutauschen.[28]

---

26 Vgl. etwa James R. Ryan: »Our Home on the Ocean«: Lady Brassey and the Voyages of the
Sunbeam, 1874–1887. In: Journal of Historical Geography 32 (2006), S. 579–604.
27 Sowie hierzu auch Wenzlhuemer/Offermann: Ship Newspapers (s. Anm. 18).
28 Andrée Viollis: Indochine S.O.S.. Paris 1932.

Neben diesen ebenso individuell wie kollektiv ausgeformten sozialen Reiseerfahrungen brachte die Passage für die Migranten, wie die Forschung gezeigt
hat, je nach Reiseroute und -hintergrund auch eine markante, jeweils spezifisch
verarbeitete Veränderung der bei der Abfahrt gehegten mentalen Landkarten
und Raumordnungen mit sich. In den bereits erwähnten Reisen der Geschwister Meyer manifestierte sich dies nicht nur durch angelaufene Hafenstädte und
Länder, sondern auch durch die neuen Sprachen, Menschen und Gebräuche,
mit denen die Hamburger Kaufmannskinder in Kontakt kamen.[29] Besonders
prägend war für die beiden das Erlebnis der Äquatortaufe, welche den Übergang in eine neue geografische Sphäre dramatisch in Szene setzte. Die Verschie-
bung der Reiserouten, wie sie beispielsweise die Öffnung des Suezkanals mit
sich brachten, hatte in diesem Sinne auch eine Neuorientierung der mentalen
Raumordnungen zur Folge, da auf der West-Ost-Passage nach Indien nun das
östliche Mittelmeer und der arabische Raum zur zentralen Zone des Übergangs
zwischen der westlichen und der »orientalischen« Welt aufstiegen.[30] Historische
Zeitlichkeit, soziale Kontexte und persönliche Erfahrungen sind insofern als
maßgebliche Elemente des individuellen Passageerlebnisses anzusehen und entsprechend in die jeweilige konkrete Betrachtung einzubeziehen.

III. »Regimes of passage«: neue Perspektiven auf die Migrationsgeschichte

Haben sich die bisherigen Ausführungen weitgehend an den transkontinenta-
len Schiffsreisen des 19. und frühen 20. Jahrhunderts orientiert, erscheint es im
Sinne einer breiteren Konzeptbildung notwendig, den Blick auszuweiten und
andere Elemente der Passage in die Betrachtung einzubeziehen. Dies beginnt
damit, dass neben der Transatlantikpassage verstärkt auch andere Wege der Migration Eingang in die Forschung fanden und damit noch mehr die Vielfalt der
Migrationsrouten in der Analyse berücksichtigt wurde. Victor Pereira hat in
diesem Sinne zum Beispiel am Fall der portugiesischen Emigration im 20. Jahrhundert demonstriert, welche Rolle Spanien als »Übergangs- oder Transitraum«
für die Arbeitsmigranten und politischen Exilanten auf dem Weg nach Frankreich spielte.[31] Das von Franko regierte Land, das eine spannungsreiche politische Beziehung zu beiden Nachbarstaaten unterhielt, wurde zu einem zentralen

---

29 Fiedler: Von Hamburg in die Welt (s. Anm. 18), S. 3–5.
30 Huber: Channelling Mobilities (s. Anm. 6), S. 43–45.
31 Victor Pereira: Les réseaux de l'émigration clandestine portugaise vers la France entre 1957 et
    1974. In: Sociétés politiques européennes comparées 19 (2009), S. 107–125; Ders.: La dicta-
    ture de Salazar face à l'émigration: L'Etat portugais et ses migrants en France (1957–1974).
    Paris 2012.

Übergangsraum, dessen komplexe Gefährdungen die Migranten in aller Regel nur mithilfe von professionellen Schleppern oder fest etablierten Hilfsnetzwerken überwinden konnten. Das Beispiel verweist auf die spezifische Bedeutung der Landrouten als notwendigen Weg für einen Teil der späteren Schiffspassagiere und die jeweils gültigen »Passagenregime«.[32]

Wie Pereira zeigte,[33] gilt es, überdies auch das Bild der »Schlepper« zu nuancieren, welches in den aktuellen politischen Debatten eher negativ besetzt ist, da vor allem die potenzielle Gefährdung der Migranten und die Illegalität der Handlungen betont werden. Gegenüber diesem vergleichsweise einseitigen Bild der Schlepperaktivitäten hat auch die jüngere soziologische Forschung eher ihre ambivalente Rolle herausgestellt, die sie nicht zuletzt aus der Perspektive der Migranten besitzen: Die Autoren betonen nämlich weniger die Illegalität der Schlepperhandlungen, sondern betonen vielfach gerade auch ihre Rolle als »Ermöglicher« und Wegbereiter der Passagen.[34] Als Teil einer Schattenökonomie der Migration nutzen die Schlepper die mangelnde bzw. absente staatliche Kontrolle für ihre eigenen ökonomischen Interessen aus, wobei sich eine große Bandbreite der Haltungen zwischen einem eher politisch-humanistisch motivierten Aktivismus auf der einen Seite und der Nähe zur organisierten Kriminalität auf der anderen ergeben kann.

Wendet man dieses nuancierte Bild des »Schleppers« zurück auf die klassischen Formen der Migrantenpassage im interkontinentalen Reiseverkehr, so erschließen sich auf diese Weise die ambivalenten Einstellungen gegenüber den »Werbern« von Auswanderern und den mit ihrem Geschäft eng verwobenen Schiffseignern und Kaufleuten: Tatsächlich hing es ganz entscheidend von den jeweiligen historischen Bedingungen ab, ob die Beförderung der Migration von staatlicher Seite kriminalisiert oder aktiv befördert wurde. William O'Reilly hat bereits für das 18. Jahrhundert aufgezeigt, inwieweit sich die Haltung der britischen Regierung im Laufe der Zeit gegenüber der Einwanderung in die britischen Kolonien in Nordamerika wandelte und gar zu einem aktiven Element bei der Beförderung der Migration aus den süddeutschen Territorien werden konnte.[35]

Der neue Blick auf die Vielfalt der unterschiedlichen Passagenregime mit ihren komplexen Kontextbedingungen beinhaltet im Licht der neueren Forschung auch die Neubewertung der verschiedenen Etappen der von den Mig-

---

32 Zum Begriff der »regimes of passage« siehe auch Huber: Channelling Mobilities (s. Anm. 6), S. 72.
33 Victor Pereira: Ni héros ni escrocs: les passeurs portugais (1957–1974). In: Gisti I Plein Droit 84 (2010), S. 12–16.
34 Vgl. hierzu auch die wegweisende soziologische Studie von Peter Tinti und Tuesday Reitano: Migrant Refugee Smuggler Saviour. London 2016. Siehe hierzu auch den Beitrag von Ivo Theele in diesem Band.
35 Vgl. hierzu z. B. O'Reilly: Working for the Crown (s. Anm. 23), passim.

ranten eingeschlagenen Wege: Weit davon entfernt, eine einfache »Reise« von einem Ausgangspunkt zu einer Endstation zu sein, erweisen sich die Routen der Migranten bei genauerem Hinsehen als relativ instabil und oftmals unvorhersehbar. Tatsächlich beinhalten die Passagen oft nicht nur lange Zeiten des Wartens, sondern angesichts von sich kurzfristig verändernden äußeren Umständen teilweise auch die Notwendigkeit zur Neuorientierung und Anpassung der Reiseroute. Die Passagen sind dabei naturgemäß vor allem in Kriegs- und Krisenzeiten von Unwägbarkeiten geprägt,[36] doch auch unabhängig davon waren und sind die Migranten angesichts etwa des illegalen Grenzübertritts und der staatlichen Überwachung der Grenzwege regelmäßig gezwungen, auf neue Routen auszuweichen.

Zu der beständigen Veränderbarkeit und Anpassung der Passagen an die jeweils herrschenden komplexen Kontextbedingungen kommen aber auch Perioden des Innehaltens und des Wartens, denn Migranten können auf ihren Routen eben keineswegs immer zielgerichtet von einem zum anderen Punkt vorgehen. Laurent Vidal und Alain Musset haben diese »Räume« und »Territorien des Wartens« in einem Sammelband an Beispielen aus dem nord- und südamerikanischen Raum untersucht und gezeigt, wie unterschiedlich in den jeweiligen Kontexten diese Zeiten des Wartens organisiert waren.[37] Wartezeiten konnten sich nicht nur vor der Reise bei der Regelung von Formalitäten wie der Beschaffung von Fahrkarten und Visa ergeben, sondern auch auf den Schiffen beim Eingang in die Häfen sowie in den für die Auswanderer in den nord- und südamerikanischen Hafenstädten geschaffenen Lagern, in denen die Identität, die rechtlichen Verhältnisse und der Gesundheitszustand der Migranten geprüft wurde, bevor sie den neuen Status des »Immigranten« erhalten konnten. Perioden des Wartens bildeten insofern an vielen Stellen elementare Bestandteile des jeweiligen Passagenregimes, die wiederum eng mit bestimmten Phasen der Mobilität verkoppelt waren. Die Ambivalenz von Warten und Fortbewegung, die auch Valeska Huber als Kennzeichen der Reiseberichte des 19. Jahrhunderts auf der Suezpassage beschrieb,[38] ist daher auch übergreifend als Grundbestandteil der Migrationserfahrungen anzusehen.

Neben einem solchen vor allem auf die konkreten Umstände und sich wandelnden Kontextbedingungen der Passagen gerichteten neuen Blick hat die migrationshistorische Forschung aber auch in einer anderen Hinsicht eine wichtige Neubewertung unternommen, indem sie die einzelnen Passagenerfahrungen aus der Sicht der Migranten in eine breitere lebens- und familiengeschichtliche

---

36 Vgl. hierzu etwa die erwähnten Beispiele bei von Soden: »Und draussen weht ein fremder Wind …« (s. Anm. 5), passim.

37 Laurent Vidal und Alain Musset (Hg.): Les territoires d'attentes. Migrations et mobilités dans les Amériques XIXe–XXIe siècles. Rennes 2015.

38 Huber: Channelling Mobilities (s. Anm. 6), S. 50.

Perspektive eingebettet hat. Fariba Adelkhah hat in diesem Sinne am Beispiel iranischer Exilanten aus der Zeit nach der Revolution von 1979 aufgezeigt, inwiefern sich die Exilierung mit früheren Auswanderungswellen verknüpfen lässt, da in vielen Fällen bereits ausgereiste Familienmitglieder bei der Flucht halfen.[39] Darüber hinaus kehrten zahlreiche Exilanten später wieder zumindest zeitweise in ihr Heimatland zurück und knüpften damit wieder an ältere Familienbeziehungen an. Auch die Angehörigen der nächsten Generation hielten auf diese Weise längere Beziehungen zu ihrer »Familienheimat« aufrecht, was wiederum zu einer nachträglichen lebensgeschichtlichen Einbettung der einzelnen Passagenerlebnisse führte.

Dieses Muster einer lebens- bzw. familiengeschichtlichen Neubewertung der einzelnen Passagen im Rahmen der längerfristigen globalen Raumbeziehungen der Migranten und ihrer Netzwerke lässt sich auch in vielen anderen Fällen beobachten, von den »Remigranten« aus den amerikanischen Kolonien der Frühen Neuzeit[40] bis hin zur saisonalen Arbeitsmigration italienischer Bauern nach Lateinamerika am Ende des 19. Jahrhunderts.[41] Wie David Do Paço in diesem Sinne kürzlich am Beispiel der Lebensgeschichte des italienischen Opernlibrettisten Lorenzo Da Ponte und seiner mehrfachen »Auswanderung« dargestellt hat,[42] ergibt sich aus einer solchen breiteren lebensgeschichtlichen Perspektive tatsächlich eine Umbewertung der einzelnen Migrationsschritte und mit ihr auch der jeweils damit verbundenen Passagen von einem Wohnort zum nächsten.

IV. Fazit

Lässt man in diesem Sinne den Beitrag der neueren migrationshistorischen Forschungen zu einer Neukonzipierung eines analytischen Konzepts der »Passage« Revue passieren, so sind vor allem drei Punkte hervorzuheben:

1. Angesichts der vielfältigen Formen und Wege, welche die Passagen in Geschichte und Gegenwart annehmen konnten und können, erscheint es zunächst wichtig, sich für die Konzeptbildung zumindest partiell von dem suggestiven

---

39 Fariba Adelkhah: Partir sans quitter. Quitter sans partir. In: Critique international, 19 (2003), S. 141–153.

40 William O'Reilly: Movements of People in the Atlantic World, 1450–1850. In: Nicolas Canny und Philip Morgan: The Oxford Handbook of the Atlantic World c. 1450–1850. Oxford 2011, S. 305–322; hier: S. 310.

41 Caroline Douki: Compter les »retours« d'émigrants dans l'Italie du début du XXe siècle. Conventions statistiques, libéralisme économique et politique publique. In: Revue Européenne des Migrations Internationales 19 (2013), S. 11–32.

42 David Do Paço: Mobilités et précarités: Lorenzo Da Ponte dans le monde de l'opéra (1779–1830). In: diasporas. Circulations, migrations, histoire 26 (2015), S. 115–132.

Bild der klassischen Dampferpassage zu verabschieden. Stattdessen ist es notwendig, ein allgemeineres Konzept der »Passage« zu begründen, das auch Überlandreisen oder Räume des Transits und des Wartens einschließt. Auch die Migration auf der sogenannten »Balkanroute« seit dem Sommer 2015 ist in diesem erweiterten Sinne als »Passage« zu sehen.

2. Gleichzeitig ist die prägende Rolle der jeweils spezifischen Passagen sowohl für die individuelle Erfahrung der Migranten als auch für deren Außenwahrnehmung zu berücksichtigen. Das Durchschreiten eines bestimmten Raumes, die damit verbundenen spezifischen Entbehrungen und Leiden, die geteilten Zeiten des Wartens, sei es in offiziellen Auffanglagern oder improvisierten Zwischenzonen wie dem »Dschungel« von Calais, aber auch die Momente des Glücks, etwa bei der Ankunft, dies alles hat zweifellos eine starke gemeinschaftsbildende Kraft. Auch für die Außenwahrnehmung einer spezifischen Migrantengruppe hat in der Tat die Art und Weise der Passage eine wichtige Bedeutung, wie etwa das Beispiel der vietnamesischen »Boat People« deutlich macht, die auch Jahre nach ihrer Ankunft und Integration unter diesem Begriff zusammengefasst werden.[43]

In dieser Hinsicht kann die »Passage« tatsächlich als eine wichtige Phase des »Übergangs« im Sinne von Arnold van Gennep angesehen und mit ihren Ritualen analysiert werden. Allerdings darf man ihre Bedeutung auf der anderen Seite auch nicht überhöhen: Wie andere elementare Erfahrungen bildet auch die Passage nur einen Teil der individuellen Identität der Migranten. Je nach Kontext und Perspektive tritt sie daher auch nur mehr oder weniger in Erscheinung, oder es gerät nur ein spezifischer Aspekt oder ein Teilabschnitt der längeren Routen in den Blick der Betrachter.

3. Dies führt uns zu einem letzten Punkt, der Beziehung der Politik und des Staates zu der oder den Passagen der Migranten. Tatsächlich, so scheint es, ist der öffentliche Blick auf die Wege und Räume der Migration oft extrem selektiv. Die Dominanz des nationalstaatlichen Paradigmas und damit die Fixierung auf die Grenze, auf die Probleme der Kanalisierung und Abwehr von Migration, wirkt hier besonders stark, bleibt doch die Politik in aller Regel stark in den nationalen Diskursräumen gefangen. Dies erklärt es auch, weshalb so selten im politischen Diskurs die »Passage« als Ganzes, die vielfältigen Routen, aber auch die Motive und Einzelschicksale der Migranten in den Blick geraten. Damit sind wir am Ende auch wieder bei van Gennep und den von ihm beschriebenen quasi-religiösen Tabus des Übertritts von spezifischen Grenzen: Grenzen, an denen man über lange Zeit lieber Leute ertrinken ließ, anstatt sich breiter mit den Fluchtursachen und unserer Rolle dabei auseinanderzusetzen. Es ist in

---

43 Vgl. Frank Bösch: Engagement für Flüchtlinge. Die Aufnahme vietnamesischer »Boat People« in der Bundesrepublik Deutschland. In: Zeithistorische Forschung 14 (2017), S. 13–40.

diesem Sinne unsere Aufgabe als Historiker und Kulturwissenschaftler, diese breitere Perspektive wieder in die Debatte einzuführen, so wie das in der Praxis durch zivilgesellschaftliche Akteure wie »SOS Mediterranée« geleistet wird.[44] Gegründet nach dem Vorbild der Seenotrettungsgesellschaften, die im 19. Jahrhundert die Atlantikpassage sicherer gestalteten, zeigt ihre Arbeit, wie notwendig es ist, die Passage der Migranten wieder klarer in den Mittelpunkt der Aufmerksamkeit zu rücken, wobei ebenso die individuellen Wege der Migration wie auch die breiteren Kontexte und Bedingungen der Passage einbezogen werden sollten.

---

44 SOS Mediterranée (Hg.) : Les naufragés de l'enfer. Témoignages recueillis sur l'Aquarius. Bagneux 2017.

Sylvia Asmus

Was bleibt?
Zeugnisse von Passagen aus der Sammlung des Deutschen Exilarchivs 1933–1945

I. Faszination der materialen Zeugen

Das Interesse an Archiven hat seit einigen Jahren Konjunktur. Besonders die Kulturwissenschaften haben das Phänomen Archiv neu entdeckt. Die Institution und auch das Konzept Archiv sind dabei Gegenstand des Interesses.

Konjunktur hat aber auch das Ding, das in Archiven verwahrte unikale Material. Das mag, auch wenn das auf den ersten Blick ein Gegensatz zu sein scheint, auch mit der zunehmend digital geprägten Gesellschaft zusammenhängen.[1] Die Möglichkeit der Digitalisierung und die damit verbundene überörtliche Verfügbarkeit und Reproduzierbarkeit von Dingen scheint die Begegnung mit dem Original überflüssig zu machen. Sogar die Körperlichkeit von Dingen lässt sich in 3D-Scans darstellen. Virtuelle Präsentationen haben ein enormes Potenzial. Ihre Stärken liegen in der Vernetzung, im Zusammenbringen verteilt vorliegender Bestände und unterschiedlicher Medien, in der fast unbegrenzten Tiefenstaffelung. So betrachtet könnte die Begegnung mit materialen Zeugnissen in der digital geprägten Gesellschaft verzichtbar sein. Und dennoch scheint dieser Verzicht nicht – vielleicht noch nicht – gewollt. Das materiale Zeugnis fasziniert. Es wohnt ihm etwas inne, das nur am Original selbst, und sei es auch nur durch die Gewissheit seiner materialen Existenz, sichtbar wird. Nicht umsonst sprechen wir von digitalen Surrogaten, ein Begriff, dem etwas von zweitrangig, nicht vollwertig anhaftet.

Archive verwahren seit jeher, im besten Fall unabhängig von Konjunkturen, ihr überwiegend unikales Material, das auf den ersten Blick oft trivial und marginal erscheint, es ist »gerade nicht prominentes, kanonisches Material [...], sondern [es sind] unpublizierte, obskure Zeugnisse«, die in Archiven versammelt sind, wie Marcel Lepper und Ulrich Raulff im kürzlich erschienenen *Handbuch Archiv* feststellen.[2] Was ins Archiv gelangt, hat seine ursprüngliche Funktion verloren. Briefe sind versandt und gelesen worden, Pässe haben ihre Inhaber identifiziert und sind abgelaufen, Visen wurden genutzt oder sind ver-

---

1 Vgl. Marcel Lepper und Ulrich Raulff: Idee des Archivs. In: Handbuch Archiv. Geschichte, Aufgaben, Perspektiven. Hg. v. Marcel Lepper und Ulrich Raulff. Stuttgart 2016, S. 5.

2 Vgl. Marcel Lepper und Ulrich Raulff (Hg.): Handbuch Archiv. Geschichte, Aufgaben, Perspektiven. Stuttgart 2016, S. VII.

fallen, Fahrkarten wurden entwertet. Diese Funktionslosigkeit erhalten die Gegenstände nicht erst mit der Einlagerung in den fensterlosen Tiefen der Archive, nachdem sie erfolgreich archivarische Bewertungsprozesse durchlaufen haben und als archivwürdig befunden wurden. Meist sind die materialen Zeugen bereits lange zuvor kritischen Bewertungsprozessen unterzogen worden, haben immer und immer wieder in ihrer vermeintlichen Funktionslosigkeit überzeugt, wurden nicht entsorgt, sondern bewahrt.[3]

Was also steckt in diesen Archivdingen? Brauchen wir sie noch oder wieder? Welche Bedeutung, welches Potenzial haben sie? Sind sie mehr als papierne Zeugen der Vergangenheit? Können Alltags- und Gebrauchsdinge auratisch sein?[4] Warum wurden und werden sie, funktionslos wie sie erscheinen, aufbewahrt? Diesen Fragen geht die Verfasserin anhand weniger Sammlungsgegenstände aus dem Bestand des Deutschen Exilarchivs 1933–1945 der Deutschen Nationalbibliothek nach.

Zeugen von Passagen des Exils finden sich in vielen Nachlässen. Offenbar besteht ein Bedürfnis, den Einschnitt, den Übergang, die Vorbereitung, den Aufbruch, den Zustand des Dazwischen mit Belegen zu erinnern. Es sind sehr unterschiedliche Dinge, die mit den Passagen des Exils verbunden sind. Amtliche Dokumente, die die Passage erlauben, Vorbereitendes, Mitgenommenes, Zurückgelassenes, Erinnerungsstücke von der Passage, Auseinandersetzungen mit der Passage oder während der Passage Entstandenes. Aus den Objekten wird ersichtlich, dass es durchgehende Passagen zwischen Start- und Zielpunkt kaum gab. Es sind meist viele Reisen, die sich – manchmal erst in der Rückschau – zum Gang ins Exil summieren. Oft ist bei der Abreise das Ziel, das letztlich zum neuen Lebensmittelpunkt wird, noch nicht bekannt. Es gibt Ziele, die aufgrund der Zeitläufte als Daueraufenthalt verworfen werden müssen; es gibt Fluchten, deren Ziel nur das Herauskommen ist, manchmal auch nur auf Zeit, noch nicht aber das Ankommen.

II. Objekterzählungen

1. Fahrkarte in die Freiheit

Eine Zugfahrkarte steht am Beginn des Exils des Journalisten, Buchhändlers und Fotografen Walter Zadek, dessen Weg von Berlin über die Niederlande

---

3 Vgl. Ulrich von Bülow: Nachlässe. In: Lepper/Raulff: Handbuch Archiv (s. Anm. 2), S. 143–152.

4 Zum Begriff der Aura s. Walter Benjamin: Das Kunstwerk im Zeitalter seiner technischen Reproduzierbarkeit [1936]. In: Ders.: Werke und Nachlaß. Hg. v. Burkhardt Lindner. Bd. 16. Berlin 2013.

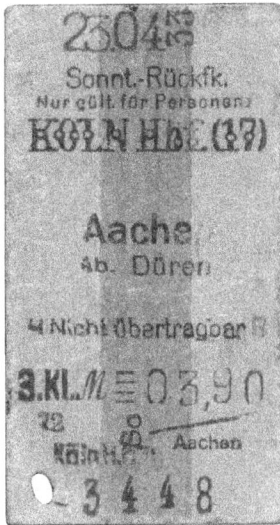

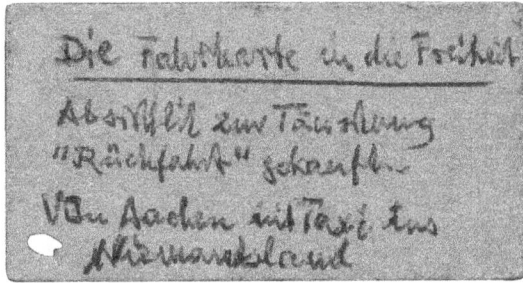

Abb. 1 und 2: Fahrkarte Walter Zadeks, Vorder-
und Rückseite. Deutsches Exilarchiv 1933–1945 der
Deutschen Nationalbibliothek, Nachlass Walter Zadek

nach Palästina führte. Es handelt sich um eine Sonntagsrückfahrkarte, das heißt
eine preislich ermäßigte Karte, 3. Klasse, für die Strecke von Köln nach Aachen.
Der blaue Mittelstreifen macht die Karte (Abb. 1) sogleich als Sonntagsrückfahrkarte erkennbar.

Entwertet wurde diese Fahrkarte am 23. April 1933. Dieser Tag war tatsächlich ein Sonntag, was nicht selbstverständlich ist, da diese Fahrkarten auch
mittwochs erhältlich waren, um der sonntags arbeitenden Bevölkerung dieses
Privileg ebenfalls zu ermöglichen. Bis hierher ist diese Fahrkarte lediglich ein
Beweis der Ermäßigungsaktion der Reichsbahn. Mit dem Geltungsbereich für
die innerdeutsche Strecke Köln – Aachen verbindet sich noch kein Exilbezug.
Auf der Rückseite (Abb. 2) ist die Fahrkarte beschriftet:

Die Fahrkarte in die Freiheit
Absichtlich zur Täuschung »Rückfahrt« gekauft.
Von Aachen mit Taxi ins Niemandsland.[5]

Die Beschriftung, die mit dem Objekt untrennbar verbunden ist, stammt von
Walter Zadek selbst. Er hat die Notiz mit blauem Kugelschreiber aufgebracht,
ausradieren lässt sie sich nicht. Die Aussage verändert die Fahrkarte. Von einem
neutralen Reisedokument wird sie zum materialen Zeugen einer Fluchtpassage.
Die Betrachtung der nur drei Zentimeter breiten und fünf Zentimeter langen
Pappe erzeugt beim Rezipienten auch eine emotionale Wirkung. Es ist genau

---

5 Walter Zadek: [Beschriftung der Fahrkarte]. Ohne Datum. Deutsches Exilarchiv 1933–1945 der
Deutschen Nationalbibliothek, Nachlass Walter Zadek, EB 87/089. Hervorhebung im Original.

diese Fahrkarte, die für Walter Zadek eine existenzielle Bedeutung hatte. Über diese Geschichtlichkeit verfügt keine Reproduktion, ob digital oder analog. Das bedeutungsstarke Wort »Freiheit« auf der Fahrkarte verfehlt seine Wirkung nicht. In der Auseinandersetzung mit dem Original lassen sich das Ausmaß und die Materialität des Objekts noch intensiver erfahren als in der Betrachtung des Digitalisats.

Walter Zadek hat die Fahrkarte seiner Passage nicht nur in den Wirren des Exils aufbewahrt, sondern diese auch aus seiner Perspektive als Exilant kommentiert, um die Exilrelevanz des Stückes lesbar zu machen. Genauer entschlüsselt werden kann die Fahrtkarte durch weitere biografische Informationen. Walter Zadek war am 15. März 1933 im Zuge einer groß angelegten Durchsuchungs- und Verhaftungsaktion in der Künstlerkolonie am Laubenheimerplatz in Berlin verhaftet worden. Kurz nach seiner Freilassung fuhr er mit dem D-Zug von Berlin nach Köln, wo er die Sonntagsrückfahrtkarte erwarb. In Aachen angekommen, fuhr er mit der Straßenbahn und dem Taxi in die Neustraße zwischen Kerkrade und Herzogenrath. Die Straße dort teilt die beiden Städte und bildet gleichzeitig die Staatsgrenze zwischen Deutschland und den Niederlanden – eine geeignete Stelle, um 1933 dem Machtbereich der nationalsozialistischen Diktatur zu entkommen.

Der Buchhändler und Antiquar Zadek, der sich in Israel niedergelassen hatte, handelte nach 1945 mit Exilliteratur, die er in Archiven und Bibliotheken in Deutschland zum Kauf anbot.[6] Auch das Deutsche Exilarchiv gehörte zu seinem Kundenstamm. Neben Exilpublikationen bot Zadek zunehmend auch Autografen zum Kauf an. Zunächst waren das Schriftstücke bekannter Exilanten, zunehmend handelte er aber auch mit Zeugnissen seiner eigenen Exilbiografie. Die hier betrachtete Fahrkarte ist Teil des über die Jahre sukzessive angewachsenen Teilnachlasses von Walter Zadek. Als Antiquar mit eigener Exilerfahrung hatte Zadek einen besonderen Blick nicht nur auf Exilpublikationen, sondern auch auf Briefe und Alltagsdokumente, und er wusste das sich in den 1970er und 1980er Jahren verstärkende Interesse an diesen Dokumenten einzuschätzen. Darauf, dass diese Dokumente anhand seiner Biografie von Forschern entschlüsselt würden, verließ sich Zadek jedoch nicht. Er lieferte den Kontext mit und verwob ihn untrennbar mit dem Objekt.

Mit seiner Erläuterung wird die entwertete, nutzlos gewordene Fahrkarte zum Zeugen der Passage ins Exil und mit Deutung aufgeladen – das Ziel der Fahrkarte ist damit nicht mehr Aachen, sondern die wiedererlangte Freiheit, der Beginn von Zadeks Exil.

---

6 Vgl. Sylvia Asmus und Kathrin Massar: Was kostet Exil? Überlegungen zum Wert und zur Preisgestaltung der Werke und Zeugnisse des Exils 1933–1945. In: Exilforschung 33 (2015): »Kometen des Geldes«. Ökonomie im Exil. Hg. v. Ursula Seeber, Veronika Zwerger und Claus-Dieter Krohn, S. 265–284.

2. Was lässt man zurück?

Flucht bedeutet auch Zurücklassen. Zurücklassen von Familienangehörigen, von Freunden, Zurücklassen von Hab und Gut und manchmal auch das Zurücklassen der eigenen Identität oder eines Teils davon. Richard A. Bermanns Selbstverständnis war das eines österreichischen Autors, der sich der deutschen Emigration zugehörig fühlte. Der in Wien geborene Reisejournalist und Schriftsteller, der unter dem Pseudonym Arnold Höllriegel Bekanntheit erlangt hatte und unter anderem für das *Berliner Tageblatt*, die *Vossische Zeitung*, das *Prager Tagblatt* und den *Wiener Tag* schrieb, außerdem 16 Romane veröffentlicht und fast die ganze Welt bereist hatte, floh 1938 aus Österreich. Nach dem frühen Tod Bermanns 1939 wurden seine Dokumente von seiner Nichte, der in die USA emigrierten Juristin Clementine Zernik verwahrt. Aus ihrem Besitz wurden die Dokumente durch Vermittlung des Germanisten John M. Spalek und durch Mithilfe von Will Schaber 1978 vom Deutschen Exilarchiv übernommen.

In dem also offenbar für erhaltenswert befundenen, allerdings nur bruchstückhaft überlieferten Nachlass befinden sich auch zwei Reisepässe Bermanns. Ein österreichischer Pass, ausgestellt in Wien am 10. März 1938, also zwei Tage vor der Annexion, und ein tschechoslowakischer Reisepass, ausgestellt am 29. April 1938 in Wien im Konsulat der Tschechoslowakei. In beiden Dokumenten findet sich das identische Passfoto, das den Passinhaber durch den Stempel der Bundespolizei in Wien als Österreicher, durch den Prägestempel der Tschechoslowakischen Republik als tschechoslowakischen Staatsbürger ausweist.

Mit dem Österreichischen Pass hatte Bermann zwei erfolglose Fluchtversuche unternommen.[7] Das Ausweisdokument, »ein Prachtexemplar von einem braungelben österreichischen Paß«, wie Bermann in seinem Fluchtbericht[8] schreibt, wies ihn als denjenigen aus, der er war: als den österreichischen Autor Richard A. Bermann. Mit dieser Identität war eine Ausreise nicht möglich, der Pass berechtigte lediglich zur Ausreise ins Deutsche Reich. Den tschechoslowakischen Pass erhielt Bermann am 2. Mai 1938. Sein Visum für die USA war bereits am 28. April erteilt worden.[9] Erst mit diesem Dokument, das ihn als tschechoslowakischen Staatsbürger auswies, gelang ihm die Flucht. Am 3. Mai reiste Bermann bei Petržalka, einem Stadtteil von Bratislava, in die Tschechoslowakei ein. Von Prag aus flog er am 24. Mai nach Straßburg und fuhr mit dem Zug weiter nach Paris. Spätere Stempel bezeugen einen Zwischenaufenthalt in

7 Vgl. Brita Eckert und Hans-Harald Müller: Richard A. Bermann alias Arnold Höllriegel. München, New Providence, London, Paris 1995, S. 378–384.

8 Richard A. Bermann: Meine Flucht aus Österreich (1938). Deutsches Exilarchiv 1933–1945 der Deutschen Nationalbibliothek, Nachlass Richard A. Bermann, EB 75/015, S. 9.

9 Ellis Island Passenger List, unter: https://www.libertyellisfoundation.org [abgerufen: 30.01.2017].

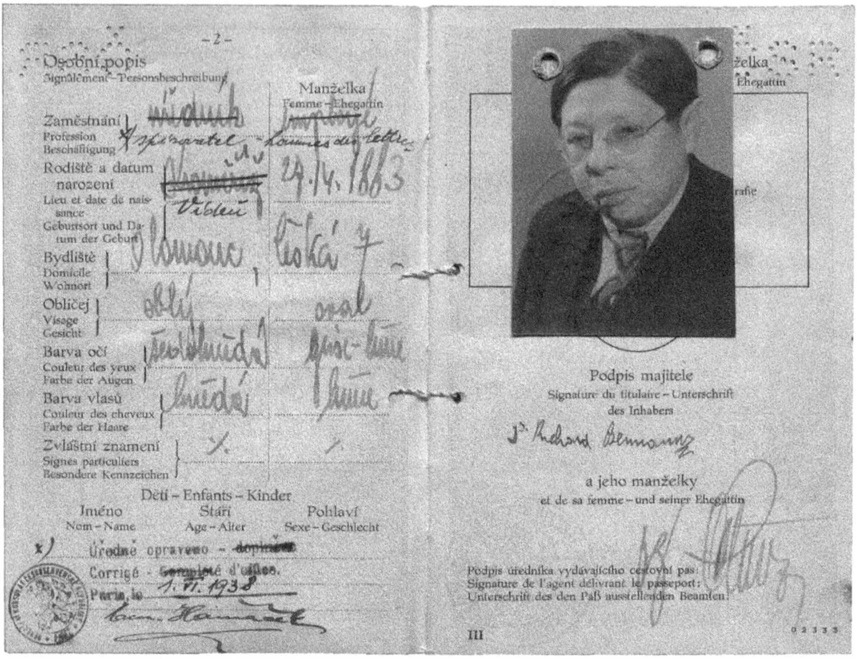

Abb. 3: Tschechoslowakischer Pass von Richard A. Bermann, ausgestellt am 29. April 1938, Deutsches Exilarchiv 1933–1945 der Deutschen Nationalbibliothek, Nachlass Richard A. Bermann

Großbritannien. Der Pass (Abb. 3) wurde als Ausweisdokument von den offiziellen Behörden akzeptiert, Einreise- und Ausreisestempel wurden angebracht, sorgfältig ist jeder Schritt dokumentiert.

Das alles wäre nicht weiter verwunderlich, die Tschechoslowakei half vielen mit Pässen aus. In dem Pass fällt aber besonders eine Eintragung auf: Als Beruf ist in dem Ausweisdokument »Angestellter« angegeben, als Geburtsort Kroměříž, ein Ort in der ehemaligen Tschechoslowakei. Bermann ließ beide Eintragungen wenige Tage nach seiner Ankunft in Paris am 1. Juni 1938 im Konsulat der Tschechoslowakei korrigieren. Von dem Angestellten aus Kroměříž wurde er wieder zum Wiener »homme de lettre«. Offenbar wollte er sein Exil bewusst nur mit der Identität des Schriftstellers antreten.

Man kann die Korrektur in Bermanns Pass im Kontext eines anderen Reiseobjekts des Autors lesen, denn seine Identität als Autor hatte Bermann bereits auf seiner Expedition in die Libysche Wüste beschäftigt. Von dieser Reise ist Bermanns *Tagebuch von der Saharafahrt* (Abb. 4) überliefert.

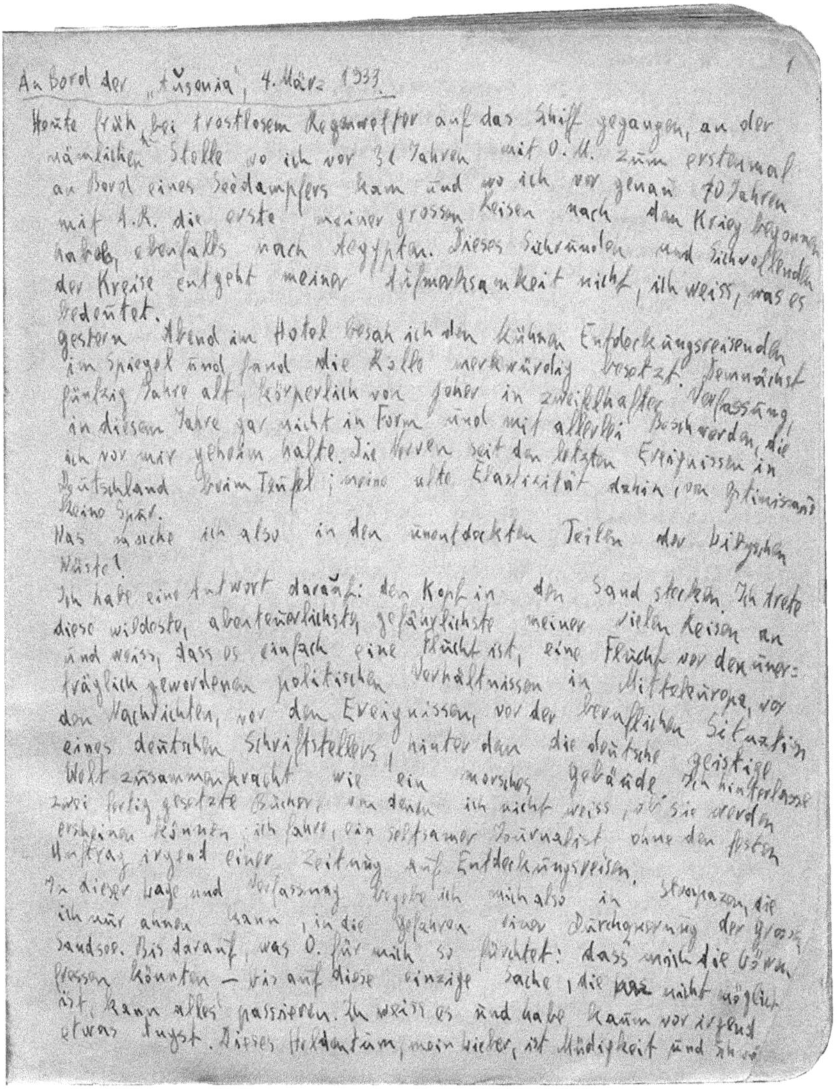

Abb. 4: Richard A. Bermann: Tagebuch von der Saharafahrt. Deutsches Exilarchiv 1933–1945 der Deutschen Nationalbibliothek, Nachlass Richard A. Bermann

Auszüge daraus wurden 1995 im Ausstellungskatalog *Richard A. Bermann alias Arnold Höllriegel*[10] veröffentlicht, 2003 wurde es von Michael Farin und Andreas Stuhlmann aus dem Nachlass herausgegeben[11]. Die Einträge im Original

---

10 Eckert und Müller: Richard A. Bermann (s. Anm. 7).
11 Richard A. Bermann: Zarzura. Die Oase der kleinen Vögel. Hg. v. Michael Farin und Andreas Stuhlmann. München 2003.

sind handschriftlich, in dunkler Tinte verfasst. Von 198 Seiten des schwarzen fadengehefteten Notizheftes sind 69 eng beschrieben, die Einträge folgen eng aufeinander, fast so, als fürchte der Schreiber, dass die Seiten nicht alle Erlebnisse fassen könnten. Die Daten sind jeweils durch Unterstreichung hervorgehoben, die Seiten vom Autor nummeriert, wobei ihm Fehler unterlaufen sind. Die Eintragungen weisen kaum Korrekturen oder Nachträge auf. Das Notierte wird Bermann später als Vorlage für seinen Bericht *Zazura, Oase der kleinen Vögel* dienen, der 1938 in Zürich zugleich bei der Büchergilde Gutenberg und dem Verlag Orell Füssli erschienen ist.[12] Den zurückgelegten Weg von Venedig nach Kairo, die Route durch die Libysche Wüste und nach Kairo zurück sieht man dem Tagebuch kaum an, vom 4. März bis zum 29. Mai 1933 war es Bermanns ständiger Begleiter.

An Bord des Schiffes Ausonia, am Beginn der Reise, notiert Bermann folgenden Eintrag:

> Gestern Abend im Hotel besah ich den kühnen Entdeckungsreisenden im Spiegel und fand die Rolle merkwürdig besetzt. Demnächst fünfzig Jahre alt, körperlich seit je her in zweifelhafter Verfassung, in diesem Jahr gar nicht in Form und mit allerlei Beschwerden, die ich vor mir geheimhalte. Die Nerven seit den letzten Ereignissen in Deutschland beim Teufel; meine alte Elastizität dahin, von Optimismus keine Spur. Was suche ich also in den unentdeckten Teilen der Libyschen Wüste? Ich habe eine Antwort darauf: den Kopf in den Sand stecken. Ich trete diese wildeste, abenteuerlichste meiner vielen Reisen an und weiß, daß es einfach eine Flucht ist, eine Flucht vor den unerträglich gewordenen politischen Verhältnissen in Mitteleuropa, vor den Nachrichten, vor den Ereignissen, vor der beruflichen Situation eines deutschen Schriftstellers, hinter dem die deutsche geistige Welt zusammenkracht wie ein morsches Gebäude.[13]

Weniger das Ziel der Reise als vielmehr die eigene Selbstbestimmung und das, was zurückgelassen wird, scheint hier im Fokus zu stehen. Anlässlich der Reichstagswahlen vom März 1933 schreibt Bermann:

> [...] hier endet die Welt, in der ich gelebt habe, die einzige, die ich mir vorstellen kann. Das Ungewisse, in das ich hineinfahre, ist klarer als das Formlose, das ich hinter mir lasse; ich gehe in die Wüste und werde, freiwillig, ungeheure Ereignisse nicht miterleben. Zum erstenmal seit 1914 schalte ich mich aus; ich frage mich, ob das noch weiterleben heisst.[14]

---

12 Richard A. Bermann: Zarzura, die Oase der kleinen Vögel. Die Geschichte einer Expedition in die Libysche Wüste. Zürich 1938.

13 Richard A. Bermann: Tagebuch von der Saharafahrt. Deutsches Exilarchiv 1933–1945 der Deutschen Nationalbibliothek, Nachlass Richard A. Bermann, EB 75/015, S. 1.

14 Bermann: Tagebuch (s. Anm. 13), S. 3.

Der Österreicher, der sich im März 1933 selbst ausdrücklich als deutscher Schriftsteller bezeichnet hat, lässt in diesen Eintragungen nicht nur seine gewohnte, aber nun erschütterte Umgebung zurück, sondern er gibt seine Identität als Autor auf. Er, der sich als Journalist in unterschiedlichen Blättern immer wieder zu Wort gemeldet hatte, »schaltet sich aus«. Am 10. März denkt Bermann diesen Prozess noch weiter: »Ich rechne aus, daß ich mit meinem bißchen Gold hier etwa 8 Jahre leben könnte – und bekämpfe eine wütende Lust, auf diese Weise zu verlevantinieren.«[15] Ist es zu weit hergeholt, die leer gebliebenen Seiten des Notizbuches mit dieser Überlegung zu verbinden? Wahrscheinlich, denn Bermanns Einordnungen im Tagebuch variieren stark. Dennoch: In den zitierten Eintragungen markiert die Expedition in die Libysche Wüste für Bermann den Beginn seines Exils, das er zumindest wenige Tagebucheinträge lang als einen Zustand empfindet, in dem er seine Identität als politischer Autor nicht mehr leben kann. Dass er sich anders besonnen hat, zeigt die Korrektur in Bermanns tschechoslowakischem Pass, mit dem er 1938 sein Exil nach seiner Ankunft in Paris als österreichischer Autor antritt.

3. Die Erfahrung der Internierung als farbenfrohe Stickerei

Ausgerechnet eine Reisetasche (Abb. 5) wählte die nach Großbritannien emigrierte Österreicherin Irma Lange als Träger ihrer Darstellung der Internierung auf der Isle of Man.

Lange emigrierte im Frühjahr 1939 mit ihrem Sohn Hanns nach Großbritannien. Nach Kriegsbeginn wurden beide als sogenannte feindliche Ausländer auf der Isle of Man interniert.

Irma Lange hat die Erfahrung der Internierung in farbenfrohen Stickereien und Filzapplikationen auf der aus grobem Sackleinen gefertigten Tasche festgehalten. Die Passage ins Exil, die lange Reise von Deutschland mit dem Schiff *Bremen* nach Großbritannien, lag bereits einige Zeit zurück, als Irma Lange als sogenannte feindliche Ausländerin interniert wurde. Die Internierung auf der Isle of Man durchbricht von außen betrachtet die Sicherheit, die Lange in ihrem Zufluchtsort gefunden zu haben meinte. Verhör, Inhaftierung und Internierung sind verunsichernde Maßnahmen, die einem Zugehörigkeitsgefühl zur Gesellschaft des Aufnahmelands entgegenwirken. Die Handarbeit von Irma Lange entspricht dieser negativen Einordnung jedoch nicht. Die bunten Stickereien und Filzapplikationen lassen das Erlebte unbeschwert wirken, Angst oder Verzweiflung transportieren sich durch die Darstellung nicht. Auf der Tasche stellt Irma Lange zum einen den äußeren Verlauf der erzwungenen Ortsveränderung dar: das Verhör, die Inhaftierung im Londoner Frauengefängnis, den Aufenthalt auf der Isle of Man, das Zusammentreffen mit ihrem ebenfalls inter-

---

15 Bermann: Tagebuch (s. Anm. 13), S. 6.

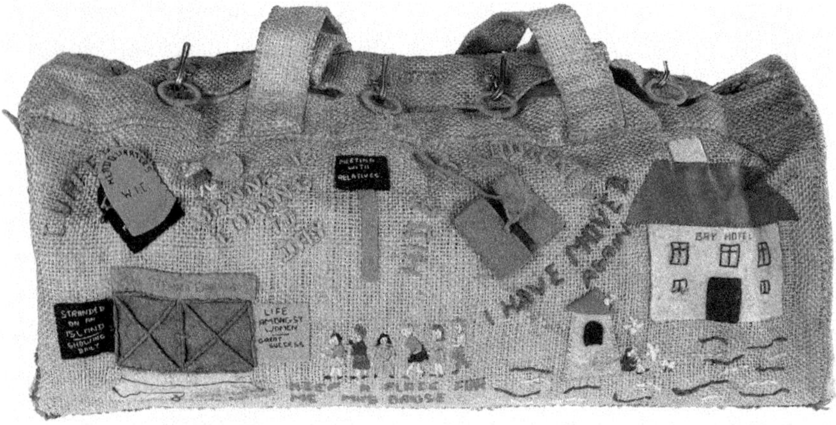

Abb. 5: Irma Lange: Reisetasche mit Szenen der Internierung auf der Isle of Man, Deutsches Exilarchiv 1933–1945 der Deutschen Nationalbibliothek, Nachlass Hanns W und Irma Lange

nierten Sohn Hanns. Sie reflektiert aber auch ihre eigene Verfasstheit und erlebt sich in durchaus positiver Weise als Teil einer Schicksalsgemeinschaft: »Life amongst women great success«, stickt sie neben eine Gruppe von sechs bunten Frauenfiguren. Sie porträtiert sich selbst inmitten der Natur, ein Bild, das von einer Urlaubsreise stammen könnte. Die dekorative Stickerei korrespondiert in der positiven Aussage mit den überlieferten schriftlichen Aufzeichnungen Irma Langes, mit deren Hilfe die Handarbeit als Erzählung entschlüsselt werden kann.

Die Tasche wurde nie benutzt und war aufgrund ihrer Konstruktion wohl auch nicht als Gebrauchsgegenstand konzipiert. Ob die Taschenform bewusst gewählt wurde, als Symbol einer Reise, oder von Mobilität oder ob es eine zufällige Wahl war, muss offenbleiben.

4. Die Zugvögel

Von einer Urlaubsreise stammen könnte auch die im Nachlass von Ivan Heilbut überlieferte Rechnung (Abb. 6).[16] Ausgestellt wurde sie vom Grand Hotel Miramar, das mit wundervollen Ausblicken aufs Meer wirbt.

Das Hotel befand sich in Portbou, und dieser Ortsname verwandelt die Rechnung für Wissende vom Urlaubsreiseandenken zum Exildokument. In Portbou, einem Ort an der spanisch-französischen Grenze, nahm sich Walter Benjamin am 27. September 1940 das Leben.

---

16 Rechnung des Hotel Miramar, Portbou. Ohne Datum. Deutsches Exilarchiv 1933–1945 der Deutschen Nationalbibliothek, Nachlass Ivan Heilbut, EB 96/182, C.02.0012.

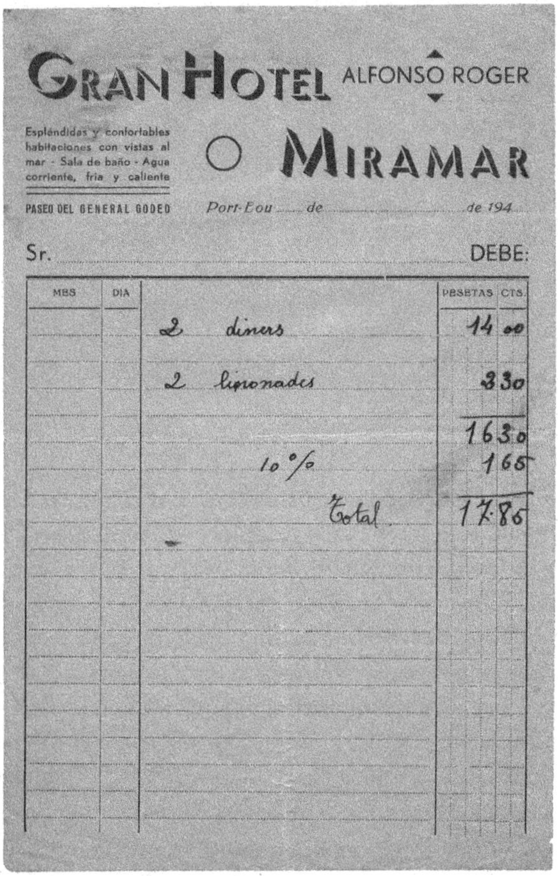

GRAN HOTEL ALFONSO ROGER

Espléndidas y confortables habitaciones con vistas al mar - Sala de baño - Agua corriente, fria y caliente

O MIRAMAR

PASEO DEL GENERAL GODED

Port-Bou .... de .... de 194 ....

Sr. .... DEBE:

MES	DIA		PESETAS	CTS.
		2 diners	14	00
		2 limonades	3	30
			16	30
		10 %	1	65
		Total	17	85

Abb. 6: Rechnung des Hotel Miramar, Deutsches Exilarchiv 1933–1945 der Deutschen Nationalbibliothek, Nachlass Ivan Heilbut

Zwei Limonaden und zwei Abendessen wurden verzehrt, inklusive 10 % Service beläuft sich die Summe auf 17.85 Peseta. Das Datum des Restaurantaufenthalts ist auf der Rechnung nicht eingetragen, der Vordruck lässt aber erkennen, dass die Rechnung in den 1940er Jahren ausgestellt wurde. Aus dem Überlieferungskontext lässt sich ableiten, wer die Restaurantgäste waren: der Schriftsteller Ivan Heilbut und seine Frau Charlotte. Sie waren nach Frankreich emigriert, hatten von Marseille aus versucht weiter zu fliehen und schließlich den Fußweg über die Pyrenäen genommen. Von Cerbère legten sie den steilen Pfad bis Portbou zu Fuß zurück, am 20. September 1940 überquerten sie die Grenze. Von dort ging es weiter mit dem Zug über Barcelona, Madrid bis nach Lissabon. Im Nachlass von Ivan Heilbut ist dieser Weg mit Alltagsdokumenten belegt. Visitenkarten von Hotels, Rechnungen, Eintrittskarten von Museen, eine Kinowerbung, auf der der Farbfilm *Der blaue Vogel* mit Shirley Temple angepriesen wird, sind dort versammelt. Wie muss man sich eine solche Passage vorstellen? Wie passen Museums- und Kinobesuche in unsere Stereotype von

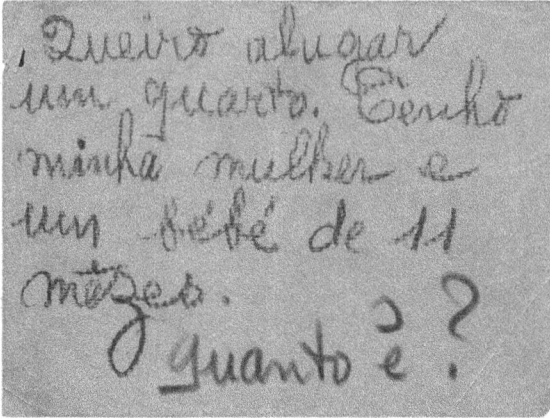

Abb. 7: Ivan Heilbut:
Notizzettel, Deutsches
Exilarchiv 1933–1945
der Deutschen
Nationalbibliothek,
Nachlass Ivan Heilbut

Flucht? Worüber haben sich Ivan und Charlotte Heilbut unterhalten, als sie zu Abend aßen, wie es die Rechnung dokumentiert? Sie hatten zwar die französische Grenze überquert, waren in Spanien, aber damit noch nicht in Sicherheit. Die USA, nicht Spanien, waren das Ziel dieser Flucht. In Lissabon warteten die Heilbuts drei Monate auf ihre Papiere. Auf einem Notizzettel (Abb. 7) notiert Heilbut mit rotem Wachsstift auf Portugiesisch »Ich möchte ein Zimmer mieten, ich habe meine Frau und ein 11 Monate altes Baby«. Und darunter, in einer anderen Schrift, zumindest auf einer anderen Schreibunterlage, verfasst, »Was kostet das?«[17]

Der Zettel in der Größe einer Karteikarte ist an der Seite perforiert und wohl aus einem Block herausgetrennt. Er war in der Mitte gefaltet, vermutlich, um in eine Jackentasche zu passen. Hat Heilbut die Frage von diesem Zettel abgelesen oder ihn gar vorgezeigt, weil er die portugiesische Aussprache nicht beherrschte?

Die Schiffsfahrkarte für eine Passage auf der Serpa Pinto[18] (Abb. 8) markiert den Abschied der Familie Heilbut von Europa. Am 28. Dezember 1940 wurde die Fahrkarte für die Route Lissabon – New York gelöst.

Es ist eine Fahrkarte für die 3. Klasse, ausgestellt für Ivan, 42 Jahre, Charlotte, 41 Jahre, und Francis, 14 Monate alt. Berechnet wurde nur die Passage der beiden Erwachsenen, die Passage für das Kleinkind war gratis. Die Passage auf der Serpa Pinto diente Heilbut als Vorlage für das letzte Kapitel seines stark autobiografisch geprägten Romans *Birds of Passage* (»Die Zugvögel«). Der Roman ist 1943 auf Englisch bei Doubleday, Doran and Company unter dem Titel *Birds of Passage* erschienen. Heilbut hat den Roman, der ursprünglich den

---

17 Ivan Heilbut: [Notizzettel]. Ohne Datum (s. Anm. 16).
18 Schiffsfahrkarte der Serpa Pinto für die Familie Heilbut, 28.12.1940 (s. Anm. 16).

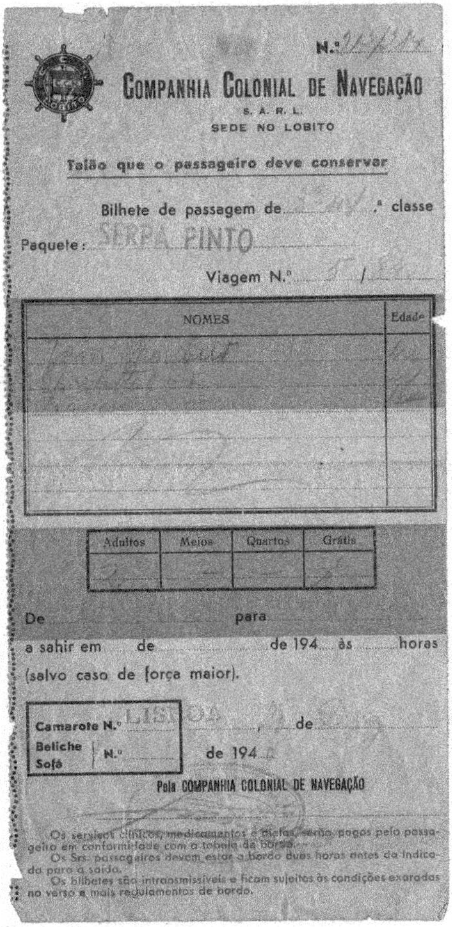
N.º
Companhia Colonial de Navegação
S. A. R. L.
Sede no Lobito
Talão que o passageiro deve conservar
Bilhete de passagem de ... ª classe
Paquete: Serpa Pinto
Viagem N.º

NOMES	Edade

Adultos	Meios	Quartos	Grátis

De ... para ...
a sahir em ... de ... de 194.. às ... horas
(salvo caso de força maior).
Camarote N.º
Beliche / Sofá N.º
Lisboa ..., de ... de 194..
Pela Companhia Colonial de Navegação
Os serviços clínicos, medicamentos e dietas serão pagos pelo passageiro em conformidade com a tabela de bordo.
Os Srs. passageiros devem estar a bordo duas horas antes da indicada para a saída.
Os bilhetes são intransmissíveis e ficam sujeitos às condições exaradas no verso e mais regulamentos de bordo.

Abb. 8: Schiffsfahrkarte für die Passage auf der Serpa Pinto, 28. Dezember 1940, Deutsches Exilarchiv 1933–1945 der Deutschen Nationalbibliothek, Nachlass Ivan Heilbut

Titel *Die Überlebenden* tragen sollte, unter dem Eindruck der eigenen Fluchterlebnisse und unmittelbar nach seiner Ankunft in New York geschrieben. Die Passagiere der Serpa Pinto erscheinen als Teil einer Schicksalsgemeinschaft, die Passage als Zeit, in der das Erlebte vor einem Neubeginn noch einmal reflektiert wird. »Das Boot fliegt nach vorn, die Gedanken rückwärts«[19], lässt Heilbut eine seiner Figuren sagen. Dass sein Roman, besonders das letzte Kapitel »Auf dem Schiff«, vom Übersetzer des Verlags radikal gekürzt werden sollte, weil dieser den amerikanischen Publikumsgeschmack nicht getroffen sah und überdies die

19 Ivan Heilbut: Die Zugvögel. Deutsches Exilarchiv 1933–1945 der Deutschen Nationalbibliothek, Nachlass Ivan Heilbut, EB 96/182, A.01.0003, S. 636.

Ausführungen für unrealistisch hielt, wollte Heilbut nicht akzeptieren. Er verteidigte sich energisch:

> Ein Schiff wie dieses ist ein schwimmendes Stück Europa, auf dem sich wiedersieht und wiedervereint, was in den Stürmen von 1939 und 1940 auseinandergerissen war. Es ist nicht nur nicht ›kaum glaubhaft‹, sondern es ist wahrscheinlich und echt, dass sich Dutzende alter Bekannter, vor allem befreundete Lagerinsassen (welcher Passagier des Emigrantenschiffs war nicht Lagerinsasse?) auf dem Dampfer wiederfinden. [...] Es ist eben so, dass die Gespräche zwischen zweien, die vergangene Welt, Europa, noch einmal heraufbeschwören und damit Entwicklungen von Schicksalen abschließen. [20]

Heilbut sah die Passage als eine Zeit des Übergangs, in der gerade durch den Rückblick auf eine Vielzahl von Fluchtgeschichten und auf die Geschichte Europas ein Neuanfang in den USA möglich zu werden scheint. Stefan Zweig unterstützte die Publikationsversuche Heilbuts. »Ich glaube, die Zeit ist [dem Roman] günstig, weil er aus dieser Zeit stammt und die Depression der Geschehnisse durch innere Kraft überwindet«[21], teilte er Heibut im Dezember 1941 mit. Der Verlag jedoch blieb bei der Entscheidung, den Roman in gekürzter Fassung zu veröffentlichen; das deutschsprachige Typoskript wurde nicht publiziert. Die Diskussionen zwischen Autor und Verlag um die Veröffentlichung des Romans *Birds of Passage* sind Ausdruck für den schwierigen Umgang mit den veränderten gesellschaftlichen und kulturellen Rahmenbedingungen im Aufnahmeland und der Rezeption von Exilliteratur in den USA. Dem deutschsprachigen Typoskript wohnt vor diesem Hintergrund fast etwas Widerständiges inne, mit ihm wurde die ausführliche Textversion über die Jahrzehnte hinweg und über den Tod des Autors hinaus überliefert.

III. Fazit

Die hier betrachteten materialen Zeugnisse von Passagen des Exils haben ihren Status mit der Aufnahme in ein Archiv noch einmal verändert. Sie wurden als sammlungswürdig eingestuft und stehen damit auf Dauer bereit, immer wieder neu befragt zu werden. Als Zeugen der Vergangenheit sind sie Beweise, belegen Fluchtverläufe und biografische Erzählungen. Aber sie sind mehr als das, denn sie bewahren nicht nur faktische Informationen. In Krzysztof Pomians Theorie

---

20 Ivan Heilbut an Howard S. Cady / Doubleday, Doran and Company, Inc., New York, 01.03.1943. Deutsches Exilarchiv 1933–1945 der Deutschen Nationalbibliothek, Nachlass Ivan Heilbut, EB 96 / 182, B.02.0143.
21 Stefan Zweig an Ivan Heilbut, Petropolis, 28.12.1941. Deutsches Exilarchiv 1933–1945 der Deutschen Nationalbibliothek, Nachlass Ivan Heilbut, EB 96 / 182, B.01.0710.

gesammelter Objekte als »Semiophoren« können Dinge, die keinen Gebrauchs-
wert mehr haben, Zeichenträger von symbolischer Bedeutung sein, die die Welt
des Betrachters mit der unsichtbaren Welt der Vergangenheit, auf die sie verweisen, verbinden.[22] Originale transportieren vergangene Wirklichkeiten in die
eigene Gegenwart, sie sind »Katalysator[en ...], die Anknüpfungspunkte für
Fragen, Assoziationen, Erinnerungen und Projektionen biete[n], die zwar weit
über den informativen und ästhetischen Wert hinausreichen, aber dennoch das
Objekt als handlungs- und wirkungsauslösenden Bezugspunkt begreifen«.[23]
Dinge mit ihren vielfach eingeschriebenen Spuren können Wirkungen auslö-
sen, Emotionen wecken, eine sinnliche Kraft entfalten und Lesarten hinterfra-
gen oder ermöglichen. Die Aussagefähigkeit und Wirkmacht von Objekten
hängt dabei entscheidend vom Betrachter ab.

Bildnachweise:
Abb. 1, 2: Deutsches Exilarchiv 1933–1945 der Deutschen Nationalbibliothek, Nach-
lass Walter Zadek, EB 87/089, Fotografie: Deutsche Nationalbibliothek; Abb. 3, 4:
Deutsches Exilarchiv 1933–1945 der Deutschen Nationalbibliothek, Nachlass Richard
A. Bermann, EB 75/015, Fotografie: Deutsche Nationalbibliothek; Abb. 5: Deutsches
Exilarchiv 1933–1945 der Deutschen Nationalbibliothek, Nachlass Hanns W und
Irma Lange, EB 2000/055, Fotografie: Deutsche Nationalbibliothek; Abb. 6–8: Deut-
sches Exilarchiv 1933–1945 der Deutschen Nationalbibliothek, Nachlass Ivan Heilbut,
EB 96/182, Fotografie: Deutsche Nationalbibliothek.

---

22 Krzysztof Pomian: Der Ursprung des Museums. Vom Sammeln. Berlin 1993, S. 95.
23 Roswitha Muttenthaler: Beredsam und wirkungsvoll. Dimensionen der Dinge aus museologi-
     scher Perspektive. In: Gegen den Stand der Dinge. Objekte in Museen und Ausstellungen. Hg.
     v. Martina Griesser u. a. Berlin 2016, S. 40.

Joachim Schlör

Reflexionen an Bord
Die Schiffsreise als Ort und Zeit im Dazwischen

Die folgenden Überlegungen zur Schiffsreise – und die Quellen, auf denen sie beruhen – sind aus einem Zusammentreffen mehrerer Forschungsbereiche entstanden: Dabei handelt es sich einerseits um Forschungen über die Emigration deutscher Juden unter der nationalsozialistischen Herrschaft, vor allem – aber nicht nur – nach Palästina,[1] andererseits um die in Southampton über die letzten Jahre entwickelten Projekte zu ›Port Jews‹ und zu ›Jewish Maritime Studies‹.[2] Mit ähnlichen Interessenschwerpunkten arbeiten Björn Siegel in Hamburg und David Jünger in Berlin: Siegel bearbeitet ein umfangreiches Projekt mit dem Titel *Das Schiff als Ort in der jüdischen Geschichte: Europäische Reedereien und die jüdische Emigration nach Palästina in der Zwischenkriegszeit (1920–1938)* und hat in diesem Zusammenhang auch zum Thema »A Maritime Place of Resignation or Hope? Individual Experiences of Journeys to/from Palestine during the Holocaust« publiziert.[3] David Jünger hat in seiner Leipziger Dissertation *Vor dem Entscheidungsjahr. Jüdische Emigrationsfragen im nationalsozialistischen Deutschland 1933–1938* die *Erfahrung des Übergangs* als »ein verbindendes Element« von Schiffsreisen nach Palästina herausgearbeitet – Reisen, die vor 1933 und selbst noch in den ersten Jahren der NS-Herrschaft eher der »Auswanderungsvorbereitung« dienten, dann aber immer dringenderen und endgültigen Charakter: den eines Abschieds annahmen:

> Während die einen den Trip durchaus als konkrete Vorbereitung ihrer angestrebten Auswanderung nutzen wollten, suchten andere zunächst einmal das Potential

---

1 Joachim Schlör: Endlich im Gelobten Land? Deutsche Juden unterwegs in eine neue Heimat. Berlin 2003.
2 David Cesarani (Hg.): Port Jews. Jewish Communities in Cosmopolitan Maritime Trading Centres, 1550–1950. London, Portland 2002; David Cesarani und Gemma Romain (Hg.): Jews and Port Cities 1590–1990. Commerce, Community and Cosmopolitanism. London 2006; Joachim Schlör (Hg.): Jewish Maritime Studies. Jewish Culture and History: Special Issue 13.1 (2012).
3 Björn Siegel: Die Jungfernfahrt der »Tel Aviv« nach Palästina im Jahre 1935. Eine »Besinnliche Fahrt ins Land der Juden«?. In: »Ihre Wege sind liebliche Wege und all ihre Pfade Frieden« (Sprüche 3, 17). Die Neunte Joseph Carlebach-Konferenz. Wege Joseph Carlebachs. Universale Bildung, gelebtes Judentum, Opfergang. Hg. v. Miriam Gillis-Carlebach und Barbara Vogel. München, Hamburg 2014, S. 106–125; Ders.: Arnold Bernstein: Biographie im Rahmen des Forschungsprojektes des Deutschen Historischen Instituts (GHI) Immigrant Entrepreneurship: German-American Business Biographies (1720 to the present) [Publikation 2014/2015], unter http://www.immigrantentrepreneurship.org [abgerufen: 13.06.2017].

des Landes zu erkunden. Eine dritte Gruppe wiederum verfolgte lediglich das Ziel, die Verwandten zu besuchen sowie Land und Leute kennenzulernen. [...] In der Konstellation der Überfahrt vom nationalsozialistischen Deutschland ins britische Mandatsgebiet Palästina verschränkten sich derart viele Übergangsprozesse, dass sich die Reisenden einer tieferen Reflexion über deren Bedeutung kaum entziehen konnten. Die Schiffsreise schien in einem Zwischenraum und einer Zwischenzeit zu liegen: zwischen individueller sowie jüdisch-kollektiver Vergangenheit und Zukunft, zwischen Europa und Asien, zwischen Okzident und Orient, zwischen Liberalismus und Nationalismus, zwischen gestern und morgen. Die Schiffspassage als solche war dabei die Übergangserfahrung in Reinform, die die Reisenden in den Bann der Reflexion schlug.[4]

Von solchen Reisen – und ausdrücklich nicht von denen der späteren Jahre, für die symbolisch die Schiffsnamen »St. Louis«, »Dunera« oder auch »Exodus« stehen mögen – soll hier die Rede sein. Jüngers Beobachtung bestätigt meine Eindrücke von der Lektüre der zahlreichen Briefe, Tagebücher und Memoiren, die ich bereits 2003 unter dem Stichwort der »Passage« zusammengefasst habe und die in einem Vortrag bei der großen »Jeckes-Konferenz« in Jerusalem 2004 unter dem Titel »Auf dem Schiff« einem Publikum von Israelis deutsch-jüdischer Herkunft zur Diskussion angeboten wurden – mit nicht sehr großem Erfolg. Die dort das nahezu vollständige *Ankommen* der deutschen Juden im zionistischen Projekt und im Staate Israel feiern wollten, und das waren eigentlich alle, mochten nicht mit der These konfrontiert werden, sie befänden sich nach meinem Eindruck immer noch, mental, »auf dem Schiff«.[5] Aber wie anders konnte man verstehen, dass dieses Erlebnis der Schiffsreise, mittlerweile Jahrzehnte zurückliegend, einen solch zentralen Ort in der Erinnerungstopografie der Emigranten einnahm? Dass sie die eigene Reise und die Begegnungen mit anderen Reisenden nicht nur damals ausführlich beschrieben und fotografiert haben, sondern auch beim Rückblick mit Emotion davon sprachen?[6] Mir schien diese starke Verankerung, um ein maritimes Bild zu wählen, des Schiffs in der Erinnerung ein Beleg dafür zu sein, dass die oft nur recht kurze, aber sehr prägende Phase zwischen Abschied und Ankunft, zwischen Woher

---

4 David Jünger: An Bord des Lebens. Die Schiffspassage deutscher Juden nach Palästina 1933 bis 1938 als Übergangserfahrung zwischen Raum und Zeit. In: Mobile Culture Studies. The Journal 1 (2015). Hg. v. Johanna Rolshoven und Joachim Schlör, S. 147–166; hier: S. 149; vgl. Ders.: Jahre der Ungewissheit. Emigrationspläne deutscher Juden 1933–1938 (= Schriften des Simon-Dubnow-Instituts. Hg. v. Dan Diner, Bd. 24). Göttingen 2016.

5 Joachim Schlör: Auf dem Schiff. In: Zweimal Heimat. Die Jeckes zwischen Mitteleuropa und Nahost. Hg. v. Yotam Hotam und Moshe Zimmermann. Frankfurt a. M. 2005, S. 138–146.

6 Vgl. dazu auch Anne Betten: Die Flucht über das Mittelmeer in den Erzählungen deutschsprachiger jüdischer Migranten der Nazizeit. Vortrag bei der Tagung der Associazione Italiana di Germanistica zum Thema »Das Mittelmeer in deutschsprachigen Kulturraum: Grenzen und Brücken« (Neapel, 9.–11.6.2016), unveröff. Ms.

und Wohin, ein Element des Unterwegsseins in diese Lebensgeschichten eingeschrieben hatte.

Ohne die »Jeckes« für eine Seite, für einen Ort, für ein politisches Projekt zu
benutzen, könnte es doch gelingen, am Beispiel der vielen einzelnen – und so
unterschiedlichen! – Lebensgeschichten die Vielfalt und selbst die Wider-
sprüchlichkeit von Lebensentwürfen und Identitäten, und selbst die notwendig
vielfältige und widersprüchliche Formation von Gesellschaften aufzuzeigen
und zu illustrieren. Manès Sperber hat das Bild einer Brücke entworfen, die
errichtet wird, ohne dass ihre Erbauer das andere Ufer schon kennen. Wenn wir
uns heute daranmachen, diese Geschichte zu erforschen und an die folgenden
Generationen zu vermitteln, kann dieses Bild sehr nützlich sein. Für die Erforschung wie für die Vermittlung brauchen wir Dokumente: Briefe und Postkar-
ten, Fotografien, Tagebücher, Abfahrtspläne und Bord-Merkblätter. Diese Dokumente aufzubewahren und zu sammeln, in Archiven wie dem Leo Baeck
Institut oder dem deutsch-jüdischen Museum in Tefen, ist eine Aufgabe, die
aus Israel wie aus Deutschland und Europa gleichermaßen Unterstützung
braucht. Das Schiff – auch wenn längst angekommen – ist zugleich noch unterwegs.[7]

In der Zwischenzeit hat Kristine von Soden mit *»Und draußen weht ein fremder Wind«. Über die Meere ins Exil* eine beeindruckende Dokumentation vorgelegt, in der die »Wege jüdischer Emigrantinnen« nachgezeichnet werden – bekannte Namen darunter wie Mascha Kaléko, Judith Kerr, Lilli Palmer oder
Anna Seghers, aber auch weniger prominente wie Margarete Edelheim, Grete
Fischer oder Friderike Zweig. Die auf der Grundlage von Tagebüchern, Briefen
und Erinnerungen, aber auch von zeitgenössischen Publikationen wie den Informationen des Hilfsvereis der deutschen Juden (und den darin geschalteten
Anzeigen von Reisebüros und Umzugsfirmen) erstellten Berichte werfen wichtige Fragen nach der kulturellen Praxis des Auswanderns auf: »Wer half bei der
Beschaffung von Pässen, Aus- und Einreisepapieren, Visa und Schiffskarten?
Wer organisierte die Passagen, auf welchen Schiffen und von welchen Häfen
aus traten die Emigrantinnen schließlich ihre Fahrt ins Ungewisse an? Wie gestaltete sich die Überfahrt, wie sah die Ankunft aus?«[8] Auch darin sind unsere
Arbeiten eng miteinander verwandt.[9]

---

7 Schlör: Auf dem Schiff (s. Anm. 5), S. 146; vgl. auch Ders.: Konstruktionen und Imaginationen
   vom Heiligen Land im deutschen Judentum. Berichte von unterwegs. In: Aschkenas. Zeitschrift
   für Geschichte und Kultur der Juden 17/1 (2007), S. 167–183.
8 So heißt es in der Verlagsankündigung, unter: https://www.aviva-verlage.de/programm/und-
   draußen-weht-ein-fremder-wind/ [abgerufen: 25.02.2017]; Kristina von Soden: »Und draußen
   weht ein fremder Wind ...«. Über die Meere ins Exil. Berlin 2017.
9 Joachim Schlör: »Solange wir auf dem Schiff waren, hatten wir ein Zuhause.« Reisen als kulturelle
   Praxis im Migrationsprozess jüdischer Auswanderer. In: Voyage. Jahrbuch für Reise- und Touris-
   musforschung 10 (2014): Mobilitäten!, S. 226–246.

Abb. 1: Die erste Gruppe der Auswanderer aus Rexingen auf dem Schiff nach Palästina, Februar 1938

Das gleichzeitige Erscheinen dieser Arbeiten zeigt wohl die Relevanz der Thematik auf. Diese Reisen stehen – bei aller scheinbaren Leichtigkeit, die manche der unten angeführten Quellen ausstrahlen – im Zusammenhang mit der gesamten Geschichte von Verfolgung und Flucht unter dem Nationalsozialismus. Wie Debórah Dwork und Robert Jan van Pelt es ausdrücken: »Fleeing does not write refugees out of the story [of the Holocaust]; it simply takes the story elsewhere. Indeed: it takes it everywhere.«[10] Zudem berichten sie von den Auswandernden als Handelnde, nicht oder doch nicht nur als Objekte einer Verfolgungspolitik. Wer emigriert, erleidet nicht nur etwas (Verlust von Heimat, Familie, Status, Besitz), sondern wendet zielgerichtete Mühe auf, um etwas zu erreichen: Freiheit. Wenn es gut geht. Wenn wir also die Biografien der Emigrantinnen und Emigranten verstehen wollten, dann wäre tatsächlich das Schiff ein Ort, von dem aus wir, mit ihnen und ihren Erinnerungen, sowohl zurück wie voraus blicken könnten – ein »thirdspace«, um diesen schwierigen, aber nützlichen, von Edward Soja und Homi K. Bhabha je unterschiedlich eingeführten Begriff zu verwenden: nicht »hier«, nicht »dort«, sondern dazwischen.[11]

---

10 Debórah Dwork und Robert Jan van Pelt: Flight from the Reich: Refugee Jews, 1933–1946. New York 2009, S. x–xx, hier: S. xiii.

11 Edward W. Soja: Thirdspace. Journeys to Los Angeles and Other Real-and-Imagined Places. Oxford 1996; Homi K. Bhabha: The Location of Culture. Abingdon 2004; Joachim Schlör: The Land ›Here,‹ the Land ›There‹: Reflections on Returning, Eröffnungsvortrag zur Ausstel-

Diese Erfahrungen mit denen anderer Schiffsreisender, beginnend etwa mit der Mitte des 19. Jahrhunderts, zumeist in die Amerikas, Nord oder Süd, in Beziehung zu setzen, war das Ziel eines Workshops, der im Juni 2014 an der Universität Graz stattfand und aus dessen Beiträgen die erste Ausgabe der Grazer online-Zeitschrift *Mobile Culture Studies. The Journal* entstand, die dem Thema der »Schiffreise als Erfahrung des Übergangs in Migrationsprozessen« gewidmet war. Arnd Schneider schrieb darin eine Anthropologie der Schiffsreise, basierend auf den Erfahrungen von Claude Lévi-Strauss und Bronisław Malinowski, Ursula Feldmann vom Deutschen Schiffahrtsmuseum Bremerhaven analysierte zwei Tagebücher »alleinreisender Damen« aus der Mitte des 19. Jahrhunderts, Elisabeth Janik untersuchte die eingesandten Beiträge zu einem Schreibwettbewerb über die Erfahrungen polnischer Auswanderer nach Südamerika – ein weites Feld.[12] Es ist wichtig, solche vergleichenden Untersuchungen anzustellen und dabei sowohl Unterschiede wie Gemeinsamkeiten in den Erfahrungen von Männern und Frauen, von Gruppen oder Individuen, von verschiedenen Generationen, aber auch von unterschiedlichen Nationalitäten, und erst recht von verschiedenen Zeitabschnitten, herauszuarbeiten. Erst dann lässt sich die Frage nach spezifischen Formen jüdischer Erfahrung sinnvoll stellen – wenn »Jewish Maritime Studies«, also Forschungen zur jüdischen Erfahrung des Meeres, der Seefahrt, des Lebens in den Hafenstädten, einen interessanten Arbeitsbereich bilden können, dann nur im Dialog mit anderen Forschungsrichtungen, die sich ebenfalls dafür interessieren, welche kulturellen Prozesse und Praktiken entstehen und sich entwickeln, wenn Menschen, aus Neugier oder aus Not, den festen Boden verlassen und sich dem Meer zuwenden: der Hafenstadt, dem Schiff und der Schiffsreise.

Aus diesen Erfahrungen und Praktiken entstehen tatsächlich, wie es im Call for Papers für die Tagung »Passagen des Exils« und den daraus hervorgegangenen Sammelband hieß, »künstlerische wie literarische Reflexionen [...], die bislang kaum erforscht sind«. Die »Routen als kulturelle Erfahrungsräume«, *Passa-*

---

lung »Ort der Zuflucht und Verheißung«, Mishkenot Shaananim, Jerusalem, 21.07.2008, unter: http://irgun-jeckes.org/german-jewish-emigration-to-palestine/[abgerufen: 13.06.2017]. Im Oktober 2016 fand an der Universität Erfurt ein Workshop »Räume des Religiösen: Zwischenraum, third space oder Heterotopie«? unter der Leitung von Muriel González Athenas (Bochum) und Monika Frohnapfel-Leis (Erfurt/Mainz) statt.

12 Arnd Schneider: An Anthropology of Sea Voyage. In: Mobile Culture Studies. The Journal (s. Anm. 4), S. 31–53; Ursula Feldkamp: »Wie mächtige Gefühle meine Brust durchkreuzten, als wir das Schiff betraten [...]«. Seereiseerfahrungen in zwei Bordtagebüchern des 19. Jahrhunderts. In: Mobile Culture Studies. The Journal (s. Anm. 4), S. 57–84; Elisabeth Janik: »Auf dem schaumigen Wellenkämmen suchte ich nach dem Gespenst der polnischen Bauern auf der Suche nach Boden und Brot.« Reiseerfahrungen polnischer MigrantInnen auf der Seereise nach Südamerika. In: Mobile Culture Studies. The Journal (s. Anm. 4), S. 107–124.

gen der Migration vielleicht besser als »Passagen des Exils«,[13] bilden einen Zwischenraum – und eine Zwischenzeit – in der Erfahrung der Auswanderung deutscher Juden und Oppositioneller unter dem Nationalsozialismus. Der unmittelbaren Verfolgung entronnen, von den Zumutungen des neuen Lebens noch nicht erfasst, bietet die Zeit an Bord Gelegenheit zur Reflexion über das Woher und das Wohin. Das Schiff selbst ist Instrument und Ausdruck der Passage, es führt die Bewegung aus, während der die Passagiere, zum Nichtstun verurteilt, nach den oft schwierigen Prozeduren der Auswanderung für einen Moment innehalten. Deshalb ist es unerlässlich, das Schiff selbst – die »Heterotopie par excellence«, wie es bei Foucault heißt[14] – in den Blick zu nehmen. Das muss noch geleistet werden.

Denn während die Zeit *vor* der Schiffsreise, bei der Vorbereitung einer Auswanderung, mit dem Studium von Atlanten und anderen Informationsquellen, mit dem Vorsprechen bei Konsulaten, der Antragstellung auf Visa, dem Einpacken der Dinge, die mitgenommen werden können, auch mit dem Abschied von Freunden und Verwandten, von rastloser Aktivität erfüllt ist, während auch die Tage *nach* der Ankunft meist sehr betriebsam sind, ist es auf dem Schiff oft still. So haben die Reisenden Zeit, über das Woher und das Wohin nachzudenken. Anfangs- und Endpunkt der Reise sind, wie im folgenden Zitat von Erwin Moses deutlich wird, gegeben und selbstverständlich.

> Als ich nach zwölfjähriger treuer und verantwortungsvoller Mitarbeit in der Leitung eines großen Unternehmens im März dieses Jahres meine Mitarbeit einstellen mußte – da hatte ich die eindrucksvollste Begegnung mit dem jüdischen Schicksal; ich mußte gehen, weil ich Jude bin. Plötzlich stand ich als Fremder in der geliebten Welt, aus der ich nie weggehen wollte. Ich kannte die herrlichen Berge und Seen des ganzen Landes und war ebenso zu Hause in Hamburg und München, Köln und Königsberg, wie in meiner Vaterstadt Berlin. [...] Von Marseille aus brachte uns das Schiff nach Jaffa; von dort gingen wir nach Tel-Aviv, der jüdischen Stadt. Und das ist mein jüdisches Erlebnis, das ist der Tag, an dem ich das Judesein als Glück empfand, das stolz macht und stark: das jüdische Wunder – Tel-Aviv.[15]

---

13 Silvia Asmus verweist darauf, dass es Ernst Loewy selbst war, der in einem Beitrag »Zum Paradigmenwechsel in der Exilliteraturforschung« von 1991 »die Aufhebung der Trennung von politischem Exil und jüdischer Emigration befürwortet und damit die Hinwendung zur Migrationsforschung vorwegnimmt«. Sylvia Asmus, »Fremd bin ich den Menschen dort«. Ein Blick in die Sammlungen des Deutschen Exilarchivs 1933–1945 und des Deutschen Literaturarchivs Marbach. In: Dialog mit Bibliotheken 2 (2012), S. 66–74; hier: S. 70; vgl. Ernst Loewy: Zum Paradigmenwechsel in der Exilliteraturforschung, in: Exilforschung 9 (1991): Exil und Remigration. Hg. v. Claus-Dieter Crohn, Erwin Rotermund u. a., S. 208–217.

14 Michael Foucault: Andere Räume (Des espaces autres). In: Karl-Heinz Barck u. a. (Hg.): Aisthesis. Wahrnehmung heute oder Perspektiven einer anderen Ästhetik. Leipzig 1992, S. 34–46; hier: S. 46.

15 Erwin Moses an Julius Moses, 12. August 1933. In: Dieter Fricke: Jüdisches Leben in Berlin und Tel Aviv 1933 bis 1939. Der Briefwechsel des ehemaligen Reichstagsabgeordneten Dr. Julius Moses. Hamburg 1997, S. 78.

Was aber geschieht dazwischen? Die neue Palästina-Linie Triest – Haifa der Palestine Shipping Co., Ltd. wirbt mit den folgenden Worten:

> Anfang März 1935 wird die neugegründete Palestine Shipping Co. ihren regelmäßigen 14-Tage-Palästina-Dienst mit dem modernen 10 000-t-Dampfer ›Tel-Aviv‹ auf der Linie Triest-Haifa aufnehmen. Triest wurde als Ausgangspunkt genommen, weil dieser Hafen in verkehrstechnischer Hinsicht am günstigsten zu den für Palästina wichtigen Wirtschaftszentren und großen Städten Europas liegt. Die Palestine Shipping Co., Ltd. betrachtet es als ihre vornehmste Aufgabe, den Palästina-Reisenden bei mäßigen Fahrpreisen mit dem gleichen vorbildlichen Reisekomfort zu umgeben, wie ihn der Atlantik-Reisende schon immer gewohnt ist. Die 4 ½ Tage dauernde Überfahrt von Triest nach Haifa soll dem Passagier zugleich köstliche Erholung sein.[16]

Eine ganze Doppelseite in dieser Broschüre beschreibt dann das Schiff, eben die »Tel-Aviv«, die uns auch in vielen Reiseberichten wieder begegnet, mit all dem Komfort, den sie zu bieten hat: eine neue Inneneinrichtung, fließendes Wasser in allen Kabinen, prächtige Gesellschaftsräume, ein luxuriös eingerichteter Speisesaal – »auch für rituell lebende Passagiere ist volle Vorsorge getroffen, sie können auf Wunsch streng rituelle Kost erhalten. Die Zubereitung dieser Speisen erfolgt unter Aufsicht.« Bilder zeigen den Rauchsalon, das Sportdeck und »Sackhüpfen« als »lustiges Bordspiel«. Wie gesagt, das zu berichten mag manchem fast frivol erscheinen angesichts der vielen Katastrophen, die sich mit dem Thema der »illegalen Immigration« nach Palästina zwischen 1939 und 1948 oder mit dem Schicksal der abgewiesenen Passagiere der »St. Louis« verbinden. Aber beide Aspekte gehören zusammen, wie die Erinnerungen von Paul Mühsam zeigen. Schon beim ersten Abschiedsschritt, »als sich der Zug langsam in Bewegung setzte, hatte ich das Gefühl, als ließe ich meine Jugend hinter mir liegen und als würde wieder ein Stück von meinem Herzen losgerissen«.[17] Mühsam fügt hinzu: »Noch vor einem Jahr hätte ich jeden für einen Verleumder erklärt, der zu behaupten gewagt hätte, ich werde es noch einmal als Glück ansehen, mein Heimatland hinter mir zu lassen.« Und selbst hier tritt dieser merkwürdige Moment ein, der die Emigration zu günstigeren Zeiten, also noch in den Jahren vor 1938, unversehens vom Bild der Flucht in das der Reise verwandelt:

---

16 Broschüre der Palestine Shipping Company, o. O. 1935. Privatarchiv Joachim Schlör. Daraus auch die folgenden Zitate.
17 Paul Mühsam: Ich bin ein Mensch gewesen. Lebenserinnerungen. Berlin 1989, S. 252; vgl. auch Ders.: Paul Mühsam: Stimmungsbilder aus Palästina. In: Paul Mühsam – Prosa K. Stimmungsbilder aus Palästina. Deutsches Literaturarchiv Marbach, 78.404. Insgesamt 41 Blatt Durchschlagpapier, unveröffentlichtes Manuskript – Dank an Caroline Jessen für den Fund.

Am 14. September [1933] traten wir unsere Seereise auf dem der französischen
Gesellschaft Messageries maritimes gehörenden Dampfer ›Marietta Pacha‹ an. Um
1 Uhr lichtete er die Anker. Die Reise übte einen so wohltuenden, anregenden und
beglückenden Einfluß aus, daß man fast die unerquicklichen Umstände vergaß,
unter denen sie erfolgte.[18]

Es mag zynisch wirken, aber es ist notwendig, dieses Gefühl der Befreiung – das
hier fast das Bild einer Ferienreise annimmt – in der Erinnerung zu behalten.
Ganz ähnlich schreibt die 1891 geborene Erna Horwitz-Stern aus Aschaffen-
burg, deren Bericht unpubliziert im Archiv des Leo Baeck Instituts New York
liegt. Sie verlässt Frankfurt-Höchst am 20. Mai 1934, nimmt ein neunjähriges
Kind unter ihren Schutz und reist über München und Villach nach Triest. Sie
besichtigt die Altstadt, »nicht sehr sauber«, aber mit »eleganten Frauen«, erlebt
die Ankunft eines großen Dampfers aus Alexandria, regelt »Geld- und Schiffs-
angelegenheiten« und geht »frühzeitig« aufs Schiff. »Es war doch für die Kleine
und mich etwas Neues und waren wir schon so gespannt, wie es da ausschaut.
Inzwischen war ich auch schon in Ferienstimmung und freute mich auf all das
Neue, was ich zu sehen bekommen sollte.« Unter den etwa 180 Passagieren – in
diesem Fall auf der »Gerusalemme« des Lloyd Triestino – waren ein Drittel
Auswanderer, zwei Drittel »Palästinenser, die geschäftlich in Europa waren und
sich auf der Rückreise befanden und teilweise Touristen«: »Es folgten nun herr-
liche Ruhetage auf dem Schiff, man vergisst, dass man auf dem Wasser ist, man
hat das Gefühl, man liegt am Strand, man hat nur dabei die Bequemlichkeit,
dass man alles so nah hat. Es ist ein Losgelöstsein, ein Gefühl, was ich bisher nie
kennengelernt habe.«[19]

Man macht halt in Brindisi, dann auf Zypern, erlebt ein Gewitter, schaut
danach aber wieder Kinofilme an Deck und feiert sogar einen Abschiedsball
und ist fast traurig, »dass die Reise bald zu Ende gehen sollte«, als wäre sie eben
ein Wert an sich, nicht nur ein Mittel zum Zweck. Bei der Ansicht von Jaffa
wird es auf Deck lebendig, dann geht es an der Küste entlang bis Haifa, »jetzt
bekam ich doch Herzklopfen, in Gedanken daran, bald meine Kinder zu
sehen«,[20] die schon seit längerer Zeit hier lebten.

Mit Arnold van Gennep können wir die Schiffsreise als »rite de passage« lesen, als Prozess der Loslösung, des Dazwischenseins und der Neuorientierung,
wobei unser Interesse dem Mittelstück, der Periode der Liminalität, gilt.[21] So
schreibt Martin Hauser in seinen Tagebüchern eines deutschen Juden, denen er

18 Mühsam: Ich bin ein Mensch gewesen (s. Anm. 17), S. 253.
19 Erna Horwitz-Stern: Trip to Palestine in May / June 1934, Leo Baeck Institute, New York, Me-
     moir Collection, ME 1237.
20 Horwitz-Stern: Trip to Palestine (s. Anm. 19).
21 Arnold van Gennep: Les rites de passage [1909], deutsch: Übergangsriten. Frankfurt a. M. 2005.

den Titel *Auf dem Heimweg* gegeben hat, von den drei Etappen des Abschieds, des Unterwegsseins und der Ankunft:

> 21. Mai 1933. [...] Inzwischen haben wir die schneebedeckten Berge überquert, sind vorbei an Lugano, mit kurzer Unterbrechung zum Spaziergang am See entlang, und es geht jetzt weiter über Mailand und Venedig nach Triest. Dort wartet das Schiff!
>
> 24. Mai 1933: Ein Liegestuhl am Ende des Zwischendecks, über mir der hellblaue Himmel, darunter das dunkelblaue Meer, dessen Wellen vom Schiff durchschnitten werden, um mich herum eine ›Masse Mensch‹. Wer kennt die Völker, nennt die Namen, die gastlich hier zusammenkamen? Chaluzim mit Rucksack, kurzen Hosen, offenen Hemden, Chassidim in schwarzen Anzügen mit Käppchen und Schläfenlocken, Mittelstandseinwanderer mit Familien, richtige Touristen aus westeuropäischen Ländern und auch solche, die mit den berühmten 50 englischen Pfunden die Türen ohne Visum aufmachen wollen – Alte und Junge, Sephardim und Ashkenasim, dieses Mal mit sehr hohem Prozentsatz an Flüchtlingen aus Deutschland. Flüchtlinge! Wo sind die Eltern? Bruder?
>
> 29. Mai 1933: 5.45 Uhr früh – am Horizont nähert sich die Küste und wachsen die Umrisse der Häuser von Jaffa. Trubel, Hin- und Herjagen nach Gepäck und den Beamten der Einwanderungsbehörde, um das Schiff ein Haufen kleiner Boote. Arabische Worte fliegen vom Schiff hinunter und herauf, Pfeifen tönen, Sirenen heulen. Lastträger in verstaubten und verschwitzten Blusen und Hosen, die als Säcke um die Beine hängen, klettern an Stricken aufs Deck, die Füße in vertretenen und verdreckten alten Schuhen in allen Farben. Schwarze Augen schauen unter den Tüchern und Fetzen hervor, die in allen möglichen und unmöglichen Formen um den Kopf gewickelt sind; ehe man sich umsieht, ist der Koffer weg, befindet man sich im Arm eines solchen Burschen und wird ins schaukelnde Boot geschafft.[22]

Das ist die klassische Ankunftsszene für Jaffa, die Hauser hier fast filmreif inszeniert, und sie enthält wichtige Hinweise auf die Verschiedenheit der jüdischen Einwanderer untereinander, auf den Unterschied der Einwandernden zu den »Touristen«, aber auch auf den orientalisierenden Blick auf die Araber und ihre »schwarzen Augen«. Zur Ankunft in Jaffa gehört dann die Ausbootung vom Schiff in die kleinen Boote. Gershom Scholem – dessen Reise zuerst, Mitte September 1923, nach Alexandria führte, weil die Routen Triest–Jaffa oder Triest–Haifa noch nicht bedient wurden – schreibt in seinem Erinnerungsbuch *Von Berlin nach Jerusalem*, er konnte sich »von der Wahrheit des von uns damals viel zitierten und belachten ersten Satzes überzeugen, mit dem Arthur Holitscher seine ›Reise durch das jüdische Palästina‹ eröffnete: ›Die Klippen von Jaffa

---

22 Martin Hauser: Auf dem Heimweg. Aus den Tagebüchern eines deutschen Juden. Bonn-Bad Godesberg 1976, S. 55 f.

sind keine Metapher‹ (Berlinisch ausgesprochen ist der Satz natürlich besonders schön und witzig).«[23]

Von Triest noch ein zweites Zeugnis:

> Triest, 26.3.1936. Meine Lieben! Ich bin gut hier gelandet. Die Fahrt war fabelhaft. Wir sind gefahren über Salzburg, Gastein, die Hohen Tauern, Kärnten, Jugoslawien, Triest: Der ganze Zug voller Juives. Alles Palästinareisende. Morgen geht die Schiffahrt los. Viele Grüße und Küsse, Euer Ernst.[24]

So schreibt der 16-jährige Ernst Loewy an seine Eltern, er hatte eine Hachschara in Schwiebinchen hinter sich und eine Karte des Landes dabei, auf der auch der Kibbuz Kirjat Anavim, seine zukünftige Heimat, eingetragen war. Triest war der zentrale Ort des Übergangs für viele Emigranten, nicht zuletzt Mitglieder der Jugendaliyah; Triest zu verlassen, hieß: Abschied von Europa zu nehmen.[25] Die jugendliche Begeisterung von Ernst Loewy macht das Ereignis zum Abenteuer. Von der »S. S. Tel-Aviv« schreibt er am Tag darauf, dem 27. März 1936:

> Nun über die Tel-Aviv. Äußerlich ist sie nicht besonders schön. Aber innen ist sie ganz fabelhaft eingerichtet. Aber, wenn man sie sich doch mal ein bißchen genauer ansieht und mal in die Mannschaftskabinen sieht, dann vergeht einem wirklich die Freude. Schauderhafte, von Schmutz starrende Löcher, das sind die Wohnungen der Matrosen. Die Tel-Aviv ist übrigens schon ein sehr altes Schiff, nur vor zwei Jahren vollkommen überholt worden. Die Kabinen, Eßräume, Klosetts und Waschräume alle vollkommen neu und prachtvoll eingerichtet ...[26]

Zu Ernst Loewys Konstruktion seines Heiligen Landes gehört dieser sozialistische Aspekt, er suchte kein »jüdisches Paradies«, sondern eines der Gleichheit. Anderthalb Jahre nach seiner Ankunft bekommt Ernst Besuch von seinem Vater. Seine »Reise nach Erez Israel, ausgeführt im Juli/August 1937 von Richard Loewy« ist, »Meiner lieben Frau Erna gewidmet, im Dezember 1937«.

> Wenn deutsche Juden in der heutigen Zeit eine Reise nach Erez unternehmen, so geschieht das zumeist aus anderen Gründen, als wenn sie diese Reise vor etwa 4 oder 5 Jahren unternommen hätten. Der deutsche Jude von heute fährt auch nicht nach Palästina, wie der Jude früherer Jahre, sondern er fährt nach Erez Israel. Die Gründe, die ihn zu dieser Reise veranlassen, sind auch meist rein persönlicher Art,

---

23 Gershom Scholem: Von Berlin nach Jerusalem. Jugenderinnerungen. Erweiterte Fassung, aus dem Hebräischen von Michael Brocke und Andrea Schatz. Frankfurt a.M. 1994, S. 203.

24 Ernst Loewy: Jugend in Palästina. Briefe an die Eltern 1935–1938. Hg. v. Brita Eckert. Berlin 1997, S. 43.

25 Zur Rolle der Stadt im Migrationsprozess vgl. Silva Bon (Museo della Comunità Ebraica di Trieste Carlo e Vera Wagner): Trieste, la porta di Sion: storia dell'emigrazione ebraica verso la terra di Israele, 1921–1940. Florenz 1998.

26 Loewy: Jugend in Palästina (s. Anm. 24), S. 43.

er fährt nicht zu einer Erholungsreise oder aus reiner Neugierde, das Land seiner Väter einmal aus eigener Anschauung kennen zu lernen. Die meisten, die hinüberfahren, wollen sich orientieren, ob im Falle einer für sie notwendig werdenden Auswanderung Erez ihnen eine neue Heimat werden kann, oder aber sie haben bereits Verwandte oder die eigenen Kinder im Lande. So auch ich.[27]

So macht sich die deutsche Literatur auf nach Palästina. »Vorerst aber lagen wir alle an Deck in der Sonne, fuhren über das blaue spiegelglatte Mittelmeer und träumten vom Heiligen Land. Wir aßen Orangen und Grapefruit und Oliven und kamen uns dabei schon sehr orientalisch vor.« Die meisten Reisenden waren »solche, die zur Erkundung fuhren«, und Eltern, die ihre Kinder besuchten. »Diese Eltern fuhren fast alle wieder fort – in eine ungewisse Zukunft – die meisten kamen nie wieder.« Sie wollten ihren Kindern nicht zur Last fallen und lieber in Deutschland »ausharren«. In den Reisenotizen, die Margarete Sallis an ihre Mutter geschickt hat, heißt es:

Am Abend vorher war auf dem Schiff ein jüdisches Meeting, d. h. ein Empfang, den die jüdischen Amerikaner den deutschen Juden gaben, Musik, Reden, in englisch, jiddisch, hebräisch, deutsch. Seltsames Gefühl auf einem fahrenden Dampfer mitten im Ozean (im Theater) gute Worte für die deutschen Juden zu hören. Und dann wir alle, wie wir da waren, alles irgendwie im Aufbruch begriffene Menschen, die irgendwie zusammengehören.[28]

Das Gefühl dieser Zusammengehörigkeit hat nicht einen Ort, sondern viele, es ist in Bewegung: Dafür steht, symbolisch, das Schiff. Nicht mehr in Europa, noch nicht in Israel. Das Schiff erst wird die Übergangs-Station von einem Leben in das andere sein. Paul Mühsam schreibt:

Mit einer Anzahl der Mitfahrenden hatten wir uns bereits so weit bekannt gemacht, daß wir über ihre Vergangenheit und Hoffnungen unterrichtet waren. Die meisten waren Juden aus Deutschland, hauptsächlich Auswanderer und nur ein geringer Prozentsatz Touristen, die sich in Palästina über Zukunftsmöglichkeiten informieren wollten. Auch katholische Missionare sowie Benediktiner und Schwestern gehörten zu den Passagieren, deren Ziel entweder Jerusalem und Haifa oder Syrien war. Aber die Zahl der Emigranten überwog so sehr, daß man fast nur deutsch sprechen hörte. Sie befanden sich alle in derselben Lage.[29]

27 Richard Loewy: Reise nach Erez Israel, ausgeführt im Juli/August 1937 von Richard Loewy. Dezember 1937, unveröffentlichtes Manuskript im Privatbesitz.
28 Margarete Sallis: Meine beiden 40 Jahre. Netanya 1975. Leo Baeck Institut, New York, Memoir Collection ME 550.
29 Mühsam: Ich bin ein Mensch gewesen (s. Anm. 17), S. 254.

Dieses Gefühl des Fremdseins, der Einsamkeit und Verlorenheit, ist eine Grunderfahrung der Moderne, von den Städtebewohnern längst erprobt (vielleicht sogar überwunden geglaubt) – aber vielleicht bis dahin an keinem anderen Ort auf der Erde und zu keiner anderen Zeit als in den Jahren nach 1933 und vor 1939 so stark verdichtet wie auf diesen Schiffen. So sieht es auch David Jünger:

> Ist das Schiff Metapher für das Leben, wundert es kaum, dass auf der Schiffspassage das Leben zu sich selbst zu kommen schien. Die Reisenden waren nicht nur des unmittelbaren lebensweltlichen Alltags enthoben, sondern befanden sich auch in einer Sondersituation aus zeitlicher Entschleunigung und räumlicher Entgrenzung. Auf dem Schiff kam der Alltag zum Erliegen, man musste warten, bis die Überfahrt geschafft war, hatte Zeit nachzudenken und mit anderen Passagieren ins Gespräch zu kommen. Um einen herum gab es nichts als das Schiff und das Meer. Das Meer – hier das Mittelmeer – war dabei ein entgrenzter Raum, es lag zwischen den Kontinenten Europa, Asien und Afrika, es wurde als Kulturscheide verstanden zwischen Orient und Okzident und es war überdies exterritoriales Gebiet, frei von Staat und Nation – diesen Elementen, die sich in den dreißiger Jahren derart aggressiv gegen die Juden gewendet hatten.[30]

Odessa, Triest, Bremerhaven, Southampton, Marseille, Lissabon: Die Hafenstädte an den Rändern des Kontinents stehen symbolisch für den Abschied von Europa. Zwischen 1881 und 1924 emigrierten fast 3,5 Millionen Juden aus Russland und Osteuropa Richtung Amerika, nach 1933 versuchten Hunderttausende von Juden und politisch Verfolgten, dem vom Nationalsozialismus beherrschten Kontinent zu entkommen. Für fast alle von ihnen war das Schiff nicht nur Transportmittel, sondern zugleich Hoffnungsort. Das Schiff ist zeitweilige Herberge, es ist – hat es einmal abgelegt – nicht mehr »hier« und noch nicht »dort«, es bildet den Übergang von einer alten Existenz in eine neue. Die Fahrt stellt für viele Migranten so etwas wie eine »aufgehobene Zeit« dar, eine Woche nach Palästina, zwei nach New York, sechs oder acht nach Shanghai, in der sie über sich, ihre Herkunft und ihre Zukunft nachzudenken beginnen. Sie beschreiben das Schiff, die Mitreisenden, die sozialen Unterschiede, die kulturellen Praktiken, sie dokumentieren und fotografieren das Schiff, als gelte es, den so flüchtigen Moment des Übergangs doch »irgendwie« festzuhalten, bevor man dann anlegt und eine neue Etappe beginnt: in Buenos Aires, Cape Town oder Melbourne.

> Viele Autoren zählen die unterschiedlichen Gruppen auf, die man auf dem Schiff treffen kann, als eine Art Bestandsaufnahme jüdischen Schicksals, das sie alle –

---

30 Jünger: An Bord des Lebens (s. Anm. 4), S. 155.

ungeachtet der Unterschiede – hier (in der Situation der Not, der Verfolgung entronnen, aber noch nicht angekommen) zusammenführt; vielleicht aber auch als eine Art Panorama der künftigen Möglichkeiten.

Die Schiffsreise produziert eine Vielzahl von Dokumenten, die allerdings nirgendwo systematisch gesammelt wurden und sich selten in Museen, allerdings häufig noch in privatem Besitz befinden: Briefe und Tagebücher, Bord-Merkblätter, Tickets und Speisekarten, literarische Manuskripte, Fotografien und Zeichnungen. Der Workshop in Graz hatte zum Ziel, solche Quellen – historische ebenso wie literarische oder visuelle – über die Schiffsreise als Übergangserfahrung zu identifizieren, Möglichkeiten ihrer Bewahrung zu suchen und methodische wie theoretische Annäherungen zu ihrer Analyse im Rahmen einer interdisziplinären Migrationsforschung zu diskutieren. In diesem Sinne müsste ein gemeinsames Forschungsvorhaben zum Thema der Schiffsreise die folgenden Fragen umfassen:

– Wie haben sich die potenziellen Emigrantinnen und Emigranten auf ihre Reise vorbereitet? (Atlanten, Reiseführer, Besuche beim Palästinaamt; Sprachkurse, Überlegungen zur Mitnahme von persönlichen Gegenständen)
– Wie haben sich die Auswandernden in den Hafenstädten der Abreise umgetan (»noch einmal nach Venedig«, schrieb Gideon Kaminka), wie werden Vorfreude und Ängste formuliert?
– Wie sieht das Schiff aus, welche Gesellschaft betreibt es?
– Auf dem Schiff: Wer sind die Mitreisenden, was passiert in der langen Zeit des Nichtstuns, welche Gespräche führt man, welche Beobachtungen werden gemacht?
– Welche Rolle wird dem Gepäck zugeschrieben, etwa den »lifts«, den großen Containern (von deren Aussagekraft in einem ganz wunderbaren Text, »Was der Lift erzählt« im Aufbau vom 25. Juli 1941, Jacob Picard berichtet)?
– Welche Reflexionen über eigene Vergangenheit, über die mögliche Zukunft, welche Erwartungen und Ängste werden formuliert, auf der Reise selbst, in Tagebüchern und Briefen, aber auch hinterher in Erinnerungen und Zeugnissen?
– Wie vollzog sich die Ankunft im Hafen der Ankunftsstadt?
– Was änderte sich in den Jahren nach 1936, durch den Beginn des arabischen Widerstands gegen die jüdische Einwanderung in Palästina, mit den wachsenden Einreisebeschränkungen durch die britische Mandatsmacht, aber auch mit dem steigenden Druck immer neuer NS-Gesetze und Schikanen auf die Auswanderer?
– Gibt es Unterschiede in der Beschreibung der Schiffsreise nach Palästina und der Schiffsreise in andere Länder? Die gibt es sowieso im Hinblick auf die Länge der Passage und in vielen sozusagen technischen Angelegenheiten, aber gilt das auch für das mentale Erleben?

Zu den bereits bekannten Dokumenten, etwa den Reisebüchern von Hugo Hermann (*Eine werdende Welt. Reiseeindrücke aus Palästina*. Prag 1925; *Palästina wie es wirklich ist*. Wien 1933; *Palästina heute. Licht und Schatten*. Tel-Aviv 1935), von Oskar Neumann (*Fahrt nach Osten. Impressionen einer Erez-Israel-Fahrt*. Mukacevo 1933), von L[eopold] Goldschmied (*Palästina. Ein Tagebuch*. Prag 1933), von Alexander Adler, Niels Hoyer, Erich Gottgetreu, Alfred Kupferberg, Werner Cahnmann, Manfred Sturmann und Heinemann Stern kommt noch eine Fülle ungedruckter Quellen, etwa von Lieselotte Müller, von Arthur Stern, von Mally Dienemann, Cora Berliner und Ruth Abraham in den Archiven der Leo Baeck Institute oder des deutsch-jüdischen Museums in Tefen in Israel. Weiter gehören zum Quellenbestand die Berichte in der *Jüdischen Rundschau*, der *CV-Zeitung* oder dem *Israelitischen Familienblatt*, etwa die »Besinnliche Fahrt ins Land der Juden« von Doris Wittner, die Studien zur Berufssituation für Frauen von Dr. Margarete Edelheim oder die Berichte Dr. Eva Reichmann-Jungmann in ihrer Funktion als »Sonderberichterstatterin über die Gesellschaftsreise nach Palästina« (für den Centralverein). Auf diese sehr spezifischen Quellen hat die wunderbare Dissertation von Rebekka Denz über *Frauen im Centralverein deutscher Staatsbürger jüdischen Glaubens* (FU Berlin, 2016) aufmerksam gemacht. Weiter gehören zu diesem weit verstreuten Fundus die Dokumente und Paraphernalia der Schiffsreise selbst wie Tickets, Gepäcklisten, Bord-Merkblätter und Prospekte. Von großer Bedeutung für eine weitere Untersuchung der Schiffsreisen in der Emigration sind auch visuelle Quellen, Zeichnungen von Lea Grundig und Beatrice Zweig, Fotografien und sogar Filme wie von Ellen Auerbach, mit dem sich auch der Beitrag von Burcu Dogramaci in diesem Jahrbuch befasst.

Es ist noch gar nicht recht zu sagen, um was für ein »Genre« es sich dabei handelt: Da sind Memoiren, aber auch Romane und Romanentwürfe, dokumentarische Berichte, Briefe und Tagebücher, die aber ihrerseits wieder in die literarischen Versuche eingearbeitet werden. Von »Schreibakten auf der Schwelle« hat Bernhard Siegert in seiner Untersuchung der »Rituale und Prozeduren der Legitimation, der Narrativierung, der Registrierung und der Fiktionalisierung« gesprochen, von Prozeduren, »die all jene durchlaufen mußten, die im 16. Jahrhundert an Bord eines der Schiffe nach Amerika gehen wollten«.[31] Entsprechend können wir hier von Dokumenten und Zeugnisse aus der Liminalität und von der Passage sprechen, von einer Zeit im Dazwischen, die noch lange anhält – und die von ihren Protagonisten nicht nur erlitten, sondern auch kreativ gestaltet wird. Für ihre weitere Untersuchung erscheint mir eine Erweiterung der Perspektive, über Palästina hinaus in die »weite Welt« der trans-

---

31 Bernhard Siegert: Passagiere und Papiere: Schreibakte auf der Schwelle zwischen Spanien und Amerika (1530–1600). München 2006, Klappentext.

nationalen deutsch-jüdischen Emigration, aber auch eine intensive Zusammenarbeit der Exil-Archive und anderer auf das Exil bezogenen Repositorien mit
den Migrations- und Schifffahrtsmuseen sowohl in Deutschland wie in den
Zielländern der Auswanderung sinnvoll.

Bildnachweis:
Abb. 1: Synagogenverein Rexingen.

Anne Hultsch

Gerüchte beim Flüchten
Ivan Bunins Flucht aus Russland

I. Einleitung

In Aufzeichnungen und Tagebüchern russischer Flüchtlinge vor der sich etablierenden Sowjetmacht stellt der direkte Fluchtvorgang oft eine Lücke im Text dar. In vielen Fällen enden die Notizen mit dem letzten Blick auf die Heimat. Als ein Beispiel sei stellvertretend das Ende der Erinnerungen von Nadežda Aleksandrovna Lochvickaja (1872–1952), die ihre Texte unter dem Namen Tėffi publizierte, angeführt:

> Nicht hinsehen. Nach vorn schauen, in die große, freie Weite …
> Doch der Kopf wendet sich von selbst zurück, die Augen öffnen sich weit und schauen, schauen … […]
> Die Augen weit aufgerissen, bis sie ganz kalt sind, schaue ich. Und rühre mich nicht von der Stelle. Ich habe mein Verbot übertreten und mich umgeschaut. Und nun bin ich erstarrt wie Lots Weib, erstarrt für immer, und werde immer vor mir sehen, wie sich mein Land ganz langsam von mir entfernt.[1]

Eine Ausnahme in diesem Konzert des Schweigens über die konkreten Wege in die Emigration bilden Ivan Alekseevič Bunin (1870–1953) und seine Lebensgefährtin und spätere Frau Vera Nikolaevna Muromceva(-Bunina) (1881–1961).[2]

---

1 Teffy: Champagner aus Teetassen. Meine letzten Tage in Russland. Aus dem Russischen von Ganna-Maria Braungardt. Berlin 2014, S. 260 f. »Не надо смотреть на нее. Надо смотреть вперед, в синий широкий свободный простор … Но голова сама поворачивается, и широко раскрываются глаза, и смотрят, смотрят … […] Глазами, широко, до холода в них, раскрытыми, смотрю. И не отойду. Нарушила свой запрет и оглянулась. И вот, как жена Лота, застыла, остолбенела навеки и веки видеть буду, как тихо-тихо уходит от меня моя земля.« Nadežda Aleksandrovna Tėffi: Vospominanija. In: Dies.: Žit'e-byt'e. Rasskazy. Vospominanija. Moskva 1991, S. 251–416; hier: S. 416.
2 Mit Vera Nikolaevna Muromceva(-Bunina) lebte Bunin seit 1907 zusammen, sie heirateten jedoch erst 1922 in Paris.

II. Kontexte

Ehe hier nun auf die Texte der Bunins selbst eingegangen wird, seien einige knappe Worte zum historischen und biografischen Kontext gesagt, auf den sich diese beziehen.

1. Historischer Kontext

Im Jahr 1917 fanden in Russland zwei Revolutionen statt: eine erste, demokratische (27.02./11.03.), die im März zum Abdanken des Zaren und zum Einsetzen der sogenannten Provisorischen Regierung unter Aleksandr Kerenskij führte; eine zweite, bolschewistische, – je nach Kalender – im Oktober bzw. November (25.10./07.11.) des Jahres, als die Bolschewiki das Winterpalais stürmten und mit Lenin an der Spitze die Macht an sich nahmen. Der im März 1918 geschlossene Separatfrieden von Brest-Litovsk führte zur Abspaltung großer Gebiete von Russland, unter anderem der Ukraine, die bisher als Kornkammer diente und Zugang zum Schwarzen Meer gewährte. In Folge kam es vor allem an den Rändern des Landes zu zahlreichen antibolschewistischen Aufständen, die in einen bis 1921 währenden barbarischen Bürgerkrieg übergingen. In der Zeit zwischen 1918 und 1920 sind nach sowjetischen Statistiken in Kämpfen, in Massakern gegen die Zivilbevölkerung, in Lagern, an Hunger und Epidemien insgesamt neun Millionen Menschen gestorben.[3]

Wem es gelang zu entkommen, der floh zunächst innerhalb des Landes in Gegenden, die noch nicht von den Bolschewiki besetzt waren. So heißt es in den bereits zitierten Erinnerungen von Tėffi: »Wir bewegten uns immer weiter nach Süden, die Karte hinunter. Anfangs hatten wir gedacht, wir würden eine Weile in Kiew bleiben und dann heimkehren. […] Wir waren abwärtsgeraten und schließlich am Meer angelangt, jetzt mussten wir also übers Wasser. Aber wohin?«[4] Odessa, in dem sich eine große Zahl an Flüchtlingen aus dem Norden des Landes und Zentralrussland befand, war die letzte Station am Meer. Aber auch dort wechselten zwischen 1918 und 1920 die Machtverhältnisse ständig. Von den Bolschewiki (Januar bis März 1918) ging die Macht an österreichische und deutsche Truppen über (März bis November), von diesen an ukrainische Nationalisten (unter Petljura; November bis Mitte Dezember), von diesen an britische und französische Truppen (Mitte Dezember 1918 bis März 1919), von diesen wieder an die Bolschewiki (April bis August), von diesen an die

---

3 Zdeněk Sládek: Revoluční mesianismus a nerevoluční kontinuita. In: Dějiny Ruska. Hg. v. Milan Švankmajer, Václav Veber, Zdeněk Sládek, Vladislav Moulis und Libor Dvořák. Praha 2004 (4. Aufl.), S. 339–355; hier: S. 350.

4 Teffy: Champagner aus Teetassen (s. Anm. 1), S. 151. »Катались мы все с севера, вниз по карте. Сначала думали, что посидим в Киеве, да и по домам. […] Погнало нас вниз, прибило к морю, теперь, значит, надо вплавь. Но куда?« Tėffi: Vospominanija (s. Anm. 1), S. 345.

Weiße Armee (unter Denikin; August 1919 bis Februar 1920) und von dieser
dann schließlich ab Februar 1920 endgültig an die Bolschewiki.[5]

Die weitere Flucht übers Wasser bedeutete das endgültige Verlassen Russ-
lands gen Europa oder Asien, mithin die »richtige« Emigration. Die sogenannte
erste Welle der russischen Emigration[6] erreichte 1920 ihren Höhepunkt. Rund
zwei Millionen Menschen verließen das Land. Bunin spricht gar von drei Millionen, die sich 1924 in der Welt zerstreut außerhalb ihrer russischen Heimat
befunden haben.[7] Alle, die die Möglichkeit hatten zu fliehen, seien aus Russland geflohen.[8] Zu wichtigen Zentren der Emigration wurden Berlin, Prag und
Paris; Konstantinopel und der Balkan dienten vor allem als Transitraum, in den
1920 auch die geschlagene Weiße Armee von der Krim aus evakuiert wurde.

2. Bunins Fluchtweg und die vorliegenden Quellen

Bunin, der im zentralrussischen Voronež in eine Familie alten Landadels geboren worden ist, später in Moskau und auf dem Familiensitz in Glotovo lebte,
trat seinen Fluchtweg zusammen mit seiner Lebensgefährtin bereits am 23. Oktober 1917 an. Dieser führte sie zunächst von Glotovo über Elec zurück nach
Moskau, wo sie den Winter 1917/18 verbrachten, am 21. Mai 1918 verließen
sie Moskau im Sanitätswaggon in Richtung Minsk, die Grenze überquerten sie
in Orša. Von Minsk ging es weiter mit dem Zug nach Gomel', von dort mit
dem Schiff auf dem Sož und dem Dnepr nach Kiev und schließlich weiter nach
Odessa. Dort trafen sie Anfang Juni 1918 ein und blieben sie bis zum 26. Januar 1920, als sie weiter über das Schwarze Meer nach Konstantinopel flohen.[9]
Ihr Weg führte sie dann – mit Zwischenstationen in Bulgarien (Sofia) und Ser-
bien (Belgrad) – mit dem Zug über Wien nach Paris, wo sie am 28. März 1920
eintrafen.[10] In Frankreich (in Paris und in Grasse bei Cannes) verbrachten sie

---

5 Dorothea Trottenberg: Anmerkungen. In: Iwan Bunin: Verfluchte Tage. Ein Revolutionstagebuch. Deutsch von Dorothea Trottenberg. Zürich 2005, S. 227–245; hier: S. 238.
6 Sie währte von 1917/18 bis zur Mitte der 1920er Jahre. Nach Lenins Tod und der Machtübernahme durch Stalin (1924) war es kaum noch möglich, das Land zu verlassen. Die zweite Welle
   setzte 1945 mit dem Ende des Zweiten Weltkrieges ein.
7 Bronislav Kodzis: Literaturnye centry russkogo zarubež'ja 1918–1939. Pisateli. Tvorčeskie
   ob"edinenija. Periodika. Knigopečatanie. München 2002, S. 7 diskutiert diese Zahlen und
   führt weitere Quellen an. Ivan Bunin: Missija russkoj emigracii [1924]. In: Ders.: Polnoe sobranie sočinenij v XIII tomach. Tom 8. Moskva 2006, S. 388–398; hier: S. 389.
8 »[…] из России бежали все умевшие возможность бежать« Ivan Alekseevič Bunin:
   Pis'mo k Bossaru [1921]. In: Ivan Alekseevič Bunin: Pro et contra. Ličnost' i tvorčestvo Ivana
   Bunina v ocenke russkich i zarubežnych myslitelej i issledovatelej. Antologija. Sankt-Peterburg
   2001, S. 30–33; hier: S. 32.
9 Visa für Varna und Konstantinopel hatten sie bereits am 7.12.1919 erhalten. Aleksandr Kuz'mič
   Baboreko: I. A. Bunin. Materialy dlja biografii s 1870 po 1917. Moskva 1983 (2. Aufl.), S. 264.
10 Die Beschreibung eines Teils dieses Weges kann man bei Ivan Fedorovič Naživin nachlesen, der
   mit den Bunins von Belgrad nach Wien reiste. Ivan Fedorovič Naživin: Sredi potuchšich maja-
   kov. Iz zapisok bežanca. Berlin 1922, S. 52–56.

den Rest ihres Lebens. Bunin starb 20 Jahre nachdem ihm als erstem Russen und gleichzeitig als erstem Emigranten überhaupt 1933 der Nobelpreis für Literatur zuerkannt worden war.

Es handelte sich im Falle Bunins um eine Flucht per Eisenbahn und Schiff, die in mehreren Etappen erfolgte und sich über zweieinhalb Jahre erstreckte. Sie bzw. ihre verschiedenen Etappen sind literarisch dokumentiert a) in den Tagebüchern sowohl Bunins als auch seiner Lebensgefährtin (*Dnevniki. 1881–1953* [*Tagebücher. 1881–1953*][11] und *Ustami Buninych* [*In den Worten der Bunins*][12]), b) in dem *Revolutionstagebuch*, wie es im Untertitel der deutschen Ausgabe genannt wird, *Okajannye dni* (*Verfluchte Tage*) (rückblickend geschrieben 1925–1927), das sich auf die Zeit 1. Januar bis 24. März 1918 in Moskau und 12. April bis 20. Juni 1919 in Odessa bezieht,[13] c) in der Erzählung »Konec« (»Das Ende«) (1921), die die dramatische Überfahrt von Odessa nach Konstantinopel schildert[14], und d) in Bunins *Vospominanija* (*Erinnerungen*) (1950), die zumindest kurz Auskunft über Konstantinopel, Sofia und Belgrad geben.[15]

Schwierig und gleichzeitig fruchtbar für die Untersuchung erweist sich, dass die Textsorten differieren. Sie reichen von Auszügen aus »richtigen« Tagebüchern zweier Personen, eines Mannes und einer Frau (a), über eine autobiografische Erzählung, die in großer zeitlicher Nähe zu dem Erlebten geschrieben ist (c), hin zu einem literarischen Text, der auf angefertigten Notizen basiert, aus denen ausgewählt wird, zu denen weitere Quellen herangezogen und Kommen-

---

11 Ivan Alekseevič Bunin: Dnevniki. 1881–1953. In: Ders. und Galina Nikolaevna Kuznecova: Iskusstvo nevozmožnogo. Dnevniki, pis'ma. Moskva 2006, S. 25–232.

12 Ivan Alekseevič Bunin und Vera Nikolaevna Bunina: Ustami Buninych. Tom 1. 1881–1920 und Tom 2. 1920–1953 [1977–1982]. Hg. v. Milica Grin. Moskva 2005 (2. Aufl.). Es handelt sich bei diesen zwei Bänden um Auszüge aus den Tagebüchern beider Bunins, die so ineinander montiert worden sind, dass sie eine einheitliche Erzählung ergeben. Leider ist deshalb darauf geachtet worden, Wiederholungen zu vermeiden, wovon viele Auslassungen zeugen. Dies ist umso bedauerlicher, als gerade interessant wäre, den Blick beider Partner auf dieselben Ereignisse vergleichen zu können.

13 Ivan Alekseevič Bunin: Okajannye dni [1925–1927]. In: Ders.: Polnoe sobranie sočinenij v XIII tomach. Tom 6. Moskva 2006, S. 275–382; dt. Ausg. Iwan Bunin: Verfluchte Tage. Ein Revolutionstagebuch. Deutsch von Dorothea Trottenberg. Zürich 2005. Sie erschienen erstmals in der Zeit zwischen 1925 und 1927 in der russischen Pariser Exilzeitschrift *Vozroždenie*, und zwar als einzelne Feuilletons. Überarbeitet publizierte sie der Petropolis-Verlag in Berlin 1935 im Rahmen der Werkausgabe Bunins. An dieser Ausgabe arbeitete Bunin bis an sein Lebensende handschriftlich weiter. Zur Publikationsgeschichte des Textes vgl. Daniel' Riniker: »Okajannye dni« kak čast' tvorčeskogo nasledija I. A. Bunina. In: Bunin: Pro et contra (s. Anm. 8), S. 625–650; hier: S. 628 f. In Russland erschien das Buch erstmals 1989, wobei bis 1991 sofort 15 verschiedene Ausgaben folgten.

14 Ivan Bunin: Konec [1921]. In: Ders.: Polnoe sobranie sočinenij v XIII tomach. Tom 4. Moskva 2006, S. 185–192; dt. Ausg. Iwan Bunin: Das Ende. Deutsch von Ilse Tschörtner. In: Ders.: Dunkle Alleen. Erzählungen 1920–1953. Berlin, Weimar 1985, S. 27–37.

15 Ivan Alekseevič Bunin: Vospominanija. Paris 1950.

tare hinzugefügt werden (b)[16], bis schließlich zu Erinnerungen, die mit größerem zeitlichen Abstand geschrieben sind (d). Es fällt auf, dass in Bunins Tagebüchern die eigentlichen Fluchtbewegungen (von Moskau nach Odessa; von Odessa über Konstantinopel nach Paris) kaum eine Rolle spielen, die er jedoch später belletristisch und memorierend verarbeitet, während seine Gefährtin sich gerade zu diesen Notizen macht. Ihre uns hier interessierenden Tagebuchaufzeichnungen enden mit der Ankunft in Konstantinopel.

III. Texte

Die nun folgende Analyse der Texte gliedert sich in zwei Abschnitte. Zunächst wird auf das Phänomen eingegangen, das in den Beitragstitel Eingang gefunden hat – die Gerüchte. Sie spielen eine wesentliche Rolle während der zweieinhalbjährigen Flucht und stellen einen Seismographen für die gesellschaftliche Situation einerseits und für den zunehmend zermürbten Zustand Bunins andererseits dar. Im zweiten Schritt wird die genannte Erzählung »Konec« (»Das Ende«) näher untersucht.

1. Gerüchte

Mit Gerüchten, die das Handeln bestimmen, werden wir bereits in der Aufzeichnung der ersten Flucht vom Landsitz nach Moskau konfrontiert, denn die ungewissen Nachrichten aus Moskau bilden den Auslöser für diese. Allein in der Tagebuchaufzeichnung zum 22. Oktober 1917 fällt sieben Mal das Wort »sluch« (Gerücht), der Höhepunkt wird in der Mitte des Eintrags erreicht, wo es nur heißt: »Gerüchte – Hunderte (wieder!)«.[17] Bunin befällt angesichts der Zustände »vollkommene Hoffnungslosigkeit«.[18]

In Moskau beziehen sich die Gerüchte dann vor allem auf von außen eingreifende Hilfe, komme sie nun von den Polen oder den Deutschen, schließlich ist der Erste Weltkrieg noch nicht beendet. Es handelt sich also um Hoffnungen, Wünsche, wie den Bolschewiki wieder die Macht genommen werden könne, oder, mit den Worten Bunins, um »[t]örichte Selbsttröstung« (18.02.1918).[19] Die Unsicherheit bleibt, welchen Informationen man Ver-

---

16 Insofern führt der deutsche Untertitel etwas in die Irre. Vgl. die Ausführungen von Kler Ošar: »Okajannye dni« kak načala novogo perioda v tvorčestvě Bunina. In: Russkaja literatura 38/4 (1996), S. 101–105; hier: bes. S. 104, in denen klar der konstruierte literarische Charakter des Werkes herausgearbeitet wird, und Riniker: »Okajannye dni« (s. Anm. 13).

17 »Слухов – сотни (опять!)« Bunin: Dnevniki (s. Anm. 11), S. 101.

18 »У меня полная безнадежность« Bunin im Brief an seinen Bruder Julij Alekseevič [Oktober 1917], zit. v. Baboreko: I. A. Bunin (s. Anm. 9), S. 247.

19 Bunin: Verfluchte Tage (s. Anm. 13), S. 28. »Дурацкое самоутешение« Bunin: Okajannye dni (s. Anm. 13), S. 286.

trauen schenken kann und welchen nicht. So kommentiert Bunin ein Gerücht über einen hohen Militär mit den Worten: »Wahrscheinlich die übersteigerte Ausgeburt einer plebejischen Phantasie. Obwohl, weiß der Teufel – vielleicht stimmt es auch« (16.02.1918). [20] Beides, die Selbsttäuschung und die stete Unsicherheit, stellt sich jedoch als ähnlich gefährlich und unerträglich heraus, sodass Bunin bereits am 16. Februar 1918 notiert: »[…] es ist Zeit, sich auf den Süden vorzubereiten«, wenig später, am 3. März 1918, schreibt er: »[…] habe noch immer die Absicht, in den Süden zu fahren«. [21] Dazwischen fallen Einträge, die deutlich machen, dass auch er nur zu gern den Gerüchten glauben würde: »Und immer dasselbe beängstigende unerträgliche Warten ohne Entscheidungen. Wir reden immerzu davon, wohin wir fahren sollen« (23.02.1918), bis es heißt: »›Raus aus Moskau!‹ Trotzdem schade« (02.03.1918) und schließlich: »[…] die Abreise ist unvermeidlich, ich kann dieses Leben nicht ertragen – physisch« (10.03.1918). [22] Seine Weggefährtin kümmert sich wenig um die Abreise, weil sie in den elf Jahren ihres Zusammenlebens mit Bunin an ein unstetes Wanderleben gewöhnt gewesen sei und deshalb an eine schnelle Rückkehr geglaubt habe. [23]

Von solch einer ging Bunin offensichtlich nicht aus, betrachtet man seinen Rückblick auf den ersten Grenzübertritt:

> Und später dann weinte ich Tränen grimmigen Schmerzes und überschwenglicher Begeisterung, als ich Rußland und mein ganzes früheres Leben hinter mir gelassen und die neue russische Grenze, die Grenze bei Orscha, überschritten hatte, als ich diesem über die Ufer tretenden Meer schrecklicher, unseliger, nicht mehr menschlich aussehender, unbändig und hysterisch brüllender Wilder entkommen war, die buchstäblich sämtliche Bahnhöfe überschwemmten, angefangen von Moskau bis hin nach Orscha, wo alle Bahnsteige und Geleise buchstäblich übersät mit Erbrochenem und Exkrementen waren … (11.06.1919). [24]

---

20 Bunin: Verfluchte Tage (s. Anm. 13), S. 23. »Вероятно востороженное создание хамской фантазии. Хотя черт его знает, – может, и правда« Bunin: Okajannye dni (s. Anm. 13), S. 284.

21 Bunin: Verfluchte Tage (s. Anm. 13), S. 25, 45. »[…] пора готовиться на юг« und »[…] все собираюсь на юг« Bunin: Okajannye dni (s. Anm. 13), S. 284, 294.

22 Bunin: Verfluchte Tage (s. Anm. 13), S. 35, 44, 48 f. »И все то же тревожное, нудное, не разрешающееся ожидание. Все говорим о том, куда уехать.«; »›Вон из Москвы!‹ А жалко.«; »[…] уезжать необходимо, не могу переносить этой жизни, – физический« Bunin: Okajannye dni (s. Anm. 13), S. 289, 294, 298.

23 Bunin / Bunina: Ustami Buninych. 1 (s. Anm. 12), S. 143.

24 Bunin: Verfluchte Tage (s. Anm. 13), S. 206. »А потом я плакал слезами и лютого горя и какого-то болезненного восторга, оставив за собой и Россию и всю свою прежнюю жизнь, перешагнув новую русскую границу, границу в Орше, вырвавшись из этого разливанного моря страшных, несчастных, потерявших всякий образ человеческий, буйно и с какой-то надрывной страстью орущих дикарей, которыми были затоплены буквально все станции, начиная от самой Москвы и до самой Орши, где все плат-

In diesem einen Satz fasst er seine gesamte Abscheu gegen dieses außer Kontrolle und vor allem außer Selbstkontrolle geratene Volk zusammen, mit dem er nichts zu tun haben möchte.

Seine Gefährtin notiert sich das gleiche Ereignis wie folgt:

> Zehn Minuten vor zwölf sind wir an der ›deutschen‹ Orša – im Ausland. Jan [d. i. Ivan] sagte mit Tränen in den Augen: ›Niemals habe ich mit solch einem Gefühl eine Grenze überquert! Ich bebe am ganzen Körper! Ich bin endlich wirklich der Macht dieses viehischen Volkes entronnen!‹ Schmerzlich glücklich war er, als ein Deutscher irgendeinem Bolschewiken eins in die Fresse gab, dem es in den Sinn gekommen war, irgendetwas noch auf bolschewistische Manier machen zu wollen (Bunina, 26.05.1918).[25]

Das ist – im Gegensatz zu Bunins literarisch überformter Aufzeichnung – eine im Augenblick angefertigte Notiz. Sie klingt durch die genaue Angabe der Uhrzeit zum einen sachlicher, zum anderen zeigt sie gerade durch die zitierten knappen Ausrufe Bunins viel besser dessen Erregung. Das »viehische« Erscheinungsbild des Volkes entfaltet Bunin erst später. Was er selbst weglässt, seine Gefährtin jedoch aufgezeichnet hat, ist seine eigene Verrohung, die sich in der Rachelust gegen den Bolschewiken spiegelt.

Doch zurück zu den Gerüchten, denen in Odessa eine noch wichtigere Funktion zukommt, denn nun richtet sich der Durst nach Nachrichten – Bunin beschreibt selbst eine regelrechte Sucht nach Zeitungen[26] – nicht nur auf die eigene Lage, also den Frontverlauf, sondern auch noch auf die der Angehörigen in Moskau, von denen selbstverständlich nur selten Nachrichten eintreffen.

Jeder der eingangs genannten Machtwechsel wird begleitet von einer Vielzahl Gerüchte, am stärksten scheinen diese jedoch während der Herrschaft der Bolschewiki, was die sozialwissenschaftliche Forschung bestätigen dürfte: »The discomfort elicited by this extreme situation produces an acute motivational state that is directed toward the reduction of anxiety or uncertainty.«[27] Sigmund Freud schrieb bereits 1915 angesichts des Ersten Weltkriegs, dass das vorherr-

---

формы и пути были буквально залиты рвотой и испражнениями …« Bunin: Okajannye dni (s. Anm. 13), S. 378.

25 »В 12 ч. без 10 м. мы на «немецкой» Орше – заграницей. Ян со слезами сказал: «Никогда не переезжал с таким чувством границы! Весь дрожу! Неужели наконец я избавился от власти этого скотского народа!» Болезненно счастлив был, когда немец дал в морду какому-то большевику, вздумавшему что-то сделать еще по большевицки« Bunin / Bunina: Ustami Buninych. 1 (s. Anm. 12), S. 145.

26 Bunin: Verfluchte Tage (s. Anm. 13), S. 53, 74, 84, 94, 198; Bunin: Okajannye dni (s. Anm. 13), S. 298, 309, 313, 319, 374.

27 Ralph L. Rosnow: Psychology of Rumor Reconsidered. In: Psychological Bulletin 87/3 (1980), S. 578–591; hier: S. 587; s. auch Manfred Bruhn: Gerücht als Gegenstand der theoretischen und empirischen Forschung. In: Medium Gerücht. Studien zu Theorie und Praxis einer kollek-

schende »Übermaß von Verheimlichung und [...] Zensur der Mitteilung und Meinungsäußerung [...] die Stimmung der so intellektuell Unterdrückten wehrlos macht gegen jede ungünstige Situation und jedes wüste Gerücht«.[28]

Es lässt sich bei den Bunins eine Entwicklung beobachten, den Gerüchten zunächst keinen Glauben zu schenken, ihren Inhalt als unwahrscheinlich einzustufen (sie aber dennoch zu registrieren). Wird ihr Gehalt positiv bewertet, geht die Skepsis ihnen gegenüber schnell verloren und sie werden freudig aufgenommen, was der zitierten Beobachtung von Rosnow entspricht.

In einer zweiten Phase wird reflektierend festgestellt, dass man ihnen nicht entkommen könne, wie es Freud beschrieben hat. Die Gerüchte werden von beiden Bunins im Moment und in der zeitnahen Rückschau als Naturgewalten metaphorisiert, die in Wellen kommen, sich aufbäumen und dann abfallen (Bunina, 22.07.1919).[29] Sie werden als Wolke (»tuča« ist im Russischen ein Homonym für »Wolke« und »Unmenge«) und ungestüme Flut (29.07.1919),[30] als Tollwut bzw. Raserei (20.04.1919) bezeichnet.[31] Von ihnen dreht sich beiden der Kopf (28.05.1919; Bunina, 28.07.1919).[32] Während seine Gefährtin sich jedoch bemüht, sich nicht beunruhigen zu lassen und ihren alltäglichen Verrichtungen nachzugehen, muss sie über Bunin feststellen: »Jan ist schrecklich anzusehen. Er ist einzig und allein mit den Gerüchten beschäftigt« (Bunina, 17.06.1919).[33] Mit seinen Worten: »Nur dadurch leben wir, daß wir heimlich Nachrichten sammeln und einander weitergeben« (05.05.1919).[34] Insofern verwundert nicht, dass *sie* Fragen über deren Wesen stellt, während *er* Antworten zu geben versucht:

> Die Gerüchte wachsen immerfort. Woher kommen sie? Welche Kraft bringt sie hervor? Weshalb sind sie allen so unentbehrlich? Vielleicht liegt in ihnen unsere Rettung? Und seltsam, mit welcher Gier wir sie einfangen, sie unseren Freunden

---

tiven Kommunikationsform. Hg. v. Manfred Bruhn und Werner Wunderlich. Bern, Stuttgart, Wien 2004, S. 11–39; hier: bes. S. 23 f., 28.

28 Sigmund Freud: Zeitgemäßes über Krieg und Tod [1915]. Leipzig, Wien, Zürich 1924, S. 9.

29 »Слухи идут волнами. Поднимаются, поднимаются, потом падают« Bunin / Bunina: Ustami Buninych. 1 (s. Anm. 12), S. 239.

30 »Туча слухов. [...] Бурный прилив слухов« Bunin: Dnevniki (s. Anm. 11), S. 119.

31 Als »[w]ilde Gerüchte« in der deutschen Übersetzung wiedergegeben Bunin: Verfluchte Tage (s. Anm. 13), S. 75. »Бешенство слухов« Bunin: Okajannye dni (s. Anm. 13), S. 309.

32 Bunin: Verfluchte Tage (s. Anm. 13), S. 171. »С самого утра стали мучить слухи. Их было столько, что все в голове спуталось« Bunin: Okajannye dni (s. Anm. 13), S. 360. Und: »Слухов рождается опять такое множество, что голова идет кругом« Bunin / Bunina: Ustami Buninych. 1 (s. Anm. 12), S. 246.

33 »[...] на Яна страшно смотреть. Он только и занят слухами« Bunin / Bunina: Ustami Buninych. 1 (s. Anm. 12), S. 224.

34 Bunin: Verfluchte Tage (s. Anm. 13), S. 139. »Только тем и живем, что тайком собираем и передаем друг другу вести« Bunin: Okajannye dni (s. Anm. 13), S. 342.

übergeben, obwohl wir ihnen nicht ganz trauen, aber dennoch beschwichtigen wir uns (Bunina, 05.04.1919). [35]

Gerüchte über Gerüchte. Leben in unablässiger Erwartung [...]. Und dieses Warten auf etwas, das jeden Moment eintreten und alles entscheiden wird, dieses unaufhörliche und unweigerlich vergebliche Warten wird uns natürlich teuer zu stehen kommen, wird unsere Seelen verkrüppeln, selbst wenn wir überleben. Aber dennoch, was wäre, wenn nicht einmal mehr das Warten wäre, also die Hoffnung? (12.04.1919). [36]

So viel Lüge, daß man ersticken könnte. Alle Freunde, alle Bekannten, die ich früher nicht einmal im Traum der Lüge bezichtigt hätte, lügen nun auf Schritt und Tritt. Jeder einzelne kann nicht anders, als zu lügen, kann nicht anders, als einem offenkundig falschen Gerücht *seine eigene Lüge, seine eigene verzerrte Darstellung* hinzuzufügen. Und das alles wegen des unbändigen Verlangens, es möge so sein, wie man es so unbändig wünscht. Der Mensch phantasiert wie im Fieber, und wenn man diese Hirngespinste hört, glaubt man trotz allem den ganzen Tag über begierig daran und wird davon infiziert. Und Tag für Tag entfaltet diese Selbstberauschung gegen Abend eine besondere Macht [...] (20.04.1919). [37]

Am Ende steht bei Bunin schließlich die Erkenntnis oder zumindest Vermutung, dass die Bolschewiki Gerüchte bewusst manipulierend einsetzen. [38]

Für ihn als Literaten folgt aus dieser Situation der existenziellen Unsicherheit, der Anspannung, des Wartens[39] und aus der Unmöglichkeit, sich auf Nachrichten, auch von Freunden, verlassen zu können, eine Hypersensibilisierung. Dazu passt sehr gut, dass im Russischen das Wort für »Gerücht« identisch ist mit dem für »Gehör« (beides heißt »sluch«), wodurch im übertragenen Sinn

---

35 »Слухи все растут. Откуда они берутся? Какая сила порождает их? Почему они так всем необходимы? Может быть, в них наше спасение? И странно, с какой жадностью мы ловим их, передаем нашим друзьям, хотя и не вполне верим им, а все таки успокаиваемся« Bunin / Bunina: Ustami Buninych. 1 (s. Anm. 12), S. 195.

36 Bunin: Verfluchte Tage (s. Anm. 13), S. 60 f. »Все слухи и слухи. Жизнь в непрестанном ожидании [...]. И это ожидание чего-то, что вот-вот придет и все разрешит, сплошное и неизменно-напрасное, конечно, не пройдет нам даром, изувечит наши души, если даже мы и выживем. А за всем тем, что было бы, если бы не было даже ожидания, то есть надежды?« Bunin: Okajannye dni (s. Anm. 13), S. 302.

37 Bunin: Verfluchte Tage (s. Anm. 13), S. 75 f. »Лжи столько, что задохнуться можно. Все друзья, все знакомые, о которых прежде и подумать бы не смел, как о лгунах, лгут теперь на каждом шагу. Ни единая душа не может не солгать, не может не прибавить *и своей лжи, своего* [im Original kursiv] искажения к заведомо лживому слуху. И все это от нестерпимой жажды, чтобы было так, как нестерпимо хочется. Человек бредит, как горячечный, и, слушая этот бред, весь день все-таки жадно веришь ему и заражаешься им. Иначе, кажется, не выжил бы и недели. И каждый день это самоодурманивание достигает особой силы к вечеру [...]« Bunin: Okajannye dni (s. Anm. 13), S. 309.

38 Z. B. Bunin: Verfluchte Tage (s. Anm. 13), S. 172 f., 208; Bunin: Okajannye dni (s. Anm. 13), S. 361, 379 und noch deutlicher in Bunin: Dnevniki (s. Anm. 11), S. 119 f.

39 Bunin: Verfluchte Tage (s. Anm. 13), S. 134; Bunin: Okajannye dni (s. Anm. 13), S. 340.

das Aufnehmen von Gerüchten zu einer Sinneswahrnehmung wird. Bunins eigene Wahrnehmung, die eigenen Sinne, sind bis zum Äußersten geschärft:

> Auch wenn es mir gelänge, hier herauszukommen, irgendwohin, nach Italien zum Beispiel, nach Frankreich, es wäre mir überall zuwider – der Mensch ist widerlich geworden! Das Leben zwingt uns, ihn so genau zu spüren, ihn so genau und aufmerksam zu mustern, seine Seele, seinen abstoßenden Körper. Was waren schon unsere früheren Augen – wie wenig haben sie gesehen, selbst die meinen! (02.05.1919).[40]

Während er diesen Zustand bedauert und ihn nur auf die negative Wahrnehmung der ihn umgebenden Menschen und deren Sprache bezieht, finden wir ihn in der literarischen Verarbeitung auch unter positivem Vorzeichen gerichtet auf die Naturerscheinungen, wodurch eine kosmische Dimension eröffnet wird, die das Verzweifeln an den Menschen ein wenig relativiert. Mit dem alten Russland wird nicht zwangsläufig die Welt an sich zugrunde gehen.[41]

2. »Конец« (»Das Ende«)

Entgegen der Befürchtung, dass die Weiterflucht nicht gelingen würde, befinden sich die Bunins doch Ende Januar 1920 (bzw. nach neuem Kalender Anfang Februar) auf dem Dampfschiff »Sparta«, dem letzten auslaufenden französischen Schiff, wenige Stunden bevor abermals und nun endgültig die Bolschewiki Odessa einnehmen.

Vermeintlich ist jetzt die Ungewissheit vorbei – doch auch auf dem Schiff erreichen sie noch Gerüchte, die nicht unwahrscheinlich erscheinen, zumal gleich der erste Tagebucheintrag nach Besteigen des Schiffes festhält, dass das überfüllte Schiff klein sei und kein Vertrauen einflöße (Bunina, 24.01.1920)[42] und Bunin von einem »morschen, engen Gefährt«, das »alt« und »überfrachtet« sei, schreibt.[43] Sie liegen noch viele Stunden im Hafen, dann weitere auf der Reede (es dauert drei Tage, bis sie aufs offene Meer auslaufen), in der Stadt wird gekämpft, sodass einerseits das Vorrücken der bolschewistischen Truppen in Richtung Hafen kolportiert wird, auf dem Schiff selbst das Fehlen von Kohle,

---

40 Bunin: Verfluchte Tage (s. Anm. 13), S. 133. »[…] если бы теперь и удалось вырваться куда-нибудь, в Италию, например, во Францию, везде было бы противно, – опротивел человек! Жизнь заставила так остро почувствовать, так остро и внимательно разглядеть его, его душу, его мерзкое тело. Что наши прежние глаза, – как мало они видели, даже мои!« Bunin: Okajannye dni (s. Anm. 13), S. 339.

41 Vgl. Thomas Grob: Nachwort. In: Bunin: Verfluchte Tage (s. Anm. 13), S. 215–224; hier: S. 224.

42 »Отыскали наш пароход, «Спарту», маленький, не внушивший доверия« Bunin/Bunina: Ustami Buninych. 1 (s. Anm. 12), S. 280.

43 Bunin: Das Ende (s. Anm. 14), S. 30, 33. »[…] то утлое, тесное […]«; »«Патрас» был стар, перегружен« Bunin: Konec (s. Anm. 14), S. 187, 189.

eine Meuterei der Besatzung, ein Überlaufen der Matrosen zu den Roten;[44] und in seiner Erzählung schreibt Bunin zudem über ein Gerücht, das sie erreicht, als sie sich bereits auf dem Meer befinden:

> Eben sprach sich herum, die »Patras« habe kurz vor der Abfahrt eine schreckliche Funkmeldung erhalten: Zwei Dampfschiffe, ebenfalls mit Flüchtlingen, mit unseresgleichen, überfüllt und einen Tag vor uns ausgelaufen, seien bei einem Schneesturm gesunken […]. Nun schwebte eine neue Gefahr über uns, eine neue Ungewißheit […].[45]

Diese 1921 in Paris entstandene Erzählung veröffentlichte Bunin 1923 zunächst unter dem Titel »Gibel'« (Untergang, Tod; als endgültigem Ende), ehe er für einen Wiederabdruck 1924 den Titel in »Konec« (»Das Ende«; das u. U. gleichzeitig der Beginn von etwas Neuem sein kann) änderte.[46] Der Text ist in vier Teile untergliedert.

Im ersten Teil wird das Bangen bis zum Ablegen des Schiffes geschildert, wobei der Blick auf die Zerfallserscheinungen in der Stadt und das Chaos an Bord gerichtet ist. Erst zu Beginn des vierten Absatzes erfahren wir, dass es sich um einen personalen Ich-Erzähler handelt, der sich mit auf dem Schiff befindet. Es bleibt übrigens bei einem allein fliehenden Ich, von einer Begleiterin ist keine Rede. Ähnliches lässt sich in den Tagebüchern Bunins und den *Okajannye dni* (*Verfluchte Tage*) beobachten, in denen seine Gefährtin so gut wie nicht erwähnt wird, während ihre Tagebücher ausführlich auf das eingehen, was ihn umtreibt. Die erwähnte Konzentration auf die eigene Wahrnehmung macht bei Bunin also auch vor dem nächsten Menschen keinen Halt. Dieser erste Teil der Erzählung endet mit den Worten: »Leb wohl, Rußland, dachte ich munter, als ich die Treppe hinunterlief«,[47] während sie im Tagebuch notiert: »Zum letzten Mal sah ich das russische Ufer. Habe geweint. Ein dumpfes Gefühl erfasste

---

44 Bunin: Das Ende (s. Anm. 14), S. 28; Bunin: Konec (s. Anm. 14), S. 186.

45 Bunin: Das Ende (s. Anm. 14), S. 33. »Только что разнесся слух, что перед самым нашим отходом из порта было получено на «Патрасе» страшное радио: два парохода, тоже переполненные такими же, как мы, и вышедшие раньше на сутки, потерпели крушение из-за снежной бури […]. И новая угроза повисла над нами, новая неопределенность […]« Bunin: Konec (s. Anm. 14), S. 189. In der literarischen Verarbeitung und auch 1950 in den Erinnerungen ersetzt Bunin den Schiffsnamen »Sparta« durch sein Anagramm »Patras«. Dass das Schwarze Meer keineswegs ungefährlich ist, beweisen gesunkene Flüchtlingsschiffe. Im August 1920 meldet z. B. eine Pariser Exilzeitung, dass im Schwarzen Meer auf dem Weg nach Kleinasien 14 Dampfer mit russischen Flüchtlingen untergegangen seien (zitiert bei Valentin Lavrov: Cholodnaja osen'. Ivan Bunin v ėmigracii /1920–1952/. Moskva 1989, S. 77).

46 Die Erstveröffentlichung erfolgte in der in Paris herausgegebenen russischen Wochenzeitung *Zveno* (Ivan Bunin: Gibel' [iz povesti]. In: Zveno, 12.03.1923, S. 2–3), der erste, veränderte Wiederabdruck erfolgte in dem Band *Roza Ierichova* (Berlin 1924, S. 130–141).

47 Bunin: Das Ende (s. Anm. 14), S. 29. »Прощай, Россия, бодро сказал я себе, сбегая по трапам« Bunin: Konec (s. Anm. 14), S. 187.

mich. [...] Vor uns Dunkelheit und Grauen. Hinter uns – Entsetzen und Hoffnungslosigkeit« (Bunina, 27.01.1920).[48] Die Munterkeit und Leichtigkeit des
Treppe-hinunter-Laufens sind für die späteren Ausgaben neu angenommen –
zunächst handelte es sich um Unbeirrtheit oder Standhaftigkeit[49] – und verlässt
auch das Ich in der Endfassung der Erzählung bald wieder.

Im zweiten Teil der Erzählung werden neben der Besatzung die Passagiere
geschildert, die sich auf dem Schiff befinden, die Bunin systematisch in Flücht-
lingskategorien einteilt (Gauner; ehrbare Leute, deren erste Flucht es ist; Kurz-
entschlossene; echte Flüchtlinge, die schon lange von Stadt zu Stadt unterwegs
sind). Nach der durchlebten Anspannung sind die Menschen enthemmt, ungeniert, lassen sich gehen, haben sich schnell eingerichtet und auch den letzten
Winkel des Schiffes belegt: »überall Körper, Körper« (Bunina, 27.01.1920).[50]
Schnell bilden sich Schlangen vor dem Abort und dem Fass, aus dem die Franzosen, unter deren Flagge das griechische Schiff läuft, gratis Wein ausschen-
ken.[51]

Als sich also alle langsam zu entspannen beginnen, reißt Bunin sie zu Beginn
des dritten Teils, ziemlich genau in der Mitte des Textes, als dramatischen Höhepunkt abrupt aus dem Bewusstsein ihrer mutmaßlichen Rettung, indem er
das Gerücht der zwei gesunkenen Schiffe anführt. In diesem dritten Teil wird
der nächtliche Schneeorkan auf hoher See dargestellt, der auch sie ereilt und
nur zu gut zu der gesamten Untergangsstimmung, der Situation des inneren
und äußeren Aufruhrs passt[52] und der die für die Gerüchte als Metapher be-
nutzte Elementargewalt in ihrem ganzen Ausmaß zeigt. Machte Bunin sich zu
Beginn über die Einfallslosigkeit der Menschen lustig, die das Schiff gleich »Ar-
che Noah« getauft hatten,[53] spricht er selbst jetzt von einer wahrhaften »Hölle«,

---

48 »Последний раз увидела русский берег. Заплакала. Тяжелое чувство охватило меня.
    [...] Впереди темнота и жуть. Позади – ужас и безнадежность« Bunin/Bunina: Ustami
    Buninych. 1 (s. Anm. 12), S. 282 f.
49 In der ersten Ausgabe hieß es: »Конец, прощай Россия, сказал я себе твердо.« (»Ende, leb
    wohl, Russland, dachte ich fest.«) Bunin: Gibel' (s. Anm. 46), S. 2.
50 »[...] везде тела, тела« Bunin/Bunina: Ustami Buninych. 1 (s. Anm. 12), S. 282.
51 Bunin: Das Ende (s. Anm. 14), S. 32; Bunin: Konec (s. Anm. 14), S. 189.
52 In der Erzählung »V nočnom more« (»Auf dem nächtlichen Meer«) findet die Fahrt hingegen in
    einer ruhigen Sommernacht statt, die »Hölle« (»сущий ад«) ist beim Einstieg und Beladen los,
    beruht also auf menschlicher Aktivität, sobald das Schiff fährt, herrscht Ruhe. Der »Schweif« des
    kleinen Schiffes geht in den Himmel über. Vgl. Ivan Bunin: V nočnom more [1923]. In: Ders.:
    Polnoe sobranie sočinenij v XIII tomach. Tom 4. Moskva 2006, S. 309–315; hier: S. 309, 315.
    Ganz ähnlich verschmelzen Himmel und Meer in der frühen Erzählung »More bogov« (»Das
    Meer der Götter«). Vgl. Ivan Bunin: More bogov [1907]. In: Ders.: Polnoe sobranie sočinenij v
    XIII tomach. Tom 3. Moskva 2006, S. 391–397; hier: S. 396. Das Meer ist also in anderen
    Texten Bunins durchaus positiv konnotiert und wird nicht per se als Gefahr für den Menschen
    geschildert.
53 Bunin: Das Ende (s. Anm. 14), S. 29. »Пароход, конечно, уже окрестили Ноевым ковче-
    гом, – человеческое остроумие не богато.« Bunin: Konec (s. Anm. 14), S. 187.

die oben (!) herrsche,[54] und beschreibt diese so eindrücklich, dass es schwerfällt, daraus auch nur ein kurzes Zitat auszuschneiden, weil es der gesamte Rhythmus des Textes ist, der so suggestiv wirkt, die Beschreibung der verschiedenen krachenden Geräusche, des diffusen Lichts, das durch das Auf und Ab des Schiffs entsteht, des Gestanks des Erbrochenen. In *ihren* Aufzeichnungen tritt an dieser Stelle Schweigen ein: »Jan und ich reden schon gar nicht mehr, wir verständigen uns mit den Augen, dass die Lage nicht witzig ist« (Bunina, 29.01.1920).[55]

Im vierten Teil der Erzählung legt sich das Ich schließlich hin, um zu schlafen, kommt aber über ein durch den Sturmlärm gestörtes Schlummern nicht hinaus, in dem ihm Versfragmente einfallen. Wurde zuvor gesagt, dass es »auf irgendwas« wartete und »an irgendwas dachte«,[56] ist die Formulierung im Halbschlaf abgewandelt: »ich dachte an irgendwas, erinnerte irgendwas …«.[57] Aus dem Warten wird das Erinnern, das von Těffi im Eingangszitat bildhaft beschriebene Umschauen. Das schlägt sich auch in dem unvollständig zitierten Gedicht von Jakov Petrovič Polonskij nieder, in dem ein Ich sich im Traum (wieder) frisch und jung sieht. Es fehlt jedoch bei Bunin die Verszeile, in der die Erwartungen dieses frischen jungen Wesens brodeln.[58] Das heißt, der Blick ist nur noch zurück auf die vergangene Jugend und nicht mehr in die Zukunft gerichtet. Und so überrascht es kaum, dass das Bunin'sche Ich jäh erwacht, in doppelter Hinsicht, womit die Erzählung endet:

Plötzlich erwachte ich ganz, plötzlich ging mir ein Licht auf: Ja, das ist es, so ist es! Ich bin auf dem Schwarzen Meer, ich bin auf einem fremden Schiff, ich fahre aus einem bestimmten Grund nach Konstantinopel, mit Rußland hat es ein Ende,

---

54 Bunin: Das Ende (s. Anm. 14), S. 35. »А наверху был сущий ад.« Bunin: Konec (s. Anm. 14), S. 190.

55 »Мы уже с Яном ничего не говорим, по глазам понимаем, что дело нешуточное« Bunin/Bunina: Ustami Buninych. 1 (s. Anm. 12), S. 283.

56 Bunin: Das Ende (s. Anm. 14), S. 34. »[…] чего-то ждал и что-то думал.« Bunin: Konec (s. Anm. 14), S. 190.

57 »[…] что-то думал, что-то вспоминал …« Bunin: Konec (s. Anm. 14), S. 190. In der publizierten Übersetzung, von der ich hier abweiche, heißt es, ohne dass eine Parallele zu der vorigen Stelle hergestellt würde: »sann ich irgendwas, dachte zurück« Bunin: Das Ende (s. Anm. 14), S. 36.

58 Bunin: Konec (s. Anm. 14), S. 191 f. Bunin lässt in der Endfassung den Vers: »Я влюблен, мечты кипят …« (»Ich bin verliebt, die Erwartungen brodeln«) weg. Jakov Petrovič Polonskij: Kačka v burju [1850]. In: Ders.: Polnoe sobranie stichotvorenij v pjati tomach. Tom 1. Hg. v. Adol'f Fedorovič Marks. S.-Peterburg 1896, S. 180–182; hier: S. 181, was aber Tschörtner bei ihrer Übersetzung übersehen zu haben scheint, denn sie führt den Vers dennoch an: »verliebt, in der Glut des Erwartens«. Bunin: Das Ende (s. Anm. 14), S. 37. In der ersten Fassung wurde die Stelle durch Bunin noch mit zitiert und sogar – explizit als schlecht: »»Мечты кипят‹ – это, кажется, плохо, совсем плохо сказано, думал я […]«; »›Die Erwartungen brodeln‹, das scheint schlecht, ganz und gar schlecht gesagt, dachte ich […]« – kommentiert. Das Ende der Erzählung hat insgesamt die meisten Veränderungen bei der Überarbeitung erfahren. Bunin: Gibel' (wie Anm. 46), S. 3.

und alles, mein ganzes bisheriges Leben ist zu Ende, selbst wenn ein Wunder geschieht und wir nicht umkommen, diesem bösen eisigen Abgrund entkommen. Wie war es nur möglich, daß ich das nicht eher gesehen, nicht eher begriffen habe?[59]

IV. Abschließende Überlegungen

Für Bunin steht dennoch außer Frage, dass er das Land verlassen muss, denn es geht ihm um Zeitzeugenschaft, der nur schwer nachzukommen ist. In Odessa veröffentlichte er 1919 einen Zeitungsartikel mit dem Titel »Ne mogu govorit'« (»Ich kann nicht sprechen«), dessen erster Absatz lautet: »Keine Worte, keine Kraft zu sprechen.«[60] Gefährlich ist die Zeugenschaft ohnehin, oft ist die Rede vom Verstecken und Vernichten der Papiere, wie Bunin beispielsweise in der Nacht auf den 15. Mai 1919 notiert:

> Versteckte einige Notizen über die Jahre 1917 und 1918. Ach, dieses verstohlene nächtliche Verstecken und Wiederverstecken von Papieren und Geld! Millionen von Russen haben diese Schande, diese Erniedrigung in den letzten Jahren mitgemacht. Wie viele Schätze wird man später heben! Und unsere ganze Zeit wird zum Märchen, zur Legende …[61]

Die Zeugenschaft richtet Bunin sowohl psychisch als auch physisch zugrunde. Er *muss* die Dinge aufzeichnen – nicht zuletzt für die Ausländer, die die Russen viel zu wenig kennen und für künftige Historiker, um ihnen die Arbeit zu vergällen, wenn sie Loblieder auf die heroische Vergangenheit anzustimmen beabsichtigen sollten[62] –, doch fehlt ihm die Kraft dazu (12.04., 10.05.1919) und

59 Bunin: Das Ende (s. Anm. 14), S. 37. »Вдруг я совсем очнулся, вдруг меня озарило: да, так вот оно что – я в Черном море, я на чужом пароходе, я зачем-то плыву в Константинополь, России – конец, да и всему, всей моей прежней жизни тоже конец, даже если и случится чудо и мы не погибнем в этой злой и ледяной пучине! Только как же это я не понимал, не понял этого раньше?« Bunin: Konec (s. Anm. 14), S. 192.
60 »Нет слов, нет сил говорить.« Ivan Bunin: Ne mogu govorit' [1919]. In: Gde obryvaetsja Rossija. Chudožestvenno-dokumental'noe povestvovanie o sobytijach v Odesse v 1918–1920 gg. Hg. von Aleksandr Arnol'dovič Taubenšlak und Elena Leonidovna Javors'ka. Odessa 2002, S. 235–241; hier: S. 235.
61 Bunin: Verfluchte Tage (s. Anm. 13), S. 156f. »Прятал разные заметки о 17 и 18 годах. Ах, эти ночные воровские прятания и перепрятывания бумаг, денег! Миллионы русских людей прошли через это растление, унижение за эти годы. И сколько потом будут находить кладов! И все наше время станет сказкою, легендой …« Bunin: Okajannye dni (s. Anm. 13), S. 352. Mit dem Nicht-wieder-Auffinden in der Erde vergrabener Papiere begründet Bunin auch in einem »P. S.« das Ende des gesamten Textes, das auf den 20. Juni 1919 datiert ist. Bunin: Okajannye dni (s. Anm. 13), S. 382; Bunin: Verfluchte Tage (s. Anm. 13), S. 214.
62 Bunin: Ne mogu govorit' (s. Anm. 60), S. 241.

an künstlerische Ansprüche ist unter diesen Umständen sowieso nicht zu denken: »[M]eine Aufzeichnungen sind eigentlich völlig wahllos, ich notiere weiß der Teufel was, wie ein Wahnsinniger …« (11.06.1919).[63]

Die künstlerische Bearbeitung erfolgt später, wobei die Situation des Dazwischen, der Zustand des Vagen, der in der Konzentration auf die Gerüchte manifestiert wird, bis weit in die 1920er Jahre (mindestens bis zum vorläufigen Abschluss der *Okajannye dni [Verfluchten Tage]* 1927) erhalten bleibt. Was hinzukommt, sind die konkreten Schilderungen und detailreichen Beobachtungen, die die Texte zu beeindruckenden literarischen Dokumenten machen und durch die sie sich sowohl von seinen eigenen als auch den Tagebüchern seiner Gefährtin unterscheiden.

Die Form des Textes verändert sich erst mit größerem zeitlichen Abstand, wie man den 25 Jahre nach den *Okajannye dni (Verfluchten Tage)* veröffentlichten Erinnerungen Bunins entnehmen kann. In dem Abschnitt, in dem der letzte Teil der Flucht verarbeitet ist, werden Bezüge zu früheren Aufenthalten in Konstantinopel hergestellt und Verwunderung darüber geäußert, dass es ihm selbst und Nikodim Pavlovič Kondakov gelungen sei, mit Hinweis darauf, »Immortels« (also Mitglieder der Russischen Akademie) zu sein, der entwürdigenden Desinfizierung zu entgehen.[64] In eher anekdotischer Form wird vom Raub aller Wertsachen in Sofia erzählt und dies als Vorsehung interpretiert, ihn vor dem Tod zu retten, denn Bunin hatte einen politischen Vortrag verpasst, zu dem er eingeladen war, der jedoch mit einem Unglück einherging, das mehreren Menschen in der ersten Saalreihe, in der auch er gesessen hätte, das Leben kostete.[65] In der Erinnerung an Belgrad wird das unangenehme Erlebnis, von dem ungebildeten Botschafter hinausgeworfen zu werden, konterkariert mit dem Konsul, der aus einer Etage darunter Bunin auf die Straße nachruft, dass zu seinen Händen Visa für Paris und französische Franken eingetroffen seien. Der betrunkene albanische Schiffskapitän der »Sparta«, der sich nicht auf dem Schwarzen Meer auskennt und deshalb durch einen zufällig mitflüchtenden russischen Kapitän abgelöst wird, die Übernachtung jenseits Konstantinopels in einer zugigen Ruine auf dem sogenannten »Feld der Toten«, der in Bulgarien herrschende Typhus, die Dichte an Flüchtlingen in Belgrad, die dazu führt, dass

---

63 Bunin: Verfluchte Tage (s. Anm. 13), S. 57, 152, 198. »Но был совершенно не в силах«; »Записывая, еще больше растравляю себе сердце«; »[З]аписываю я, в сущности, черт знает что, что попало, как сумасшедший …« Bunin: Okajannye dni (s. Anm. 13), S. 300, 350, 374.

64 Bunin: Vospominanija (s. Anm. 15), S. 226.

65 Zu Bunins Aufenthalt in Bulgarien siehe ausführlicher den ganzseitigen Beitrag von Stilijan Čilingirov: Ivan Alekseevič Bunin v Sofija. In: Literaturen glas, 26.11.1933, S. 4. Die ganze Nummer ist anlässlich der Zuerkennung des Nobelpreises Bunin gewidmet.

sie auf einem Abstellgleis im Eisenbahnwaggon untergebracht sind, werden nur noch beiläufig erwähnt – als Wunder, all dies überlebt zu haben.[66]

Die von den Gerüchten begleitete existenzielle Unsicherheit und Ungewissheit ist also in den späten Erinnerungen der Gewissheit gewichen, mit dem Leben davongekommen und nicht mehr von Gerüchten abhängig zu sein. Insofern lässt sich konstatieren, dass zu diesem Zeitpunkt nicht nur die äußere Flucht, sondern auch der innere Zustand des Flüchtens wohl zum Abschluss gekommen ist.

---

66 Bunin: Vospominanija (s. Anm. 15), S. 226, 248–253. Über den Schiffskapitän lesen wir in Buninas Tagebucheintrag vom 29./30.01.1920 wesentlich dramatischer, dass er 36 Stunden über Minenfeldern gekreuzt sei, ohne die Einfahrt in den Bosporus zu finden, und deshalb noch betrunkener gemacht wurde, um ihn, wenn er eingeschlafen sei, ablösen zu können. Vgl. Bunin/Bunina: Ustami Buninych. 1 (s. Anm. 12), S. 283.

Renate Berger

»Sich frei machen von der geliebten Fessel?«[1]
Zum Orts- und Sprachwechsel von Klaus Mann

Schriftsteller sind oft unterwegs. Klaus Mann war keine Ausnahme, doch in seinem Fall nehmen Reisen schon deshalb eine besondere Intensität und Färbung an, weil sie ein Lebensmodell durchdringen. Seit seiner Jugend führte der Schriftsteller eine volatile Existenz; er wird in seinem 42-jährigen Leben Städte, Länder, Kontinente in einem Tempo wechseln, das seinesgleichen sucht – bisweilen so, als sei er auf der Flucht. Wer eine Szene verlässt, bewegt sich auf eine andere zu – Klaus Mann favorisiert nur eine Richtung: nach vorn. Ein Zurück ist nicht in seinem Sinne; Heimkehr wird sich nach Kriegsende als illusorisch erweisen.

Als Gustaf Gründgens 1925 Manns erstes Stück *Anja und Esther* an den Hamburger Kammerspielen inszeniert und ihn in seinen Freundeskreis aufgenommen hatte, hielt es den 19-jährigen Autor nicht länger. Schon zu Beginn seiner Karriere ließ ihn die Angst vor Wiederholung, Monotonie und Überdruss nirgends verweilen: Seine nächsten Stationen sind Berlin, München, Wien, Nizza, Paris.

Dass er Autos, Schiffe, Züge, Flugzeuge, darunter die avanciertesten Fortbewegungsmittel seiner Zeit – oft mit finanzieller Unterstützung seiner Eltern – nutzt, steht ebenso außer Frage wie das, was er neben den üblichen Reiseutensilien mit sich führt: Manuskripte, Bücher, Briefe. Ein Leben aus dem Koffer. Wo immer er unterwegs ist, in Europa, Asien, den USA: Überall richtet er sich rasch ein, überall findet sein »Dienst an der Schreibmaschine«[2] statt. Damit ist er keine Ausnahme. Während Thomas Mann noch auf Schiffsreisen seine Arbeitsroutine aufrechtzuerhalten sucht, geht der Freund und Mentor seines Sohnes, Stefan Zweig, 1935 auf dem Weg ins englische Exil sogar so weit, Reisen als »Rast in der Unruhe der Welt« zu genießen: »Man hat wieder gelernt zu lesen, zu denken, beinahe zu arbeiten in einem rollenden Zug [...] Nur noch rasch gleich hinüber auf das Schiff, den ersten Blick auf das geliebte Meer tun [...] und Ferne in sich trinken.«[3]

1 Klaus Mann: Auf verlorenem Posten. Aufsätze – Reden – Kritiken 1942–1949. Hg. v. Uwe Naumann und Michael Töteberg. Reinbek bei Hamburg 1994, S. 432.
2 Klaus Mann: Der Wendepunkt. Reinbek bei Hamburg 1984, S. 376.
3 Stefan Zweig: Tagebücher. Frankfurt a. M. 1984, S. 384 f.

Phasenweise gewinnt man den Eindruck, Klaus Mann habe mehr unterwegs als während seiner urbanen Zwischenstopps geschrieben; wie sein Vater behält er das schreibende Regelmaß bei. Doch wie ließen sich Art und Tempo dieses Lebensstils mit literarischer Produktivität vereinbaren? Dieser Frage werde ich für die Frühphase ab 1933 und die Spätphase des Exils ab 1940 anhand einer Auswahl von Beispielen nachgehen.

Bis zu seinem 25. Lebensjahr sind Klaus Manns Reisen durch Freiwilligkeit geprägt. Seine Entdeckerfreude bezieht sich zunächst auf Frankreich – bald auf Amerika, sogar Regionen außerhalb Europas, die er 1927–28 zusammen mit seiner Schwester Erika auf einer Hawaii, Japan, Korea und die Sowjetunion einschließenden Weltreise besucht und journalistisch auswertet.

Einen gewissen Grad an Freiwilligkeit kann er in der ersten Phase seines europäischen Exils noch aufrechterhalten. Auch nachdem er Deutschland im März 1933 verlassen hat, geht es wie bisher um den Wechsel von Passagerem und Konstantem, um Orte, die in raschem Wechsel angesteuert, erkundet und verlassen werden.

Für seine damaligen Arbeitsbedingungen möchte ich beispielhaft die Entstehungsvoraussetzungen des 1935 entstandenen Tschaikowsky-Romans *Symphonie Pathétique* anführen, sein, wie er bekannte, bislang »aufrichtigstes und persönlichstes« Buch. Es stellt einen ebenso ruhelosen Künstler in den Mittelpunkt, dessen Homosexualität, »neurotische Unrast«, »Komplexe«, »Ekstasen«, »Ängste« und »Aufschwünge« den Autor zur Feststellung verleitet: »Ich weiß alles von ihm.«[4]

Den im Januar geplanten und Anfang August 1935 vollendeten Roman über den Komponisten schreibt er unterwegs sowie im Wechsel zwischen Amsterdam, Küsnacht, unterbrochen von zwei Schriftstellerkongressen in Barcelona und Paris, schließlich in Sils Baselgia und wieder Amsterdam. Parallel dazu entstehen Vorträge sowie etwa 25 Artikel (Essays, Rezensionen, Tagungsberichte). Gleichzeitig kommt er nicht allein redaktionellen Verpflichtungen für seine Zeitschrift *Die Sammlung* nach, sondern ist sogar gezwungen, sie in der Endphase der Tschaikowsky-Biografie abzuwickeln. Scheinbar mühelos entspricht er diesen Anforderungen. Sein durch Drogen befeuertes Arbeitspensum ist enorm, sein Ausdruckswille ungebremst. Rückblickend erklärt er, dass ihm die Arbeit damals, mit Ende 20, »besonders flink von der Hand ging«[5].

Zieht man das von Sylvia Sasse in Anlehnung an Foucault ins Spiel gebrachte Modell kompensatorischer oder »Illusionsheterotopien« zurate, »die den Mangel des eigenen [Standortes] ausgleichen und dadurch vervollkommnen« sollen,

---

4 Uwe Naumann: Klaus Mann. Reinbek bei Hamburg 1984, S. 71; Mann: Wendepunkt (s. Anm. 2), S. 334 f.

5 Mann: Wendepunkt (s. Anm. 2), S. 334 f.; Klaus Mann: Briefe und Antworten. Hg. v. Martin Gregor-Dellin, Reinbek bei Hamburg 1991, S. 334.

stellt man fest, dass es für Klaus Mann abgesehen vom Münchener Elternhaus nie so etwas wie den »eigenen« Ort gab, nur eine Vielzahl von Orten.[6] Heimat war keiner von ihnen. Jede seiner Stationen bot etwas, jede ließ etwas vermissen. Ihre jeweiligen Defizite ließen sich nur durch ständigen Wechsel kompensieren. Als Konstante in diesem nomadisierenden Dasein kommen allein Passagen in Betracht: von einer Stadt, einer Nation, einem Erdteil, einer Kultur zur anderen, von einem Sprachraum zum anderen. Jedes Innehalten ist nur Zwischenstopp auf der Lebensreise.

Während der Arbeit an der *Symphonie Pathétique* fällt dennoch ein Wort, das ihn bis zum Lebensende begleiten wird: Heimweh. Kein Widerspruch zur Idee von Heimat. Denn Klaus Mann sehnt sich mit Ende 20 nicht nach einem Ort, einer Nation, sondern nach einer »Epoche« zurück. So gerät ein Künstlerroman unversehens »zum Ausflug in das an zauberhaften Überraschungen reiche Land des 19. Jahrhunderts«[7].

Wenn Klaus Mann sich tatsächlich irgendwo aufhält, wohnt und arbeitet er im Haus der Eltern, bei Geschwistern, Freunden, Geliebten, Kollegen, Bekannten – oft in Hotels und Pensionen. Gegenüber Angehörigen oder der jeweiligen Freundesclique hält er weder mit Plänen noch mit Texten zurück; der jeweilige Aufenthalt dient stets der Kontaktpflege mit einem kaum überschaubaren Kreis. Stets reist er ab, bevor seine Gegenwart zur Gewohnheit wird.

I. Exterritorialität

Das Hotel – Inbegriff volatiler Ungebundenheit. Kein bestimmtes – es geht ums Prinzip. Schon seinen Tschaikowsky-Roman lässt Klaus Mann in einem Berliner Hotel beginnen. Einen Eindruck von dieser Vorliebe gibt sein »Gruß an das zwölfhundertste Hotelzimmer«:

> Oberkellner, schwatzest du mir zuviel, Trinkgeldlüsterner?
> Oder erklärst du mir gar, daß nach zehn Uhr morgens kein
> Frühstück erhältlich? (Bin ich im Gefängnis?)
> O Heimat von drei, vier Tagen, sechs Wochen, zweieinhalb
> Monaten – wieviel Enttäuschungen hast du mir schon bereitet!
> Wie hart und peinlich hast du sie schon bestraft, meine Unruhe,
> Unrast, meinen Ehrgeiz und mein Abwechslungsbedürfnis.[8]

---

6 Sasse in: Patrick Pfannkuche: Vicki Baums Romane. Mode, Hochstapelei, Sexualität. Kassel 2013, S. 89.

7 Nicole Schaenzler: Klaus Mann. Eine Biographie. Berlin 2001, S. 320.

8 Klaus Mann: Gruß an das zwölfhundertste Hotelzimmer, ca. 1928/31, zit. n.: Renate Berger: Tanz auf dem Vulkan. Gustaf Gründgens und Klaus Mann. Darmstadt 2016, S. 94; vgl. Uwe Naumann (Hg.): »Ruhe gibt es nicht bis zum Schluß«. Klaus Mann 1906–1949. Reinbek bei Hamburg 1999, S. 131.

So lässt sich plaudern, während man aufs Frühstück wartet: Kennt man eines, kennt man alle – das Hotelzimmer.

> Aber freilich, wieviel Gutes hast du mir schon gewährt,
> wieviel Rührendes, Sanftes, Aufmerksames. Laßt mich euch
> danken, meine zwölfhundert kleinen Heimatländer! [...]
> Liebesnacht im Hotelzimmer – oh, welcher Töne bedürfte
> ich, um deine Reize zu schildern, die, bitterer, zärtlicher,
> unverbindlicher als Liebesnächte in anderen Zimmern sie
> kennen, den Geschmack des Endes in jeder Umarmung
> hatten [...].[9]

Zehn Jahre später wird sich ein sieben Jahre jüngerer Algerier fragen: »Wie kommt es, dass die Fähigkeit, ein Jahr allein in einem ärmlichen Zimmer in Paris zu wohnen, den Menschen mehr lehrt als hundert literarische Salons und vierzig Jahre Erfahrung im ›Pariser Leben‹?«[10] Aus Algier angereist, bezieht Albert Camus sich 1940, im Jahr des Erscheinens von *Der Fremde*, auf Blaise Pascal und damit auf den Traum von einer isolierten Existenz in mythischen vier Wänden, die Unerreichbarkeit garantieren.[11] »Es ist etwas Hartes, Entsetzliches, zuweilen Peinigendes, und stets dem Wahnsinn so nahe. Aber in dieser Nachbarschaft«, heißt es im Tagebuch, »muss das Wesen eines Menschen sich stählen – oder zugrunde gehen.« Iris Radisch hat Camus' pathetische Aussage als »Klassiker der französischen Junggesellenliteratur«[12] bezeichnet, wohl wissend, dass solch vermeintliche Einsamkeit durch einen Kranz von Geliebten, Zuarbeiterinnen und Freunden beschützt wird, der oft unerwähnt bleibt.

Auch der von Angehörigen, Freundinnen und Freunden, Kollegen und Bekannten umgebene Klaus Mann hat sich stets einsam gefühlt und teilt Camus' Ambivalenz, was die Wirkung dieses »White Cube« der Literatur betrifft. Ohne sich auf dasselbe Klischee berufen zu wollen, äußert er in seiner Hommage an das Hotelzimmer Dankbarkeit – für Elemente des Für-sich-Seins und unkontrollierter Libertinage. Gleichzeitig ist von Enttäuschungen die Rede und Bestrafung jener Eigenschaften, die er weder ablegen kann noch ablegen will: »Unrast [...] Ehrgeiz [...] Abwechslungsbedürfnis«.[13]

Hotels sind Orte der Moderne, Sinnbilder der Exterritorialität. Ihr größter Vorzug: Sie verpflichten nicht zum Bleiben. Wie vollgestopft, luxuriös oder schlicht sie auch sein mögen: Kein Sessel, kein Spiegel, kein Schreibtisch, kein

---

9 Naumann: Ruhe (s. Anm. 8).

10 Zit. n. Iris Radisch: Camus. Das Ideal der Einfachheit. Reinbek bei Hamburg 2014, S. 135.

11 Vgl. Radisch: Camus (s. Anm. 10).

12 Radisch: Camus (s. Anm. 10).

13 Berger: Tanz auf dem Vulkan (s. Anm. 8), S. 94; zur »Unbehaustheit« in Hotels vgl. Maik Grote: Schreiben im Exil. Die Schriftsteller Lion Feuchtwanger, Arnold Zweig, Joseph Roth, Klaus Mann und ihr Verleger Fritz Landshoff. 1933–1945. Norderstedt 2015, S. 247 f.

Bett weckt unliebsame Erinnerungen. Hier lässt es sich träumen, schreiben, ängstigen, hier lässt es sich lieben. Klaus Manns Tage sind dem Schreiben und der Lektüre, seine Abende und Nächte dem Theater, Kino, Konzerten, Freunden und jungen Männern gewidmet, die für Geld so leicht zu haben sind wie Morphium und Kokain für sein Gleiten in andere Sphären.

Gemietete vier Wände verbinden nicht nur den Charme der Bedürfnislosigkeit mit Konzentration und einer Auszeit von traditionellem Wohlverhalten, sie bieten darüber hinaus die Möglichkeit, Unterbrechungen auszuschalten und sich im Provisorium einzurichten.[14]

Rainer Vollath geht noch einen Schritt weiter: Für ihn ist das Hotelzimmer eine interkulturelle Zone der Begegnung, eine »als Sehnsuchtsraum stilisierte Gegenplatzierung zur Herkunftswelt«, »zumeist [...] der Ekstase und der Verausgabung« gewidmet, in dem »transgressive Ereignisse wie ein Opferritual oder ein Geschlechtsakt vollzogen werden«[15].

II. Zerreißproben

Zu Manns Lieblingshotels gehört das Bedford in Midtown Manhattan (Abb. 1) – Treffpunkt vieler Emigranten (darunter Billy Wilder). Dort versucht er, »das wirre, reiche, trübe Exil-Erlebnis in epische Form zu bringen«. Doch war es ihm überhaupt möglich, seiner »Entwurzelungsneurose« im amerikanischen Umfeld weiter in seiner Muttersprache zu begegnen?[16]

Für Adorno, der Klaus Manns Exilerfahrung teilte, war jeder, war jede emigrierte Intellektuelle ausnahmslos beschädigt, weil sprachlich enteignet und der geschichtlichen Dimension entfremdet, aus der sie Kraft für ihr Denken bezogen.[17] In den USA, während der zweiten Phase seines Exils, wird das für Klaus Mann verschärft zum Problem. Indikator dafür ist sein zentrales Ausdrucksmittel: die Sprache.

Kann man Sprache bis zur Unbenutzbarkeit verändern? Enteignen? Oder zerstören? Der Mentalitätswandel, der bereits vor Hitlers Machtergreifung eingesetzt hatte, war nicht allein sichtbar, nur mit Händen zu greifen; man konnte ihn hören. 1936 hatte Klaus Mann sich noch über Hitler amüsiert und geglaubt, das »bellende Tier« sei außerstande, ihm die Muttersprache zu nehmen.

---

14 Stefan Zweig: Die Welt von gestern. Frankfurt a. M. 1991, S. 444 f.

15 Vollath in: Pfannkuche: Baums Romane (s. Anm. 6), S. 91; zum Umschlag in Bestialität vgl. Mann: Wendepunkt (s. Anm. 2), S. 367.

16 Mann: Wendepunkt (s. Anm. 2), S. 376.

17 Theodor W. Adorno: Minima Moralia. Reflexionen aus dem beschädigten Leben. Berlin, Frankfurt a. M. 1951, S. 44–47; vgl. Peter Uwe Hohendahl: The Displaced Intellectual? Adorno's American Years Revisited. In: Die Resonanz des Exils. Gelungene und mißlungene Rezeption deutschsprachiger Autoren. Hg. v. Dieter Sevin. Amsterdam, Atlanta 1992, S. 110–120.

Abb. 1: Klaus Mann im
Foyer des Hotel Bedford,
New York, um 1939

Doch in dem Maße, in dem der völkische Sound alle Lebensbereiche durch-
drang, setzte ein Entfremdungsprozess ein, wurde das Wort zum Kainsmal. [18]
Im September 1941 kommt es in der Bar des Bedford zu einem Zwischen-
fall: Als Klaus Mann sich mit seiner Schwester unterhält, werden beide von einem älteren Amerikaner angeschrien, sofort mit ihrem »Nazi-Talk« aufzuhören.
Nur mühsam kann er von Erika Mann mit dem Hinweis begütigt werden, dass
es keinen Sinn mache, eine Sprache zu boykottieren, die »in ihrer richtigen und
reinen Form mit dem Nazi-Kauderwelsch kaum irgendeine Verwandtschaft«
habe. [19] Exilierte Schriftstellerinnen und Schriftsteller, »für die das Sprachproblem zur Lebensfrage« wurde, empfanden die von Hitler und Goebbels gewählte
Verbalität als Enteignung. [20]

---

18 Susanne Utsch: Sprachwechsel im Exil. Die »linguistische Metamorphose« von Klaus Mann.
Köln, Weimar, Wien 2007, S. 119, vgl. S. 122.
19 Mann: Wendepunkt (s. Anm. 2), S. 429; vgl. dazu Döblins Reaktion auf die sprachliche Umgebung in: Winfried F. Schoeller: Alfred Döblin. Eine Biographie. München 2011, S. 632–634
und Jean Améry im Gespräch mit Ingo Herrmann. In: Ders.: Werke. Hg. v. Irene Heidelberger-
Leonard. Bd. 9. Stuttgart 2008, S. 101, der Sprache als geistigen Raum empfand.
20 Vgl. Klaus Mann: Das Sprachproblem (1947). In: Ders.: Auf verlorenem Posten (s. Anm. 1),
S. 431.

Manns erste Reaktion war Distanz – doch gleichzeitig spürte er die Gefahr, dass ihm sein Potenzial als »Native Speaker« zu entgleiten drohte. Seine Muttersprache war okkupiert, martialisch durchdrungen und nahm unter den neuen Machthabern die Missgestalt herrischen Gebrülls an. Wie das Deutsche im Ausland empfunden wurde, gab Charlie Chaplin 1940 in *Der große Diktator* als lautverliebtes Kauderwelsch zu Gehör.

Zwar war niemand gezwungen, Veränderungen im rhetorischen Duktus nachzuahmen, doch wurde man in Deutschland noch verstanden oder als zugehörig betrachtet, wenn gewisse Stichworte ausblieben? Ganz frei davon waren auch nicht jene Intellektuelle, die Literatur als »Waffe« betrachteten und sich vor dem Faschismus hinter einer »Festung« aus Sätzen verschanzen wollten.[21]

Zu den Zerreißproben jener Jahre gehörte deshalb die Entkoppelung von sprachlicher und intellektueller Loyalität. Für Stefan Zweig »hatte der Sinn eines ganzen Lebens sich in Widersinn verwandelt; ich schrieb, ich dachte noch immer in deutscher Sprache, aber jeder Gedanke, den ich dachte, jeder Wunsch, den ich fühlte, gehörte den Ländern, die in Waffen standen für die Freiheit der Welt.«[22] Intellektuelle, Schriftsteller und Schriftstellerinnen, die ihre nationale Herkunft bereits in den 1920er Jahren als »Europäer« (wie Klaus Mann) oder »Weltbürger« (wie Stefan Zweig) zu transzendieren hofften, wurden im Exil zwangsweise renationalisiert.

Wo nur noch die Staatsangehörigkeit zählte, entstand ein scharfes Bewusstsein von »Heimat«, das sie früher als begrenzend empfunden, dem sie sich vielfach verweigert hatten, bis sie ihr Geburtsland verlassen mussten oder aus ihm vertrieben wurden. Dann wendet sich das Blatt. Jetzt, im Dschungel bürokratisch-kriegsbedingter Maßnahmen des Auslands, wo ein Pass über Leben und Tod entscheiden konnte, erwies sich der Traum vom Weltbürgertum als Chimäre. Sobald Heimat nichts Gegebenes mehr war, sondern qualvoll errungen werden musste, entfaltete sich die Sehnsucht nach Zugehörigkeit auf neue Art.

III. Sprachwechsel

Klaus Mann verließ Deutschland am 13. März 1933, elf Tage nachdem das Ermächtigungsgesetz in Kraft getreten war, etwa acht Wochen bevor Studenten in Berlin und anderen Universitätsstädten nicht nur eigene, sondern auch Werke seines Vaters Thomas und Onkels Heinrich, Bücher von Rahel Sanzara,

---

21 Vgl. Karina von Lindeiner: Sammlung zur heiligsten Aufgabe. Politische Künstler und Intellektuelle in Klaus Manns Exilwerk. Würzburg 2007, S. 93 f.; Ludwig Marcuse an Klaus Mann in: Ilsedore B. Jonas: Klaus Mann im amerikanischen Exil. In: Klaus Mann. Hg. v. Rudolf Wolff. Bonn 1984, S. 119–151; hier: S. 147. Utsch: Sprachwechsel (s. Anm. 18), S. 130.
22 Zweig: Welt von gestern (s. Anm. 14), S. 493.

Vicki Baum, Irmgard Keun, Anna Seghers, Rosa Luxemburg, Alexandra von Kollontai, Bertha von Suttner und vielen anderen verbrannten.

Im deutschsprachigen Raum gab es kein Publikum mehr für ihn. Keinen Markt. Für wen sollte er künftig schreiben? In welcher Sprache? Welchen Themen sollte er sich widmen und würde man im Ausland mit dem, was ihn bewegte, etwas anfangen können? Wer sollte seine Bücher verlegen, welche Zeitschriften würden seine Beiträge drucken? Obwohl er die USA mehrfach als »Lecturer« bereist und über nützliche Kontakte verfügt hatte, wurde seine Flexibilität seit dem Moment, in dem er sich zum Bleiben entschloss, härter und tiefgreifender in Anspruch genommen, als ihm anfangs bewusst war.

Ein ambitioniertes Programm war rasch ausgemacht. Angesichts der nationalsozialistischen Bedrohung wollte er Amerikaner über Hitler und dessen Absichten aufklären, das andere, »bessere Deutschland« zum Widerstand aufrufen, die geistige Tradition seines Geburtslandes nicht in Vergessenheit geraten lassen und das gegenseitige Verständnis zwischen europäischer und amerikanischer Kultur fördern. Damit stellt sich das Sprachproblem in der zweiten Phase seines Exils doppelt: literarisch und publizistisch.

Im Juli 1939 war sein vorerst letzter Roman auf Deutsch erschienen. *Der Vulkan* nimmt das Leben von Emigranten zwischen 1933 bis 1938 in den Blick. Stefan Zweig erfreut den Autor mit der Bemerkung, dieser habe das Buch »gegen ein früheres Selbst« geschrieben und so den Übergang von der reinen Beobachtung zum Erlittenen geschafft.[23]

Die Reaktion des Vaters fällt ambivalent aus: »Ein Erbe bist du schon auch«, bemerkt er, »der sich, wenn man will, in ein gemachtes Bett legen durfte.« Allerdings: »zu erben muss man auch verstehen, erben, das ist am Ende Kultur«.[24]

Thomas Manns Zeilen veranlassen den Sohn, darauf hinzuweisen, er sei froh, »dem ›großen Vaterauge‹« bewiesen zu haben, dass er – trotz mancher Abstriche – »mehr als nur ein ›Söhnchen‹ und ein ›Windbeutel‹« sei.[25]

An diesen Briefen ist ablesbar, dass ein aus seinem Entstehungskontext gelöstes »Erbe« zur Last, zum Hemmnis angesichts von Prüfungen werden kann, die Menschen im Exil bevorstehen. So fragwürdig der Begriff »Erbe« schon damals sein mochte – war nicht längst eine Situation eingetreten, in der man es verloren geben musste?

Zeit, darüber nachzudenken, bleibt Klaus Mann nicht. Tatsächlich ist er auf bestem Wege, sich in den USA als »Erzeuger und Übermittler kulturellen Gutes« zu profilieren. 1939, kurz vor dem *Vulkan*, erscheint die mit Erika verfasste Auftragsarbeit *Escape to Life* über Prominente des Exils in Boston, im Jahr darauf *The Other Germany* im Amsterdamer Exilverlag Querido. 1941 startet er die

---

23 Stefan Zweig an Klaus Mann, Juli 1939: Mann: Briefe und Antworten (s. Anm. 5), S. 385 f.
24 Thomas Mann an Klaus Mann, 23.7.1939: Mann: Briefe und Antworten (s. Anm. 5), S. 390.
25 Klaus Mann an Thomas Mann, 3.8.1939: Mann: Briefe und Antworten (s. Anm. 5), S. 390 f.

politisch-literarische, international ausgerichtete Zeitschrift *Decision*. 1942 kommt seine Autobiografie *The Turning Point* heraus, mit der er ein amerikanisches Publikum zu gewinnen hofft. Der Untertitel *Thirty-five Years in this Century* weist dieselbe Abkehr vom Topografischen, dieselbe zeitliche Orientierung auf, die bereits im Tschaikowsky-Roman zum Ausdruck kamen.

Geistigen Beistand fand Klaus Mann bei Autoren, die sich – wie Adelbert von Chamisso, Joseph Conrad oder Vicki Baum – literarisch vom Französischen, Polnischen, Deutschen erfolgreich auf fremdsprachiges Terrain begeben hatten.[26]

Ende 1939 war der Wechsel zum Englischen für Klaus Mann unumgänglich. Eine Frage des Überlebens als Publizist. Doch als Romancier und Dramatiker? Im Alltag konnte er sich rasch verständigen; journalistische und essayistische Texte ließ er übersetzen, bis er sich angemessen artikulieren konnte. Dagegen berührte die Entstehung von Literatur tiefere Schichten. Die »englische Ausdrucksweise« und »Denkungsart« mit ihren amerikanischen Varianten unterschied sich fundamental von der deutschen; keine Frage, dass Klaus Manns Bemühen um Zweisprachigkeit in eine »psychologische Spaltung«, einen »schizophrenen Prozess« mündete, mehr noch: »Oft war ich nahe daran, mein ›alter ego‹, mein amerikanisiertes Ich aus ganzer Seele zu hassen«, heißt es rückblickend. »Wird es darauf hinauslaufen, dass man sich der Muttersprache entfremdet, ohne mit der neuen Zunge jemals ganz vertraut zu werden?«[27]

Wie muss man sich das vorstellen: Deutsch denken – Englisch schreiben? Der Zugewinn der zweiten bedeutete eine abnehmende Vertrautheit mit der ersten Sprache. Nur im Tagebuch blieb er ganz bei sich; es diente bisweilen als Versteck für Überlegungen, die übersetzt auf Missbilligung gestoßen wären.

Wie Susanne Utsch in ihrer Untersuchung von 2007 überzeugend dargelegt hat, vollzog sich Klaus Manns »literarische Metamorphose« abhängig von der jeweiligen politischen und persönlichen Situation, deshalb nicht allein schwankend, sondern ausgesprochen qualvoll, ja, 1947 fragte er sich sogar, ob es »ein schwerer Fehler« gewesen sei, sich darauf einzulassen.[28] Ihm war klar, er würde im Englischen nie die Tiefe, die Vielfalt, assoziative Reichweite und Nuancierung erreichen, die ihm nicht allein in der »Mutterzunge« zu Gebote stand, und zwar in der Sprache , »die mein Vater [!] mich zu sprechen und zu lieben lehrte«.[29]

26 Mann: Auf verlorenem Posten (s. Anm. 1), S. 432.

27 Mann: Auf verlorenem Posten (s. Anm. 1), S. 434.

28 Mann: Auf verlorenem Posten (s. Anm. 1), S. 435; vgl. Shelley Frisch: The Turning Down on the Turning Point. In: Sevin: Die Resonanz des Exils (s. Anm. 17), S. 202.

29 Mann zitiert nach: Utsch: Sprachwechsel (s. Anm. 18), S. 126.

An dieser Stelle wird Muttersprache zur Platzhalterin umfassender Verständigung, Vatersprache zur intimen, seit der Verleihung des Nobelpreises auch glanzvollen Verbindung.

Die Chance, das fremde Idiom als literarisches Ausdrucksmittel zu nutzen, bestand darin, Häute, aus denen er inzwischen herausgewachsen war, endgültig abzustreifen. »Ich bin müde aller literarischen Clichés und Tricks«, bekennt er nun. »Ich will nicht lügen. Ich will nicht mehr spielen. Ich will bekennen.«[30]

Mit seiner Autobiografie *The Turning Point* (1942), der Geschichte eines »Intellektuellen zwischen zwei Weltkriegen«, eines Autors auf der Suche nach Zugehörigkeit, eines »Deutschen, der zum Europäer, eines Europäers, der zum Weltbürger werden wollte« und im Begriff ist, als Amerikaner zu enden, hat Klaus Mann sich vom Ästheten, vom distanzierten Beobachter zum Anteil nehmenden Mitmenschen, vom Zeitgenossen zum Bekenner entwickelt.[31] Die rasche Abfolge kraftzehrender Projekte und Rückschläge mündet in eine Depression. Das Verlangen zu sterben ist Indiz für das, was er als bekennender Außenseiter und Individualist, als Homosexueller und Intellektueller vermisst: Zugehörigkeit. In seiner Verzweiflung wendet er sich zeitweise dem Spiritismus, dann dem Katholizismus zu, erwägt selbst eine Ehe. Doch als Zuflucht bleibt nur das Militär. »Ich sehne mich nach Unterwerfung – ich lechze nach der Anonymität«, wird er im Frühjahr 1942 gestehen.[32] Der Individualist, der Europäer von einst will Befehle entgegennehmen, gehorchen, im Kameradschaftlichen aufgehen. Was ihm dafür an Hürden und Erniedrigungen bevorsteht, hätte er sich wohl an keinem anderen Ort der Welt gefallen lassen. Er weiß inzwischen: Nationale Arroganz und die Abwehr Fremder sind keine deutschen Phänomene; man begegnet ihnen überall, auch in den USA. Ihm entgeht, dass er mit seinen Angehörigen längst vom amerikanischen Geheimdienst beobachtet wird.

Leseratten sind dort dünn gesät. Ein auf ihn angesetzter Agent, der sich im Hotel Bedford nach Klaus Manns Besuchern erkundigt, hätte sich in der auf Englisch erschienenen Autobiografie mühelos über ihn informieren können, doch um das Buch nicht lesen zu müssen, wartet er lieber die erste Rezension ab.

Nach dem Scheitern der mit vielen Hoffnungen verbundenen Zeitschrift *Decision* verschärft sich Klaus Manns ohnehin prekäre Lage. Deshalb ist er bereit, Soldat zu werden. Dazu bedarf es mehrerer Anläufe – beschämend, ernied-

30 Armin Strohmeyr: Klaus Mann. München 2000, S. 125; vgl. Waltraud Strickhausen: Schreiben in der Sprache des Anderen. Eine Vorstudie zu den Publikationsmöglichkeiten und der Wirkung englischsprachiger Exilwerke in Großbritannien. In: Sevin: Die Resonanz des Exils (s. Anm. 16), S. 369–382; hier: S. 380f.

31 Jonas: Mann im amerikanischen Exil (s. Anm. 21), S. 136.

32 Berger: Tanz auf dem Vulkan (s. Anm. 8), S. 248.

rigend. Er nimmt das in Kauf, denn es entspricht persönlichen Interessen. Wie Gottfried Benn in Deutschland, wie manche seiner deutschen Bekannten in den USA, ist er zum »Militärdienst desertiert«, endlich versorgt und in Sicherheit.[33]

Die Armee garantiert Schutz, ein regelmäßiges Einkommen und befriedigt Manns Sehnsucht nach Zugehörigkeit und aktiver Teilhabe am Kampf gegen das NS-Regime. Neun Monate, nachdem er als Soldat akzeptiert worden war, erhält er die amerikanische Staatsbürgerschaft. Sie bietet die Möglichkeit, während des Krieges zu reisen: 1944 nach Casablanca (Marokko), Tunesien, Italien, im Frühjahr 1945 als Berichterstatter nach Deutschland und Österreich, was ihm als Privatmann nicht möglich gewesen wäre.

Er wird einer Propagandaeinheit zugeteilt, schreibt für die Armeezeitung *Stars and Stripes*, verfasst Flugblätter, Artikel, erträgt die Monotonie des Dienstes, liest während des Italienfeldzugs Voltaires *Candide*, Stendhals *Kartause von Parma*, den vierten Band von Thomas Manns *Joseph*-Roman und kommentiert 1944 für eine Soldatenzeitung unter dem Titel »Hölderlin in the Barracks« eine Übersetzung von Gedichten des Poeten und überrascht mit der Behauptung, die Lieblingsbeschäftigung der meisten Kameraden sei die Lektüre von Klassikern.[34]

Bereits in der Lebensmitte hatte Klaus Mann sich in vielen literarischen Genres auf Deutsch profiliert: Romane, Erzählungen, Gedichte, Autobiografien, Theaterstücke, Essays, Besprechungen. Als Soldat gegen Ende 30 konzentriert er sich auf Artikel für die Armeezeitung, das Verfassen von Flugblättern, Rundfunkbeiträge auf Englisch und Deutsch in der Hoffnung, die jeweilige Zielgruppe zu erreichen. Zurück in Deutschland wohnt er der Rückkehr seines einstigen Freundes Gustaf Gründgens auf die Bühne bei, den er in seinem Schlüsselroman *Mephisto* als begabten, aber verantwortungslosen Komödianten fiktionalisiert hatte. Wie ein Mahnmal setzt er sich in amerikanischer Uniform in die erste Reihe. Eine Versöhnung schließt er aus.

Doch wie überleben? Er versucht es in Westdeutschland mit einer Neuauflage des *Mephisto* – vergebens. Das gilt auch für andere Romane. Im Nachkriegsdeutschland gibt es dafür keinen Markt. Da er die Trennung vom Deutschen und den deutsch sprechenden Nationen längst vollzogen hat, kann man von einem Remigrationsprozess sprechen: in die Muttersprache.

Allen Enttäuschungen zum Trotz, die die Nachkriegsjahre für ihn bereithalten: Klaus Mann plant, entwickelt neue Ideen, ist ständig unterwegs. Anschluss an literarische Szenen wie die Gruppe 47 findet er nicht. Zu schreiben, war ihm stets leicht gefallen, doch nun kommt es bisweilen zu Blockaden. Hatte er bis-

---

33 Jonas: Mann im amerikanischen Exil (s. Anm. 21), S. 139 f.
34 Naumann: Ruhe (s. Anm. 8), S. 288.

lang geglaubt, das Englische könne dazu dienen, »to communicate a new identity«, ist ihm die Rückkehr nur möglich, weil er nicht nur das Deutsche, sondern Sprache schlechthin nicht länger als Ausdruck einer bestimmten nationalen Zugehörigkeit betrachtet. Zu Hause ist er jetzt nur noch in der Zeit und im Wort: Gereinigt von den Flecken ihres Missbrauchs bleibt die Muttersprache für ihn »der unverlierbare Besitz, die Heimat der Heimatlosen«.[35]

Der Wunsch, mit ihrer Hilfe auf die Bühnen der Gegenwart zurückzukehren, bleibt ein Traum. Die deutsche Übersetzung seiner Studie *André Gide and the Crisis of Modern Thought* von 1943 wird zur Qual; und doch hält er es für absurd, die Aufgabe jemand anderem zu übertragen. 1947 beginnt er mit einer weiteren Rückübersetzung. Der Untertitel seiner Autobiografie *The Turning Point* lautete: *Thirty-Five Years in This Century* – damit hatte er sich erneut von topografischer, von nationaler Anbindung verabschiedet. Doch auch die veränderte und stark erweiterte Version findet zu Lebzeiten keinen Verleger. *Der Wendepunkt* wird erst 1952, nach vielen Auseinandersetzungen zwischen dem Verleger und Thomas Mann erscheinen. Die Erkenntnis seines Freundes Thomas Wolfe, »You can't go home again«, wird sich für Klaus Mann am 21. Mai 1949 in Cannes, mithilfe von Schlaftabletten, erfüllen, als man sein Zimmer aufbricht und ihn korrekt gekleidet auf dem Bett erblickt.[36] Sterbend. In einem Hotel.

Bildnachweis:
Abb. 1: Münchner Stadtbibliothek/Monacensia. Signatur KM F 12.

---

35 Utsch: Sprachwechsel (s. Anm. 18), S. 123. Mann: Briefe und Antworten (s. Anm. 5), S. 430–435.
36 Der Titel des gleichnamigen, 1940 erschienenen Romans von Thomas Wolfe stammt von der Schriftstellerin Ella Winter. Vgl. Mann: Briefe und Antworten (s. Anm. 5), S. 224–230. Zur Auffindungssituation vgl. Fredric Kroll und Klaus Täubert: Der Tod in Cannes. In: Klaus-Mann-Schriftenreihe. Hg. v. Fredric Kroll. Bd. 6: 1943–1949. Hannover 1996, S. 548–149.

Juliane Sucker

Der Weg in die Fremde
Gabriele Tergits Zeitdiagnosen des Transitorischen

I. »[D]as grauenvolle Gesetz der jüdischen Wanderung«

»Juden wandern. Immer sind sie in Bewegung. Aber sie bewegen sich nur, wenn sie müssen. Sonst bleiben sie Jahrhunderte, Jahrtausende am gleichen Fleck, wie alle Völker«.[1] Mit der Beschreibung der – so sah sie es – zumeist unfreiwilligen Wanderjahre von Juden und damit auch der eigenen Erfahrung von Entortung und Deplazierung hat man ein Bündel der Interpretamente der jüdischen Diaspora Gabriele Tergits in aller Dichte beisammen. In ihren auf der Flucht und im Exil entstandenen prosaischen und publizistischen Texten, in ihren Selbstzeugnissen und ihrer Korrespondenz ruft die gebürtige Berlinerin, die davon überzeugt war, dass die emanzipierten deutschen Juden im deutschen Kulturraum verwurzelt waren,[2] immer wieder den Topos des Wanderns auf. So werden die Felder »Raum«, »Zeit« und »Identität« auf vielfältige Weise miteinander verwoben.

Das Motiv des Wanderns kommt in den Ende der 1920er und Anfang der 1930er Jahre entstandenen Feuilletons und Reportagen der damaligen Pauschalistin des *Berliner Tageblatt* (Abb. 1) ebenso wie in ihrem satirischen Zeitroman *Käsebier erobert den Kurfürstendamm*[3] allenfalls amüsiert-distanziert als »Reisemanie«[4] des modernen Großstädters zum Tragen.

1 Gabriele Tergit: Effingers, Teil II, frühere Fassung, o. D., 222 Bl., ms. u. hs. Orig. u. Durchschl., m. hs. Anm., ungeordnet, hier Kap. 147 »Ueberfahrt«, 3 Bl., hier Bl. 1, Deutsches Literaturarchiv Marbach (künftig DLA), Nachlass Gabriele Tergit: Handschriftensammlung, Signatur: A: Tergit. In Tergits Korrespondenz und den Manuskriptfassungen ihrer Texte finden sich vielfach Orthografie, Grammatik-, Interpunktions- und Tippfehler. Um die Authentizität und Lesbarkeit nicht negativ zu beeinflussen, wird die Originalschreibweise übernommen und auf Hinweise auf Fehler oder Abweichungen von heutiger und zeitgenössischer gültiger Rechtschreibung verzichtet.
2 Gabriele Tergit: o. T. (zu den deutschen Juden und ihrer Sprache), o. D., 1 Bl., hs. u. ms. Orig. o. Unterschr., m. hs. Anm., DLA (A: Tergit). Vgl. »Alle Grundlagen des Zionismus – von jüdischer Seite – sind falsch. Der Mensch liebt seine Umgebung, liebt die Strasse, in der er gespielt hat. Quatsch, dass ihm ein fremdes Land näher stehen soll.« Gabriele Tergit an Hans Jäger, 03.12.1974, Kopie, DLA (A: Tergit).
3 Gabriele Tergit: Käsebier erobert den Kurfürstendamm. Roman. Berlin 1931/32.
4 Georg Simmel: Philosophie des Geldes. Bd. 6 der Gesamtausgabe. Hg. v. Klaus Christian Köhnke und David P. Frisby. Frankfurt a. M. 1989, S. 675.

Abb. 1: Gabriele Tergit,
ca. 1926, Deutsches
Literaturarchiv Marbach,
Nachlass / Sammlung A:
Tergit

Hingegen drängt sich das, was Tergit »das grauenvolle Gesetz der jüdischen Wanderung«[5] nannte, vor dem Hintergrund der eigenen Flucht eindrucksvoll in den Vordergrund. So schreibt sich Tergits Erfahrung von Verfolgung, Vertreibung und Heimatlosigkeit vor allem in ihre nach 1933 entstandenen Texte ein. Aus ihnen lassen sich mannigfaltige Verarbeitungsspuren der persönlichen Erlebnisse der Autorin respektive jener ihres Mannes herausdestillieren. Da die untersuchten Texte als Verschränkung von fiktiven Elementen einerseits und individueller sowie nationaler Geschichte andererseits angelegt sind, wird in der Analyse der Blick auf den doppelstrangigen Charakter von Tergits Texten geworfen. So sollen spannungsvolle Querverbindungen zwischen narrativer Konstruktion und faktischem Geschehen und die Vielschichtigkeit von Tergits Werk herausgearbeitet werden. Methodisch werden deshalb biografisch-soziokulturelle und narrative Aspekte enggeführt.

---

5 Gabriele Tergit: Effingers, Einzelseiten, o. D., 242 Bl., ms. u. hs. Orig. u. Durchschl., m. hs. Anm., DLA (A: Tergit), hier 3 Bl. o.T., hier Bl. 2.

In ihren an der Schnittstelle von fiktivem, faktualem und autobiografischem Schreiben gekennzeichneten Texten sind Wanderungsbewegungen vornehmlich für Tergits deutsch-jüdische Figuren konstitutiv und verweisen auf die (De)Konstruktion von Kultur und Identität. Entsprechend zielt der Beitrag darauf ab, in der Auseinandersetzung mit Tergits eigener Emigration Grenzen, (Transit)Räume und damit Aspekte des Übergangs und Provisorischen als zentrale Motive in ihren nach 1933 entstandenen Texten zu beleuchten. Damit soll auch eine Kontur von Tergits Zeitdiagnosen des Transitorischen gezeichnet werden. Im Zentrum stehen der maßgeblich zwischen 1932 und 1938 entstandene deutsch-jüdische Familienroman *Effingers*[6] – und hier insbesondere die nicht-veröffentlichten Manuskriptfassungen –, die zwischen 1933 und 1938 verfassten Reportagen des *Palästina-Konvoluts*[7] und der nicht-edierte Roman *So wars eben*[8], den die Autorin um 1959 im Londoner Exil fertigstellte.

II. Umschreiben und Streichen: Flucht in die Tschechoslowakei

Vieles spricht dafür, dass Tergit ihre erste Exilstation in Prag und dem rund 150 Kilometer entfernten Spindlermühle im tschechoslowakischen Riesengebirge nicht als solche, sondern lediglich als kurzen Aufenthalt im Nachbarland betrachtete, von dem aus sie bald in ein »anderes Deutschland« hätte zurückkehren können. Wie so viele Intellektuelle – darunter Lion Feuchtwanger, Irmgard Keun und Alfred Döblin[9] – und eine Reihe ihrer an Familienmitglieder und

---

6 Gabriele Tergit: Effingers. Roman. Hamburg 1951. Da sämtliche Manuskriptfassungen von *Effingers* bzw. »Der ewige Strom«, wie der Roman ursprünglich heißen sollte, undatiert sind, von Tergit keine Tagebücher nachgelassen und die Angaben, die Tergit hinsichtlich der Entstehungszeit ihres Romans macht, nicht ohne Widersprüche sind, lassen sich keine exakten Aussagen über die Entstehungszeit von *Effingers* treffen. Unter ihrem Pseudonym ›Irene Bersil‹ hat Tergit im September 1938 eine Vorform des Romans an die American Guild for German Cultural Freedom in New York gesandt, die ein Preisausschreiben für das beste literarische Exilwerk ausgelobt hatte. Anmeldeformular für die Teilnahme am Romanwettbewerb der American Guild for German Cultural Freedom (Amerikanischer Bund für Freie Deutsche Kultur) in New York, USA, September 1938, DLA (A: Tergit).

7 Einige Texte des sog. *Palästina-Konvoluts*, das zwischen 1933 und 1938 von Gabriele Tergit in Jerusalem und Tel Aviv verfasste faktografische Texte beinhaltet, wurden 1996 postum in einer Auswahl unter dem Titel *Im Schnellzug nach Haifa* veröffentlicht. Gabriele Tergit: Im Schnellzug nach Haifa. Mit Fotos aus dem Archiv Abraham Pisarek. Mit einem Nachwort v. Joachim Schlör. Hg. v. Jens Brüning. Berlin 1996.

8 Gabriele Tergit: So wars eben. Typoskr. m. hs. Anm., o. D., gekürzte u. ungekürzte Fassung, mehrere Mappen m. aussortierten, stark korr. Einzelseiten, DLA (A: Tergit).

9 Vgl. Reinhold Jaretzky: Lion Feuchtwanger. Mit Selbstzeugnissen und Bilddokumenten. Reinbek bei Hamburg 1984, S. 68; Irmgard Keun an Arnold Strauss, wahrscheinlich am 22.08.1933. In: Dies.: Ich lebe in einem wilden Wirbel. Briefe an Arnold Strauss 1933 bis 1947. Hg. v. Marjory S. Strauss und Gabriele Kreis. München 1988, S. 22–25; hier: S. 23; Gabriele Tergit: Effingers, aussortierte Seiten, o. D., 147 Bl., ms. Orig., DLA (A: Tergit), hier Bl. 32–33.

reale Personen der Zeitgeschichte angelehnte Figuren in *Effingers* und *So wars eben* war Tergit überzeugt, die Machtherrschaft der Nationalsozialisten würde nur von kurzer Dauer sein, die es unweit der Grenze zu überbrücken gelte.[10] Deshalb erscheint die Zeit in der Tschechoslowakei von Frühjahr bis Herbst 1933 in ihren Ego-Dokumenten wie auch autobiografisch gefärbten literarischen Texten nicht als Durchgangsstation an der Schwelle hin zu einem letztlich bis zum Lebensende 1982 andauernden Exil, sondern als nicht allzu lange andauernde Abwesenheit von Berlin.

Nachdem sie der »Sturm 33« in ihrer Wohnung in Berlin-Tiergarten am Abend des 3. März 1933 überfallen hatte, floh Tergit noch am Folgetag in die Tschechoslowakei.[11] Bis heute sind die genauen Wege und Transportmittel ihrer Flucht ein Desiderat der Forschung. Da sich Tergits »Wanderungen«, wie sie ihre autobiografischen *Erinnerungen* programmatisch nennen wollte,[12] nicht lückenlos rekonstruieren lassen, bleibt man auf Versatzstücke angewiesen, die es zusammenzusetzen gilt: Tergits Mann, der deutsch-jüdische Architekt Heinrich Julius Reifenberg (Abb. 2), habe ihr aufgrund der für das Skifahren guten Schneebedingungen geraten, nach Spindlermühle – »einem rein deutschen Ort«[13] – zu fahren, notiert Tergit in ihren *Erinnerungen*.[14]

Heinrich Julius Reifenberg und Tergits Bruder, der sich nach Guatemala rettete und die Eltern Ende der 1930er Jahre aus Berlin zu sich holte, müssen sie ins tschechoslowakische Riesengebirge gebracht haben; ihr damals fünfjähriger Sohn Ernst Robert dürfte zwei Monate später gefolgt sein.[15] Ebenso begleitet die Romanfigur Erwin Effinger seine Frau Lotte und den gemeinsamen Sohn Emmanuel in einem nicht-edierten *Effingers*-Kapitel zum Skifahren nach Böhmen. Auch Siegmund Jacoby aus *So wars eben*, einer »Art Autobiographie«[16], rät seiner Frau Grete, die wie ihre Schöpferin Gerichtsreporterin ist, nach einer Hausdurchsuchung durch die SA zum Wintersport ins tschechoslowakische Hirschberg zu fahren.[17]

---

10 1949 bekannte Tergit in einem Brief an Tosco R. Fyvel, sie habe die Situation in Deutschland nach der Machtübernahme der Nationalsozialisten vollkommen unterschätzt. Gabriele Tergit an Tosco R. Fyvel, 11.05.1949, 1 Bl., ms. Durchschl. o. Unterschr., DLA (A: Tergit).

11 Gabriele Tergit: Etwas Seltenes überhaupt. Erinnerungen. Frankfurt a.M., Berlin, Wien 1983, S. 124–128.

12 Gabriele Tergit an Hertha v. Gebhardt, 13.08.1957, 2 Bl., ms. Durchschl. o. Unterschr., DLA (A: Tergit).

13 Gabriele Tergit: o. T. (zum Exil in der Tschechoslowakei), o. D., 2 Bl. (mit »9« und »10« beschriftet), ms. Durchschl. o. Unterschr., m. hs. Anm., unvollst., DLA (A: Tergit), hier S. 10.

14 Tergit: Etwas Seltenes überhaupt (s. Anm. 11), S. 126.

15 Tergit: Etwas Seltenes überhaupt (s. Anm. 11), S. 126; Dies. im Gespräch mit Jacob-Henri Hempel, April 1979, 29 Bl., unveröffentl. Manuskript, DLA (A: Tergit), S. 13.

16 Gabriele Tergit an Herrn Eckert, 21.01.1974, 1 Bl., ms. Durchschl. o. Unterschr., DLA (A: Tergit).

17 Tergit: Effingers, Teil II (s. Anm. 1), hier Kap. 141 »Heitre junge Leute«, 3 Bl., hier Bl. 1; Dies.: So wars eben. Teil I, o. D., ca. 244 Bl., Typoskr., Durchschl. m. hs. Anm., DLA (A: Tergit), hier mit »283«, »284«, »292« und »294« beschriftete Bl.

Abb. 2: Gabriele Tergit (d. i. Elise Reifenberg) und Heinrich Julius Reifenberg, ca. 1937,
Israel State Archives Jerusalem, RG 11, file 6040/44

Anders als die auf das Exil in der Tschechoslowakei folgende Schiffsüberfahrt
nach Palästina wird die Flucht von Berlin in die Tschechoslowakei in *Effingers*
und *So wars eben* (und ebenso auch in Tergits Ego-Dokumenten) ausgespart.
Lediglich eine kurze Szene am Prager Bahnhof, mit der die Autorin das von so
vielen Exilierten zitierte Wartesaal-Motiv aufruft, deutet auf die Grenzerfah-
rung der Passage hin.[18] Und aus Tergits Briefen an eine Reihe Exilierter und
Daheimgebliebener erfährt man allenfalls etwas über nicht näher bestimmte
Passprobleme[19] sowie über das gut funktionierende (Transport-)Netzwerk zwischen Deutschland und der angrenzenden Tschechoslowakei: Der befreundeten
Lise Salomon gelang es, Tergits Schreibmaschine über die Grenze zu schleusen,
ihr Verleger Ernst Rowohlt konnte Tergit für den Verkauf von *Käsebier erobert
den Kurfürstendamm* noch ausstehendes Honorar übermitteln, und ihren Ver-

---

18 »Lotte sass auf dem Bahnhof. Züge wurden abgefertigt. Telegraphendrähte spielten. Aber es war
   Alles nicht mehr wahr. Es sah nur so aus. Noch eine Weile würden die Elektrizitätswerke arbeiten, die Gerichte, die Universitäten. Europa starb. Noch Zwei Jahrzehnte – dann würden Wölfe
   durch Paris heulen, und durch London die Schakale und Hyänen. Alles wäre tot, verwest und
   gestorben.« Tergit: Effingers, Teil II (s. Anm. 1), hier 1 eingelegtes Bl. o. T.
19 Gabriele Tergit an Herrn Goldberg, 17.04.1969, 3 Bl. ms. Durchschl. o. Unterschr., DLA
   (A: Tergit), hier Bl. 2.

wandten und Bekannten ist es zu verdanken, dass Tergit trotz Schwierigkeiten mit dem Zollamt »unausgesetzt Sachen, Buecher, Kleider aus Berlin« erhielt.[20]

Tergit profitierte von der regen deutschsprachigen Emigrantenszene in Prag, dieser »Heimat für Heimatlose«, wie Joseph Roth die Stadt in seinem Essay *Heimweh nach Prag* genannt hatte,[21] und von diversen Kontakten aus Berliner Tagen – darunter ihr ehemaliger Redaktionskollege beim *Berliner Tageblatt* Rudolf Olden sowie Arnold Zweig, den Tergit wenige Monate später in Haifa wiedertraf.[22] Wie ihr Alter Ego in *Effingers*, die Schauspielerin Lotte Effinger, konnte Tergit in der Tschechoslowakei an ihren beruflichen Erfolg aus Berliner Tagen anknüpfen. So arbeitete sie unter anderem für das auf Deutsch erscheinende *Prager Tagblatt* und brachte Artikel in der deutschsprachigen Zeitung *Deutsche Zeitung Bohemia* unter.[23] Ihr Verdienst, schrieb Tergit 1950 einer Bekannten, sei umgehend so gut gewesen, dass sie sich und ihrem Sohn in der Tschechoslowakei »ein munteres Leben« ermöglicht und dort ein »herrliches halbes Jahr« geführt habe.[24]

Vor diesem Hintergrund mag es nur folgerichtig erscheinen, dass der Abschied von Berlin in einem unveröffentlichten *Effingers*-Kapitel nicht als traumatische Verlusterfahrung, sondern als willkommene Abwechslung nach den beruflichen Strapazen im hochtourigen Berliner »Betrieb« etikettiert wird: »Es war viel Hoffnung da, viel Befreitsein von Telefongesprächen, Schneiderinnen,

---

20 Gabriele Tergit an Käte (der Nachname konnte nicht ermittelt werden), 20.07.1950, 1 Bl., Kopie o. Unterschr., Provenienz Andreas W. Mytze; Dies. an Antonina Vallentin, 19.03.1952, 2 Bl., ms. Durchschl. o. Unterschr., unvollst., DLA (A: Tergit); Dies.: o. T. (zum Exil in der Tschechoslowakei) (s. Anm. 13), S. 9.

21 Joseph Roth: Heimweh nach Prag [1924]. In: Ders.: »Ich zeichne das Gesicht der Zeit«. Essays, Reportagen, Feuilletons. Hg. v. Helmuth Nürnberger. Göttingen 2010 (2. Aufl.), S. 59–62.

22 Tergit: Etwas Seltenes überhaupt (s. Anm. 11), S. 126; Dies. an James Yaakov Rosenthal, 15.12.1977, 2 Bl., ms. Durchschl. o. Unterschr., DLA (A: Tergit); Dies.: Erinnerungen an Arnold Zweig. Gedanken zu einer Biographie. In: AJR Information Mai 1976, S. 13–14.

23 Siehe hierzu ausführlich: Juliane Sucker: »Sehnsucht nach dem Kurfürstendamm«. Gabriele Tergit – Literatur und Journalismus in der Weimarer Republik und im Exil. Würzburg 2015, S. 429 f.

24 Gabriele Tergit an Käte (der Nachname konnte nicht ermittelt werden), 01.11.1949. 1 Bl., ms. Durchschl., unvollst., Deutsches Exilarchiv 1933–1945 der Deutschen Nationalbibliothek in Frankfurt a. M., EB 93/178; I.C.106. Das deckt sich mit den Erfahrungen vieler deutschsprachiger Intellektueller, die sich im Zuge der ersten Emigrationswelle nicht nur aufgrund des kurzen Fluchtwegs, weniger strikter Grenz- und Passkontrollen als in anderen Aufnahmeländern und dem im Vergleich zu vielen anderen Metropolen des Exils zunächst toleranteren Umgang der tschechoslowakischen Regierung mit den deutschen Flüchtlingen, sondern auch aufgrund der deutschsprachigen Tradition Prags ins Nachbarland retteten. Weiterführend siehe: Kateřina Čapková und Michal Frankl: Unsichere Zuflucht. Die Tschechoslowakei und ihre Flüchtlinge aus NS-Deutschland und Österreich 1933–1938. Wien, Köln, Weimar 2012, S. 239–287; Peter Becher: Metropole des Exils – Prag 1933–1939. In: Exilforschung: Ein internationales Jahrbuch 20 (2002): Metropolen des Exils. Hg. v. Claus-Dieter Krohn, Erwin Rotermund, Lutz Winckler und Wulf Köpke, S. 159–177.

Kollegenschaft, Neid, Berufsärger, geschäftlichen Verhandlungen.«[25] Dazu passt auch, dass an die Stelle der nach dem Überfall der SA ausgesparten Flucht Lotte und Emmanuel Effingers ein anscheinend unbeschwerter Ausflug Lotte Effingers auf den imposanten Hradschin mit der Prager Burg tritt, von wo aus Lotte den Blick auf die Moldau und auf verwunschene Gärten genießt und Mutter und Kind unbekümmert einen Spaziergang durch eine malerische Landschaft im tschechoslowakischen Gebirge unternehmen, die die Autorin als locus amoenus entwirft.[26] Indem sie die Annehmlichkeiten des Aufenthalts in auffälliger Weise betont, werden der nationalsozialistische Alltag und die Flucht vor dem Antisemitismus in Deutschland für einen Augenblick verdrängt. Dabei wird die Diskrepanz, die sich zwischen dem als Reise in den Wintersporturlaub deklarierten Fluchtszenario Lotte Effingers und ihren Spaziergängen in der als idyllische Zufluchtsstätte mythisierten Tschechoslowakei einerseits und Tergits eigener Fluchterfahrung andererseits auftut, noch durch den Rückgriff auf ein Zitat aus Goethes *Faust* verstärkt: »Zu neuen Ufern lockt ein neuer Tag.«[27]

Die Autorin rang offensichtlich mit der Frage, wie die Erfahrung von Flucht und Vertreibung und die Zeit in Prag und Spindlermühle, die sie wiederholt als »angenehm[]« und »schöne Existenz«[28] apostrophierte, literarisch verhandelt werden könne. Dies macht ein Blick auf jene die Flucht und das Exil in der Tschechoslowakei thematisierenden Textpassagen deutlich, die nicht Eingang in den Roman gefunden und die wie das hier exemplarisch herausgegriffene Kapitel »Huflattich« zahlreiche Umschriften erfahren haben: Einmal fokussiert Tergit gleichsam durch die Brille einer Touristin auf den Teil-Raum einer lieblichen, naturbelassenen Landschaft, ein andermal stellt sie die Verzweiflung der Vertriebenen heraus:

> »Wir können nicht [nach Berlin heimkehren, J. S.]«, sagte Lotte und weinte auch. »Warum können wir nicht?«, fragte das Kind in panischem Schrecken. Lotte wollte sagen: »Wir sind vertrieben, wir sind ganz allein in der Welt, wir haben alles verloren was wir liebten, alles Emmanuel, alles«. Aber sie sah das kleine Kind, das sie nicht in ihr Elend ziehen wollte.[29]

---

25 Gabriele Tergit: Effingers, Teil II (s. Anm. 1), hier Kap. 145 »Huflattich«, 3 Bl., hier Bl. 2.

26 Tergit: Gabriele Tergit: Effingers, Teil II (s. Anm. 1), hier Kap. 141 »Heitre junge Leute«, 3 Bl., hier Bl. 2; Dies.: Effingers, Teil II (s. Anm. 1), hier Kap. 145 »Huflattich«, 3 Bl., hier Bl. 1.

27 Tergit: Effingers, Teil II (s. Anm. 1), hier Kap. 145 »Huflattich«, 3 Bl., hier Bl. 2.

28 Tergit im Gespräch mit Jacob-Henri Hempel (s. Anm. 15), S. 13.

29 Tergit: Effingers, Teil II (s. Anm. 1), hier Kap. 145 »Huflattich«, 3 Bl., hier Bl. 2.

III. Dazwischen: Schiffsüberfahrt nach Palästina

Um ihre Ehe nicht zu gefährden, folgte Tergit, als die Tschechoslowakei ohnedies zu einer gefährlichen »Mausefalle«[30] zu werden drohte, ihrem im Frühjahr 1933 aufgrund eines Bauauftrags nach Jerusalem ausgewanderten Mann »mit einem schweren Herzen nach dem Orient«[31]. Während Tergits Passage von der Tschechoslowakei nach Palästina ebenso nebulös bleibt wie jene von Berlin in die Tschechoslowakei,[32] wird die Schiffsüberfahrt ins britische Mandatsgebiet in ihren literarischen und faktografischen Texten umso plastischer als einschneidendes Erlebnis, als abrupter Abbruch des bisherigen Lebens beschrieben, gleichwohl auch hier offenbleibt, welche genaue Fluchtroute die Figuren wählen.

Mit ihrem in dem unveröffentlichten Kapitel »Anträge, Versuche, Pässe« nur angedeuteten Erwerb eines Transitvisums[33] und dem Betreten des Schiffes beginnt für Lotte Effinger ein Dazwischen.[34] Tergit inszeniert die Überfahrt als Erfahrung des Übergangs in einem Transitraum (»auf dem Mittelmeer«/»zwischen alter und neuer Heimat«) und in einer Zwischenzeit (»zwischen Abschied und Ankunft«). Diesen »transnationalen Übergangsraum«[35] erleben die Figuren als Schwellenzustand, den der Ethnologe Victor W. Turner mit dem Begriff der »Liminalität« gefasst hat.[36] Entsprechend geht ihr Blick einerseits zurück

---

30 Tergit: o. T. (zum Exil in der Tschechoslowakei) (s. Anm. 13), S. 10

31 Tergit an Käte (s. Anm. 20).

32 Siehe zu Tergits Flucht nach Palästina: Sucker: »Sehnsucht nach dem Kurfürstendamm« (s. Anm. 23), S. 458–460.

33 Tergit: Effingers, Teil II (s. Anm. 1), hier Kap. 141 »Heitre junge Leute«, 3 Bl., hier Bl. 3. Vgl. zum von Tergit in einem unveröffentlichten *Effingers*-Kapitel eigens behandelten Thema der »scheußlichen Ungeheuer Visum und Paß«« auch Tergit: Effingers (s. Anm. 6), S. 725.

34 Joachim Schlör verweist in seiner instruktiven Einleitung zum ersten Band des Online-Journals *Mobile Culture Studies* zum Thema ›Schiffsreise‹ darauf, dass das Moratorium der Schiffsreise ein zeitliches und räumliches – und dadurch gedankliches – Dazwischen erschaffe. Joachim Schlör: Die Schiffsreise als Übergangserfahrung in Migrationsprozesse. In: Mobile Culture Studies, 1 (2015), S. 9–27; hier: S. 19.

35 Schlör: Die Schiffsreise (s. Anm. 34), S. 19. Schlör macht im Zusammenhang mit dem in der einschlägigen Forschung noch wenig berücksichtigten Aspekt der Schiffspassage auf die entstehende Studie von Björn Siegel aufmerksam, der das Schiff als »transnationalen Raum« deutet. Björn Siegel: Zwischen Europa und Palästina: Das Schiff als Ort in der jüdischen Migrationsgeschichte (1920–1938), unter: http://www.igdj-hh.de/forschungsprojekte-leser/zwischen-europa-und-palaestina-das-schiff-als-ort-in-der-juedischen-migrationsgeschichte-19201938.html [abgerufen: 14.06.2017]; hier zit. nach Schlör: Die Schiffsreise (s. Anm. 34), S. 15. Ebenso liest David Jünger die Schiffsüberfahrt in Texten von Jenny Aloni, Herbert Friedenthal (später Herbert Freeden), Gertrud und Willy Cohn, Paul Mühsam, Martin Hauser, Manfred Sturmann, Heinemann Stern und Gabriele Tergit als Erfahrung des Übergangs. David Jünger: An Bord des Lebens. Die Schiffspassage deutscher Juden nach Palästina 1933 bis 1938 als Übergangserfahrung zwischen Raum und Zeit. In: Mobile Culture Studies, 1 (2015), S. 147–163.

36 Victor Turner: The forest of symbols. Aspects of Ndembu ritual. Ithaca 1967, S. 93–111. Vgl. dazu Schlör: Die Schiffsreise (s. Anm. 34), S. 19, 21.

Abb. 3: Application for Palestinian Citizenship der Familie Reifenberg, (1937), Israel State Archives Jerusalem, RG 11, file 6040/44

auf den hinter ihnen liegenden Kontinent Europa und – wie bei Armin T. Wegner in *Jagd durch das tausendjährige Land* und Fritz Wolf in *Israel-Buch für Anfänger*[37] – bezeichnenderweise insbesondere auf Griechenland, das als Ursprungsort abendländischer Kultur gegen das vermeintlich kulturlose, vor den Schiffsreisenden liegende Palästina reklamiert wird. Andererseits blickt man nach vorne auf den »unbefreundeten Kosmos«[38]. Später werden Tergit und ihr Mann die Staatsbürgerschaft in ihrem Exilland beantragen (Abb. 3).

Als »Heterotopie *par excellence*«[39] im Sinne Michel Foucaults kommt dem Schiff eine besondere Bedeutung zu. Anders als der 1936 mit der Jugend-Alija von Triest nach Haifa ausgewanderte Ernst Loewy, der in Briefen an seine Eltern auch die Kabinen und die Ausstattung der SS. Tel Aviv sowie die Passage mit Stopp und Landgang in Split schildert und beim Leser damit eine Art Rei-

---

37 Armin T. Wegner: Jagd durch das tausendjährige Land. Berlin 1932, S. 10; Fritz Wolf: Israel-Buch für Anfänger. 1951. Unveröffentl. Manuskript. Museum der deutschsprachigen Juden, Tefen. G.F.0113/23, S. 39. Hier zit. nach Lena Kreppel: Ein deutsch-jüdischer Emigrant im Erstkontakt mit dem Zionismus. Zur Selbstdarstellung in autobiographischen Texten von Fritz Wolf. In: Bilder des Jüdischen. Selbst- und Fremdbilder im 20. und 21. Jahrhundert. Hg. v. Juliane Sucker und Lea Wohl v. Haselberg. Berlin, Boston 2013, S. 205–217; hier: S. 212.

38 Gabriele Tergit: Überfahrt 1933. In: Dies.: Im Schnellzug nach Haifa (s. Anm. 7), S. 11–15; hier: S. 15.

39 Michel Foucault: Die Heterotopien. In: Ders.: Die Heterotopien/Les hétérotopies. Der utopische Körper/Le corps utopique. Zwei Radiovorträge. Frankfurt a.M. 2005, S. 7–22; hier: S. 21–22. (Herv. im Orig.)

segefühl erzeugt,[40] konzentriert sich Tergit auf die Darstellung des Schiffes als Bühne.[41] Auf dieser Bühne, einem in sich geschlossenen Raum, dem so schnell niemand entkommen kann, wie ein ähnliches Szenario Jenny Aloni in ihrem Roman *Zypressen zerbrechen nicht* entwirft[42], werden in Gesprächen über zum Teil ganz unterschiedliche Hoffnungen, Erwartungen und Ängste und den daraus resultierenden Konflikten zwischen den zumeist osteuropäischen Zionisten und den überwiegend assimilierten deutschen Juden oft stark divergierende Ansichten über die Frage verhandelt, was »jüdisch« ist oder auch gerade nicht ist. »[I]ch sah schon auf dem Schiff, alle Probleme der Zeit würde ich dort wie im Reagenzglas finden: Nationalismus, Sozialismus, Kommunismus, Minoritäten, Erwachendes Asien«, notiert Tergit in einer Passage des *Effingers*-Manuskripts, die nicht zum Abdruck gelangte.[43]

In antithetischer Konstruktion zeichnet sie die unterschiedlichen Motive der Übersiedlung nach Palästina von »Heimkehrern« einerseits und zur Auswanderung gezwungenen »Vertriebenen« andererseits nach. Die Chaluzim sind von der Idee getragen, als Pioniere das Ideal der Reterritorialisierung vom »Heiligen Land Erez Israel« durch schwere körperliche Arbeit zu erreichen und den ›neuen jüdischen Menschen‹ zu erschaffen. Dagegen fühlen sich die »Westjuden« ihrer Heimat Deutschland und den anderen im Verlauf der 1930er Jahre dem Faschismus anheimfallenden Ländern Europas beraubt. Den deutschen Juden, denen Tergits Hauptinteresse gilt, bedeutet die Überfahrt nach Palästina kein Aufbruch in ein neues Leben. Angesichts der Konfrontation mit den ihnen sprachlich und kulturell fremden ostjüdischen Glaubensgenossen, denen sie mit Ressentiments begegnen, handelt es sich für sie vielmehr um eine schmerzhafte Zäsur: »Plötzlich war alles aus.«[44] So wird die Emigration nach Palästina anders als jene in die Tschechoslowakei sowohl für die assimilierte deutsche Jüdin Tergit, die sich in den fünf »zerstörte[n] Jahre[n]«[45] im »fanatischen Palästina«[46] zur dezidierten Antizionistin entwickeln sollte, als auch für ihre Figuren zu einem Weg in die Fremde. Davon zeugt nicht zuletzt der wiederholte Rückgriff auf Naturmetaphern:

40 Ernst Loewy: Jugend in Palästina. Briefe an die Eltern 1935–1938. Hg. v. Brita Eckert. Berlin 1997, S. 43–45.

41 Vgl. zum Bild des Schiffes als Bühne: Jünger: An Bord des Lebens (s. Anm. 35), S. 154.

42 In ihrem Roman dechiffriert Aloni die Diskussionen der Schiffspassagiere aus der Perspektive ihrer Protagonistin Helga als »Irrealität eines grotesken Bühnenspieles«. Jenny Aloni: Zypressen zerbrechen nicht. Roman. Witten. Berlin 1962 (2. Aufl.), S. 11, 15.

43 Tergit: Effingers, Einzelseiten, (s. Anm. 5), hier 3 Bl. o. T., hier Bl. 1.

44 Gabriele Tergit: Frau Doktor. In: Dies.: Im Schnellzug nach Haifa (s. Anm. 7), S. 113–115; hier: S. 114.

45 Gabriele Tergit an Axel Springer, 12.04.1969, 2 Bl., ms. Durchschl. o. Unterschr., DLA (A: Tergit).

46 Gabriele Tergit an Curt Riess, 10.06.1972, 4 Bl., ms. Durchschl. o. Unterschr., DLA (A: Tergit).

Als wir an Land kamen, sah ich, daß der Mond nicht mehr ging, sondern – ein Boot – auf dem Rücken schwamm, und das Sternbild des Wagens stand nicht mehr auf seinen Rädern, sondern fuhr schief nach unten. Mond und Sterne, letzter himmlischer Trost fürs irdisch leidende Herz, ich erkannte sie nicht mehr.[47]

Mittels ihrer heterogenen, transnationalen Figurenkonstellation skizziert Tergit teils scharfe Trennlinien zwischen Zionisten und Anti-Zionisten, Liberalen und Orthodoxen, Traditionalisten und Assimilierten, Westjuden und Ostjuden, wodurch vormals scheinbar feste Identitätskonstruktionen in Bewegung geraten. So treten diverse Figurationen des Jüdischen in einen Dialog, nehmen aufeinander Bezug, streiten miteinander und stehen sich bis zuletzt unversöhnt gegenüber, wodurch dichotome Konzepte des Eigenen und Anderen oder des Fremden als zunehmend brüchig markiert werden. Dabei verweisen schon Tergits *Effingers* mit dem programmatischen Arbeitstitel »Der ewige Strom« und der »Emigrantenroman«[48] *So wars eben* in ihrer Raummetaphorik darauf, dass die Figuren nicht an einen Ort, nicht an eine Kultur oder Identität gebunden sind, sondern sich im Strom der Zeit, der Räume und der identitären Selbstentwürfe bewegen.

IV. Neupositionierung

Effingers, die *Palästina-Reportagen* und *So wars eben* sind Zeitdiagnosen der verlustreichen, transitären und ungewissen Exilsituation, anhand derer sich anschaulich die Selbstreflexion der Perzeption des Fremden ablesen lässt. Insofern wird Tergits Schreiben über Räume und Zeiten zum Mittel der Selbstvergewisserung über Fragen der eigenen jüdischen Identität und liest sich als Ausdruck des Bedürfnisses einer Neupositionierung in dem Moment, in dem diese von außen vollständig infrage gestellt wurde. Durch die Repräsentation unterschiedlicher Dimensionen von Zugehörigkeit und Nichtzugehörigkeit werden Fragen der Selbstverortung in unterschiedlichen Räumen und Zeiten und damit mannigfaltige jüdische Selbst- und Fremdbilder entworfen. Die in Tergits Texten aufgerufenen Transiträume und der Topos des Juden als Wanderer spiegeln dabei die »Exilgeographie«[49] einer ganzen Generation von Flüchtlingen, mehr noch, die jüdische Geschichte von Mobilität und Migration wider.

---

47 Gabriele Tergit: Überfahrt 1933. In: Dies.: Im Schnellzug nach Haifa (s. Anm. 7), S. 11–15; hier: S. 15.

48 Gabriele Tergit an Hans Natonek, 09.06.1959, 1 Bl., ms. Durchschl. o. Unterschr., DLA (A: Tergit).

49 Wulf Köpke: Wartesaal-Jahre. Deutsche Schriftsteller im Exil nach 1933. Erkelenz 2008, S. 19.

Gabriele Tergit siedelte 1938 mit ihrem Mann und Sohn nach London über, wo sie – anders als in Palästina – eine neue »geistige Heimat«[50] fand. Trotz ihres weit gespannten Netzwerks, das vor allem ihrer ehrenamtlichen Tätigkeit als Sekretärin des P.E.N.-Zentrums deutschsprachiger Autoren im Ausland zu verdanken war, litt sie unter den erschwerten Arbeitsbedingungen in England und dem Ausgeschlossensein vom deutschen Literatur- und Pressebetrieb der Nachkriegszeit. Erst nach einigen entbehrungsreichen Jahren – die Familie Tergit-Reifenberg war in England zunächst nur mit einem Touristenvisum und einer kleinen Rente ausgestattet –, nachdem Tergit die britische Staatsbürgerschaft angenommen hatte und ihr Mann für eine Baufirma tätig werden konnte, sollte sich für die Familie »die europäische Nachkriegsprosperität«[51] einstellen. Und doch blieb Tergit auch in England wie das Gros ihrer Exil-Figuren bis zuletzt eine Fremde, »nicht diesem Fleckchen Erde verwurzelt«[52].

Bildnachweis:
Abb. 1: Deutsches Literaturarchiv Marbach, Nachlass / Sammlung A: Tergit; Abb. 2, 3: Israel State Archives Jerusalem, Inv.-Nr. RG 11, file 6040 / 44.

---

50 Tergit an Käte (s. Anm. 20).
51 Gabriele Tergit an (Frank?) Bohn, 08.07.1960, 1 Bl., ms. Durchschl. o. Unterschr., DLA (A: Tergit).
52 Gabriele Tergit an Armin T. Wegner, 30.06.1956, 2 Bl., ms. Durchschl. o. Unterschr., DLA (A: Tergit).

Deborah Ascher Barnstone

Real Utopian or Utopian Realist?
Erich Mendelsohn's Multiple Passages of Exile and the Académie Européenne Méditerranée

I. Introduction

For the iconic German modernist architect Erich Mendelsohn, the project for the Académie Européenne Méditerranée, envisioned together with Dutch architect Hendricus Theodorus Wijdeveld and French painter Amédée Ozenfant, was an antidote to the intellectual, artistic, and political pressures that made his exile from Germany necessary.[1] The project progressed from an idea to a near reality during a flurry of activity in 1933 and 1934. Yet it ultimately foundered because Mendelsohn decided to abandon the project. In Mendelsohn's view Wijdeveld, who was the driving force behind the Academy, harbored unrealistic expectations, and Mendelsohn decided to pursue other prospects. For Wijdeveld, the Academy seems to have been a corrective to the Bauhaus model, in his opinion a more complete arts school than the German one. For Ozenfant, the Academy was a more ambitious version of the structure he had already tried to implement in the Academie Ozenfant, established in Paris in 1932. While the Academy was clearly a utopian vision for all three, for Mendelsohn it was even more. It offered a community and place where he could feel he belonged, in contrast to Berlin where he was a perpetual outsider. The Academy represented a model retreat, a safe haven from political persecution and social ostracism, a cultural Garden of Eden, and an ideal location for artists, including Mendelsohn himself.

Mendelsohn debated the decision to go into exile in a series of extraordinary letters written to his wife, Luise Maas Mendelsohn. Luise was Mendelsohn's chief confidante throughout their married life together, a fact that is apparent in their copious correspondence; he consulted her about his business decisions, discussed practical and theoretical matters with her, and opined about every

---

1 Ita Heinze-Greenberg has researched the Academy more than any scholar. See Ita Heinze-Greenberg: Erich Mendelsohn's Mediterranean Longings: the European Mediterranean Academy and beyond. In: Modern Architecture and the Mediterranean. Ed. Jean François Lejeune and Michelangelo Sabatini. London 2010. An Artistic Utopia at the Abyss of Time: The Mediterranean Academy Project, 1931–34. In: Architectural History 45 (2002), pp. 441–482. Scholarship on Mendelsohn is extensive; many of the scholars are credited later in this essay but Regina Stephan, who did significant work on the Erich and Luise Mendelsohn letters, deserves special mention for her outstanding contribution to the field.

possible subject from history to contemporary politics and culture. By 1933, Mendelsohn felt extremely alienated from German society, assailed both as a Jew and a member of the avant-garde.[2] His attraction to the Academy project represented a common response to persecution, one that requires further scholarly attention: the escapist desire to create and then retire to a perfect world, devoid of all the nastiness of the »real« world. The Academy was not a project that Mendelsohn engaged in once he arrived in exile; rather, it was one that he worked on during his passage into exile between March 1933 and spring 1934. It was a passage with no point of arrival, for he abandoned the Academy once he decided that his first semi-permanent destination would be the city of London.[3]

When the three artists decided to collaborate, Mendelsohn was at the height of his career in Germany. He had enjoyed tremendous success after returning from the First World War to establish a practice in Berlin in 1918; he constructed more buildings than any other young progressive German architect during the period. Beginning with the Einstein Tower in Potsdam (1921), Mendelsohn received national and international acclaim for his unique designs. Wijdeveld, also an architect, was best known as the editor of the important Dutch journal *Wendingen* (*Upheavals*), where he worked from 1918 until 1931. Wijdeveld was also known for his radical utopian schemes, like the designs for the Amsterdam Vondel Park and a new collaborative arts academy, both from 1928, which are related to the Academy in their idealistic aims.[4] Ozenfant had studied architecture but was best known as a painter and as the collaborator of the famous Swiss architect Le Corbusier, with whom he founded the influential modern arts journal, *L'esprit nouveau* (*The New Spirit*), published between 1920 and 1925. Ozenfant's single-author theoretical writings were far more detailed and thoughtful than those he produced with Le Corbusier, including his *Bilan des arts modernes en France* (*Review of Modern Art in France*) of 1928, an in-depth and comprehensive overview of contemporary literature, visual arts, music, architecture, religion, science, and philosophy.[5]

---

2 Debates on the degree to which German Jews were integrated into German society before the Second World War are complex; see Till van Rahden: Jews and Other Germans: Civil Society, Religious Diversity and Urban Politics in Breslau. 1860–1925. Transl. Marcus Brainard. Madison 2000. Van Rahden demonstrates that relations between Jews and non-Jews disintegrated during the First World War.

3 Mendelsohn and his family moved from London to Palestine in 1938, then on to the United States in 1941 where they remained.

4 Mariette van Stralen: De land huizen van H. th. Wijdeveld. In: Forum 37/3–4 (1995), p. 5.

5 Amédée Ozenfant: Bilan des arts modernes en France. Paris 1928. Several scholars have explored Ozenfant's and Le Corbusier's relationship to Fascism in the 1920s, including Simone Brott: Architecture et Revolution: Le Corbusier and the Fascist Revolution. In: Thresholds 41 (2013), pp. 146–157; Mark Antliff: Fascism, Modernism, and Modernity. In: The Art Bulletin. 84/1 (2002), pp. 148–169; and Nicholas Fox Weber: Le Corbusier: a Life. New York 2008.

Fig. 1: Aerial perspective of Wijdeveld's design for an International Work Community on Lake Loosdrecht, 1927. Courtesy of Het Nieuwe Instituut, Rotterdam

Wijdeveld and Mendelsohn first developed the Academy idea either in 1928 or 1929, concurrent with the decline of the political climate in Germany, although they did not take it up in earnest until 1933.[6] As Ita Heinze-Greenberg contends, Wijdeveld's initial impulse was an outgrowth of the 1927 proposal for an »International Work Community« (IWC) on the shores of Lake Loosdrecht, near Utrecht (Fig. 1). Together with Mendelsohn, Wijdeveld substantially altered the ideas for the IWC from an artists' village to a residential school that included student, artist, and guest housing and focused on learning through collaborative work rather than the traditional instructional model in which teachers lecture and then students do assignments.[7] From the start, Wijdeveld and Mendelsohn wished to create a new kind of arts academy that encompassed all the arts, fine and performing, traditional and new, into one school on a remote site in the Mediterranean.

---

6 Erich Mendelsohn to Luise Maas (Mendelsohn), August 13, 1932, Kunstbibliothek Berlin, Mendelsohn Letters. The letters are arranged by date in the archive. In subsequent citations, Erich Mendelsohn will be referred to as »EM« and Luise Mendelsohn as »LM«; unless otherwise noted, all letters are from this archive. Ita Heinze-Greenberg: An Artistic Utopia pp. 441–482 (see fn. 1).

7 Heinze-Greenberg: An Artistic Utopia, p. 442 (see fn. 1). In advertising brochures for the Academy, Het Nieuwe Institut Rotterdam, 1933, Wijdeveld announces the development; at the head of a copy held at the Wijdeveld Archive, Wijdeveld wrote »From: International Work Community To European Mediterranean Academy.«

Wijdeveld, Mendelsohn, and Ozenfant idealized the Mediterranean as the epicenter of Western culture and the birthplace of Greek and Roman classicism in the arts.[8] They were all committed modernists but, unlike many members of the avant-garde who thought that modernism needed to break with traditional practice, they shared a belief in the continuity of artistic traditions. For all three men, situating the new Academy in the cradle of Western civilization was a symbolic act and a meaningful gesture towards reconciling old and new. Indeed, the 1933 advertising book for the Academy proclaims that it has a »splendid view of the Sea of the Ancients,« and their more concise brochure emphasizes the Mediterranean as the birthplace of classicism.[9] They wrote »the history of this sea counts the principles of the European community among its most characteristic possessions: principles of faith, law, and form,« making it a fitting place for post-World War I cultural renewal.[10] For Mendelsohn, the Mediterranean also had other, deeper associations because Palestine – considered by many to be the Jewish homeland, with its utopian associations as The Promised Land – was in the region.[11] Beginning in 1923, he had commissions there. For his wife, Luise, who felt the sting of anti-Semitism more acutely than her husband, Palestine represented both a potential refuge and the site of homecoming.

»Realutopisten oder Utopierealisten,« writes Mendelsohn when trying to determine if the Academy project has any true merit as a project and as an alternative to his life in Germany; »unser Schicksal, weil nur unsere Füsse die Boden berühren.«[12] Although he recognized the fantasy aspects of the project, for the better part of a year Mendelsohn wholeheartedly believed that it would succeed and threw most of his energy into it. For much of 1933 and the beginning of 1934, he and Wijdeveld were actively engaged in fundraising for the school to purchase land and construct the first buildings. By all accounts, Ozenfant was less involved in these initial phases. The three had agreed that Wijdeveld would be responsible for the structure of the Academy, Ozenfant for the artistic vision

---

8 Wolfgang Voigt: Atlantropa. Weltenbauen am Mittelmeer. Pforzheim 2007; Albert Camus: The New Mediterranean Culture, in Albert Camus's »The New Mediterranean Culture«: A Text and its Contexts, Oxford 2010; and Gabriel Audisio: Jeunesse de la Mediterannee. Paris 2002. See also Heinze-Greenberg: An Artistic Utopia, p. 462 (see fn. 1).
9 Th. Wijdeveld, A. Ozenfant, and E. Mendelsohn: Académie Européenne Méditerannée. Amsterdam 1933, n. p. In addition to the hard cover English version cited here, the advertising book was also published in German, Dutch, and French. Although all the books in these different languages bear the same name, their content is not identical. A shorter paper leaflet brochure dates to 1933 as well.
10 Académie Européenne Méditerannée, n. p. (see fn. 9).
11 Mendelsohn referred to the »Land unserer Herkunft« and »Das Mittelmeer als Vorstufe zur Rückkehr in jenes Land, in jene Endstufe, der wir Beide angehören.« EM to LM, May 31, 1933 (see fn. 6).
12 EM to LM, February 7, 1933 (see fn. 6). »Real utopians or utopian realists ... our fate, while only our feet touch the ground.«

and artistic pedagogy, and Mendelsohn for elucidation of the »Schicksal der europäischen Kultur.«[13] During this period he and Luise had no fixed home; exiles from Germany, they were constantly on the road in search of a place to settle.

II. The Decision to Leave Germany

Arguably, Mendelsohn rehearsed his passages into exile from the start of his career in 1918. Perpetually in motion between his Berlin base and other German cities with frequent travel to England, France, the Netherlands, Italy, Switzerland, and Palestine, as well as occasional trips to Russia and the United States, Mendelsohn sought professional opportunities and international recognition as well as a place that he and his family could comfortably call home. Before 1933, some of his trips were to deliver lectures, others to supervise construction work, and still others were to meet with existing and prospective clients. They reflected Mendelsohn's restless search for commissions and notoriety, two things he did not always find at home in Berlin. The dizzying rate of his nomadic movement was reflected by the start of one letter from his wife, »Wo bist Du?«[14]

Mendelsohn began to worry seriously about the German political situation in 1928, long before the Nazis had a substantial share in government. They only received 2.6 % of the vote in 1928, a share that would rise dramatically to 18.3 % in 1930, 37.3 % in August 1932, and 43.9 % in March of 1933. Yet already in a fit of poetic prophesy in 1928 Mendelsohn had warned Luise, »Ich bin durch Sonne und Schnee durch die Schweiz gefahren. Ein gesegnetes, stilles Land. Ich weiß, auch die Stille kann töten und wir rollen ab, Jeder, wie wir müssen. Der Krieg kommt und fasst auch uns.«[15] In this clairvoyant moment he foresaw the possibility of the Second World War as well as the chance that he and his family might have to leave Germany because of National Socialist extremist anti-Semitism.

Mendelsohn did little about his fears until 1932, however. In August of that year, he writes a few ironic lines to Luise about his feelings, »Keine Wolke – außer Hitler als Reichskanzler. Kein Mißton – außer der Unsicherheit der Zukunft.«[16] He lamented the political situation – Franz von Papen had just offered Hitler the Vice-Chancellorship but Hitler did not accept – registered how

13 EM to LM, February 7, 1933 (see fn. 6). »The fate of European culture.«
14 LM to EM, April 13, 1933 (see fn. 6). »Where are you?«
15 EM to LM, December 16, 1928. (see fn. 6) »I went through sun and snow through Switzerland. A blessed quiet country. I know that also silence can kill, and we roll on. Each as we must. The war comes and takes us too.«
16 EM to LM, August 11, 1932 (see fn. 6). »No clouds – except Hitler as Chancellor. No discord, except the uncertainty of the future.«

dangerous it was, particularly for German Jews, and agonized over whether he and Luise should flee Germany. It was at this time that Mendelsohn and Wijdeveld began to consider the Academy as a serious proposition and took their first trip to scout for potential locations in the Mediterranean region. They considered Italy as a possible location, but Luise voiced strong objections starting in 1933 because it, like Germany, was a Fascist state, which she thought would stifle creative activity. In a letter of the time, she asserts, »dass Faschismus Reaktion – Militär Gewaltherrschaft bedeutet – und die geistigen Ideen einer neuen Welt nicht in solcher Nachbarschaft erblühen können. Letzten Endes glaube ich aber auch, dass aus all diesen ›ismusen‹ eine Einheit erwachsen wird, die dann überall Europa darstellt.«[17] France, at least, was still a functioning democracy. After driving along a considerable portion of its coast, they found they liked Cavalière best. It was there that the Academy eventually would be located.

On January 30, 1933, Hitler became Chancellor, an event that for Mendelsohn gave the Academy project far more urgency. Just three days after Hitler's assumption of power, Mendelsohn writes that he is now considering the Academy project seriously, »Mehr denn je, in der Gefahrenzone unseres hiesigen Lebens ….«[18] Both Mendelsohns began to see it as their best option for escaping Germany. »Diese Idee, die die Schule verkörpert, wie ein Phönix aus dem jetzigen Aschenfeld Europas – entsteigen möge!« Luise enthusiastically writes Mendelsohn.[19] Luise's comment had a double meaning; the Academy would be part of the response to the political and social devastation wrought by the First World War that helped produce the new art in Europe, with its institutions and societies, and it would also be a positive product of the political destruction wrought by Fascism. On February 27 the Reichstag burned, and Hitler used the fire – most likely lit by Nazi hands – as the excuse to end civil liberties in Germany the very next day. Mendelsohn and Luise vacillated until those fateful March 5th parliamentary elections, and then they decided it was essential to leave. But for where? Mendelsohn not only considered Germany dangerous for Jews but also Holland, Spain, and Switzerland because of their proximity to Germany. He believed that England and America were the safest destinations.[20] The options that they considered most seriously were Palestine and, if the Academy project became real, the Côte d'Azur.

---

17 LM to EM, February 19, 1933 (see fn. 6). »… the fascism reaction – means military tyranny – and the intellectual idea of a new world cannot bloom in such a neighborhood. I do nevertheless believe that in the end, from all of these ›isms‹ a unity will grow, that will appear throughout Europe.«

18 EM to LM, February 3, 1933 (see fn. 6). »More than ever, in the danger zone of our life here [in Germany] ….«

19 LM to EM, February 19, 1933 (see fn. 6). »May this idea that the school embodies rise like a phoenix from the ashes of Europe!«

20 EM to LM, April 17, 1933 (see fn. 6).

III. Founding the Academy

On March 31, 1933, the Mendelsohns left Germany for good. The first stop on their passage into exile was Wijdeveld's home in Amsterdam, where work began in earnest on the dream project. The Mendelsohns arranged temporary accommodation at the Wijdevelds', to which they had the rest of their belongings shipped from their home in Berlin's Rupenhorn Colony. When Mendelsohn arrived, Wijdeveld asked him what he was doing there, to which Mendelsohn supposedly held up a pencil and declared, »I moved my practice to Holland!«[21]

In the space of just a few weeks Mendelsohn's enthusiasm for the Academy project became all encompassing; by the end of April, he came to believe that his future safety and happiness were inextricably tied to the Academy: »Immer in Gedanken um unsere eigene Zukunft, die jetzt ›Academie‹ heißt,« he proclaims to Luise.[22] »… die Academie ist der Rückhalt für meine neue Existenz,« Mendelsohn asserts.[23] He envisioned building a small house on the Academy grounds where they would grow old together and live out their lives in pastoral bliss. »Ich habe eine schreckliche Sehnsucht nach Naturleben und einem Leben für eine Idee, die sich mit meiner alten ewigen deckt aber veränderte, einfachere, douciertere Bedingungen ermöglicht. Ich sehe Dich schon auf den Terrassen des Südens braun, duftend und Blumen, blauer Himmel um uns Beide.«[24] The Academy therefore represented both a utopia and an asylum, free from anti-Semitism and other forms of resentment and hate, where Mendelsohn could practice his art freely and where the two Mendelsohns could age in peace.

The decision to leave Germany for good brought tremendous challenges of every kind, since it did not immediately result in a new home but rather an Odyssey. As Mendelsohn would put it: »Muß gerade Hitler kommen und mich zum réfugié, zum Anfänger, wieder zum Schüler machen. Ich wünsche aufrichtig, daß dieser Zwang nur ihm schlecht bekommt.«[25] Leaving Germany for France or elsewhere meant abandoning his mother tongue, learning new customs, and adapting to a new culture. For all of his previous wandering, Mendelsohn remained German to the core. Relocating meant starting his profes-

---

21 Louise Mendelsohn: A Language for the Age of Weimar. In: Erich Mendelsohn: The Complete Works. Ed. Bruno Zevi. Basel 1999, p. 84.
22 EM to LM, April 23, 1933 (see fn. 6). »Always thinking about our future, which now is called ›Academy.‹«
23 EM to LM, April 23, 1933 (see fn. 6). »… the Academy is the support for my new existence.«
24 EM to LM, April 25, 1933 (see fn. 6). »I have a terrible longing for nature and life for an idea that covers my old, eternal but altered, simpler, softer, conditions. I already see you brown, fragrant on the southern terraces, and flowers, blue sky around us both.«
25 EM to LM, May 30, 1933 (see fn. 6). »And then Hitler of all people has to come along and make me into a refugee, a beginner, a student again. I sincerely hope that this compulsion only brings him evil.«

sional life anew as a fifty-six-year-old middle-aged man in a place where he was not known. It meant leaving comfort and the familiar for something new and unfamiliar. But Mendelsohn was not bitter about his fate. He was philosophical. Life brought surprises often with unexpectedly good outcomes.

By late spring 1933, Mendelsohn and Wijdeveld had successfully raised 45,000 marks towards the purchase of 1,050,000 square meters (105 hectares) of land in Cavalière for the school and other facilities. [26] The parcel was comprised of two contiguous pieces of land, one near the coast and one further inland. [27] The money came from several Jewish donors in Brussels including Dannie Heineman, director of Societé Financière de Transports et d'Entreprises Industrielles (Sofina) and employees of the Jewish bank Cassel & Cie. [28] Mendelsohn and Wijdeveld had also roused interest in dozens of potential patrons and donors across Europe. Mendelsohn was worried, though, that Wijdeveld was not realistic about the financial or organizational challenges they faced. Mendelsohn bragged to Luise at one point that he reigned Wijdeveld in. Mendelsohn painted a picture of Wijdeveld as the visionary who energetically but also unrealistically pursued his dream while Mendelsohn was the realist who brought Wijdeveld back down to earth. [29]

IV. Garden of Eden as Art Academy

The Academy was a utopian scheme from the start; it represented a new ideal model of residential art school in a remote, natural setting, removed from the distractions of urbanity. »Utopia« was Thomas Moore's sixteenth-century conflation of the Greek »ou« for »no« and »Eu« for »Good,« which he then combined with »topos« for »place« to create double entendre. Moore's word suggests that Utopia by its nature implies an impossibility – a location that can by definition never exist, but that is also extraordinarily good. The double meaning is particularly ironic in the context of the Academy, which was an idea ultimately too good to be realized.

Utopian schemes for specialized communities abounded in the nineteenth and early twentieth centuries. One type was the artist colony like those in Worpswede, Darmstadt, and the Siebengebirge, ideal societies located in pasto-

---

26 EM to LM, August 13, 1932 and April 17 and 23, 1933 (see fn. 6). »Brüssel brachte auf Anhieb 45 000 – gerade, was wir zum Ankauf des Terrains brauchen.«

27 Académie Européenne Méditerranée, French, n. d. Original in Het Nieuwe Instituut, Rotterdam, Wijdeveld Archive. This is a five-page French brochure produced to help raise funds for the project, which differed from the materials produced to advertise to prospective students.

28 See notes to Erich and Luise Mendelsohn letters by Regina Stephan at http://ema.smb.museum/en/letters.

29 See for instance EM to LM, February 7, 1933 and EM to LMN, April 17, 1933 (see fn. 6).

ral natural settings, which were considered healthier for the mind and body, and better places for artists to find inspiration and the seclusion thought necessary for creative inspiration.[30] Whether artists' settlements, new industrial societies, or futuristic communities, the retreat into nature seemed to offer the possibility to start anew in an environment untainted by human intervention or the ills of modern industrial technology. Based on a romantic conception of nature, it was nevertheless a commonly held one that clearly informed Mendelsohn's, Wijdeveld's, and Ozenfant's thinking.

Wijdeveld, Mendelsohn, and Ozenfant made the utopian objectives for the Academy clear from the start.[31] Along with the objective of creating a new kind of art school, the Academy was to be international in its focus, with academic staff and students recruited from around the world. The Academy would combine instruction in architecture, painting, sculpture, ceramics, textiles, typography, music, dance, theatre, photography, and film on a campus that also offered retreats and workspaces to resident artists who were not necessarily teaching in the school.[32] The initial group of Academy faculty was selected to mirror the nations of Europe. Wijdeveld, Mendelsohn, and Ozenfant hoped the artists would integrate in a League of Nations of art practice to transcend national distinctions. »… We consider Europe as a unit, as a continent united by a common destiny. We look upon Europe not only as the mother of Western culture, and of world civilization, true vocation of the European spirit.«[33] This was also a pointed reaction to the aftermath of the First World War and contemporary hopes for a new, lasting peace supported by pan-European, rather than national, culture.[34] The list of teachers named in the advertising brochure included the Germans Mendelsohn to teach architecture and Paul Hindemith for music; Dutchman Wijdeveld to teach theater; Frenchman Ozenfant as the painting instructor; Englishmen Serge Chermayeff to teach interior design and Eric Gill for typography and graphic design; Spaniard Pablo Gargallo to teach

---

30 See Robin Lenman: Artists and Society in Germany, 1850–1914. Manchester 1997; Nina Lübbren: Rural Artist Colonies in Europe, 1870–1910. Manchester 2001; Klaus Bzdziach: Die imposante Landschaft: Künstler und Künstlerkolonien im Riesengebirge im 20. Jahrhundert. Berlin 1999; and Thomas Andratschke: Mythos Heimat: Worpswede und die europäische Künstlerkolonie. Dresden 2016.

31 Their intentions were laid out in a series of advertising books and brochures published in several languages: copies have survived of the books in English and Dutch and of one brochure in French. Although similar, they are not identical.

32 Académie Européenne Méditerranée, Amsterdam 1933. English and Dutch versions, n. p. (see fn. 9).

33 Académie Européenne Méditerranée, English, n. p. (see fn. 9).

34 The Pan-European movement existed in various forms for centuries: Richard von Coudenhove-Kalergi viewed the aftermath of the First World War as the opportunity to finally realize Pan-Europa as a means of ensuring that Europe would never go to war again. See Richard von Coudenhove-Kalergi: Europe Must Unite. Switzerland 1939.

sculpture; and Swiss Paul Bonifas for ceramics. Mendelsohn was worried about the lack of an Italian representative, although the intention was to expand the teaching staff once there were enough students to warrant doing so.[35]

Contrary to the Bauhaus – which, recently shut down under pressure from the Nazi government, had erred in their minds for its embrace of mechanization and resistance to historical styles – the Academy would combine history »and the desire for self-expression of our time and direct them (the students and teachers) towards the formulation of the future« so that they could work »towards the new classical unity.«[36] Almost every course description has some reference to history or tradition in it. Wijdeveld mentions »the study of the history of theatre, as the expression of a period«; Hindemith cites »the tradition of music«; Eric Gill »the history of lettering«; Bonifas »old and contemporary productions«; Chermayeff the »study of materials as used in the past and present«; Gargallo »the connection between sculpture and architecture of all ages«; Ozenfant »The art of yesterday and today«; and Mendelsohn explains that his course »unifies tradition and the desire for self-expression of our time.«[37] The future teachers unanimously stress the marriage of old techniques and approaches with new ideas, methods, and materials as the way forward in all the arts.

The decision to call the school an »academy« also reflected the intention to join old and new. »Academy« was the name for the traditional art school in Europe that was steeped in several centuries of old fashioned teaching methods. A central tenet of the modernist avant-garde in Europe already in the nineteenth century was the rejection of the academy; calls for reform to the subjects taught in art schools and the instructional methods used accelerated after the First World War. »We call the school ACADEMY because after a century of experiments, the elements of a new style have already been revealed in their fundamental features. We have no intention, therefore, of propagating any other particular tendency or style.«[38] The name therefore makes a link to history and tradition that they felt was possible after the avant-garde experiments that began in the nineteenth century and culminated in the 1920s. They made clear, however, that they did not intend to return to classicism or to reverse the gains made by modern artists. Instead, the Academy would instruct students in contemporary approaches to art that include abstraction, organic composition, rhythm, and color harmony, while also addressing the human figure, landscape, and realism. The subject descriptions are balanced between traditional approaches to art and new techniques, melding »contemporary theories and prac-

35 LM to EM, April 29, 1933 (see fn. 6).
36 Académie Européenne Méditerranée, English, n. p. (see fn. 9).
37 Académie Européenne Méditerranée, English, n. p. (see fn. 9).
38 Académie Européenne Méditerranée, English, n. p. Emphasis original (see fn. 9).

tices … arising out of the social and economic conditions of our time« to give students rich and varied instruction.[39]

The site and its natural features were as critical to the Academy's identity and success as its name and diverse program. Mendelsohn made this clear in his many letters to Luise about the land in Cavalière. In a poetic moment, Mendelsohn describes the site at the edge of the Mediterranean that he, Wijdeveld, and Ozenfant ultimately purchased for the Academy:

> Einen weiten Blick über Vorgelände, Strand, Meer in ganzer Breite mit den davorliegenden Isles d'Or, die Segler umkreisen …. Ein Meer, das durchsichtig bis auf die Wälder und Blüten auf seinem Boden uns selbst trägt ausgestreckt wie Lustquellen dem Kommen und Gehen, dem Heben und Senken der blauen Fläche. Blau wie … unsagbar, unmalbar, Violett, smaragden alle Farben aufgelöst im Grundton Azur, der dieser Märchenküste den Namen gibt. Vor dem Strand weiße Mauern mit provencalischen Riesenvasen, aus denen seit Römerzeiten die roten, rosa, chromgelben Pegonien den Contrast, den Vordergrund, die Perspektive zur Weite, zur Endlosigkeit, zur Ruhe des Mittelmeers entlassen. Immer warm schon vom frühen Morgen ab, der uns schon badend findet …. Schließlich soll doch die Académie auf dem schönsten Punkt stehen.[40]

This description is exceedingly painterly in its use of partial impressionistic phrases and vibrant color to convey Mendelsohn's passion for the area. Mendelsohn also described the garden they could cultivate, like that of Candide, with potatoes and vegetables and grapes for wine in order to create a new future, an approach Voltaire would have approved. The vision is for a truly utopian new society awash in perfume and color – the antithesis of the stench of National Socialist politics in Germany and the physical greyness of Berlin. At this magical place they can cultivate what they need and retreat from human society. Yet strangely, Mendelsohn seems to write as if he and Luise will be living alone in a private paradise, not on a campus with other artists and students! Several days later he writes, »Sechs Tage am Mittelmeer, wir fühlen ein Stück der Antike in uns übergehen, uns unmerklich entfernend vom Norden, vom Wechsel der Temperaturen und Gefühle eingehend in jene Wage des Lebens, die kein

---

39 Académie Européenne Méditerranée, English, n. p. (see fn. 9)
40 EM to LM, May 30, 1933 (see fn. 6). »A wide view of foreshore, beach, sea in its entire width with the circle of Isles d'Or stretched in front, the sailors circling …. A sea that is transparent to the forests and flowers on its bottom carries us outstretched like pleasure springs, the coming and going, the lifting and lowering of the blue surface. Blue like … unspeakably unpaintable, violet, emerald all colors dissolved in the fundamental azure that gives this fairytale coast its name. Before the beach, white walls with Provencal giant vases from which, since Roman times, the red, pink, chrome-yellow begonias lay out the contrast, foreground, the perspective to distance, endlessly, to the peace of the Mediterranean. Always warm from the early morning on, which already finds us swimming …. In the end, the Academy really should be located in the most beautiful location.«

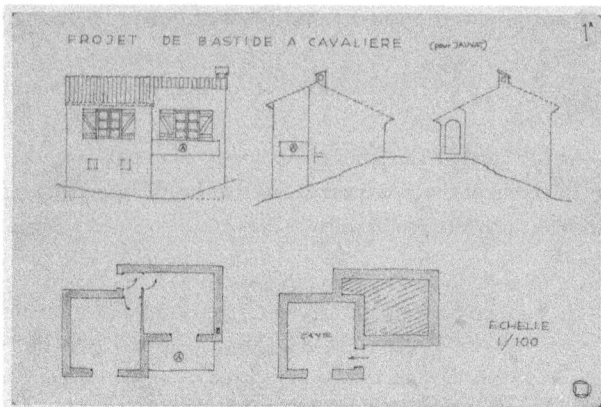

Fig. 2: Plans and elevations for a house at Cavalière, sketched by Wijdeveld, 1933/34. Courtesy of Het Nieuwe Instituut, Rotterdam

Fig. 3: Elevations of the art school complex at Cavalière showing a combination of existing traditional structures and modern additions, design ideas sketched by Wijdeveld, 1933/34. Courtesy of Het Nieuwe Instituut, Rotterdam

Fig. 4: Sketch of the painting studio imagined by Wijdeveld, 1933/34. Courtesy of Het Nieuwe Instituut, Rotterdam

Übergewicht kennt.«[41] After just a few days in Cavalière, he felt rejuvenated and invigorated. »Und ich fühle, ich bin auf dem besten Weg« he exclaims.[42] This was a place of true inspiration for artists. Importantly, the southern French location was the antithesis of Germany in every way, physically, politically, and culturally.

It is puzzling to note that, although Mendelsohn described the site for the Academy in numerous letters and in glowing, poetic terms, he never sketched the landscape or an architectural vision for the place. Wijdeveld did, however, late in 1933 and early in 1934 (Figs. 2 and 3). Figure 2 shows one existing building, while Figure 3 explores ways Wijdeveld might add onto such existing buildings; it also details the junctures between the existing, traditional architecture – to the right in the top sketch and to the left in the lower one – and his modern additions. His sketches often exhibit his utopian aspirations for the school, as in the view of the painting studio that pictures an enormous, light-filled room with elegantly dressed students working on very large canvases (Fig. 4). The scene has none of the usual detritus or mess of an artist's studio, making it seem more of a dream or ideal vision than a study for a real space. It is pictured as a highly contemporary open space with floor-to-ceiling glass windows, but no impeding columns or architectural trim. Although nature was supposed to be the students' great inspiration, the canvases all show abstract compositions rather than images of nature or natural things, and despite the giant transparent glass walls, the students are all absorbed in their painting and seemingly oblivious to the outside surroundings.

V. Advertising the Academy

Wijdeveld and Mendelsohn produced 500 copies of advertising books and brochures in four languages, English, French, German, and Dutch, that fill out the full vision of this utopia. Although they advertise an art school, there are no images of art, art- or architecture-making implements, diagrams illustrating pedagogy, or students or teachers in its pages. There are also no images of the existing buildings on the site or of what the school facility might look like. Wijdeveld's sketch studies for the future buildings and some additional drawings he made were not a part of any version of the Academy prospectus.[43] Per-

---

41 EM to LM, June 3, 1933 (see fn. 6). »Six days beside the Mediterranean, we feel a piece of antiquity becoming part of us, inadvertently distancing us from the north, from the change of temperature and of feelings – to that balance of life which does not know any excess of weight.«

42 EM to LM, May 31, 1933 (see fn. 6). »I feel that I am on the best path.«

43 Reproduced in Heinze-Greenberg: An Artistic Utopia, p. 465 (see fn. 1); original in Het Nieuwe Instituut, Rotterdam, Wijdeveld Archive.

Fig. 5: Brochure photograph showing some native trees at the shore in the foreground and the typical mountainous coast in the distance, 1933. Drawn over the photograph are some of the ways the Golden Section and square geometries can be used to regulate the image composition. Courtesy of Het Nieuwe Instituut, Rotterdam

haps he and Mendelsohn were wary of trying to concretize Utopia, conscious that such an effort might backfire by presenting an image that did not conform to prospective students' imaginaries. It is possible that they found it too difficult to compete with the site's natural beauty, or that they felt that the reality of the natural landscape was more important to the Academy's appeal than any conjured image could be.

The book's cover features a map of the world with the Mediterranean Sea colored bright blue and located at the center of the otherwise black and white image, an obvious gesture to suggest the importance of the new project as well as its location. The name of the Academy and the text inside are in an overtly modern, sans serif script. The graphic style is straightforward and unoriginal, lacking the unusual and inventive graphics used at the Bauhaus, for instance. The book features double-page spreads that typically have a photograph of the site on one side and an explanation of one aspect of the school's program on the other. The photographs are all black and white; they do not particularly complement or relate to the text on the facing page in any way, but they do encapsulate aspects of the Academy's vision. For example, though based in a modern technology, the photographs all share a classical compositional technique; the split picture plane used by Piero della Francesca in the Renaissance and subsequently adopted by Le Corbusier and other modernists in the 1920s. In this technique, the picture plane is divided into two smaller parts, a square and a golden section, with part of the image in the foreground and part in the background. The photographs therefore reflect the interests of the Academy by combining traditional compositional methods with new artistic media (Fig. 5).

Fig. 6: Typical brochure photograph split in two parts showing a sysal plant in the foreground and mountainous terrain in the distance, 1933. Courtesy of Het Nieuwe Instituut, Rotterdam

At the same time, the image composition suggests the connection between near and far as well as present and past.

The photographs stage the Academy less as a school than as a natural paradise. In fact, this is in keeping with the belief held by Ozenfant and Mendelsohn that contemporary art should not imitate, but be inspired by nature. The importance of nature to the Academy program was also stressed in the description, »The grounds are fertile, well-watered, and of unparalleled beauty. They yield vegetables, fruit, and flowers the whole year round. Work in the gardens attunes the student's body and mind to nature.«[44] These references to health, the body, and nature reflect contemporary interests in the body beautiful evidenced in the popularity of hiking groups like the Wandervogel in Germany, of exercise clubs, nudist colonies, and healthy diets across the West.[45] It is peculiar to emphasize the gardens with their flowers, fruit, and vegetables in an art school setting, but these contribute to the utopian atmosphere, reinforce the Garden of Eden notion underlying the scheme and the sense that Wijdeveld, Ozenfant, and Mendelsohn were going to establish a self-sustaining retreat, where it was possible to fully leave the world in order to create art.

---

44 Académie Européenne Méditerranée, English, n. p. (see fn. 9).

45 Literature on the *Lebensreform* movement in Germany includes Christiane Barz: Einfach. Natürlich. Leben. Lebensreform in Brandenburg 1890–1939. Berlin 2015; Joanna Hopfner: Pädagogische und kulturelle Strömungen in der k.u.k. Monarchie: Lebensreform, Herbartianismus und reformpädagogische Bewegungen. Frankfurt a. M. 2008; and Karl Eric Toepfer: Empire of Ecstasy: Nudity and Movement in German Body Culture. 1910–1935. Berkeley 1997.

Equally, the absence of any bodies or any trappings of civilization in the Academy book and brochures heightens the fantastic nature of the project and its status as an »unreal utopia« (Fig. 6). In spite of the words describing the Academy, the photographs make clear that it is still quite literally »no place« and therefore cannot be pictured, since it is impossible to photograph what does not exist.

VI. The End of Utopia

After devoting about a year to trying to raise funds for the Academy, Mendelsohn made an abrupt about face, suddenly accepting an offer to move to London to partner with Chermayeff, who was originally slated to be one of the instructors at the Academy. It is unclear when Chermayeff made the offer or exactly why Mendelsohn decided to accept, although in her biographical sketch of their lives together, Luise attributes the decision to the struggles with Wijdeveld, immanent war, and a warm reception in England that seemed to promise future commissions.[46] The correspondence charts some continuing frustrations Mendelsohn had with Wijdeveld, although he also clearly liked the other man tremendously. Financial concerns might have played a part as well, since Mendelsohn wrote copiously about the challenges of raising adequate funds. Mendelsohn was also likely attracted by the opportunity to build a practice; after all, he had a lifelong desire to design and build, things he could do in London but not so easily in Cavalière. For his part, Wijdeveld seems to have been surprised by Mendelsohn's sudden decision to pull out of the project. In a letter to Eric Gill, Wijdeveld writes, »After several months of preparing, planning, visiting France, buying grounds, only one man had to do the job. Mendelsohn, who had fled from Berlin, took refuge in our home in Amsterdam, had no office, no work – could have started at once in Cavalière. His character however made him long to live and work in the midst of the crowd and work out his projects alone. He suddenly went to London, then to Palestine ....«[47] Apparently Mendelsohn's withdrawal was the death knell for the Academy. Without him, Wijdeveld was not able to realize the ambitious plans, although it is not clear whether that was because Mendelsohn's personality balanced Wijdeveld's, or for another reason. Soon after Mendelsohn withdrew, the others did as well, leaving Wijdeveld on his own. He briefly tried to establish a small program on the property, but a savage fire in June 1934 destroyed much of the site and forced him to sell off the property and return to the Netherlands.

46 Luise Mendelsohn in: Mendelsohn: Complete Works, p. 206 (see fn. 21).
47 Letter from H. Th. Wijdeveld to Eric Gill, Holland, December 1936, Wijdeveld Archive, Het Nieuwe Instituut, B4.16; cited in Heinze-Greenberg: An Artist's Utopia, p. 464 (see fn. 1).

Real utopian or utopian realist? Wijdeveld was the real utopian in pursuit of fantastic schemes throughout his life; Mendelsohn seems to have been a utopian realist. Although retreating from the world to an arts utopia seemed appealing in the immediate face of the National Socialist takeover in 1933, by 1934, Mendelsohn thought he saw better and safer prospects for the future in England. Just when he appeared to be relinquishing his nomadic lifestyle to settle down, Mendelsohn moved on, impelled by the desire to design and construct. The fears he had expressed to Luise in April 1933 about Europe's security also seem to have influenced him; »The decision to stay in England would probably never have been taken had it not been for the serious developments in Germany which pointed to a World War and the overrunning of Europe by Hitler's armies.«[48] As the political climate in Europe darkened and moved closer to war, Mendelsohn moved farther and farther from Germany. In 1939, he left England for Palestine where, unlike in Europe, there was ample construction under way. In 1941 when his projects ended, he left Palestine for the United States, the final leg of his passages into exile. After a few years struggling to adapt to the new country, Mendelsohn established yet another successful practice in 1945, this time based in San Francisco, California, where he designed and constructed an impressive number of buildings for clients across the country, remaining active until his death in 1953. Never again would Mendelsohn attempt a collective, international, utopian project like the Academy, a dream that seemed most possible when he himself was in the »no place« of passage into exile.

Image Credits:
Fig. 1: Het Nieuwe Instituut, Rotterdam, Wijdeveld Archive, 433–1; Fig. 2: Het Nieuwe Instituut, Rotterdam, Wijdeveld Archive, 395–3; Fig. 3 Het Nieuwe Instituut, Rotterdam, Wijdeveld Archive, 395–4; Fig. 4: Het Nieuwe Instituut, Rotterdam, Wijdeveld Archive, 396–2; Figs. 5 and 6: Deborah Ascher Barnstone.

---

48 Louise Mendelsohn: The First Exile and the Palestine Renewal. In: Mendelsohn: Complete Works, p. 206 (see fn. 21).

Veronika Fuechtner

Lisa Fittko's Passage to Cuba

I. The Long Story of the Short Stories*

Lisa Fittko (1909–2005) became known to a larger audience through her two autobiographies, *Mein Weg über die Pyrenäen* and *Solidarität unerwünscht*, in which she described her flight from Berlin via Prague to Paris and her resistance activities in Southern France, among others in connection with Varian Fry's Emergency Rescue Committee.[1] Her recollections have been translated into several languages, including English, French, Japanese, Spanish, and Italian. They figured prominently in numerous documentaries and at least two novels, Jay Parini's critically acclaimed *Benjamin's Crossing* (1997) and Ursula Krechel's prize-winning *Landgericht* (2012).[2] Fittko also published various short stories dealing with her experiences in Southern France in the early 1940s. For seven months, during a time when she was herself persecuted as a Jew and as a communist, she led many refugees through the mountains to the Spanish border,

---

* This article is dedicated to the memory of Lisa Fittko. It is also dedicated to my friends Vreni Naess and Bo-Mi Choi, who were friends with Lisa, and share many memories of her. They became my family in my first home in the US, Hyde Park in Chicago.

1 Lisa Fittko: Mein Weg über die Pyrenäen. Erinnerungen 1940/41. München 1988. The English version appeared in 1991. Lisa Fittko: Escape through the Pyrenees. Transl. David Koblick. Evanston 1991. Lisa Fittko: Solidarität unerwünscht. Meine Flucht durch Europa: Erinnerungen 1933–1940. München 1992. The English version appeared in 1993. Lisa Fittko: Solidarity and Treason: Resistance and Exile 1933–1940. Transl. Roslyn Theobald. Evanston 1993.

2 Jay Parini: Benjamin's Crossing. New York 1997. Ursula Krechel: Landgericht. Salzburg 2012. The historian Catherine Stodolsky (1938–2009), a niece of Fittko and crucial interlocutor for her writing, wrote a detailed biographical account of her aunt, which also documents the scholarly literature on her as well as other sources such as documentaries. Catherine Stodolsky. Lisa Fittko Page. www.catherine.stodolsky.org [accessed: March 1, 2017]. Other writings of Stodolsky include Catherine Stodolsky: Lisa Fittko. In: Deutschsprachige Exilliteratur seit 1933, Bd. 3 USA Teil 2. Berlin, Boston 2001, pp. 115–129, and Catherine Stodolsky: Emigrationsalltag im 15. Arrondissement: Walter Benjamin, Arthur Koestler, Lisa Fittko. In: Fluchtziel Paris. Die deutschsprachige Emigration 1933–40. Berlin 2002, pp. 73–80. More recent discussions of Fittko's work beyond those cited in this article are to be found in Evelyn Patz-Sievers: Der Weg vom Widerstand in den Untergrund bis zur Literatur. In: Kreuzwege, Neuwege: Literatur und Begegnung im deutschen und spanischen Exil. Würzburg 2007, pp. 137–160. Kerstin Brutschin also includes Fittko in her analysis of female German-language writers in French exile: Kerstin Brutschin. »Hat doch die Mehrzahl der Frauen ihr Schicksal – und den Mann – gemeistert.« In: Sabina Becker and Robert Krause (eds.): Exil ohne Rückkehr. Literatur als Medium der Akkulturation nach 1933. München 2010, pp. 139–161.

most famously the philosopher Walter Benjamin.[3] In 1941, when it became too dangerous to remain in France, Lisa Fittko and her husband Hans Fittko left for Portugal and then Cuba. It is one of the great ironies of this story that after having crossed the Franco-Spanish border so many times illegally before dawn hiding from the border guards, the Fittkos escaped by crossing that same border legally by train due to a change in visa regulations.

However, this article does not concern this more famous of Lisa Fittko's passages through the Pyrenees, from Banyuls-sur-Mer to Portbou, the F-route or, as it is now called, Chemin Walter Benjamin, but Fittko's passage across the Atlantic to Cuba. She reflects on this passage in three short stories, most importantly in »SS Colonial.« How I came to these short stories is a long story in itself and here, I will only provide short version of it.

I was introduced to Lisa Fittko in 1995, when I was a graduate student in Chicago, by our mutual friend Vreni Naess. We lived one block away from each other in the neighborhood of Hyde Park. Our first meeting ended in an argument about Anna Seghers. I tried to point out that Jewishness mattered in her work and Lisa let me know in no uncertain terms that she thought I had nothing to go on. But as it turned out Lisa enjoyed a good argument, and we became friends. She was impeccably styled, warm and charismatic, fiercely opinionated, but truly open to new ideas and experiences. She learned to use e-mail in her late eighties. She enjoyed the small pleasures of daily life and always had a bottle of red wine going on her mantle. Lisa lived in the same building as one of her nieces and had a devoted circle of friends, who visited regularly and helped out. Together with other friends, I did her correspondence and organized her papers until I left Chicago in 2001.

During that time, she was thinking about writing a third book about her exile years in Cuba and submitted three short stories to her editor at the Hanser Verlag, Michael Krüger, in 2000. I loved reading them and with her permission, I gave a conference talk about them at the annual *Women in German* conference, for which I also conducted a long interview with her. Sixteen years later, as I prepared this publication, I realized that these stories haven't been part of the public record on Lisa. Not only were these stories never published, but they also didn't make their way into her papers at the Exilarchiv in Frankfurt. It was her intention to publish these stories, and, I believe, she would have liked to see

---

3 While Benjamin reached the Spanish border town Portbou, he was threatened with deportation by the Spanish authorities and committed suicide in the following night. Fittko's account of Benjamin's border crossing in *Mein Weg über die Pyrenäen* is particularly poignant and for several years, also gave rise to much scholarly speculation about the manuscript he was carrying with him. The Emergency Rescue Committee asked the Fittkos for their help after hearing about their rescue effort of Walter Benjamin. For more on Benjamin's death and memorialization in Portbou, see Verena Krieger's essay in this volume.

them talked and written about. I am grateful to Lisa Fittko's family, that they allowed their first-time publication in this volume.[4]

II. Both Ends of the Passage

For many refugees in the 1940s the passage into exile was not a passage into freedom. It could be a flight from one fascist state to another as for the writer Stefan Zweig, a guest of the Brazilian dictator Gétulio Vargas, who deported political refugees back to Nazi-Germany. (It could even be a passage from camp to camp as for the writer Margarethe Buber-Neumann, who first survived the Gulag and then Ravensbrück.) Similarly, the Fittkos fled Europe to arrive in another dictatorship, namely the Cuban Batista regime. Both Fittkos had been interned in French camps before they managed to flee and go underground in 1940 (she from Gurs and he from Vernuche). As soon as they left the ship in Cuba, they were immediately interned again.[5]

The Fittkos arrived during the first regime of General Fulgencio Batista y Zaldívar, who was subsequently ousted in 1944, and then retook control in a military coup in 1952.[6] Fittko describes the early Batista years as very different from the infamous brutality of his later regime: »Das war noch nicht Batistas Diktatur. Es war völlig korrupt, er war korrupt, seine ganze Regierung war [korrupt], aber die Diktatur war erst später in den 50ern.«[7] In fact, at this point Batista was quite popular and even enjoyed the support of the Cuban Communist Party.

However, Cuba's economic situation at the time of Fittko's arrival was precarious. Cuba had been hit very hard by the depression and experienced food shortages even throughout the 'forties. The political climate was determined by instability and at times violence. Corruption was an integral part of Cuban life – not only in the government. »La botella« was the term used for the connections or the money one had to deploy to secure just about anything. Cuba was one of the last countries that took in emigrants from Europe, and it exploited this situation. According to Fittko, each passenger had to pay $1,000 for the trip across the Atlantic, $500 for the visa and a $2,000 deposit to the Cuban government. This deposit was supposed to be refundable, but of course nobody

---

4 The short stories, which are included in this volume (pp. 141–167), date from 2000. These versions of the stories were sent to the Hanser Verlag for consideration. The handwritten corrections are Lisa Fittko's.

5 As Fittko relates in *Mein Weg über die Pyrenäen*, they were interned as enemy aliens, but political prisoners were kept separately.

6 Leslie Bethell and Ian Roxborough (eds.): Latin America between the Second World War and the Cold War. Cambridge (UK) 1992.

7 Interview Veronika Fuechtner with Lisa Fittko, Chicago, May 7, 2000. [audiotape]

ever saw this money again. At the internment camp, everyone was informed that the government had not received this deposit and that they had to pay if they wanted to leave. Fittko related an anecdote about how this situation was exploited further: a boy with a Western Union cap appeared and took all the desperate telegrams to friends, relatives or political organizations in New York. As it turned out the boy had stolen the cap and none of these telegrams were ever sent.[8]

After ten days, the Fittkos finally managed to bribe their way out of the camp. But a few days later, Pearl Harbor was attacked and Hans Fittko was to be interned once again, this time as an enemy alien. German refugees who were not Jewish, like Hans Fittko, were to be brought to the camp Isla de Pinos. This camp was supervised by members of the long-established German immigrant community of Havana, many of whom were sympathetic to Nazi Germany. In contrast, most of the prisoners were leftist political refugees. They were starved and beaten. Luckily, the Fittkos had befriended the owner of the hotel where they were staying. Maximo, a Polish Jew, swore that Hans Fittko was also Jewish. With the help of a bribe, the police accepted Maximo's assurance that it took a Jew to identify another Jew. While being a Jew could mean a death sentence on one end of the passage, it could be a means of survival on the other.

At first the Fittkos lived off a small stipend from the Emergency Rescue Committee (ERC). The Jewish employment organization ORT funded Lisa Fittko's training as a bookbinder. However, she was never able to practice this profession and instead took on various office jobs. Hans Fittko worked as a diamond cutter in a company run by Dutch Jews. All their employees, the Cuban workers and the refugees alike, communicated about their work in Yiddish. The ability to move between many languages and cultures was crucial to life in Havana. Fittko remembered that the cheapest places to eat in Havana were Chinese restaurants:

> Und so habe ich als deutsche Emigrantin mit amerikanischer Unterstützung im kubanischen Havanna in chinesischen Restaurants gegessen, mit meinem arischen Mann, den Maximo aus Polen unter Schwur als Juden durchgebracht hat. (…) Das schien einem damals ganz normal.[9]

Almost 10,000 German refugees went through Cuba, but only 4,000 stayed for the whole duration of the war.[10] Cuba was regarded as the waiting room for a better life in the U.S., and only those stayed who either did not get a visa for the U.S. or who were waiting for the chance to go back to Europe. In Havana,

---

8 Interview Fittko (see fn. 7). Fittko also uses this anecdote in her short story »Tiscornia.«
9 Interview Fittko (see fn. 7).
10 Patrik von zur Mühlen: Fluchtziel Lateinamerika. Die deutsche Emigration 1933–1945: politische Aktivitäten und soziokulturelle Integration. Bonn 1988, pp. 261–268.

the Fittkos were part of a closely-knit circle of leftist political refugees, who »lived for« the debate over the future of a liberated Europe.[11] This circle included Heinrich Brandler, who had fought in the Spanish Civil War, and August Thalheimer, who was widely known as a Marxist theoretician. Both had originally been members of the German Communist Party (KPD) and had then taken on high positions in the independent communist party, the *KPD – Opposition* (KPO). According to Fittko, the orthodox communists kept apart from the other political refugees.[12] After Stalingrad at the end of 1942 the German painter and communist Gert Caden founded the Cuban branch of the *Bewegung Freies Deutschland* and the ideological differences between the centrally organized communists and the other leftist refugees became insurmountable.[13]

The Fittkos also had friends among the much larger group of refugees who had left Germany because they were Jewish and who were labeled somewhat condescendingly as »Wirtschaftsemigranten.« In contrast, Lisa Fittko clearly saw herself as belonging to the political emigration: »Ich war Jüdin, ich hätte das nie geleugnet, wenn ich nicht mußte, aber ich bin nicht geflohen, weil ich Jüdin war.« In hindsight, Fittko looked back critically on this deep division between these groups of refugees: »Viele von diesen Wirtschaftsemigranten sind auch aus Gesinnung weg, aber das haben wir Politischen nicht in Rechnung gezogen.«[14]

Without question the culture shock upon their arrival in Cuba was often enormous for all groups of emigrants. The Yiddish poet Osher Schuchinsky, for example, painted his arrival from Poland very vividly as an overwhelming sensory and ultimately alienating experience: »And here you find yourself speechless, without words, in a strange new type of life. Instead of a life, I would call it a tragedy.«[15] As historian Robert Levine described, many German Jews were forced to take up hard labor, including railway construction or selling soft drinks and ice cream on the streets: »From carrying the heavy boxes filled with dry ice strapped to their chests in the broiling Havana sun, the Cuban Jews earned the nickname of ›Eskimo Pie.‹« The nickname »Eskimo Pie« sheds any notion of cultural belonging, and what remains is the identification with an ephemeral mass-product and a job seen by many as humiliating *swartz arbeit.*[16]

---

11 Interview Fittko (see fn. 7).
12 Interview Fittko (see fn. 7).
13 Mühlen: Fluchtziel (see fn. 7), p. 264.
14 Interview Fittko (see fn. 10).
15 Osher Schuchinsky cited in Robert M. Levine: Adaptive Strategies of Jews in Latin America. In: Judith Laikin Elkin and Gilbert W. Merkx (eds.): The Jewish Presence in Latin America. Boston 1987, p. 81.
16 Levine: Adaptive Strategies. (see fn. 15), p. 79.

Unlike many refugees, who moved in their own German-speaking circles, the Fittkos also found friends within different Cuban circles, lawyers, doctors, professors, and fellow diamond cutters. The illegitimate son of the mayor of Havana, Manolo, who was considered a »mulatto,« often stopped by for breakfast. In retrospect, after having been active in the US civil rights movement, Fittko described the experience of racial politics in Cuba as rather subtle: »Man wußte nie, ob jemand schwarzes Blut hatte oder nicht, also gab es keine so großen Trennungen.«[17] The Fittkos often discussed Cuban politics and took part in political rallies. Fittko summarized in 2000: »Wir waren sehr assimiliert eigentlich. Wir waren kubanisiert [...].«[18] Unlike many other refugees who saw their Cuban exile as temporary, they learned Spanish. Soon they stopped missing strawberries and started craving *papayas*, they protected their windows from hurricanes and like everybody else, they started saying *mañana*:

> Die Kubaner haben dauernd gesagt, wenn man was brauchte: mañana. Wir dachten natürlich erst mañana heißt morgen und wenn wir sie dann am nächsten Tag gefragt haben, dann sagten sie, aber ich habe doch gesagt *mañana*! Ich muß gestehen, wir haben am Schluß dann auch irgendwann mañana gesagt.[19]

Life in Cuba changed how Fittko spoke, how she acted and who she was. When she arrived in Chicago in 1948, she kept asking everyone, why on earth she couldn't find *aguacate*. After having experienced all kinds of hardship, all of a sudden, this refugee found it very difficult to manage life without avocado. Over fifty years later, in 2001, Lisa, our friend Vreni and I went together to a concert by the Buena Vista Social Club featuring the Cuban singer Omara Portuondo. I will never forget the expression of joy and abandon with which Lisa swayed to the music and sang along in Spanish. Cuba was not only still in her memories, but in her body.[20]

---

17 Interview Fittko (see fn. 7).
18 Interview Fittko (see fn. 7).
19 Interview Fittko (see fn. 7).
20 The Fittkos had initially planned to return to Germany in 1945 to help rebuild the country, but the American State Department did not grant them a transit visa. As they became aware of the extent of the Holocaust and the political consequences of the Cold War, they could not imagine themselves any more in either part of Germany. In 1948 Hans Fittko finally was able to obtain a visa to the United States and the Fittkos settled in Chicago, where Lisa Fittko's brother was already living with his family. Interview Fittko (see fn. 7). See also Dorothea Dornhof: »Nur nicht stillschweigen müssen zu den Verbrechen seines Landes.« Gespräch mit Lisa Fittko, Chicago, 14. Dezember 1992. In: Exilforschung 11 (1993): Frauen und Exil, pp. 229–238.

III. Passage to Cuba: The Short Story »SS Colonial«

Generally, Fittko's writings are not easy to classify. She herself pointed out that she had to search for them in various bookstore sections: biography, autobiography, history, or simply Holocaust. While her texts deal with events that she experienced and the narrator is called Lisa, Fittko insisted that she kept herself in the background and tried to capture historical experiences authentically: »Ich habe nie daran gedacht über mich zu schreiben, ich komm' nur in dem Buch vor, weil ich die bin, die schildert, was ich sehe und auch, was ich denke und fühle.«[21] But it would be misleading to read these stories as history as much as it would be misleading to read them as autobiography. To get a sense of how carefully these narratives are crafted as autofiction, I will take a closer look in the following at the difference between the language of her short stories, which were finished in April 2000, and the language of my interview with her from May 2000 around the same event.[22]

The short story »Tiscornia,« which is named for the Cuban internment camp where the Fittkos were held upon arrival, begins with the following sentences:

> »Komm, mach Dich fertig,« sagt Hans. Er steht mit einem Fuß in unserer Frauenbaracke, denn hereinkommen darf er nicht. Mach Dich fertig – das sagt er immer, wenn er irgendwo hingehen will. Aber hier? Wohin will er denn gehen? In der Baracke ist es dunkel und ich sehe nur seinen Schatten in der Tür gegen das Licht. »Ich soll mich fertig machen? Wofür denn?« »Komm schon, wir müssen gehen.« »Hans, wohin willst Du gehen? Wir sind hier im Lager, wieder einmal. Wie Du weißt, geht man nirgendwo hin, wenn man in einem Lager ist.«[23]

In the interview she described this scene as follows:

> [...] eines morgens kam mein Mann, er durfte nicht in die Baracke, aber an der Tür hat er gesagt, was er immer gesagt hat, also schon seit zwanzig Jahren, wann immer er irgendwo hingehen wollte, hat er zu mir gesagt, mach dich fertig, und das hat mich immer in Wut gebracht und es gab überhaupt nichts, um sich fertig zu machen in dem Lager [...] Hast Du den Verstand verloren – wir sind in einem Lager![24]

As becomes apparent in this comparison of the way she remembers the situation and the way she shaped it in her writing, the screwball dynamic of their relationship and her outspoken personality are significantly toned down in the

---

21 Interview Fittko (see fn. 7).
22 While the short stories were finished in early 2000 and sent off to the publisher at that point, they were based on earlier notes and probably completed over a longer span of time.
23 Lisa Fittko: Tiscornia. Typoskript, p. 1.
24 Interview Fittko (see fn. 7).

short story. Instead of individual marital banter, the short story is shaped to capture a collective truth about refugee life. Camp life seems to extend endlessly; it is the beginning and end of the passage, and the quotidian ritual of getting ready to go somewhere becomes an act of absurdity: »Wie Du weißt, geht man nirgendwo hin, wenn man in einem Lager ist.«

Fittko heard the same refugee stories from many people in different variations, and in her writing, not unlike in Anna Seghers' novel *Transit* (1944), many events seem to converge into one. Differently from her first two books, the Cuban short stories are even more consciously crafted as autofiction – they are kept in the present tense. Thus, they create an immediate connection to the reader, which was crucial to Fittko. Asked about the main parameters for her writing, she responded that she did not want to provide answers on history, but wanted to challenge her readers to rethink stereotypical assumptions.[25] As I move now to discuss Fittko's short story »SS Colonial,« I would like to keep in mind that, while it is based on notes that Fittko took at the time, it was not intended as a historically accurate account, but shaped many decades later into autobiographic fiction to capture the emotional truth of a collective experience.

In 1941, the Fittkos traveled from Vichy France through Franco's Spain to Salazar's Portugal, where the Emergency Rescue Committee had arranged a passage to Havana. However, they missed their ship and had to wait for several weeks to finally board the next one, the SS Colonial. The short story of the same name, which is reproduced in this volume, begins with first impressions of Lisbon, a beautiful city that invites one to bide one's time in the many cafés, reading newspapers in three languages. It is the end of October 1941 and the Portuguese fish are so much fatter than the French ones. However, Hans and Lisa quickly realize that, contrary to appearances, there is no safety for them here, once they find out that the Gestapo recently kidnapped a fellow antifascist activist in broad daylight, who was also waiting for his ship.[26] The story skips ahead to their boarding in mid-November amidst an overwhelming crowd of refugees. Fittko writes: »Die Mehrzahl der Passagiere sind jüdische Flüchtlinge, dazwischen einige politische Emigranten – Juden und Nichtjuden – die ihre Visen und Passagen durch Hilfe des EMERESCUE erhalten haben.«[27] This sentence already contains a major theme of this story, that is the divisions between the different groups of refugees as they defined themselves against each

---

25 »Aufgebaut auf einer authentischen Schilderung der Vorgänge, soweit wie eben ein Mensch eine authentische Schilderung der Vorgänge geben kann, versuche ich in meinem Schreiben Fragen zu stellen, die ich nicht beantworte, […] sondern den Leser dazu zu bewegen, darüber nachzudenken und vor allem stereotype Begriffe fallen zu lassen oder zumindest zu überlegen.« Interview Fittko (see fn. 7).

26 Fittko refers to the journalist Berthold Jacob (1898–1944), who died in Berlin after several years of Gestapo prison. The Fittkos boarded the SS Colonial on November 11, 1941.

27 Lisa Fittko: SS Colonial. Typoskript, pp. 3–4.

other, and the problem with these divisions, as some refugees were both Jewish and political.

Sharing small and cramped living spaces on the ship brings this division to a head. The captain announces that a group of passengers has demanded kosher food. Since there can be no two different types of food on board, the passengers have to vote, whether they prefer kosher or non-kosher food. The issue is heavily debated, also between Hans and Lisa. She, who is Jewish, argues that it is absurd to worry about this issue when they all have just been saved from great danger. And just the idea that the ship's cook could possibly prepare kosher food in that kitchen is completely preposterous. Hans, who is not Jewish, counters that having kosher food is not really a sacrifice for those who are not religious, but of great importance to those who are. Lisa states: »Er wählt koscher, ich stimme dagegen. Die Koscheren gewinnen. Sie strahlen, und ich merke überhaupt keinen Unterschied im Essen. Hans ist jetzt beliebt unter den orthodoxen Juden: Es gibt doch gute Goyim, sagen sie.«[28] The narrator comments on Hans' new popularity with ironic distance. It is a possibility for Hans to align himself with the »Koscheren« precisely because he is not Jewish. However, it is not a possibility for Lisa as it would undermine her status as a political refugee. Voting against Jewish religious tradition is her only option to signal this status in a space where life is lived devoid of social context.[29]

However, on rare occasions, it is actually Jewish tradition that can provide a little sense of orientation and stability. Anxious about their future, the passengers discuss avidly any detail that they get to know about Havana: »Mehrere sagen, man soll zum Essen in ein Restaurant gehen, es heißt Moische Pippik; es ist gute jüdische Kost, wahrscheinlich auch koscher und nicht teuer. Es geht wie ein Lauffeuer herum unter denen, die in Kuba aussteigen werden: Moische Pippik, Moische Pippik.«[30] The name of the restaurant becomes a formulaic reassurance that things will not be different on this strange island. Even the narrator, who opposed kosher food, is tempted to grasp for this straw: »Auch ich sage mir, ich muß mir den Namen merken. Wenn man auf so einem Kahn

---

28 Lisa Fittko: SS Colonial. Typoskript, p. 8.
29 »SS Colonial« relates how Hans is integrated further into the community of »Koscheren.« He is asked to sit shiva for an old lady who dies on the passage. In *Mein Weg über die Pyrenäen* Fittko recounts that her husband was also marked as Jewish in a negative way: in an angry confrontation another passenger called him an »Ostjude.« This incident shows that there were also divisions within the »Jewish« group. It is noteworthy, that Fittko chose not to include this anecdote in the fictionalized version of the ocean passage, but presents a unified »Koscheren« group. The parallels between Lisa Fittko and Anna Seghers not only could be drawn for their fiction, but also for their understanding of their own politics. Seghers downplayed that she was a woman and Jewish and defined herself primarily through her politics. See Barbara Einhorn: Jüdische Identität und Frauenfragen im Werk von Anna Seghers. Argonautenschiff 6 (1997), pp. 290–306.
30 Lisa Fittko: SS Colonial. Typoskript, p. 8.

am [sic!] Ozean schaukelt und dann auf einer Insel abgesetzt wird, wo man nichts und niemanden kennt, gibt es einem eine gewisse Sicherheit, zu wissen, daß man zu Moische Pippik essen gehen kann.«[31]

Not only the division between Jewish and political refugees comes to organize the space of the passage, but also class divisions. The narrator sleeps in third class within rows of three-story bunk beds in the cargo area. And she mocks those passengers who attempt to maintain class distinctions in these conditions:

> Dann sind da die älteren Damen, die beim Nachmittags-Tee Stoff zur Heiterkeit geben. Sie reden sich wahrhaftig an mit »Frau Doktor,« »Frau Professor,« »Frau Direktor,« aber auch »Frau Geheimrat,« und während sie angeregt plaudern, stopfen sie sich das leckere Gebäck, das uns serviert wird, unter dem Tisch in ihre Täschchen.[32]

But the absurd clash between the pretense of a pre-war life with the degrading actions a refugee has to resort to for survival is not just remembered as comical, but also as sad: »Es macht mich traurig, wenn ich Ihnen zusehe.«[33] Then the narrator laughs again, when the tea time ladies are mocked by a group of young pranksters, who yell »Spielen wir Frau Geheimrat« and dramatically grab all the pastries. It is noteworthy how this passage deals with melancholia, a sentiment that pervades many exile narratives. Here, it is a presentist and fleeting sentiment and only allowed to surface very briefly before it is laughed away. This pattern repeats itself throughout Fittko's short stories. Ultimately, even in retrospect, emigrant melancholia is seen as a potential threat to political action and thus remains the domain of the »Wirtschaftsemigranten.«

»SS Colonial« also addresses the anxieties around passports and visa. The specter of the doomed voyage of the SS St. Louis is evoked. »Oft merkt man, daß der eine oder andere der Passagiere unruhig ist wegen seiner Reisepapiere; wird man sie denn auch landen lassen?«[34] The narrator is curious about one particular passenger, the young Frau Markus, who claims to be Czech – in a heavy Berlin accent. Lisa asks her whether her Czech passport is also pink like her own. She hints at the fact that these pink passports were the temporary papers handed out by the Czech Consul in Marseilles, who was known to help German refugees. Frau Markus replies mistrustfully, that her passport is indeed pink. But despite this, she insists, she really is *Czech*. Nationality on this passage is not framed as a matter of origin or culture, but a temporary association tied to survival. Consequently, on board of the SS Colonial, the few people who are leaving the ship in Cuba are called »die Kubaner.« Most of these »Kubaner« are

---

31 Lisa Fittko: SS Colonial. Typoskript, p. 8.
32 Lisa Fittko: SS Colonial. Typoskript, p. 7.
33 Lisa Fittko: SS Colonial. Typoskript, p. 7.
34 Lisa Fittko: SS Colonial. Typoskript, p. 9.

French, Serbian, or German political refugees. They were unable to get visas for the United States. Thus »Kubaner« not only refers to the destination of their passage, but also to the reasons that led to their departure.

Another major theme of the short story is, maybe unsurprisingly, motion sickness. The narrator remarks that as the ship is being boarded, some people already are growing pale and bending over the railing. By the end of the first day most passengers are throwing up, and the stench is unbearable, especially in the third-class quarters. Lisa and Hans meet a pale young man who lies on deck moaning. As Hans tries to help him, they recognize each other. The young man's father was the owner of the only Jewish fashion boutique in Spandau. He occasionally gave suits to Hans' unemployed friends even when they didn't happen to have a coupon for it. The young man laughs for the first time and seems to forget his current troubles for a second. Then he quickly concludes the conversation: »›Ja, das war einmal,‹ sagt er. ›Aber jetzt,‹ fügt er hinzu, ›jetzt ist mir so entsetzlich übel!‹«[35] In these lines and their juxtaposition of a shared past with a present entirely consumed by nausea, motion sickness comes to stand for the disorientation of the passage. The passengers are indeed sick of motion. The physical toll of their journey threatens to obliterate any sense of individuality and humanity. But as Hans was helped, he is now helping. In the end this passage also creates a community of care that extends over time and space.

At the beginning of this article, I made the observation that for many refugees the passage was one from camp to camp. In Fittko's story, it is even the passage itself that features some images of camp life: the confined space, the overflowing bunk beds, the stench, the hierarchies and divisions between the passengers and the ways they seek distraction or organize themselves, to name a few. However, as this story makes clear, the confinement endured while escaping the violence in Europe on the SS Colonial was of course a very different one, as food was abundant and the crew treated the passengers with respect as guests. The narrator registers with shock that food that is not consumed is thrown overboard, and she imagines how this food could be distributed back in Cassis in Southern France, where her parents remained. The emphasis on the stark contrast between the experience of excess of the passage and the scarcity of resources on both ends of it serves to construct the space of the passage as an unreal space, in which some aspects of refugee life are briefly suspended.

Nonetheless, it seems telling that there is no evocation in »SS Colonial« of common imagery of long ship passages: the vastness of the ocean, the changing weather, clouds or light, or the sea animals. The story's gaze is turned inside the ship, often below deck, and focuses on the anxiety of the passengers. The brief

---

35 Lisa Fittko: SS Colonial. Typoskript, p. 6.

moments of pleasure or escape one could imagine in such an ocean passage are absent, with one notable exception.

»SS Colonial« closes with a particularly poignant image. At night when she can't sleep, the narrator often joins the other night owls at the salon up in second class and listens to the stories of a young Russian refugee who used to sail on large whaling ships. Leaning at the bar with a glass of vodka in his hand, he claims to have communicated with whales through telepathy. In fact, he saved innumerous whales, so he says, from sure persecution and imprisonment by warning them through specific gestures and through his thoughts. These nightly stories seem to be a desperate attempt to regain control in a situation where innumerous people are persecuted without anything in their power to stop this from happening. Spinning a sailor's yarn in the middle of the night, the refugee becomes all-powerful, speaks for those who have no voice, and saves them, night after night.

Fittko's framing of the anecdote of the young man who sailed all oceans and whose captain was hell-bent on catching whales immediately evokes another literary work, namely *Moby Dick*. Melville's 1851 novel is told by the sole survivor of a sailing passage around the world, Ishmael. Fittko's Russian refugee retells Ishmael's story of a passage fueled by obsession and filled with violence as a story of redemption of humanity against all odds. In »SS Colonial,« inside this narrative of a passage, another narrative passage to the past opens up, one which points to the possibility of a retelling a seemingly doomed future.

In the last sentence of »SS Colonial« the account of the young Russian becomes as likely or unlikely as the fate that awaits Hans and Lisa: »Die Erlebnisse des jungen Russen sind etwas unwahrscheinlich – ungefähr so wie der Gedanke, daß wir auf eine Insel im karibischen Meer fahren und daß wir dort leben werden, bis wir nachhause können.«[36] Fittko's choice to end the short story with a moment of storytelling is significant. Juxtaposing the historical fact of persecution and trauma with fantasies of escape or rescue is a common device in narratives that relate to Fittko's work, i. e., Holocaust narratives, which focus on imprisonment, deportation and murder. Well-known examples contemporary to these stories include Jurek Becker's novel *Jakob der Lügner* (1969), or films such as *La vita è bella* (1997) or *Train de vie* (1998). The juxtaposition serves to enforce the horror of the violence and bridges the potential emotional distance from historical events. In this instance, the escape to Cuba could be just a thought (»Gedanke«), another tall tale, and the journey of the SS Colonial could end tragically. Differently from texts such as *Jakob der Lügner*, however, we know the fictional ending, the happy ending to be true for the narrator whose short stories continue in Cuba, and certainly historically true for the

---

36 Lisa Fittko: SS Colonial. Typoskript, p. 11.

author of these lines, Lisa Fittko. This creates a space of escape and hope at the end of this story, which breaks off in the middle of the passage. On the other hand, the fictional ending is only partly true for the author – »… daß wir dort leben werden, bis wir nachhause können.« We know that the author of these lines, Lisa Fittko, never returned to live in Germany. The reader may wonder if the author perhaps imagined that the *narrator* of her story could and did. Here, we find another disruption of what could be an all-too-easy overlap between the story of the narrator and the story of the author. This disruption briefly allows for another moment of melancholia over the losses of this exile passage.

IV. The Passage Continues in »Tiscornia« and »Charlie and Lola«

As the narration of a passage, »SS Colonial« provides different answers to the question of where home could be. At times it is Cassis, where the narrator left her parents. At times it is Spandau, where Hans grew up. At times, it is Germany and the German language, or at times even Europe, in the moments when it seems inconceivable to leave this continent and more importantly, the idea of it behind, maybe forever. At times, it is the community of political refugees and their common vision for a Germany without fascism. Home is a moving target and the sentence »… bis wir nachhause können« thus could refer to many different future outcomes. It is entirely possible that a stop on the way »nachhause« could become a »zuhause« as Fittko's other two Cuban short stories, »Tiscornia« and »Charlie und Lola« explore. They are also included in this volume. Both stories continue reflecting on the passage across the Atlantic, its effects on life in Havana, and the question of whether and where a home is reached, gained, or lost.

As arbitrary and forced as their meeting on the ship might have been, the passengers of the SS Colonial become a community of sorts and once they disembark; they are bonded by the stories of their passage. The narrator emphasizes the ways in which the relationships from the passage continue in Havana and how she keeps meeting fellow passengers. In »Tiscornia,« the narrator describes watching a parade of Cuban soldiers together with a German emigrant, who she met on the SS Colonial. The woman from Frankfurt complains: »Da marschiert die S.A. bei uns aber doch anders.« The narrator comments in shock: »Bei uns, sagt sie. Bei UNS! Die S.A. bei uns! Das hat sie wirklich gesagt. UNSERE S.A.? Wie nennen die Franzosen uns deutsche Emigranten doch? ›Les chez nous.‹«[37] It is this reflex of constantly comparing how everything is better »bei uns zuhause« that becomes the indelible marker of German iden-

---

37 Lisa Fittko: Tiscornia. Typoskript, p. 6.

tity. This reflex even supersedes the experience of persecution. This passage shows how the identification with Germanness in the face of difference can create strange and paradoxical emotional alliances. All of a sudden the S. A. parades may feel more »zuhause« than anything else around, but it is still not a home that would welcome return.

These seemingly displaced identifications and the impossibility of the return to Germany also haunt »Charlie and Lola,« the story of an *amour fou* between a German emigrant and a Cuban woman. They are the landlords of another passenger of the SS Colonial, and the narrator jumps back and forth in time to gather more and more fragments of their story, which is mostly told by Charlie, who is clearly marked as an unreliable narrator. Charlie made his life in Cuba before the war. When he returns to Germany in 1936 for a visit, he is arrested after a fight with an S. A. member. By the time he manages to flee and return to Havana, his wife Lola has gone insane, believing that he left her for another woman. Charlie takes care of her until she dies of pneumonia a few years later, which leaves him devastated. As the narrator meets Charlie again after some time, he comes from his weekly visit of Lola's grave – with his new Cuban bride Josefina. The war is over, and as Charlie plans to return to Germany for good he confides to the narrator that he has made arrangements to take Lola's body with him. Since he did not get an official permit, he plans to dig her out on his own. The last sentences of the story are as follows: »»Die Lola hat mich nie verlassen!‹ rief er. Er stand auf, nahm Josefina beim Arm und ging mit ihr zum Ausgang. ›Und ich werde die Leiche der Lola nie verlassen, nie!‹ rief er nochmals und ging.«[38]

In Fittko's text, Charlie's insanity becomes more than just the private passion of a love-struck Swabian butcher. »Charlie and Lola« investigates the limits and pitfalls of cultural and social assimilation and the impossibility of a return passage. Charlie is neither here nor there. The narrator remarks that he speaks – with an inappropriately loud voice – partly Swabian, partly Spanish, partly English, mostly unaware of which language he is using. On his visit back to the newly fascist Germany, he reacts violently to the remark that he is not a real German anymore. And by the end of the story, Charlie starts seeing the world as Lola did in her insanity: a prolonged absence must mean abandonment. The image of Charlie's arrival in his Swabian village with two Cuban brides, one alive and one dead, is impossibly absurd and macabre. Indeed, the story leaves open, whether Charlie ever could return to Germany. While the living body comes to stand for Charlie's acculturation and success in exile, the dead body – brought to post-Holocaust Germany by a formerly persecuted emigrant –

---

38 Lisa Fittko: Charlie und Lola. Typoskript, p. 9.

seems to embody the failure of exile as well as a permanent association with those who stayed and died.

Fittko's stories of historical and imagined passages to and from Cuba encompass a varied spectrum of motivations and experiences, but they do all have one thing in common: there is no return passage to Germany. That does not render these stories hopeless though. The hardship and the forced embrace of another way of life, the strange shifts that identity formation takes in exile, the ways in which national origin can take on very different and at times arbitrary significations, all could also lead to the conclusion that, if home is to be found anywhere, it may await not only at the beginning or the end of the passage, but in the passage itself, in the community of fellow travelers. Many decades after this exile passage, which to Fittko also transported a sense of home, she also articulated this idea in her interview with me, when she described that in the early 1940s she still considered Germany as her home. But that, moreover, her home was her »comrades,« those whom she gained and lost in these passages and who risked their lives every day to fight fascism: »Und Deutschland für mich waren meine Kameraden, die ihr Leben aufs Spiel gesetzt haben, um den Nazismus zu bekämpfen.«[39]

---

39 Interview Fittko (see fn. 7).

Lisa Fittko

Drei unveröffentlichte Kurzgeschichten
»SS Colonial«, »Tiscornia« und »Charlie und Lola«

Anmerkungen

Die Typoskripte dieser drei Kurzgeschichten von Lisa Fittko befanden sich nicht in ihrem Nachlass im Deutschen Exilarchiv 1933–1945 in Frankfurt am Main. Die Kurzgeschichten waren daher weitgehend unbekannt und blieben bislang unveröffentlicht. Veronika Fuechtner erledigte von 1995 bis 2001 Korrespondenzen und Büroarbeiten für Lisa Fittko. Sie hatte Kopien der Typoskripte in ihren Unterlagen, da Fittko ihr diese für einen Vortrag überlassen hatte. Fittko plante ursprünglich, beim Hanser Verlag ein drittes Buch zu veröffentlichen, diesmal über ihre Zeit in Kuba. Sie schickte diese drei Kurzgeschichten im April 2000 an ihren Lektor Michael Krüger und schrieb:

> Es hat lange gedauert, aber endlich schicke ich Ihnen die drei Kapitel, die der Anfang eines dritten Buches hätten werden sollen. Sie hatten mich darum gebeten, nachdem ich vorgeschlagen hatte, vielleicht einen Sammelband von kürzeren Episoden herauszugeben, statt eines dritten Bandes, der ja doch nicht zustande kommen wird.

Es blieb bei diesen drei Geschichten. Sie werden nun erstmals als Faksimile der Typoskripte publiziert. Die handschriftlichen Anmerkungen und Korrekturen sind von Lisa Fittko. Die Geschichten basieren vermutlich auf zeitgenössischen Notizen. Fittko arbeitete wahrscheinlich noch im März 2000 an diesen Fassungen, wie die Datumsnotiz auf dem Typoskript zu »Charlie und Lola« nahelegt. Alle drei Typoskripte sind mit »Three« überschrieben, das heißt, sie gehören zum dritten unvollendeten Buchprojekt. An dieser Stelle herzlichen Dank an die Erbengemeinschaft Lisa Fittkos für die Genehmigung dieses Abdrucks, vor allem an Fittkos Großneffen Loren Marsh, der in Berlin an einem Film über Fittkos kubanische Jahre arbeitet. Und einen großen Dank an Veronika Fuechtner, die den Abdruck überhaupt erst möglich machte und damit den drei Kurzgeschichten zu umfassender Sichtbarkeit verhilft.

IHREF   Colonial

SS COLONIAL

Die Fische hier sind viel größer und auch fetter als bei
uns. Da können unsere lieben kleinen Sardinen in Cassis gar
nicht mit, obzwar wir ohne sie fast verhungert wären. Das Brot
ist ganz anders als unser Brot, aber es gibt so viel man will,
ohne Marken!

Unser Schiff, für das wir uns so beeilen mußten, daß wir nur
fünf Tage mit meinen Eltern verbringen konnten, nachdem wir sie
endlich aus der besetzten Zone zu uns nach Cassis gebracht hatten
-- ja, also unser Schiff war überfüllt und ist ohne uns
abgefahren, wie die Leute vom Komitee uns mitgeteilt haben. Aber
auf dem nächsten Schiff würden sie Platz für uns haben, ganz
bestimmt, sagen sie. So ist das hier: wir treffen Emigranten,
von denen manche schon seit Wochen hier sitzen und auf einen
Schiffsplatz warten, und sie werden immer wieder vertröstet.
Viele von ihnen sind Spanienkämpfer, die Visen für Mexiko haben.
Diese Zustände waren uns schon in Marseille bekannt. Lissabon
wäre ja eine wunderschöne Stadt zum Warten, nur ... weiß man
denn, ob es noch ein nächstes Schiff geben wird?

Da sitzen wir, Hans und ich, also erst einmal hier auf
dieser Kaffeehaus-Terrasse mitten auf dem breiten, sonnigen
Boulevard. Um uns herum Menschen, überall lebhaftes Gespräch,
aber wir verstehen fast nichts. Wieder einmal ein Land, wo wir
die Sprache nicht kennen.

Wir wissen nicht einmal, was in der Welt vorgeht. Ich gehe

einmal hinüber, sage ich zu Hans, da ist ein Kiosk, die haben
sicher französische oder sogar auch deutsche Zeitungen. Ja, hier
kann man ganz einfach über die Straße gehen, hier braucht man
sich nicht erst vorsichtig umzusehen, ob man nicht beobachtet
wird. Man kann ungeniert auf der Straße reden so viel und was
man will, man kann sogar deutsch sprechen in Portugal. Hier, am
letzten Zipfel Europas, sind wir zum ersten Mal.

Ich kaufe eine französische, eine englische und eine deutsche
Zeitung und überquere wieder die Straße, mit den großen Gebäuden
und den hohen Bäumen. Nach ein paar Schritten kommt ein Mann
hinter mir her und sagt etwas, sehr eindringlich, ein
geschniegelter, mit Brillantine-Haaren, wie die Liebhaber im Film
es haben. Er redet auf mich ein, in der Sprache, die ich nicht
verstehe. Er fängt an, zu gestikulieren, was er will ist aber
sowieso klar. Kaum bin ich ihn los, kommt gleich noch ein
anderer und erzählt mir lebhaft irgendetwas. Ich gehe so schnell
ich kann auf den Tisch zu, an dem Hans bei seinem Kaffee sitzt,
und der Kerl verschwindet.

"Andere Länder, andere Sitten", sage ich zu Hans, "jetzt habe
ich schon zwei Heiratsanträge bekommen." Dann lesen wir die
Zeitungen. Es ist Ende Oktober 1941.

Man hat uns für heute Mittag zum Komitee bestellt. Es ist
das amerikanische Emergency Rescue Committee, kurz EMERESCUE
genannt, das unseren Fall betreut. Sie haben hier ein Bureau in
den Räumen der HICEM, dem jüdischen Komitee. Man teilt uns mit,
daß das nächste Boot nach New York in zwei bis drei Wochen

2

abgehen soll. Das Schiff, die SS COLONIAL, wird erst nach Kuba
gehen und dort uns und eine Reihe anderer Emigranten, die kein
USA-Visum haben, abladen; inzwischen wird man uns hier in
Lissabon unterbringen. Wenn es klappt, werden wir also Mitte
November 1941 nach Kuba segeln -- Europa verlassen -- plötzlich
ist es schwer, sich das vorzustellen.

   Jetzt erst erfahren wir, was hier inzwischen geschehen ist.
Berthold Jacob, der auch auf ein Schiff hier wartete, ist am
hellichten Tag von Gestapo-Agenten entführt worden, mit Hilfe der
portugiesischen Polizei. Berthold Jacob, der bekannte
Antimilitarist, der Kriegsgegner, der mit Schwierigkeiten von
Frankreich über die "F-Route" nach Spanien gebracht wurde. Von
der Gestapo entführt, wie damals in Basel -- doch diesmal werden
sie ihn wohl kaum mehr loslassen. Er weiß zu viel über die
Kriegsvorbereitungen Deutschlands, er hat zu viel veröffentlicht
über die geheimen Aufrüsungen der Reichswehr -- er ist ein zu
gefährlicher, ein unbeugsamer Feind des Dritten Reiches. Und
die Polizei dieses neutralen Landes hilft der Gestapo ... noch
vor einer Stunde haben wir uns hier so schön sicher gefühlt ...
vor der Gestapo ist man nirgendwo mehr sicher.

   Das Schiff ist die SS COLONIAL, es ist November und wir
stehen am Quai in einer Menschenmenge. Max Diamant ist da, er
ist vom Komitee geschickt worden, um zu sehen, daß alle, die vom
EMERESCUE betreut werden, auch wirklich an Bord gelangen. Die
Mehrzahl der Passagiere sind jüdische Flüchtlinge, dazwischen
einige politische Emigranten -- Juden und Nichtjuden -- die ihre

Visen und Passagen durch Hilfe des EMERESCUE erhalten haben. Wir

winken noch einmal Max zu. Das Schiff ist vollgedrängt, man kann

kaum einen Schritt machen; es schaukelt bedrohlich, obzwar wir

noch im Hafen liegen. Einige Leute fangen jetzt schon an, sich

erbleichend über das Geländer zu beugen. Wie wird das erst sein,

wenn wir im offenen Meer sind!

Das merken wir einige Stunden später, als zum ersten

Abendessen geläutet wird. Das Schiff ist so übervölkert, daß die

Mahlzeiten in drei Schichten serviert werden müssen. Aber als

wir in den Speisesaal kommen, ist er fast leer; die meisten Leute

sind scheinbar auf Deck und übergeben sich. Wir Glücklichen, die

wir verschont geblieben sind, genießen das Essen: herrlicher

Fisch, Braten, Gemüse, Kartoffel, Salat, Nachspeise, Kaffee --

alles, wovon man so lange geträumt hat, bis zu unserer Ankunft in

Lissabon. Dann sperre ich die Augen auf:

"Hans", sage ich, "siehst Du das? Was sie machen mit dem

Brot, das übrig geblieben ist? Haufenweise, pfundweise, alles

schmeißen sie raus, aus der Luke, ins Meer! Und wir zuhause, ich

meine bei uns in Cassis, da hungert man. Wenn man nur etwas von

dem Brot dort verteilen könnte ... mir wird schlecht -- nein, ich

bin nicht seekrank -- aber sieh doch mal, sie schmeißen immer

mehr ins Meer, gutes Essen! Rein in den Ozean!"

Am nächsten Tag wird es noch schlimmer, alles ist seekrank.

Unter den wenigen Leuten, die noch in den Speisesaal kommen,

springen manche plötzlich auf und rennen hinaus. Nur Wenige,

darunter auch wir beide, bleiben verschont. Hans hat nämlich

schon in Lissabon Dramamin, das ein Bekannter ihm gegeben hat,

4

/genommen/ worüber ich gelacht habe, denn wir waren doch noch an
Land, aber scheinbar hat es gewirkt. Und von mir weiß ich, daß
ich nicht seekrank werde, schon seit meiner Kindheit. Eine Tante
hat mir damals gesagt, nur musikalische Leute werden seekrank,
aber das kann auch nicht stimmen, denn ich liebe doch Musik.

Auf dem Deck liegt zu unseren Füssen ausgestreckt ein langer
junger Mann, er stöhnt und stöhnt und beugt sich übers Geländer
und sagt zwischendurch: "Mir ist ja so entsetzlich übel! So
entsetzlich ... "   Mir tut er furchtbar leid, aber wie könnte
man ihm helfen? Hans versucht, mit ihm zu reden, aber er sagt
nur immer: "... so entsetzlich übel!" Er ist sehr blass. Dann
sagt er, wenn er nur seinen Koffer hätte, da hat er eine Medizin
gegen Seekrankheit drin, aber man hat ihn mit allem anderen
Gepäck zusammen in den Laderaum geworfen. Hans geht hinunter und
nach langem Suchen findet er den Koffer.

"Woher sind Sie denn?" fragt er den langen jungen Mann, als
er ihm seinen Koffer bringt.

"Aus Spandau."

"Ja, hab ich mir schon gedacht, aber ich habe sie nicht
richtig erkannt. Hat Ihr Vater nicht das Herrenmodegeschäft
gehabt?"

"Stimmt, natürlich, sind sie denn auch Spandauer?" Der
junge Mann wird lebhaft, für einen Moment hat er wohl die
übelkeit vergessen. Hans erzählt ihm, daß einige seiner Freunde,
die arbeitslos waren, manchmal Scheine für einen Anzug oder einen
Mantel von der Wohlfahrt bekamen; damit gingen sie immer in das
Geschäft seines Vaters, welches das einzige jüdische Geschäft
dort war, und meistens brachten sie noch einen erwerbslosen

5

Freund mit, der aber keinen Schein hatte, denn sein Vater hat den
anderen oft auch noch was ~~haben lassen~~. Der junge Mann lacht zum
ersten Mal. "Ja, das war einmal", sagt er. "Aber jetzt", fügt
er hinzu, "jetzt ist mir so entsetzlich übel!"

Wir schlafen in einem riesigen Gepäckraum, in dem man
dreistöckige Betten aufgestellt hat; Männer und Frauen getrennt.
Ich nehme mir eines der obersten Betten, weil viele Leute immer
weiter seekrank sind. Der Raum hat keine Luken und der Gestank
ist kaum zu ertragen. Ein kleiner Junge, etwa drei Jahre alt,
bekommt hohes Fieber; der Vater wird geholt, er ist furchtbar
aufgeregt. Alle stehen um die Familie herum und jeder hat einen
guten Rat zu geben. Der junge Vater des Kindes ist außer Rand und
Band; er schreit die Ratgeber an, sie sollen alle zum Teufel
gehen. Endlich kommt ein Arzt. Ist es ein Schiffsarzt oder
einer der Passagiere? Niemand weiß. Jedenfalls führt man die
Eltern mit dem kranken Kind anderswo hin. Einige Tage später
sehe ich das Kind auf dem Deck, der Junge spielt und ist offenbar
wieder gesund. Das ist eine Erleichterung; das kranke Kind ist mir
nicht aus dem Kopf gegangen.

Die Großmutter einer jungen Frau stirbt... eine, die es nicht
mehr geschafft hat. Man sitzt Schive nach der jüdischen Tradition;
Hans wird gebeten, mitzusitzen. Dann wird ihr Körper dem Meer
übergeben.

Junge Leute tun sich zusammen und vertreiben sich die Zeit
so gut es geht und sind lustig auf ihre Art. Meistens machen sie
sich über die anderen, die "Alten", lustig. Zum Beispiel die
ewig lächelnde Dame aus Wien, die sie "la vache qui rit" nach dem

Käse nennen, und der dickliche, schwerfällige Herr, der immer
hinter ihr herläuft, das ist der Oohs von Lerchenau. Dann sind
da die älteren Damen, die beim Nachmittags-Tee Stoff zur
Heiterkeit geben. Sie reden sich wahrhaftig an mit "Frau
Doktor", "Frau Professor", "Frau Direktor", aber auch "Frau
Geheimrat", und während sie angeregt plaudern, stopfen sie sich
das leckere Gebäck, das uns serviert wird, unter dem Tisch in ihre
Täschchen. Es macht mich traurig, wenn ich ihnen zusehe. Aber
lachen muß ich doch, wenn einige der Jungen sich ihnen gegenüber
setzen und laut verkünden: "Spielen wir 'Frau Geheimrat'!" und
sich auf die Bäckerei stürzen.

Der Kapitän teilt mit, daß eine Gruppe von Passagieren
beantragt hat, man möchte ihnen koscheres Essen servieren. Auf
dem Schiff, sagt der Kapitän, ist es nicht möglich, zweierlei
Arten von Essen zu bereiten. Die Passagiere müssen also
abstimmen und je nachdem, ob die Mehrheit für koscheres Essen
stimmt oder dagegen, wird er seine Anweisungen an die Küche
geben.

"So ein Quatsch", sage ich, "als wenn sie in der
Schiffsküche koscheres Essen zubereiten könnten. überhaupt,
warum soll ich mir vorschreiben lassen, was ich essen will?
Haben die Leute denn keine anderen Sorgen, jetzt, wo wir uns
noch im letzten Moment gerettet haben? Während alle die, die
zurückgeblieben sind, glücklich wären, wenn sie nur etwas von dem
Essen hätten, das hier weggeschmissen wird!"

"Ich stimme für koscher", sagt Hans.

"Ich weiß, Dir schmeckt koscheres Essen. Aber willst Du
anderen Deinen Geschmack aufzwingen?"

"Dir ist es doch ziemlich egal, ob Du koscher isst oder
nicht. Für die Leute hier auf dem Schiff, die koscheres Essen
möchten, muß es von großer Wichtigkeit sein -- auch wenn wir
nicht recht verstehen, warum. Sie glauben daran, das macht es so
wichtig. Für uns ist es kein Opfer, warum soll man ihnen da
nicht den Gefallen tun?"

Sein Denken beeindruckt mich, aber es überzeugt mich nicht
ganz. Er wählt koscher, ich stimme dagegen. Die Koscheren
gewinnen. Sie strahlen, und ich merke überhaupt keinen
Unterschied im Essen. Hans ist jetzt beliebt unter den
orthodoxen Juden: Es gibt doch gute Goyim, sagen sie.

An Bord der SS COLONIAL wird viel darüber gesprochen, wie
das Leben in Kuba sein wird, was das überhaupt für ein Land ist;
was sind das für Menschen, wie werden sie uns behandeln. Wo wird
man wohnen, was wird man essen? Manche unter den Passagieren
haben Verwandte, die schon vor ihnen nach Kuba gekommen sind und
die ihnen über das Leben *in Herumnus* ~~dort~~ geschrieben haben. Mehrere sagen,
man soll zum Essen in ein Restaurant gehen, es heißt Moische
Pippik; es ist gute jüdische Kost, wahrscheinlich auch koscher,
und nicht teuer. Es geht wie ein Lauffeuer herum unter denen,
die in Kuba aussteigen werden: Moische Pippik, Moische Pippik.
Auch ich sage mir, ich muß mir den Namen merken. Wenn man so auf
einem Kahn am Ozean schaukelt und dann auf einer Insel abgesetzt
werden wird, wo man nichts und niemanden kennt, gibt es einem
eine gewisse Sicherheit, zu wissen, daß man zu Moische Pippik
essen gehen kann. Die Kuba-Kenner sagen auch, es gibt dort ein
Grand Hotel, wo man erst einmal absteigen soll. Aber das

8

erscheint mir etwas großspurig, wo man doch kaum Geld hat: es
muß doch nicht gerade das Grand Hotel sein!

Oft merkt man, daß der eine oder andere der Passagiere
unruhig ist wegen ihrer Reisepapiere; wird man sie denn auch
landen lassen? Man weiß doch, was mit den Emigranten auf der SS
St. LOUIS geschah, wie die kubanische Regierung die beinahe
tausend jüdischen Emigranten nicht landen ließ und nach
Deutschland zurückschicken wollte, trotzdem sie doch alle ganz
echte, gültige Papiere hatten.

"Wir haben nichts zu befürchten", höre ich die junge Frau
Markus sagen, "unser Fall ist ganz anders. Wir sind Tschechen."

Ich denke mir, merkwürdig, Tschechen mit so einer Berliner
Schnauze. Später, als ich mit ihr allein bin, sage ich:

"Ach, ich höre daß Sie Tschechen sind. Wir nämlich auch.
Da haben Sie Ihr kubanisches Visum auch in dem rosa Pass?"

Der rosa Pass ist nämlich der Interims-Pass, den der
tschechische Konsul in Marseille manchen Emigranten gegeben hat.

"Stimmt genau. Wir sind wirklich Tschechen", sagt Frau
Markus und sieht mich etwas mißtrauisch an.

Wir schwimmen jetzt schon zehn Tage auf dem Meer und man
weiß nicht, wie lange es noch dauern wird bis zur Ankunft in
Habana. Ich habe mir ein spanisches Lehrbuch mitgebracht und
versuche, zu lernen, wie man Guten Tag, Bitte, Danke und
ähnliches sagt. Wir "Kubaner" sind die Leute, die in Kuba
aussteigen werden, während die anderen weiter nach New York
fahren. Die meisten wollten eigentlich in die Vereinigten
Staaten, doch viele konnten kein Visum bekommen. Letzteres galt
vor allem für die politischen Emigranten, die Antifaschisten. Es

9

ist erstaunlich, wie unter dieser Menschenmenge auf dem Schiff
sich die wenigen politischen Flüchtlinge gefunden haben, wie
durch Magnetismus. Unter ihnen sind einige Nicht-Juden, wohl
ziemlich die einzigen. Es sind Menschen aller Nationen: aus
Deutschland und aus Polen, auch Franzosen, österreicher, Serben
sind darunter -- alle Gegner des faschistischen Terrors, den sie
in ihren eigenen Ländern bekämpft haben. Man findet manche alte
Bekannten wieder, man schließt auch neue Freundschaften.

Manchmal kann ich nachts nicht schlafen, weil man da unten
in dem riesigen Schlafsaal keine Luft bekommt. Da gehe ich gerne
in den Salon der 2. Klasse, obzwar man uns Drittklassige dort gar
nicht mag: "Wir haben doch mehr gezahlt", sagen sie uns. An der
Bar sitzt immer der junge Russe, den ich schon flüchtig aus
Cassis kenne, mit seinem Glas Vodka. Einige Leute, die wohl auch
nicht schlafen können, stehen und sitzen immer um ihn herum, um
seinen Geschichten zuzuhören.

Ich höre es besonders gerne, wenn er von seinen Fahrten
auf allen Meeren an Bord von gewaltigen Fischerbooten berichtet.
Der Kapitän war immer auf Walfischfang aus. Nun hatte er, der
junge Russe, eine große Liebe für Walfische entwickelt, die
wunderbare Kreaturen sind, und mit der Zeit gelang es ihm, sich
mit ihnen zu verständigen. Er hatte ein System entwickelt, durch
das er sie warnen konnte, wenn ihnen Gefangennahme drohte. Nun
mußte er ständig auf der Wacht sein und ihnen die ihnen bekannten
Signale geben, wenn sie in Gefahr waren. Er zeigt uns, wie er
sich durch Armschwenkungen und Handbewegungen mit ihnen
verständigte, doch vor allem war es Gedankenübertragung, richtige

Telepathie. Er scheute keine Mühe, und so verdanken ihm
unzählige Wal(fische) Freiheit und Leben.   Ich weiß, daß der Vodka
ihm hilft, seine Erlebnisse auszuschmücken. So wie er
erzählt, glaubt er bestimmt selbst an seine Geschichten. Wenn
ich ihn nach Details frage, wie das denn mit den Walfischen
geklappt hat, hat er immer eine einleuchtende Antwort. Damit
vergehen mir manche schlaflosen Nächte auf der SS COLONIAL. Die
Erlebnisse des jungen Russen sind etwas unwahrscheinlich --
ungefähr so wie der Gedanke, daß wir auf eine Insel im
karibischen Meer fahren und daß wir dort leben werden, bis wir
nachhause können.

TISCORNI

THREE.Tiscornia

"Komm, mach Dich fertig", sagt Hans. Er steht mit einem Fuß
in unserer Frauenbaracke, denn hereinkommen darf er nicht. Mach
Dich fertig -- das sagt er immer, wenn er irgendwohin gehen will.
Aber hier? Wohin will er denn gehen?

In der Baracke ist es dunkel und ich sehe nur seinen
Schatten in der Tür gegen das Licht. "Ich soll mich fertig
machen? Wofür denn?"

"Komm schon, wir müssen gehen."

"Hans, wohin willst Du gehen? Wir sind hier in
Tiscornia, im Lager, Wie Du weißt, geht man nirgendwo hin, wenn
man in einem Lager ist."

"Ich werde es Dir gleich erklären, aber jetzt mach Dich
fertig und komm, der Polizist wartet auf uns."

Wer weiß, was das wieder mal heißen soll. Gut, dann werde
ich mich "fertig machen". Viel ist da nicht zu tun, denn
Wasser zum Waschen gibt es hier nicht. Man hat uns gesagt, daß
es mittags vielleicht ein wenig Wasser geben wird. Die Haare
werde ich mir kämmen, so gut das ohne Licht und ohne Spiegel
geht. Mein Bett brauche ich nicht zu machen, denn da ist nur
diese merkwürdige Pritsche; ich hatte am ersten Abend nicht
verstanden, wieso man in dieser Hitze so eine dicke Decke
braucht, doch dann hatte sich herausgestellt, daß das keine Decke
ist, sondern eine dünne Matratze, und Decken braucht man
natürlich nicht. So ist das also hier in Kuba.

1

"Ich habe das Warten satt gehabt", sagt Hans. "Hier sitzen
wir, einige hundert Emigranten, und warten, und keiner hat eine
Ahnung, worauf." Das stimmt. Da sitzt wieder die Dame in
Schwarz im Freien auf einer Bank, mit schwarzen Handschuhen bis zu
den Ellbogen, ein schwarzes Täschchen in der Hand, jeden Moment
fertig zum Verlassen des Lagers. Ich glaube, sie sitzt so Tag
und Nacht.

Als man uns, die Passagiere der SS COLONIAL, vom Hafen
hierher brachte, wurde uns allen mitgeteilt, daß die
erforderlichen Depotzahlungen aus New York nicht geleistet worden
sind und daß wir hier in dem Lager interniert würden, bis wir
die Summen aufbringen könnten. Es handelte sich um $2,000 pro
Person.

Kurz darauf erschien ein Junge mit einer Mütze, auf der
"WESTERN UNION" stand. Die internierten Emigranten stürzten sich
auf ihn und sandten Telegramme an Verwandte, Freunde und Komitees
in den Vereinigten Staaten, oft voll von bitteren Vorwürfen, man
habe die Versprechen nicht gehalten, und würde man, bitte sehr,
das geforderte Geld sofort überweisen, damit sie aus der
Gefangenschaft in Tiscornia befreit würden? Mir fiel auf, daß
der Junge mit der WESTERN UNION Mütze für jedes Telegramm, ob es
nur ein paar Worte oder eine ganze Seite lang war, von den
Absendern je fünf Dollar verlangte, und ich dachte, da stimmt
doch was nicht. Wie sich später herausstellte, erreichte nicht
eines dieser Telegramme ihre Empfänger; doch wir kannten uns mit
den damaligen kubanischen Sitten noch nicht aus. *oder ...*

Also richtig, am Tor steht Hans mit einem Polizisten und sie
warten beide ungeduldig auf mich. Der Posten lässt uns ohne

2

weiteres heraus. Der Polizist hat ein Taxi bereit und wir fahren
los, in Richtung Havanna, das von jetzt ab La Habana heißt. Oft
läßt der Polizist, den der Chauffeur el policía nennt, vor einer
Kneipe halten und läßt sich ein Glas Bier geben, das Hans
bezahlen muss. So dauert es ziemlich lange, bis wir in der Mitte
der Stadt ankommen. Hans hat mir inzwischen erklärt, daß er
vorhat, den Anwalt, der unser Depot für das EMERESCUE-Komitee zu
erlegen hatte, zur Rede zu stellen. El policía muß natürlich
für diesen Liebesdienst bezahlt werden.

Wir halten vor einem großen modernen Gebäude. Auf einer
Tafel lesen wir, daß es dem Präsidenten gehört, el Presidente
Fulgencio Batista, von dem man uns schon gesagt hat, daß er ein
Gauner und ein Räuber ist. Wir finden das Bureau des Anwalts,
Dr. Milanés, und erfahren, daß er auch ein Senator ist. Er ist
nicht da und nach einer kurzen Unterhaltung in einem Gemisch von
Sprachen empfängt uns sein Sekretär, ein Herr Birnbaum. El señor
Birnbaum spricht deutsch. Er schwört mit großer
Ueberzeugungskraft, daß das Depot für uns nicht hinterlegt worden
ist, das Komitee hat einfach nicht für uns bezahlt. Hans zieht
ein Dokument aus der Tasche und hält es Herrn Birnbaum unter die
Nase. Es ist eine Bankbescheinigung, daß das Geld an den señor
Senator, der unser Anwalt ist, zwecks Deponierung an die
kubanische Regierung auzgezahlt wurde. Datum, Stempel,
notarielle Bescheinigung.

Herr Birnbaum scheint nicht besonders überrascht zu sein.
Also gut, sagt er, dann wird er dafür sorgen, daß wir heute abend
aus Tiscornia befreit werden. Hans fordert eine Erklärung: hat

er uns einfach angelogen? Wollte er uns, oder vielmehr das EMERESCUE, um viertausend Dollars betrügen? El señor Birnbaum ist zutiefst empört. Der Senator hat sich eben geirrt, und überhaupt, jeder muß sich schließlich sein Brot verdienen, man versucht eben, und wenn es nicht klappt ... Sie sehen ja, wie ehrlich wir hier sind, heute abend werden Sie noch entlassen. So werden wir tatsächlich nach etwa zehn Tagen Lager in Freiheit gesetzt.

Nach und nach entläßt man auch die anderen Internierten. Man versucht es eben, wie Herr Birnbaum sagt. Wenn es sich zeigt, daß man aus diesen Leuten kein extra Geld mehr herauslotsen kann, weil sie offenbar nichts haben, lässt man sie gehen, anstatt sie weiter zu füttern.

Auf dem Weg vom Emigrationsgebäude in die Stadt schließt sich uns ein Junge an. Er heißt Georg und ist vierzehn Jahre alt.

"Ich gehe immer zum Hafen, wenn ein Schiff einläuft", sagt Georg, "weil ich auf meine Eltern warte. Ich bin schon seit einigen Monaten hier und ich kenne mich gut aus. Ich kann Ihnen alles zeigen."

"Wieso bist Du denn allein hier?"

"Ich bin in Spanien von meinen Eltern getrennt worden, sie hatten ihre Papiere noch nicht. Ich wollte mit ihnen warten, aber sie haben sich in den Kopf gesetzt, daß ich vorausfahre. Das haben sie davon, jetzt bin ich hier und sie sind dort. So gehe ich eben zu jedem Schiff, das in Habana ankommt. Aber ich mache mir natürlich nichts vor."

"Wie meinst Du das?"

"Na, ich weiß doch Bescheid. Sie werden es natürlich nicht

4

mehr schaffen."

"Das kann man nicht wissen, Georg. Du siehst doch, es
kommen immer noch Menschen an."

Er schweigt. Dann sagt er: "...aber ich werde mich auch
allein durchbringen."

Wir fragen, wie er denn jetzt hier lebt. Das jüdische Joint
Committee hat ihn untergebracht und sie geben ihm Geld fürs
Essen. Beim Komitee sagt man ihm auch, daß seine Eltern
sicher noch kommen werden, aber er weiß, sie wollen ihm nur was
vormachen. Na ja, er wird trotzdem weiter zum Hafen gehen, wenn
überhaupt noch ein Schiff kommen sollte.

"Ich weiß gar nicht mehr, wie oft ich schon zum Hafen
gegangen bin", sagt er.

"Meine Eltern sind auch noch drüben", sage ich zu dem
Jungen.

6   "Da brauchen Sie nicht zu warten, die kommen auch nicht
mehr raus", sagt Georg.

Mir ist sehr heiß. "Kühlt es denn manchmal hier ab?" frage
ich ihn.

"Das ist gar nichts heute, es ist nur 89 Fahrenheit. Sie
werden hier noch was erleben! Es ist oft beinahe 100, auch jetzt
noch im Winter."

Es ist ja bald Weihnachten, denke ich. Wir gehen an
Schaufenstern vorbei, die mit Bergen von Watte geschmückt sind,
um Schnee vorzuspiegeln, und wir schwitzen. Georg sagt wieder,
das ist alles gar nichts, wir werden hier noch unser Wunder
erleben. Der arme Junge, wenn ich ihn nur trösten könnte.

Er zeigt uns den Weg in die Stadt. Jetzt sind wir also in Habana, das mit Emigranten überlaufen ist. Wir sind auf einem Platz vor dem Grand Hotel, das sich übrigens als ein schäbiges Loch herausstellt. Da sind in der glühenden Hitze auch eine Reihe der Passagiere von der SS COLONIAL. Richtig, da schwebt, rosa umschleiert, die lächelnde vache qui rit daher, und hinter ihr trabt der Ochs von Lerchenau; der Schweiß rinnt ihm vom Gesicht.

Ein Trupp Soldaten marschiert vorbei. Ich würde eher sagen, sie latschen, sie halten gar nicht Schritt. Auch sie schwitzen sichtlich in ihren Uniformen. Neben mir eine Frau aus Frankfurt, die ich von der SS COLONIAL kenne, stößt mich leicht an.

"Ja, was denn?" frage ich.

"Na sehen Sie sich das doch mal an!" sagt die Emigrantin und zeigt auf die Soldaten. "Da marschiert die S.A. bei uns aber doch anders!"

"Bei uns" sagt sie. Bei UNS! Die S.A. bei uns! Das hat sie wirklich gesagt. UNSERE S.A.?

Wie nennen die Franzosen uns deutsche Emigranten doch? 'Les chez nous.'

6

3/18

CHARLIE UND LOLA

Einer unserer Bekanntschaften von der SS COLONIAL war ein
junger, hellblonder Deutscher. Er war allein und schloß sich
auch kaum an andere an. Die wenigen, recht kurzen Gespräche, die
wir anfangs mit ihm hatten, ließen uns annehmen, daß auch er ein
politischer Flüchtling war. Eigentlich war er uns zuerst nur
aufgefallen, weil er morgens zum Frühstück immer in einem
blauseidenen, zart geblümten Morgenrock erschien, was sich in dem
Gedränge der unausgeschlafenen, meist ungekämmten und unrasierten
Passagiere etwas ungewöhnlich ausnahm. Mit der Zeit sprach er
öfter mit uns und wir unterhielten uns auch gerne mit ihm: er war
intelligent und humorvoll, doch blieb er weiter etwas
zurückhaltend.

Nach etwa einer Woche Seefahrt sagte er einmal, er möchte
uns um einen Rat bitten. Und wie schon einige Mitreisende vor
ihm getan hatten, holte er seine Reisepapiere heraus und meinte,
wir sollten uns seinen Ausweis, nämlich das Papier, das "Au lieu
de passeport" genannt wurde, doch mal ansehen, und was hielten
wir von den Stempeln, er wollte nur so mal wissen, was wir
dachten, und würden die Kubaner bei der Einreise vielleicht
Schwierigkeiten machen? Und was könnte dann geschehen? Er hatte
zzzzz
eine recht leise Stimme und machte einen nervösen Eindruck. Ein
erfahrener Fälscher war er bestimmt nicht.

Hans sah sich das Dokument genau an. "Wirklich gut
gemacht", sagte er, beinahe bewundernd, "könnte kaum besser sein;
wenn sonst alles in Ordnung ist, müsste es gut gehen. Was meinst

1

Du?" fragte er und reichte mir das Papier.

"Sieht mir ganz echt aus." Ich las nochmals alles genau durch. Dann sah ich zum ersten Mal auf den Namen. "Ach", rief ich erstaunt, "Sie sind Walter D.?"

"Ja, das bin ich", sagte der junge Mann, "kennen wir uns denn?" Auch er schien sich zu wundern.

"So ein Zufall!" Und ich erklärte: "Nämlich, ich hab doch mal eine Nacht in Ihrem Bett geschlafen."

Hans trat mir unter dem Tisch leicht auf den Fuß. Ach, das hätte ich also nicht sagen sollen. Gehört sich scheinbar nicht.

Ich sah, daß der junge Mann, der Walter hieß, und der einen sehr hellen Teint hatte, bis zu seinen blonden Haarwurzeln rot geworden war. Er warf einen verstohlenen Blick auf Hans, der aber scheinbar wieder ganz in das "au lieu de passeport" vertieft war.

"Sie müssen entschuldigen, gnädige Frau", fing Walter D. an zu stottern, "ich weiß nicht ... ich kann mich wirklich nicht erinnern ..."

"Macht ja nichts, ist ja alles halb so schlimm", versuchte ich ihn zu beruhigen, was mir einen neuerlichen Fußtritt meines Mannes einbrachte. "Das war einfach vor ein paar Monaten die Nacht in Marseille, als ich ohne Papiere und ohne Bleibe war, und Hans Siemsen gab mir den Schlüssel zu Ihrem Zimmer, weil Sie auf ein paar Tage verreist waren. Und Sie kamen doch erst am nächsten Morgen zurück. Na also!"

Ich hörte Walter D. tief aufatmen.

In Habana stellte sich heraus, daß Walter auch so wie wir vom

EMERESCUE-Komitee betreut wurde, also tatsächlich ein politischer
Flüchtling war. Seine Geschichte erfuhren wir erst später.

Hans Siemsen, Walter D.'s Freund, hatte ihm eine Adresse in
Habana gegeben; in seinem Brief aus New York hatte Siemsen nur
gesagt, Charlie sei ein alter Freund und Walter solle sich
unbedingt an ihn wenden, er würde ihm sicher helfen, sich
zurechtzufinden. Wie die meisten von uns hatte Walter keine
Ahnung, wie er in Kuba durchkommen würde -- wo wohnt man? wie
bezahlt man das Essen? wie wird man legal? was tut man, um
nicht als "feindlicher Ausländer" wieder einmal in ein KZ
gesperrt zu werden? -- und so ging er sofort zu der angegebenen
Adresse.
    Charlie wohnte auf einer azotea, ganz nahe von unserer
vorläufigen Unterkunft. Eine azotea ist das flache Dach eines
Hauses, auf dem man eine Art Hütte baut. Dort lebte er mit Lola,
seiner Frau, oder vielleicht war es seine novia, seine Braut, wie
die Kubaner es nannten; er sagte, sie sei krank. Charlie
erwartete Walter schon und meinte, er solle gleich sein Gepäck
bringen und in das extra Zimmer des Verschlags ziehen. Walter
war natürlich glücklich, eine Unterkunft gefunden zu haben. Was
Walter denn von Beruf sei, wollte Charlie wissen, vielleicht
könnte er ihm Arbeit beschaffen. Ich bin Maler, sagte Walter,
ein Künstler, ich arbeite oft zuhause.
    Charlie war ein großer, beleibter Mensch mit einem roten
Gesicht und schütteren Haaren, die wohl blond oder vielleicht

3

rotblond gewesen sein mochten. Er sprach viel und laut, und zwar
original schwäbish, das er auf eigene Art mit Spanisch und
Englisch mischte. Er war aus einem Dorf in der Nähe von
Stuttgart, von Beruf Schlächter.

Walter zog zu Charlie und Lola in das leere Zimmer auf der
azotea. Charlie wollte seine Freunde kennenlernen und lud uns
gleich zum Essen ein -- er war nämlich von Beruf auch Koch, und
ein ganz großartiger. Bald waren auch wir seine Freunde und wir
besuchten uns ab und zu gegensseitig. Wenn wir ihn ausfragten,
erzählte er manchmal aus seinem Leben. Es waren aufregende
Geschichten, aber meistens nicht sehr präzis geschildert und auch
nicht ganz zusammenhängend. Vor vielen Jahren war er als junger
Mann ausgewandert; ab und zu erzählte er von einem Erlebnis: "...
und das war damals, als ich im Spanisch-Amerikanischen Krieg
kämpfte...", oder auch: "...in den Jahren, als ich Polizist in
New York war..." Während der Prohibitionsjahre ließ er sich in
Kuba nieder, wo er, wie er nebenbei erwähnte, unendlich reich
wurde. Das dürfte wohl etwas übertrieben sein, dachten wir.
Doch als wir einmal mit ihm auf einer Kiste draußen auf seiner
azotea saßen, holte er einige seiner damaligen Bankbücher aus
einer anderen Kiste heraus, und wir staunten über die Zahlen.

"Wie hast Du denn das gemacht, Charlie?" wollten wir
wissen. "Hier zum Beispiel, da steht doch 75,000 Dollars!"

"Das war ganz einfach", sagte Charlie, "aber gerade jetzt
habe ich keine Zeit, es Euch zu erklären."

"Und wo ist denn das Geld geblieben?"

"Betrogen haben sie mich", sagte Charlie, "ganz gemein
betrogen, die Hunde. Aber das ist vorbei, und hier auf der

azotea lebt sich's doch auch ganz schön mit meiner Lola."

Wenn wir Walter und Charlie besuchten, saßen wir immer im Freien auf dem flachen Dach, auch zum Essen, so wie das in Kuba viel gemacht wird. Doch Lola kam nur selten aus der Kammer heraus. Lola war so schön! mit pechschwarzen Haaren und riesigen dunklen Augen, eine zierliche Gestalt, immer in blendend weissen Kleidern, die sie aus Zuckersäcken nähte. Doch etwas stimmte nicht mit ihr; es war nicht nur, daß sie kaum sprach, außer wenn sie Charlie etwas zuflüsterte. Es waren vor allem ihre Augen, die umherirrten, als wären sie ständig auf der Suche. Charlie wiederholte nur, sie sei krank, ohne eine weitere Erklärung.

"Wann wirst Du denn anfangen, zu arbeiten?" fragte er Walter hin und wieder. "Du sagst doch, Du kannst malen."

"Ich brauche Material dazu", erklärte Walter ihm, "ich muß erst zu etwas Geld kommen, um es mir zu kaufen. Vielleicht kann Hans Siemsen mir etwas schicken aus New York."

"Ja, was brauchst Du denn?"

"Also, vor allem muß ich Leinwand haben", sagte Walter, "und dann brauche ich natürlich Farben und Öl, um sie zu mischen, und Holzkohle zum Zeichnen, und Pinsel ..."

"Leinwand kann ich Dir geben, so viel Du willst, ich habe eine Menge Zuckersäcke. Und Öl, da oben auf dem Küchenbrett steht eine ganze Flasche für Salat. Kohle ist kein Problem, nimm sie Dir nur aus dem Eimer beim Ofen. Pinsel sind auch da. Fang nur schon an, ich will doch sehen, was Du malen kannst."

5

Charlie hatte ein Schweinchen geschlachtet und bereitete ein
großes Mahl vor. Wir hatten Bier mitgebracht und es in den
Eisschrank gestellt, denn auf der azotea gab es kaum Schatten und
die glühende Sonne stand noch hoch am Himmel. Charlie eilte hin
und her zwischen Ofen und Tisch; er war in Schweiß gebadet. Er
hatte eine Bank herausgebracht und ich setzte mich auf das Ende,
auf das Schatten fiel. Hans war mit Walter in dessen Kammer
gegangen, um sich eine seiner Zeichnungen anzusehen. Ich wurde
schläfrig und stand auf, um mich ein wenig zu strecken. Ich stand
allein in der Mitte des Daches. Lola erschien in der Tür der
Hütte, ihre großen Augen wanderten von einem Ende des Daches zum
anderen und blieben an mir hängen. Sie trat ganz langsam aus
der Tür heraus; langsam, Schritt für Schritt, bewegte sie sich
vorwärts, in meiner Richtung. Sie war noch nie in meine Nähe
gekommen, sie hatte mich und auch Hans immer vermieden, und so
blickte ich erstaunt auf. Jetzt sah ich es: in ihrer rechten
Hand hielt sie ein riesiges Küchenmesser, ihre Hand war um den
Stil geklammert, und sie hob den Arm, während sie weiter auf mich
zuschlich. Ich schrie kurz auf.

"Sei ruhig", hörte ich Charlie's Stimme, ganz leise. Dann sah
ich ihn hinter ihr. Er ging lautlos auf sie zu und plötzlich,
blitzschnell, legte er seine Arme von hinten um sie, griff nach ihrer Ha
d,

sodass sie das Messer fallen ließ, dann hob er sie auf und trug
sie zurück in die Kammer, immer noch lautlos. Als er nach
einigen Minuten herauskam, schloß er die Tür hinter sich zu.

"Du brauchst Dich nicht zu fürchten, sie wird es nie wieder
tun", sagte er zu mir. "Ich werde Dir alles erklären. Sie hat

gemeint, Du bist die Andere."

    Hans und Walter kamen zurück aus dem Zimmer. Sie hatten
nichts gesehen, nichts gehört.

    Das Ferkel, das Charlie am Spieß gebraten hatte, war
vorzüglich, doch ich hatte keine großen Appetit, die Sache mit dem
Messer war mir wohl doch in die Knochen gefahren. Mittendrin
fing Charlie an zu erzählen, wie gewöhnlich ohne Uebergang:

    "Und da bin ich nachhause gefahren, ich hab der Lola gesagt,
ich will die Familie in meinem Dorf besuchen und ich komme bald
zurück, und das hatte ich auch vor. Es war ja auch zur Zeit der
Olympiade, da wollte ich dabei sein. Da war großes Getue, als
ich ankam, der Charlie ist da, haben sie alle gerufen, und wir
sind auch in einen Biergarten gegangen, die alten Freunde und
auch andere, und manche haben auch ein bischen zu viel gesoffen,
und da war auch der Sepp, den ich sowieso nie leiden konnte,
jetzt war er da in einer SA-Uniform, die konnte ich auch nie
richtig leiden. Und wo der mich angepöbelt hat, daß ich gar kein
Deutscher mehr bin und daß ich nicht einmal mehr rede wie man bei
uns zuhause spricht, da hab ich ihm eben eine gelangt, dem Sepp,
sodaß er gar nicht mehr aufgestanden ist. Na, und da haben sie
mich eben verhaftet, die Nazis, wo ich sie sowieso nie leiden
konnte. Ich bin davongekommen, aber ich mußte mich verstecken
und da hat es eben lange gedauert, bis ich zurückgekommen bin zu
meiner Lola. Da hat man mir gesagt, Deine Lola ist im Irrenhaus,
sie meint, Du hast dort eine Andere geheiratet, und da war Schluß

7

mit ihrem

Verstand. Also so war das alles. Ich hab sie dann natürlich
wieder zu mir genommen, aber gesund ist sie nicht mehr geworden."

Ungefähr ein Jahr später starb Lola an einer
Lungenentzündung. Charlie war untröstlich. Er begann, mehr Bier
zu trinken. Walter war inzwischen umgezogen und so lebte Charlie
nun allein in der Hütte auf seiner azotea. Dann nahm er eine
neue Braut, die Josefina.

Eines Abends saßen wir mit Freunden bei Reißmann. Herr
Spiegel spielte eine Brahms-Melodie, eine leichte Brise kam vom
nahen Meer und brach die Hitze des Tages. Da kam mit Gepolter
Charlie und seine Josefina auf uns zu. Ich dachte, er scheint
etwas zu viel getrunken zu haben. Er wollte uns besuchen, und da
wir nicht zu Hause waren, dachte er, wir sind vielleicht bei
Reißmann. Er mußte uns sehen; heute war doch Allerseelen, und
natürlich ging er jeden Sonntag mit seiner Josefina auf den
Friedhof, um die Lola zu besuchen, und die Josefina suchte immer
die schönsten Blumen für das Grab aus, aber heute haben sie einen
besonders großen Strauß gekauft, denn nichts ist ihm zu teuer für
seine Lola. Charlie sprach immer lauter und die anderen Gäste,
unsere Bekannten aus Wien und aus Berlin, wurden aufmerksam und
sahen verwundert zu unserem Tisch.

Da Charlie deutsch mit uns sprach, verstand Josephina kein
Wort, was sie nicht zu stören schien. Zwischendurch sagte
er zu ihr: "Verdad?" -- auf deutsch: "Stimmt's?" -- und sie
nickte mit dem Kopf.

"... denn meine Lola kann ich nicht verlassen", sagte
Charlie und fing plötzlich an, laut zu schluchzen. "Und die
Josefina, die kommt immer mit auf den Friedhof und wir besuchen
zusammen die Lola in ihrem Grab."

Er wischte sich die Tränen von den Wangen. "Ich bin nur
gekommen, um Euch zu sagen ... jetzt wo der Krieg vorüber ist,
werde ich zurück in die Heimat gehen. Da nehme ich natürlich
meine Lola mit, die mich ja auch nie verlassen hat."

Er hatte den Friedhofsbehörden mitgeteilt, daß er die Leiche
mitnehmen würde, man sollte sie ausgraben und ihm übergeben. Das
geht nicht, hat man ihm erklärt, das ist gegen die Vorschriften.
Er hat alles versucht, er hat ihnen eine schöne Summe Geld
angeboten, aber man hat sich weiter geweigert. Was sollte er
tun? Er könnte doch nicht ohne die Leiche weg. Die Josefina
versteht das auch. Also da hat er zwei Leute gemietet, die
werden nachts ...

"Pssst, Charlie, nicht so laut!" sagte ich. Mir war es bei
der Geschichte mit der Leiche von der Lola ganz kalt über den
Rücken gelaufen, und ich sah die entsetzten Blicke unserer
Bekannten an den nächsten Tischen. Hans sprach beruhigend auf
ihn ein, aber Charlie hörte gar nicht zu.

"Die Lola hat mich nie verlassen!" rief er. Er stand auf,
nahm Josefina beim Arm und ging mit ihr zum Ausgang. "Und ich
werde die Leiche der Lola nie verlassen, nie!" rief er nochmals
und ging.

Verena Krieger

Die Ambivalenz der Passage
Dani Karavans Gedenkort für Walter Benjamin*

I.

Anfang der 1990er Jahre entwickelte der israelische Bildhauer Dani Karavan auf Anregung des damaligen deutschen Bundespräsidenten Richard von Weizsäcker ein Denkmal für Walter Benjamin in dem spanisch-katalanischen Grenzort Portbou, wo der Philosoph im Jahr 1942 auf der Flucht vor den Nationalsozialisten starb. Es sollte eigentlich 1992 anlässlich dessen 50. Todestags eröffnet werden. Da sich die Bundesregierung jedoch nach der 1990 erfolgten Grundsteinlegung aufgrund einer Kampagne der westdeutschen Boulevardpresse überraschend aus der Finanzierung zurückzog[1], konnte es erst zwei Jahre später mit Unterstützung der deutschen Bundesländer, der katalonischen Regionalregierung, der Gemeinde Portbou sowie privater Spender verwirklicht werden. Kuratiert wurde die Arbeit durch die Denkmalpflegerin Ingrid Scheurmann und den Kunsthistoriker Konrad Scheurmann als Vertreter des mit der Organisation beauftragten Arbeitskreises selbstständiger Kulturinstitute (AsKI) mit Sitz in Bonn.[2] Das Denkmal besteht aus mehreren selbstständigen Elementen und ist begehbar (Abb. 1).

---

* Die Überlegungen dieses Beitrags wurden in verschiedenen disziplinären Kontexten entwickelt und zur Diskussion gestellt. Ich danke Burcu Dogramaci (München) und Elizabeth Otto (Buffalo, New York) für die Gelegenheit, sie in die vorliegende Form zu bringen. Für ihre interessierten Fragen und Anregungen danke ich den Kolleg*innen und Promovierenden des Europäischen Kollegs »Das 20. Jahrhundert und seine Repräsentationen« (FSU Jena), des Kunstgeschichtlichen Instituts an der Universität Freiburg, den Teilnehmer*innen des Workshops »Erkenntnis der Gegenwart« des DFG-Schwerpunktprogramms »Ästhetische Eigenzeiten« sowie den Teilnehmer*innen der Konferenz »Passagen des Exils« (LMU München). Namentlich möchte ich mich bei Volkhard Knigge (Weimar) bedanken.
1 Rainer Hoffmann: Nur ein Grundstein für Walter Benjamin?. In: Neue Zürcher Zeitung, 19./20.04.1992; Manfred Schneckenburger: Kleinmut siegt. Ein Denkmal für Walter Benjamin wird gekippt. In: Frankfurter Allgemeine Zeitung, 06.06.1992.
2 Grundlegend zur Entstehungsgeschichte und zu den Hintergründen des Gedenkorts: Ingrid und Konrad Scheurmann (Hg.): Für Walter Benjamin. Dokumente, Essays und ein Entwurf [für den Gedenkort »Passagen« in Portbou von Dani Karavan]. Frankfurt a.M. 1992; Ingrid und Konrad Scheurmann (Hg.): Passages. Dani Karavan. An Environment in Remembrance of Walter Benjamin. Stedelijk Museum Amsterdam in cooperation with AsKI. Bonn, Amsterdam 1993; Ingrid Scheurmann und Konrad Scheurmann (Hg.): Dani Karavan. Hommage an Walter Benjamin. Der Gedenkort »Passagen« in Portbou. Mainz 1995; Ingrid Scheurmann: Kunst als Sichtbarmachung des Unsichtbaren. Der Gedenkort für Walter Benjamin und das europäische Exil in Portbou/Katalonien. In: Grenzverschiebungen, Kulturraum, Kulturlandschaft. Kulturerbe in Regio-

Sein Titel lautet *Passagen – Gedenkort für Walter Benjamin und die Exilierten der Jahre 1933–1945.* Mit dieser erweiterten Funktionsbestimmung ebenso wie mit seiner abstrakten und dezentralen, auf Repräsentation verzichtenden und für vielfältige Interpretationen offenen Form überschreitet es das traditionelle Denkmalskonzept und steht im Kontext der jüngeren künstlerischen Erinnerungskultur, wie sie seit den 1980er Jahren durch Jochen Gerz, Esther Shalev-Gerz, Christian Boltanski, Horst Hoheisel und viele andere Künstler*innen entwickelt wurde.[3] Heute, gut 20 Jahre nach seiner Errichtung, befindet es sich in einem leicht verwahrlosten Zustand und wird nur gelegentlich von Touristen aufgesucht.

Walter Benjamin hatte seit der Machtübernahme der Nationalsozialisten im Pariser Exil gelebt. Nach dem Einmarsch der deutschen Wehrmacht in Frankreich floh er wie viele andere nach Südfrankreich in der Hoffnung, sich von dort nach Amerika retten zu können. Da der Weg über Marseille bereits versperrt war, versuchte er, mit anderen Fliehenden unter Leitung der Fluchthelferin Lisa Fittko zu Fuß über die Pyrenäen nach Spanien zu gelangen, um über Portugal mit seinem amerikanischen Visum in die USA weiterzureisen.[4] Jedoch hatte die Franco-Regierung gerade an dem Tag, an dem die Gruppe in dem Grenzort Portbou eintraf, die Einreisebedingungen verschärft. Die Flüchtlinge wurden für eine Nacht in einem Hotel untergebracht und sollten am nächsten

---

nen mit wechselnden Herrschaftsansprüchen (Jahrestagung des Arbeitskreises Theorie und Lehre der Denkmalpflege e. V. in Straßburg 2.–4. Oktober 2008). Hg. v. Birgit Franz und Gabi Dolff-Bonekämper. Holzminden 2009, S. 100–108.

3 Zur künstlerischen Erinnerungskultur seit den 1980er Jahren insbesondere in Deutschland bezogen auf den Nationalsozialismus vgl. u. a. Christoph Heinrich: Strategien des Erinnerns. Der veränderte Denkmalbegriff in der Kunst der achtziger Jahre. München 1993; Kurt Wettengl (Hg.): Das Gedächtnis der Kunst. Geschichte und Erinnerung in der Kunst der Gegenwart. Ausst.-Kat. Schirn Kunsthalle Frankfurt am Main. Ostfildern-Ruit 2000; James E. Young: Nach-Bilder des Holocausts in zeitgenössischer Kunst und Architektur. Hamburg 2002; Detlev Hoffmann: Aktuelle Symbolisierungsstrategien im Umgang mit dem System Auschwitz. In: Die Shoah im Bild. Hg. v. Sven Kramer. München 2003, S. 171–198; Peter Friese (Hg.): After Images. Kunst als soziales Gedächtnis. Ausst.-Kat. Neues Museum Weserburg Bremen. Bremen 2004; Günter Schlusche (Hg.): Architektur der Erinnerung. NS-Verbrechen in der europäischen Gedenkkultur. Stiftung Denkmal für die ermordeten Juden Europas in Zusammenarbeit mit der Akademie der Künste Berlin. Berlin 2006; Stefanie Endlich: Wege zur Erinnerung. Gedenkstätten und -orte für die Opfer des Nationalsozialismus in Berlin und Brandenburg. Berlin 2007; Corinna Tomberger: Das Gegendenkmal. Avantgardekunst, Geschichtspolitik und Geschlecht in der bundesdeutschen Erinnerungskultur. Bielefeld 2007; Peter Springer: Denkmal und Gegendenkmal. Bremen 2009; Dinah Wijsenbeek: Denkmal und Gegendenkmal. Über den kritischen Umgang mit der Vergangenheit auf dem Gebiet der bildenden Kunst. München 2010. Zur Einordnung von Karavans Gedenkort für Walter Benjamin in diesen Kontext sowie in das erinnerungskulturelle Werk des Künstlers vgl. Konrad Scheurmann: Grenzen, Schwellen, Passagen. Zu Dani Karavans Entwurf eines Gedenkortes für Walter Benjamin. In: Scheurmann/Scheurmann: Für Walter Benjamin (s. Anm. 2), S. 249–264.

4 Vgl. Lisa Fittko: Mein Weg über die Pyrenäen. Erinnerungen 1940/41. München 2010, S. 139–155. Siehe dazu auch den Beitrag von Veronika Fuechtner in diesem Band.

Abb. 1: Dani Karavan: Gedenkort für Walter Benjamin, 1994, Gesamtansicht mit dem Friedhof von Portbou, Foto: Frank Mihm, Kassel, 1994

Morgen an die französischen und folglich an die deutschen Behörden ausgeliefert werden, was die sichere Deportation in ein Konzentrationslager bedeutet hätte. In dieser Nacht starb Benjamin. Es bleibt ungeklärt, ob der herzkranke und völlig entkräftete Mann Suizid beging oder versehentlich einer Überdosierung seiner Medikamente zum Opfer fiel.[5] Die Grenzpolizisten ließen die anderen Mitglieder seiner Gruppe schließlich doch nach Spanien einreisen.[6] Benjamin wurde auf dem kleinen Friedhof von Portbou beerdigt, und mit Ablauf der bezahlten Grabmiete nach fünf Jahren wurden seine Überreste in ein Massengrab überführt.

Als Dani Karavan 50 Jahre später für eben diesen Grenzort Portbou seinen Gedenkort für Walter Benjamin entwarf, hatte er sich schon mit einer Reihe von Werken im öffentlichen Raum international – insbesondere in Israel und

---

5   Zu den Umständen von Benjamins Tod und Beerdigung vgl. Ingrid Scheurmann: Neue Dokumente zum Tod Walter Benjamins. Bonn 1992.
6   Lt. Fittko: Mein Weg über die Pyrenäen (s. Anm. 4), S. 154, ließen die Grenzpolizisten, erschüttert über Benjamins (vermeintlichen oder tatsächlichen) Freitod, die beiden anderen Flüchtlinge weiterreisen; doch sind wohl auch Geldzahlungen erfolgt.

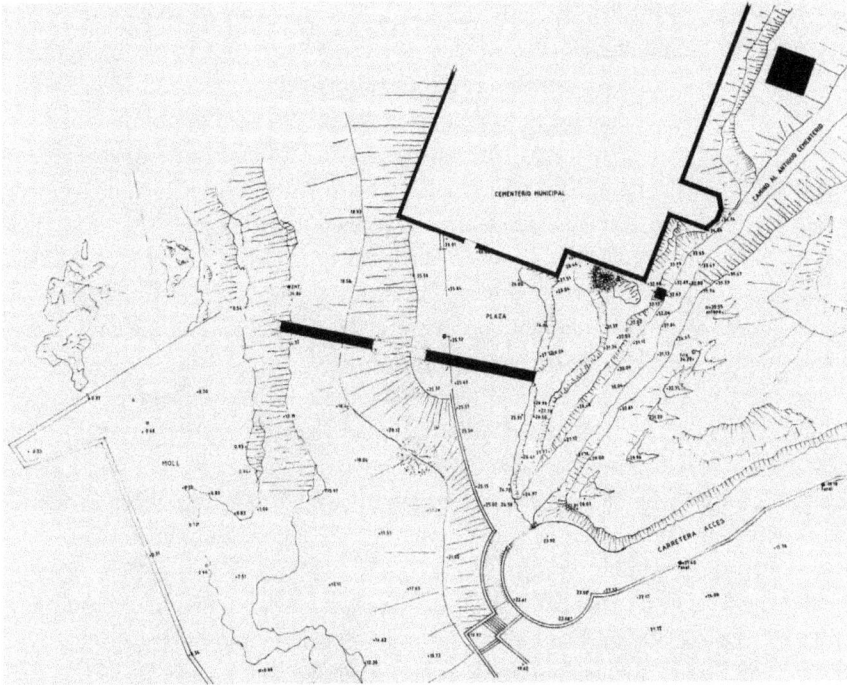

Abb. 2: Topografische Skizze des Gedenkorts (Pere Gaspar i Farreras, Barcelona), o. J.

Deutschland – einen Namen gemacht.[7] Seine Formensprache ist charakterisiert durch den Einsatz großformatiger stereometrischer Körper, die er zu begehbaren Ensembles anordnet. Häufig kombiniert er sie mit Naturphänomenen wie Pflanzen, Sand und Wasser oder mit assoziationsstiftenden Elementen wie Schienen, Stelen und Treppenstufen. Mit ihrer Ausrichtung auf eine leibliche Wahrnehmung stehen sie im Kontext des Postminimalismus, von dem sie sich jedoch aufgrund ihrer Einbeziehung natürlicher Elemente, des systematischen Spiels mit Sinnassoziationen und der gelegentlichen Verwendung von Zahlensymbolik auch wieder deutlich unterscheiden. Seine Gestaltungsprinzipien brachte Karavan auch im Benjamin-Denkmal zum Einsatz. Sie beginnen mit der Wahl des Ortes.

Portbou ist eine unspektakuläre Kleinstadt am Rand der Pyrenäen, deren Identität bis zur Öffnung der EU-internen Grenzen stets darin bestanden hatte, Grenzort zu sein. Trotz ihrer schönen Lage am Meer gibt es dort so gut wie keinen Tourismus. Im Zentrum des Ortes steht ein riesiger, von Gustave Eiffel

---

7 Übersichtsdarstellungen zu Karavans Kunst geben Pierre Restany: Dani Karavan. München 1992; Fritz Jacobi (Hg.): Dani Karavan Retrospektive. Mordechai Omer und Jule Reuter in Zusammenarbeit mit Noa Karavan-Cohen. Berlin 2008.

konstruierter Bahnhof mit zahlreichen Gleisen, die zum Rangieren und Warenumladen gebraucht wurden und heute weitgehend ihre Funktion verloren haben. Auf einem Felsen am Rande des Ortes befindet sich der kleine Friedhof mit Sicht auf das Meer, auf dem Benjamin zunächst beerdigt worden war. Direkt vor dem Friedhofseingang verbreitert sich die Zufahrtstraße zu einem kleinen Vorplatz, der einen Blick über die Bucht von Portbou bis hin zum Bahnhof eröffnet – hier hat Karavan den Gedenkort situiert. Es handelt sich also nicht um Benjamins eigentlichen Todesort, sondern um eine Stelle, von der aus der größere örtliche Zusammenhang zu überschauen ist. Auf der topografischen Karte (Abb. 2) ist zu erkennen, wie die architektonischen Einzelelemente des Denkmals in das Gelände integriert wurden:

Das zentrale Element ist eine steil durch den Felsen hinabgeführte überdachte Treppe, der von Karavan so bezeichnete »Korridor«. Von der Seite sieht er aus wie ein stählerner Keil, der in den Boden geschlagen wurde, sein unteres Ende ragt aber wieder aus dem Felsen heraus und ist auf das Meer gerichtet. Umkreist man den oberen Eingang, erkennt man eine Öffnung, zu der ein gerader Weg aus Stahlplatten führt (Abb. 3).

Das andere Ende dieses Weges, der die Zufahrt zum Friedhof überquert, mündet in einer Mauer. Das heißt, inmitten des behauenen Felsen, mit dem die Straße vor einem Abrutschen des Berghangs geschützt ist, befindet sich ein eigens in der Breite des Stahlbandes hochgemauerter Abschluss (Abb. 4).

Diese Mauer und der Eingang zum Korridor sind durch das stählerne Band verbunden, mehr noch, sie korrespondieren einander: Die Mauer verschließt den Weg, während ihr gegenüber der Zugang zur Passage geöffnet ist. Doch dieser Zugang ist hochgradig unheimlich: Der Schlagschatten erzeugt absolute Finsternis, und wer sich der Öffnung nähert, kriegt zunächst einen Schreck: Man blickt in einen finsteren, steil nach unten führenden Schacht, der auf das

Abb. 3: Dani Karavan: Gedenkort für Walter Benjamin, Portbou, Eingang in den Korridor, Foto: Autorin, 2015

Abb. 4: Dani Karavan:
Gedenkort für Walter
Benjamin, Portbou,
Stahlband und Mauer,
Foto: Autorin, 2015

Abb. 5: Dani Karavan:
Gedenkort für Walter
Benjamin, Portbou, Blick
in den Korridor, Foto:
Autorin, 2015

Abb. 6: Dani Karavan:
Gedenkort für Walter
Benjamin, Portbou,
Glasscheibe mit Zitat
Walter Benjamins, Foto:
Autorin, 2015

in erschreckender Tiefe befindliche Meer gerichtet ist. Mit fotografischen Mitteln ist dieser Eindruck nicht einzufangen.

Erst wenn die Augen sich an die Dunkelheit gewöhnt haben, ist zu erkennen, dass hier keine Gefahr besteht, in die Tiefe hinabzustürzen, weil eine steile Treppe den etwa 30 Meter langen Korridor hinunterführt (Abb. 5).

Diese Treppe hinabsteigend, bewegt man sich zunächst unbehaglich durch die Finsternis, bis sich nach einer Weile plötzlich die Decke öffnet und man in einen lichten Bereich gelangt. Bald darauf stößt man auf eine Glasscheibe, die am Weitergehen hindert. In sie ist in mehreren Sprachen ein Zitat Walter Benjamins eingraviert (Abb. 6): »Schwerer ist es, das Gedächtnis der Namenlosen zu ehren als das der Berühmten. Dem Gedächtnis der Namenlosen ist die historische Konstruktion geweiht. Walter Benjamin, G. S. I, 1241«.

Der Satz stammt aus Benjamins Thesen »über den Begriff der Geschichte«, die er 1940, kurz vor seiner Flucht, in Paris niedergeschrieben hatte.[8] In diesen unter dem unmittelbaren Eindruck der Bedrohung durch NS-Deutschland entstandenen geschichtsphilosophischen Thesen, die sein Selbstverständnis als Kulturhistoriker zum Ausdruck bringen, verbindet Benjamin die Konzeption des Historischen Materialismus, eine parteiliche Geschichtsschreibung aus der Perspektive der Ausgebeuteten und Unterdrückten, mit der jüdischen Eschatologie, wonach die Geschichte allen Leidens durch das Auftreten des Messias zu ihrem Ende und zur Erlösung gelangt. Diese Stelle eröffnet eine doppelte Perspektive: Einerseits liest man den Satz, zugleich sieht man durch die Scheibe hindurch auf das Meer. Es ist eine besondere Stelle, die Dani Karavan ausgewählt hat, denn gerade dort, wohin der steile Korridor den Blick führt, ragen einige Felsblöcke aus dem Meer, um die sich ein ständiger Strudel bildet, sodass die Besucherin zur Zeugin der immer wiederkehrenden Kontraktion und Auflösung der Wasserbewegung wird. Wie aus einer Skizze des Künstlers hervorgeht, hat Karavan diesen Effekt beabsichtigt (Abb. 7).

Dreht man sich nun um und steigt die Treppe wieder hinauf, gelangt man oben erneut auf den stählernen Weg, der in Richtung der Mauer führt. Oberhalb dieser Mauer, nicht leicht zu entdecken, führt ein Pfad in Richtung des Friedhofs. Ihm folgend, stößt man erneut auf ein Objekt aus Stahl, diesmal handelt es sich um eine fünfstufige Treppe, die an der Ecke der Friedhofsmauer in die Landschaft eingefügt ist und zum Besteigen einlädt (Abb. 8).

Von ihrem oberen Absatz aus fällt der Blick auf einen Olivenbaum, der sich seitlich des Friedhofs angesiedelt hat. Geht man den Weg oberhalb des Friedhofs weiter, gelangt man schließlich an ein drittes stählernes Element. Diesmal han-

---

8 Walter Benjamin: Über den Begriff der Geschichte [1940]. In: Walter Benjamin. Gesammelte Schriften. Hg. von Rolf Tiedemann und Hermann Schweppenhäuser. Bd. I/2. Frankfurt a. M. 1991, S. 691–704, sowie Bd. I/3. S. 1223–1266. Es existiert ein umfangreiches Konvolut von Versionen und Vorarbeiten, aus denen das im Denkmal verwendete Zitat entstammt.

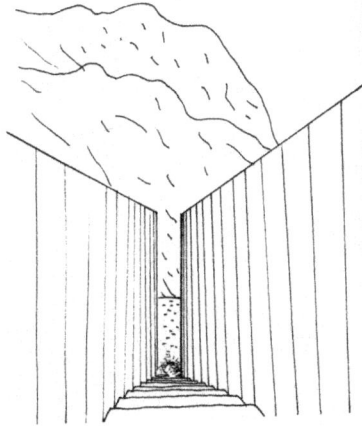

Abb. 7: Dani Karavan: Skizze der zum Meer
herabführenden Passage, 1990

delt es sich um eine quadratische Platte, die so bezeichnete »Plattform«, in deren
Mitte ein kleiner Stahlwürfel von Karavan als Sitzplatz situiert wurde (Abb. 9).

Die Plattform ist ein Ort, an dem man verweilen und kontemplieren kann,
doch handelt es sich, wie Ingrid Scheurmann treffend formuliert, um einen
»Ort der vermeintlichen Ruhe«.[9] Von hier aus hat man einen weiten Blick über
die Bucht von Portbou und über das Gebirgsmassiv der auslaufenden Pyrenäen,
über das bis heute die spanisch-französische Grenze verläuft. Doch dieser Blick
wird gebrochen durch einen Maschendrahtzaun oberhalb des Friedhofs, der
sich als ›störendes Element‹ vor die Landschaft schiebt. Karavan bezeichnet
diese Station seines Gedenkorts daher auch nüchtern als »Zaun«. Nur mühsam
lässt sich die überwältigende Schönheit der Landschaft mit der Tragödie in Verbindung bringen, die den Anlass für das Denkmal gab. Diese Ambivalenz ist,
wie ich zeigen werde, ein Grundprinzip seiner Gestaltung.

Mit seinem Titel *Passagen – Gedenkort für Walter Benjamin und die Exilierten
der Jahre 1933–1945* enthält das Denkmal eine doppelte Referenz: Zum einen
verweist es auf Walter Benjamins unvollendetes Hauptwerk »Paris, die Hauptstadt des XIX. Jahrhunderts«, das als Passagen-Werk in die Geschichte eingegangen ist.[10] Benjamin wollte in dieser groß angelegten Studie, die ein
Konvolut von Notizen geblieben ist, die Herausbildung der modernen
bürgerlich-kapitalistischen Industriegesellschaft im 19. Jahrhundert aus deren
genuinen kulturellen Hervorbringungen heraus interpretieren: Weltausstellun-
gen, Interieurs, Karikaturen, Boulevards und nicht zuletzt die Einkaufspassa-
gen. Die Passagen haben in dem Buch eine privilegierte Stellung inne, weil sie

9 Ingrid Scheurmann: Kunst als Sichtbarmachung des Unsichtbaren (s. Anm. 2), S. 103.
10 Walter Benjamin: Das Passagen-Werk. In: GS Bd. V/1–2.

Abb. 8: Dani Karavan:
Gedenkort für Walter
Benjamin, Portbou,
fünfstufige Treppe, Foto:
Frank Mihm, Kassel, 1994

Abb. 9: Dani Karavan:
Gedenkort für Walter
Benjamin, Portbou,
Plattform, Foto: Roman
Mensing, artdoc.de

in ihrer Form und ihrem transitorischen Charakter zugleich den historischen
Wandel symbolisieren, dem seine Untersuchung gewidmet ist.

Dass Karavan sein Denkmal *Passagen* betitelt, erzeugt eine merkwürdige
double-bind-Situation, denn der Bildhauer war zwar seit seiner Jugend mit Benjamins Biografie und Ideen vertraut, hatte sich aber weniger direkt mit den
Schriften des Philosophen auseinandergesetzt als vielmehr Sekundärliteratur
wie die Erinnerungen Gershom Scholems rezipiert.[11] Ihm ging es bei der Entwicklung des Gedenkorts primär um die Biografie Benjamins und dessen tragi-

---

11 Dani Karavan zum Gedenkort »Passagen« für Walter Benjamin. Ein Interview von Ingrid und
Konrad Scheurmann. In: Scheurmann/Scheurmann: Für Walter Benjamin (s. Anm. 2),
S. 265–273, S. 266 f. Vgl. Gershom Scholem: Walter Benjamin – Die Geschichte einer Freundschaft. Berlin 1997.

sches Ende auf der Flucht. Dezidiert wandte er sich dagegen, das Denkmal als Illustration des Passagen-Werks aufzufassen.[12] Gleichwohl legt der Titel nahe, das Denkmal im Blick auf Benjamins philosophisches Denken und zumal auf sein Passagen-Werk zu deuten.[13] Man muss sich aber vor einfachen Schlussfolgerungen, insbesondere vor einer direkten Analogisierung im Blick auf die Passage, hüten. Denn zwischen dem Denkmal und der Passage in Benjamins Perspektive gibt es wesentliche Differenzen, deren wichtigste ist, dass bei Benjamin die Passage keineswegs als ein Symbol der Flucht und der Angst vor Vernichtung in Erscheinung tritt, sondern als vieldeutiges Symbol des aufblühenden Industriekapitalismus des 19. Jahrhunderts, der durch ihn mobilisierten kollektiven Wunschvorstellungen sowie des historisch-gesellschaftlichen Wandels, dem er unterliegt.[14] Diese Differenz manifestiert sich auch in ästhetischer Hin-

12 »Diese Arbeit ist keine Illustration der Passagen.« Interview mit Dani Karavan. In: Scheurmann/Scheurmann: Für Walter Benjamin (s. Anm. 2), S. 267.

13 In den wenigen vorliegenden Kommentaren zum Denkmal wird die Frage nach einem Bezug des Denkmals zu Benjamins Philosophie recht unterschiedlich behandelt. Ingrid und Konrad Scheurmann, die beiden Initiatoren des Denkmals, verzichten in ihren Beiträgen darauf, Analogien zwischen dem Denkmal und Benjamins Werk herzustellen, und konzentrieren sich auf die Analyse des Denkmals selbst. Ingrid Scheurmann: EinGedenken. In: Scheurmann/Scheurmann: Für Walter Benjamin (s. Anm. 2), S. 10–22, spricht von »Benjamins Geschichtsphilosophie in der künstlerischen Ausdeutung Dani Karavans« (S. 22). Pierre Restany: In gewisser Weise erscheint hier die Welt zu Ende. In: Scheurmann/Scheurmann: Dani Karavan. Hommage an Walter Benjamin (s. Anm. 2), S. 162–165, behauptet hingegen pauschal eine »Kongruenz zwischen dem Ort, der Biographie Benjamins und der künstlerischen Form«; es handele sich um ein »philosophisches Monument« – »Nichts« könne »Walter Benjamin mehr entsprechen«. Differenzierter führt Hans Dickel: Dani Karavans »Hommage an Walter Benjamin«. Eine neue Sicht auf Walter Benjamins »Passagen-Werk«. In: Anzeiger des Germanischen Nationalmuseums (2006), S. 210–224, ausgehend von der Feststellung, dass »die Materialien, die Formen und die Schrift (...) auf Benjamins Schriften (...) verweisen« (S. 219), einige Assoziationen zum Passagen-Werk und den geschichtsphilosophischen Thesen auf. Er sieht insbesondere eine Analogie zu Benjamins »Weg der Erkenntnis«, den dieser im Passagen-Werk als einen mühsamen Aufstieg »Sprosse für Sprosse« in Richtung der »gefährlichen Höhen«, um schließlich »die ganze Gewalt des ihm sich bietenden Panoramas« zu erfassen, beschrieben hatte (GS Bd. V/1, S. 575). Der Ab- und Wiederaufstieg im Korridor des Denkmals deutet er als »Metapher« für Benjamins Arbeitsprozess und ermögliche auch den Besuchern, im Nachvollzug dieses Kletterprozesses ihrerseits »profane Erleuchtung« zu erlangen (S. 223). Bettina Schaschke: Zeigen/Sagen: Zur Dialektik von Hommage und Denkmal in Dani Karavans »Passagen. Hommage an Walter Benjamin«. In: Jacobi: Dani Karavan Retrospektive (s. Anm. 7), S. 336–339, spricht von »Karavans Mimesis«, die sich neben den verwendeten Materialien vor allem darin manifestiere, dass Karavan durch die Kombination von Tief- und Weitblick ein dialektisches »Austragen von Gegensätzen« betreibe (S. 337). Sigrid Hauser: Der Fortschritt des Erinnerns. Mit Walter Benjamin und Dani Karavan in Portbou. Tübingen 2010, möchte mit dem Begriff des Fortschritts im Titel ihres Buches Benjamins Kritik an der »Ideologie des Fortschritts« (zit. nach Rolf Tiedemann: Einführung. In: GS Bd. V/1. S. 9–41; hier: S. 31) aufgreifen (S. 8 f.).

14 Grundlegend zur Semantisierung der Passage bei Benjamin vgl. Heinz Brüggemann: Passagen: terrain vague surrealistischer Poetik und panoptischer Hohlraum des XIX. Jahrhunderts. In: Zwischen Architektur und literarischer Imagination. Hg. v. Andreas Beyer, Ralf Simon und Martino Stierli. München 2013, S. 197–240.

sicht: Bei den Pariser Passagen des 19. Jahrhunderts handelte es sich um Stahl-Glas-Konstruktionen, die keine engen Korridore bildeten, sondern licht und weit wie gotische Kirchen waren. Einfache Analogieschlüsse zwischen Benjamins Werk und dem Denkmal verbieten sich also in mehrfacher Hinsicht. Auf einer tieferen Ebene lässt sich aber durchaus eine Beziehung des Denkmals zu Benjamins ästhetischem und geschichtsphilosophischem Denken herstellen – ich werde am Ende darauf zurückkommen.

Die zweite Referenz des Denkmaltitels ist der Passagencharakter von Walter Benjamins Flucht über die Pyrenäen und von Flucht und Exil überhaupt. Das Denkmal weist ja im Titel ebenso wie mit dem Zitat auf der Glasscheibe explizit über Benjamins Person hinaus. Es geht also um ein Erinnern nicht allein und nicht primär an den Philosophen, sondern wesentlich auch an das Schicksal des gescheiterten Exilanten und mit ihm aller vor dem Nationalsozialismus Geflüchteten. Es gilt daher, das Denkmal auf seine künstlerische Aussage zur Erfahrung von Verfolgung, Flucht und Exil zu befragen.

II.

Betrachten wir die Gestaltung des Denkmals genauer. Mit seinen abstrakten stereometrischen Formen gleicht es auf den ersten Blick skulpturalen Werken der konkreten und minimalistischen Kunst, die keine Bedeutung außer sich selbst tragen. Tatsächlich wollte der Bildhauer auf jede Form mimetischer Darstellung verzichten[15], aber ebenso auf konventionelle Zeichen, die ja eine abstrakte Form der Bedeutungsgenerierung sind:

> Ich glaube, dass ich ohne Symbolismus, ohne auch nur den Versuch gemacht zu haben, Symbole zu kreieren, nur durch meinen Bezug auf die Situation und den bestimmten Ort ein Gefühl für die Tragik dieses großen jüdischen und deutschen Philosophen schaffen kann.[16]

Karavan nimmt also programmatisch für sich in Anspruch, ohne ikonografische Referenzen auszukommen, und setzt auf die unmittelbare Wirkung seines Werks.

Mit seinem Verzicht auf Mimetik und traditionelle Ikonografie ermöglicht das Denkmal vor allem eine intensive leiblich-sinnliche Erfahrung. Als eine aus mehreren begehbaren Elementen zusammengesetzte installative Anlage lässt es sich überhaupt nur performativ erschließen. Jedes einzelne Element will durch-

---

15 Interview mit Dani Karavan. In: Scheurmann/Scheurmann: Für Walter Benjamin (s. Anm. 2), S. 273.

16 Interview mit Dani Karavan. In: Scheurmann/Scheurmann: Für Walter Benjamin (s. Anm. 2), S. 266.

schritten oder abgeschritten werden. Die visuelle Wahrnehmung ist dabei nur ein Teil des Erlebens, ebenso spielen akustische Reize eine Rolle und nicht zuletzt die körperliche Bewegung, durch die allein die Rezipientin das Gesamtwerk erschließen kann.

Aus dem Verzicht auf traditionelle Ikonografien folgt allerdings nicht etwa, dass das Denkmal frei von Symbolismus wäre; vielmehr erzeugen seine einzelnen Elemente zahlreiche semantische Allusionen, die in ihrem Zusammenspiel ein komplexes Bedeutungsnetz bilden. Karavan verzichtet also nicht gänzlich auf Symbolisierung, sondern verfolgt spezifische Strategien der Symbolisierung. So ist – wie generell in Karavans Œuvre – auch hier Naturmetaphorik von großer Bedeutung. Nicht nur ist seine exponierte Lage inmitten der atemberaubenden Landschaft konstitutiv für das Denkmal, vor allem spielen zwei Naturphänomene innerhalb des Ensembles eine herausragende bedeutungsstiftende Rolle: der Wasserstrudel und der Olivenbaum. Sie sind gewissermaßen als Individuen inszeniert, indem die architektonischen Elemente in direktem Bezug auf sie erbaut wurden: Der Korridor ist auf den Strudel ausgerichtet und die fünfstufige Treppe auf den Olivenbaum.[17] Beide Naturphänomene haben durchaus traditionellen Symbolcharakter. Der Olivenzweig steht im Alten Testament für das Überleben der Menschheit und ihren Frieden mit Gott, bis heute dient er als Friedenssymbol. Karavan selbst hatte allerdings eine andere Assoziation. Bei seiner ersten Ortsbegehung war er besonders angerührt von dem damals noch kleinen und unscheinbaren Bäumchen, das sich oberhalb des Friedhofs offenbar ohne menschliches Zutun angesiedelt hatte und dort unter dem Meereswind wegduckte: »Der Baum kämpft förmlich um sein Überleben. Auf eine bestimmte Weise zeigt dieser Baum auch Benjamins Kampf ums Überleben [...].«[18] Durch diese Assoziation wird der Baum subjektiviert, ja anthropomorphisiert und der Betrachter zur Empathie mit dessen Überlebenskampf am Felsenhang aufgerufen. Verbindet man diese Assoziation Karavans mit der in seinem Werk gleichfalls stets präsenten traditionell positiven Konnotation des Olivenbaums, ergibt sich ein widersprüchliches Bild, in dem sich Überlebenskampf und Friedensverheißung verbinden.[19]

---

17 Die zentrale Bedeutung der beiden Naturphänomene wird auch dadurch markiert, dass im Zugangsbereich des Denkmals eine – inzwischen stark verwitterte und kaum mehr lesbare – erläuternde Tafel aufgestellt ist, auf der die wichtigsten (aber nicht alle) Elemente des Denkmals in nummerierter Folge aufgeführt sind, woraus sich eine klare Rezeptionsvorgabe ergibt. Demnach gilt es zunächst mittels des Korridors (2) auf den Wasserstrudel (1) und dann von der fünfstufigen Treppe auf den Olivenbaum (3) zu blicken und zuletzt die Plattform (4) mit dem Zaun aufzusuchen.
18 Interview mit Dani Karavan. In: Scheurmann/Scheurmann: Für Walter Benjamin (s. Anm. 2), S. 266.
19 Karavans Vater war Landschaftsgärtner; Olivenbäume spielen eine wichtige Rolle als Material in seiner Kunst, sie sind für ihn Zeichen für Frieden und Hoffnung. Vgl. Scheurmann/Scheurmann: Für Walter Benjamin (s. Anm. 2), S. 263; 268.

Einer ähnlichen Ambivalenz begegnet man beim Wasserstrudel. Auch wenn Wasser als ephemeres Material laut Peter Springer eigentlich »ein extrem nicht-denkmalfähiges Medium« ist, verfügt es doch über eine lange und widersprüchliche Geschichte symbolischer Verwendung, die mitunter auch in Denkmälern zum Tragen kommt.[20] Es kann als Symbol sowohl des Lebens wie auch des Todes fungieren.[21] Für den Künstler steht es vor allem für Letzteres. Karavan schildert, wie er den Strudel das erste Mal sah: »Da dachte ich mir: Hier erzählt das Meer die ganze Tragödie dieses Mannes. Die Arbeit ist schon da. Ich kann es selbst gar nicht besser machen. Ich muss die Leute nur dazu bringen, das zu sehen.«[22] Im Strudel sieht er Benjamins Todesangst und letztlichen Untergang repräsentiert, seine Denkmalarchitektur setzt für dieses symbolische Bild gewissermaßen die Rahmung. Allerdings wird auch der Lebens-Pol des Wassers im Benjamin-Denkmal aktiviert: Im Erleben der den Korridor hinabsteigenden und -blickenden Betrachterin wird der anfängliche Schrecken sukzessive durch die Faszination für dessen Schönheit abgelöst. Strudel und Olivenbaum fungieren also beide als ambige Zeichen. Innerhalb des Gesamt-Ensembles bilden sie interagierende Pole, zwischen denen die Besucherin sich bewegt. Erst steigt sie zum Strudel hinab, anschließend zum Olivenbaum hinauf. In beiden Fällen wird sie vom Künstler auf ihrem Weg gestoppt (durch die Glasscheibe im Korridor und durch den obersten Absatz der fünfstufigen Treppe), um das Naturphänomen intensiv wahrzunehmen.

Die Art und Weise, wie in diesem Denkmal die Naturphänomene als Zeichen eingesetzt sind, unterscheidet sich von der klassischen Allegorese dadurch, dass sich ihre semantischen Anspielungen ohne Umweg über Begriffliches erschließen lassen (sollen). Darin hat Karavans Verständnis der Naturphänomene eine Verwandtschaft zu Goethes Symbolbegriff. Goethe fasst das Symbol, angelehnt an die im 18. Jahrhundert geläufige Konzeption des natürlichen Zeichens, als die in ein Bild verwandelte Idee. »Wahre Symbolik« sei dann gegeben, wenn das Besondere das Allgemeine zu repräsentieren vermöge.[23] Das heißt, es enthält das Allgemeine in sich selbst, anstatt nur zeichenhaft darauf zu verweisen, erschließt sich unmittelbar in seiner Bildlichkeit, »spricht ganz aus sich heraus«, anstatt in einen Begriff übersetzt werden zu müssen. Dieser um 1800

20 Peter Springer: Paradoxie des Ephemeren. Ephemere Komponenten in zeitgenössischen Monumenten. In: Mo(nu)mente. Formen und Funktionen ephemerer Denkmäler. Hg. v. Michael Diers. Berlin 1993, S. 241–263; hier: S. 244.
21 Zur Ambivalenz des Symbols Wasser vgl. Christoph Wetzel: Das große Lexikon der Symbole. Luzern 2008, S. 294.
22 Interview mit Dani Karavan. In: Scheurmann/Scheurmann: Für Walter Benjamin (s. Anm. 2), S. 265.
23 Johann Wolfgang Goethe: Maximen und Reflexionen. In: Goethes Werke. Bd. 12, Hamburg 1973, S. 365–547; hier: S. 471. – Vgl. auch Bengt Algot Sørensen (Hg.): Symbol und Symbolismus in den ästhetischen Theorien des 18. Jahrhunderts und der deutschen Romantik. Kopenhagen 1963.

formulierte Symbolbegriff ist, wie Christa Lichtenberg gezeigt hat, erstaunlich tragfähig für das Verständnis moderner Kunst.[24] Auch Dani Karavan setzt ganz in diesem Sinne auf eine selbsterklärende Evidenz seines Werks.

Allerdings ist Karavans Denkmal mit Goethes Symbolkonzept nicht erschöpfend erklärt, denn die in ihm enthaltenen bedeutungsstiftenden Elemente sind, wie sich bei Strudel und Olivenbaum gezeigt hat, häufig ambig. Zudem erweisen sie sich bei näherer Betrachtung als auf sehr unterschiedliche Weise zeichenhaft. Neben den beiden ›unmittelbar sprechenden‹ Natursymbolen enthält das Denkmal auch Elemente, die ikonografische Traditionen aufrufen oder jedenfalls mit kulturell tradierten Semantiken aufgeladen sind. Solche bedeutungstragenden Elemente sind der Korridor, das Stahlband und die Treppe sowie das verwendete Material rostiger Stahl. Wenn ich im Folgenden näher auf die semantischen Assoziationsfelder eingehe, die diese Elemente eröffnen, werde ich mich allerdings bewusst nicht allein auf der Ebene ikonografischer Bezüge bewegen, sondern stets auch auf der Ebene der leiblich-sinnlichen Wahrnehmung. Denn in Karavans Arbeit greifen beide Wahrnehmungsebenen unmittelbar ineinander und bewirken gerade in ihrem Zusammenspiel eine hohe Erlebnisintensität.

Das flache Stahlband zwischen Mauer und Korridor, das quer über die Straße verläuft, wird von Sigrid Hauser als eine »Grenze« bzw. »eine Art Schwelle, ein Übergang in die Atmosphäre des Friedhofs« gedeutet.[25] Dies trifft zu aus der Perspektive der Besucherin, die auf der Straße den Berg hinaufsteigt und, bereits den Friedhof erblickend, über das querliegende Stahlband gewissermaßen stolpern muss. In diesem Sinne markiert es den Beginn des Denkmalareals und zugleich den Übergang in den Bereich des Todes. Das Stahlband kennt aber auch eine zweite Bewegungsrichtung, nämlich die zwischen der Mauer und dem Eingang zum Korridor. Aus dieser Perspektive betrachtet, ist das Stahlband keine Schwelle, sondern ein Weg, der zwischen beiden Polen hin- und herführt. Dani Karavan bezeichnet diesen Weg als »Schiene«, das Stahlband hat eine entsprechende Breite und auch seitliche Rillen, und vom Tal her hört man die Geräusche der fahrenden Eisenbahnen, die – im Wissen um den historischen Hintergrund – unweigerlich an die Transporte in die Vernichtungslager denken lassen.[26] Die Hin- und Her-Bewegung auf der Schiene zwischen der Vermauerung und dem Eingang zum Korridor ist spannungsreich, weil sie nach beiden Seiten ausweglos erscheint. Auf der einen Seite die Mauer, die ein eindeutiges

---

24 Christa Lichtenstern: Einführung. In: Dies. (Hg.): Symbole in der Kunst. St. Ingbert 2002, S. 7–14, Zitat S. 9.

25 Hauser: Der Fortschritt des Erinnerns (s. Anm. 13), S. 42.

26 Karavan selbst bezeichnet es als »Schiene«: »Aus weiter Ferne höre ich den Lärm des Bahnhofs, der Grenze, der Eisenbahn, die Stimmen der Lokomotiven und das Geräusch von Eisenbahnwaggons, die zu den Todeslagern fahren.« Scheurmann/Scheurmann: Passages (s. Anm. 2), S. 19.

Ende des Weges markiert, auf der anderen Seite der Eingang zum Korridor, der keineswegs einladend, sondern vielmehr beängstigend wirkt. Hier kommt nun eine direkte architekturikonografische Anspielung zum Tragen, denn der Eingang zum Korridor hat den Charakter eines Grabeingangs, wie er etwa bei den ägyptischen Pyramiden, aber auch den etruskischen Grabhäusern gestaltet ist. Besonders eindrucksvoll hat Antonio Canova diese Gestaltung des Grabes für die europäische Kunstgeschichte fruchtbar gemacht, als er für das Grabmal der Habsburgerin Marie Christine, Herzogin von Sachsen-Teschen, in der Wiener Augustinerkirche das Motiv der Pyramide verwendete. Der Einzug der jung verstorbenen Herzogin in den tiefschwarzen Grabeingang inszeniert ihren Tod als trostlos und unwiderruflich.[27] Trostlosigkeit und Unwiderruflichkeit sind auch die Eindrücke, die sich zunächst einstellen, wenn man sich zögernd dem Eingang zu Karavans Korridor nähert und hineinblickt. Der Blick in den steil nach unten führenden dunklen Schacht erzeugt, wie Hans Dickel schreibt, »die Illusion eines Sturzes in den Abgrund«.[28] Von einer solchen Empfindung von Bodenlosigkeit, einem unaufhaltsamen Sturz in den Abgrund muss Walter Benjamin kurz vor seinem Tod ergriffen gewesen sein.

Tastet man sich vorsichtig auf den steilen Stufen in die Tiefe hinunter, dann lassen die Dunkelheit, der erdfarbene Rost des Korridors und nicht zuletzt die Tatsache, dass er tatsächlich im Felsen verschwindet, an einen Abstieg in das Totenreich denken. Das Material des Denkmals ist insofern mitbestimmend für sein Erleben. Nachdem Karavan den Korridor ursprünglich aus hellem Stein oder Beton hatte bauen lassen wollen, entschied er sich schließlich für die Verwendung von Corten-Stahl, weil sich dieser besser in die Landschaft füge.[29] Das hat vor allem etwas mit seiner Rostbildung zu tun, die ihm einen warmen braunen Erdton verleiht und ihn natürlich wirken lässt. Aufgrund dieser Eigenschaften ist Rost seit den 1970er Jahren ein beliebtes künstlerisches Material. Der für das Benjamin-Denkmal verwendete Corten-Stahl ist allerdings gerade nicht natürlich, sondern ein noch relativ junges, hochwertiges Industriematerial. Während bei unverstähltem Eisen der entstehende Rost ein Indiz für Verrottung ist, erzeugt er bei Corten-Stahl eine Schutzschicht vor weiterer Korrosion.[30] Obwohl er wetterfest und daher für die Verwendung im Außenraum

---

27 Wie Werner Busch: Das sentimentalische Bild. Die Krise der Kunst im 18. Jahrhundert und die Geburt der Moderne. München 1993, S. 225–235, zeigt, überschreitet Canova damit die barocke Grabmalsikonografie und verleiht dem säkularisierten Todesverständnis der Moderne Ausdruck.

28 Dickel: Dani Karavans »Hommage an Walter Benjamin« (s. Anm. 13), S. 221.

29 Schaschke: Zeigen / Sagen (s. Anm. 13), S. 337.

30 Die Bezeichnung Corten-Stahl setzt sich aus Corrosino Resistence und Tensile Strength zusammen. Vgl. Jutta Weber: Rost in Kunst und Alltag des 20. Jahrhunderts. Berlin 2008, insbes. S. 83. Vgl. auch den Artikel »Eisen«. In: Lexikon des künstlerischen Materials. Werkstoffe der modernen Kunst von Abfall bis Zinn. Unter Mitarbeit zahlreicher Autoren. Hg. v. Monika

besonders gut geeignet ist, erscheint der Corten-Stahl wegen seiner Vergäng-
lichkeitsoptik als Naturmaterial.[31] Sein Rost ist mithin semantisch doppeldeutig: Einerseits repräsentiert er die Stabilität und Dauerhaftigkeit des Materials,
zugleich verweist er auf Korrosion und Vergänglichkeit.

Der Abstieg in den Korridor ist folglich in mehrfacher Hinsicht mit einem
Assoziationsfeld verbunden, das um Tod und Vergänglichkeit kreist. Doch die
Unterwelt, die einem hier von unten her entgegenblickt, hat einen ganz anderen Charakter, als man es etwa aus der antiken Mythologie oder aus Darstellungen der christlichen Tradition kennt. Denn während etwa die Hölle, wie sie
Dante in seiner Göttlichen Komödie beschreibt, als trichterförmige Vertiefung
zum Erdmittelpunkt führt und an ihrer tiefsten Stelle in einem Eissee mündet,
wo sich Satan befindet, blinkt einem in Karavans Korridor von unten das
leuchtend blaue Meer entgegen. So löst sich im Verlaufe des Abstiegs allmählich
die Bedrückung, die Empfindung kehrt sich ins Positive um, und mit der Öffnung der Decke weitet sich überraschend die Sicht. Angelangt vor der Glasscheibe mit dem Zitat Benjamins, fühlt man sich in einem Ausnahmezustand,
der Normalität entrückt, geöffnet für diesen Satz über das Gedenken, der Walter Benjamin würdigt, zugleich aber ganz in dessen Sinne von ihm weg weist
auf die anderen, Namenlosen, die zu würdigen die eigentliche, noch viel an-
spruchsvollere Aufgabe ist – ein selbstreflexives Moment des Denkmals, das
hier auch seine eigene Aufgabe und Begrenztheit thematisiert. Bei der Umkehr
nach oben erlebt man dann das beglückende Erlebnis eines Aufstiegs in Richtung des Himmels. Man kann das jüdisch-christliche Motiv der Himmelsleiter
assoziieren, auf der Jakob im Traum die Engel hinaufsteigen sah. Doch das Besondere, ganz und gar vorbildlose an Karavans Korridor ist, dass einem hier von
beiden Enden, von oben wie unten, aus der Ferne eine lichte Bläue entgegen-
leuchtet. Aus der Finsternis heraus zeigt sich in beide Richtungen Licht am
Ende des Tunnels.

III.

Sucht man die beschriebenen Eindrücke und Assoziationen, die durch das
Denkmal evoziert werden, zu systematisieren, so umfassen sie drei verschiedene
Erfahrungsdimensionen, die zwar untereinander Berührungspunkte und Über-
schneidungen aufweisen, aber analytisch zu trennen sind: Leiberfahrung, Sin-

---

Wagner, Dietmar Rübel und Sebastian Hackenschmidt. München 2002, S. 67–71, insbes.
S. 69.

31 Rost dient als »wichtigster optischer Garant für die Natürlichkeit seines Trägers«, als Patina steht
er für die Versöhnung mit der Natur. Vgl. Weber: Rost in Kunst und Alltag (s. Anm. 30),
S. 141.

neswahrnehmung und Kognition. Die Rezipient*innen werden in ihrem Erleben des Gedenkorts in allen drei Dimensionen angesprochen, wobei diese einander ergänzen und verstärken. Diese Erfahrungen lassen sich, strukturell geordnet, folgendermaßen resümieren:

Die Dimension der Leiberfahrung wird insbesondere über die Bewegung erreicht, mit der das prozessuale Erschließen des Ensembles verbunden ist, also das körperliche Agieren im Raum: Sie beginnt mit dem Aufstieg auf die Anhöhe und der Suchbewegung auf dem Gelände und manifestiert sich in der körperlichen Anstrengung des Ab- und Aufstiegs im Korridor, dem Wechsel der Bewegungsrichtung, der Empfindung von räumlicher Enge und Weite, dem plötzlichen erzwungenen Innehalten.

Die Dimension der Wahrnehmung betrifft zuerst den Blick. Das Denkmal eröffnet freie, aber auch gelenkte und gerahmte Blicke, es zwingt zum ständigen Perspektivwechsel, kontrastiert Nähe und Ferne, Dunkelheit und Helligkeit. Neben die visuellen treten auch andere sinnliche Erlebnisse, die sich synästhetisch verbinden, aber auch divergieren können: das gleichzeitige Erklingen von Eisenbahnlärm und Stille, das Hallen der eigenen Tritte, die Haptik der rostigen Wände des Korridors, die Empfindung von Sonne und Wind auf der Haut, der Geschmack der Meeresluft und im Rhythmus der Jahreszeiten wechselnde Düfte.

In der kognitiv-mentalen Dimension treten schließlich die semantischen Allusionen unterschiedlichen Charakters in Erscheinung: Da sind Olivenbaum und Wasserstrudel, die als selbstausdrückende Symbole ambivalente Sinnbilder der ›Tragödie‹ Benjamins darstellen. Ähnlich fungieren Schiene und Mauer als unmittelbar ›sprechende‹ Bedeutungselemente. Daneben existieren Bezüge zur klassischen Ikonografie (Grabarchitektur) und zu konventionellen Symboliken (Olivenbaum als Friedenssymbol, Wasser als Symbol des Lebens wie des Todes, der Abstieg in die dunkle Tiefe des Korridors als Abstieg in die Unterwelt, der Aufstieg als Himmelsleiter, der Rost als Zeichen von Vergänglichkeit, aber auch Dauer, die alte Symbolik von Dunkelheit und Licht etc.).

In der Gesamtsicht lässt sich Karavans Benjamin-Denkmal durch zwei wesentliche Konstituenten charakterisieren. Zum einen ist die aufs Äußerste intensivierte Ansprache der Rezipient*innen zu nennen. Dieses Denkmal soll nicht interesselos kontempliert, es soll emotional erlebt, ja geradezu durchlitten werden. Damit passt zusammen, dass der Titel des Denkmals »Passagen« im Plural lautet. Denn nicht nur der Korridor (der stets die meiste Beachtung findet), sondern auch die anderen Elemente des Denkmals – die Treppe und die Plattform, die stählerne Schiene zwischen Mauer und Korridor und letztlich auch die Verbindungswege zwischen ihnen – zählen dazu. Der Titel lässt sich also wesentlich auf die Passagen beziehen, die die Rezipient*innen zu durchlaufen haben, und auf die Erfahrungen, die sie dabei machen. Das ganze Denkmal ist eine Inszenierung menschlicher Bewegung, und zwar äußerer und innerer, körperlicher und seelischer Bewegung zugleich.

Darin hat es einen bedeutenden Vorläufer in Constantin Brâncuşis Gedenkstätte für die Gefallenen des Ersten Weltkrieges im rumänischen Targu Jiu. Bei diesem 1938 eingeweihten Denkmal handelt es sich gleichfalls um ein Ensemble von Skulpturen, das begangen werden will und muss, um es zu erschließen. Es besteht aus verschiedenen Elementen, dem »Tisch des Schweigens«, dem »Tor des Küssens« und der »Endlosen Säule«, die auf einer über einen Kilometer langen Achse angeordnet sind. Antje von Graevenitz hat dieses Ensemble überzeugend als »rite de passage« im Sinne Arnold van Genneps gedeutet.[32] Der Ethnologe van Gennep hatte in seinem 1909 erschienenen gleichnamigen Buch Übergangsriten untersucht, die nicht nur in Naturvölkern, sondern auch in hoch entwickelten Gesellschaften eine wichtige Funktion für die Organisation des sozialen Lebens spielen (Taufe, Hochzeit, Konfirmation bzw. Jugendweihe etc.).[33] Es handelt sich dabei stets um einen Ausnahmezustand, in dem eine Transformation des Individuums erfolgt. Brâncuşis Denkmal eröffnet modernen Betrachter*innen die Möglichkeit eines solchen säkularisierten »rite de passage«, bei der sie einen Läuterungs- und Wandlungsprozess durchlaufen. Nicht nur weil das französische Wort für Übergangsritus den Begriff der Passage enthält, lässt sich dieser Gedanke für Karavans Denkmal fruchtbar machen: Auch hier durchlaufen die Rezipient*innen einen intensiven Erlebensprozess.

Mit seiner psychologischen Wirkungsmacht weist Karavans Gedenkort für Walter Benjamin auf die Architektursprache wenig später entstandener Bauten von Daniel Libeskind voraus. Ein Beispiel ist der *Garten des Exils* beim Jüdischen Museum in Berlin (1999), der durch seine Gestaltung die Orientierungslosigkeit der aus Deutschland vertriebenen Exilant*innen den Besucher*innen sinnlich und emotional nachvollziehbar machen soll.[34] Es handelt sich um eine Architektur, die die affizierende Wirkung räumlicher Erfahrung gezielt zum

---

32 Antje von Graevenitz: Brancusis Passage und Tempel. In: Zeichen des Glaubens – Geist der Avantgarde. Religiöse Tendenzen in der Kunst des 20. Jahrhunderts. Ausst.-Kat. Schloss Charlottenburg. Hg. v. Wieland Schmied. Berlin 1980, S. 211–218.
33 Arnold van Gennep: Les rites de passage. [Paris 1909]. Dt. Ausg.: Übergangsriten. Frankfurt a. M., New York 1999.
34 Der Bezug dieses monumentalen steinernen Irrgartens zum Thema Exil wurde nicht durch Libeskind selbst hergestellt, sondern durch das Museumsteam im Zuge der Konzipierung des Jüdischen Museums entwickelt (mündliche Mitteilung von Cilly Kugelmann, Programmdirektorin des Jüdischen Museums, gegenüber der Autorin). Laut Bernhard Schneider: Jüdisches Museum Berlin. Berlin 2011, S. 40, konzipierte Libeskind den »upside down«-Garten als Versinnbildlichung der Gründung des Staates Israel. Allgemein zur Genese des Jüdischen Museums Berlin vgl. Daniel Bussenius: Von der Hauptstadtposse zur Erfolgsgeschichte. Die Entstehung des Jüdischen Museums Berlin 1971–2001. Göttingen 2014.

Einsatz bringt.[35] Karavans Arbeiten im öffentlichen Raum – gerade auch sein Denkmal für Walter Benjamin – können als ein Vorläufer dieser Architekturrichtung angesehen werden, die in Peter Eisenmans Berliner Holocaustmahnmal ihren prominentesten, aber wohl auch künstlerisch und erinnerungspolitisch schwächsten Vertreter findet. Sein weit weniger bekannter Vorläufer in Portbou ist, wie auch Stefanie Endlich in ihrem systematischen Vergleich beider Denkmäler hervorhebt[36], mit seiner gleichzeitigen Prägnanz und Komplexität ungleich gelungener.

Die zweite wesentliche Konstituente von Karavans Benjamin-Denkmal markiert allerdings einen wichtigen Unterschied gegenüber dem Brâncuşi-Denkmal und den Libeskind-Bauten: Das ist seine Ambiguität. Die Erfahrungen, die man im Prozess der Begehung von Karavans Denkmal macht, sind durchgehend von Polaritäten geprägt: Abstieg und Aufstieg, Nähe und Ferne, Enge und Weite, Dunkelheit und Helligkeit, Lärm und Stille, freier und beschränkter Blick, Bewegung und Innehalten – stets werden gegensätzliche Empfindungen evoziert, die sich bündeln lassen in der Polarität von Schrecken und Bedrückung versus Erleichterung, Hoffnung und Freude. Dieser Polarität der leiblichen Empfindungen korreliert die Ambiguität der aufgerufenen Symboliken. Der Strudel steht für Benjamins Verzweiflungstod, doch das blau leuchtende Wellenspiel ist in seiner fluiden Schönheit zugleich ein Hoffnungszeichen, der rostige Stahl steht für Vergänglichkeit und Tod, aber zugleich für Dauerhaftigkeit und Stabilität, der Korridor hat sowohl den Charakter eines ins Verderben führenden Schachts als auch den einer Himmelsleiter, der Blick von der Plattform über die Bucht evoziert Freiheit und Erlösung, doch bleibt er durch den unübersehbaren Maschendrahtzaun und den Friedhof gründlich gebrochen. So ist das ganze Denkmal durch eine strukturelle Ambiguität charakterisiert.

Diese Ambiguität erzeugt in der Rezeption ein starkes Ambivalenzerlebnis[37], welches empathisch auf die Erfahrung von Flucht und Exil projiziert wird, die sich ja in höchstem Maße zwischen den Polen von Angst und Verzweiflung auf der einen, Erleichterung und Hoffnung auf der anderen Seite bewegt. Karavans Kunstwerk lässt die bedrückende Situation Benjamins und aller Flüchtenden

---

35 Zu den Intentionen und auch zur theoretischen Vorgeschichte solcher Formen angewandter Architekturpsychologie vgl. Regine Hess: Emotionen am Werk. Peter Zumthor, Daniel Libeskind, Lars Spuybroek und die historische Architekturpsychologie. Berlin 2013; zu Libeskind insbes. S. 149–203.

36 Stefanie Endlich: Ein authentischer Ort, ein konkretes Ereignis. Die »Passagen für Walter Benjamin« im Kontext der aktuellen Denkmals-Diskussion. In: Gedächtnisarchitektur. Formen privaten und öffentlichen Gedenkens. Hg. v. Ingeborg Siggelkow. Frankfurt a. M. u. a. 2001, S. 73–87.

37 Auch Konrad Scheurmann: Anrührend und doch unnahbar. Dani Karavans Plätze als Orte der Begegnung. In: Scheurmann / Scheurmann: Für Walter Benjamin (s. Anm. 2), S. 110–122, konstatiert eine »ambivalente Atmosphäre einer konstanten Beunruhigung«, diese »umfängt das gesamte Areal und schärft die Sinne des Besuchers.« (S. 112).

spürbar werden und eröffnet zugleich – buchstäblich – Aussichten ins Rettende, in die Schönheit. Die Einzelelemente des Denkmals fungieren dabei als Erlebnisstifter, als Auslöser eines emotional-intellektuellen Nachvollzugs der Geschichte im Ästhetischen – dies allerdings weder durch vordergründige Identifizierung noch durch selbstgewisse Distanzierung. Denn: Das Denkmal eröffnet an keiner Stelle den ›erhabenen‹ Blick von ›sicherem Boden‹, es ermöglicht nirgends wirklich Beruhigung und bietet keinen Schlusspunkt der Erlösung. Selbst auf der zuletzt erklommenen Plattform in der Höhe mit ihrem berauschenden Fernblick in die Landschaft bleiben Friedhof und Maschendrahtzaun unübersehbar. So bleibt der Rezeption die geschichtliche Erfahrung stets eingeschrieben, und Geschichte wird als offener und widersprüchlicher Prozess gegenwärtig.

IV.

An diesem Punkt schließt sich der Kreis zu der Frage, inwiefern Karavans Gedenkort für Walter Benjamin über den biografischen Bezug hinaus auch eine Beziehung zu dessen philosophischem Denken aufweist. Wie bereits erläutert, greift es zu kurz, eine solche Beziehung im gegenständlichen Motiv der Pariser Passagen des 19. Jahrhunderts in ihrer Ausdeutung durch Benjamin ausmachen zu wollen. Doch jenseits gegenständlicher Analogiebildung lassen sich durchaus auf verschiedenen Ebenen Beziehungen zwischen Karavans Denkmal und Benjamins Denken erkennen.

Die intensive sinnliche – gleichermaßen Kognition wie Affekt ansprechende – Erfahrung, die der begehbare Gedenkort erzeugt, weist eine deutliche Nähe zu Benjamins eigener analytischen Herangehensweise auf. In seinem Zugang zu dem historischen Phänomen der Pariser Passagen verbindet Benjamin, wie Heinz Brüggemann überzeugend dargelegt hat, ein strukturanalytisches »Durchspüren« des Passagenraumes mit dessen visueller Erschließung.[38] Leibliche Erfahrung und bildhafte Wahrnehmung gehen einher und werden ergänzt durch die historisch-theoretische Perspektive. Das heißt, in Benjamins theoretischer Arbeit an der Passage (die hierin exemplarisch für andere kulturelle Artefakte stehen mag) werden die drei oben genannten Momente, die bei Karavans Denkmal eine Rolle spielen – Leiberfahrung, Sinneswahrnehmung und Kognition – gleichfalls miteinander verbunden. Benjamin beschreibt die Passage »von innen her«[39] so wie Karavans Gedenkort den Besucher*innen die Gelegenheit gibt, diesen von innen her zu erfahren.

---

38 Brüggemann: Passagen (s. Anm. 14), S. 198–201, Zitat S. 197.
39 Brüggemann: Passagen (s. Anm. 14), S. 217.

Ebenso ist der Effekt, der durch diese intensive Verzahnung verschiedener Wahrnehmungsweisen bzw. durch die diese stimulierenden Phänomene erzeugt wird, ein genuines Thema Benjamins: der Schock. In seinem Aufsatz über »das Kunstwerk im Zeitalter seiner technischen Reproduzierbarkeit« weist Benjamin dem Schock-Moment eine besondere emanzipatorische und erkenntnisbildende Qualität zu, wobei es an die technischen Bildmedien Fotografie und Film gekoppelt ist.[40] Der durch ästhetische Mittel erzeugte Schock vermag eingefahrene Wahrnehmungsmuster außer Kraft zu setzen und ermöglicht es so dem wahrnehmenden Individuum, eine kritische Distanz gegenüber kulturellen Artefakten und Konventionen einzunehmen.

Schockartig realisiert sich auch das erlösende Eingedenken in die uneingelöste Vergangenheit, das eine zentrale Figur in Benjamins geschichtsphilosophischen Thesen ist.[41] Hier wird die erhellende Funktion, die das Schock-Moment in Benjamins Aufsatz »Das Kunstwerk im Zeitalter seiner technischen Reproduzierbarkeit« primär als Aura-Zertrümmerer einnimmt, erweitert zu jener blitzartig aufleuchtenden Erkenntnis, die in der Überblendung von »Gewesenem« und »Jetzt« gewonnen wird.[42] Folgt man Stefano Marchesoni, nach dem der Begriff des Eingedenkens bei Benjamin nicht nur eine Idee und eine Methode, sondern auch eine Erfahrung bezeichnet[43], dann lässt sich Karavans Denkmal als eine kongeniale Realisation dieser besonderen Form verdichteter Zeiterfahrung betrachten. Freilich handelt es sich bei der Erfahrung, die es ermöglicht, nicht um die »profane Erleuchtung« des materialistischen Historikers und schon gar nicht um den revolutionären »Sprung unter dem freien Himmel der Geschichte«, der den geschichtlichen Verlauf aufzusprengen vermag.[44] Es ist vielmehr ein Angebot des individuellen Mit- und Nacherlebens historischer Erfahrung im ästhetischen und das heißt zugleich im symbolischen Vollzug – ein gesteigertes Intensitätserlebnis, das dem Individuum ermöglicht, sich in seiner Gegenwart in ein besonderes Verhältnis zur Geschichte zu stellen. Dass dieses Erlebnis durch Ambivalenzen geprägt ist, korreliert wiederum damit, dass auch das Eingedenken, so wie Benjamin es beschreibt, durch eine Vielzahl polarer Spannungen charakterisiert ist: Gegenwart / Vergangenheit, Individuum / Kollektiv, Kontemplation / Aktion, Potenzialität / Aktualität, Zeit / Ewigkeit, Ab- und Unabgeschlossenheit, Ferne / Nähe.[45]

---

40 GS I/2, S. 431–508, insbes. S. 496–505.
41 GS I/2, S. 691–704.
42 GS V/1, S. 578.
43 Stefano Marchesoni: Walter Benjamins Konzept des Eingedenkens. Über Genese, Stellung und Bedeutung eines ungebräuchlichen Begriffs in Benjamins Schriften. Berlin 2015, S. 290.
44 GS II/1, S. 297; GS I/2, S. 701.
45 Marchesoni: Walter Benjamins Konzept des Eingedenkens (s. Anm. 43), S. 280.

Die Bedeutung der Ambiguität in Benjamins Werk ist noch zu erforschen. Sie betrifft einerseits die Struktur vieler seiner Werke (vor allem der frühen Denkbilder und Prosastücke) und ist andererseits auch ein wichtiger Reflexionsgegenstand seiner Schriften (vor allem der späten aus dem Zusammenhang des Passagenwerks). So verwendet Benjamin in seinem Exposé des Passagenwerks »Paris, die Hauptstadt des 19. Jahrhunderts« den Begriff der Zweideutigkeit, um die »gesellschaftlichen Verhältnisse und Erzeugnisse« des 19. Jahrhunderts zu charakterisieren.[46] Bildlich manifestiert sich diese Zweideutigkeit besonders offensichtlich in den Pariser Passagen, welche die kapitalistische Warenwirtschaft phantasmagorisch mit der Verheißung eines erlösten Lebens verknüpfen.[47] Mit ihrer Doppelgesichtigkeit, zugleich Dokument der Kultur wie der Barbarei zu sein, stehen sie paradigmatisch für die Doppelgesichtigkeit der ganzen Epoche. Bemerkenswert ist dabei der heuristische Status, den Benjamin dieser Ambiguität zuspricht: »Zweideutigkeit ist die bildliche Erscheinung der Dialektik, das Gesetz der Dialektik im Stillstand. Dieser Stillstand ist Utopie und das dialektische Bild also Traumbild.«[48] Diesen Begriff der Dialektik im Stillstand, der die Benjamin-Forschung vor einige Probleme stellt[49], charakterisiert er an anderer Stelle präzisierend als »Bild im Jetzt der Erkennbarkeit«.[50] Die Zweideutigkeit steht gerade nicht im Gegensatz zur Dialektik, sondern ist ein Moment ihrer Bewegung – ihr »Bild«, das sie anschaulich und damit erkennbar macht. Damit erhält die Ambiguität der von ihm untersuchten Gegenstände, der Passage, des Interieurs, der Weltausstellung etc. einen Offenbarungscharakter: Anders als im Sinne traditioneller marxistischer Ideologiekritik sieht Benjamin im doppelgesichtigen Kulturphänomen nicht das Unwahre, das es zu entlarven, sondern ein kritisch-wahrhaftes Moment, das es zu exponieren gilt.[51] Deshalb zielt er auch nicht darauf ab, diese Ambiguität aufzuheben, sondern schreibt ihr eine erkenntnisstiftende Funktion zu.

Folgerichtig betreibt Benjamin mit seiner für das Passagen-Werk entwickelten Methode der intellektuellen Montage des disparaten historischen Materials, die er an die Stelle einer homogenisierenden Erzählung setzen will, nichts anderes als eine strategische Nutzung von Ambiguität als Erkenntnismethode. Er selbst bezeichnet die schockartige Kombination von Gegensätzlichem, das aus seinen Zusammenhängen gerissen und zitathaft neu angeordnet wird, als

---

46 GS V/1, S. 55.
47 Zur Ambiguität der Passage bei Benjamin vgl. Brüggemann: Passagen (s. Anm. 14), insbes. S. 223–228.
48 GS V/1, S. 55.
49 Vgl. Tiedemann: Einleitung zum Passagenwerk. In: GS V/1, S. 9–41; hier: S. 34–38.
50 GS V/1, S. 578.
51 Rolf Tiedemanns Ausführungen zur Phantasmagorie lassen sich m. E. auf das ambige Kulturphänomen als »bildliche Erscheinung der Dialektik« verallgemeinern. Vgl. Tiedemann: Einleitung zum Passagen-Werk. In: GS V/1, S. 26–28.

ein »Zeigen« anstelle eines »Sagens«.[52] Dem liegt der Gedanke der Selbstevi-
denz des Materials zugrunde, diese wird aber erst durch dessen schockartige
Wahrnehmung freigesetzt, wobei das Schock-Moment Resultat der Inkom-
mensurabilität des vorgeführten Materials ist. Benjamin macht damit aus dem
genuin ästhetischen Verfahren ein wissenschaftliches, oder anders formuliert:
Er nutzt das Montageverfahren als Mittel der anschauenden Erkenntnis. Das
Schock-Moment des Erkennens ermöglicht dabei – und dies ist ihm im Zusammenhang des Passagen-Werks besonders wichtig – potenziell auch eine
neue Erfahrungsform von Geschichte: Nur ein Schock ist imstande, die alle
Spannungen nivellierend in sich bewahrende historistische Geschichtsschreibung aufzusprengen[53] und an ihrer Stelle ein »Eingedenken« zu ermöglichen.[54]
Ambiguität erweist sich damit als ein Mittel, ja geradezu als eine Vorausset-
zung für das befreiende momenthafte Aufbrechen des historischen Gangs im
Eingedenken, um das die geschichtsphilosophischen Überlegungen Benjamins
kreisen.

Bezieht man sein Konzept des Eingedenkens normativ auf erinnerungskulturelle Kunstwerke, dann lässt sich deren Aufgabe mit Ingrid Scheurmann dahingehend bestimmen, »statt auf die eine sich als Kontinuum darstellende historische Wahrheit auf Pluralismus und Multiperspektivität, statt auf Evolution
auf die Reflektion von Störungen, Rissen und Diskontinuitäten« abzuzielen.[55]
Die ästhetische Erzeugung von Schock-Momenten erscheint dann als ein we-
sentliches Verfahren, um diesen Anspruch zu verwirklichen. Tatsächlich spielt
in Dani Karavans Gedenkort für Walter Benjamin der Schock eine tragende
Rolle, doch wird er hier nicht durch einen raschen Wechsel reproduzierter Bilder erzeugt und auch nicht durch die materialistische Geschichtskonstruktion,
sondern durch die im zeitlichen Verlauf sich entfaltende spannungsreiche
leiblich-sinnlich-intellektuell durchlebte ambivalente Bewegung der Rezipient*innen zwischen den Erfahrungspolen von Schrecken und Erlösung. Der
Effekt dieser Schock-Erfahrung ist eine gesteigerte Intensitätserfahrung, die
eine gewisse Verwandtschaft mit dem Erkenntniszustand des Eingedenkens
hat.

Ambiguität als Schock-Erzeuger dient in dem Gedenkort dazu, den einfüh-
lenden Nachvollzug der Erfahrung von Flucht und Exil zu aktivieren. Wenn in
der Begehung des Gedenkorts gleichzeitig Verzweiflung und Hoffnung, Aussichtslosigkeit und Aussicht nachvollziehbar werden, so sind doch beide Pole
nicht absolut. Die Aussichtslosigkeit ist nicht absolut wegen des Ausblicks ins

---

52 GS V/1, S. 574.
53 GS I/2, S. 702 f.
54 GS I/2, S. 695, 702 f., GS V/1, S. 589.
55 Scheurmann: Kunst als Sichtbarmachung des Unsichtbaren (s. Anm. 2), S. 106.

Blaue, die Aussicht ist nicht absolut wegen des Blicks über Maschendraht und Friedhof. Die Furcht vor dem imaginierten Absturz lässt noch Hoffnung, und umgekehrt bleiben im Bild der Erlösung stets die Verzweiflung und das Leiden der Opfer präsent. Darin liegt eine tiefe Beziehung des Denkmals zu Benjamins Geschichtsphilosophie.

Bildnachweise:
Abb. 1, 2, 8, 9: Scheurmann/Scheurmann: Dani Karavan. Hommage an Walter Benjamin (s. Anm. 2), S. 109, 47, 57, 58; Abb. 3–6: Archiv der Autorin; Abb. 7: Scheurmann/Scheurmann: Dani Karavan. Für Walter Benjamin (s. Anm. 2), S. 262.

Anna M. Parkinson

Under the Sign of Caricature
Figuring Exile in Adolf Hoffmeister's *Unwilling Tourist* (1941–42)*

I. »We Refugees«

In her perennially relevant article »We Refugees,« from the January 1943 edition of the New York publication *The Menorah Journal*, Jewish-German exile
Hannah Arendt included herself in the capacious third person plural form – the
»we« who speak from the position of the hapless »refugees« from fascist Europe.
Bitingly ironic and gently empathetic by turns, Arendt's essay explores the paradoxical and fragile existence of individuals classified under the rubric »refugee.« Writing from her particular yet shared experiences as an exile living in the
United States of America, Arendt details how this collective »we« (namely, Jewish refugees) had overcome formidable challenges to carve out perilous passages
of escape from the all-enveloping fascism of continental Europe, only to find
their conditions of existence delimited by an ongoing state of precarity in their
host country. In the face of the suspicion harbored towards refugees of German
extraction by their US-American hosts, those in exile – Arendt's »we« – at the
same time experienced an immense pressure, partially triggered by the frantic
self-imposition of perceived norms, »not to be Jews« – that is, to assimilate
without any remainder to the culture of their host country.[1] Arendt's essay is a
canny exploration of the contradictions constitutive of the passage of exile, replete with existential dilemmas ranging from the deceptively simple question of
status and nomenclature, to the precarious seesaw between extremes of optimism and despair, between fanatical, failed acts of assimilation and unhappy,
successful suicide attempts.

In »We Refugees« Arendt underscores how that which appears on the surface
to be a routine exercise of taxonomy regarding an individual's status vis-à-vis

* The idea for this essay emerged from my time as the Leon Milman Senior Fellow at the Jack Joseph, and Morton Mandel Center for Advanced Holocaust Studies at the United States Holocaust Memorial Museum in 2016. I would like to thank the Mandel Center for the extraordinary
scholarly and communal resources made available to fellows during their tenure. In particular, my
thanks go to Pedro Correa Martín-Arroyo for drawing my attention to Adolf Hoffmeister's work
and for our many subsequent conversations. Libby Otto dedicated a substantial amount of her
own (scarce) time to engaging critically with the arguments of the essay as they were taking shape;
for her invaluable support and advice I am extremely grateful.
1 Hannah Arendt: We Refugees. In: Marc Robinson (ed.): Altogether Elsewhere: Writers on Exile.
Boston, London 1994, pp. 110–119, here p. 117.

the nation state is revealed to be a practice of significant ontological proportions, with the potential to have dire affective and existential consequences for the individuals thus categorized. Her essay opens as follows:

> In the first place, we don't like to be called »refugees.« We ourselves call each other »newcomers« or »immigrants.« Our newspapers are papers for »Americans of German language«; and, as far as I know, there is not and never was any club founded by Hitler-persecuted people whose name indicated that its members were refugees.[2]

Far from reenacting a petty squabble over what, for most people, might seem to be virtually interchangeable markers of national status for »Hitler-persecuted people,« Arendt's excursus signals the shades of semantic politics for those colored and affected by the terms, as well as the larger existential stakes quivering behind flimsy yet all-determining national categories of identity.

II. Passages of Time: Fascist Temporality (Interruption / Rupture)

Like Arendt, avant-garde Czech artist and political refugee Adolf Hoffmeister critiqued the fraught term »refugee« in his book *Unwilling Tourist*, which appeared in English translation in the United States only a few years before her article.[3] Although he was not Jewish, Hoffmeister, like Arendt, was a refugee from fascist Europe, with a complex exilic passage involving many different journeys between and to countries in the period between 1939 and 1941. Born in Prague in 1902, Hoffmeister was a gifted, unconventional, and prolific artist – a poet, novelist, translator, editor, stage decorator, journalist, radio reporter, and, specifically, an incisive caricaturist, from whose pointed ink strokes no one was exempt. After the editors of the satirical German weekly magazine *Simplicissimus* in Germany agreed to sign a document with the Nazis declaring their intention to avoid all critical commentary on the regime in future publications, Czech and German émigrés, including Heinrich Mann, Alfred Kerr and Erika Mann, founded the lesser known and short-lived anti-fascist weekly *Simplicus* in Prague in 1934, in which Hoffmeister's satirical drawings regularly appeared.

---

2 Arendt: We Refugees (see fn. 1), p. 110.

3 Hoffmeister's book was published in 1941 in English translation in the United States with the title: The Animals are in Cages. Written and drawn by Adolf Hoffmeister: The Animals are in Cages. Transl. Don Perris. New York 1941. The same illustrated translation was published in England a year later with the title: Unwilling Tourist. Written and drawn by Adolf Hoffmeister: Unwilling Tourist. Transl. Don Perris. London 1942. When the original Czech version was published in 1946, it retained the title of the English publication, rather than that of the American book. Written and drawn by Adolf Hoffmeister: Turistou proti své vuliin. Prague 1946. Since the title Unwilling Tourist was also used for the Czech publication, and because I find this title more appropriate in the context of this essay, I will refer to Hoffmeister's text as Unwilling Tourist.

He also held solo exhibitions of his caricatures, for which he was best known, in Prague (1927), Paris (1928), and Brussels (1929).[4]

Outside of the Czech Republic today Hoffmeister is perhaps best known as the librettist of the 1938 children's opera *Brundibar*, for which Czech composer Hans Krása created an accompanying score.[5] The children's opera was first staged in an orphanage in Prague in 1941; thereafter *Brundibar* was famously performed more than fifty times by children living in Terezin (Theresienstadt) ghetto or concentration camp. Krása contributed significantly to the cultural life of Terezin, where he was interned between 1942 and 1944, before being deported and murdered in the gas chambers of Auschwitz.

Due to his prolific work and highly visible status as a scathing anti-fascist political caricaturist, when Nazi troops marched into Prague in March 1939, Hoffmeister represented a potential subversive to their regime – an element prone to tear the fabric of Czech society under occupation. Fortunately, he managed to avoid Nazi persecution by securing papers though circuitous routes that enabled him to flee from his home in Prague into an uncertain future before the Germans could arrest him after the Nazi regime's occupation of Czechoslovakia under the brutal authority of so-called Acting Reich-Protector of Bohemia and Moravia, Reinhard Heydrich. During his prolonged passage into exile between 1939 and 1941, Hoffmeister was alternatively in flight, incarcerated, interned in camps, in a protracted state of waiting in – or moving between – cities and ports, until he finally landed in New York City. His harried, extensive, and oftentimes dangerous passage to New York from Czechoslovakia – by way of Paris, Bordeaux, Morocco, Lisbon, and Havana – provides the raw material from which Hoffmeister crafts the narrative and ink sketches of *Unwilling Tourist*, thus offering his reader a satirical parable of sorts about the many trials encountered by his protagonist during his passage of exile and presenting us, more broadly speaking, with a document bearing witness to the dire circumstances of the refugee.[6]

The onset of fascist occupation in his home country might be seen as a brutal cut in the temporal weave of Hoffmeister's life, one which catalyzed and provided the preconditions for Hoffmeister's tale of a seemingly interminable journey into exile. For Hoffmeister, exile had little to do with a teleological

---

4 Museum Folkwang Essen: Adolf Hoffmeister: Collagen, Handzeichnungen, Illustrationen [exhibition catalogue]. Essen 1967, n. p.

5 Retold by Tony Kushner: Brundibar: After the Opera by Hans Krása and Adolf Hoffmeister. Maurice Sendak, ill. New York 2003.

6 The biographical details are drawn from several sources, including: John A. Vloemans: The Book Art of Adolf Hoffmeister. The Hague 2006, n. p.; Jörg Thunecke: Definitions of Exile: Unwilling Tourist (1941–1942), Adolf Hoffmeister's Odyssey into Emigration (1939–1940). In: Johannes F. Evelein (ed.): Exiles Traveling: Exploring Displacement, Crossing Boundaries in German Exile Arts and Writings 1933–1945. Amsterdam 2009, pp. 177–181.

trajectory of flight with this or that specific country as an ultimate goal. Instead, as illustrated – figuratively and literally – in his by turns caustic and pathos-laden text *Unwilling Tourist*, the state of being in exile represents a precarious and unpredictable process of passage from country to country. In place of the more familiar narrative topos of arrival and the period thereafter that is often narrated in the present tense, from which vantage point the exile can create an absent imaginary homeland to act as a surrogate for the country from which she or he is effectively barred, yet which paradoxically also provides the ontological main-stay of the exile's sense of self, Hoffmeister's text performs the unstable passage(s) lodged at the heart of exile as a practice of movement and a modality of rela-tionality.

This passage of exile, I argue, is performed by Hoffmeister's text in the struc-turing dialectical movement between his hand-drawn ink depictions and the text they illustrate (or which illustrates them, as they certainly are in dialogue with each other). The irreconcilability of the sharpened rhetorical figures of irony, satire, and gentle self-mockery alongside the humanist pathos of his par-able of disinheritance, misrecognition, and repeated acts of violence, destabi-lizes the narrative structure of the parable itself. This destabilization directly signals the political and existential stakes that simmer barely beneath the decep-tively soothing narrative patina.

III. Passages between Places: Places between Passages

Adolf Hoffmeister offered a pointed account of his experiences as a refugee in a slender book first published in English translation in 1941 in the United States and titled *The Animals are in Cages*.[7] One year later, in 1942, the exact same translated version of the book was published in England with the evocative title *Unwilling Tourist*, which is drawn directly from a key passage in Hoffmeister's text, as we shall see below, and which also serves to underscore the aspect of flight into exile more than the American title does.[8] This account of recurring flight, imprisonment, and monotonous waiting is clearly drawn from Hoff-meister's biographical trajectory. The reader views this tale of flight from perse-cution through the lens of the fictive protagonist, Jan Prokop, who, like Hoff-meister, is a refugee fleeing Prague to evade political persecution after the Nazi invasion. The American title, *The Animals are in Cages*, echoes the narrative and sequence of visuals early on in the story. The protagonist and future refugee, Jan

---

7 Hoffmeister: The Animals are in Cages (see fn. 3).
8 Apart from the publication of the book in its original Czech in 1946, there do not appear to be any further editions of Hoffmeister's book in translation in any language other than English (see fn. 3).

Prokop, meets up with a shady figure to give him money in exchange for confi-
dential information. The man has stolen incriminating documents on Prokop
from the police dossier held on him by the police. The designated rendezvous
was specified as the lions' cage at the Prague Zoo. Significantly, the double-tailed
so-called lion rampant is depicted on the page opposite the illustration of the
clandestine meeting in front of the lions' cage. The figure of the lion rampant is
depicted on the Czech coat of arms and is thus a significant national symbol
that, in this way, becomes associated with the disappointment of the protagonist at the successful Nazi occupation of Czechoslovakia. Playfully spinning off
the zoological topology in his narrative, Hoffmeister has the clandestine figure
inform the protagonist, Prokop, that he has set up a series of meetings across the
zoo and each person for whom he has secured illegal documents has been designated his own specific meeting place beside a different animal enclosure; in
turn, each meeting mentioned is captured by Hoffmeister in a series of images,
each with its own particular visual pun. For example, an ex-convict is depicted
on all fours in a striped prison suit in front of the enclosure of a zebra that
watches him with a somewhat perturbed expression. Besides toying with the
common anthropomorphizing trope – the visual rendering of simile so dear to
the aesthetic of caricature – Hoffmeister's representation of a plethora of animals in a series of amusing and playful drawings and text mimics the structure
of a wondrous children's tale. On a darker note, the choice of book title signals
in a more literal sense the increasing threat of imprisonment and the loss of
human rights faced by the Czech population under Nazi occupation. Likewise,
the visual staging of the resemblance between certain people and their animal
counterparts suggests that, under Nazi rule, vicious and dangerous »animals«
are to be found not only safely enclosed in cages in the zoo.

As suggested above Hoffmeister's tale opens with a nod towards the conventions, tropes, and deceptively lighthearted tone associated with the genre of the
fairytale, perhaps indicating to the reader that the story to follow will include
elements that may challenge his or her sense of the probable, the boundaries of
reality, and the codes of realist narrative alike:

> In the center of the continent of Europe is a small country about whose beauty not
> many people know. And in the center of this land is a still more wonderful city
> called Prague.
> In this city stood a man. His name was Jan Prokop, but any resemblance between
> characters in this book and real persons living or dead, is purely coincidental.[9]

---

9 All citations are from: Hoffmeister: Unwilling Tourist (see fn. 3), p. 5. Hereafter page numbers
will be given parenthetically in the main body of the text.

Obviously this routine disclaimer is intended to be ironic in Hoffmeister's semi-autobiographical book, not only in terms of the glaringly manifest similarities between the fate of protagonist Jan Prokop and author Adolf Hoffmeister, but also as regards the names of half-a-dozen well known fellow emigrants such as Lion Feuchtwanger, Franz Werfel, Alfred Polgar, and even Adolf Hoffmeister himself, whom we encounter in *Unwilling Tourist*. Each of these exiled artists is waiting on an uncertain future in a viscous state of frustration and mutual suspicion, hoping for the allocation of a visa or a place on a departing ship, stuck in the penultimate port of call, the city of Lisbon (121). The presence of these Weimar-era, German literary luminaries in Hoffmeister's text is disorienting in an account that, as we have been told by the narrator, has only a coincidental resemblance to reality. Indeed, whose reality is of significance here? Depicting the author's contemporary lived environment, details such as these provide pause for thought by introducing a strong historical resonance in a tale that otherwise ostensibly thrives on the apparent contingency of the real. Likewise, the names of these prominent refugee writers, which, for today's reader with the benefit of hindsight conjure up a cornucopia of familiar or notorious tales of exile and loss, interrupt the apparent fictional license and tone of levity of the story even as they provide yet more fodder for the caricaturist Hoffmeister's ink and brush. These »big shot refugees« representing »a whole section of cultural Europe [...] in flight,« are depicted as cowed by their exilic experiences, as the narrator claims: »Worn out by the everlasting hiding, the endless waiting for overseas visas, the mass of the refugees became shapeless, formless things, no longer men« (115).

This account is accompanied by a pen and ink illustration driven by a form of recognizable situational comedy, which is perhaps the best comedic frequency to capture and then make light of this state of stagnation and despair. One particular image captures the eye with its dizzying repetition of densely scripted sheets of newspapers (Fig. 1). On closer inspection, the drawing depicts a flock of bald-headed, besuited men, seated at adjacent tables in a crowded café, some smoking, others holding a small cup of coffee, but almost all clutching a newspaper, from behind which they peer at one another furtively (116). The image is lent an oddly comic effect through the networks of paranoid glances that these men furtively cast at one another from behind or over the top of their newspapers, which serve as shields as well as conduits of information. The repetition of the figures with their props might even suggest the careful choreography of a performance. What is being performed here is a comic dance of suspicion and envy that both conjoins and isolates each individual exile awaiting news on his immigration status. The sheer affective homogeneity of the seated figures also produces a comic effect, while focusing the gaze of the reader on the atmosphere of distrust, resentment, and uncertainty amongst the intellectual community in exile thus depicted.

Fig. 1: Adolf Hoffmeister:
Unwilling Tourist, 1942,
p. 116

The sole figure in the image not involved in the depicted intrigue of the »silent spokesmen of Art and Science,« who »reluctantly recognized their fellow-delegates to this unsummoned convention of genius,« is the protagonist, Jan Prokop, who stands alone at the back of the drawing (120). Although he is also depicted inside the windows framing the café and, in this sense, »in the same boat« as the other refugees, his motionless figure holds a posture of observation (in contrast to the busy participation of those before him) that underscores his position as the narrative conduit for the affective busy-bodiness and self-preserving activity of the other refugees. The narrator notes a page earlier in the text: »There were times when Jan felt that his refugee companions were a disagreeable bunch, hard to get along with« (115). This image of the café is in conversation with several other, more general textual passages detailing the emotional resilience required of the refugee in transit, as well as the ubiquitous theme of monotonous waiting and its attendant psychological and physical costs (115–117, 120–122). In a surreptitious, sly gesture, Hoffmeister quite literally writes himself into the picture when, in his description of these well-known artist figures in the Lisbon café, the narrator states: »Caricaturists Sors and Adolf Hoffmeister doodled on the tablecloth« (121). With a humorous wink to the reader, he acknowledges his place within this group of exiles, keeping company with fellow refugee and Czech artist Ivan Sors.

Positioned at the book's conclusion, this and other images of Prokop in Lisbon echo earlier, more quotidian illustrations of the city of Prague that, once

Jan Prokop's flight began, gave way to less joyful images of his interrogation by the French police, his wrongful conviction on political grounds, his subsequent incarceration in the prison of La Santé in Paris, his transfer to and varied experiences in the French concentration camp Bois Colombes, his evacuation to an improvised work camp near Bordeaux, his release with the other prisoners due to the encroaching German army, his passage on June 23, 1940 on the S.S. Lorient to a »destination unknown,« his arrival in Morocco and subsequent internment on a hospital ship and then in a concentration camp on the edge of the desert with a name approximating phonetically »Ain-Chock,« and his subsequent release from this camp, all of which merely lead up to his landing in Lisbon, where he waits in a state of extended limbo for an entry visa for the United States.

The visual renderings of the seemingly endless arc of Prokop's flight are accompanied by prose that at times takes the form of witty or sardonic repartee, delivered with an underlying tone of irony and, at times, even despair and self-mockery. Take, for example, the description of the state of the refugees after they are liberated from the French camp and as they try to obtain visas to secure their passage from Morocco: »Like a brood of mangy vultures (classified by nations) the liberated refugees circled about, ready to swoop down and carry off a visa. In their language visa meant heaven« (85). The recourse to an angular humor of anthropomorphism and the weapon of a hyperbolic, defensive brand of optimism in desperate situations is also a hallmark of the Jewish refugees in Arendt's »We Refugees« with which this essay opened. She writes in a pointedly bright, facetious tone: »Our optimism, indeed, is admirable, even if we say so ourselves.«[10] After enumerating the various attempts at assimilation parading under the term »optimism,« Arendt reveals the true tenor of what might at first blush appear to be buoyant, future-oriented affect:

> No, there is something wrong with our optimism. There are those odd optimists among us who, having made a lot of optimistic speeches, go home and turn on the gas or make use of a skyscraper in quite an unexpected way. They seem to prove that our proclaimed cheerfulness is based on a dangerous readiness for death.[11]

Identifying what, in its morbid literalness, might be called gallows humor in this ostensibly optimistic stance, Arendt demonstrates that this species of optimism merely masks or postpones the affect of despair. In Arendt, »optimism« serves both to reveal and veil the dire circumstances of the refugee; in Hoffmeister humor, be it satire, irony, or visual or prose-based caricature, plays the same role.

---

10 Arendt: We Refugees (see fn. 1), p. 110.
11 Arendt: We Refugees (see fn. 1), p. 112.

IV. Under the Sign of Caricature: Satire as a Weapon

In order to put Hoffmeister's work as a high-profile anti-fascist Czech caricaturist during the years of National Socialist rule in context, it is instructive to gain
a brief historical overview of the European landscape of satire and caricature.
The practice of caricature in some accounts is dated back to Lucas Cranach the
Elder's satirical woodcuts of the Pope created under Martin Luther's direction
during the Reformation.[12] More often, however, caricature – this influential
genre of political critique through »visual mockery« – is associated with figures
such as William Hogarth in eighteenth-century England and Honoré Daumier
in nineteenth-century France.[13] Other scholars trace a different genealogy of
caricature beginning with the art historian Filippo Baldinucci who in 1681
defined caricature as: »a burlesque portrait which aims for the greatest possible
likeness to the whole of the person portrayed, while exaggerating and emphasizing some aspects (those most susceptible to mockery or caricature).«[14] In an
article on caricature and comics, scholars Daniel Gómez Salamanca and Josep
Rom Rodríguez draw heavily on the 1938 essay on the principles of caricature
by Ernst Kris and Ernst Gombrich to explain that simplification and distortion
form the formal or stylistic basis for caricature, whereby hyperbole and meta-
phor represent the rhetorical elements of the discursive processes on which
prose caricature is based.[15]

In twentieth-century Europe, caricature flourished as a form of political
commentary in mass- and high-circulation print media during the years of immense financial and political instability following World War I. Of the artists
whose political caricatures graced the newspapers and galleries of the world
during the ascension of fascism, the drawings of Hoffmeister and fellow caricaturist David Low, originally from New Zealand but who published cartoons
and lived in England, still speak to viewers today in spite of the lack of context
for or memory of contemporaneous political events on which caricature de-

---

12 Victor Navasky: The Art of Controversy: Political Cartoons and Their Enduring Power. New
   York 2013, pp. 29–30.
13 Zybyněk Zeman: Heckling Hitler: Caricatures of the Third Reich. Hanover, London 1987,
   pp. 7–9.
14 Daniel Gómez Salamanca and Josep Rom Rodríguez: The Drama of Caricature: Simplification
   and Deformation as Avant-garde Rhetorical Devices. In: Julio Cañero and Esther Claudio
   (eds.): On the Edge of the Panel: Essays on Comics Criticism. Newcastle upon Tyne 2015,
   pp. 94–108, here p. 95. These authors draw heavily on the foundational work by Ernst Kris and
   Ernst Gombrich: The Principle of Caricature. In: British Journal of Medical Psychology, 3–4
   (1938), pp. 319–342. This article was based on a lecture by Kris held at the Warburg Institute
   on May 25, 1937.
15 Salamanca and Rodríguez: The Drama of Caricature (see fn. 14), pp. 96 and 98.

pends.[16] Ironically, the very elements that coagulated into the perfect conditions and provoked the dire necessity for satire and caricature – namely the swift, gross, and shameless abuses of political power catalyzed and executed by the Nazi Party – were the same forces that destroyed the thriving culture of caricature in the capital of Czechoslovakia just prior to Nazi occupation. The confluence of a concentration of anti-Nazi exiles, including for a brief time German authors Thomas and Heinrich Mann, publisher and writer Wieland Herzfelde, and Herzfelde's brother, photomonteur John Heartfield, in the context of Czechoslovakia's still-functional democracy, fostered a left-wing community of artists and writers in Prague for a short time around 1934.[17] In May through April of the same year »International Caricature,« a major exhibition of anti-Nazi cartoons and caricatures by both German artists in exile and Czech cartoonists, took place at the Mánes Arts Club in Prague. As well as coordinating the event, Hoffmeister's own drawings formed part of the exhibit. Hoffmeister and his fellow exhibitors, including Heartfield and fellow Czech author and cartoonist Josef Čapek, then went on to publish the images from the exhibition through the Simplicus Verlag in a collection titled *Das Dritte Reich in Karikatur* (*The Third Reich in Caricature*) with an introduction by Heinrich Mann.[18] After exhibiting and circulating politically trenchant and sharply critical anti-fascist caricatures aimed directly at Hitler's regime, it is perhaps not surprising that Hoffmeister was already on the Nazis' radar before they occupied Czechoslovakia in 1939, the event that triggered Hoffmeister's long exilic passage that would form the basis of his satirical treatment of banishment and exile.

In Hoffmeister's book, the discursive processes of caricature that Salamanca and Rodríguez describe above are constituted through the productive tension between image and text. Each of these elements is heterogeneous, but at the same time stands in a complementary relationship to the other, as was the case with the caricature of the refugees in a café in Lisbon and the accompanying layers of complementary and at times even contradictory meaning inherent in the text surrounding the image. This dialectical tension that emerges from the attempt to bring these two modalities of representation into interpretative dialogue with one another destabilizes or at the very least forces the reader to work at constructing meaning based on the relationship between the visual caricatures and the satirical prose. It also prevents him or her from establishing a

---

16 For a collection of Low's best-known cartoons from the period, see: David Low: Low on the War: A Cartoon Commentary of the Years 1939–41. New York 1941.
17 Zeman: Heckling Hitler (see fn. 13), pp. 67–70. It was also to Prague that Friedl Dicker-Brandeis fled at this time. See Elizabeth Otto's essay in this volume.
18 Zeman: Heckling Hitler (see fn. 13), pp. 70–71; Museum Folkwang Essen: Adolf Hoffmeister (see fn. 4), n. p.

Fig. 2: Adolf Hoffmeister:
Unwilling Tourist, 1942,
p. 8

single or hegemonic epistemological perspective on exile and refugee experience
– even when attempting to empathize with the refugee's plight, the reader cannot truly »know« this experience except as mediated by the rhetoric and images
through which the author makes his experience more (or less) transparent. In
turn, this critically undermines the teleological underpinnings often assumed in
relation to the concept of exile or exilic narratives. In other words, this constitutive disruption structuring accounts of exilic passages undermines potential
narrative »happy endings« or stable points of destination. As readers we are always caught up in the excruciating process of passage, never quite arriving at a
stable point of narration within the story itself.

In his arch yet vulnerable account of his passage of exile Hoffmeister combines at-times ludicrous caricatures and equally distressing accounts of circumstances and events. One such grotesque caricature confronts the reader in the
very first pages of Hoffmeister's book (Fig. 2). An ink drawing in black and
white depicts two menacing, gigantic figures clothed in black. Replete with tall
boots and swastika armbands, these figures tower over the diminutive figure of
a terrified man one fifth their size. The latter, presumably a Czech bureaucrat or
perhaps a writer, sits at a desk, clutching a sheet of paper in his hands as he looks
up in dismay, mouth agape, at the figures surrounding him. With a deeply

furrowed brow and a monocle atop a stern mien, one of the enormous figures threateningly points the index finger of his white-gloved hand at the figure trembling before him, whilst the second figure, replete with a swastika armband and an officer's hat, stands poised for action, his baton at hand. The posture of the black-clad men suggests both severity and a source of coiled, barely-suppressed violence. By contrast, the disproportionately tiny figure sits before piles of papers on his desk, a pair of scissors suspended from the side of the desk, perhaps symbolizing the act of censorship and the danger represented by the agents of Nazi occupation. The stark contrast of dimensions between the gigantic and the miniscule figures is simultaneously ludicrous and terrifying. The viewer is made to feel uneasy through the image's blunt revelation of the immense discrepancy in power between the figures marked as Nazi henchmen and the desk-sitter. This malaise is prompted by an overbearing sense of latent violence simply and economically captured through distortion and disproportion in Hoffmeister's caricature.

Just a few pages further on in the book we find the only other direct visual reference to symbols of Nazi fascism, indicated here too by the inclusion of the swastika emblem. The drawing displays the figure of a baby Hitler, recognizable through his caricatured features – namely, the blunt verticality of his severe moustache, the slanted strip of dark hair that falls over one of his eyes, and his rigid arm outstretched in the Hitler greeting salute (Fig. 3). However, the absurdity of the figure stems less from the distinct, distorted, and today extremely

Fig. 3: Adolf Hoffmeister: Unwilling Tourist, 1942, p. 15

familiar Hitlerian features than from Hoffmeister's rendering of Hitler as a stern, strangely rigid infant, swaddled in a cloth replete with a swastika design (15). This combination of the well known, threatening symbols of fascism with the diminutive figure of a tiny baby wrapped tightly in his swastika fabric startles and disturbs with its incongruity, demanding an interpretation of this complex image critically juxtaposing power and immaturity. As in the previously discussed examples, the prose in the pages on either side of the image do not stand in a direct, easy relationship to the drawings; once again the tension between image and prose calls for critical reflection. This image is related to the surrounding prose inasmuch as the text refers to Hitler's birthday, but the truly subversive power of the drawing can be discerned only when it is brought into dialogue with the paragraphs at the top of the page. These passages describe in hyperbolic terms Jan Prokop's desperate attempt to verify his Aryan status to secure the documents necessary for his flight from Czechoslovakia:

> Jan Prokop, if the truth be known, didn't look very pure. By the standards of the Nuremberg laws there was something unthoroughbred about his face. [...]
>
> »Aryan?«
>
> [...] The humble applicant swallowed his fury and presented his birth certificate, and the certificates of his mother, his father, and two grandfathers. He also presented an immensely important official document he had got hold of somehow. The document bore the following description:
>
> *Unbedenklichkeitsbescheinigung*
>
> No one has ever been able to pronounce this, but it means Certificate of Unsuspiciousness (14).

In addition to the humor provoked by the wink to infamously long, unpronounceable German words, represented by the pronouncedly parodic title of this fabricated document, the juxtaposition of this prose with the caricature of »baby« Hitler on the page opposite satirically undermines his trappings of fascist authority and narcissistic self-assurance. The slight torsion between the image and the text here, as elsewhere in other contexts, pulls the reader into a passage of interpretation that is as unsteady as the humor deployed and the situations encountered throughout the book. Satire, or »militant irony« as Northrop Frye phrased it, is engaged successfully as a weapon, which, like irony, »uses the adversary's strengths against himself« or, through a slight shift of angle, in the case of parody, where »the adversary's words are used against him.«[19]

---

19 Northrop Frye: Anatomy of Criticism. Princeton 1957, p. 223 ff. Cited in: Peter Berger: The Comic as Weapon: Satire. In: Redeeming Laughter: The Comic Dimension of Human Experience. Berlin 2014, pp. 189–207, here p. 189.

Fig. 4: Adolf Hoffmeister:
Unwilling Tourist, 1942,
p. 77

In contrast to this productive tension between image and text, the images in
the segment of the book that describe the improvised, dangerous sea voyages of
Jan Prokop appear to be less powerful (77–81, 100–103, 112–114). From the
perspective of the boat at sea, the world appears to have shrunk to a monotonous space of hunger and boredom, framed by the dark, unpredictable ocean
(Fig. 4). Despite the dark agitation of the waves in the drawings depicting exilic
ocean voyage, the image depends to a larger degree on the work of rhetorical
figures in the prose for ironic meaning and contour. This dependency mirrors
the enforced passivity of the exiles themselves in their state of constrained
agency and limited movement on these small, overcrowded boats. In turn,
Hoffmeister dramatizes this state of monotony by suddenly inserting into the
text a brief illustrated script for a play about the woes of the refugees waiting in
the harbor of Tangiers, where they are denied entry. This illustrated »play«
within the book bears the sardonic title »Lobsters and Almonds: A stirring
drama in 14 scenes« and represents a satirical litany of forms of hunger. The
stalemate at sea culminates in the climax of the refugees' aggressive attack of a
smuggler who attempted to extract exorbitant bribes from them in exchange for
their safe passage out of the port (104–112). By inserting this unexpected,
dramatic format in the middle of his book Hoffmeister ingeniously stages the

monotony of hunger and frames the most overt act of violence in the book through the doubling of forms of literary representation by way of this parody of a dramatic play within a book.

V. Passing Time: The Unwilling Tourists at Sea

Returning to the figure of the refugee with which this essay opened, in Hoffmeister's alternatively ironic and melancholic account, the reader encounters an extensive list of descriptions experimenting with different ways of capturing in words the (not only) conceptual dilemma and status of the refugee. During their passage from the port of Bayonne in France to a »destination unknown« (ultimately Casablanca in Morocco), the group of Czech refugees are crammed together on the deck of the S. S. Lorient since, unbeknown to most of the passengers, the cargo hold is full of torpedoes. What Hoffmeister describes as a cynical argument unfolds among them as the refugees invent more than a dozen definitions for the category of »refugee,« while the ship's officers evaluate each definition as though playing a linguistic game of hide and seek for meaning or contextual truth:

> »The refugee is a homeless man who searches everywhere he goes for that which he has lost in some far-distant place. And the officers keep saying, ›Now you're warm. Warmer. Still warmer. Hot! No … colder … still colder ….‹« (79).

This list of definitions emerges two-thirds of the way through Hoffmeister's tale of Jan Prokop's peripatetic passage to New York City and offers complex yet fleeting prose snapshots that capture the conundrum, and at times also the desperation, of the refugee. As the refugees compile a list of by turns acerbic and wretched descriptions, their vessel most appropriately sails over an ocean of minefields, as the Captain informs the imperturbable Jan Prokop. The refugees thus find themselves, both literally and metaphorically, in a potentially explosive terrain, exacerbated by the news of France's submission to the German aggressor (79). With their broad conceptual range, many of the self-definitions offer incisively ironic modalities of perception that reveal existential, psychological, financial, and political states of crisis in which refugees might find themselves:

> »The refugee is the one honest man whose papers can never be in order, and, therefore, the police constantly demand that he show them.«
>
> »A refugee is a man who embarrasses only those who have not been refugees.«
>
> »A refugee is an unwilling tourist.«
>
> »Being a refugee is the occupation of the patriot, for the time being.«

»A refugee is one who runs from country to country with but one desire – to sit quietly at home.«

»A refugee is one who runs away because he has done something good. So each port he enters suspects, *a priori*, that he will do something bad.«

»A refugee is the poor relative who likes to tell over and over how rich he was.«

»The refugee is the man for ever on his way home.«

»The refugee is the too-faithful lover, who, fleeing through the world, loses each new love when he calls her by the name of his beloved wife.«

»The refugee is a man with his center of gravity outside his body.«

»The refugee is a being without money or fatherland, but with, alas, a body.«

»A refugee is a lover who abandons his love, wanting her only the way she used to be.«

»The refugee is the man who cannot stay at home because he belongs sometimes to yesterday, sometimes to to-morrow, but never to to-day.«

Reality provided one definition more. »Guest in house, God in house,« runs the old Moroccan proverb. So they slammed the door in the refugees' faces. The Moroccan police refused to let them land (79–80).

Each enumeration of dispossession captures an aspect of the refugee's passage through homelessness, offering still another angle from which to consider the exile's flight and plight.

Likewise, each definition of the refugee refers, directly or obliquely, to a segment of Hoffmeister's often thwarted, but nonetheless infinitely Herculean efforts to flee from fascist persecution. On the most basic level, the definitions' descriptive contents serve an indexical function in relation to the experiences of suspicion, distrust, anger, fear, and indifference encountered by the refugees as they made their passage from fascist Europe towards an uncertain future. Each documents certain responses as well as the affects accruing to many experienced instances of complete and stultifying immobility: for example, during his numerous imprisonments in internment camps in different countries, or his incarceration on erroneous grounds in the French prison of La Santé. These experiences of immobility would have alternated with others of constant vigilance, resourcefulness, and the states of readiness for departure demanded from the refugees, so that they might have a chance to seize opportunities afforded to them to acquire, through any means open to them, the necessary documents and way of passage to a stable geopolitical location. According to the list, the refugee is »the one honest man« whose papers are »never in order«; he is a man whose status causes more fortunate people to feel embarrassment; he is a true »patriot«; he is the one who has »run away« because he has »done something good« and thus, counterintuitively, becomes immediately suspected of the potential for wrongdoing; the refugee is the »poor relative« who tells of how rich he once was; he is someone with no fixed center of gravity; he is a too-faithful lover or someone who »abandons his love, wanting her only the way she used to be«; the refugee is a person who lives only in the past and future tense. Clearly, without the intent to do so, the refugee provokes logical dilemmas and a sense of crisis in those who hold steadfastly to stable ideals such as national belonging.

The form and rhetorical figures in these definitions of the refugee demonstrate at times contradictory logical structures that require from the reader a genuine grappling with the precarious existential zone that the refugee inhabits. Paradox, oxymoron, incongruity, and even contradiction are used to indicate the extreme – at times even antithetical – demands that act as hurdles or obstacles on the path into the state of exile. For example, the difficulty of living without valid papers, visas, or permits when in flight is indicated by the contrary, contorted logic of the first definition, whereby the refugee, »the one honest man,« is constantly enjoined by the police to produce evidence that he does not have of his legitimate identity and right to residency in the more democratic land to which he has fled in order to avoid persecution. Likewise, the apparently idiosyncratic logic of the definition that declares the refugee to be the person in flight because she or he did something good underscores the unwarranted suspicion that the refugee *qua* refugee encounters as regards her or his intentions for entering a particular country. The dismal sense of journeying without end is captured in the image of the unrelenting attempt of the refugee, like Ulysses, »for ever (*sic*) on his way home,« infused with pathos through the knowledge that this home no longer exists as remembered (80).

The torsion of identity wrought through the passage of exile is also performed in these definitions through the use of paradox and the contradiction between the present and the past tenses of desire and longing. The refugee occupies the frustrated, ironizing predicates of »a man with his center of gravity outside his body,« while, at the same time, representing »a being without money or fatherland but with, alas, a body« (80). In the *verkehrte Welt* of Hoffmeister's refugee, not only place but time, too, is out of joint: »The refugee is the man who cannot stay at home because he belongs sometimes to yesterday, sometimes to to-morrow, but never to to-day« (80). Likewise, his very subject position is characterized by contradiction, ambivalence, and irony: for, the »unwilling tourist« – the English book title underscores the centrality of this descriptor for the exile – is not welcome in any of the ports he enters seeking refuge (ironically referred to above through the euphemism of »tourism«), but rather is received at best as disloyal and suspicious, and at worst as a criminal to be interrogated, contained and imprisoned. Nor does the refugee wish to be received as a tourist – although this would at least imply some level of acceptance of a particular contract of residency or shelter on the part of the host country.

In fact, a host country's perception of foreigners fleeing persecution as tourists rather than people in search of refuge would be cynical, willfully naïve in political and humanitarian terms, or plain ignorant. Likewise, the implications of the improbably inappropriate designator »tourist,« a pleasure seeker temporarily on holiday from a life to which he or she will soon choose to return, underscores the importance of taking the category »refugee« seriously as both a political and a humanist dilemma in a world where belonging is allocated through the status of nation statehood. This understandable resistance on the part of refugees demonstrates their reluctance to underplay the political validity of their presence and their request for sanctuary in a host country.

VI. Conclusion: Deconstructing the Travelogue

This essay has explored the multivalent and politically inflected account of Hoffmeister's protagonist Jan Prokop's passage of exile that grips readers through the tension sustained between the visual register of caricature and the tone and rhetoric deployed in a narrative characterized by carefully modulated satire underwritten by doses of pathos, suggesting an underlying despair. This paradoxical and unlivable space of passage is captured pronouncedly in the oxymoronic title *Unwilling Tourist* for the 1942 English publication. Paying particular attention to the staging of a constantly shifting relationship between ground and figure (or text and image) effected in his sharp yet fragile tale of exilic passage, my essay has examined one highly revealing historic and aesthetic example taken from lesser known literature of exile. Hoffmeister's work demonstrates the way in which caricature and other modalities of the grotesque may be used as incisive tools of political critique in the hands of the disenfranchised.

The torsion of the exilic subject, performed quite literally on the subject's body and psyche through the passages and quests to find sanctuary from political persecution, is captured in Hoffmeister's text through tone and rhetorical figures such as paradox or the oxymoron. Scholar Jörg Thunecke considers Hoffmeister's book to be a form of travelogue or »Reisebericht,« which he defines as an illustrated account of the experiences of a traveler in the various places he or she visits.[20] However, I would argue that if Hoffmeister's book is to be read as a travelogue, it could only be understood as a deeply satirical, political refashioning intent on deconstructing the genre. Both the book's title and the constant inversion of the figure-ground constellation through rhetorical devices explored above in the discussion of alternative definitions of »refugee« originate in the boredom and uncertainty of a long voyage away from »home.«

20 Thunecke: Definitions of Exile (see fn. 6), pp. 181–183.

Indeed, the exilic voyage that is offered to us by way of a critical exploration of Hoffmeister's text and illustrations has more to do with figures of stagnation, torsion, despair, and estrangement than with exotic adventures or picturesque travel accounts. It is in no way a refuge for the homeless, but the movement of critical thought demanded through the dialectical tensions inherent in Hoffmeister's book have the potential to convey the extreme trials and monotonous travails of a passage into exile to the armchair traveler reading from the safe harbor of home.

Image Credits:
Figs. 1–4: John Lane the Bodley Head.

Martin Schieder

Transplanted Talent
Max Ernst in the Wilderness*

> »Siehe, jetzt musst du harren an der fürchterlichen Klippe, ausgestreckt hängen am Felsen, darfst nicht schließen dein Aug zum Schlafe, nicht biegen das Knie zur Ruhe.«
>
> Aischylos (zugeschrieben): Der gefesselte Prometheus

Ignominie

»J'ai l'habitude de parcourir vingt lieues à cheval tous les jours: sur ce roc minuscule au bout du monde, que pourrais-je faire? Le climat y est trop brûlant pour moi … Non, je n'irai pas à Sainte-Hélène!«[1] Mit einem Wutanfall soll Napoleon Bonaparte (1769–1821) reagiert haben, als ihm am 31. Juli 1815 eröffnet wurde, dass England ihm kein Asyl gewähren werde, sondern ihn stattdessen in die Verbannung auf ein gerade einmal 120 km² großes Eiland mitten im Südatlantik schickte. Der Wutanfall des endgültig Entmachteten gehört zu den ungezählten Geschichten, die bereits zu Lebzeiten über den *Empereur* kursierten. Anhänger, Gegner und nicht zuletzt Napoleon selbst haben sich in Text und Bild an seiner Glorifizierung beziehungsweise an seiner Damnatio beteiligt. Ein fester Bestandteil der *Légende napoléonienne* ist Napoleons letzte Etappe in die Verbannung. Nur ein Jahr nach dessen Tod veröffentlichte der englische Seeoffizier und Chirurg William Warden, der Napoleon und den Hofstaat der letzten Getreuen ins unfreiwillige Exil begleitet hatte, seine *Letters written on Board His Majesty's Ship the Northumberland and at St. Helena*, kurz darauf erschienen in acht Bänden Napoleons Erinnerungen *Mémorial de Sainte Hélène*, die der Verbannte dem Comte de Las Cases auf Sankt Helena diktiert hatte. Beide Zeitzeugen berichten detailliert von der Überfahrt des einstigen Weltenherrschers ans andere Ende der Welt, vom reglementierten Leben an Bord, vom legendären Feldbett, auf dem Napoleon auch während seiner letzten Reise schlief, von den nautischen Konversationen mit der Schiffsbesatzung der »Northumberland« sowie von der Überquerung des Äquators. Die Einsam-

---

* Auf der Suche nach Max Ernst in der Wildnis wäre ich ohne die Hilfe von Julia Drost, Richard Blum und Anna Widdecke gescheitert.
1 Zit. n. Georges Bordonove: La vie quotidienne de Napoléon en route vers Saint-Hélène. Paris 1977, S. 135. Vgl. Albert Benhamou: L'autre Sainte-Hélène. La captivité, la maladie, la mort, et les médecins autour de Napoléon. London 2010.

und Tatenlosigkeit der eintönigen Überfahrt war ein ernüchternder Vorge-
schmack auf Napoleons zukünftige und letzte Lebensetappe; »rien n'interrompait
l'uniformité de nos moments; chaque jour passait lentement en détail«.[2] Wie so
viele Betroffene in der Geschichte des Exils und der Vertreibung konfrontierte
sich Napoleon mit der Frage, ob er seinem Leben nicht ein Ende bereiten solle,
»plutôt que de souffrir l'ignominie de son exil«. Der Verbannte beruhigte jedoch die besorgten Weggefährten: »Le véritable héroïsme consiste à être supéri-
eur aux maux de la vie.«[3] Aus den zeitgenössischen Berichten erfährt der Leser
zudem, dass Napoleon überlegte, wie sein Bruder Joseph Bonaparte in die USA
ins Exil zu gehen.[4] Die Hoffnungen, dass ihm das Land Asyl gewähren würde,
zerschlugen sich allerdings, weil ihm die nötigen Papiere verweigert wurden.
Stattdessen überbrachte ihm die englische Regierung die Nachricht, die ihn so
empörte: »L'île de Sainte-Hélène a été choisie pour sa future résidence.«[5]

Am 14. Oktober 1815, nach 70 Tagen auf See, erreichte die »Northumberland« mit ihrem berühmten Passagier das zweitausend Kilometer vom französischen Festland entfernte Eiland. Nur 15 Minuten nach der berechneten An-
kunftszeit. »Rien ne peut montrer davantage les progrès de la navigation, que
cette espèce de merveille, par laquelle on vient de si loin attaquer et rencontrer
à heure fixe un seul point dans l'espace.«[6] Nach Ansicht des britischen *Observer*,
der am 29. Oktober einen ausführlichen Bericht über Sankt Helena veröffentlichte, war die Insel aufgrund ihrer vulkanischen Formation der ideale Ort für
den temperamentvollen Inselbewohner.[7] Zum Sinnbild des Napoleonischen
Exils wurde in zahlreichen Grafiken und Karikaturen die Darstellung des entmachteten Imperators auf den Felsen über der Bucht von Jamestown, wie er
einsam sinnend über das weite Meer blickt (Abb. 1).

Die mythische Deutung dieses *imaginaire romantique* liefert Las Cases, der
in seinem *Mémorial* beschreibt, wie die »Northumberland« ihren Anker vor

---

2 Emmanuel Las Cases: Mémorial de Sainte-Hélène, ou Journal où se trouve consigné, jour par
   jour, ce qu'a dit et fait Napoléon durant dix-huit mois. Paris 1823, 8 Bde., Bd. I, S. 149.
3 William Warden: Extraits de lettres écrites pendant la traversée de Spithead à Sainte-Hélène et
   durant quelques mois de séjour dans cette île. Paris 1817, S. 41.
4 Warden: Extraits de lettres (s. Anm. 3), S. 43 f.: »Il se détermina à aller en Amérique, pour s'y
   établir sur le rivage de quelque grand fleuve, où il ne doutoit pas que bon nombre de Buonapar-
   tistes ne vinssent bientôt le joindre«.
5 Las Cases: Mémorial de Sainte-Hélène (s. Anm. 2), Bd. I, S. 74.
6 Las Cases: Mémorial de Sainte-Hélène (s. Anm. 2), Bd. I, S. 298.
7 A descriptive sketch of the Island of St. Helena. In: The Observer, 29.10.1815: »But if nature in
   her wrath shall have furnished this rugged but interesting abode for a head that could never rest
   before; if some volcanic explosion of her physical elements has given birth […] to an island des-
   tined to receive this production of a moral volcano in the French Revolution, as great as history
   has ever recorded, may he only remain as quiet from the repetition of ill as those elements have
   left this spot!«

Abb. 1: Pierre-Eugène Aubert: Napoleon auf Sankt Helena, 1840, Kupferstich

Sankt Helena warf: »C'est là le premier anneau de la chaîne qui va clouer le moderne Prométhée sur son roc.«[8]

Travailleurs de la mer

Knapp 40 Jahre später musste mit Victor Hugo (1802–1885) wieder ein Großer Frankreich verlassen. Hatte sich der Schriftsteller während der Restauration unter Charles X. noch zur royalistischen Idee bekannt, ließ er sich 1848 als Republikaner in die Assemblée constituante und in die Assemblée législative wählen. Als er im Dezember 1851 öffentlich gegen den Staatsstreich von Louis Bonaparte – *Napoléon, le Petit*, wie der Dichter den neuen Kaiser der Franzosen in seinem gleichnamigen Pamphlet verspottete – opponierte, sah sich Hugo im August 1852 gezwungen, ins Exil auf die Kanalinseln Jersey beziehungsweise Guernsey zu gehen. In der selbst gewählten Einsamkeit entwickelte Hugo eine besondere schöpferische Produktivität, nicht zuletzt deshalb, weil er die Erfah-

---

8 Las Cases: Mémorial de Sainte-Hélène (s. Anm. 2), Bd. I, S. 299. Vgl. Alain Pougetoux: Sainte-Hélène dans la légende romantique. In: Napoléon à Sainte-Hélène. La Conquête de la Mémoire. Hg. v. Pierre Branda u. a. Ausst.-Kat. Musée de l'Armée, Paris. Paris 2016, S. 62–68.

rung des Exils zum Thema seiner poetischen und politischen Schriften machte; u. a. in den autobiografischen *Contemplations* (1856) und in dem Roman *Les Travailleurs de la mer* (1866). In mehreren Zeichnungen thematisierte er sein Schicksal zudem in bildlicher Form. So entstand 1858 eine Sepiazeichnung, auf der sich ein Segelschiff inmitten einer bedrohlichen Wetterfront durch die hohe See kämpft. Der Dichter hat das Blatt nicht nur signiert und mit der Ortsangabe *Guernesey, 1858* versehen, sondern mittig in Versalien auch seinen Titel eingeschrieben: *EXIL* (Abb. 2).

Der Ozean war Hugos Exil. Abgeschnitten von der Welt, suchte der Schriftsteller nach einem Mittel, mit dem er die Aufmerksamkeit des abwesenden Publikums für seine Werke und Person zu gewinnen hoffte. Dazu sollte ihm die Fotografie dienen, deren mediales Potenzial Hugo früh erkannte und strategisch einsetzte, um seinen Publikationen eine zusätzliche Authentizität zu verleihen. Tatsächlich sind die romantischen Aufnahmen, die er zusammen mit seinem Sohn Charles sowie mit dem Journalisten und Fotografen Auguste Vac-

Abb. 2: Victor Hugo: EXIL, 1858, Pinsel und Feder, Tinte auf Papier, 23,7×18,8 cm, Maison de Victor Hugo, Paris

Abb. 3: Victor Hugo sur la grève d'Azette, 1853, Fotografie

querie von sich selbst in der wilden Natur von Guernsey machte, heute bekannter als die genannten Schriften – es handelt sich um die wohl frühesten Fotografien eines Exilanten überhaupt! Auf ihnen inszeniert sich Hugo als einsamer Dichter und Demiurg im Exil, wie er vom Rocher des Proscrits mit visionärem Blick über den Ozean in die geografisch wie politisch so ferne Heimat schaut (Abb. 3).

»Le voici, fait par moi. Je resterai proscrit, voulant rester debout.«[9] Gleich den Fotografien nimmt in seinen Texten die Schilderung der wilden Natur, des Meeres und der Felsen breiten Raum ein. So widmet er den Roman *Les Travailleurs de la mer* »au rocher d'hospitalité et de liberté, à ce coin de vieille terre normande où vit le noble petit peuple de la mer, à l'île de Guernesey, sévère et douce, mon asile actuel, mon tombeau probable«.[10] Um die Schönheit und Wildnis der Landschaft in Worte zu fassen, entwickelt er eine höchst poetische,

---

9 Zit. nach En collaboration avec le soleil. Victor Hugo. Photographies de l'exil. Hg. v. Françoise Heilbrun und Danielle Molinari. Ausst.-Kat. Musée d'Orsay und Maison de Victor Hugo, Paris. Paris 1998, S. 55, Anm. 56.
10 Victor Hugo: Les Travailleurs de la mer. Paris 1866, 2 Bde., Bd. I, S. VI.

romantische, ja, geradezu surrealistische Bildsprache. Die Präambel *L'Archipel de la Manche*, in der *Les Rochers* ein eigenes Kapitel gewidmet ist, liest sich wie eine Hommage an die beiden Inseln:

> Dans le granit. Rien de plus étrange. D'énormes crapauds de pierre sont là, sortis de l'eau sans doute pour respirer; des nonnes géantes se hâtent, penchées sur l'horizon; les plis pétrifiés de leur voile ont la forme de la fuite du vent; des rois à couronnes plutoniennes méditent sur de massifs trônes à qui l'écume n'est pas épargnée; des êtres quelconques enfouis dans la roche dressent leurs bras dehors, on voit les doigts des mains ouvertes. Tout cela c'est la côte informe. Approchez. Il n'y a plus rien. [11]

Ein wenig prosaischer klingt da der Bericht seines Freundes Vacquerie über die Ankunft auf Jersey, die ihn an das Schicksal einer historischen Größe erinnert:

> A huit heures commencent les rochers; on en voit à droite, à gauche, devant, derrière: un troupeau; ils se traînent à quatre pattes au fond de l'eau et font le grand dos. Puis il y en a qui sont des aiguilles, des clochetons, des cathédrales. […] Apparition de Jersey. Cette île charmante […] nous apparaît sous la forme d'un monceau de roches arides et calcinées; nous cherchons vainement une feuille d'arbre; *Saint-Hélier ressemble furieusement à Sainte-Hélène* [Hervorhebung durch Vf.]. [12]

Transmogrification

Bekanntlich ist Max Ernst (1891–1976) nicht mit dem Schiff in sein transatlantisches Exil gefahren. Dass er stattdessen in letzter Minute im Flugzeug in die USA fliehen konnte, verdankte er dem Direktor des Museum of Modern Art (MoMA), Alfred H. Barr, dem Leiter des Emergency Rescue Committee (ERC) in Marseille, Varian Fry, sowie seiner neuen Geliebten, Mäzenin und zukünftigen, aber kurzzeitigen Ehefrau Peggy Guggenheim. Nach seiner Internierung im Camp des Milles und Verhaftung durch die Gestapo war in Ernst der Entschluss gereift, Europa zu verlassen. Als er Barr mittels seines Sohnes Jimmy über seine Auswanderungspläne informierte und um Hilfe bat, reagierte dieser umgehend: Am 12. November 1940 ließ Ingrid Warburg Spinelli der amerikanischen Einwanderungsbehörde eine von Barr und Kenneth Macpherson unterzeichnete Bürgschaft für Max und seine jüdische Ehefrau Luise »Lou« Straus-Ernst (von der Ernst seit 1926 geschieden war) zukommen. [13] Eine Wo-

---

11 Hugo: Les Travailleurs de la mer (s. Anm. 10), Bd. I, S. 21 f.
12 Auguste Vacquerie; zit. nach En collaboration avec le soleil (s. Anm. 9), S. 47 f. (ohne genaue Quellenangabe).
13 Vgl. Eva Weissweiler: Notre Dame de Dada Luise Straus. Das dramatische Leben der ersten Frau von Max Ernst. Köln 2016.

che später nahmen Fry und seine rechte Hand Daniel Benedicte Kontakt mit Ernst auf, der sich nach Saint-Martin d'Ardèche zurückgezogen hatte, »en vue de savoir si nous pouvons vous être utiles«.[14] Der Künstler zeigte sich erleichtert, dass Barr sein Hilfegesuch an das ERC weitergereicht hatte, »pour pouvoir immigrer aux États-Unis«.[15] Zugleich erklärte sich Peggy Guggenheim, die in Grenoble die Verschiffung ihrer Kunstsammlung in die USA in die Wege leitete, dazu bereit, »[to] pay passages Breton Brauner Ernst«.[16] Doch um den Künstler, wie ursprünglich geplant, per Schiff in die USA zu bringen, bedurfte es eines langwierigen, zumal konspirativen und diplomatischen Verwaltungsaufwandes für die dazu nötigen Dokumente. Am 14. Januar 1941 kabelt Benedicte Ernst, dass die amerikanische »autorisation de vous délivrer« vorläge und die »passages de Lisbonne / New York« bezahlt seien.[17] Dieser kündigte an, sich um einen Passierschein zu bemühen und im amerikanischen Generalkonsulat und beim ERC in Marseille vorstellig zu werden. Kurz danach erreichte ihn die Nachricht, dass für ihn und »Lou« nun auch die portugiesischen Transitpapiere vorlägen, er solle deshalb alsbald einen spanischen Transitantrag beantragen.[18] Umgehend kündigte der Künstler via Postkarte von Duchamps *Ampoule contenant 50 c.c. d'air de Paris* (1937) Fry seine Ankunft in Marseille an, wo er in der Villa Air-Bel Breton und seine surrealistischen Freunde wiedersehen sollte. Nachdem die Bestätigung für den Transfer von Lissabon nach New York via Martinique eingegangen war, konnte Ernst endlich den Wartesaal der Exilanten verlassen. In seinen *Biographischen Notizen* berichtet er von dem französischen »verständnisvollen Stationsvorsteher«, der ihn samt seiner Bilder mit dem »falschen Zug« über die französisch-spanische Grenze habe entkommen lassen.[19] Am 5. Mai vermeldet das Unitarian Service Committee Fry die Ankunft von Ernst in Lissabon.[20]

14 Varian Fry und Daniel Benedicte an Max Ernst, 19.11.1940; Washington D. C., United States Holocaust Memorial Museum, The International Rescue Committee Collection, 1940–1945, #1991.242.
15 Max Ernst an Daniel Benedicte, 25.11.1940; Washington D. C., United States Holocaust Memorial Museum, The International Rescue Committee Collection, 1940–1945, #1991.242.
16 Telegramm des ERC New York an das ERC Marseille, 14.01.1941; Washington D. C., United States Holocaust Memorial Museum, The International Rescue Committee Collection, 1940–1945, #1991.242.
17 Daniel Benedicte an Max Ernst, 14.01.1941; Washington D. C., United States Holocaust Memorial Museum, The International Rescue Committee Collection, 1940–1945, #1991.242.
18 J. Gemahling an Max Ernst, 25.01.1941; Washington D. C., United States Holocaust Memorial Museum, The International Rescue Committee Collection, 1940–1945, #1991.242.
19 Max Ernst: Biographische Notizen (Wahrheitsgewebe und Lügengewebe) [1962]; zit. nach Max Ernst. Retrospektive 1979. Hg. v. Werner Spies und Thomas W. Gaehtgens. Ausst.-Kat. Haus der Kunst, München. München 1979, S. 167.
20 Unitarian Service Committee Lissabon an ERC Marseille, 5.5.1941; Washington D. C., United States Holocaust Memorial Museum, The International Rescue Committee Collection, 1940–1945, #1991.242.

In der portugiesischen Hauptstadt entwickelte Ernsts privates Leben eine turbulente Dynamik. In Marseille ließ er »Lou« unter ungeklärten Umständen zurück, obwohl das ERC auf Initiative ihres gemeinsamen Sohnes Jimmy für beide Visa und Schiffstickets organisiert hatte. Luise Straus-Ernst wurde April 1944 nach Auschwitz deportiert und ermordet; erst Jahrzehnte später ist ihr Wirken und Schicksal wieder in den Blick gerückt worden.[21] Für Max Ernst kam es in Lissabon zu einem unerwarteten Wiedersehen mit seiner Geliebten Leonora Carrington, die er seit seiner Internierung im Camp des Milles zwei Jahre lang nicht mehr gesehen hatte und die nun in Begleitung des mexikanischen Schriftstellers Renato Leduc auf ihre Passage in die Freiheit wartete. Zugleich betrat die attraktive und reiche Peggy Guggenheim die Bühne, die sich in den deutschen *beau* verliebte und ihm anbot – im Tausch gegen ein paar Kunstwerke –, das Flugticket nach New York zu bezahlen. Am 9. Mai schreibt Ernst aus dem Francfort Hotel Praza Rossio in Lissabon: »Ich selbst fliege am 20. Juni mit dem Clipper.«[22] Aber erneut verzögerte sich die Weiterreise. Erst nachdem Roland Penrose für ihn gebürgt hatte, erhielt er am 26. Juni 1941 vom Britischen Amt für Zollkontrolle das Transitvisum für Trinidad und für die Bermudas. Gemeinsam flogen Max und Peggy in einer Pan Am Boeing B-314, einer sogenannten *Dixie Clipper*, mit Zwischenstopp auf Trinidad und auf den Bermudas, in die USA. Am 14. Juli 1941 landeten sie auf dem Marine Air Terminal La Guardia, wo sie Gordon Onslow Ford sowie Ernsts Sohn Jimmy erwarteten. Aufgrund seines deutschen Passes wurde der Künstler umgehend von der amerikanischen Einwanderungsbehörde als *enemy alien* verhaftet und drei Tage lang in Ellis Island interniert. Mit der ihm eigenen Ironie notiert Ernst in seinen *Biographischen Notizen*, wie er auf diese Weise in den Genuss des Anblickes kam, der alle Migranten überwältigte, wenn ihr Schiff endlich in New York anlegte: »Schöne Aussicht auf die Freiheitsstatue.«[23] Kurz danach erreichte auch Leonora Carrington auf der *Exeter* die amerikanische Metropole. »I don't ever recall seeing such a strange mixture of desolation and euphoria in my father's face when he returned from his first meeting with Leonora in New York«, erinnert sich Jimmy.[24] Als Peggy dem Treiben nicht mehr länger zuschauen wollte, reiste sie mit Max zu ihrer Schwester Hazel McKinley im kalifornischen Santa

---

21 Vgl. Weissweiler: Notre Dame de Dada Luise Straus (s. Anm. 13).

22 Max Ernst. Leben und Werk. Hg. v. Werner Spies. Köln 2005, S. 159.

23 Zit. nach Ernst: Biographische Notizen (s. Anm. 19), S. 168. Zu den Schiffspassagen ins Exil in den 1930er/40er Jahren vgl. Martin Schieder: The transatlantic crossing by ship into exile during World War II. From heterotopic experience to aesthetic reflection. In: Uwe Fleckner, Maike Steinkamp und Hendrik Ziegler (Hg.): Der Künstler in der Fremde. Migration – Reise – Exil. Berlin und Boston 2015, S. 283–305; Ders.: Die Überfahrt als Daseinsmetapher. Auf dem *Navio de emigrantes* von Lasar Segall. In: Kunsttopographien globaler Migration: Orte und Räume transitorischer Kunsterfahrung (kritische berichte, 2/2015). Hg. v. Burcu Dogramaci, Birgit Mersmann, Anna Minta und Mona Schieren, S. 39–49.

24 Jimmy Ernst: A not-so-still life. A memoir. New York 1984, S. 213–214.

Abb. 4: Max Ernst: Napoleon in the Wilderness, 1941, Öl auf Leinwand, 46,3 × 38 cm, MoMA, New York

Monica, wo dieser damit begann, alte Bilder, die er aus Europa mitgebracht hatte, zu vollenden und mit neuen zu beginnen.

In *Napoleon in the Wilderness* (Abb. 4), ein von der Forschung bisher kaum wahrgenommenes Werk, wird der Maler das lange Warten, die dramatische Passage, das Ankommen in der Fremde sowie seine Liebesgeschichten verarbeiten. In einem Interview, das Ernst 1946 gab, verrät er, dass dieses das erste Gemälde gewesen sei, das er in Amerika, im kalifornischen Santa Monica, vollendet habe, nachdem er schon in Frankreich damit begonnen hatte. Die Aussage, er habe es nach seiner Ankunft um 180 Grad gedreht und auf diese Weise die

ursprüngliche Komposition auf den Kopf gestellt und zu einer neuen Bild-
lösung gefunden, umschreibt metaphorisch nicht nur den künstlerischen Neubeginn auf der anderen Seite des Atlantiks, sondern markiert auch die Zäsur in
seinem Leben.[25] Vor dem Hintergrund des existentiellen Einschnittes erklärt
sich, weshalb *Napoleon in the Wilderness* – gleichsam das letzte europäische und
das erste amerikanische Bild von Ernst – die jüngsten Erfahrungen der Flucht
und des Exils, aber auch der unglücklichen Beziehung zu Leonora Carrington
reflektiert. Es ist gleichsam der doppelte Verlust – der der Heimat und der
der Geliebten –, der in dem Gemälde anklingt. In dem Zusammenhang hebt
Sabine Eckmann auf Ernsts Individualmythologie, mittels derer durch die
»Thematisierung eines Rückzugs in den privaten Bereich, [...] das geopoliti-
sche Displacement kompensiert« werde.[26]

Zwei amorphe Figuren, zwischen denen eine bizarre Stele in die Höhe steigt,
dominieren die *paysage animé*. Sie befinden sich auf einem Felsen vor dem spie-
gelglatten Meer, der tiefe Horizont und der azurblaue Himmel verstärken den
Eindruck von der Unendlichkeit der Natur und von der Einsamkeit ihrer beiden Bewohner. Gleichwohl sie die Gesichtszüge eines Pferdes trägt, ist die linke
Figur aufgrund ihrer Pose, Kopfbedeckung und geringen Körpergröße un-
schwer als Napoleon auszumachen. Seine Stielaugen befinden sich auf Höhe
des entblößten Geschlechts seines übergroßen weiblichen Gegenübers, deren
rotes Kostüm Korallen und Muscheln überwuchern. Um wen handelt es sich
bei der geheimnisvollen Galatea? In ihrer statuenhaften Erscheinung und weniger verhüllenden, denn entblößenden Draperie erinnert sie an die Venus von
Milo. Mit ihrer Rechten führt die Kolossalfigur ein vegetabiles, einem Saxo-
phon ähnelndes Blasinstrument an ihre Lippen, in dessen Schallbecher sich ein
fledermausähnliches Monster eingenistet hat. Ist Napoleons Muse etwa eine
Allegorie auf das jazzliebende Amerika? Ist sie eine Chimäre, wie sie der Künstler 1942 in dem Bildgedicht »First Memorable Conversation with the Chimera« beschreibt?[27] Oder handelt es sich um Ernsts »Windbraut«, die einstige
Geliebte Leonora Carrington, während er sich selbst in der Figur des Napoleon
als der abwesende Geliebte darstellt?[28] In ihrem rostroten Kostüm erinnert die
weibliche Figur an das Bild *Bird Superior, Portrait of Max Ernst*, das Carrington

---

25 Max Ernst. In: Eleven Europeans in America, Bulletin of the Museum of Modern Art 13/4–5
(1946), S. 16–18; hier: S. 16.

26 Sabine Eckmann: Exil und Modernismus. Theoretische und methodische Überlegungen zum
künstlerischen Exil der 1930er- und 1940er-Jahre. In: Burcu Dogramaci (Hg.): Migration und
künstlerische Produktion. Bielefeld 2014, S. 23–42; hier: S. 23.

27 Max Ernst: First Memorable Conversation with the Chimera. In: VVV 1 (Juni 1942), S. 17.

28 Zwei Collagen, die Ernst 1938 für Carringtons *La maison de peur* anfertigte, zeigen Chimären
mit einem Pferdekopf. In Ernsts erotischem *Préface ou Loplop présente la Mariée du vent* begegnen sich Loplop und das Fabelwesen, während in Carringtons Novelle das Pferd als Metapher
für den abwesenden Geliebten erscheint.

1939 von Ernst anfertigte und ihren damaligen Geliebten im roten Pelz in einer ähnlich unwirklichen Landschaft zeigt.[29] Ernsts turbulentes Verhältnis zu seinen Frauen erfährt in der idiosynkratischen Fotografie von Lee Miller, die Ernst 1946 mit seiner dritten Ehefrau Dorothea Tanning in der roten Felswüste am Oak Creek von Sedona zeigt, eine spezifische Interpretation.[30] Ihre motivische Nähe zu *Napoleon in the Wilderness*, das fünf Jahre zuvor entstand, ist augenscheinlich. Hier scheinen sich die Kräfteverhältnisse in der Geschlechterbeziehung umgekehrt zu haben: Nun tritt Ernst als übermächtige(r) Gestalt(er) auf, unter dessen Dominanz Tanning gleichsam zur Liliputfigur wird. Auf dem Gemälde taucht im Hintergrund – gleichsam als Zwilling des züngelnden Monsters – ein Seeungeheuer aus dem Meer auf, das an die Chimäre erinnert, die Hugo in seinen *Travailleurs de la mer* beschreibt. Mit einer surrealen Bildgewalt konfrontiert der Schriftsteller dort den Leser mit dessen eigenen Ängsten:

> À de certains moments, on serait tenté de le penser, l'insaisissable qui flotte en nos songes rencontre dans le possible des aimants auxquels ses linéaments se prennent, et de ces obscures fixations du rêve il sort des êtres. L'inconnu dispose du prodige, et il s'en sert pour composer le monstre.[31]

Vor einer solchen Krake – denn nichts anderes beschreibt Hugo im Anschluss mit der Präzision eines Meeresbiologen – solle man sich in Acht nehmen, wenn man ihr im Meer begegne. Eine Deutung des phallischen Stalagmiten in der Bildmitte erscheint ebenfalls kaum möglich. Handelt es sich um einen Totempfahl als Hinweis auf die indianische Kultur, mit der sich Ernst seit seiner Reise mit Peggy, ihrer Tochter Pegeen und Sohn Jimmy durch Arizona und New Mexico im August/September 1941 beschäftige? Wo ihn das »starke Ockerrot der Erde« magisch anzog und er »Felsformationen« entdeckte, »die ihn an die verschiedensten Dinge erinnern«?[32] Ist es ein Sinnbild für die von Krieg, Verfol-

---

29 Vgl. Karoline Hille: Gefährliche Musen. Frauen um Max Ernst. Berlin 2007. Auffällig ist die gewölbte Bauchdecke der weiblichen Bildfigur und der sichtbare Ansatz einer Linea negra; vgl. Verena Krieger: Zur (Un-)Fruchtbarkeit der Liebe im Surrealismus. Die weibliche Gebärfähigkeit als Kreativitätsparadigma. In: Dies. (Hg.): Metamorphosen der Liebe. Kunstwissenschaftliche Studien zu Eros und Geschlecht im Surrealismus. Hamburg 2006, S. 123–152.

30 Lee Miller: Max Ernst und Dorothea Tanning in Sedona (Arizona), 1946, Photographie, in: Lee Miller. An exhibition of photographs 1929–1964. Hg. v. Jane Livingston. Ausst.-Kat. California/International Arts Found, Los Angeles 1991, S. 103.

31 Hugo: Les Travailleurs de la mer (s. Anm. 10), Bd. I, S. VI. Siehe auch Hugo: Les Travailleurs de la mer (s. Anm. 10), Bd. II, S. 203: »Une forme grisâtre oscille dans l'eau; c'est gros comme le bras et long d'une demi-aune environ; c'est un chiffon; cette forme ressemble à un parapluie fermé qui n'aurait pas de manche. Cette loque avance vers vous peu à peu. Soudain, elle s'ouvre, huit rayons s'écartent brusquement autour d'une face qui a deux yeux; ces rayons vivent; il y a du flamboiement dans leur ondoiement; c'est une sorte de roue; déployée, elle a quatre ou cinq pieds de diamètre«.

32 Ernst: Biographische Notizen (s. Anm. 19), S. 172. Vgl. Samantha Kavky: Max Ernst in Arizona: Myth, Mimesis, and the Hysterical Landscape. In: RES. Anthropology and Aesthetics

gung und Holocaust gemarterte Menschheit? Handelt es sich um eine Abbreviatur der 1804 errichteten *Colonne de la Grande Armée*, mit der Napoleon an seine geplante Invasion Englands erinnern wollte? Oder ist es ein Verweis auf die Salzsäule, zu der Lots Ehefrau erstarrt, als sie auf ihrer Flucht(!) zurückblickt; 1941 entsteht Ernsts Gemälde *Lots Töchter* (Privatsammlung). Wie die beiden hybriden Figuren ist die Stele osmotisch mit der amorphen Fels- und Korallenlandschaft verwachsen, die der Maler mit seiner spezifischen Décalcomanie-Technik erschaffen hat. Angesichts dieser »bewildering transmogrifications«, von denen Henry Miller in dem Sonderheft der Zeitschrift *View* zu Max Ernst spricht,[33] fallen einem erneut Hugos phantastische Beschreibungen der Grotten ein, deren bizarre Gesteinsformen Algen und Muscheln überwuchern.[34]

Die Vermutung, dass Ernst bei der Genese seines Bildes Victor Hugo zu einem Wahlverwandten auserkoren hat, liegt nahe. Denn es bestand nicht nur im Werk der meisten Surrealisten sowohl eine ästhetische als auch, gerade im Fall von Ernst, technische Affinität zum Werk(prozess) des Dichters und Zeichners.[35] »Hugo est surréaliste quand il n'est pas bête«, mit diesen Worten hatte André Breton schon im ersten *Manifeste du surréalisme* diesen zum Ahnvater des Surrealismus erklärt.[36] Dessen Schicksal machte ihn in den 1930er und 1940er Jahren zudem zu einer politischen Symbolfigur. So veröffentlichte die Literaturzeitschrift *Europe* 1935 ein Themenheft zu Hugo, in dem André Chamson seinen Essai *Hugo de l'exil* mit dem programmatischen Satz einleitete: »Je pense au Hugo de l'exil. Ce n'est pas une médiatation inactuelle.« Zugleich erinnerte Chamson aufgrund ebendieser bedrückenden Aktualität an die semantische Ebene, dass ein Künstler selbst im Exil nicht zum Schweigen gebracht werden könne, wenn er die ihn umgebende Natur zum Sprechen brin-

---

57/58 (2010), S. 209–228.

33 Henry Miller: Another Bright Messenger. In: View 2 (1942), S. 17.

34 Hugo: Les Travailleurs de la mer (s. Anm. 10), Bd. II, S. 74 f.: »Sous ces végétations se dérobaient et se montraient en même temps les plus rares bijoux de l'écrin de l'océan, des éburnes, des strombes, des mitres, des casques, des pourpres, des buccins, des struthiolaires, des cérites turriculées. [...] Ce roc, tantôt muraille, tantôt cintre, tantôt étrave ou pilastre, était par places brut et nu, puis, tout à côté, travaillé des plus délicates ciselures naturelles. [...] Quel artiste que l'abîme! [...] C'était la rencontre de la sauvagerie et de l'orfèvrerie dans l'auguste et difforme architecture du hasard«.

35 Vgl. La cime du rêve. Victor Hugo et le surréalisme. Hg. v. Vincent Gille. Ausst.-Kat. Maison de Victor Hugo, Paris. Paris 2013; Vincent Gille: Oui, soit. Victor Hugo et le surréalisme, In: Julia Drost und Scarlett Reliquet (Hg.): Le splendide XIXe siècle des surréalistes. Dijon 2014, S. 55–84; hier: S. 72–74. Vgl. André Breton: Manuscrit autographe signé, 07.05.1936: »Certains lavis de Victor Hugo paraissent témoigner de recherches systématiques dans le sens qui nous intéresse: des données mécaniques tout involontaires qui président, est manifestement attendu une puissance de suggestion sans égale«, unter: http://www.andrebreton.fr/work/56600100596170 [abgerufen: 20.06.2017].

36 André Breton: Manifeste du surréalisme, Paris 1924.

ge.[37] Wir wissen außerdem, dass Breton das 1942 erschienene Buch *Victor Hugo et les illuminés de son temps* gelesen hat, in dem der Autor Auguste Viatte Hugos Exil mit dem Napoleons verglich – »il transfigurera Guernesey jusqu'à en faire une autre Sainte-Hélène« – und auf »l'activité métaphysique de l'exilé« abhob.[38] Möglicherweise kannte Ernst das Buch von Viatte, in jedem Fall wird er um die Ikonografie gewusst haben, die Napoleon auf Sankt Helena von seinem Felsen über den endlosen Ozean schauen lässt.[39]

Wie so viele Werke von Max Ernst bleibt *Napoleon in the Wilderness* ein enigmatisches, gleichob uns der Künstler seine vermeintliche Bildquelle verrät: Als er kurz *nach* Vollendung des Gemäldes die National Gallery in Washington D. C. besucht habe, sei er dort auf die *Allegorie* von Piero di Cosimo gestoßen, die eine verblüffende ikonografische Nähe zu seinem Gemälde zeigt, etwa zum tanzenden Pferd und zu seiner Wächterin sowie zum Seeungeheuer im Vordergrund. Naheliegend ist es, Napoleons Schicksal mit dem des Künstlers gleichzusetzen, der sich als »Fremder« darstellt, derweil die unwirkliche und unwirtliche Landschaft als »Synonym für das Exil, für das Fremde« erscheint, wie Julia Drost vorschlägt.[40] Tatsächlich empfand Ernst das Leben in der Wildnis des *American Southwest* als besondere Erfahrung des Exils.[41] In besagtem Interview von 1946 erläutert der Künstler zudem, dass das Gemälde unter den Eindrücken der jüngsten Historie entstanden sei: »I had just come from Europe and dictators. The final painting is possibly an unconscious expression of my feelings at the time; for its central figure is not a triumphal Napoleon, but a Napoleon in the wilderness on St. Helena in exile and defeat.«[42] Eine solche zeitge-

---

37 André Chamson: Hugo de l'exil. In: Europe 150/15 (Juni 1935), S. 88–92: »Cette prise de possession des puissances élémentaires – la mer, le ciel, ce que l'œil voit […] est sa véritable revanche«.

38 Auguste Viatte: Victor Hugo et les illuminés de son temps. Paris 1942, S. 130 und 134.

39 Die Figur Napoleons erscheint bereits 1934 auf der Tafel *Le Lion de Belfort* in Ernsts Collageroman *Une Semaine de Bonté ou Les Sept éléments capitaux*. Schon dort symbolisiert sie die Inkarnation des Diktators und die aufkommende Gefahr des Dritten Reichs.

40 Julia Drost: Europas neue Nomaden – Max Ernst zwischen Welterkundung und Vertreibung. In: Heinz Duchhardt (Hg.): Jahrbuch für Europäische Geschichte. München 2010, Bd. II, S. 139–159; hier: S. 152.

41 »I replaced the moral loneliness of the cities with the real loneliness of the landscape of Arizona«; zit. nach Jürgen Pech: Max Ernst in America. The Years in Exile. In: Max Ernst. Dream and revolution. Hg. v. Werner Spies u. a. Ausst.-Kat. Modern Museet Louisana, Stockholm. Ostfildern-Ruit 2008, S. 157–161; hier: S. 161. Vgl. Max Ernst an Richard Oelze, 30.11., ohne Jahr [1950], Kunsthalle Bremen, Richard Oelze-Archiv: »Ich lebe jetzt in Arizona, dem wilden Westen und habe es dort sehr gerne. Es ist die großartigste Landschaft die man sich nur träumen kann, und das Klima ist wunderbar. Ich bleibe hier in Paris bis zum Frühjahr (oder Sommer) und fahre für ein Jahr in die Wildnis zurück«; zit. nach Renate Wiehager: »Ich bin Surrealist« – Richard Oelze in Paris 1933 bis 1936. In: Richard Oelze. Die Söhne des Junggesellen. Einzelgänger des Surrealismus. Hg. v. Christine Hopfengart. Ausst.-Kat. Kunsthalle Bremen. Stuttgart 2000, S. 39–47; hier: S. 45.

42 Eleven Europeans in America (s. Anm. 25), S. 16.

schichtliche Interpretation des Gemäldes erscheint naheliegend, zumal wenn man sich vergegenwärtigt, dass der charismatische Staatsmann und Heerführer bei Ausbruch des Zweiten Weltkrieges in der amerikanischen Öffentlichkeit und Historiografie neue Aufmerksamkeit erfuhr. Wiederholt wurde dabei der Vergleich zwischen ihm und dem aktuellen Kriegsführer – Adolf Hitler – hergestellt.[43] Der ebenfalls emigrierte und dem Surrealismus nahestehende Kritiker Nicolas Calas brachte diese Diskussion unmittelbar mit dem Bild *Napoleon in the Wilderness* in Verbindung, als er das Gemälde in der Zeitschrift *Art News* erstmals veröffentlichte und auf einen Artikel der *New York Times* verwies, in dem Napoleon und Hitler miteinander verglichen werden.[44]

Transplantation

Welche Bedeutung das kleinformatige Gemälde, es misst gerade einmal 46,3×38 cm, für Ernst besessen haben mag, lässt sich an der prominenten Provenienz und Rezeption des Bildes ablesen. Kurz nach seiner Vollendung ging es zunächst in den Besitz von Peggy Guggenheim über; offensichtlich gehörte es zu den Werken, mit denen der Künstler bei seiner Mäzenin das Ticket in die Freiheit bezahlte. Doch dort blieb es nur kurz. Am 29. Juli 1942 wurde es in der Ausstellung *New Aquisitions and Loans by Picasso, Van Gogh, Ernst and others shown at Museum of Modern Art* als Neuerwerbung präsentiert.[45] Aber wie gelangte es von der Privatsammlung ins MoMA? Tatsächlich ist der Transfer

---

43 Vgl. Hans Kohn: Revolutions and dictatorships. Essays in contemporary history. Cambridge, Mass. 1941; Letters from the Corsican. A series of communications from Napoleon Bonaparte to Adolf Hitler. New York 1940.

44 Nicolas Calas: Incurable and Curable Romantics. In: Art News, Dezember 1941, S. 26–28 und 39–40, passim: »While Napoleon remained a Classic with a Humanist background, Hitler is Romantic. But why, when France tried to conquer the world did she need to have as a leader a Classic-minded ruler, while Germany in the same situation looks toward a Romantic Führer?« Calas berief sich auf den Artikel »Napoleon and Hitler«, der am 23.03.1941 in der *New York Times* erschienen war: »Historians have not failed to point out that the Napoleonic wars strikingly resemble that in which Hitler is now engaged«. Hier wird das Bild noch in der »collection of the artist« verortet.

45 In der Pressemitteilung des MoMA vom 29.07.1942 heißt es: »Max Ernst, the German-born painter who worked for many years in France but is now established in this country. The painting, Napoleon in the Wilderness, was done in 1941 after the artist's arrival here, and was included in the one-man show given Ernst by the Valentine Gallery this spring«. (New York, Museum of Modern Art, Archiv). Die *New York Times* notierte damals: »The third acquisition is ›Napoleon in the Wilderness,‹ by Max Ernst, who was born in Germany, became prominently identified with the modern Ecole de Paris, and is now living in America. The present canvas was painted after Ernst's arrival here. Napoleon is portrayed, from the neck up, as a donkey; and after that metamorphosis almost anything, one supposes, could happen in the wilderness.« Edward Alden Jewell: Modern Museum opens new show. In: The New York Times, 29.07.1942, S. 15.

durchaus ungewöhnlich, denn Guggenheim tauschte es im Juli 1942 nach längeren Verhandlungen mit Barr gegen das suprematistische Werk *Untitled* (um 1916) von Kasimir Malevich. Der Museumsdirektor hatte dieses 1935 auf seiner Reise durch Deutschland im Zuge der Vorbereitungen für die Ausstellung *Cubism and Abstract Art* bei Alexander Dorner in Hannover erworben und in einem Regenschirm aufgerollt aus Deutschland geschmuggelt. Ursprünglich sollte dieses Bild wohl gegen Ernsts Objektstilleben *The Harmonious Breakfast* eingetauscht werden, doch dann machte Barr den Deal mit *Napoleon in the Wilderness*.[46] Trennte sich Peggy von dem Gemälde, weil sie in der weiblichen Figur ihre persönliche Chimäre Leonora Carrington wiedererkannte? Tatsächlich hat sie nach dem Liebesaus mit Ernst einige Bilder, die wie *The Stolen Mirror* (1941) auf ihre private Beziehung Bezug nehmen, abgestoßen. Bevor *Napoleon in the Wilderness* ins MoMA gelangte, zeigte Ernst das Gemälde in seiner Einzelausstellung März/April 1942 in der Valentine Gallery; im folgenden Frühjahr war es zusammen mit *Europa nach dem Regen* im Bostoner Institute of Modern Art im Rahmen der Ausstellung *Europe in America* zu sehen, deren Katalog auf Ernsts spezifische Naturbeschreibung abhob.[47]

Die Erfolgsgeschichte von *Napoleon in the Wilderness* veranschaulicht exemplarisch die Präsenz der exilierten surrealistischen Künstler in amerikanischen Ausstellungen, Museen und Privatsammlungen – es sei hier neben der Galerie Art of the Century von Peggy Guggenheim auf die Bemühungen von Alfred Barr am MoMA sowie auf die beiden Galeristen Julien Levy und Pierre Matisse verwiesen. Mit ihrer Präsenz setzte in den Medien eine kontroverse Debatte ein über den *impact* des Exils sowohl für die ankommenden als auch für die einheimischen Künstler: Der Eigenwahrnehmung der Ankommenden stand auf der anderen Seite des Ozeans die Fremdwahrnehmung der Empfangenden gegenüber. Richtungsweisend für die Diskussion um die *transplanted talents* war der Beitrag »School of Paris comes to U. S.« in der von Klaus Mann herausgegebenen Zeitschrift *Decision*, in dem Sidney Janis Ende 1941 all die exilierten Künstler auflistet, die jetzt in New York lebten und die von dem »impetus« profitierten, »they have gained from their new environment«, wobei er Fernand Léger, Piet Mondrian, Matta und Ernst hervorhebt. Zu Letzterem zeigt er eine Fotomontage *The MAXES Confront the ERNSTS* (Abb. 5), auf der wir den

---

46 Vgl. Ernst: Leben und Werk (s. Anm. 22), S. 189; Angelica Zander Rudenstine: Peggy Guggenheim Collection, Venice. The Solomon R. Guggenheim Foundation. New York 1985, S. 476. Auf einer Fotografie der Ausstellung *Objects, Drawings, Photographs, Paintings, Sculpture, Collages, 1910–1942* im Jahr 1942 in der Gallery Art of this Century sehen wir Malevichs Gemälde um 180 Grad gedreht falschherum aufgehängt.

47 Philip C. Johnson: Europe in America: Berman. Ausst.-Broschüre The Institute of Modern Art, Boston. Ohne Ort 1943, ohne Seitenangaben: »Ernst in Napoleon in the Wilderness (no. 9) combines, with weird effect, spontaneous drawing of luxuriant nature with meticulous though dream-like, realism.«

Abb. 5: Emery Muscetra (Fotografie) und Sidney Janis (Montage): The MAXES Confront the ERNSTS, Fotomontage. In: Decision. A review of free culture II/5–6 (November–Dezember 1941), S. 93

Künstler in seinem New Yorker Atelier vor seinen Bildern erkennen, darunter *Napoleon in the Wilderness*, das auf der Staffelei steht.[48]

Drei Jahre später widmete Janis in seinem Buch *Abstract & Surrealist Art in America* das letzte Kapitel den »American Paintings by Artists in Exile«, in dem er den intensiven Austausch zwischen immigrierten und einheimischen Künstlern hervorhob: »This indicates once more the international character of the art of our time, the esthetics of a science- and machine-minded age, a time of dynamic expansion in all fields of endeavor.«[49] Der Name von Max Ernst, der nach seiner Ankunft durch die Südstaaten reiste, bevor er sich für New York entschied und, wie er selbst sagt, »sich ›anzupassen‹« versuchte, wurde in zahlreichen Berichten über exilierte Künstler exemplarisch angeführt.[50] Für den Autor des Artikels »Transplanted Talent« in der Zeitschrift *Art Digest* war es von nationalem Interesse, »the effect of the emigrees on our native stock of artists«

---

48 Sidney Janis: School of Paris comes to U.S. In: Decision. A review of free culture II/5–6 (November-Dezember 1941), S. 85–95; hier: S. 85. Zu Klaus Mann, dem Herausgeber von *Decision*, siehe auch den Beitrag von Renate Berger in diesem Band.
49 Sidney Janis: Abstract & Surrealist Art in America. New York 1944, S. 127.
50 Zit. nach Ernst: Biographische Notizen (s. Anm. 19), S. 168.

zu beobachten. Gleichzeitig müsse man analysieren, wie etwa ein Max Ernst »react to his matter-of-fact, sane new environment«.[51] Ähnlich fragt H. Felix Kraus 1942 in einem Artikel über »French Moderns in America«, in dem *Napoleon in the Wilderness* abgebildet ist, »a painting that had been visible inside him and which the California sun brought out«, nach dem wechselseitigen Einfluss: »How they will influence their new surroundings, and how these surroundings will influence them?«[52] Für die Kuratoren der Ausstellung *Europe in America*, die im Frühjahr 1943 in Boston stattfand und die Werke von 19 exilierten Künstler zeigte, stand gleichwohl fest, dass im 20. Jahrhundert »migration« allenfalls einen biografischen, jedoch keinen künstlerischen »effect« habe, schließlich seien abstrakt arbeitende Künstler an Farbe und Form »per se« interessiert und die Surrealisten bezögen ihre Inspiration aus Träumen und aus dem Unterbewusstsein, nicht aber aus ihrem »environment«.

An der Diskussion um die Integration, Akkulturation und um den *impact* der exilierten Künstler beteiligten sich auch die Betroffenen selbst. 1946 veröffentlichte James Johnson Sweeney Interviews mit »Eleven Europeans in America«. Darin konstatiert Amédée Ozenfant, dass Amerika für ihn nicht einen »place of refuge«, sondern vielmehr »a place of election« sei, von dem er inspiriert werde. Ähnlich heben André Masson und Kurt Seligmann auf die Anregungen ab, die sie in diesem Land gefunden hätten. Und Léger erklärt, dass hier stets nach »something new« geschaut werde, während man in Frankreich nur auf Bekanntes zurückgreife. In diesem Punkt widerspricht ihm Marcel Duchamp, der zur Protokoll gibt, dass er in den USA den »spirit of revolt« vermisse, da die Künstler selten die ausgetretenen Trampelpfade ihrer Vorgänger verlassen würden. Neben Yves Tanguy, Jean Hélion und Marc Chagall kommt Ernst zu Wort, der mit dem ihm eigenen Selbstbewusstsein sein Statement eröffnet: »For me it does not matter whether I work in the United States or in Europe.« Diese Aussage erscheint wie ein trotziges Lippenbekenntnis eines Künstlers, der ungerührt von den Zäsuren des Lebens und der Geschichte seine Kunst schafft, zumal wenn man sich seine Ausführungen zu *Napoleon in the Wilderness* in Erinnerung ruft, in denen er selbst auf die europäischen Diktaturen verweist.[53]

Im Kern drehte sich die Debatte um die Frage, welchen Einfluss die Ankommenden auf die amerikanische Kunstszene hätten, eine Frage, in der deutlich nationalistische Töne anklangen. Als Pierre Matisse im März 1942 die Ausstellung *Artists in Exile* organisierte, reflektierte James Thrall Soby im Ausstellungskatalog, ob die Präsenz der europäischen Avantgarde in den USA zu einem

---

51 Peyton Boswell: Transplanted Talent. In: Art Digest, 01.11.1942, S. 3.
52 H. Felix Kraus: French Moderns in America. In: The Studio, Mai 1942, S. 137–139; hier: S. 136.
53 Eleven Europeans in America (s. Anm. 25), passim.

»new internationalism in art« führe oder ob xenophobe Kreise nun die Forde-
rung nach »rigid standards of nationalism to the arts« stellen würden.[54] Die
Zeitschrift *Fortune* stellte Überlegungen über den kulturellen und intellektuellen europäischen Exodus in die USA an und fragte sich angesichts zwölf ausge-
suchter Künstler im amerikanischen Exil, ob »Europe's transplanted culture will
flourish here with a vigor of its own, or languish for lack of acceptance, or hyb-
ridize with American culture, or simply perish from earth«.[55] In jedem Fall
müsse man von einer historischen Zäsur sprechen – »This is a transplantation
of a whole culture from one continent to another«. Die Diskussion um die
transplanted talents belegt, dass bereits die historisch Beteiligten über den Einfluss der exilierten Künstler auf das eigene und auf das fremde Werk reflektierten – lange bevor sich die Exilforschung dem transnationalen Kulturtransfer,
der Akkulturation und Alterität zugewendet hat, lange bevor ein Vilém Flusser
nach der Freiheit des Migranten gefragt und das Exil als eine ästhetische Inspiration beschrieben hat, lange bevor ein R. B. Kitaj sein *Erstes Manifest des Dias-
porismus* verfasst hat.

Ein Imperator, ein Schriftsteller und ein Maler. Selbst wenn ihre Geschichten in völlig unterschiedlichen Epochen und unter disparaten Bedingungen
spielten, eint sie die historische Analogie. Die transepochale Überblendung ihrer Biografien veranschaulicht, wie Napoleon, Victor Hugo und Max Ernst von
den Zäsuren der Geschichte und von den neuen Machthabern im eigenen Land
ins Exil gezwungen wurden. Dieses erlebten sie als eine Form der Wildnis, als
ein *être d'ailleurs*. Im bildhaften Verständnis der drei Protagonisten markieren
die Überquerung des Wassers sowie der wilde Fels am Meer die Entfernung *von*
der, aber auch die Sehnsucht *nach* der verlorenen Heimat; sie sind Symbol der
Dislokation beziehungsweise der Identifikation. Während Napoleon endgültig
jeglichen politischen Handelns beraubt war und ihm nichts anderes blieb, als
seine Memoiren zu schreiben, eröffneten die Distanz und die gleichermaßen
konkrete wie sinnbildliche Wildnis ihrer Umgebung Hugo und Ernst die Möglichkeit zu einer neuen schöpferischen Phase ihres Lebens.

Napoleon sollte Sankt Helena noch einmal verlassen. Im Herbst 1840 wurden
seine Gebeine auf der Fregatte *Belle Poule* nach Frankreich gebracht und in den
Invalidendom überführt. Am 5. September 1870, nach 19 Jahren Exil und einem Tag, nachdem Léon Gambetta die Dritte Republik ausgerufen hatte, kehrte
Victor Hugo nach Paris zurück und veröffentlichte seinen *Discours de l'Exil*. Max
Ernst und seine Frau Dorothea Tanning blieben bis 1953 in den USA, bevor sie
zurückkehrten. Jedoch nicht nach Deutschland, sondern nach Paris.

---

54 James Thrall Soby: Europe. In. Artists in Exile. Ausst.-Kat. Pierre Matisse, New York. New York
    1942, o. P.
55 The Great Flight of Culture. Twelve Artists in U. S. Exile. In: Fortune, Dezember 1941, S. 102–
    113; hier: S. 102.

Bildnachweise:
Abb. 1: Napoléon à Sainte-Hélène. La Conquête de la Mémoire. Hg. v. Pierre Branda
u. a. Ausst.-Kat. Musée de l'Armée, Paris. Paris 2016, Abb. 218; Abb. 2: »Du chaos dans
le pinceau«: Victor Hugo, dessins. Hg. v. Jean-Jacques Lebel und Marie-Laure Prévost.
Ausst.-Kat. Museo Thyssen-Bornemisza, Madrid, und Maison de Victor Hugo, Paris.
Paris 2000, S. 86; Abb. 3: En collaboration avec le soleil. Victor Hugo. Photographies
de l'exil. Hg. v. Françoise Heilbrun und Danielle Molinari. Ausst.-Kat. Musée d'Orsay
und Maison de Victor Hugo, Paris. Paris 1998, S. 53, Nr. 116; Abb. 4: Max Ernst Retrospektive. Hg. v. Werner Spies und Julia Drost. Ausst.-Kat. Albertina, Wien. Ostfildern-Ruit 2013, S. 261 / VG Bild-Kunst, Bonn 2017; Abb. 5: Decision. A review of free
culture II / 5 – 6 (November–Dezember 1941), S. 93.

Elizabeth Otto

Passages with Friedl Dicker-Brandeis
From the Bauhaus through Theresienstadt*

I. Modernist Passages

The famed interwar Bauhaus art school and Theresienstadt Ghetto and Concentration Camp are rarely seen as linked, but this essay will explore them together through an extraordinary artist, Friedl Dicker-Brandeis (1898–1944). For her, the passage into exile was both a literal dead end and the beginning of new therapeutic art practices (Fig. 1). The dead end is Dicker's untimely death at Auschwitz after two years of teaching art to children in Theresienstadt.[1] The new life came in the form of her students who survived and continued her teachings, particularly in art therapy and child psychology, both of which are likewise not generally seen as linked to the Bauhaus. Dicker herself is little known compared with the famous names of the Bauhaus such as Walter Gropius, Wassily Kandinsky, Paul Klee, or Marcel Breuer, to name but a few.[2] Yet an interest in therapeutic practices, self-improvement, spirituality, and art's healing potential was central to the Bauhaus's early years. Understanding Dicker's work and her passages thus enables us to better understand the transformations that these ideas would undergo in the extreme conditions of the 1930s and early 1940s.

The Bauhaus is one of the paradigmatic institutions of modernism, fixed in its associations with famous men as with a legacy in specific schools and traditions, including Black Mountain College, The New Bauhaus in Chicago, Ulm's

---

* Unless otherwise indicated, all translations are by the author.

1 Born Frederika Dicker, she went by Friedl and always signed her works »FD« until she married Pavel Brandeis in 1936, at which point she changed her signature to »FB.« I will refer to her as »Dicker« until 1936 and »Dicker-Brandeis« thereafter, in deference to the names she herself used. This difference is noted in the best source on Friedl Dicker-Brandeis, Elena Makarova: Friedl Dicker-Brandeis. Vienna 1898–Auschwitz 1944. Los Angeles 2001, p. 23. If not otherwise specified, biographical details are from this source. Occasionally I quote from the original texts in the German version of this catalogue, Elena Makarova: Friedl Dicker-Brandeis. Vienna 2000.

2 While my contention is that Dicker should be much better known than she currently is, there have been essential contributions to uncovering and interpreting her work by several scholars, especially by Elena Makarova. See also Georg Heuberger (ed.): Vom Bauhaus nach Terezín: Friedl Dicker-Brandeis und die Kinderzeichnungen aus dem Ghetto-Lager Theresienstadt. Frankfurt a. M. 1991. Significant recent scholarship includes Sarah Kass: Kinderzeichnungen aus dem Ghetto Theresienstadt (1941–1945): Ein Beitrag zur Erinnerungs- und Vermächtniskultur. Marburg 2015; and Dana Kasperová: Erziehung und Bildung der jüdischen Kinder im Protektorat und im Ghetto Theresienstadt. Transl. Nikola Mizerová. Bad Heilbrunn 2014.

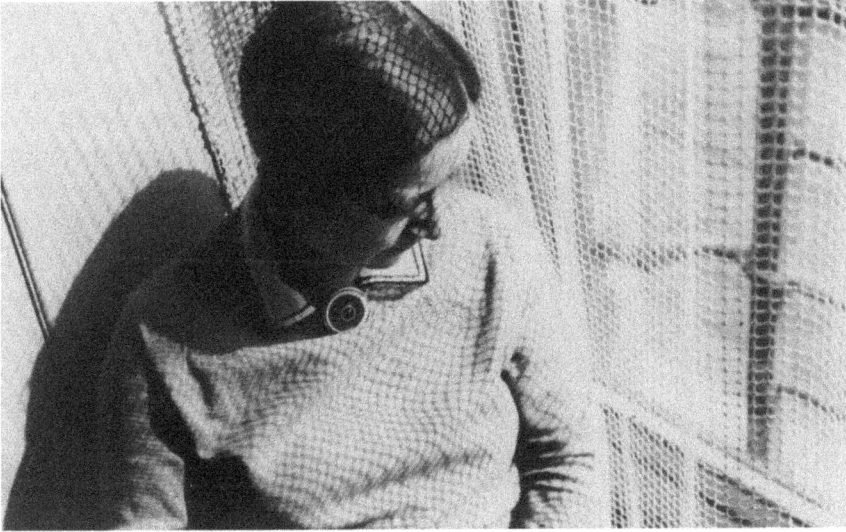

Fig. 1: Lily Hildebrandt: Portrait of Friedl Dicker, 1930 (modern print from the 1960s), photograph, 12 x 17.5 cm

Hochschule für Gestaltung, or International-Style and Brutalist architecture. Yet history has often missed the fact that it is not fixed institutions but, as Raymond Williams posited, restless movement and migration in particular that are most constitutive of modernism. Reflecting on his work, Saloni Mathur writes of how metropolitan encounters and associations among émigrés were:

> crucial to *both* the formal innovations, breaks from tradition, and kind of radical consciousness that lead to the formation of the avant-garde *and* the processes at stake in the inevitable absorption of the avant-garde into the dominant culture of the succeeding period. In other words, for Williams and other thinkers … the question of migration stands at the core of modernism's capacity to construct new political spaces, which are nonetheless precarious and dialectically positioned ….[3]

By engaging Dicker's ideas and methods as evidenced in her art, design, writings, and pedagogy, in this essay I investigate modernist innovations that took a different path than what is usually understood as emanating from the Bauhaus. Rather than minimalistic design, this is a Bauhaus legacy engaged in fighting fascism, directly aiding its victims, and taking seriously the work of fostering children's creativity.[4] Dicker's work – created in various locations, dur-

---

3 Saloni Mathur: The Migrant's Time: Rethinking Art History and Diaspora. New Haven 2011, p. viii. She is referring to Raymond Williams: The Sociology of Culture. New York 1982, p. 84.
4 Two important books do engage the legacy of the Bauhaus in relation to Fascism. See Winfried Nerdinger (ed.): Bauhaus-Moderne im Nationalsozialismus. Munich 1999; and Inge Hansen-

ing passages taken under duress – poses key questions about the power of art. How did her transitory existence shape her work? Under forced internment, how did her pedagogy help protect and foster the minds of children living in traumatic circumstances? And how did her transferred ideas gain new life after her death? More broadly, how did her work posit art making and viewing as utopian practices, with the potential to develop and heal the spirit – particularly the spirits of the young? How did her work function as a form of political resistance? When we reassess what we consider as »Bauhaus« by including this highly successful yet often forgotten artist, how does our view of the school change? This essay will explore these questions in Dicker's passages of her life, work, and teaching.

II. The Weimar Bauhaus

Dicker began her training in her native Vienna in 1914, at the start of the First World War and five years before the Bauhaus would open. She completed a photography degree at the School of Experimental Graphic Design and then studied at the School of Applied Arts while working in fine-art bookbinding and attending the theater, avant-garde concerts, and Arnold Schönberg's music composition courses.[5] In 1916 she began studying with Johannes Itten, and went with him to the Bauhaus in the fall of 1919, where he took up his post as Master. Dicker completed the Bauhaus Preliminary Course in a semester and was accepted as a student; frequently she was released from paying tuition and received scholarships.[6] In the Bauhaus Masters' Council she is noted as among the »most gifted students« that they should take care not to lose.[7] She was a prolific artist who could paint, draw, photograph, and bind books, but also quickly learned print making, weaving, architecture, and interior design, and deepened her knowledge of costume and theater set design. She studied with Paul Klee and Wassily Kandinsky, and she became the first student to teach

Schaberg, Wolfgang Thöner, and Adriane Feustel (eds.): Entfernt: Frauen des Bauhauses während der NS-Zeit. Verfolgung und Exil. Munich 2012.

5 Makarova: Friedl Dicker-Brandeis (see fn. 1), pp. 9–11.

6 Dicker appears frequently in the minutes of the Bauhaus Council of Masters. See Volker Wahl and Ute Ackermann (eds.): Meisterratsprotokolle des Staatlichen Bauhauses Weimar. 1919–1925. Weimar 2001, March 30, 1920. In particular, her acceptance on Nov. 13, 1919 (p. 78), release from Winter Semester 1920/21 student fees and selection for a 500-Mark scholarship on March 17, 1921 (p. 126), and fall 1921 granting of studio (p. 139).

7 The comment appears in discussion of Dicker's request to sell a woven rug when rules stipulated that students' works had to be sold to the Bauhaus for a fixed price; the Masters resolved to buy it for the high price of 2,000 Marks. Wahl/Ackermann: Meisterratsprotokolle, February 7, 1921 (see fn. 6), p. 119.

incoming students.[8] In 1923, her puppet theater for children was shown at the school's first major exhibition, »Staatliches Bauhaus,« a critical demonstration of its accomplishments intended to help secure future funding.[9] It is noteworthy that this early publically displayed artwork was specifically for children; her work with the young would be a through-thread of her life.

Itten always remembered Dicker as among his best students and routinely included her work in his publications.[10] Likewise his ideas had a profound impact on her, particularly those related to Mazdaznan, a new religion of which he was an adherent.[11] Mazdaznan was a hybrid mixture of Eastern and Western spiritual thought. Devotees practiced vegetarianism, regular fasting, and meditation; they were encouraged to train the mind to positive thoughts, to seek light and eschew darkness, and to pursue esoteric knowledge in sources ranging from the Egyptian *Book of the Dead* to the weather.[12] Life at the early Bauhaus was a heady cocktail of spiritual exploration that nourished the school's central project of creating art and objects to instigate new ways of living and being in the world. Bauhaus members including Dicker viewed the visual as a tool to imagine and investigate this new world. These utopian longings are evident in Dicker's work with Itten on the 1921 *Utopia* journal (Fig. 2).[13] A collage of red and black letters in mixed fonts plays over the page with texts that evince the transformative power of art perception: »Je vollkommener das Bild in dir lebendig wird, umso vollkommener wird auch deine Wiedergabe, die ein exaktes Mass für die Kraft deines Erlebens ist,« and »Du erlebst das Kunstwerk – es wird in Dir wiedergeboren.«[14]

Dicker remained at the Bauhaus for four years along with her fellow Viennese Bauhaus student and romantic partner, Franz Singer. She studied sculpture with Oskar Schlemmer, and created *Anna Selbdritt* (*Virgin and Child with Saint Anne*), a 1921 sculpture of nesting figures that now exists only in photographs,

---

8 Makarova: Friedl Dicker-Brandeis (see fn. 1), p. 14. Also noted in: Bauhaus Archiv: Das frühe Bauhaus und Johannes Itten. Ostfildern-Ruit 1994, p. 476.

9 May 26, 1923, Wahl/Ackermann: Meisterratsprotokolle (see fn. 6) pp. 305 and 308.

10 Itten, letter to Werner Hofmann, Vienna. October 12, 1966. In Willy Rotzler (ed.): Johannes Itten: Werke und Schriften. Zürich 1972, pp. 103–4. Her *White and Black Circles*, Weimar, 1919 is the first student work in both his Bauhaus teachings book and his collected writings. See Johannes Itten: Design and Form. The Basic Course at the Bauhaus. New York 1963, p. 21; and Rotzler: Johannes Itten, p. 23.

11 Johannes Itten: Leben. In: Wulf Herzogenrath (ed.): Bauhaus Utopien: Arbeiten auf Papier. Stuttgart 1988, p. 211.

12 For more on Bauhaus spirituality, see: Elizabeth Otto: Bauhaus Spectacles, Bauhaus Specters. In: Spectacle. Ed. Jennifer Creech and Thomas Haakenson. New York 2015, pp. 41–73.

13 Bruno Adler (ed.): Utopia: Dokumente der Wirklichkeit. Weimar 1921. Facsimile Munich 1980, n. p.

14 »The more perfectly a picture comes to life in you, the more perfect your reproduction of it, which is the exact measure of the strength of your experience.« »You experience the artwork – in you it is born again.«

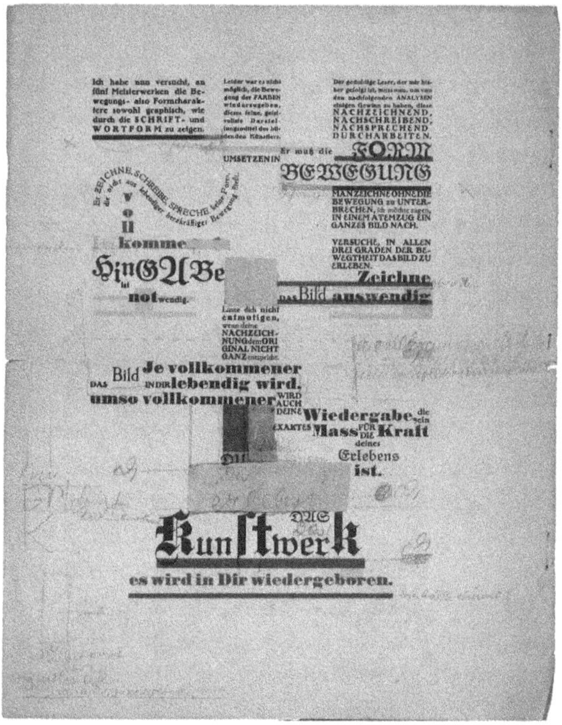

Fig. 2: Friedl Dicker and Johannes Itten: Draft of Analyses of Old Masters, Sheet 10 from *Utopia: Dokumente der Wirklichkeit* (*Utopia: Documents of Reality*), 1921, correction sheet, letterpress with collage and pencil; pencil corrections likely by Friedl Dicker, 33 x 24 cm

reproductions that circulated in her day (Fig. 3). *Anna Selbdritt* is a futuristic take on a traditional Christian subject. Its streamlined, interlocking figures are reminiscent of Schlemmer's experiments with drawn, staged, and sculptured bodies. They are pared down, but their original varied finishes – silver, black, red, and white hovering over glass – kept them from being cold; this is a purified vision of profound, mystical love and self sacrifice traveling across generations.

Dicker's work began to circulate; Hans Hildebrandt's 1924 *Die Kunst des 19. und 20. Jahrhunderts* (*Art of the 19th and 20th Centuries*) includes her in sections on architecture, weaving, and sculpture and painting. [15] She is even more present in his 1928 *Die Frau als Künstlerin* (*Woman as Artist*), in which he rhapsodizes about »Friedl Dicker ... die zu den vielseitigsten und originalsten Frauenbegabungen der Gegenwart zahlt.« [16] Hildebrandt included a photo of *Anna Selbdritt* and describes it as a gendered total work of art:

---

15 Hans Hildebrandt: Die Kunst des 19 und 20. Jahrhunderts. Potsdam 1924, pp. 291, 403, and 408.

16 »Friedl Dicker ... who belongs to the most diverse and original female talents of the time,« in Hans Hildebrandt: Die Frau als Künstlerin. Berlin 1928, p. 144; see also pp. 147 (*Anna Selbdritt*), 175, and 180.

Fig. 3: Friedl Dicker: Anna Selbdritt (Virgin and Child with Saint Anne), 1921, metal sculpture (presumed destroyed), glass base, fabric, figures with nickel, iron, brass, and paint finishes, 240 cm. high; reproduced in: Hans Hildebrandt: Die Frau als Künstlerin. Berlin 1928

Denkbar nur in einem Bau modernster Prägung, paßt es sich diesem allerdings so organisch ein, daß es als Teil der Architektur erscheint. Die verwendeten Stoffe, Nickel, schwarzes Eisen, Messing, Glas, weißer und roter Lack, unterscheiden sich ebenso sehr von den herkömmlichen, wie die Gestaltung menschlicher Körper aus Röhren, Kugeln und Kegeln abweicht von der bislang üblichen. Die Unbedenklichkeit der weiblichen Natur, die, einmal radikalisiert, alle Hemmungen beiseite wirft, lebt sich in diesem Bildwerk aus, das mehr ist als ein interessantes Experiment. [17]

Dicker and Singer's 1922 independent architectural project, a building with four apartments and a flat roof, is now recognized by historians as the first doc-

---

17 »Conceivably installed only in the most modern of buildings, it fits in with the architecture so organically that it appears to be part of it. The selected fabric, nickel, black iron, brass, glass, and white and red paint differentiate themselves just as much from traditional [materials] as the design of human bodies out of pipes, balls, and cones does from what has, until now, been usual. The harmlessness of female nature – that, once radicalized, throws all restraint aside – comes completely to life in this sculpture, which is much more than an interesting experiment.« Hildebrandt: Die Frau als Künstlerin (see fn. 16), p. 144.

umented building by a female Bauhaus student.[18] Hildebrandt praised Dicker
and Singer for having achieved »eine[r] Rationalisierung der Innenarchitektur
und der Möbel, die höchste Zweckmäßigkeit, Sparsamkeit mit reiner, edler,
ganz aus der Funktion abgeleiteter Form vereint.«[19] Hildebrandt always identi-
fies Dicker as a Bauhaus artist. Yet it was upon leaving the school, taking up her
passages to various destinations, and embracing her teaching, that she arguably
did her most important work.

III. Vienna (Again), Prague, and Hronov

In 1923, Dicker was on the move again, seemingly effortlessly for this endlessly
adaptable artist; movement would later become a mode of survival. She and
Singer founded the Werkstätten Bildender Kunst GmbH (Workshops for
Visual Arts, LLC) in Berlin. In 1925, she returned to Vienna alone but subsequently opened Atelier Singer-Dicker with Singer, a firm for architecture and
interior design.[20] They created stunning modern projects, as in their Guest
House for Auguste and Hilda Hériot from the early 1930s, the façade of which
featured an open staircase that curved around a glass elevator shaft. Its interior
hall (Fig. 4) was full of colorful open space – Dicker's *Anna Selbdritt* is collaged
into this rendering at the upper left – and places for gentle pastimes, seating
areas and a pool table downstairs.

Multi-functionality was a hallmark of their design in convertible, multi-use
spaces and furniture. This ability to repurpose and to see in one thing another
would be essential for Dicker's teaching of children, something that she was
already doing in Vienna. Design for children was another of her interests, as in
the ingenious *Phantasus* toy kit intended to spark children's fantasies with colorful shapes that could be used to create animals and other forms.[21] More elabo-

18 Corinna Bauer: Architekturstudentinnen in der Weimarer Republik: Bauhaus und Tessenow
Schülerinnen. (dissertation) Kassel 2003, p. 67, available online: https://kobra.bibliothek.uni-
kassel.de/bitstream/urn:nbn:de:hebis:34–2010090234467/7/DissertationCorinnaIsabel-
Bauer.pdf [accessed: June 1, 2017]; cited in Annette Bußmann: Friedl Dicker, FemBio website:
http://www.fembio.org/biographie.php/frau/biographie/friedl-dicker/ [accessed: June 1,
2017]. The project is also mentioned in Ute Maasberg and Regina Prinz: Die Neuen Kommen!
Weibliche Avantgarde in der Architektur der zwanziger Jahre. Hamburg 2005, p. 80.
19 »… A rationalization of interior architecture and furniture that unites the highest degree of
practicality and economy with pure, noble, forms derived entirely from their function.« Hildebrandt: Die Kunst des 19. und 20. Jahrhunderts (see fn. 15), p. 291.
20 The Franz Singer archive in London's Victoria and Albert Museum contains significant material
from this period including photographs, photo-collages, and designs that are most likely co-
productions with Friedl Dicker, and some – hand-woven fabric samples, e.g. – are surely her
work outright.
21 A *Phantasus* kit and design plans are reproduced in Makarova: Friedl Dicker-Brandeis (see fn. 1)
p. 102–3. A Diplomarbeit from 2015 explores the set: Paul-Reza Klein: Der »Phantasus« Tier-

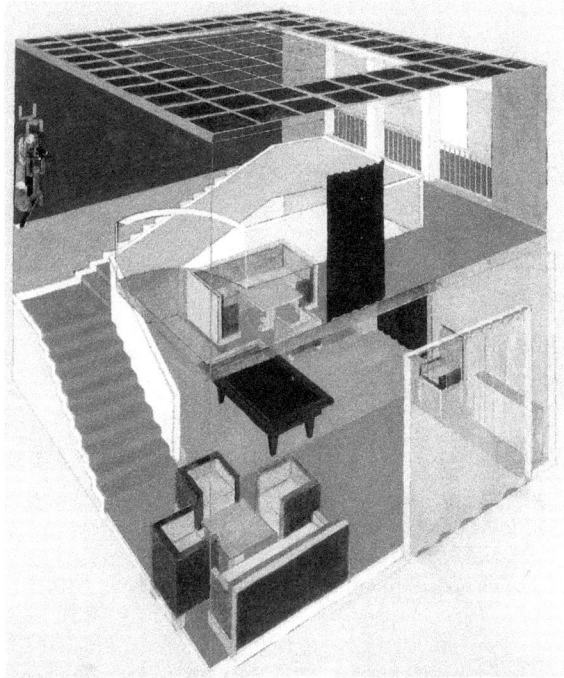

Fig. 4: Atelier Singer-
Dicker (Franz Singer &
Friedl Dicker): Hall in the
Main House of Auguste
and Hilda Hériot,
perspective view, 1932,
pencil, colored pencils, and
tempera on cardboard,
50.5 x 47.5 cm

rate than Alma Siedhoff-Buscher's 1923 Bauhaus toy set, *Phantasus* is a precursor to post-war building sets like Lego.

A 1930 project for a Montessori kindergarten combined Dicker's interests in children and in multi-functional design, and her interiors and furnishings addressed the children directly. The children could convert a comfortable napping area (Fig. 5) into a series of play spaces (Fig. 6). Georg Eisler, who attended the kindergarten and subsequently studied with Dicker in Prague, described how the child-sized furniture could be moved and transformed only when two children worked together. Thus, »each child always had to get another to help him to move a particular piece of furniture.«[22]

Eisler also recalled that this kindergarten was central to Vienna's thriving socialist scene, of which Dicker was a member, as she was of the Communist Party.[23] In 1932–33 she created at least nine anti-fascist and anti-capitalist

---

baukasten von Friedl Dicker und Franz Singer. Baukästen zwischen technischem Spiel und künstlerischem Ausdruck. Vienna 2015, available at https://fedora.phaidra.bibliothek.uni-ak. ac.at/fedora/get/o:6717/bdef:Content/get [accessed: June 5, 2017].

22 Georg Eisler: On Friedl Dicker-Brandeis, In: Makarova: Friedl Dicker Brandeis (see fn. 1), p. 227.

23 See Eisler: On Friedl Dicker-Brandeis (see fn. 22), p. 228.

Fig. 5: Atelier Singer-Dicker: Städtischer Kindergarten Goethehof; Garderobe als Liegehalle (Cloakroom as Nap Room), 1930–32, photograph

Fig. 6: Atelier Singer-Dicker: Städtischer Kindergarten Goethehof; Garderobe als Sammelraum (Cloakroom as Collective Room), 1930–32, photograph

photomontages that survive only in photographs, including *So sieht sie aus, mein Kind, diese Welt* (*This Is How it Looks, My Child, the World*; Fig. 7). These works center on children and other victims of the times' political and moral disasters. Reminiscent of photomontages by Dadaists Hannah Höch or John Heartfield or by fellow Bauhaus member Marianne Brandt, Dicker updates the genre. Adolph Hitler, Ernst Röhm, and other Nazi officials lurk at the left of a swirling chaos of crowds, buildings, machines, weapons, and symbols that include swastikas and US dollars. Montage logic at the lower right shows a tragic collapsing of time: two lines recede from the forms of a pregnant woman and a child, a row of soldiers and a row of grave markers. A naked newborn floats in space at this »world's« center, addressed by a poem that highlights the evils of the world and calls on the child to make change.[24]

Austria's 1935 February Uprising saw five days of clashes between socialists and fascists. The leftists lost, and the right declared martial law, prohibited the Social Democratic Party, shut down the trade unions, and sent thousands to

---

24 This text is often attributed to Bertolt Brecht, but Angelika Romauch could not locate it in Brecht's oeuvre and attributes it to Dicker herself. Angelika Romauch: Friedl Dicker: Marxistische Fotomontagen 1932/33. Das Verfahren der Montage als sozialkritische Methode (thesis). Vienna 2003, cited in Juliet Kinchin: This is How the World Looks My Child: Friedl Dicker in Vienna and Auschwitz. In: The Century of the Child. Ed. Juliet Kinchin and Aidan O'Connor. New York 2012, pp. 138–9.

Fig. 7: Friedl Dicker: So sieht sie aus, mein Kind, diese Welt (This Is How the World Looks, My Child), 1932–33, photomontage and collage, 120 x 90 cm. Photograph of destroyed work

Fig. 8: Friedl Dicker, Verhör I (Interrogation I), after 1934, mixed media on canvas, 134 x 96 cm

prison, including Friedl Dicker. *Verhör I* (*Interrogation I*; Fig. 8) responds to these experiences. A small, short-haired figure in the lower right – the artist herself – has broken down under her interrogator's glaring gaze and violent stance. Disembodied hands and a typewriter collaged into the picture at the lower left indicate the official nature of this grilling. Singer vouched to get Dicker out of prison; she fled to Prague, located in the still-democratic Czechoslovakia.[25]

In Prague Dicker joined an anti-fascist group and also began intensive psychoanalysis with Anna Reich. In 1936, she met and married Pavel Brandeis, a cousin, and thus became a Czech citizen. Dicker-Brandeis was offered a visa for Palestine, but her husband was not and she opted to stay. Pavel obtained a job as chief bookkeeper in a factory in the small town of Hronov, east of Prague, in

---

25 Prague was the first station of exile for many artists including Oskar Kokoschka and John Heartfield. See Anna Parkinson's essay in this volume.

Fig. 9: Friedl Dicker-Brandeis: Self Portrait in a Car, 1940, pastel on paper 43.5 x 56 cm

1938. On the move again, they went to the countryside, seemingly further from ever-expanding Nazi Germany. Initially, Dicker-Brandeis had work in the same factory as her husband, but in 1939, as Jews, both lost the right to work. Officially unemployed, she taught children all four of the years she lived in and near Hronov; they had to move again when Pavel found work as a farm hand and carpenter, but Dicker-Brandeis always had students.[26] She continued to make art herself and was included in a 1940 exhibition in the Arcade Gallery in London, curated by Austrian art dealer Paul Wengraf who was hoping that the exhibition would bring her to London and allow her to escape.[27] She did not go. On December 9, 1940, Dicker-Brandeis sent a pastel of a fashionable lady in a car to her friend Hilde Kothny (Fig. 9), and wrote:

---

26 Georg Heuberger: Im Ghetto-Lager Theresienstadt. In: Heuberger: Vom Bauhaus nach Terezín (see fn. 2), p. 47. Dicker-Brandeis talks about the upcoming move in an April 26, 1940 letter to Hilde Kothny, Makarova: Friedl Dicker-Brandeis (see fn. 1), p. 148.

27 Makarova: Friedl Dicker-Brandeis (see fn. 1), p. 26.

Ich bin eben durchs Netz geschlüpft und freue mich dankbar des Lebens. Ich hoffe nur, sollte ich einmal dafür zahlen müssen, eben daraus soviel Kraft aufgespeichert zu haben, um es zu können. Da hast Du meine Frische im »Wagen.« Du siehst, wie äußerst determiniert sie ist.[28]

The pastel shows a dreamy yet overtly modern woman – bobbed hair, bright lipstick – framed by the precisely foreshortened street she leaves behind. Looking out to the viewer's right, she seems optimistic about the future ahead – one that the viewer has no ability to see.

IV. The Passage to Theresienstadt

In early December 1942 Friedl Dicker-Brandeis and her husband received notice of their immanent deportation to Theresienstadt. They had one week to pack the fifty kilos of luggage they were each permitted. Her students from the town brought paper, pencils, and paint for her to take with her.[29] Hilde Kothny, Dicker-Brandeis's best friend who came from Hamburg to help her, remembered later:

> Friedl decided right away that the sheets would be used in plays that they would stage with the children. For example, a sheet dyed green, thrown over the children, would represent a forest. Friedl was completely fixated on her work with the children. Did she have enough paper and pencils? One had to consider so many details, we simply did not have time to be afraid.[30]

Dicker-Brandeis would spend the last two years of her life at Theresienstadt, from 1942–44. She continued to make art: still lives, views of the ghetto, and portraits. One of these is a haunting watercolor of a child's face from 1944 that appears to emerge from the ground of the page as if from a mist (Fig. 10). This is very different from the experimental abstraction of her early years; Dicker-Brandeis moved back to a realism that is both radiant, and with hindsight,

---

28 »I barely slipped through the net and am thankfully grateful for my life. I only hope that, if at some point I have to pay for this that I will have saved up enough strength to do so. There you have my fresh lady in ›Car‹; you can see how incredibly determined she is.« Dicker-Brandeis to Hilde Kothny, December 9, 1940; quotation in the German version of Makarova: Friedl Dicker-Brandeis (see fn. 1), p. 131.
29 Heuberger: Im Ghetto-Lager Theresienstadt (see fn. 26), p. 47.
30 Hilde Kothny, recollections in a letter to Jiri Wehle from in 1986. In: Makarova: Friedl Dicker-Brandeis (see fn. 1), p. 28.

Fig. 10: Friedl Dicker-
Brandeis: Child's Face,
1944. Watercolor on paper,
25 x 18 cm

slightly ghostly, since it is unlikely that this beautiful, luminous child escaped the Holocaust.[31]

Dicker-Brandeis's time at Theresienstadt was the culmination of her work as a teacher even more than as an artist. Many of her few surviving pupils later expressed that she managed to convey an extraordinary set of ideas and practices to them, which were much more about perception and experience than they were about skill. During this last stage of Dicker-Brandeis's passages through art to an early death, she became even more dedicated to teaching and to the hundreds of children she encountered on inhuman terrain; she made their own passages more bearable.

Theresienstadt is remembered in diverse ways. A small Czech fortress town transformed into an overcrowded ghetto in 1941 by occupying Nazi forces, it

---

31 Without being asked, Dicker-Brandeis painted this image into the notebook of Willy Groag, the director of girls' home L 410, when he visited her class. Makarova: Friedl Dicker-Brandeis (see fn. 1) p. 186; and email correspondence with Makarova, June 12, 2017.

also functioned as a concentration camp to collect people before transporting them on to Auschwitz and other notorious locations.[32] It housed veterans from the First World War and well-known people from the arts, universities, and politics. Under terrible circumstances and in the face of an uncertain future, the prisoners of Theresienstadt decided to embrace their collective humanity and to try to maintain an engaged intellectual life.[33] There were occasional concerts and plays, numerous lectures, and a program to educate the children – despite the fact that regular instruction was illegal.[34] These attempts by the inmates to create normalcy and a cultural life suited the Nazi regime, which made use of Theresienstadt as a »model« to quell rumors of their atrocities.[35]

The legacy of Theresienstadt for its children, who lived separated from their parents, is also complex in nature. As Dana Kasperová summarizes in her study of teaching methods in the ghetto, on the one hand, this is a purely tragic history. Of the 9,500 children under fifteen who were deported to Theresienstadt, only 512 of them survived within the ghetto to witness its liberation. Not all of the rest were murdered, but the majority were; of the 7,590 children transported to the extermination camps, less than 250 of them survived.[36] In *Still Alive*, Ruth Klüger's English version of *Weiter Leben*, she writes, »Theresienstadt was hunger and disease, a small military village of straight lines and right angles, with a border I couldn't step across and an overpopulation that made it almost impossible to find a quiet spot for a private conversation.«[37] And yet Kasperová points out that, on the other hand, Theresienstadt's teachers and adults faced down an apocalyptic situation and dedicated their strength, love, and knowledge to the most vulnerable members of the community: its children.[38] The result was that surviving children remembered this as an extremely important time in their lives. One recalled, »Wir haben gelernt, zusammen zu leben, einander zu helfen und die schwierige Zeit gemeinsam zu bewältigen. Es war eine schwierige, jedoch sehr gute Schule.«[39] Klüger likewise notes:

---

32 Zdenek Lederer: Ghetto Theresienstadt. New York 1983, p. 2.

33 For more on this, see: Elena Makarova, Sergei Makarov and Victor Kuperman: University Over the Abyss: The Story Behind 520 Lecturers and 2,430 Lectures in KZ Theresienstadt 1942–44. Prague 2002.

34 Ruth Klüger: Still Alive. New York 2001, p. 84.

35 An example of Nazi abuse of the image of Theresienstandt is a 1944 propaganda film, *Der Führer schenkt den Juden eine Stadt* (*The Führer Gifts a City to the Jews*).

36 Kasperová: Erziehung und Bildung der jüdischen Kinder im Protektorat und im Ghetto Theresienstadt (see fn. 2), p. 171. Kasperová does not elaborate, but the gap of approximately 1,150 children not accounted for in these numbers likely represents those who died from hunger and disease within Theresienstadt.

37 Klüger: Still Alive (see fn. 34), p. 74.

38 Kasperová: Erziehung und Bildung der jüdischen Kinder im Protektorat und im Ghetto Theresienstadt (see fn. 2), p. 171.

39 »We learned to live together, to help each other, and collectively to overcome that difficult time. It was a difficult but very good school.« Recollection of Eva Ehrlichová, cited in Kasperová:

In a way, I loved Theresienstadt, for the nineteen or twenty months which I spent there made me into a social animal. Vienna had treated me like an outcast. [...] I suffered from neurotic compulsions and had tics; in Theresienstadt I overcame my obsessions by means of human contacts, friendships, and conversations. It's amazing how talkative we become when we have nothing but our tongues to distract us from our misery ....[40]

Dicker-Brandeis's most important work during the Theresienstadt years was teaching children as part of the clandestine program organized by the adults; because teaching was forbidden, the art classes were known as »Kulturelle Freizeitgestaltung« or »Cultural Recreational Activities.«[41] Her intent was to educate them but also, as Kothny later recalled, »to help them escape the desolation and the wretched horror of the ghetto ... to lead the children, teach them, show them how to express themselves, how and what to communicate.«[42] Rainer Wick has pointed out that Dicker-Brandeis drew on her lessons with Itten, »from the elementary geometrical exercises in form to the rhythm exercises, nature studies, and still lives, and the color studies and collage pictorial analyses of Cranach, Titian, Vermeer, Cézanne, van Gogh, Matisse, and others.«[43] Helga Pollak studied with Dicker-Brandeis in Theresienstadt, and described the classes: »There was only that big table with the painting supplies, even though the paper was nothing much, sometimes just waste paper or packing paper from some old packages. But at these moments I felt like a free human being.«[44] The classes were not about skill;

the crucial thing was that you developed your talents, that you learned to see. To recognize colors. To play with colors. To move your hand in time to music or a specific rhythm. For example, she would rap out a certain tempo on the table, and we were supposed to draw according to the rhythm. Her method of instruction gave us moments of lightheartedness. She had a capacity for awakening in us a positive attitude toward our condition, toward life in Theresienstadt. In her presence everything seemed to fall into place – more or less on its own.[45]

Erziehung und Bildung der jüdischen Kinder im Protektorat und im Ghetto Theresienstadt (see fn. 2), p. 172.

40 Klüger: Still Alive (see fn. 34), p. 86.

41 Kass: Kinderzeichnungen aus dem Ghetto Theresienstadt (see fn. 2), p. 49.

42 Kothny recollections to Wehle, cited in Heuberger: Im Ghetto-Lager Theresienstadt (see fn. 26), p. 49. Translated in Rainer Wick: Teaching at the Bauhaus. Transl. Stephen Mason. Ostfildern-Ruit 2000, p. 314.

43 Wick: Teaching at the Bauhaus (see fn. 42), p. 314.

44 Helga Pollak in Hannelore Brenner (ed.): The Girls of Room 28: Friendship, Hope, and Survival in Theresienstadt. Transl. John Woods and Shelley Frisch. New York 2009, p. 154.

45 Pollak in Brenner: The Girls of Room 28 (see fn. 44), p. 154.

A central element of the classes was movement, key too to Itten's teachings but also a theme in Dicker-Brandeis's life of chosen and forced passages. Through shifting intonations and voice dictation, Dicker-Brandeis led the children to relax their bodies and minds. When asked about this process in a 2005 interview, Edith Kramer, her long-time student in Vienna and her teaching assistant in Prague, closed her eyes and began moving her hand in the air. She described a kind of group drawing meditation:

> Oh yes, she did a lot of rhythmic exercises. You had to be very attentive to follow her. They were movement. One ... two ... three ... four ... daadadaaaadadaa ... You had to follow. You had to listen and draw at the same time. She did some about texture. Like how a thing is knitted or crocheted or woven. I mean the different rhythms that would make for a material that would be this or that or the other and she would make dictations of movement of different kinds of things. Like a blade of grass that goes [and she indicated a graceful arcing of a long blade] .... You know it would grow like that and you had to listen very well to do that.[46]

A 1944 drawing from Dicker-Brandeis's student Erna Furman exhibits some of these techniques (Fig. 11). In a stylized seascape of waves, clouds, and a gull, two abstract sails of a ship rise up, so that the waves become the body of the ship as well, its prow rising to the left, stern at right. The rhythmic composition of revisited curved lines appears to be the trace of a meditative practice, an experience as much as a creation. Elena Makarova, who has spent decades unearthing Dicker-Brandeis's work and story, later interviewed Furman, who survived, along with Kramer. In this picture and others by Furman, Kramer immediately recognized various aspects of Dicker-Brandeis's rhythmic and sound-based teaching.[47]

Another source on Dicker-Brandeis's Theresienstadt teaching is her own text for a July 1943 lecture on »Kinderzeichnen« (Children Drawing or Children's Drawings); it lays out general ideas about art pedagogy, with particular attention to their difficult context.[48] Kasperová has summed up Dicker-Brandeis's

---

46 Edith Kramer, 2005 Interview with Linney Wix. In: Linney Wix: Through a Narrow Window: Friedl Dicker-Brandeis and her Terezín Students. Albuquerque 2010, p. 25.

47 *One Day with Erna Furman*. Dir. Lenfim Studio: Elena Makarova and Efim Kuchuk. 2007. 31 minutes. Documentary, filmed in 2001. Available at: https://vimeo.com/105733289 [accessed: June 6, 2017].

48 Friedl Dicker-Brandeis: Kinderzeichnen, text of a July 1943 lecture. These were simply her own notes for a lecture, so likely written casually. The title would only be grammatically correct as »Kinder zeichnen« (which means either children drawing or drawing children, the latter of which is definitely not the subject of the text) or as »Kinderzeichnungen« (Children's Drawings). Reprinted in full in the German version of Makarova: Friedl Dicker-Brandeis (see fn. 1), pp. 201–9. A loose translation (which is slightly shortened) is in the English version of Makarova: Friedl Dicker-Brandeis (see fn. 1) pp. 199–208. The original text is in the Jewish Museum, Prague.

Fig. 11: Erna Furman:
Motion Study, 1943/44,
pencil on paper

teaching methods by analyzing this and one other of her documents, untitled
remarks on art education and on possible broader applications of art making in
the context of therapy.[49] The summed up ideas include: that a resource-poor
environment such as Theresienstadt should be seen as a teaching opportunity
and that art teaching should be about the child's mental freedom and mental
world; therefore teachers should understand each child as an individual (rather
than merely an unfinished person), trust in her or his abilities, and interfere as
little as possible in the drawing process. Finally, these drawings and paintings
should be viewed as children's unique expressions about themselves, their experiences and feelings, and their observations of their surroundings, so teachers
should analyze the pictures to get to know the child personally but also to consider the child's development.

Group work was essential to Dicker-Brandeis's teaching, and the classes were
comprised generally of between twelve and fifteen children.[50] According to
Dicker-Brandeis, the larger the group, the better, since, rather than competing,
drawing becomes a group effort [Gesamtleistung].[51] Significantly, Dicker-
Brandeis wrote of these group exercises with a slight political undertone:

> Sie erweisen sich (ein Nebenresultat, sie sollen die Hand und die ganze Person des
> Malers beschwingt und gefügig machen) als geeignetes Mittel, eine Horde in eine
> Arbeitsgruppe zu verwandeln, die bereit ist, sich gemeinsam einer Sache hinzuge-
> ben statt sich gegenseitig zu stören und sogar ihre Arbeiten zu zerstören.[52]

---

49 To my knowledge, this text, held in the collection of the Jewish Museum in Prague, has not
    been reproduced; the description of its contents is in Kasperová: Erziehung und Bildung der
    jüdischen Kinder im Protektorat und im Ghetto Theresienstadt (see fn. 2), p. 168; analysis:
    pp. 168–70.
50 Kass: Kinderzeichnungen aus dem Ghetto Theresienstadt (see fn. 2), p. 49.
51 Dicker-Brandeis: Kinderzeichnen (see fn. 48), p. 207.
52 »They prove (as a side result; they are intended to make the hand and the whole person of the
    painter loose and pliable) a suitable means to turn a horde into a working group, one that is

Fig. 12: Lilly Bobašová (Edna Amit): Candle and Ship. 1943/44, watercolor on paper

Having moved through and learned intensely in the collectives of the Bauhaus and politicized Vienna and Prague, Dicker-Brandeis understood the power of positive group experience. Living in the midst of a group of children, she realized the potential for art classes to form them into a collective that might help them to survive.

Sarah Kass's systematic study of the children's drawings of Theresienstadt allows us to understand the diversity of their subjects.[53] In addition to exercises from their classes, there are representations of memories, dreams, or fantasies, such as an image of a candle, ship, and night sky by Lilly Bobašová (Fig. 12). This appears to be a fantasy of nocturnal escape via a ship that peacefully floats into the sky. The candle, near to the viewer, connects up with the light of the moon and stars in the distance, suggesting a connection to a world well beyond the here and now.

Edith Kramer suggested in several interviews that Dicker-Brandeis, unable to have children of her own, found her true calling in Theresienstadt and that

---

ready to dedicate itself to something collectively instead of destroying each other and even destroying their work.« Dicker-Brandeis: Kinderzeichnen (see fn. 48), pp. 207–8.

53 See Kass: Kinderzeichnungen aus dem Ghetto Theresienstadt (see fn. 2).

she was fulfilled through her work there.[54] »I believe … that it worked to the benefit of the children of Theresienstadt that she herself did not have a child. Otherwise she would have found a way to save herself. And the children of Theresienstadt would never have had those wonderful experiences with her.«[55] In his article, »The Ultimate Refuge: Suicide in the Jewish Community under the Nazis,« Konrad Kwiet explores the dramatic increase in the suicide rates of Jews under National Socialist rule. He finds that Jews »were driven to despair, and many took their own lives. Indeed, in the years 1933–1945 the suicide rate of … Jews rose to such heights as to take on the character of a mass phenomenon.«[56] Certainly Dicker-Brandeis's passage to Theresienstadt was not a suicide mission, but after so much traveling, so many times of slipping through the net, and a number of opportunities to leave the continent that she did not take, her journey to Theresienstadt may indeed have involved a fatalistic embrace of the seeming inevitable combined with the choice to stay and make life better for hundreds of children. Unusually, her final passage, the one to Auschwitz, also involved the choice to go.

V. Onward to Auschwitz – And Beyond

At her own request, Friedl Dicker-Brandeis was deported to Auschwitz on October 6, 1944, though she likely did not know her final destination for certain; she wanted to follow her husband, who had been taken in late September.[57] Before she left, Dicker-Brandeis collected more than 4,300 pages with the drawings of over 600 of her Theresienstadt students.[58] She packed them into

---

54 Edith Kramer in Makarova: Friedl Dicker-Brandeis (see fn. 1), p. 232. Linney Wix: Aesthetic Empathy in Teaching Art to Children: The Work of Friedl Dicker-Brandeis in Terezin. Art Therapy: Journal of the American Art Therapy Association 26/4 (2009), p. 156.

55 Edith Kramer, 2001 interview with Brenner. In: Brenner: The Girls of Room 28 (see fn. 44), p. 158. In a March, 2, 1938 letter to her friend Anny Wottitz, Dicker-Brandeis herself speculated that, if she had a child, she might »have a bit more fighting spirit.« In: Makarova: Friedl Dicker-Brandeis (see fn. 1), p. 132.

56 Konrad Kwiet: The Ultimate Refuge: Suicide in the Jewish Community under the Nazis. Leo Baeck Institute Year Book 29/35 (1984), pp. 135–67, here: p. 135.

57 According to Dicker-Brandeis's student Marie Vitivcová, who was on the same transport and survived, they were told that the men had left to build a new camp near Dresden and that they would be joining them; in fact, both transports went to Auschwitz. In Makarova: Friedl Dicker-Brandeis (see fn. 1), pp. 38–9. The Czech Republic's web archive of Holocaust victims includes specific transport numbers and scans of Dicker-Brandeis's legal documents: http://www.holocaust.cz/en/database-of-victims/victim/78991-friedl-dicker-brandeis/ [accessed: June 10, 2017].

58 Kass: Kinderzeichnungen aus dem Ghetto Theresienstadt (see fn. 2), p. 55. The drawings, now held in the Jewish Museum in Prague, were all signed by the children, 555 of whose names can be recognized with another 67 only partially recognizable for a total of 622 children. There are

her and her husband's suitcases (they didn't need them anymore) and brought them to their destination, a hiding spot in the attic of the girls' dormitory, where they remained until after the war. Dicker-Brandeis herself then left Theresienstadt and travelled on, a final, three-day passage to her death on October 9, 1944, at Auschwitz-Birkenau. Her husband survived.

Yet there were further passages for Dicker-Brandeis, far beyond even the thousands of surviving children's drawings. Her work and ideas traveled on without her in the minds of her students. Two of these, Kramer and Furman, went on to have very active careers based in aspects of what they learned from her. Kramer began studying with Dicker in Vienna at age thirteen, and at eighteen followed her to Prague. Together they taught art to the children of other refugees from Nazi Germany.[59] In 1938 Kramer emigrated to the US. Histories of the US art therapy movement credit her as one of its two major theoreticians and founders.[60] Kramer always maintained that Dicker was her most important teacher, and that her lessons drew on the span of her experiences stretching back to the Bauhaus's art-making and pedagogical strategies.[61] Late in life Kramer stated that »… all art therapists should know of Friedl's story and respect her as one of the earliest art therapists and the ›grandmother‹ of art therapy.«[62]

Furman's work was in the more mainstream field of child psychology. The author or coauthor of many books, she specialized particularly in childhood bereavement, an interest that would have tied in to her experiences in Theresienstadt.[63] Furman credited Dicker-Brandeis with having exposed her to psychoanalysis by guiding her to lectures and teachers at Theresienstadt including a pair of child psychologists. In 2007, near the end of her life, Furman still had her notes from their Theresienstadt lectures.[64] Kramer and Furman only learned of each others' existences later in their lives, around 1970. It was through their work, when Furman, as a child psychologist, was asked to review the manuscript of Kramer's book *Art as Therapy with Children*.[65] It was dedicated »to Friedl,« and Furman knew that Kramer must be referring to Dicker-Brandeis.

Kramer would later write of Dicker-Brandeis that, »there are many forms of survival.«[66] Repeatedly forced into exile and ultimately killed by the Nazi

5,817 drawings on 4,323 pieces of paper; the remaining 1,494 are on the backs of other drawings. This is the largest collection of children's drawings from the Shoah in the world.
59 Edith Kramer: Art As Therapy with Children. New York 1971, p. xiv.
60 Maxine Junge: Modern History of Art Therapy in the United States. Illinois 2010, pp. 5–6.
61 The http://www.edithkramer.com/Edith_Kramer_Background.html [accessed: June 9, 2017].
62 Edith Kramer interview, in: Maxine Junge and Harriet Wadeson: Architects of Art Therapy. Memoirs and Life Stories. Illinois 2006, pp. 44–45.
63 Erna Furman: A Child's Parent Dies: Studies in Childhood Bereavement. New Haven 1974.
64 Furman interview in: Lenfim Studio: One Day with Erna Furman (see fn. 47).
65 Edith Kramer: Art As Therapy with Children (see fn. 59).
66 Edith Kramer in Makarova: Friedl Dicker-Brandeis (see fn. 1), p. 234.

state, Friedl Dicker-Brandeis's efforts survived not only in her work and the drawings of her Theresienstadt students, but also in the ideas she passed on as a teacher. Kramer and Furman's teaching and writing are part of a legacy of Dicker-Brandeis's passages, her restless seeking to investigate art's transformative power.

Image Credits:
Fig 1: collection of the Bauhaus-Archiv Berlin, © Alexandra Hildebrandt; Fig. 2: collection of the Bauhaus-Archiv Berlin; Johannes Itten © 2017 Artists Rights Society (ARS), New York/ProLitteris, Zurich; Fig. 3: reproduced from Hans Hildebrandt: Die Frau als Künstlerin. Berlin 1928, p. 147; Figs. 4–6: collection of Georg Schrom, Vienna; Fig. 7: collection of the Universität für angewandte Kunst Wien, Kunstsammlung and Archiv (University for Applied Arts, Vienna, Collection and Archive); Figs. 8, 9: collection of The Jewish Museum, Prague; Fig. 10: collection Beit Theresienstadt, Kibbutz Givat Haim; Fig. 11: private collection; Fig. 12: collection of The Jewish Museum, Prague, © Amit Family, Mishmoret, Israel.

Darcy Buerkle

Landscape, Exile, and Fred Zinnemann's *High Noon*

> Seems to me I've got to stay.
>
> – Will Kane

While Fred Zinnemann's films have been characterized as a cinema of resistance for their stories and characters of conscience – and they are surely that – they also evince an affective ground and spectatorial invitation that can be, and I argue has been, missed. I do not mean this as an observation about indexicality and thus a reckless reduction of narrative content or directorial brilliance, nor do I propose this notion as commentary on intention, though in some cases I do mean one or more of these. Further, while Zinnemann's interest in the documentary real is most apparent in his many feature films that take war as subject, his *High Noon* claims to be about something else entirely. According to Bazin, part of the way the film rejected the conventions of genre was that it »treated the western as a form in need of a content.«[1] A genre-bending Western for its violations of rigid relevant rules – not the least of which was to forego shooting in color – *High Noon* has been read as a film with content, as Phillip Drummond writes, »from elsewhere.«[2] That »elsewhere,« has been nearly universally stipulated as the Hollywood blacklist.[3] While there are ample reasons for this pervasive interpretation, Zinnemann politely but repeatedly contradicted this idea of a single-minded commentary. *High Noon* joins his other films in a persistent axis of a particular emotional logic, and its clear appeal to and disturbance of sanctioned guidelines of genre only amplifies this fact. Specifically, he made feature films that elevated courage of conscience, but they were also fundamentally about what it means to feel one must or is being forced to leave a place. There is an under-appreciated consistency to his work in this regard, as an on-going cinematic inquiry troubled – from his first feature film on – with the fact and consequences of leaving. The force of his films resides thus not only in narrative-driven examples of the tentativeness of moral cour-

---

1 André Bazin: What Is Cinema? Vol. 2. Transl. Hugh Gray. Berkeley 2005, p. 152.
2 Phillip Drummond: High Noon. London 2003. Jennifer Smyth has picked up on this formulation in her 2014 monograph on Zinnemann as well as an earlier article: J. E. Smyth: The Western That Got Its Content »From Elsewhere«: High Noon, Fred Zinnemann and Genre Cleansing. In: Quarterly Review of Film and Video 3/1 (2014), pp. 42–55.
3 The blacklist (1947–1960) denied employment to those accused of Communist ties or sympathies. See Larry Ceplair and Steven Englund: The Inquisition in Hollywood. Chicago [1979] 2003. On Foreman, see: Glenn Frankel: High Noon: The Hollywood Blacklist and the Making of an American Classic. New York 2017.

age, but also in his treatment and visual positing of the gravity of a situation that demands decision and action, a departure. This is an aspect of »the real« that appears and reappears in this films; the real that he seeks in the behavior and stories of his characters with increasing psychological, cinematic and also narratological elaboration throughout his oeuvre.

Zinnemann's interest in the documentary real and, relatedly, in documentary film stood alongside and in conversation with his fascination by the affective power of movies generally. An early mentorship from Robert Flaherty spoke to these seemingly dueling questions in Zinnemann as he began his career. Flaherty is known as the problematic »father of documentary« for his ethnographic docu-fictions, beginning with *Nanook of the North* (1922), and his emphasis on site-specificity. What drew Zinnemann fundamentally to him endured throughout his film-making; he referred to Flaherty in interviews and in the autobiography as the most important influence on his work. As Zinnemann told it, Flaherty's genius was a matter of his ability to cinematically convey feeling. He was not alone in his fascination with this approach; while there are well-founded contemporary critiques of Flaherty's imposition and exploitation of his subjects, at the time editors who worked with him attested to his near telepathic ability to anticipate the movement of his subjects and his inexplicable talent to make technical decisions »based on feeling« and to communicate feeling to his audience.[4] With this in mind, Flaherty's widow, Frances, would emphasize their common understanding of her husband's work years later when she wrote to Zinnemann that »Bob was of course no more documentary than he was Hollywood.«[5] Flaherty's flouting of Hollywood's industry and bottom-line driven conventions also spoke to Zinnemann's sensibilities, which would be the source of principled conflict in his life. So too his documentary interests in his feature films, which were often the source of doubt among producers. *High Noon*, for example, was shot in black and white and without filter; he wanted, he said, to emulate newsreel footage. But that news, I will suggest in more detail, was not (only) the news of the blacklist.

Despite his interest in truth-telling on film, in his autobiography and even in his correspondence, Zinnemann relegated critical moments in his life to anecdote. Sean Silver has posited anecdote via Joel Fineman and Jacques Lacan, as that which »opens up the possibility of conversation by providing access to the

---

4 For comment from film-maker Jean Renoir to this effect: Paul Rotha: Robert Flaherty. A Biography. Philadelphia 1983, p. 289. See also John Grierson. Flaherty. In: Cinema Quarterly 1/1 (1932), pp. 12–17 and Ben Achtenberg: Interview with Helen van Dongen. In: Film Quarterly 30/2 (1976), pp. 46–57.

5 Fred Zinnemann Papers [hereafter FZP], Margaret Herrick Academy of Motion Pictures Arts and Sciences Library [hereafter AMPAS], Beverly Hills, CA. Frances Flaherty to Fred Zinnemann [hereafter FZ] January 20, 1954, FZP-AMPAS Box 127, f.1616.

real … as that which precisely … lies outside the story.«[6] Anecdotes resist the seamlessness of a totalizing history. In Zinnemann, they also appear as deceptively elusive dependent sub-clauses. His travel into exile is a particularly powerful example of this practice, and of the general argument that his autobiography makes by its very framing: Zinnemann's life-story and his films are and were synchronistic not only in the choice of topics and narrative lines that he selected, but in the construction of visual corollary to the apparent marginalization of the most consequential action of his life and what turns out to be the affective fuel of his films. While in Zinnemann's films the central matter that vexes was the act of leaving, he seems to relegate it in his own life-story, animated as it was by exilic action. In his films, however, the camera insists; it stays, trained on the character who leaves, or the landscape that is now bare, producing in the audience a cinematic experience of having been left. It is the act itself, the forward motion that it implied that he returns to in varied instantiations and narrative circumstances, but with a camera that searches for the essence of the action; for this, too, *High Noon* provides ample examples. Before laying out the work of *High Noon* in more detail, however, I want to turn to Zinnemann's 1992 autobiography; a document produced under duress, with a backstory of its own.

(Auto)biographics

The image, is basically the truth of the text.
– Michel de Certeau[7]

When Zinnemann was approached about the possibility of a biography in 1985, he had agreed. The British critic and biographer Alexander Walker was hired; Zinnemann retained final approval on »all aspects of the book.«[8] Proximate to this arrangement, Walker had published numerous biographical studies of well-known actors, including Greta Garbo (1980), Joan Crawford (1983), Marlene Dietrich (1984). In format, they are similar to Zinnemann's autobiography in its final form as it was finally produced. But as the writer's chapters were delivered, Zinnemann grew increasingly uncomfortable. Walker was writing in the first-person; unlike his other books, the text read like an autobiography and, according to Zinnemann, not one the director would have written.

6 Sean Silver: Pale Fire and Johnson's Cat. In: Criticism 53/2 (2011) pp. 241–264, here p. 245.
7 Michel de Certeau. Entretien avec Alain Charbonnier et Joël Magny. In: Ça Cinéma 301(1984), pp. 19–20.
8 Fred Zinnemann. Chronology of Association with Alexander Walker (June 7, 1991). FZP-AMPAS Box 172-f.2286 (see fn. 5).

The lack of organization bothered him, but what disturbed him most, was »the fact that it was Alexander Walker speaking, not I. For this reason I vetoed publication of his work in my name, as I was convinced that this was misleading and deception of the public.« He took over the project himself. The book was Zinnemann's last creative work and led, as he writes, »to an unnatural hiatus [in his film-making] ... having an obsessive one-track mind I spent the next six years writing ....«[9] Multiple drafts of the chapters of the painstakingly curated autobiography and copious notes can be found in Zinnemann's papers; this version of the director's life was written for a general, arguably American, audience. His story, as he told it, was a story about movies. *London Sunday Times* called the book »an admirably terse account« while the *Boston Globe* noted that »Zinnemann's private life [does not] intrude much .... Renee, his wife of more than 50 years, gets her biggest mention through a small part she played in *The Nun's Story*; Tim, his son, is referred to only fleetingly throughout.«[10]

One of the »details,« that Zinnemann left out of his autobiography, includes his first move across borders at an early age. Born in Rzeszow in 1907, Fred Zinnemann was raised as a Polish-speaking Jew, a fact he consistently avoided mentioning, preferring instead to claim or imply that Vienna was the city of his birth, an elision and related misconception that is repeated throughout secondary literature on the director.[11] But Zinnemann was a teen-ager by the time his family left Rzeszow for Vienna in 1920. When he did refer to this move at all, his formulation either obfuscated or contradicted the truth and certainly elided any of the usual reasons that Jews chose to move to Vienna in those years. Much to the consternation of his extended family, he did not stay. Zinnemann made his initial foray abroad alone for film school in Paris in 1927; it was the beginning of a life characterized by on-location work whenever possible and a shifting site of return – though usually it was London or Los Angeles. »Dimly and excitedly I sensed that film, like music, offered a direct way to people's emotions .... Almost from the instant of my arrival [in Paris] I felt free; the glass wall had disappeared, the sense of isolation was gone.«[12] On completion of his studies in Paris, Zinnemann's visa was expired, but he did not return to Vienna. Making his way to Berlin – he called it »the next best place for film-makers« – he began using some of his technical skills. Things did get off to a slow start, and he was

9 Fred Zinnemann. Chronology of Association with Alexander Walker (June 7, 1991). FZP-AMPAS Box 172-f.2286 (see fn. 5).

10 London Sunday Times and Boston Globe quoted in: David Gritten. A Lion in His Winter. In: Los Angeles Times, June 2, 1992.

11 Fred Zinnemann: Fred Zinnemann, An Autobiography: A Life in The Movies. New York 1992, p. 7. As a Jewish émigré, he was certainly not alone in making this claim that would, among other things, increase a surface comprehensibility among strangers. See, for example, Noah Isenberg: Edgar Ulmer. Berkeley 2014, pp. 3–4.

12 Zinnemann: An Autobiography (see fn. 11), p. 12.

fired from his first set, but in this period he did go on to work on films that would become canonical in the history of cinema. He joined, for example, the crew on the eventual cult classic 1930 *Menschen am Sonntag* where he had his first technical experience with one of the documentary realisms that animated the 1930s, learning especially from Eugen Schüfftan, »a great cameraman.«[13]

Directly following *Menschen am Sonntag*, Zinnemann made his first Atlantic crossing in 1929 on, as he carefully notes in the autobiography, the »Leviathan,« »a huge tub, originally called *Vaterland*, which had been ceded by Germany to the US as part of war reparations ….« Characterizations of his experiences are inevitably marked by their own historicity. Writing decades later, in the wake of the Holocaust about his time before it, his version of his crossing invokes images of a fate he did not suffer, but was left to imagine for the rest of his life. He records the experience as a »rough passage,« but there were »many young people,« and the mood was high;

> much laughter, fun, and noise …. Just once we were allowed to visit first class, an enormous, sad mausoleum, silent except for the thud of the ship's engines, with immobile, very old, overdressed people sitting there like so many disconsolate dummies in a waxworks. To this day I remember a ghastly episode the morning after the storm-tossed first night aboard, stumbling groggily into the women's bathrooms, full of sick ladies. I can still hear their screams.[14]

On arrival in New York he disembarked into a country and a city gripped by the collapsing stock market. He soon realized that Hollywood would be his final destination. He described travel across the United States on a Greyhound bus with more zeal than his transit from Europe; coming to New York he tellingly summed up as … leaving. But going to Hollywood was the journey that he detailed in the autobiography, and in correspondence. When he arrived there a few months later in 1929, it was the Jewish and Austrian connections and his camera that sustained him, most importantly that of his assistantship to Berthold Viertel, a position that meant significant access and intimacy with the family – inasmuch as he allowed it with anyone – until the end of their lives. For the first many years of his time in Hollywood, Zinnemann was not just present at the well-known salons in the Viertel household as Berthold's assistant, but, according to Salka Viertel, »a daily guest« who was »totally dedicated to films.«[15] Zinnemann called meeting the so-called »father of documentary« Robert Flaherty at one of these gatherings, »destiny knocking at the door.«

---

13 Zinnemann: An Autobiography (see fn. 11), p. 14.
14 Zinnemann: An Autobiography (see fn. 11), p. 17.
15 Salka Viertel: The Kindness of Strangers New York 1969, p. 144. NB: Viertel writes that FZ was nineteen at the time; he was twenty-three.

Zinnemann returned to Berlin once again in 1931 – and the final time before 1947 – to meet Flaherty and assist him on a film about nomadic tribes in central Asia.[16] The opportunity to study Flaherty's technique and the geographic challenge of the project fascinated him, as did the very premise of the documentation of nomadic movement. The funding – even to make a film in Germany – fell apart after repeated attempts.[17] Though the 1931 film was never completed – or even started – over the many months of waiting in Berlin, Flaherty, as his »professional godfather,« gave Zinnemann intellectual and technical framing for the reproduction of a version of »the real« that, in Zinnemann's words, involved »the thing that [had been] tremendously important« for him in their conversations, namely »that Bob was preoccupied with showing the spirit of man .... You should try to tell the truth as you see it ....«[18] The silent-era, wrangling and excitement over sound, debates about documentary, and his deep knowledge of the history of film would continue to inform Zinnemann's aesthetics.

An increasingly emboldened antisemitism and deepening economic despair also characterized life in Berlin during the six months he spent with Flaherty in Berlin. Zinnemann knew he could not stay, and as soon as Flaherty departed, so did he. He summarized the situation in a letter to a friend, writing that he would have to »stay away from Europe for some years,« a realization that had to do with his prospects as a film-maker, but also with the growing feeling of impossibility for him in Germany or Austria. Just one month later, on September 12, 1931, the antisemitic violence of the so-called »Kurfürstendamm Krawall« in Berlin led to a range of interpretations among Jews, but one can only assume that Zinnemann had seen quite enough to assume that establishing himself well under such circumstances was unlikely at best. After an extended visit with family, he left. By the time his Declaration of Intention was filed in October 1931, he claimed that he was requesting »entry for permanent residence« to the United States. Nothing in his correspondence suggests that his family knew this at the time and indeed the application may have been to spare himself the trouble of having to re-apply for a visa in case he wanted to stay. But at the very least, he thought of citizenship as a possibility, despite letters to friends in which he lamented the lack of reflexivity and craft in the US among »most film-makers.«[19] By November 1931, he sounded extremely unhappy. That he would not be able to return home, or see his parents again, was of course unimaginable,

---

16 The topic of the proposed film has been disputed.

17 Paul Rotha: Robert Flaherty. A Biography. Philadelphia 1983, p. 96. See also FZ letter to Herbert Rappaport, Dt. Kinemathek [4.3–83/40–2].

18 Rotha: Flaherty (see fn. 17), p. 97.

19 See for example, his letter to Herbert Rappaport, who also studied law in Vienna, worked with Pabst, and lived and from 1936 on made films in the Soviet Union, November 22, 1931: FZP-AMPAS 137–f.1877 (see fn. 5).

especially in its tragic details. At the time it merited only the summary judgment in a letter in which he described his state of mind about the anticipated,
»necessary« prolonged absence from Europe and allowed that it caused him an
»obviously bad mood.« Letters from family in the years that followed quizzed
him with some urgency about when he would return, but friends repeatedly
suggested he should be glad to be »elsewhere.«[20]

The autobiography complexifies his final leave-taking, linking it to his source
and fervent belief in the technique and conceptual category of the documentary
real by way of feeling, even as he avoids a fulsome documentary description of
his experience. Zinnemann explains his departure from Europe thus: »Bob [Fla-
herty] went to England and made *Man of Aran* and I returned to America aboard
the *Milwaukee*, after seeing my family in Vienna for the last time.«[21] He continues: »[Flaherty's] documentary approach was vivid in my memory when I prepared *The Search*, *The Men*, *High Noon*, *The Nun's Story*, *Julia* and other movies.
Professionally, he was my godfather.«[22] Followed by a paragraph break, he writes:
»In one of his more malicious moments, Bob was supposedly heard to say later
on that I was the worst assistant he had ever had. I do hope he was kidding.«[23]
But more critical here is the detail that he places his final pre-World War II 1931
departure from Europe in a dependent sub-clause – a departure he did not know
at the time would last until after the war and that included, also, obviously,
without his knowledge »the last time« he saw his parents. He installs Flaherty in
this instance as a paternal, spiritually significant figure. The suggestion of dis-
avowal matters in this instance in relationship to the more elusive but much
more consequential affective factor in this passage, namely the fact that he is here
telling the story of his departure, and »the last time he saw his family.« Zinnemann gives his reader all he thinks that we need to know, namely that he saw his
parents for the last time as he was leaving and without any sense that it would
necessarily be the last time. The inference is that when he did so, he failed to
appreciate the gravity of the situation. The circumstances of his final departure
is thus also a knot to which his films repeatedly return: departures that appear
benign, or are made to appear so, but turn out to be more consequential than
the frame can hold. They imply a failure of judgment. By placing his departure
in syntactic and anecdotal proximity to Flaherty in this way, he also places it in
relation to documentation (which he does not provide), a paternal presence (and
thus the spectre of his own father) that may or may not have commented on his

---

20 FZP–AMPAS 141–f.1933 (see fn. 5).
21 Zinnemann mentions his parents murder only one other time in the autobiography, also in a
    sub-clause. See Zinnemann: Autobiography, p. 55. For a more detailed – and accurate version
    – about what happened next for Flaherty and hence for British documentary film-making, see:
    Rotha: Robert Flaherty (see fn. 17), pp. 95 ff.
22 Zinnemann: An Autobiography (see fn. 11), p. 26.
23 Zinnemann: An Autobiography (see fn. 11), pp. 25–26.

failure to »assist,« and an aesthetic practice of visually eliciting emotional truth from subjects. Zinnemann thus also re-ups the importance of an autobiography with chapters devoted to nineteen of his twenty-two feature films.

Although Zinnemann's brother George immigrated to the USA in 1936, his parents refrained. When they were ready to leave, despite his repeated efforts to coordinate their escape over years, they were not able to make it out of Europe in time. Until very close to their murders, both of them wrote long and detailed letters to Zinnemann in Polish – until that was forbidden, and then they wrote in German. While Zinnemann labored toward success – or even a foothold – in Hollywood, he simultaneously answered his parents' desperate communications. [24] He filed numerous affidavits, bought tickets, sent money, wrote in the coded language he was instructed to use, and arranged elaborate plans several times for their departure, each time necessarily projecting himself into the situation that he proposed for his increasingly desolate parents. George Zinnemann had joined the Army and deployed to Europe. It was he who tracked down a witness after the war for the story of the brutal end to their parents lives, closing his two-page letter to his brother thus: »I'm glad I can share it with you as I don't feel like talking to anybody but you about it ... I wish I'd never had to write this letter.« [25]

Zinnemann's aesthetics in his autobiographical rendering and in his films rely on seemingly contradictory impulses. On the one hand, he was deeply committed to documentary and related practices, and on the other hand, he made fiction films that subordinated a documentary real to story, and relegated critical affective components of his work to the cinematic corollary of anecdote delivered via a sub-clause. In his work, the documentary real and the sub-clause repeatedly intersect, and they do so through the idiom or narratological role of departure and related travel. He understood the force of the elusive but powerful role of affect as a matter precisely of that which reveals, rather than announces, itself. »The essence of film,« Zinnemann wrote, »springs largely from unconscious sources; it reaches the audience in subliminal ways and ... intellectual explanations very often miss the point ....« His autobiography and films stayed true to this insight. Remaining within the narratological confines of a story and the evidence so many of his films provided for his interest in courage and resistance, misses the critical way that departure and its phenomenologies animates and informs the power of those stories. The vision that this director had for conveying the violent force of departure had inscribed itself on his life.

---

24 FZP-AMPAS 140-f.1932, f.1942, f.1943 (see fn. 5). I wish to thank Imme Klages for sharing her translations of the Polish letters into German with me, some of which can also be found in an appendix of her unpublished dissertation in which she explicitly explores the status of exile in film: Imme Klages. I do not get rid of the ghosts. Frankfurt 2014.

25 George Zinnemann to FZ January 29, 1946: FZP-AMPAS 141-f.1936 (see fn. 5).

As such, it appears in his autobiography and it reappears in his films with regularity, even those, such as *High Noon*, that do not claim any explicit narrative-bound relationship to the circumstances or effects of World War II.

High Noon

> The image is not the duplicate of a thing. It is a complex set of relations between the visible and the invisible, the visible and speech, the said and the unsaid.
>
> – Jacques Rancière[26]

In *High Noon*, Will Kane (Gary Cooper), the retiring marshal of Hadleyville, marries his Quaker bride, Amy (Grace Kelly).[27] The couple expects to depart immediately after their nuptials. News arrives that Frank Miller (Ian MacDonald), an outlaw whom Kane sent to jail for life, has been pardoned after only five years and will arrive on the noon train. Miller's co-conspirators ride through town forebodingly, and then wait for him at the train-station. Kane and Amy leave in a hurry. But as the galloping horse and buggy approaches the camera, Kane stops: »I've got to go back …. That's the whole thing.« His new bride realizes her matrimonial mistake and announces that she'll not wait for him. Several scenes show her waiting for the train in various places around town; including the boudoir of Kane's former lover, Helen Ramirez (Katy Jurado, who won a Golden Globe for Best Supporting Actress in this role). Ultimately, Kane will watch the two women depart in a wagon bound for the train-station together. Convinced that his friends will not abandon him, Kane believes that »there might not be trouble.« For the duration of the screen time, the marshal tries to recruit new deputies. Turned down, in one way or another, by everyone he asks, his increasingly determined and also desperate inquiries make up the bulk of this film. Zinnemann's repeated shots of Cooper's face in close-up which, it has been noted, distinguishes itself for sweating, wincing, and clear exasperation, thus expressing excess and desperation in the leading man unprecedented in the genre.[28] The camera returns to two other sites repeatedly: the clock, which shows 10:40 AM as the film begins and inches forward in near

---

26 Jacques Rancière: The Emancipated Spectator. Transl. Gregory Elliott. London 2009, pp. 93–94.

27 Carl Foreman started working on *High Noon* in 1948 in response to a request to make a film about the newly ratified United Nations. John Cunningham's short-story »Tin Star« appeared in 1947 in Collier's Magazine and also served as basis for the concept. The film won four Academy Award (Actor, Editing, Music-Score, and Music-Song) and four Golden Globe Awards (Actor, Supporting Actress, Score, and Cinematography-Black and White).

28 This was among the reasons the film was called »un-American,« despite its success. See, for example, J. E. Smyth: Fred Zinnemann and the Cinema of Resistance. Jackson 2015, p. 113.

real-time, and the train-tracks (Fig. 1), which grow increasingly menacing as the film progresses. *High Noon* is thus framed by the threat of running out of time and the train, their presence too ubiquitous to be denied. In the end, there is the obligatory shoot-out, but the Quaker Amy returns with a gun in hand. She shoots an outlaw in the back and kills him … and claws the face of another one so Kane can take the final shot. The people in town stream back into what had been the abandoned street. Kane throws his Sheriff's star onto the dusty ground, climbs in the buckboard with Amy, and leaves. Sung by Tex Ritter with lyrics by Ned Washington, Dimitri Tiomkin wrote the song for the film.[29] The song »Do Not Forsake Me Oh My Darlin'« accompanies the narrative; we hear it over the credits, before anyone speaks, throughout, and again in the final scene as reunited Amy and Kane turn the corner and disappear from sight.[30]

The reading of the film as a story about its screen-writer, Carl Foreman, who went into exile in response to his investigation by the House Un-American Activities Committee (HUAC) while the film was in production, was principally initiated and maintained by Foreman himself and reproduced in some of the early reviews, as well as his later interviews and oral history. Drummond's observation that *High Noon* »gets its content from elsewhere,« thus refers to McCarthyism and the Hollywood blacklist; this is a view that is widely accepted and has been amply explored in some detail. [31] Though he certainly acknowledged the significance of the blacklist for Hollywood at the time, for Zinnemann, the story »just happened to be set in the Old West« and was not about any specific political crisis. [32] He found Foreman's allegorical claims »to be a narrow point of view …. I vaguely sensed deeper meanings in it [the film], but only later did it dawn on me that this was not a regular Western myth. There was something timely – and timeless – about it, something that had a direct bearing on life today …. To me,« he continues, »it was the story of a man who must make a decision according to his conscience. His town – symbol of a democracy gone soft – faces a horrendous threat to its people's way of life.«[33]

By the time that he got to *High Noon*, Zinnemann had been a recognized film maker for more than a decade, and his reputation was strong. His work was either explicitly documentary or the sort of docu-fiction for which he is primarily known; the feature films he chose to make (as opposed to those that were assigned to him by the studio early on) were set either in wartime Europe or its immediate aftermath or referred to it clearly. In each of these instances, Zinne-

---

29 Tiomkin bought the rights and released it as a single with Frankie Laine.

30 Dimitri Tiomkin won an Oscar for Best Original Score and Best Song.

31 Carl Foreman, Oral History, April 1959, Columbia University. Bosley Crowther. In: New York Times, August 3, 1952; and: Darkness at High Noon. In: The Nation, 176:2 (January 10, 1953). Frankel: High Noon (see fn. 3).

32 Zinnemann: An Autobiography (see fn. 11), p. 67.

33 Zinnemann: An Autobiography (see fn. 11), p. 97.

mann had to yield to the production code, producers, and studio executives who wanted him to restrain the starkness of his message.[34] *The Seventh Cross* (1942) was an earlier film that he often cited in relationship to *High Noon* in which he had been told to do away with »unacceptable gruesomeness« by cutting, among other things, the injury caused in a concentration camp to the central character George. In *High Noon*, he took a different – though also controversial – approach, amplifying its realism by shooting in black and white without filter and intensifying the effect in post-production.[35] Floyd Crosby was his cinematographer; they had met through Flaherty years before.[36] »In preparation,« he wrote, »we studied Mathew Brady's photographs of the Civil War, the flat light, the grainy textures, the white sky.«[37] In these grainy and contrast-dense environs, the film returns to the key images of clock, train, and a man's desperate face in close-up as he recognizes as time passes, that no one will help him in his fight against »evil«: »Our hero, middle-aged, worried, and very tired was constantly moving against that white sky.«[38] References in the film that point beyond the narrative and toward an unscripted affective claim circulate around a central problem: the problem of whether to stay, or to go, and the assertion that the circumstances under which such decisions are made offer illusions that are nearly impossible to contradict in the moment. In *High Noon*, movement, transit will be the result of urgency, dwindling time and thus opportunity; the direction for Kane was »constant movement« met by unyielding stasis, »motionless railroad tracks, always static.« Jennifer Smyth has carefully documented this observation as one of the ways that Zinnemann's direction distinguished itself from Foreman's script; cuts to dialogue yielded to Zinnemann's preference to »structure the film around Kane's series of silent, lonely walks or plods around the town.«[39]

As in the autobiography, the evocative stance that Zinnemann takes in *High Noon* punctures the narrative by way of the anecdotal. In the book, he marginalized the directly personal in favor of descriptions of his films and film-mak-

---

34 These include his 1941 short *Forbidden Passage*, and the features *Eyes in the Night* (1941), *The Seventh Cross* (1943), *Acts of Violence* [1948], *The Men* [1950], [*Teresa* (1951)] and, most decidedly *The Search*, which was shot on location in postwar Germany in 1947; a film in which his initial goal of bringing American attention to the murder of European Jews was almost completely evaded when in the final and embattled script, the central character was no longer a Jewish child.

35 The use of black and white film is one of the first and most significant disagreements that Zinnemann had with the producer Stanley Kramer during production.

36 Before winning a Golden Globe for *High Noon*, Crosby received an Academy Award for cinematography in 1931 for his work with Murnau (and, before he abandoned the project, Flaherty) on *Tabu*.

37 Zinnemann: An Autobiography (see fn. 11), p. 101.

38 Zinnemann: An Autobiography (see fn. 11), p. 101.

39 Smyth: Fred Zinnemann and the Cinema of Resistance (see fn. 28), p. 101.

ing; the apparently straight-forward facts seem to reveal the stakes through stark and haunting metaphorics that result in a kind of autobiographical resonance throughout rather than the clear reflexivity and disclosure associated with that genre. Similarly, in his films, despite his notoriously tight control on his visual language, he leaves the spectator with suggestive points of departure that make visible this anecdotal rendering as the container for pivotal moments. The director's affective – that is, involuntary – inscriptions of a post-Holocaust Jewish imaginary become visible in the details of movement, time, and narrativized sentiment about responsibility and violence. It is here, I would contend, that the »vague sense of deeper meaning« to which Zinnemann referred many years after making *High Noon* resides. In the film, the documentary real – as in Zinnemann's own life – relies also on an elsewhere that often insists upon itself and delivers its force only by way of the edges of the frame. The church bell marks the beginning of the film and the end of the credits; Christianity brackets the film and, importantly, it does not save Kane. The musical experience is a further case in point. »Do Not Forsake Me« provides a kind of narration for the prospect of leaving and being left: »I do not know what fate awaits me,« Ritter sings, »I only know I must be brave ... For I must face a man who hates me ... Or lie a coward in my grave.« The song ends with another lingering reference to departure as separation from certainty: »Wait along, wait along, wait along.«

The specific choice of the American West as the site of a film that, according to genre, would necessarily be historical in content, came in the wake of other Zinnemann feature films which were much more clearly engaged with contemporary history and politics. But this shift was not an abandonment of purpose or of linkage to autobiographical anecdote. While *High Noon* operates on the level of displacement, it simultaneously unfolds in the landscape through which Zinnemann moved most self-consciously away from Europe. For him, the journey was not only the Atlantic crossing, as I have noted; it was perhaps even more importantly the Greyhound bus that brought him to Hollywood and even his subsequent cross-country drives in his early years in the United States. He described his first encounter with the American landscape as an absence of constriction by convention and antisemitism in his autobiography, but his rhetoric also echoes a version of the tracks in *High Noon*: »Never mind who I was or where I came from .... Once across North Platte Nebraska, the highways became narrow and endlessly straight, two lanes constantly pointing West.«[40] *High Noon*'s exceptional status in Zinnemann's oeuvre as a Western offers up even more critically, another state of exception, namely that which geography itself connotes for the immigrant who ends up in exile. For Zinnemann, geography was a symptom by way of necessity, linked to freedom from the violences

---

40 Zinnemann: An Autobiography (see fn. 11), p. 18.

of antisemitism, a freedom he associated first with cinema itself, then with France, and eventually the United States, but also with the fact of travel; of movement. Zinnemann's state of exception and its related aesthetics, in other words, demanded an elsewhere. Operationalizing the Deleuzian concept of an »out of field … more radical Elsewhere … outside homogenous space and time,« *High Noon* literally and metaphorically allows an additional, off-screen elsewhere into its seemingly legible frame. The film animates a nexus between the affective ground that accompanies genocidal logic that violently severs relation, demanding separation, and a Western story. The force of this film is thus not historically contingent and certainly not limited to the blacklist.[41]

Several instances in the film further affirm this reading. Shooting out of continuity as the result of budget constraints, among the first scenes that Zinnemann produced was one of the more complicated in content, technique, sequencing, and number of extras. Taking place in the town's church, the dialogue enacts what can only be called a recitation of every reason not to help and instead to cast out the foreign element, in this instance the marshal, with – illegible to a general audience at the time, but nonetheless distinct – gestures toward the casting out of the Jewish refugee: The scene opens with Kane coming into focus as he walks away from the camera. Black smoke rises in the corner of the screen, next to the church. Kane enters as the pastor exclaims, »Our text today is from Malachi, ›For behold, the day cometh, that shall burn as an oven …‹« Kane stands dramatically at the other end of the building, framed by the doorway, taking off his hat as the pastor scolds him for interrupting. »I need help,« he begins, laying out the need for »special deputies.« At first, some of the men step forward, only to be stopped by the objections of others. The town's mayor, Jonah Henderson (Thomas Mitchell) facilitates what amounts to an impromptu town meeting in which protestations fly. In a biblical reference to the Scribe Ezra who led Jews out of Babylonian exile, the townsperson Ezra is the one of the only church-members who rises to speak on behalf of Kane's request: »I can't believe I've heard some of the things that've been said here.« The mayor utters the final words in this exchange to the stunned Kane: »This man didn't have to come back here today and for the sake of this town I wish he hadn't. Because if he's not here when Miller comes, my hunch is there won't be any trouble. Not one bit ….« He thus disavows Miller's criminality, turning to Kane and imploring him to leave: »Will, I think you better go while there's still time. It's better for you – and better for us.« The sequencing of this scene underlines the threat in the air, the displaced responsibility, but it also includes a shot of the train that haunts both film and autobiography.

41 Gilles Deleuze: Cinema 1: The Movement-Image. Transl. Hugh Tomilson and Barbara Habberjam. Minneapolis 1986, p. 17.

Fig. 1: High Noon, film still, 1952. Director: Fred Zinnemann

In *High Noon*, the camera repeatedly brings the spectator back to the train de-pot. As time progresses, and the camera returns again and again, the tracks move increasingly to the center of the frame, until a cut in the church scene takes us to an image in which the striking visual resonance of the tracks with those at Auschwitz is undeniable (Fig. 1).[42] When the conversation begins in the church, the mayor dismisses the excited children, who spill out of the build-ing, with unexplained black smoke still rising in the sky. Cutting away from that joy amplifies the simultaneity of incongruous affective states; the camera holds a low, long shot of train tracks. The formal narrative only returns to the interior of the church after introducing this most menacing, and centered view of the tracks. In the chapter of the autobiography devoted to *High Noon*, Zinnemann reproduces that provocative image twice and thus drops into the American West a visual allusion to »elsewhere,« and a reference to a threat, the murderous consequences of which he eluded by leaving, but his parents did not.

---

42 Others have noted this obvious resemblance of the tracks in passing. See, for example, Stephen Prince: Historical Perspective and the Realist Aesthetic. In: The Films of Fred Zinnemann. Ed. Arthur Nolletti. New York 1999, p. 66; and Smyth: Fred Zinnemann and the Cinema of Resis-tance (see fn. 28), p. 107. Fred Zinnemann: High Noon. DVD. New York: Melange Pictures [1952] 2016. The image to which I refer occurs at 45:52.

In *High Noon* the question of departure and its consequences squares off with the on-time train and the image of a bureaucracy that supports its timeliness. The tracks deliver the »gruesomeness« of this film and autobiographical reference by way of the lingering, passive camera and by repetition of the question to the station-master: »Is the train on-time?« By the time Fred Zinnemann made *High Noon*, he knew that his departure from Europe had spared him, and that his repeated, prolonged efforts over several years to save his parents had failed. His mother had died in Auschwitz, along with other family members. His father was shot when he refused to do as told in the ghetto. His only words about this in his autobiography are predictably sparse: »Our parents, who had stayed behind ... had died separated, in the Holocaust in 1941 and 1942 – two out of six million.«[43] In *High Noon*, the anecdotal yielded to the uncanny with an image of evil so proximate to a sight that would subsequently become so unalterably canonical.

It is important to recall that in the early 1950s the tracks into Auschwitz had required a documentarian's vocabulary at the very least; they had not yet entered the public lexicon in the way that they would decades later, or even after Alain Resnais' 1956 *Night and Fog*. Until then, they were primarily relegated to stories of deportation in cattle-cars rather than images of tracks. »The first image that occurred to me,« Zinnemann said repeatedly in interviews and wrote in his autobiography, »was of the railroad tracks pointing straight to the horizon, the symbol for an enormous looming threat .... The art director and I ›audition[ed] tracks‹ all over the Southwest ... A DC-3 plane took the entire company to Sonora, hundreds of miles away ....«[44] He reports surprise at the audience fascination with the tracks; they were, he had thought, »for my private satisfaction.« Through the tracks running through a desolate landscape, *High Noon* delivers its force by way of a realism for which there was literally »no place« in 1951 American film precisely by leveraging a claim on a place that appears imminently legible. By staging his film in the seeming obviousness of the American West with posters calling for volunteers for (the American Civil) war in sight, Zinnemann mobilized a landscape that has its own genocidal history; redoubling in this setting the reference to the logic he seeks to address. And by inserting the searing tracks from and leading toward elsewhere, the film registered more than one aggrieved indictment about the lack of any certain representation of what it means to leave or to stay, to wait for violence to strike, or for freedom to come.

In *High Noon*, there are signal moments in which Zinnemann has mobilized inference to gain affective weight and, importantly, to refer concretely to histor-

43 Zinnemann: An Autobiography (see fn. 11), p. 55.
44 Zinnemann: An Autobiography (see fn. 11), p. 102.

ically shattering events that, in his film, have precisely been relegated to anecdote, and to an Elsewhere. The content of those signal moments shadows a consistent description of aspects of the only recently past European Jewish history that had resulted in the murder of several of Zinnemann's family members and that find their nadir in the act of leaving by force. Paralleling Kane's decision to turn back in deference to duty, Zinnemann's mother, Anna Feiwel Zinnemann, had declined to travel to the United States in 1936 when she still could have done so, choosing instead to essentially »turn back,« leaving Vienna for Lemberg [Lviv]; as a result, his father stayed as well, returning to his hometown of Rzeszow [Reichsdorf]. Zinnemann's mother cared for her increasingly infirm father, but her letters to Zinnemann are soon urgent as she tried for two years before she was deported to arrange for both Zinnemanns to receive visas and passage to leave Poland. In late 1941, the letters ceased. But it was the end of January 1946 before Fred Zinnemann was sure that they had both been murdered. That the question of departure and history would burrow into his aesthetics in the ways that it did cannot be summed up without acknowledging these autobiographical facts, the loss of his parents, his own departure, and the relegation of both of these to an only partially told story. Even so, Christopher Bollas' unthought known – by which he meant »that mysterious unavailability of much of knowledge« – imposed itself and found vocabulary in Zinnemann's vision in *High Noon* in ways that allow for precisely the kind of real that the director sought to reveal itself.[45] Insofar as Zinnemann asserted that the subconscious had intimate bearing on the most relevant revelation in film, his own tightly controlled, camera-cut *High Noon* may be among the most crystalline examples of exactly that kind of truth, from Elsewhere.

Image Credit:
Fig. 1: Courtesy of the Margaret Herrick Academy of Motion Pictures Arts and Sciences Library [AMPAS], Los Angeles.

---

45 Christopher Bollas: The Shadow of the Object: Psychoanalysis of the Unthought Known. New York 1987, p. 282–283.

Donna West Brett

Looking and Feeling
Photographing Escape from East Germany*

On the 29th of July, 1965, Heinz Holzapfel, his wife Jutta, and their nine-year-old son Günter travelled from Leipzig to East Berlin for the day with the sole purpose of escaping across the Berlin Wall and migrating to the West. Visiting the Ministry building under the pretense of government business, the family hid in an attic until dark before heading to the roof to escape. With the aid of *Fluchthelfer* (escape helpers) in West Berlin, the family abseiled from the roof of the Ministry across the Wall using nylon cord tied to a hammer, to which they attached a pulley made from a bicycle wheel and sling.[1] »I planned the escape for a year and a half,« explained the engineer, »I was 80 percent certain that the plan would succeed, because everything had been well prepared and, besides, I had helpers in West Berlin.«[2] In the briefcase that Heinz clasped to his side as he soared over the Wall, were a few precious possessions including a Pentacon F camera, family photographs, and documents.[3] A photograph of the young boy being helped into the harness by his father, taken later for the press as a demonstration of the daring escape, centralizes the importance of photography in recording events that form part of even the most harrowing of experiences (Fig. 1).[4] This story of a young family escaping East Germany and leaving their home with little besides a camera, and their subsequent partial restaging of their escape for capture on film, reveal how photographs play an essential role in shaping culture, memory, and the very events they depict.

---

* I extend sincere thanks to Mareike Notarp at Der Bundesbeauftragte für die Unterlagen des Staatssicherheitsdienstes der ehemaligen Deutschen Demokratischen Republik (BStU/Stasi Records Agency) and photographer Arwed Messmer for talking to me about his work based on photographs from the Stasi Archive. The research for this essay and presentation at the »Passagen des Exils« conference was funded by the University of Sydney, School of Literature, Arts and Media, Art History Article Submission Incentive Scheme and Conference Travel Scheme.
1 The Ministry building was formerly the Third Reich Aviation Ministry and is now the Ministry of Finance. German Father Tells Drama of Daring Slide to Freedom. In: Chicago Tribune, July 30, 1965, p. 3, http://archives.chicagotribune.com/1965/07/30/page/3/article/german-father-tells-drama-of-daring-slide-to-freedom [accessed: May 30, 2017].
2 Chicago Tribune (see fn. 1), p. 3.
3 Annett Gröschner and Arwed Messmer: The Other View: The Early Berlin Wall. Ostfildern 2011, p. 655.
4 Ullstein Bild, image no. 00152894.

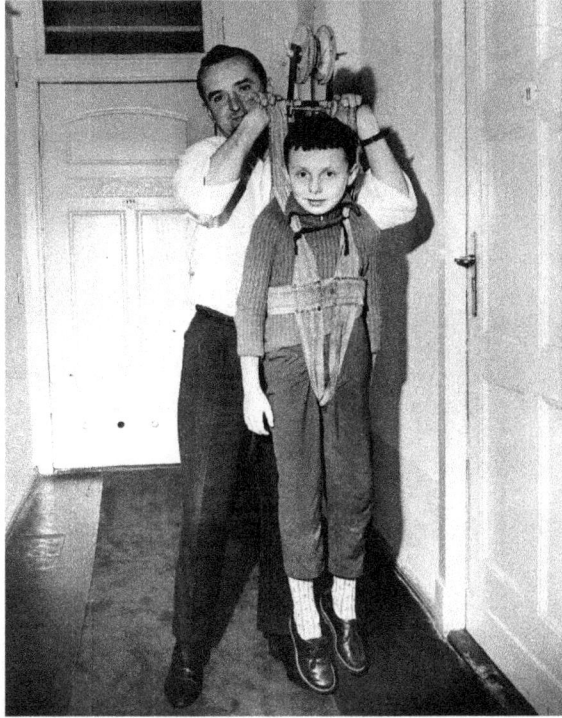

Fig. 1: Anonymous: Refugees, GDR, Flight of the Family Holzapfel to the West, 1965

In this essay, I consider the passages of exile taken by citizens of Soviet-controlled East Germany escaping to freedom in the West, and I analyze the psychological, emotional, and evidential components of such events. This includes reflecting on the ways in which these events of passage were seen and recorded, and the ways in which emotion is either conveyed through or is caused by the act of photographing such incidents. These emotive records of both elation and loss also mark the moment of stasis between home and homelessness, between belonging and not belonging; a passage to freedom that was often long in planning and yet swift in action, as can be seen in the example of the Leipzig family. For many refugees escaping the German Democratic Republic (GDR), the passage to exile was a mere step from one point to another, but for some it was a harrowing experience of crossing the border by crawling through tunnels, drifting in hot air balloons, swimming across rivers, or sailing across the Baltic Sea. Others attempted the border crossing by hiding in car trunks, under van seats, in engine compartments, or, as in one particular case, inside a taxidermy specimen of a cow.[5] Unfortunately for many hopeful escapees, border guards or in-

---

5 See Der Bundesbeauftragte für die Unterlagen des Staatssicherheitsdienstes der ehemaligen Deutschen Demokratischen Republik, BStU Stasi Records Agency archives, Berlin.

formers frequently foiled the passage to exile, and many escape attempts ended in tragic consequences. The varying situations of escape each called for photography as an evidential record, for inclusion in news reports or to aid in criminal investigations. Information on the creators of the selected photographs has largely been omitted from the archives, but I surmise that they were taken by photojournalists, *Fluchthelfer*, border guards of the GDR, or by the notorious Stasi (*Ministerium für Staatssicherheit*, The GDR's Ministry for State Security). The wealth of photographic evidence now in various archives – but so often without an author identified – evidences a silent witnessing under dictatorship, providing an objective yet stoic voice for the victims of an unjust regime.[6] As such, I consider the ways in which photography acts as a record maker, a memory container, an evidentiary tool, and a means by which feelings can be read in and through images.

Flight from East Germany

On the 12th of August, 1961, rising tensions in Berlin and recent talks of a permanent closure of the border between East and West caused many East Germans to consider leaving the state with an increased sense of urgency. On this day over 4,000 people escaped; many of them took advantage of a hole in a fence to make a desperate dash to the West.[7] In the previous month of July, over 30,000 people crossed the border with their plans for departure brought to a head by the presence of border guards along the perimeter.[8] Despite the increased evidence of an impending border closure, many refused to imagine it would happen and chose instead to believe the claim by the State President of the GDR, Walter Ulbricht, who declared at a June 15th press conference, »nobody has the intention of building a wall.«[9] The hesitation by some would mean decades of separation from friends and family.

On the morning of the 13th of August, Berliners woke to find the train station at Friedrichstraße closed and all access points blocked by lines of transport police and infantrymen forming a human barricade.[10] Throughout the day, barbed wire was rolled out across the city and houses that formed part of the border along Bernauer Straße were locked and sealed, forcing inhabitants to

---

6 Archives such as the BStU Stasi Records Agency, Imperial War Museum, London, and photo agencies.
7 As recorded by French photographer Patrice Habans.
8 John Bainbridge: Die Mauer: The Early Days of the Berlin Wall. In: The New Yorker, October 27, 1962, pp. 57–144.
9 In response to a question by Annamarie Doherr, Berlin correspondent of the *Frankfurter Rundschau*, during a press conference on 15 June 1961.
10 Frederick Taylor: The Berlin Wall: August 13, 1961–November 9, 1989. London 2007, p. 249.

Fig. 2: [Horst Siegmann]: Escape at Bernauer Straße, August 17, 1961

escape through the windows until these too were obstructed.[11] During the forty-one year existence of the GDR (1949–1990), over four million people left for the West – roughly one out of every four – with many processed through the Marienfelde Refugee Center in West Berlin. Of those who crossed into West Berlin, over 40,000 refugees fled after the Wall was established.[12]

Sixteen-year-old Elke Mathern (later Rosin) lived with her parents in an apartment at Bernauer Straße 11, a location that attracted intense media focus because the houses were situated in the East whereas the street was in the West (Fig. 2). As one resident commented, they would cross the border everyday just by stepping from the front door of the apartment building onto the footpath.[13] On August 17th, four days after the closing of the border and on the sealing of the front doors to the apartment buildings, the family decided to escape after

---

11 Along its 860-mile border with West Germany, East Germany established elaborate security measures that were up to three miles in depth to split the former country in two. The Wall around Berlin measured over sixty-five kilometers.

12 See Harald Fiss (ed.): Flight in Divided Germany. Transl. Isabel Cole. Berlin 2006, p. 9; and Manfred Wilke: The Path to the Berlin Wall: Critical Stages in the History of Divided Germany. Transl. Sophie Perl. New York 2014, p. 50.

13 Elke Mathern: http://www.berliner-mauer-gedenkstaette.de/en/elke-rosin-783.html [accessed: May 30, 2017].

seeing neighbors fleeing by jumping from windows, or using sheets to form ropes and climbing to safety. After hurriedly packing a few possessions in boxes and bundling clothes together with sheets or tablecloths, Elke and her family leapt from their first-floor window while her father threw their possessions onto the path, joining them just as the border police were raiding the building. The day after their escape the windows and doors were bricked up. As Rosin describes many years later in an interview, after the escape her nightmares were filled with images of her father being caught and languishing in prison, so traumatized was she from this experience.[14] Their moment of escape was not only photographed but it was also filmed, and while the footage shows the frantic toing and froing from the apartment to the other side of the street, this photograph reveals an intense and poignant event forever sealed in the image.[15] A tension is formed between the family members running toward the house and those staggering away, their gaits caught swaying as they awkwardly lug belongings encased in cardboard boxes or wrapped in cloth, and together make their way to freedom.

A similar, dramatic escape occurred on September 22nd, at Bernauer Straße 7, when a family recorded in the archives only as »Family F« leapt from the third floor of their apartment building into the fire department's rescue nets below (Fig. 3). The photograph, taken by a photojournalist from the West, shows Mrs. F mid-flight, forever frozen as a blurry figure above a group of firemen who shift their weight and pull the net taut in preparation for the impact of the body in movement. The heightened tension of the scene at the center of the photograph is countered by a lone fireman who staggers blindly toward the camera, affected by the tear-gas that had been released by a border guard after a warning shot. The urgency and anticipation surrounding this very public attempt at escape is reinforced by the photographer's determined attempt to record the intense event before them, reinforced by the blur and grain of the image in which Mrs. F appears as a mere smudge hurtling to freedom. While Mrs. F may have been unaware of her photographic observer, Elke's father looks toward the activity in the street, and as he lowers a box to the ground he seems to meet the gaze of the photographer at the very moment the camera recorded the scene. Photographs of these very public events picture the escapees in a moment of stasis – when time is suspended during the passage between home and not home. These photographic records of successful escapes from the GDR appear to have been taken as documentary records for news reports where the photographer acts as witness to the action.

---

14 Rundfunk Berlin-Brandenburg: The Berlin Wall, http://www.the-berlin-wall.com/videos/escaping-on-bernauer-strasse-534/ [accessed: May 30, 2017].

15 Rundfunk Berlin-Brandenburg: The Berlin Wall (see fn. 14).

Fig. 3: Anonymous: Refugees of the Berlin Wall. Escape of a Family from a Border House at Bernauer Straße 7, September 22, 1961

While many noted escapes took place under the gaze of the public eye, with the photographs often becoming touchstones of hope for families divided by the Wall, others took place in secret, assisted by either *Fluchthelfer* or *Schleuser* (people smugglers) in the West.[16] The photographic records of such escapes vary both in terms of their function and their predicted audience and are dependent quite specifically on which side of the Wall they were taken. A case in point are the photographs taken on the Western side of the border of successful escapes, many of which have entered the archives without accompanying metadata, such as the photographer's name or an identified audience. Photographs of such events of escape evoke a level of urgency and anxiety, enhanced by the grain and blur of the photographs, an urgency which is palpable in the threat of rising waters, collapsing tunnels, and fear of capture.[17] Often using a flash or artificial lighting to highlight the escapees and their helpers in the darkness of

16 *Schleuser* defines people smugglers who are generally paid to facilitate illegal migration and considered as terrorists, as opposed to *Fluchthelfer*, who assist for family, social, or moral reasons.
17 See the archival collection of the Imperial War Museum, London. Due to privacy issues the details of acquisition for these photographs are unavailable.

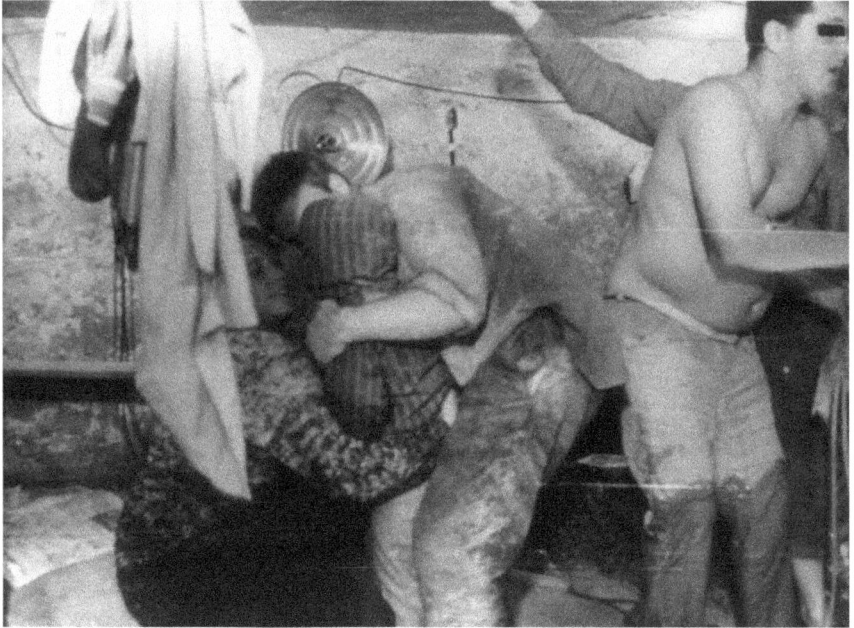

Fig. 4: Anonymous: Untitled [Successful Tunnel Escape from East Germany], 1961–1989. Revd. Bernard R. Elsdon Collection, Imperial War Museums, London

underground tunnels, the photographer captures the scene amid the action. These images, taken by unknown photographers, evoke an intimacy that comes from the enclosed quarters and from shared moments of elation at the successful operation.[18] The tension in these images is also palpable as the helpers work in dangerously tight spaces and treacherous circumstances to free those they care for, or those who paid for help.

One such example is of a young family who, having crawled through a tunnel underneath the Berlin Wall to escape to the West, are seen at the center of a photograph comforting a child in a tight, intimate huddle (Fig. 4). The focus here is the child, who stands at the center of the group with the mother squatting down to look directly and adoringly into the child's face. The male figure, whom we assume to be the father (and possibly also one of the *Fluchthelfer*), is similarly focused on the wellbeing of the child. The man is covered in dirt and grime, which seems to be deeply embedded in his clothing and forms a palimpsest or trace of these anxious events that are written over every surface of this compact cellar. To the right of the group are two figures who continue their

18 Examples of such photographs are held in the archives of the Imperial War Museum and Ullstein Bild.

pursuit of rescue; one has his shirt removed, baring his fleshy, sweaty body, his trousers covered to above knee height with water stains and grime. To the extreme left in the rear of the space lies a newspaper, an indication of rare moments of rest as rescue efforts continue unabated, whereas in the foreground, the helper's shirt hangs from an unseen hook; it both shelters the family and enhances the intimacy of the scene. This photographic example, amongst others, is held in the Imperial War Museum archive in London; donated by Revd. Bernard R. Elsdon, it is accompanied by little metadata or information about why these photographs were taken and how they came to be in the archive. According to the museum's data, the photographs were purportedly taken by professional German photographers, but I surmise they may have also been taken by the *Fluchthelfer* themselves which explains the omission of photographers' names.

Stasi Photographs

A strong contrast to the photographs taken in the West of successful escapes are those taken in the East by border guards and the Stasi for surveillance, or as evidential records for prosecution. The Stasi archive files reveal the intricacy of the escape plans, the attempts to foil the protagonists, and the extreme measures taken to document the scene. Several well-known tunnel escapes that were featured in the press were a focus of investigation by the Stasi, including one that became the subject of the Hollywood film *Tunnel 28*.[19] The Stasi file for the Tunnel 28 escape of the Becker family on 24th of January, 1962 from Berlin's Oranienburger Straße 13 lacks the drama of the film and instead includes clinical reports, plan drawings of the tunnel, photographs, statements from colleagues, taxi receipts, and other ephemeral material including newspaper articles reporting the notorious event.[20] The Stasi placed the house under surveillance after they received a tip from an informer, which lead to the interception of a letter from a potential escapee to her parents, who wrote of her plan to leave the GDR. The tunnel diggers, made aware of the informer and of the increased observation, brought their plans forward for this infamous escape in which 28 people illegally left the Republic through a tunnel only 60 centimeters wide, 110 centimeters high, and 25 meters long. While the evidence indicates a hurried departure, the Stasi on the other hand conducted their enquiries and documentation of the escape with great care and extreme precision.

---

19 Dir. Robert Siodmak, Tunnel 28. MGM (filmed in Germany at the UFA studios). Released on October 22, 1962. It was retitled for the US market as *Escape from East Berlin*.
20 BStU, Berlin. File MfS HA I Nr. 3278.

In general, the Stasi surveillance reports and the collecting of evidence have a certain precision, and the files are meticulously kept; yet the inconsistencies of individual operatives, the frequent inclusion of several cases in a single file, along with attempts by the Stasi to destroy the files in 1989 and their subsequent repair, hamper the reading of many of these examples. Furthermore, for privacy reasons, sections of the reports provided to the author are redacted and all identifying components of persons depicted are pixelated. This combination of happenstance and precise editing has led to a certain amount of interpretation of the files that over time may benefit from further clarifications. In a process of elimination based on details in the reports, I identified several photographs that provide evidence of six members of the Thomas family, who made their escape on 7th of May, 1962, and the ways in which they occupied their time leading up to the dash to the West.

On one page of the file (Fig. 5), three black and white photographs are mounted with black corner mounts, accompanied by pen notations on the images themselves and descriptive notations in the margin to the left. The first photograph, showing the corner of the living room, includes a matter-of-fact arrow in blue ink labeled simply »west«; another indicates the trapdoor leading to the cellar and the escape route. The other two photographs are of tables covered in linen and lace cloths. The middle photograph illustrates one of the round tables, which hosts a water jug and six glasses, cigarettes, an ashtray, and a selection of discarded medals. Ironically the handwritten caption describes the photograph as, »Here the ›farewell‹ was celebrated. 6 glasses from which wine was drunk.« Evident also on this table are two wooden boxes, the larger of which contains what appears to be documents, letters, or photographs. The third photograph – also captioned primarily to note the coffee drunk by the six – shows the remains of a half-eaten meal, with cloth napkins haphazardly thrown onto the table's surface. The photographs of this scene reveal much about both the pretense of normal activities and the speed in which the inhabitants departed the house, but they also disclose other motivations not remarked upon in the captions. The discarded medals make a political gesture, with the almost full packet of cigarettes left open on the table along with the open box of documents that suggest a resolve to leave the GDR behind, even as they could also indicate an unexpected early departure. Lastly, the arrows and numbers written onto the photographs, first in red then overwritten in blue, are made with distinct determination, making deep indentations in the photographic surface.

In contrast to the emotive photographs of escapees successfully arriving in West Germany, as described earlier, with their grainy texture and blurred imagery denoting a hurried and urgent mode of photographic recording, the Stasi photographs are clear, well framed, and taken with purposeful intention. In fact, one could say they have a certain aesthetic typical of much of their images

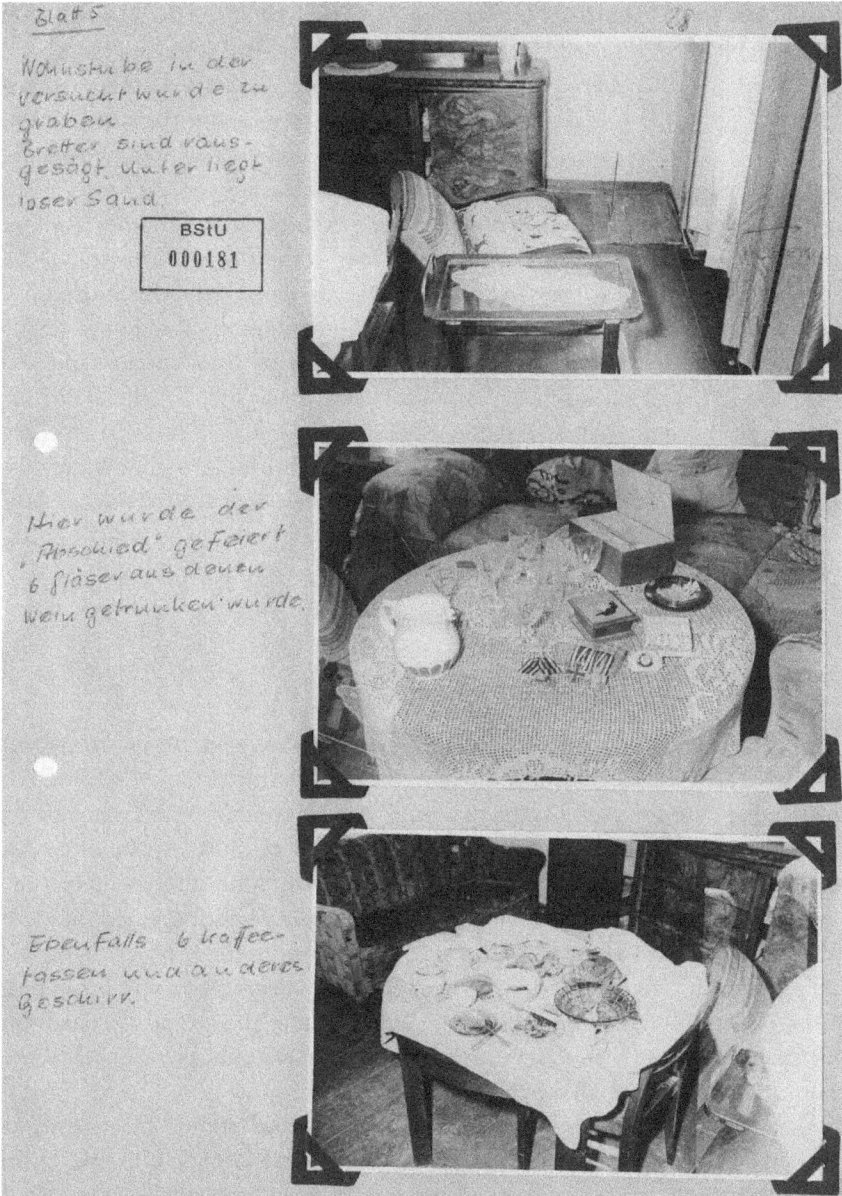

Fig. 5: Anonymous: Untitled [Tunnel 28, Escape of the Becker Family], January 24, 1962.
Stasi Records Agency, Berlin, BStU MfS HA I 3278 S. 0181

due in part to the photographic training they received at the Stasi observation department in Berlin.[21] Here the operatives were trained in surveillance, disguise methods, and how to take photographs unobserved. Yet despite this clarity, considering the initial purpose of these photographs and their incomplete descriptive metadata, which limits the ways in which we can now understand and interpret them, they raise more questions than the answers they give. What do these photographs really tell us about these events? Or rather, what is it that they fail to reveal in their one-sided, purposeful recording of an event that the photographer did not witness, where they have arrived at the scene in the aftermath of the action? In contrast to the other photographs discussed in this essay that picture the protagonists, the photographers here capture the traces of those that have left, and yet a sense of anticipation of departure is palpable in the images; furthermore the frustration experienced by the officers is indelibly marked by pen on the image surface. Here the Stasi officers photograph the traces of an event so powerful, so violently emotive that the experience profoundly changed the lives of many, in ways that are beyond the limits of photography's capacity to record.

Failed Passages

In considering the concept of passage as an event, the escape attempts also encompass a sense of indeterminacy heightened by the anticipation of success. For many refugees from the East, the success of the escape is only made tangible on the realization that they are on one side of the border and not the other – a distance at times of only a few feet. As a case in point, one family who escaped by balloon was not convinced of the fact of their escape until they saw modern West German farm equipment; up until this point their event of flight was undetermined.[22] To consider the event of flight as an emotive as well as physical event, it is useful to think of the period leading up to the escape as a situation of anticipation, in which the protagonists not only plan but picture themselves as already not *here* but rather *there*.

One example is the instance of Family M who paid 30,000 Deutschmarks per person to people smugglers working out of West Germany to take them across the border in the trunk of a Ford Granada in April 1982.[23] The escape plan had been developed over a two-year period and included several meetings

21 See Kristie Macrakis: Seduced by Secrets: Inside the Stasi's Spy-Tech World. New York 2008, p. 227.
22 See Homemade Balloon Carries 8 to Freedom: East Germans Cross Deadly Border at Night. The Prescott Courier September 17, 1979, p. 5.
23 BStU MfS HA IX Nr. 1310.

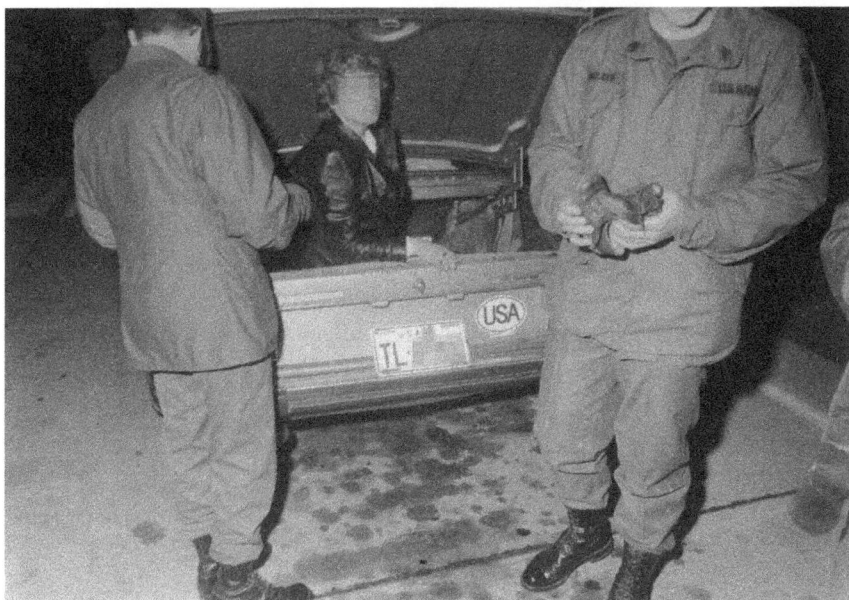

Fig. 6: Anonymous: Untitled [Family M Intercepted at the Border], April 25, 1982. Stasi Records Agency, Berlin, BStU MfS HA IX 1310 S. 0034

with Frau M's cousin and his contacts in the West who were American soldiers. On the fateful night, Herr and Frau M, accompanied by their child, met their *Schleuser* (people smugglers), and after driving for some time they were instructed to hide in the trunk of the car. As Family M lay hidden, their journey continued toward the Drewitz border crossing in the Berlin district of Zehlendorf, and at some point, they stopped for what seemed like a long period of time. As the trunk was opened Family M realized that, rather than being in the West as expected, they were still in the East, and their journey had been intercepted by border guards. Many of these escapes were only made possible because the people smugglers colluded with border guards, who on this and other occasions saw fit to renege on their arrangements. The planning of the escape and the journey up until the point of arrest can be understood as the anticipatory phase of flight, when success remained a viable outcome and thoughts of failure were set aside.

In adhering to their usual methodical processes of recording all evidence, and not satisfied with mere evidentiary photographs, the Stasi enacted a heinous undertaking by forcing the arrested family and their helpers to re-enact their escape attempt for the camera (Fig. 6). After two years of planning and anticipation of a life in the West, the moment of the taking of these photographs by the Stasi officers highlights not only the family's failed attempt of escape, but also signifies the undoing of an imagined future elsewhere. These absurdly cruel acts of photographic record were used to provide evidence in the case of prosecution and to establish the subjects' guilt. But another key purpose of the photographic record is to humiliate and to institute a sense of shame in the subjects, who in their failed attempt to escape the GDR are left to face imprisonment and be separated from their loved ones. They were also left to ponder who in their circle of confidants may have informed the Stasi of their plans, and to consider their fate as possible victims of what the regime referred to as the Focusing Principle. The Focusing Principle consisted of both real and perceived acts of surveillance with citizens responding to the phenomenon of perceived observation by imposing a form of self-censorship.[24] While the perception of surveillance assisted in keeping a population in check, it also comprised real surveillance including taking vast numbers of photographs of everyday activities, or of homes and possessions, and it formed a general perception among the East German population that one was always being looked at.[25]

People smugglers were often employed by the protagonists, their relatives or friends, to assist with logistics of escape. Infamous among them was the boss of a human trafficking syndicate named Kay Mierendorff and his brother Oliver, who together with Karl-Heinz Hetzschold assisted in many such incidents. On the 21st of September 1973, during a routine border crossing, Mierendorff and Hetzschold were intercepted at the GDR control point at Marienborn. Hidden in the trunk of their car (an Opel Kapitan) was a doctor, his wife, and three children aged seven, five and one.[26] The parents, along with Oliver Mierendorff (who subsequently served ten years in prison) and Hetzschold were arrested and convicted.[27] The photographs of this escape attempt in the Stasi archive are mounted on thick card with hand-typed captions, which are banal and factual in their description of this profoundly moving moment (Fig. 7).

These carefully executed black and white photographs, which have no accompanying reports, systematically record the interior and exterior of the car, and also the car trunk where the family had lain huddled together in the cramped quarters. In looking closer at these records, one becomes aware of the buffed edges of the photographs, which appear to have been removed from an earlier substrate and re-mounted in their current form. The images are scuffed and worn, their corners are marred by tears in the paper, and the edges of the card appear as if savagely torn from a file. Across each page, a determined rip

24 Barbara Miller: The Stasi Files Unveiled: Guilt and Compliance in a Unified Germany. New Brunswick 2004, p. 95.
25 See Karin Hartewig: Das Auge der Partei: Fotografie und Staatssicherheit. Berlin 2004 and Simon Menner: Top Secret: Bilder aus den Archiven der Staatssicherheit. Berlin 2013.
26 Fluchthelfer. Der Spiegel, November 5, 1973, pp. 102–104.
27 Raimon Klein: Vom Risiko der Freiheit. Berliner Morgenpost. August 21, 2014, https://www.morgenpost.de/printarchiv/berlin/article131437233/Vom-Risiko-der-Freiheit.html [accessed: May 30, 2017].

Fig. 7: Anonymous: Untitled [East German Family and Their Helpers After a Failed Escape Attempt on September 21, 1973]. Stasi Records Agency, Berlin, BStU HA IX Fo 2180 Bl. 0004

scars the surface of the images, with the efforts at repair only emphasizing the jagged wound. These traces of destruction and repair are evidence of the efforts taken by the Stasi officers to destroy the files in 1989, when citizens rampaged the Ministry offices in Berlin and Leipzig. The traces also speak of the contin-ued efforts by the archive to repair the files, and in doing so, to potentially help repair the lives and memories of those affected.

The act of repairing something implies a wound and hence a scar, which brings us to Roland Barthes' punctum, »that accident that pricks me (but also bruises me, is poignant to me)« but also to photography's contingency, its es-sence that bears witness to an event.[28] In looking closer at these photographs of re-enacted events of capture, specific elements are brought to the fore that im-pact the field of vision and cause sensations of grief. Firstly, is the photograph of Frau M sitting bolt upright and clutching the edge of the automobile, her features taut with anxiety (Fig. 6). In the center of the photograph, a man dressed in an American Army jacket – possibly one of the smugglers – with the

---

28 See Roland Barthes: Camera Lucida: Reflections on Photography. Transl. by Richard Howard. London 1993, p. 27.

name Walker emblazoned above the left pocket, holds the small boy's shoes. At the edge of the picture appears part of a leg and a tiny foot encased in a sock, just visible to us as the boy is carried away. The tension present in this image is made palpable at the realization of the target of Frau M's gaze, which passes through the two soldiers to something that lies just off-stage and out of our view. What connects the two – the woman's gaze and its object of focus, the little boy – is firstly the shoes in the soldier's hands, and secondly the numerous oil stains that mar the concrete and lead our eye from the car to the boy. It's not just that these oil stains speak of *this* moment, captured by the camera and presented for some unknown gaze, but rather that these stains, which blot the surface of both the concrete and the photograph, tell of the numerous others intercepted at the Drewitz checkpoint, who experienced and suffered the same sense of grief, dismay, guilt, and shame.

Secondly is the photograph of the people smugglers, Mierendorff and Hetz-schold, with the doctor's family who pose in front of the Opel Kapitan as if for a family snapshot (Fig. 7). On the far left and right of the photograph are the smugglers, between them stand the father holding the hand of one small boy, the mother holding the infant, and lastly the older boy. They stand not on concrete but on uneven dirt, scattered with weeds that reach up toward them in an oddly anthropomorphic manner. While one could attempt to read the varying emotions present, this is hampered by the archive's efforts to pixelate the subjects' eyes coupled with the immobile expressions on their faces, and whose repose speaks of utter trepidation and resignation of their fate. Rather, what is revealing is the clutch of the older boy's hand toward his groin as a nervous reaction to the events that surround him. The scene, which is lit by a harsh flash, largely obscures an apartment building in the rear of the image. Just visible in the photograph and revealed by close inspection of a digital copy, is a window at center stage, which lit by an internal light source, makes apparent the trace of an unseen observer. This photographic event, enacted for a specific evidentiary record and a closed audience, is nevertheless further witnessed by the chance encounter of an unknown onlooker.

Looking and Feeling

Analyzing emotions or feelings in photography is a relatively new approach despite Roland Barthes' foray into his own memories of his recently deceased mother, and before him Siegfried Kracauer's similar ruminations in 1927.[29] As Shawn Michelle Smith argues, Barthes forestalls the scholarly leap from percep-

---

29 See Barthes: Camera Lucida (see fn. 28) and Siegfried Kracauer: Photography. Transl. Thomas Y. Levin. In: Critical Inquiry 19/3 (1993), pp. 421–36.

tion to observation to linger in the in-between moments of feeling, following his concept of the punctum.[30] For Smith, this is a lens through which Barthes sees and grasps an image – a view of the photograph seen in and through emotion – that accounts for the power of photographic images.[31] The subjects of the photographs in this essay, I surmise, experienced competing emotional responses of elation, tension, or fear in their anticipation of escape, followed by feelings of loss, doubt, guilt, shock, or shame. For those who failed in their attempt at passage one could argue that, rather than the photograph recording or tracing aspects of feeling, here the photograph generates feeling in a symbiotic act centered around humiliation and shame. The psychological effects of shame can be seen in light of recent theories that consider the point at which shame becomes potentially paralyzing when one is exposed to the disapproving gaze of others.[32] In these photographs of failed escapes, shame is internalized at the moment in which it moves from anticipatory anxiety to public humiliation before one's indicters whose looking becomes accusatory and degrading.

In looking at looking itself, Barthes pondered the phenomenological *affect* of photography, noting »affect was what I didn't want to reduce; being irreducible, it was thereby what I wanted, what I ought to reduce the Photograph *to*; but could I retain an affective intentionality, a view of the object which was immediately steeped in desire, repulsion, nostalgia, euphoria?«[33] In questioning what it is that photographs do, Barthes inevitably brings us to the intention of the photographer and also to the limits of photography. In attempting to reach the essence of photography, Barthes segues from the path of a formal ontology, or logic as he puts it, and instead grasps at the anticipated essence of the photograph, where desire and grief form around the image like a treasure that he holds to himself. »As *Spectator*,« he writes, »I was interested in Photography only for ›sentimental‹ reasons; I wanted to explore it not as a question (a theme) but as a wound: I see, I feel, hence I notice, I observe, and I think.«[34] One can think – with Barthes – about these photographs of both successful and unsuccessful passages as being marked by and invested with feeling that, like Barthes' considerations, can be thought of as a wound and a puncture. Barthes' considerations highlight the ways in which meaning and feeling are embedded in and radiate from these images; as in the eyes of Elke's father as he meets the gaze of

30 Barthes: Camera Lucida (see fn. 28), p. 27.
31 Shawn Michelle Smith: Photography between Desire and Grief: Roland Barthes and F. Holland Day. In: Elspeth H. Brown and Thy Phu: Feeling Photography. Durham 2014, pp. 29–46; here: pp. 29–30.
32 See for example Susan Best: Reparative Aesthetics: Witnessing in Contemporary Art Photography. London 2016, p. 1; and Léon Wurmser: Shame: the Veiled Companion of Narcissism. In: Donald L. Nathanson: The Many Faces of Shame. New York 1987, pp. 64–92.
33 Barthes: Camera Lucida (see fn. 28), p. 21.
34 Barthes: Camera Lucida (see fn. 28), p. 21.

the photographer, the frantic scene of Mrs. F's leap to freedom, the discarded medals, a child's shoe, or indeed the clutching hand of an anxious boy. The tension brought to bear in these unsettling images evokes Barthes' ruminations on the photograph as an emanation of the referent that takes mere looking to an experience of touch. »From a real body, which was there, proceed radiations which ultimately touch me,« as he puts it, »light, though impalpable, is here a carnal medium, a skin I share with anyone who has been photographed.«[35] In bringing touch to the medium, Barthes reminds us of the inadvertent *affect* of photography, and the ways in which feeling is invested both in the image and in the act of looking.[36] Indeed, the ways in which the traumatic events of loss are conveyed in photography are significant in terms of the psychological and physical connections of belonging and not belonging, emotions brought to bear in the many who sought a passage to exile.

In conclusion, the photographs discussed in this essay, with their often missing or inconclusive information, provide challenges for understanding and interpreting their purpose and meaning. What can be gleaned from these photographs that were taken on both sides of the Wall and for varying purposes and audiences, comes from a deep reading of the images themselves and a means of interpretation that does not limit the photograph's affective potential. In comparing these photographs, they share a common anticipatory anxiety predicated on an unknown outcome, and though some escapes were more successful than others, each photograph discussed here represents a moment in time between home and homelessness. The photographs taken from the West of those amid their flight to exile mostly evoke a sense of urgency and anxiety, while those taken in the East by the Stasi tend to be evidential records of either successful or non-successful escapes that nevertheless capture emotive events that remain palpably present. This contrast reveals the complexity of these events and how the objective gaze of the photographic camera was deployed to very different ideological ends. These photographs now act as ongoing witnesses of flights of passage and reveal the ongoing blistering tension between looking and feeling.

---

35 Barthes: Camera Lucida (see fn. 28), pp. 80–81.
36 See Smith: Photography between Desire and Grief (see fn. 31), pp. 29–30.

Image Credits:
Fig. 1: Ullstein Bild-Sakowitz, 00152894; Fig. 2: Ullstein Bild-dpa, 00051028; Fig. 3: Ullstein Bild, 00152926; Fig. 4: Imperial War Museums, London, HU99626; Figs. 5–7: BStU Stasi Records Agency, Berlin.

Abbreviations:
BStU: Der Bundesbeauftragte für die Unterlagen des Staatssicherheitsdienstes der ehemaligen Deutschen Demokratischen Republik / The Federal Commissioner for the Records of the State Security Service of the former German Democratic Republic
MfS: Ministerium für Staatssicherheit / Ministry for State Security
HA: Hauptabteilung / Main Department

Ivo Theele

Unlösbare Verbindung
Abhängigkeitsverhältnisse zwischen Flüchtling und Fluchthelfer in der Gegenwartsliteratur

Die deutschsprachige Gegenwartsliteratur hat in den vergangenen Jahren verstärkt das Thema der Flüchtlingsbewegungen in Richtung Europa aufgegriffen. Dabei zeigt sich, dass neben dem Flüchtling selbst weitere Akteure in den Fokus der Literatur geraten: der Fluchtverhinderer sowie der Fluchthelfer.[1] Diese stehen sich in ihrem Handeln und ihren Zielen konträr gegenüber: Während der eine die illegale Grenzüberschreitung zu verhindern versucht, ermöglicht der andere eine Flucht über Grenzen, die dem Flüchtling eigentlich verschlossen sind. Literarhistorisch betrachtet ist diese Konstellation der Akteure Flüchtling, Fluchthelfer und Fluchtverhinderer nicht grundlegend neu, sie ist vielmehr an eine bekannte Grundkonstellation angelehnt. Bereits Vladimir Propp hat in seiner strukturalistischen Arbeit zur Erzähltextanalyse, *Morphologie des Märchens*[2], verschiedene urtypische Handlungsrollen, sogenannte Aktanten, herausgearbeitet, darunter Held, Gegenspieler und Helfer, die dann miteinander zu verschiedenen Handlungsfunktionen kombiniert werden. Mit der Szenerie eines Europas zu Beginn des 21. Jahrhunderts, das sich durch politische, technische, juristische und gesellschaftliche Umstände grundlegend von anderen Fluchtbewegungen, etwa der vor und während des Zweiten Weltkrieges, unterscheidet[3], beinhaltet diese Grundkonstellation jedoch ein neues dramaturgisches Potenzial, das sich innerhalb der Gegenwartsliteratur in vielfältigen

---

1 Zum soziologischen und historischen Hintergrund des Begriffs Fluchthelfer vgl. Florian Schneider: Der Fluchthelfer. In: Eva Horn, Stefan Kaufmann und Ulrich Bröckling (Hg.): Grenzverletzer. Von Schmugglern, Spionen und anderen subversiven Gestalten. Berlin 2002, S. 41–57. Zum Bedeutungswandel des Begriffs vgl. Johannes Stiegler: Helfer oder Halunken? Eine Betrachtung des Wandels von der Figur des ›Fluchthelfers‹ zur Figur des ›Schleusers‹. In: Hinterland 9/27 (2014), S. 10–14.
2 Vladimir Propp: Morphologie des Märchens [1928, dt. 1972]. Hg. v. Karl Eimermacher, übersetzt von Christel Wendt. Frankfurt a. M. 1975.
3 Zur gegenwartsliterarischen Auseinandersetzung mit dem Thema Flucht im historischen Kontext des Zweiten Weltkriegs vgl. u. a. Doerte Bischoff: Flüchtlinge der NS-Zeit in der Gegenwartsliteratur: Norbert Gstreins *Die englischen Jahre* und Michael Lentz' *Pazifik Exil*. In: Thomas Hardtke, Johannes Kleine und Charlton Payne (Hg.): Niemandsbuchten und Schutzbefohlene. Flucht-Räume und Flüchtlingsfiguren in der deutschsprachigen Gegenwartsliteratur. Göttingen 2017, S. 199–220; Charlton Payne: An Flüchtlinge erinnern. Ursula Krechels *Shanghai fern von wo* als Spurensuche. In: Hardtke/Kleine/Payne: Niemandsbuchten und Schutzbefohlene, S. 221–238.

Varianten entfaltet. Ein Aspekt hiervon sind die verschiedenartigen Abhängigkeitsverhältnisse zwischen den Akteuren. Zunächst auf Flüchtling und Fluchthelfer beschränkt, möchte ich mit der Fragestellung des Aufsatzes darauf abzielen, literarische Verfahren aufzuzeigen, mit denen Ambivalenzen in der Darstellung der am Fluchtprozess beteiligten Akteure erzeugt und die verschiedenen wechselseitigen Abhängigkeitsverhältnisse zwischen Flüchtling und Fluchthelfer literarisch erfahrbar gemacht werden.

I. Macht und Ohnmacht

In Maxi Obexers Roman *Wenn gefährliche Hunde lachen* wird der lange und beschwerliche Fluchtweg von Afrika nach Europa aus der Sicht der Protagonistin Helen, einer jungen Journalistin aus Nigeria, erzählt. Von großer Bedeutung für die erfolgreiche Flucht sind verschiedene Formen der Fluchthilfe, die im Roman ausführlich beschrieben werden.[4] Zunächst dominiert eine Erscheinungsform, die vergleichsweise eindimensional gezeichnet ist. Helen und ihr Begleiter Benjamin begegnen dieser Art Fluchthelfer auf ihrer Reise durch den afrikanischen Kontinent immer wieder, das Handlungsmuster verändert sich dabei kaum: Sie sind stets korrupt und auf ihren eigenen Vorteil bedacht, die Sicherheit der von ihnen organisierten Flucht sowie das Erreichen des Ziels der Flüchtlinge spielt für sie keine Rolle. Dies wird vor allem an den ausführlichen Schilderungen von Benjamin deutlich, der, als er auf Helen trifft, bereits zweimal erfolglos die lange Fluchtroute quer durch Afrika absolviert hat. Seine Beschreibungen der Irrfahrt mit verschiedenen Lastwagen durch die Sahara lesen sich wie folgt:

> Als wir endlich in Kufrah angekommen und kaum vom Wagen geklettert waren, da kamen schon die Polizisten auf uns zu. Sie hatten genau gewusst, dass wir ankommen würden, auf die Minute genau waren sie informiert worden. Wir verbrachten zehn Tage im Gefängnis, in einem feuchten dunklen Loch [...]. Bis wir von einem Händler freigekauft wurden, der für jeden 100 Dollar an den Gefängnisdirektor bezahlte. Dreihundert verlangte er dann nochmal von jedem von uns. Er packte uns in verschiedene Autos, dann ging alles sehr schnell, sodass einige [...] ihre Taschen zurücklassen mussten. [...] Die Fahrt ging über zwanzig Stunden. Mitten in der Wüste öffneten die Fahrer die Türen und verlangten je dreihundert Dollar von uns, damit sie weiterfahren bis an die sudanesische Grenze, andernfalls hätten wir aussteigen müssen. Die Schakale verlangten auch noch Geld

---

4 Zur ausführlicheren Darstellung der verschiedenen Formen der Fluchthilfe vgl. Ivo Theele: Der ›Schlepper‹, das unbekannte Wesen. Formen der Fluchthilfe in Maxi Obexers *Wenn gefährliche Hunde lachen* und *Illegale Helfer*. In: Hardtke / Kleine / Payne: Niemandsbuchten und Schutzbefohlene (s. Anm. 3), S. 287–304.

dafür, dass sie uns zurückbrachten an die Grenze, also dorthin, wo wir gestartet waren.[5]

Doch damit nimmt der Kreislauf von vermeintlicher Fluchthilfe und eigentlicher Ausbeutung erst richtig Fahrt auf:

> An einer Sammelstelle in der Nähe der Grenze ließen sie uns raus. Dort warteten schon die Fahrer, die sich anboten, uns wieder zurück nach Kufrah zu bringen, für fünfhundert Dollar. Spätestens da hatte jeder kapiert, dass das alles untereinander abgesprochen war, die Fahrer, die uns nach Kufrah fuhren, die Soldaten, die uns dort empfingen und uns in den Kerker warfen, die Gefängniswärter, die uns an die Schmuggler verkauften, die Schmuggler, die uns freikauften und uns das Dreifache dafür abnahmen und so weiter. Und das machen sie mit allen so, solange, bis nichts mehr zu holen ist, bis sie alle restlos ausgenommen haben, Eltern, Verwandte, Dorfbewohner, ganze Familien und Dörfer saugen sie bis zum letzten Tropfen aus.[6]

Die Grenzen der Fluchthilfe zum Menschenhandel sind hier fließend und werden teils eindeutig überschritten. Zwar wird die Fluchthilfe in Aussicht gestellt, eigentliches Ziel ist aber vielmehr, den Flüchtling nicht nach Europa zu befördern, sondern so lange im korrupten System zu halten, bis nichts mehr an ihm zu verdienen und er somit wertlos geworden ist. Deutlich wird an der Schilderung allerdings auch, dass sie Teil eines komplexeren und gesellschaftlich bzw. politisch bedingten Systems von Korruption sind.

Anhand der Beschreibungen zeigen sich deutliche hierarchische Strukturen, die sich zwischen den organisierten und profitorientierten vermeintlichen Fluchthelfern und den Flüchtlingen herausgebildet haben: Da es den meisten Flüchtlingen nicht möglich ist, die Fluchtroute von Afrika nach Europa ohne Hilfe zu absolvieren, sind sie in ein Abhängigkeitsverhältnis geraten, das von Macht und Ohnmacht geprägt ist. Die Machtposition der vermeintlichen Fluchthelfer gründet sich dabei vor allem auf die Verzweiflung der Flüchtlinge: Politische, juristische sowie geografische Rahmenbedingungen sorgen dafür, dass die Fluchthilfe nicht nur einen Bedeutungsgewinn erfährt, sondern es geradezu alternativlos für die Flüchtlinge erscheint, ihr Schicksal in die Hände korrupter Fluchthelfer zu legen. Diese wiederum können sich weitgehend sicher sein, dass – im Gegensatz zur Tätigkeit der Fluchthilfe selbst – die an den Flüchtlingen verübten Vergehen strafrechtlich nicht verfolgt werden. Die Tätigkeit der Fluchthilfe wird, da sie selbst illegal erfolgt, in einem weitgehend rechtsfreien Raum geleistet – was wiederum das hierarchische Verhältnis für die Flüchtlinge deutlich zu ihren Ungunsten verändert.

---

5 Maxi Obexer: Wenn gefährliche Hunde lachen. Wien 2011, S. 16 f.
6 Obexer: Wenn gefährliche Hunde lachen (s. Anm. 5), S. 17.

Die von Helen und Benjamin beschriebenen Fluchterfahrungen in *Wenn gefährliche Hunde lachen* schildern eindrücklich, wie die Machtposition von den vermeintlichen Fluchthelfern vor allem dahingehend genutzt wird, die Flüchtlinge finanziell immer weiter auszunehmen. Bei den Flüchtlingen dagegen verfestigt sich ein Gefühl der Ohnmacht: Aufgrund fehlender Handlungsoptionen sind sie der Willkür der korrupten Fluchthelfer ausgeliefert. Rebellion jedenfalls ist, so zeigt sich an einigen Episoden, keine Option. Die Konstellation von Macht und Ohnmacht wird an einer Handlungspassage besonders deutlich, an der die vermeintlichen Fluchthelfer mitten in der Wüste anhalten und die Zahlung eines erneuten Betrages verlangen. Wer dem nicht Folge leisten kann oder will, wird kurzerhand in der Wüste zurückgelassen.

Auch in Abbas Khiders Roman *Der falsche Inder*[7] werden die hierarchischen Strukturen zwischen Fluchthelfer und Flüchtling thematisiert. Besonders eindrücklich erscheint hier eine Passage, in der der Erzähler Rasul von einer Etappe der Flucht über den Evros-Fluss an der türkisch-griechischen Grenze berichtet, die nur mit der Hilfe des »Schleppers« Azad bewältigt werden kann.[8] Die Gruppe, die sich dabei in die Obhut des Fluchthelfers begeben hat, umfasst etwa 30 Flüchtlinge, darunter eine junge Familie. Während eines Nachtlagers unter freiem Himmel beobachtet Rasul gemeinsam mit einem anderen Flüchtling folgende Begebenheit:

> Wir blinzelten vorsichtig hinter unserem Stein hervor. Die Frau verließ Mann und Kind und schlich hinüber zu Azad. Leise kroch sie zu ihm unter die Decke. Ich beobachtete ihren Ehemann. Er lag auf dem Bauch, den Arm schützend um seine Tochter gelegt. Sein Rücken zitterte, als würde er von einem eisigen Wind geschüttelt.[9]

Von dem anderen Flüchtling erfährt Rasul, dass der Ehemann offenbar kein Geld für die vom Fluchthelfer geleitete Etappe hatte und Azad die Familie unter der Bedingung mitgenommen hat, ein paar Nächte mit der Frau verbringen zu können. Rasul fühlt daraufhin die Bereitschaft in sich aufsteigen, »jemanden umzubringen. Dieses Gefühl überkam mich nur ganz selten. Und auch nur bei ganz bestimmten Menschen.« Und er fügt hinzu: »Am liebsten hätte ich diesem Azad das Herz aus dem Leib gerissen und dem Ehemann gegrillt zum Abendessen serviert.«[10] Bezeichnend aber ist, dass jegliche Empörung wie auch Mordgelüste nur auf seine Gedanken beschränkt bleiben. Tatsächlich kann die er-

7 Abbas Khider: Der falsche Inder [2008]. München 2013 (3. Aufl.).
8 Zur Bedeutung von Flüchtlingsfiguren hinsichtlich der Gestaltung literarischer Grenzräume in Khiders Roman vgl. Sarah Steidl: Der Flüchtling als Grenzgestalter? Zur Dialektik des Grenzverletzers in Abbas Khiders Debütroman *Der falsche Inder*. In: Hardtke/Kleine/Payne: Niemandsbuchten und Schutzbefohlene (s. Anm. 3), S. 305–319.
9 Khider: Der falsche Inder (s. Anm. 7), S. 87.
10 Khider: Der falsche Inder (s. Anm. 7), S. 87 f.

zwungene Prostitution zwischen dem Fluchthelfer und der Flüchtlingsfrau gänzlich ungestört vollzogen werden. Strukturen der Macht garantieren, dass weder Rasul noch der Ehemann zur Tat schreiten. Vielmehr erliegen beide einem Gefühl der Ohnmacht, das sie zwingt, die Situation stillschweigend zu ertragen.

II. Im selben Boot sitzen

Die bisher beschriebenen Abhängigkeitsverhältnisse[11] sind wenig komplex und entsprechen in etwa auch den in der Öffentlichkeit vorherrschenden Vorstellungen vom »skrupellosen Schlepper« und dem »hilflosen Flüchtling«. Zahlreiche gegenwartsliterarische Werke machen jedoch auch darauf aufmerksam, dass Flüchtling und Fluchthelfer nicht selten im sprichwörtlich »selben Boot« sitzen: Gegenseitige Abhängigkeiten heben dann hierarchische Strukturen und moralisch-ethische Eindeutigkeiten weitgehend auf, Abhängigkeitsverhältnisse werden literarisch entsprechend differenzierter gestaltet. Flüchtling und Fluchthelfer suchen dann einander gezielt auf, um jeweils bestehende Defizite auszugleichen: Der Flüchtling ist zumeist auf das Know-how, die Kontakte und / oder die materielle Ausrüstung des Fluchthelfers angewiesen, dieser wiederum auf das Geld oder – im Kontext von Prostitution – auf den Körper des Flüchtlings. Von Bedeutung ist, dass Fluchthelferfiguren, die auf keine institutionelle oder organisatorische Anbindung zurückgreifen, oftmals selbst auch Flüchtlinge sind, sie kurz- oder langfristig ebenso das Ziel verfolgen, nach Europa zu gelangen. Mit Blick auf gängige Fluchtrouten, die entweder über das Mittelmeer[12] oder den Grenzfluss Evros führen, bietet sich als literarische Darstellungsform dieser Art von Abhängigkeitsverhältnis das metaphorische Bild eines Fluchthelfers an, der mit den ihm anvertrauten Flüchtlingen eine Schicksalsgemeinschaft bildet.

In Merle Krögers Kriminalroman *Havarie*[13] ist einer der vielen auf geschickte Weise miteinander verwobenen Handlungsstränge auf den algerischen Fluchthelfer Karim fokussiert. Im Gegensatz zur korrupten und skrupellosen Erscheinungsform des Fluchthelfers, der, wie gezeigt, zumeist eindimensional erscheint, wird dem Leser nun auch der biografische Hintergrund mitgegeben:

---

11 Sascha Löwensteins Untersuchung zum Thema Flucht in gegenwartsliterarischen Texten streift an verschiedenen Stellen auch die Konstellationen zwischen Flüchtling und Fluchthelfer, vertieft diesen Aspekt jedoch nicht weiter. Vgl. Sascha Löwenstein: Wider die »Globalisierung der Gleichgültigkeit«. Europas Flüchtlingsdrama in der Gegenwartsliteratur. Blickwinkel, Kontexte und Hintergründe. Berlin 2015.
12 Zu Fluchtwegen über die Seegrenze Mittelmeer sowie damit verbundene politische und juristische Besonderheiten vgl. Silja Klepp: Europa zwischen Grenzkontrolle und Flüchtlingsschutz. Eine Ethnographie der Seegrenze auf dem Mittelmeer. Bielefeld 2011.
13 Merle Kröger: Havarie. Hamburg 2015.

Karims Tätigkeit als professioneller Fluchthelfer und sein Ziel, gemeinsam mit den von ihm geleiteten Flüchtlingen nach Europa zu gelangen, wird gleich doppelt motiviert. Zum einen durch die politische Situation in Algerien, die von ihm als hoffnungs- und perspektivlos empfunden wird. Zum anderen aber auch durch den Umstand, dass seine Verlobte aufgrund einer notwendigen medizinischen Versorgung bereits in Frankreich weilt und er die räumliche Distanz zu ihr überwinden will. Die Konstellation der Abhängigkeitsverhältnisse ist dabei klar umrissen: Karim ist, indem er ein Schlauchboot gekauft hat, in finanzielle Vorleistung getreten und daher nun auf die Flüchtlinge angewiesen, die einen finanziellen Betrag an ihn als Fluchthelfer zu zahlen haben. Nachdem Karim bereits sechs teils erfolgreiche, teils erfolglose Überfahrten durchgeführt hat, verfügt er durch seine Erfahrung über ein entsprechend wertvolles Wissen, wie Spaniens Küstenwache umgangen werden kann. »Algerisches Roulette«[14], eine offenbar unter Fluchthelfern nicht unübliche Variante, lehnt er aus moralischen Gründen jedoch ab: »Karim macht diese neue Masche mit den Massenstarts nicht mit. Drei starten, eins kommt durch. Die Pech haben, ersaufen vor den Augen der Küstenwache.«[15] Vielmehr ist er, das macht die personale Erzählinstanz deutlich, ein Fluchthelfer, der sich durch Verantwortung »seinen Leuten«[16], also den Flüchtlingen, verbunden fühlt, als wären sie seine Schutzbefohlenen. Als bei einem waghalsigen Fluchtmanöver vor der Küstenwache ein Flüchtling ins Wasser stürzt, ist bei Karim durchaus auch Trauer über den Verlust vorhanden. Die beidseitige Abhängigkeit, aber auch das Verantwortungsgefühl und die damit angedeutete emotionale Verbundenheit führen hier dazu, dass das Verhältnis kein explizit hierarchisches mehr ist. Seine metaphorische Entsprechung findet dies in der Darstellung eines Fluchthelfers, dessen Schicksal an das der Flüchtlinge gebunden ist, indem er gemeinsam mit ihnen in einem Schlauchboot das Mittelmeer überquert.

Im Roman *Wenn gefährliche Hunde lachen* wird bei der Darstellung der komplexen Abhängigkeitsverhältnisse zwischen der Flüchtlingsfrau Helen und ihrem männlichen Begleiter Benjamin, einer in jeder Hinsicht ambivalent gestalteten Fluchthelferfigur, auf eine ähnlich eindeutige Metaphorik verzichtet. Zunächst sieht Helen Benjamin, der sich zu Beginn von Helens Reise einfach »an [ihre] Seite [setzte]«, als ihren »persönliche[n] Engel«[17] an. Für sie ist er »ein älterer Bruder, ein Vater, ein Freund und einer, dem sie voll vertraut«[18]. Nur durch ihn ist es für sie möglich, den überaus beschwerlichen Weg nach Europa,

---

14 Kröger: Havarie (s. Anm. 13), S. 11.
15 Kröger: Havarie (s. Anm. 13), S. 11.
16 Kröger: Havarie (s. Anm. 13), S. 12.
17 Obexer: Wenn gefährliche Hunde lachen (s. Anm. 5), S. 44.
18 Obexer: Wenn gefährliche Hunde lachen (s. Anm. 5), S. 87.

den »Trip durch die Hölle«[19], überhaupt zu bewältigen. Helen profitiert zunächst von Benjamins Erfahrungen, der bereits zweimal versucht hat, durch Nordafrika zu flüchten. Das Abhängigkeitsverhältnis scheint also entsprechend einseitig gestaltet zu sein.

Im Verlauf des Romans jedoch wird deutlich, dass sich offensichtlich auch Benjamin in einer Abhängigkeit gegenüber Helen befindet. Weil den Grenzposten Geld nicht genügt, zahlt Helen den Grenzübertritt nach Marokko für beide mit ihrem Körper. Weil Benjamin Helen im Verlauf der Fluchtroute zunehmend in die Prostitution drängt, verlässt sie ihren Begleiter schließlich und glaubt zu wissen, dass »dieser Engel einer von jenen Gangstern ist, die gegen Bezahlung Frauen nach Europa begleiten, um sie direkt ins Bordell zu bringen«. Und sie schlussfolgert: »Auf diese Weise hat er sich seine eigene Reise nach Europa finanziert.«[20] Ob diese Vermutung jedoch den Tatsachen entspricht, bleibt aufgrund der erzählerischen Anlage des Textes bis zuletzt offen. Zwar deutet einiges darauf hin, wirkliche Gewissheit aber bekommen weder Helen noch der Leser des Romans. Dieser erfährt lediglich, wie sich ein solches Abhängigkeitsverhältnis grundsätzlich gestalten kann:

> [F]ast jede kommt in Begleitung eines jungen Mannes nach Tanger, diese jungen Männer sind nur zur Hälfte ihre Freunde, sie sorgen dafür, dass die Mädchen nicht verloren gehen auf der mühsamen Fahrt durch die Sahara, und vor allem nicht verloren gehen in den Kellern, in denen sie sich während dieser Fahrt immer wieder aufhalten, in Kellern, wo man sie ihr Reisegeld abbezahlen lässt. Die jungen Männer sorgen dafür, dass sie weiterkommen, dass sie nicht zurückbleiben oder liegen bleiben, wie es anderen geschehen kann. Sie lassen sie nicht ein einziges Mal aus den Augen. Sie bringen sie [...] durch sämtliche west- und nordafrikanische Länder, durch alle Passkontrollen. Sie schaffen es über Grenzen, wo es offiziell keine Grenzübertritte gibt, und an allen Grenzen und Kontrollen lassen sie die Mädchen dafür zahlen.[21]

Vor dem Hintergrund dieser Erläuterungen erscheint es plausibel, dass sich auch Benjamin Helen als erfahrener Begleiter angeboten und ihr Vertrauen erworben hat, um sich selbst einen Fluchtweg nach Europa zu ermöglichen. Letztlich aber lässt der Roman dies offen, überträgt also Helens Ungewissheit auf den Leser. Die Ambivalenz der Figur Benjamin besteht u. a. darin, dass auch seine eigenen Fluchterfahrungen und das damit verbundene Leid eindrücklich thematisiert werden. Dadurch wird deutlich, in welcher verzweifelten Situation sich auch Benjamin befindet: Als Grundlage für sein Handeln, das Helen in die Prostitution treibt, erscheint nun das Scheitern seiner bisherigen Fluchtversu-

---

19 Obexer: Wenn gefährliche Hunde lachen (s. Anm. 5), S. 87.
20 Obexer: Wenn gefährliche Hunde lachen (s. Anm. 5), S. 88.
21 Obexer: Wenn gefährliche Hunde lachen (s. Anm. 5), S. 91.

che und die leidvolle Erfahrung, dass die Fluchtroute nach Europa für ihn als
allein reisenden männlichen Flüchtling trotz aller Erfahrung aufgrund der bei
ihm vorhandenen Defizite (kein Geld und keinen weiblichen Körper) nachhaltig versperrt ist. Dies wiederum korrespondiert mit dem Defizit, das bei Helen
gegeben ist: Ihr fehlen einschlägige Fluchterfahrungen und das damit verbundene Wissen. So wird an den Figuren aufgezeigt, wie sehr das Verhältnis, selbes
Ziel und sich ergänzende Defizite vorausgesetzt, auch von gegenseitiger Abhängigkeit geprägt sein kann. Flüchtling und Fluchthelfer sitzen dann, wie bereits
dargelegt, wenn auch nur im übertragenen Sinne gezwungenermaßen im selben
Boot.

III. Emotionale Abhängigkeiten

In den bisherigen Beispielen war von Fluchthilfe die Rede, die hinsichtlich ihrer
Motivation ein deutlich sichtbares Eigeninteresse verfolgt: Dieses besteht entweder darin, sich finanziell zu bereichern, oder für sich selbst eine Flucht-
möglichkeit nach Europa zu eröffnen. Aber auch biografisch bedingte und
ideologisch motivierte Fluchthilfe kann unlösbare Verbindungen zwischen
Fluchthelfer und Flüchtlingen und somit nochmals andere, dann in erster Linie
emotional gelagerte, Abhängigkeitsverhältnisse schaffen.

In dieser Hinsicht ist zunächst die Fluchthelferfigur aus Daniel Zipfels Roman *Eine Handvoll Rosinen*[22] interessant. Der Afghane Nejat Salarzai betreibt
professionelle Fluchthilfe, dies gleichwohl aber nicht als Teil eines größeren
Netzwerkes, sondern sozusagen auf eigene Faust. Sein Verhältnis zu den Flüchtlingen ist für den Leser zunächst schwer durchschaubar: Er selbst bezeichnet
sich als »Dienstleister« und die Flüchtlinge als seine »Kunde[n]«[23], entsprechend verhält er sich ihnen gegenüber betont korrekt, aber auch distanziert.
Wenn ein durch seine Dienste illegal eingewanderter Flüchtling durch staatliche Institutionen abgeschoben wird, räumt er seinen Kunden bereitwillig die
Möglichkeit ein, seine Dienstleistung erneut in Anspruch zu nehmen – freilich
ohne einen weiteren Geldbetrag einzufordern. Das lässt sein Handeln bereits
ungewohnt ambivalent erscheinen. Darüber hinaus bestreitet er, seine Tätigkeit
in erster Linie aus finanziellen Interessen heraus zu betreiben, vielmehr gibt er
als eigentliches Motiv für sein Handeln wiederholt den abstrakten Begriff
»Menschlichkeit«[24] an und führt dies auf eigene biografische Erfahrungen als
Flüchtling zurück. Was aber »Menschlichkeit« in einer Beziehung zwischen
Flüchtling und Fluchthelfer und »menschliches« Handeln (das dem aus der

---

22 Daniel Zipfel: Eine Handvoll Rosinen. Wien 2015.
23 Zipfel: Eine Handvoll Rosinen (s. Anm. 22), S. 108.
24 Zipfel: Eine Handvoll Rosinen (s. Anm. 22), S. 71 und 120.

Sicht von Nejat »unmenschlichen« Handeln des Staates gegenübersteht) im Kontext größerer Fluchtbewegungen bedeutet, ist eine Frage, die im Verlauf der Handlung immer wieder mitschwingt und im fulminanten Ende des Romans auf die Spitze getrieben wird.

Der Roman verfolgt über seine Struktur und die Figurengestaltung eine faszinierende Strategie: Der Fremdenpolizist Ludwig Blum arbeitet in Traiskirchen, Österreichs größtem Flüchtlingslager. Dort versucht er im Zuge seiner Tätigkeit, die eine genaue Prüfung und den Vollzug von Abschiebeurteilen umfasst, eine Ordnung aufrechtzuerhalten, die auf rechtsstaatlichen Prinzipien basiert, jedoch trotz aller Bemühungen durch die anwachsende Zahl an Flüchtlingen zunehmend zu einer Unordnung wird. Durch den Fluchthelfer Nejat Salarzai wird Blum eine gänzlich andere Ordnung vorgeführt, die auf jenem Handlungsprinzip basiert, dem er selbst die Maxime »Menschlichkeit« verordnet hat. Der Roman verfolgt eine ganze Reihe von interessanten Ansätzen im Kontext der aktuellen Flüchtlingsbewegungen, für den Aspekt der Darstellung von Abhängigkeitsverhältnissen jedoch ist vor allem von Bedeutung, dass Nejat eine Figur ist, die sich in emotionaler Abhängigkeit von ihren Kunden, den Flüchtlingen, befindet. Motiviert wird das im Text durch eine Erfahrung, die Nejat als Heranwachsender gemacht hat: Einer ihm von der Mutter übertragenen Verantwortung gegenüber seinem alternden Vater, der sich im politisch instabilen Afganistan durch die Zuschaustellung liberaler Werte zahlreiche Feinde gemacht hatte, konnte er nicht gerecht werden.[25] Der Vater wird bei einem Besuch des Zoos von Kabul verschleppt und später ermordet, die Schuldgefühle wird Nejat daraufhin nicht mehr los. Die traumatische Erfahrung erneuert sich schließlich viele Jahre später, als er in Istanbul erstmals auf dem umkämpften Markt der Fluchthilfe tätig wird. Der Umstand, dass er von einem Netzwerk skrupelloser Fluchthelfer gezwungen wird, aus strategischen Gründen eine ihm überantwortete Gruppe indischer Flüchtlinge der griechischen Grenzpolizei zu opfern und die Flüchtlinge dabei ihr Leben verlieren, wird zu einer Erfahrung, die sein Handeln als Fluchthelfer nachhaltig prägt: Fortan empfindet er gegenüber seinen Kunden ein irrational ausgeprägtes Verantwortungsgefühl. Gegenüber dem Grenzpolizisten Blum, den er wie einen Praktikanten bei seiner Schleppertätigkeit mitnimmt und ihn schließlich sogar für eine Mitarbeit in der Fluchthilfe gewinnen kann, vertritt er seine Tätigkeit daher wie folgt: »Es geht um Menschlichkeit. Um Verantwortung.«[26]

Die von der Figur Nejat Salarzai geleistete Fluchthilfe erfolgt professionell und folgt einem Wertesystem, das sich auf Grundlage von biografischen Erfahrungen herausgebildet hat, zugleich aber auch als durchdachte Systemkritik

---

25 Vgl. Zipfel: Eine Handvoll Rosinen (s. Anm. 22), S. 126 f.
26 Zipfel: Eine Handvoll Rosinen (s. Anm. 22), S. 145.

daherkommt. Es gibt jedoch auch Darstellungen von Fluchthilfe, die zunächst aus humanitären Motiven heraus und alles andere als professionell erfolgt – und vielleicht gerade deshalb in emotionale Abhängigkeiten führen kann. Eine solche Konstellation wird, mit nur geringen Unterschieden, in Hamid Skifs Roman *Geografie der Angst* und in Michael Köhlmeiers Roman *Das Mädchen mit dem Fingerhut* realisiert.

In *Geografie der Angst*[27], einer düsteren Dystopie, ist die Abhängigkeit des namenlosen Erzählers, einem Flüchtling, gegenüber seinem Fluchthelfer absolut: Während die Polizei draußen auf der Straße Jagd auf illegale Einwanderer macht, wird der Erzähler über einen Zeitraum von mehreren Monaten vom Studenten Michel auf einer Dachkammer versteckt gehalten. Von Angst gepeinigt, traut er sich nur nachts kurz rauszugehen, ansonsten jedoch erwartet er sehnsüchtig die regelmäßigen Besuche seines Fluchthelfers. Der versorgt ihn mit Nahrung und anderen notwendigen Dingen, ist aber auch seine einzige Gesellschaft, was der Abhängigkeit auch eine emotionale Dimension gibt. Erfolgt die von Michel erbrachte Fluchthilfe zu Beginn offenbar noch aus altruistischen Motiven, wandelt sich die Motivation mit dem Aufkommen homoerotischer Gefühle gegenüber dem Flüchtling. Dieser aber ist an einer Beziehung mit seinem Fluchthelfer nicht interessiert, geht auf die anfangs noch subtilen Andeutungen von Michel gar nicht erst ein. Schließlich beginnt Michel, von den Zurückweisungen offenbar verletzt, ihm seine Abhängigkeit deutlich zu machen: Er bringt ihm nur noch unregelmäßig Essen und schürt bereits vorhandene Ängste mit perfiden Andeutungen. In dieser Konstellation, die zunehmend von Macht und Ohnmacht geprägt ist, kommt sich der Erzähler schließlich wie »»eine Geisel««[28] vor. Doch aus der Ohnmacht heraus ergibt sich für den Erzähler eine überraschende Handlungsoption: Als das ältere Paar aus der darunterliegenden Wohnung seinen Aufenthalt bemerkt, beginnt deren Tochter sich ebenfalls um den Flüchtling zu kümmern. Nun wird deutlich, dass sich auch der Fluchthelfer Michel durch seine Gefühle dem Flüchtling gegenüber in einer Abhängigkeit befindet: Er bittet diesen, mit ihm zusammenzuziehen, macht ihm Versprechungen. Doch der Flüchtling geht nicht darauf ein, verlässt vielmehr bald darauf die Dachgeschosswohnung und zieht zu der Frau, die ihre Rolle als Fluchthelferin ohne Hierarchie wahrnimmt. Doch Michel findet den neuen Aufenthaltsort heraus und gibt der Polizei einen Hinweis, damit sie den illegalen Einwanderer verhaften kann. Damit rächt sich der ehemalige Fluchthelfer für die emotionale Zurückweisung und spielt ein letztes und entscheidendes Mal seine Machtposition aus.

---

27 Hamid Skif: Geografie der Angst [2006]. Aus dem Französischen übersetzt von Andreas Münzner. Hamburg 2007.
28 Skif: Geografie der Angst (s. Anm. 27), S. 131.

Der Machtaspekt spielt auch eine entscheidende Rolle in Köhlmeiers märchenartig erzählter Geschichte *Das Mädchen mit dem Fingerhut*[29], in der das kleine Flüchtlingsmädchen Yiza im Zentrum steht (und als Fokalisierung gewählt wird).[30] Yiza führt, nachdem sie von ihrem Onkel in die weite Welt hinausgestoßen wurde, ein Leben am Rande der Gesellschaft und schlägt sich zunächst alleine und äußerst mühsam durch. Schließlich wird sie von der Polizei aufgegriffen und in ein Heim gebracht, wo sie die beiden älteren Jungs Shamhan und Arian kennenlernt. Mit ihnen gelingt dem Mädchen die Flucht, woraufhin die drei Kinder fortan eine Art Schicksalsgemeinschaft bilden, bei der insbesondere Yiza von den Erfahrungen der beiden Jungs profitiert. Schließlich aber bekommt das Mädchen starken Husten und hohes Fieber, und trotz Arians liebevoller Fürsorge verschlechtert sich ihr Gesundheitszustand zusehends. Eine dramaturgische Wendung bekommt die Geschichte, als Arian, der gerade von seiner Bettel- und Diebstahltour zurückkommt, mitansehen muss, wie eine ältere Frau die kranke Yiza auf den Armen in ihr Haus trägt.

Das hilfsbedürftige Flüchtlingsmädchen erscheint der alten Frau, die sich Yiza als Renate vorstellt, wie jemand, der ihr vom Schicksal gesandt wurde. Das Mädchen erst gibt ihrem Leben einen Sinn, den es vorher nicht hatte. Renate überhäuft sie daraufhin mit Zuwendungen, pflegt sie gesund und bringt ihr mit viel Geduld die fremde Sprache bei. Allerdings klingt das Ambivalente in der Beziehung zwischen Yiza und Renate« in den Beschreibungen deutlich mit:

> Yiza frühstückte im Bett. Die Frau wollte es so. Sie wollte ihr dabei zusehen. Das blasse Gesichtchen wollte sie ansehen und die schwarzen Haare, die nun kurz waren und glänzten wie Satin. Und das gestärkte weiße Hemdchen wollte sie ansehen, die Ärmel und den kleinen Kragen mit den gestickten Rändern und die Perlmuttknöpfchen über der Brust.[31]

Das Flüchtlingsmädchen ist für die (offenbar kinderlos gebliebene) ältere Dame eine Projektionsfläche ungestillter Sehnsüchte, das stets abgesperrte Schlafzimmer, auf das der Lebensraum von Yiza beschränkt ist, eine Art goldener Käfig. Als Renate sie einmal für einen kurzen Moment aus diesem Zimmer herausführt (jemand anderes stellt ein paar Möbel in dem Zimmer um), unternimmt Yiza einen ersten Versuch, ihrem Dasein als Gefangene zu entfliehen:

---

29 Michael Köhlmeier: Das Mädchen mit dem Fingerhut. München 2016.

30 Mit der gewählten Fokalisierung gehen einige erzähltechnische und sprachliche Wagnisse einher, so muss der Autor etwa die sprachlichen Schwierigkeiten einer Geflüchteten ebenso berücksichtigen wie die Perspektive eines Kindes auf eine Erwachsenenwelt, die einer Froschperspektive gleichkommt. Köhlmeier versucht beidem gerecht zu werden, indem er die Geschichte in einer Weise erzählt, die sprachlich, aber auch hinsichtlich der Struktur, der Figurengestaltung und einiger Motive an Volksmärchen erinnert. Auch der Titel ist an Andersens Märchen »Das kleine Mädchen mit den Schwefelhölzern« (1845) angelehnt.

31 Köhlmeier: Das Mädchen mit dem Fingerhut (s. Anm. 29), S. 124 f.

Die Frau beugte sich über Yiza und ließ ihre Hände nicht los. Yiza zerrte, aber die Frau ließ ihre Hände nicht los. Yiza wimmerte, aber die Frau ließ nicht los. Yiza krallte ihre Fingernägel in den Daumen der Frau. Die Frau schrie auf, ließ Yizas Hand los, steckte den Daumen in den Mund und schlug ihr mit der anderen Hand ins Gesicht.[32]

Fortan gleicht das Zimmer, in dem Yiza untergebracht ist, mehr denn je einem Gefängnis: »Auch bei Tag waren die Vorhänge zugezogen. Nur einen schmalen Streifen Licht ließen sie frei.«[33] Gleichwohl ist Renates Verhalten dem Mädchen gegenüber durchaus fürsorglich, ja geradezu aufopfernd, nur eben auch stark davon geprägt, die äußere Welt von Yiza fernzuhalten. Im ängstlichen Verhalten zeigt sich auch die emotionale Abhängigkeit dem Flüchtlingsmädchen gegenüber: Renate besitzt zwar ein Bewusstsein dafür, dass sie Yiza eigentlich den Behörden melden müsste, weiß jedoch intuitiv von dem Moment an, in dem sie das Mädchen gefunden hat, dass sie es dringend benötigt, um ihrem eigenen Alltag einen Sinn zu geben (der verloren ginge, wenn das Mädchen wieder zurück in der Obhut der Behörden wäre). So heißt es an einer Stelle: »Gut, dass du zu mir gekommen bist, sagte sie wieder und wieder«[34], was freilich nur vordergründig die nun gesicherte Existenz des Mädchens bezeichnet und eigentlich die neue Sinnhaftigkeit von Renates Alltag meint. Der Text lässt keinen Zweifel daran aufkommen, dass das Flüchtlingskind nicht das bemitleidenswerte Opfer ist, als das es zunächst in der Beziehung zu Renate erscheint und vielmehr Renate die eigentliche Gefangene ist – weil diese ängstlich darauf bedacht ist, die ihr zugefallene Sinnhaftigkeit nicht wieder zu verlieren.

So verwundert es nicht, dass es Yiza nach einigen Monaten auch gelingt, sich aus der Gefangenschaft zu befreien und somit auch das Abhängigkeitsverhältnis zu beenden. Als sie eines Tages ihren ehemaligen Fluchtgefährten Arian draußen im Garten sieht, gelingt es ihr unter dem Vorwand, die Toilette benutzen zu müssen, Renate in der Küche einzusperren. Als Yiza dann Arian ins Haus geholt hat, berichtet sie ihm, der hungrig ist und deshalb in der Küche nach Essen suchen will, von der Frau und dass diese »sehr böse [sei]«.[35] Obwohl die Situation für Renate zunächst wenig bedrohlich erscheint, nimmt sie aufgrund eines Zufalls ein tragisches Ende. Weil der Onkel Yiza einst eingebläut hatte, dass sie bei dem Wort Polizei laut schreien müsse und Renate nun auf der anderen Seite der Tür mit derselbigen drohte, fängt das Mädchen plötzlich laut zu schreien an. Als die Kinder schließlich doch die Tür öffnen und die Frau infolgedessen den Kopf durch die Tür steckt, ist es Arian, der ihr mit einem harten

---

32 Köhlmeier: Das Mädchen mit dem Fingerhut (s. Anm. 29), S. 125 f.
33 Köhlmeier: Das Mädchen mit dem Fingerhut (s. Anm. 29), S. 127.
34 Köhlmeier: Das Mädchen mit dem Fingerhut (s. Anm. 29), S. 121.
35 Köhlmeier: Das Mädchen mit dem Fingerhut (s. Anm. 29), S. 132.

Gegenstand den Kopf einschlägt – ein Stellvetetermord gewissermaßen, denn Arian »schrie [dabei], wie Yiza geschrien hatte. Genau gleich schrie er, als würde er sie nachmachen.«[36]

IV. Fazit und Ausblick

Entgegen der weit verbreiteten stereotypen Rollenverteilung vom »Täter« (Fluchthelfer) und »Opfer« (Flüchtling) zeigt der Beitrag der Gegenwartsliteratur zur aktuellen Flüchtlingsdebatte, dass die Verbindungen zwischen Flüchtlingen und Fluchthelfern komplexer und vielgestaltiger sein können als oftmals angenommen. Macht und Ohnmacht spielen in den hierarchischen Verhältnissen eine wichtige Rolle, doch sind diese Faktoren nicht stets gleich und auch nicht einseitig verteilt. Gerade wenn der Fluchthelfer zugleich auch Flüchtling ist, wenn es also zu einer Vermischung beider Rollen kommt, ist er aufgrund vorhandener Defizite ebenso anfällig für Abhängigkeiten wie der Flüchtling, der diese Anfälligkeit als Grundanlage besitzt. Darüber hinaus können sich Machtverhältnisse aber auch verändern bzw. umkehren. In diesem Zusammenhang sind insbesondere emotionale Abhängigkeiten interessant, die gerade auch bei Fluchthelfern möglich erscheinen, deren Handeln (zumindest anfangs) altruistisch motiviert ist. Erkenntnisse wie diese können letztlich dabei helfen, die Fluchtgeschichten der Flüchtlinge und die auf der Flucht – gerade auch durch Abhängigkeitsverhältnisse – erlittenen Traumata zu verstehen.

Erweitert wird das wechselseitige Abhängigkeitsverhältnis eigentlich noch durch verschiedene Instanzen und Akteure der Fluchtverhinderung: Deren Legitimation wird erst durch die große Anzahl an Flüchtlingen ermöglicht. Darauf verweisen u. a. die beiden Theaterstücke *Yellow Line* von Juli Zeh und Charlotte Roos sowie *FRONTex Security* von Hans-Werner Kroesinger.[37] Die starke Präsenz der Fluchtverhinderer wiederum macht erst die Figur des Fluchthelfers für den Flüchtling zu einer unentbehrlichen Hilfe. So entstehen, auf anderer Ebene, neue Abhängigkeitsverhältnisse, die zu untersuchen nicht minder herausfordernd ist.

---

36 Köhlmeier: Das Mädchen mit dem Fingerhut (s. Anm. 29), S. 133.
37 Juli Zeh und Charlotte Roos: Yellow Line. Rowohlt Theater Verlag 2012; das Theaterstück *FRONTex Security* von Hans-Werner Kroesinger wurde bisher nicht publiziert (die UA erfolgte 2013 am Theater Hebbel am Ufer, Berlin).

Dawn Chatty

Forced Migrations
Contextualizing the Syrian Refugee Crisis

I am delighted to have the opportunity to discuss a subject that I have been addressing quite closely for the past five years.[1] I happened to be in Syria at the time that the initial uprising in Dar'aa in March 2011 occurred. Many of us thought that this would be dealt with quickly, that there would be some kind of compromise with the government, and that things would move forward in the way that they had in Tunisia. We were proved very wrong. After that I found it difficult to go back to Syria, although obviously there is nothing that prohibits an individual from applying for a visa. The Syrian government is always happy to have Westerners come in, and it is a publicity coup when that happens. So I have spent parts of the last four to five years in Turkey, Lebanon, and Jordan, interviewing refugees from Syria, host community members, and also practitioners.

In this paper, I want to first contextualize global migration of refugees. I am not talking about economic migrants; I do make a distinction between the two, although it is rarely black and white. Often forced migrants become economic migrants once they try to find work. I will focus mostly on people who have been forced to flee in relation to global trends in warfare. Then I will spend some time on the historical movement of peoples throughout the Eastern and Southern Mediterranean at the end of the Ottoman Empire. I will then make some comments about the way in which Syrians are managing their lives in Turkey, Lebanon, and Jordan. Lastly, I'll turn to this issue of sustainability.

I want to remind you that, after World War II, the world basically said »no more« to the kind of suffering that was experienced at the end of that war, and several agencies were created to deal with displaced people (Fig. 1). In particular, one agency emerged out of the League of Nations. The name changed a few times, and finally in 1951 we had the United Nations' High Commission for Refugees (UNHCR) and, that same year, a Convention on the Status of Refugees, which focused particularly on people in Europe who had been forced to leave their countries as a result of conflict or events that disturbed public order.

---

1 This text is based on a talk given by Dawn Chatty at the Center for Advanced Studies of the Ludwig Maximilian University, Munich in December of 2016.

World-wide Displacement

The scale of displacement

UNHCR Persons of concern

1975	2.5m
1994	27m
1999	22m
2009	36m
2010	34m
2011	35m
2012	35.84m
2013	35.83m
2014	59.5 m**

** refugees under UNHCR mandate	=	14.4m
Palestinians under UNRWA mandate	=	5.1m
World-wide total refugees	=	19.5 m

REFUGEE STUDIES CENTRE

Sources: UNCHR, UNRWA

Fig. 1

Initially UNHCR had less than one million refugees to manage. It was basically dealing with those who, after World War II, had no place to which they could return and needed to be resettled. Resettlement was the main work of the agency starting from that time, but the numbers were pretty small. Up until 1975, there were 2.5 million people of concern for that UN agency. So it was pretty stable until the end of the Cold War. Then, with the events in the Balkans in 1994, there was a huge jump in numbers, and the UNHCR considered itself responsible for twenty seven million people, not all of whom were refugees, but people of concern. The numbers dropped and then climbed, and now you can see that, over the last decade, they have gone up continuously so that in 2015 there are over sixty million »people of concern,« a term that includes people who qualify for the status of refugee; people who are perhaps not given that status but require a humanitarian visa; stateless people; and also Internally Displaced People (IDPs). So UNHCR has also taken on responsibility for those people whenever they can without affecting the sovereignty of the state in which they are found. Now these numbers are over sixty million. Of these, there are 14.4 million actual refugees under the UNHCR's mandate; to these I add 5.1 Palestinians (and I can talk later about why I do that), so we come up with a total of just under twenty million refugees who are displaced by armed conflict worldwide.

Major Source Countries of Refugees

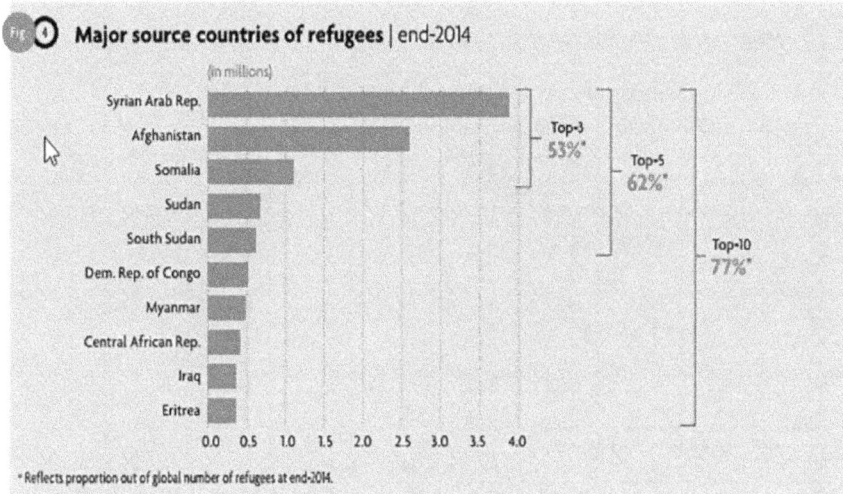

Fig. 4 **Major source countries of refugees** | end-2014

(in millions)

Syrian Arab Rep.
Afghanistan — Top-3 53%*
Somalia — Top-5 62%*
Sudan
South Sudan
Dem. Rep. of Congo — Top-10 77%*
Myanmar
Central African Rep.
Iraq
Eritrea

0.0 0.5 1.0 1.5 2.0 2.5 3.0 3.5 4.0

*Reflects proportion out of global number of refugees at end-2014.

Fig. 2

Where are most of these refugees coming from? Syria, Afghanistan, and Somalia make up just over fifty percent of the world's refugees (Fig. 2). If we add
Sudan and South Sudan, we are up to sixty two percent; so almost two thirds of
the world's refugees by the end of 2014 are coming from the expanded Middle
East and South Asia. In terms of hosting countries, you would think that Germany was one of the major hosting countries (Fig. 3). Actually the main hosting countries are Turkey, Pakistan, Lebanon, Iran, Ethiopia, and then Jordan.
So using UNHCR figures, somewhere between forty and fifty percent of all
refugees are being hosted in this region. Just to show you how heavy the burden
is, I have combined these figures from UNHCR also with the Palestinian figures (Fig. 4). When you put them both together, you find that sixty-three percent of the world's refugees are sitting on the eastern and southern Mediterranean. It is an extraordinarily heavy burden.

I want to now take a closer look at this particular region, the Eastern Mediterranean, which has seen vast migration and displacement over the past 150
years, with approximately four to five million people displaced over the past few
decades. But until the outbreak of the Syrian »events« – Civil War or whatever
term one prefers to use – in 2011, these millions were all accommodated and
provided with refuge within the region. Some of them were assimilated, some
were granted citizenship, and others were not. Some were granted temporary

Major Refugee Hosting Countries

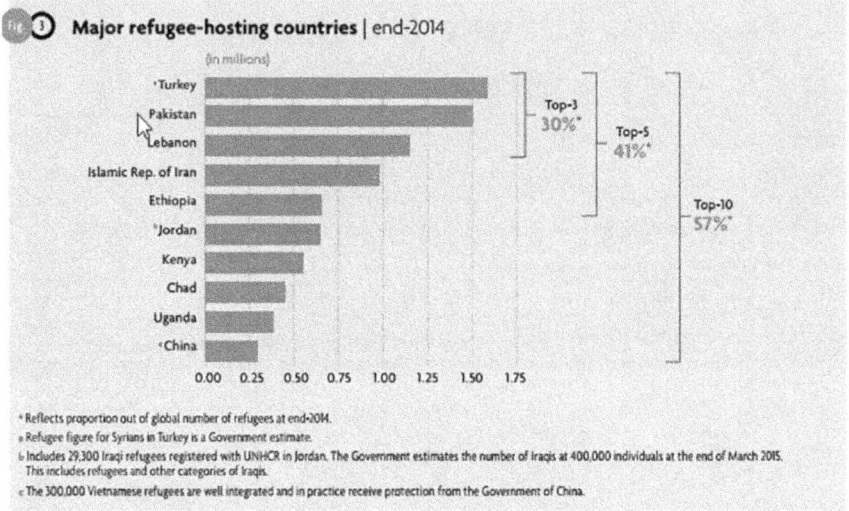

Fig. 3

The Middle East's Heavy Hosting Burden

- UNHCR estimates that Middle East and North Africa host nearly 40.5% of all world's refugees

- Total for MENA: 6,630,700*
- World total: 14,400,000

When the nearly 5,000,000 Palestinian refugees in the region are added, the total percentage in the Middle East is: 63% of the world's refugees.

REFUGEE STUDIES CENTRE

Fig. 4

Forced Migration at End of Empire

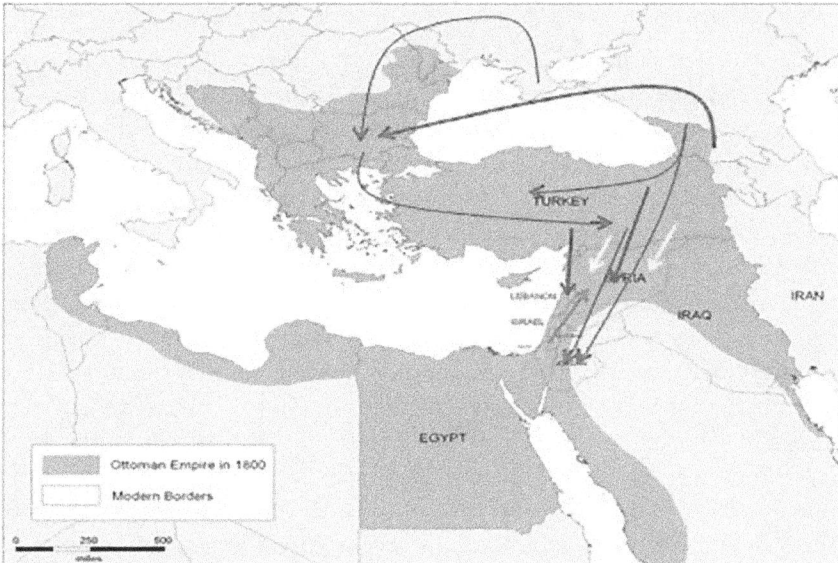

Fig. 5

protection, as per the Casablanca Protocol of 1965, which was basically directed at Palestinian refugees. So let me now spend a bit of time talking about
the background to this history of accommodating, integrating, and occasionally
assimilating forced migrants from the region.

To do that adequately, I need to go back to the nineteenth century, to the
period of time during which the Imperial Russian Empire and the Ottoman
Empire fought six wars over borderlands (Fig. 5). Some of this was started by
Catherine the Great at the end of the eighteenth century. But I want to focus on
the first group of forced migrants who came from the Crimea into Rumeli, the
European Ottoman Empire. This was the Crimean War between 1853 and
1856. We all know about the Crimean War in which Great Britain and France
sided with the Ottoman Empire, and I might lighten the seriousness of this
event by reminding people that that particular Crimean War was fought over
who had the rights to the key to the Church of the Holy Sepulchre in Jerusalem!
The way that the Ottoman Empire had operated over the previous three centuries was with a system of royal favors, or Capitulations. The Sublime Porte (*Al
Bab Al 'Ali*) of the Ottoman Sultan had traditionally given Imperial Russia the
right to the keys to that church, so that it held the Capitulations for the Russian
Orthodox in the Ottoman Empire. But Napoleon III of France was unhappy
about this Capitulation and informed the Ottoman Sultan that it was time for

the Catholic Church to be given the Capitulation instead. The Ottoman Sultan agreed to this »swap« from the Russian Orthodox Church to the French Catholic Church, which resulted in Russia going to war with the Ottoman Empire along with Britain and France, its allies at the time – the Crimean War. Eventually the outcome of that particular war was that Russia made some gains in the Crimea, and it became a satellite of Imperial Russia. But the Muslims of the Crimea, called the Tatars, were forcibly displaced, about a half million in one year and another half in the next. They moved into Bessarabia and Moldova (contemporary Romania) the uppermost arc indicated in Figure 5. But that was not all. A second wave of displaced Tartars emerged during the last of the Russian Wars in 1878 and resulted in Imperial Russia making great gains in this region and insisting that the Circassians, Chechens, and the Daghestanis in this region had to leave. Many of them had come into the region of the Balkans. In the final peace treaty of Berlin, the Russians insisted that they did not want to have any Circassians or Chechens in this area, since they considered them to be uncontrollable and too militaristic. So part of the Treaty of Berlin mandated that all of the Circassians, Chechens, and Tatars had to move again, a second time in twenty years. This time most of them ended up moving into eastern Anatolia, and this is the general area that I will refer to as the Greater Syria (*Bilad al-Sham*). So altogether that period of twenty years saw three million people moving into this region. Remember that the Ottoman Empire of this time as a whole, including its heavily populated European Rumeli, was not any more than thirty-five million. Therefore we're talking about somewhere between five and ten percent of the population being people who had been forced out of their homes, sometimes not once, but twice.

The two darker arrows that point from Turkey to Syria in Figure 5 indicate something many readers will know a great deal about; this was the Armenians' movement mainly from Eastern Anatolia and later on from Cilicia, and that movement was the result of the Ottoman insistence on ethnic cleansing, the genocide of Eastern Anatolia. Some have argued that it might have had to do with the belief that the Armenians might have been a Fifth Column.[2] That is not the point that I want to make. What matters here is that somewhere between one and two million Armenians ended up entering into Syria and Greater Syria over a very short period of time between the 1890s up to the 1920s. Included in this number are also a lot of Assyrian Christians, who also ended up being part of the disposed peoples of Eastern Anatolia.

The two lighter arrows that point from Turkey to Syria in the Figure indicate the Kurds who recently came to Syria as forced migrants between 1920 and

---

2 Eugene Rogan: The Fall of the Ottomans: The Great War in the Middle East, 1914–1920. London 2015.

1925. These Kurds are very different from the two to three million Kurds in Syria who claim to have been there since the time of Saladin Al-Ayyoubi in the twelfth and thirteenth centuries, a very well integrated group. By contrast, the more recent Kurdish refugees, about 10,000 of them, crossed the border between 1920 and 1925 in protest at the creation of a secular Turkish Republic and the abolition of the Islamic Caliphate. They were immediately granted citizenship by the French who at that time had the League of Nations mandate over Greater Syria. But then in the 1960s they were stripped of their citizenship when Syria joined the United Arab Republic with Egypt (and Yemen), and these Kurds became stateless within Syria. These are the group that we are reading the most about today. At one point they were integrated, and then their citizenship was removed.

The single arrow in Figure 5 which points from south to north indicates the Palestinian exodus from 1948 at the close of the 1947–48 War in Palestine. Originally around 750,000 people fled to Syria, Lebanon, and Jordan. Those now number somewhere close to five million. In 1949 a special United Nations Agency was created to look after their welfare and livelihood needs. So large numbers of forced migrants, most of them Muslim, but also Christian and Jewish from the Pale of Europe, were moving into the region of Greater Syria seeking sanctuary.

Altogether, then, approximately four to five million people entered the Ottoman Empire at the end of the nineteenth century and the beginning of the twentieth. If we put this in modern terms, it would be as if Germany had accepted ten million migrants from a period of 1970 to the present. These are very big numbers. You have to wonder how this happened. We never read about there being a crisis in the Ottoman Empire or even a crisis in Greater Syria or Lebanon. What was it that made it possible for these huge numbers to actually come and find a way of settling, either through assimilating, integrating, or through having some kind of temporary protection?

I want to focus for a minute on Ottoman policy. In 1857, when these huge numbers of people started moving into the Ottoman Empire seeking asylum, the Ottoman authorities established what they called »The Immigrant Code,« or Migrant Code, or Refugee Code – the translation is very different depending upon what text you read. But basically forced migrants and immigrants were welcomed into the Ottoman Empire, and they were offered incentives to settle in rural areas that were underpopulated at the time. The settlements were scattered around underpopulated and frontier areas by Ottoman policy, but the belonging of individuals fell into line with what was called the *millet* system of the nineteenth century. This was a system of self-rule for all non-Muslim ethno-religions communities of the empire. So, for example, Armenians were part of the Armenian *millet* of the Ottoman Empire, the Ashkenazi Jews became part of the Jewish *millet*, the same with Catholics and Protestants. So there was in effect a kind of horizontal belonging that wasn't tied to territory, and this was very important to how the Ottomans managed their rule and sovereignty. But on top of that, there were three imperial orders that the Ottomans established in relation to refugee reception, which I think are very interesting and are worth thinking about in relation to how things are being managed today. First, the land was given to the settlers – somewhere in the region of a couple of acres, seventeen *dunams*. There was also a ban on their reselling the land for ten years, and this was in order to stop developers from trying to persuade these newcomers from giving up their land. Also all of these incoming migrants were given tax relief for ten years; during that time they didn't have to pay any taxes. On top of that, depending upon the region in which they settled, the young men were given exemption from military service for either six or twelve years.

So there was a real effort made to try to help these people integrate, but there was no push for them to assimilate because they could belong to the different ethno-religious communities that were part of the Ottoman Empire. And on top of that the links back to their homeland of origin were never blocked, neither during the Ottoman period nor even in later periods during the French Mandate. And movement and migration were often circular and continued even once the nation states had been set up; these borderlands, for example from Syria to Iraq, were very fluid, and in fact the border between Lebanon and Syria was never demarcated. (It was only after 2005, after the assassination of the former Lebanese prime minister Rafic Hariri, that the West and the United Nations insisted that Lebanon and Syria finalize a border and establish visas between the two countries.) That is just an element of the kind of movement that continued. After the fall of the Soviet Union in 1990 there was a great deal of movement back and forth between Syria and Jordan to Chechnya and Georgia – people maintained some kind of contact to their homelands and lands of origin. This kind of movement was circular and was recognized and permitted, and it was also very important.

Let's look at the situation today (Fig. 6): the Syrian Civil War is in its sixth year, and in the region there is no international protection. The only country in the region to have signed the 1951 convention that requires it to provide protection for refugees and also prohibits it from sending people back is Turkey. And Turkey signed the 1951 convention, but it was the 1967 protocol that expanded the original idea of protection – originally mainly thought of in relation to European refugees during and after World War II – to a global understanding. Turkey maintains a reservation to only take responsibility for refugees from Europe. So whereas Turkey has given protection to Bulgarians and other Europeans fleeing during the fighting in the Balkans, it does not feel that by international law it has any particular mandate to offer others from non-European countries protection. Lebanon and Jordan have not signed the '51 convention and there is no international law or moral positioning to force them to take in people.

Syrians fleeing February 2016

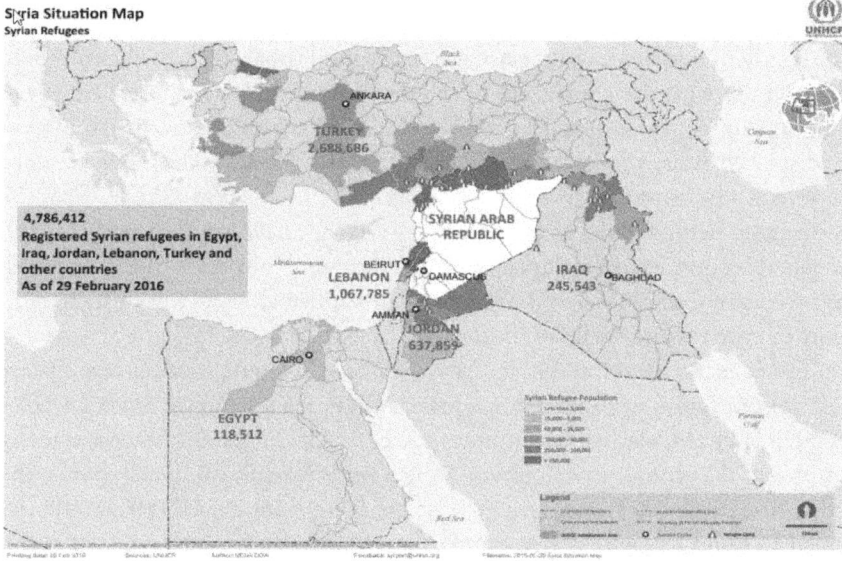

Fig. 6

Yet what has actually happened in Lebanon? To start, in a country with a population of four million, they have officially taken in one million displaced Syrians, but probably the numbers are more like 1.5 million. That means that thirty-five percent of the population of Lebanon is made up of people who have fled from Syria. To put it into an American context, it would be as if the entire population of Mexico and Canada had flooded into the US over a period of two to three years. With Donald Trump as president, that would likely be the end of the US, but I just want to make us think about how Lebanon manages so many non-citizens in its country. One of the reasons that it can do this, as I have hinted at, is because there were never any visa restrictions between Syria and Lebanon, and we do know that, before 2011, half a million Syrian workers basically kept the construction and agriculture industries in Lebanon alive. So these half million, mainly men, brought their families to join them once it became too dangerous to remain in Syria. But where could they stay in Lebanon? And what has happened to them since? It used to be that Syrians were able to buy six-month work permits and renew them regularly. But now it has become more expensive, and many Syrians can no longer afford to buy or renew their work permits. Once these permits lapse they become illegal/irregular; they go underground and try to avoid contact with authorities.

The situation in Jordan is a bit different. The population of Jordan is about six to seven million and, officially, about 600,000 Syrians are temporary guests in Jordan, so around ten percent of the population of Jordan is made up of displaced Syrians. Most of those who have crossed the border have come from the southern border area of Syria, from Dar'aa and tribal areas, so there are close kinship ties with the population of the northern Jordan. With close tribal ties and kinship networks operating, only a very small percentage of the population of displaced Syrians are actually in refugee camps. There are three refugee camps in Jordan; the most important one is Za'tari. The problem in Jordan is that the Syrians are being treated as temporary guests; they have no right to work, and in fact it is considered a criminal offence if they do. However, at this point most Syrians have found a way to have jobs in the informal market in order to support themselves and their families.

Turkey is the most interesting. As you can see in Figure 6, the areas of heaviest concentration of displaced Syrians are along the southern border, and Gaziantep is a particularly interesting place where a Syrian investment has actually improved the economy of southern Turkey tremendously. Originally, when the crisis first emerged, Turkey refused any assistance from the UNHCR, and decided to build its own refugee camps along the border – twenty-five of them. This was very clever; none of the camps had more than 10,000 people, and they were set up as if they were small towns. So each of the camps had significant health services, education services, shopping malls, laundromats, hairdressers, etc. And, more importantly, people had the right to go in and out on a daily basis. They could even be gone for up to three weeks; it was understood that Syrians, esp. here (along this border area) needed to go back to Syria regularly and check on their businesses and their families. I should say that, often, when people flee, it's a family decision, but the whole family often doesn't go. In this case, what we have seen is that generally the older generation refuses to move so that it is the younger generation, those with families and children, who have moved. But there is constant movement back and forth – as there was prior to the fighting – to check on their families. So at this point, Turkey is probably hosting close to three million people. And the population of Turkey is seventy four million, smaller than Germany. So just think about what Germany would be like if you had something like over three million displaced Syrians in the country.

Let me just talk about how it is working or is not working. Keep in mind the history of circularity and how that continues. In Lebanon there are very close social and kinship ties, but the Lebanese really don't have a very good record for the treatment of refugees. This comes from the complexity of their relationship with Palestinian refugees over the past six decades and the period of time during the Lebanese Civil War when many Lebanese felt that the Palestinians led by Yasir Arafat and the Palestinian Liberation Organization (PLO) were responsible for the Civil War. Palestinians are not permitted to work in approximately fifty professions in Lebanon, so it is a complex situation. But as for unskilled laborers – those in construction and agriculture – the Lebanese need the Syrians when the economy was booming.

Now the political context in Lebanon is one of consociational government. This is a government in which particular ethno-religious sects have a certain number of seats in parliament. So for example, the Armenians have six seats, the Druze have a certain number, and it goes on. Approximately twelve different ethno-religious groups have seats in parliament. What is particularly interesting in Lebanon is that you get a lot of reports about social discrimination emerging against displaced Syrians, and of the hundred municipalities that make up Lebanon, there are reports of vigilantism and illegal curfews – these are enforced by the municipalities – not allowing Syrians to walk around at night. But the interesting thing is that this happens in forty municipalities out of one hundred. If you start looking at where the Syrians are being better accommodated, particularly in agricultural areas, you'll find that it often reflects the consociational makeup of Lebanon. So in areas that are deeply Maronite Christian, you'll often find some significant problems of social discrimination, but in areas that are mixed Christian and Muslim, you'll often find much better treatment. With the general lack of government services in Lebanon, what we have seen emerging in the last two to three years in particular is a huge outpouring of assistance coming from local and national non-government organizations (NGOs), both Syrian NGOs and also Lebanese NGOs. So while there are no refugee camps in Lebanon – which is understandable; the government refused to have any – over time there is now emerging a form of temporary protection for these huge numbers of Syrian refugees in the country.

In Jordan there has not been much public expression of social discrimination; what there is has been quite muted. But I have the feeling that this has to do with tribal ties between the southern part of Syria and Jordanians in the northern part of the country. Although the local press continuously reports on the negative impact on the economy for which the Syrians are responsible, the interesting thing is that a lot of people just accept that as, »well, that is what they do to sell newspapers.« There is recognition of the fact that Syrians are actually contributing a great deal to the economy, and in very recent months, the EU trade agreements with Jordan are now setting quotas for work permits for Syrians in certain economically-defined zones as a way of moving some of them out of the informally defined economy. This seems to be working quite well.

What I find particularly interesting in Jordan is that as the legal position is beginning to improve so that Syrians can remain, the negative press is beginning to diminish. In addition, Syrians themselves are beginning to express their resistance to what they regard as »handouts« from UNHCR and other NGOs much more forcefully because they see it as begging. Those of you who have read the anthropological classic *The Gift* by Marcel Mauss will know what I am getting at; it seems that Syrians in Jordan, without having read the book, recognize that, when you receive a gift, there is an obligation to reciprocate.[3] We can see something emerging now in Jordan that is really interesting. I will give a few examples. When Syrians fled from Dar'aa, one particular market was made up only of carpenters, and they all fled together and came to Jordan. And when the Jordanian middle class figured out that there was a large group of Syrian carpenters in the middle of Amman, they all began to hire them irregularly and informally to do the kind of work on their houses that Jordanians could not do because they – the Jordanians – did not have these skills. And now what is happened is that these carpenters have gone to the NGOs and to UNHCR and said, »we are willing to take the handouts that you are giving us, but we want to teach the Jordanians carpentry so that we can give something back.« This is the kind of relationship that should have been promoted from the very beginning, because when you treat the host community as you treat the refugee community, when you treat them equally in that you give help to one and to the other or one returns the favor by giving something back, you create a situation where social relationships are very much improved. Syrians on a very small scale throughout Jordan have begun to do this with greater frequency. Although I have not done the full study myself, I would suspect that this developing relationship is one of the reasons why we are hearing less and less about the so-called »negative aspects« of the Syrian refugee impact in Jordan.

In Turkey, there really was wide-spread sympathy for Syrian refugees. Despite the fact that it is a different language, there were a lot of cultural similarities. But it also was not the same shared culture as it was in the case of Lebanon-Syria or Jordan-Syria. What I found particularly interesting was that Syrian refugees were identified as really deserving of sympathy, whereas the community that I will refer to in English as »Gypsies« – though they call themselves »Dom,« »Rom,« »Romani,« or »Nawar« – were not. In my interviews I was a bit perplexed, since I thought »how many ›Gypsies‹ are there here?« So I began to stop and talk to the women sitting on the streets of Istanbul, often with a nursing infant. What I realized was that there were many Gypsies in the urban centers of Turkey, but not all of them were from Syria. Some were from Iraq and from Turkey. There was very little sympathy directed at them, although they have often suffered as much as the dispossessed Syrians because, although they don't necessarily have a home in the same sense that we have, they have an economy that has been completely destroyed by the fighting. That economy

---

3 Marcel Mauss: The Gift: The Form and Reason for Exchange in Archaic Societies [1950]. New York 2000.

was one that really revolved around seasonal festivals. In the past, you would have found Gypsies in Syria taking part in the entertaining, tattooing, the dental work for many of the rural population. This was completely destroyed first in Iraq, then in Syria, and so they moved into Turkey where there is absolutely no sympathy directed at them. You could say that that is a side issue because I know that the Dom or the Rom in Turkey have their own set of significant difficulties with the Turkish government.

What is quite interesting is that most of the expressions of hostility such as demonstrations in Turkey have generally been due to a lack of information and fear that Syrians were taking jobs from poorer Turks and Kurds. So with more information, some of this hostility has been reduced. Having said that, prior to the events of summer 2016 in Turkey, we saw many examples of extraordinary acts of hospitality by local NGOs, many of which had religious, mystic, or Sufi associations. In the near term, we are surely still going to see many changes, since we have recently seen the failed coup, the shutdown of many NGOs that were associated with the Gülen Movement, and the election of President Trump. Trump has also made it clear that he is not going to be supporting Syrian Kurds – the YPG – but rather he's probably going to be supporting more in line with Erdoğan on the one hand, and indirectly Bashar al-Asad's government in Syria on the other hand. So it looks as though Syrians will remain in Turkey for some time. A very recent report from the International Crisis Group suggests that there has been a lot of discussion in Turkey about further developing what Erdoğan meant when he said he might offer citizenship to Syrians. There is interest in offering them a »second« or »temporary« citizenship where they would not lose their Syrian citizenship, they would be able to go back, but also to have full rights in Turkey.

To summarize, I have only briefly explored the *millet* system of the Ottoman Empire. Further exploration would reveal how the ethno-religious self-rule continued under the French Mandate in Syria and Lebanon and subsequently during the independence period. That in itself, the remnants of that understanding of a kind of self-rule for ethno-religious groups who were recognized as minorities, is very important to keep in mind. It's also important to keep in mind the movements back and forth that many of these ethno-religious communities undertook and still undertake; they are tied socially to each other and not to particular territory. The events after 2011 have resulted in some of these groups returning and receiving refuge from communities in lands that they fled 130–140 years ago. We know that there were about 100,000 Circassians and Chechens of Syria; of these, approximately 10,000 first sought refuge in Southern Turkey in the refugee campus, but then the Circassian villages of central Anatolia actually requested from the Turkish government that these Circassian and Chechen Syrians be allowed to have protection in their villages. That was granted. So there is still very important contact with communities of origin.

Finally, an idea that I would just like to mention briefly: in Anthropology we often talk about how, when two groups are very similar to each other, they need to create an »othering« or a difference, and this often creates ethnic conflict. But when two groups are very different from each other, there is often a greater acceptance of that differentiation; it is not threatening.[4] In some ways, I think that what we see in the ability of Turkey to accommodate so many Syrians without so much negative press has to do with that social distance, whereas in Lebanon and Jordan there are some problems of discrimination and there is that need to make a distinction between themselves and Syrians.

On the whole, most of the Syrians who have fled have tried to avoid being in a camp; most have self-settled. Only ten percent of the Syrians in Jordan are in refugee camps, and there are similar percentages in Turkey. The problem as I see it is that, over time, there are particular issues that will make it difficult for people to accept to remain. One of the biggest problems in Turkey, Lebanon, and Jordan is the problem of education. In none of these countries is their adequate education for Syrian youth. I'm using the term »youth« because the UNHCR has been very good at providing education for children up to the age of twelve. But in the twenty-first century, if you are only educated to that age, that is really not enough to have a future. So if there is not going to be a Lost Generation, Syrians need to work with their host communities to have schooling, but up until now there are no adequate education opportunities in any of these three countries. Turkey has the biggest problem; less than fifty percent of Syrian youths in Jordan are in school. In Lebanon it is less than thirty percent. Turkey is making huge efforts, but unfortunately they are moving in a direction that will make a lot of these Syrians consider moving on. Although Turkey initially permitted what it called Temporary Education Centers, in which Syrian youth could study the Syrian curriculum – cleansed a bit of the Ba'thi rhetoric – in Arabic, the Turkish government now wants to close down these centers in order to force Syrian youth into the Turkish education system and language. But most Syrians are still planning on going back to Syria, and they want to maintain their language instruction in Arabic. Or – and this is what we saw in 2015 – they would rather send their youth to Europe. They pool money in the family to get them smuggled to a place where they know that youth will be provided with education until the age of eighteen, because most countries in Europe have signed on to the Convention on the Rights of the Child. In 2015 we saw large numbers of youth coming into Europe, most of them with the blessing of their families who were so happy to get them out of harm's way, as they perceived it. This was because in the intervening years, these older boys

4 See Fredrik Barth: Ethnic Groups and Boundaries. The Social Organization of Cultural Difference. Long Grove 1969.

and almost young men had found that they were unable to attend school. For example, in Jordan, once you are out of education for the three years you are unable to return. Therefore these youth were talking about going back to Syria to join militias so that they could earn money to send to their families. One of the ways that the families have overcome this dreadful possibility has been to send them instead to Europe.

To conclude, the numbers coming to Europe have in fact not been that large; Germany and Sweden have certainly done more than their fair share. I know that the United Kingdom, which probably has not accepted more than 4–5,000 refugees since 2011 – yet during the Bosnian Crisis was ready to accept 75,000 in one year – could take larger numbers. But as media representations of, for example, children being passed over fences show us, barriers don't work. If a situation is unsustainable where people are, they will find a way of moving on. Until the fighting stops in Syria, until the proxy war ends, Syrians who find that their future is under real distress, if their children are in danger of becoming a lost generation, they will look for other ways of at least temporarily managing their lives.

I want to briefly review the facts about where the Syrians are moving (Fig. 7): They are not all coming to Germany, although the numbers of applications are quite large, as they are for Sweden as well. There are significant numbers re-

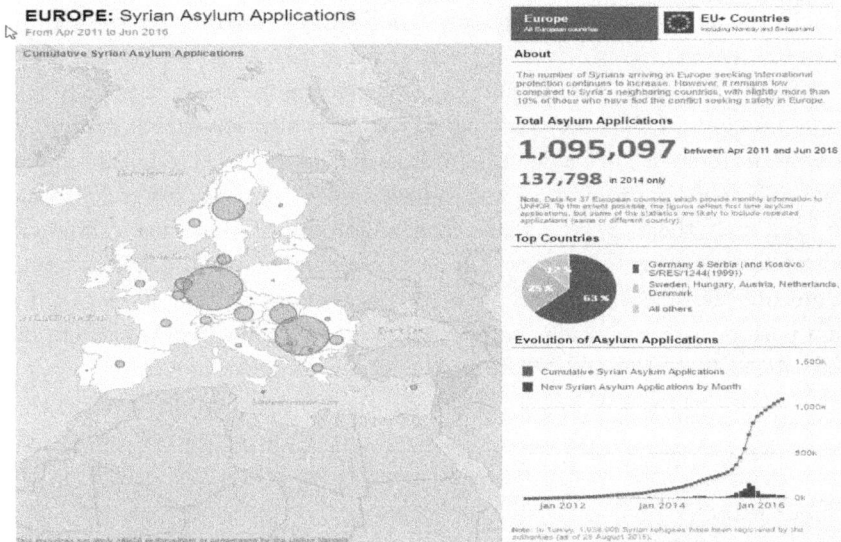

Fig. 7

Can we all do a little more?

EU member state migrant quotas
Number of people countries have agreed to relocate from Greece and Italy

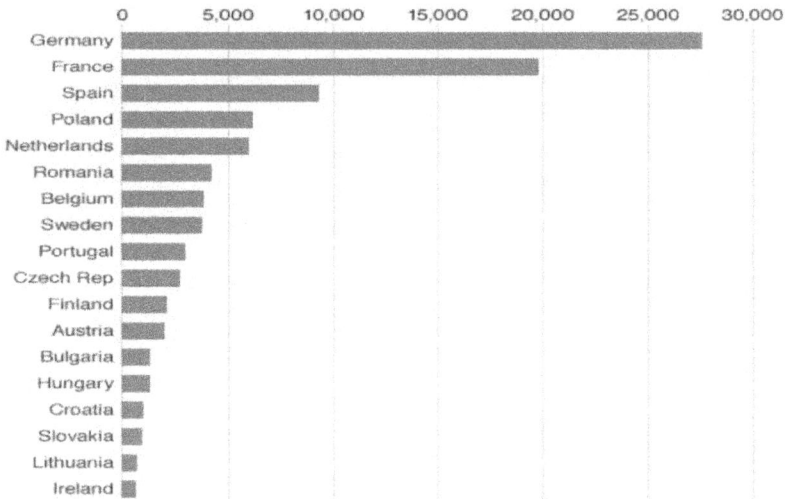

Fig. 8

questing asylum in the Balkans, but certainly it isn't a crisis. There is an awful lot more that we can do when we move away from the fear of migrants and refugees that the press continues to voice. We might look at the huge numbers that Germany has volunteered to accept, and France is not doing to badly either (Fig. 8).

But one must ask oneself, »how can we persuade the rest of Europe to take more numbers, if they keep coming?« The »if« in that sentence is because, as long as the forces of al-Asad along with Russian and Iranian/Hezbollah support continue fighting, people are going to have to flee. Most Syrians prefer to stay in Syria itself; there are more than seven million displaced Syrians within Syria who refuse to cross the border. But at some point they will need temporary protection. Europe with a total population of more than 500 million clearly is in a position where it could accept much larger numbers than it has. I'm not referring to Germany, which has certainly done more than its share.

Image Credits:
Figs. 1, 4, and 5: Archive of the Author; Figs. 2, 3, 6, 7, and 8: The Office of the United Nations High Commissioner on Refugees.

Kerstin Pinther

Konzepte und Ästhetiken der Passage
Design im Kontext von Flucht und Migration

Als einer der ersten auf dem Feld der Gestaltung machte Hussein Chalayan, ein in London lebender türkisch-zypriotischer Modedesigner, auf die steigende Zahl an Kriegsflüchtlingen und die erzwungene Verlegung von ›Heimat‹ aufmerksam. Die Präsentation seiner Herbst-/Winter-Kollektion *Afterwords* von 2000/2001 (Abb. 1) erfolgte im Londoner Sadler's Wells Theatre, das hier die Anmutung eines White Cube erhielt. Somit glich die Show eher einer Vernissage denn einer klassischen Modenschau: Auf einer minimalistisch eingerichteten Bühne war eine schlichte Möbelgruppe im Stil der 1960er Jahre zu sehen; deren graue Sesselbezüge transformierten sich in den Händen von vier Models zu farbenfrohen und raffinierten Kleidungsstücken. Begleitet von dem Gesang des Bulgarka Junior Quartetts verwandelten zwei Helfer die Stühle selbst in Koffer; der runde Tisch mutierte zu einem hölzernen Reifrock – ein Möbelkleid, getragen von einem weiteren Model. Aus statischen Einrichtungsgegenständen wurden mobile Kleidungsstücke und Koffer. Die Situation von Vertriebenen und Flüchtlingen, die jederzeit zum Aufbruch bereit sein müssen und kein festes Zuhause haben, prägte seinen Entwurf – der mehr Positionierung und Statement sein sollte denn konkretes Design für Geflüchtete. Genau das aber – Kollektionen, die die aktuellen Fluchtbewegungen adressieren –, so die Modekritikerin der *New York Times*, Vanessa Friedman, sei die neueste Frontier im Fashion Design, seit es in den 1960er Jahren seine exklusiven Zirkel verlassen und sich im Sinne der Frontier-Metaphorik immer neue Felder und Territorien erschlossen habe.[1]

Mehr als anderthalb Jahrzehnte nach Chalayans *Afterwords*-Kollektion und knapp sechs Jahre nach Ausbruch des Krieges in Syrien sind aktuell mehr als

---

1 Vanessa Friedman: Fashion's Newest Frontier: The Disabled and the Displaced. In: New York Times, 19.07.2016. Friedman bezieht sich hier ganz offensichtlich auf einen Begriff von Frontier, der aufs Engste mit der Geschichte und dem Selbstverständnis Nordamerikas verbunden ist. Die deutsche Übersetzung von Frontier als Grenzgebiet ist nur unzureichend, impliziert sie doch nicht den wichtigen Aspekt der beständigen Erweiterung und des Einbezugs neuer Territorien. Die Frontier bezeichnet so keinen stabilen Zustand, sondern die immer weitere Inklusion neuer Terrains. Übertragen auf das Feld der Mode spricht Friedman von immer neuen Zielgruppen des Modedesigns. Für eine Diskussion des Frontier-Begriffs siehe die Einleitung in Tobias Wendl und Michael Rösler (Hg.): Frontiers and Borderlands. Anthropological Perspectives. Frankfurt a. M. 1999.

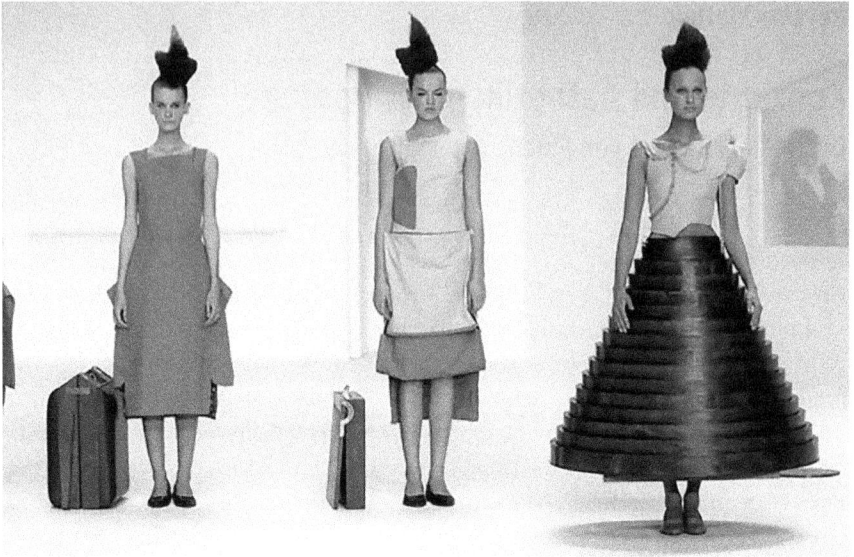

Abb. 1: Hussein Chalayan: Afterwords, Herbst-/Winterkollektion 2000/2001

65 Millionen Menschen auf der Flucht vor Konflikten.[2] In Zeiten internationaler Krisen und ökonomischer Instabilität entfaltet das Themenfeld Design und Gesellschaft eine besondere Relevanz. Eine ganze Reihe unterschiedlicher privater wie staatlicher und internationaler Akteure, aber auch individuelle Designer und Designerinnen sowie neue Zusammenschlüsse stellen (erneut) die Frage nach der Potenzialität von Design. What Design Can Do – kurz WDCD[3] – ist der Name eines niederländischen Zusammenschlusses, der an der Schnittstelle von Gesellschaft, Technologie und Ökonomie agiert. Während ihrer alljährlichen Konferenz wurde 2015 die Flüchtlingsfrage als eines der zehn dringlichsten gesellschaftlichen und politischen Probleme der Gegenwart angesprochen: Gemeinsam mit dem Flüchtlingshilfswerk der Vereinten Nationen (UNHCR) und der Ikea Foundation rief WDCD den »Refugee Challenge« aus.[4] Die mehr als 600 Einreichungen dieses offenen Wettbewerbs spiegelten alle Facetten ak-

---

2 Adrian Edwards 2016: Global forced displacement hits record high. UNHCR Global Trends report finds 65.3 million people, or one person in 113, were displaced from their homes by conflict and persecution in 2015. http://www.unhcr.org/afr/news/latest/2016/6/5763b65a4/global-forced-displacement-hits-record-high.html [abgerufen: 22.06.2017].

3 What Design Can Do (WDCD) wurde im Jahr 2000 von dem Grafikdesigner Richard van der Laken begründet. Seitdem richtet WDCD jährlich eine internationale Konferenz aus, die die gesellschaftliche Verantwortung von Design austariert. Unterstützung erfährt die Organisation von globalen Partnern, u. a. der Ikea Foundation sowie Challenge Partnern wie dem UNHCR.

4 Siehe dazu die Homepage von WDCD: http://www.whatdesigncando.com/2016/07/06/harnessing-the-power-culture-is-part-the-solution/ [abgerufen: 22.06.2017].

tueller Design-Konzeptionen für geflüchtete Menschen. Neben Apps oder digitalen Plattformen, die die Kommunikation während der Flucht oder die Selbstbestimmtheit der Geflüchteten über das eigene Bild garantieren sollen, dominieren Projekte wie Notunterkünfte als temporäre Behausungen, aber auch textile Prototypen an der Schnittstelle von Kleidung und Zelt. Was viele dieser Design-Projekte verbindet, ist ihr Postulat, auf die besonderen Anforderungen der Flucht, ihrer Routen und die Erfahrungen der Passagen unmittelbar reagieren zu wollen. Gestaltung wird hier als ein humanitäres Anliegen verstanden, dem eine richtungsweisende und sinnstiftende Kraft zugesprochen wird: Designer und Designerinnen »signal the readiness to play a more transformative role in society«.[5]

Im Zentrum meines Textes stehen ausgewählte Design-Konzeptionen im Kontext von Flucht und Migration. Dabei gilt es, diese sowohl historisch, aber auch in ihren aktuellen politischen und ökonomischen Zusammenhängen wie auch im zeitgenössischen Design zu verorten. Mich interessieren ihre materiellen Aspekte, die besondere Ästhetik sowie die Bilder und Texte, mit denen das ›Humanitäre‹ beworben wird. Hier wird sich zeigen, wie virulent das Thema der Passage, das Transitorische und Mehrdeutige ist, aber auch wie komplex und ambivalent die damit oft verbundenen Vorstellungen eines modernen Nomaden und des Flüchtigen sind. Wie verhalten sich solche Gestaltungen zu vorgängigen Tendenzen im Design, insbesondere zu Entwicklungen der 1960er und -70er Jahre? Handelt es sich um einen »wahren« Design-Aktivismus, wie es Kommentatoren nahelegen? Oder haben wir es, wie manche Kritiker behaupten, mit einem Versuch zu tun, das Designschaffen nicht so affirmativ, oberflächlich und unpolitisch wirken zu lassen, wie es ihm immer wieder vorgeworfen wird.[6] Ist Design für Geflüchtete ein »humanitäres Design«, das eine weitere Facette einer größeren Bewegung im (Mode-)Design ist, die ethische Fragen zum neuen moralischen und ökonomischen Imperativ erhebt?[7]

I. Textile Prototypen an der Schnittstelle von Kleidung und Behausung

Wenn man Medienpräsenz und Auszeichnungen als Indikatoren für die Aktualität von Design-Konzeptionen lesen mag, dann scheint Angela Lunas Unisex-

5 Hugh Aldersey-Williams: Applied Curiosity. In: Design and the Elastic Mind. Hg. v. The Museum of Modern Art. New York 2008, S. 46–57; hier: S. 47.
6 Zu dieser Diskussion vgl. Gui Bonsiepe: Ungehorsam der Gestaltung. In: Arch+ 222 (2016): Kann Gestaltung Gesellschaft verändern?, S. 38–41.
7 Dazu Elke Gaugele: On the Ethical Turn in Fashion: Politics of Governance and the Fashioning of Social Critique. In: Aesthetic Politics in Fashion. Hg. v. Elke Gaugele. Berlin 2014, S. 204–226.

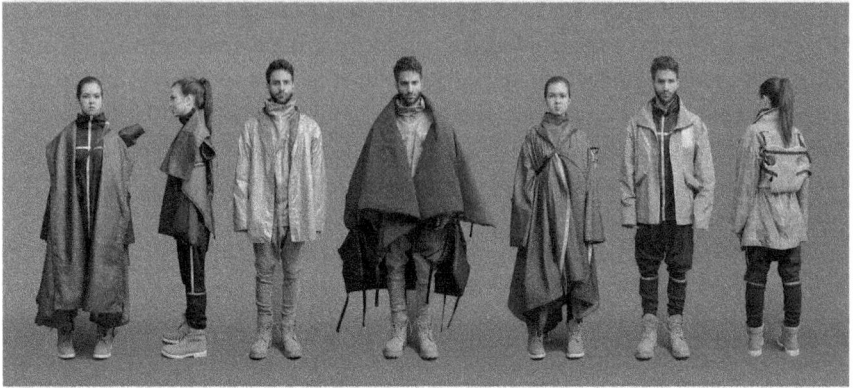

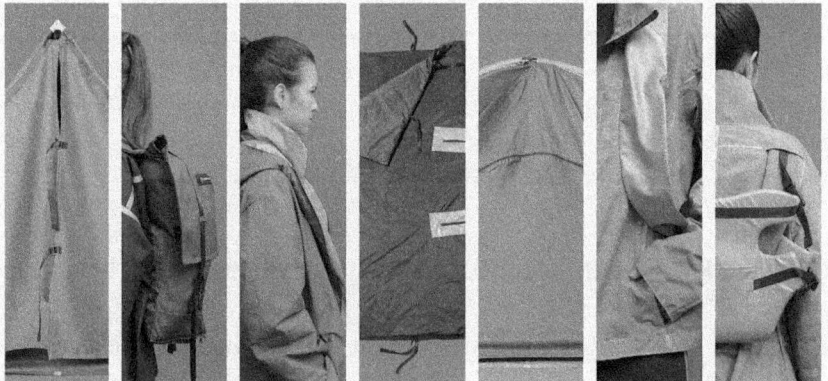

Abb. 2a/b: Angela Luna: Kollektion für Geflüchtete, 2016, Fotos: Jessica Richmond, Models Katie Musial & Zaher Saleh

Kollektion für Geflüchtete (Abb. 2) als ganz besonders prägnant und geradezu programmatisch erachtet zu werden.

Luna ist Absolventin der Parsons School of Design / The New School.[8] Ihre Abschlussarbeit besteht aus sieben Prototypen, gefertigt für die angenommenen Bedürfnisse von Männern, Frauen und Kindern während einer Flucht. Auf den ersten Blick haben die Entwürfe die Anmutung technischer und funktioneller Textilien,[9] wie sie für den Outdoor-Bereich charakteristisch sind: robuste, wetterfeste und mit Reflektoren versehene Kleidungsstücke in gedeckten Farben. Auf den zweiten Blick offenbart sich ihr hybrider und wandelbarer Charakter: Aktuell populäre Oversize-Mäntel und gepolsterte Jacken sind zugleich auch als Zelt, Rucksack, Schlafsack, Schwimmweste oder Babytrage zu verwenden. Das Material der Unisex-Kollektion besteht aus temperatur-regulierenden Membranen, Wasser- und UV-Strahlen abweisenden Fasern; Zipper, Ösen und Klettriemen dienen der Befestigung oder des Verschlusses von Jacke oder Zelt. Diese Logik der Funktionalität und multiplen Nutzung findet sich auch bei ähnlichen Produkten wie beispielsweise einem von Jaroslaw Bikiewicz (2016) entworfenen Modell, welches die Funktionen Babytrage, Rucksack und Regenschutz kombiniert oder einem Graduiertenprojekt (2016) am Londoner Royal College of Art, das Schutzkleidung für Geflüchtete aus dem strapazierfähigen Vliesstoff Tyvek entwarf, die zum Zelt umfunktioniert werden konnte.[10]

Die Entwürfe Angela Lunas verweisen, was Materialität und Textil-Technologie angeht, zunächst auf die Rhetorik der Survival-Kleidung und auf die Outdoor-Aktiven, denn sie definieren sich über die Funktion und deuten Abenteuersehnsucht und »Grenzerfahrungen« an. Darüber hinaus zitieren ihre Modelle vor allem über Schnitte und Formen, Habitus und Accessoires noch den aktuellen Trend des *urban* oder *global nomad*. Als Echo gesellschaftlicher Zustände, als Referenz auf eine zunehmend mobile Gesellschaft und ein flexibilisiertes Leben zwischen den Städten und Kontinenten taucht dieser »Style« seit Ende der 1990er Jahre in verschiedenen Facetten auf. Er findet seinen Ausdruck in gleichsam praktischer wie »cooler« Kleidung, in Rucksäcken, die Taschen und Ösen für alle notwendigen *gadgets* vorsehen und die zudem als smarte Textilien dauerhafte Konnektivität durch digitale Schnittstellen und eingebaute Solarpaneele und Minicomputer suggerieren. Symbolisch drückt sich hier Flexibilität und Unabhängigkeit, ein Navigieren in der Großstadt aus. In diesem Kontext

8 Angela Luna war 2016 »Parsons Womenswear Designer of the Year« sowie Gewinnerin des »Eyes on Talents Innovation Award«.
9 Dazu Susanne Küchler: Technological Materiality: Beyond the Dualist Paradigm. In: Theory, Culture & Society 25/1 (2008), S. 101–120 sowie Dies.: Rethinking Textile: The Advent of the »Smart« Fiber Surface. In: Textile. The Journal of Cloth and Culture 1/3 (2003), S. 262–272.
10 Für Abbildungen siehe #RefugeeChallenge A traveling bag by Jarosław Bikiewicz https://www.youtube.com/watch?v=4TAH15KDfg8 sowie für das Londoner Projekt http://www.ecouterre.com/u-k-students-create-wearable-shelter-for-syrian-refugees/ [abgerufen: 22.06.2017].

wurden auch Obdachlose (als »Vagabunden«) zu Fashion Icons stilisiert – so etwa in den Männerkollektionen von Dolce & Gabbana (Herbst / Winter 2010) und Vivienne Westwood (2010).[11] Mittlerweile hat sich dieser männerdominierte Trend verfestigt und ist auch im *Casual*-Segment von exklusiven Marken wie Boss oder Armani Express angekommen. Im *Traveller*-Bereich manifestiert er sich etwa in eigenen Outfits zum Couch-Surfing mit leichten Schlafsäcken für Backpacker und Globetrotter. Die Bildstrecke *Shelter from the Apocalypse*[12] auf dem Blog Ecouterre ist geradezu paradigmatisch für die problematische, aber übliche Vermengung: Adressaten dieser verschiedenen Bilder und Transformations-Designs waren gleichermaßen Geflüchtete, Obdachlose und urbane Nomaden.

In den 2000er Jahren, in denen sich der Look des urbanen oder globalen Nomaden in der Mode verfestigt hat, entfaltet auch die Rezeption der »Nomadologie«, wie sie von Deleuze und Guattari in den *Tausend Plateaus* theoretisiert worden ist, eine besondere Wirkkraft. Das Leben der Nomaden, so schreiben sie darin unter anderem, sei ein Intermezzo. Nomadische Praktiken entzögen sich der Funktionslogik des modernen Gesellschaftsapparates.[13] »Der Nomade ist derjenige«, so Alain Badiou in *Gott ist tot*, »der nicht zu trinken braucht, wenn er Durst hat, der unter der Sonne weitergehen kann, wenn er müde ist, der einsam auf dem Wüstenboden schlafen kann, wenn er von Umarmung und Teppichen träumt. Das nomadische Denken passt sich an die Neutralität des Lebens und an die Metamorphose durch die abhärtende Übung, in der man verlässt, was man ist, an.«[14] In solchen Zitaten offenbart sich die ganze Ambivalenz eines mittlerweile weit verzweigten Diskurses, der nur schwer auf einen Nenner gebracht werden kann, sich aber besonders im kulturellen Feld entfaltet. Dessen besondere Problematik liegt darin begründet, dass das Nomadentum hier nicht als unabhängige Denkweise gefasst, sondern als Existenzform ausgedeutet – und dann undifferenziert auf die unterschiedlichsten Figuren übertragen wird: auf Pendler ebenso wie Obdachlose, auf die sogenannten *New Entrepreneur Nomads* (NED), die Migranten und Migrantinnen oder junge und prekär lebende Kreative, und manchmal auch auf informelle Händler und Händlerinnen in den Städten des globalen Südens.

---

11 Dieser Trend, der eine Ästhetisierung der Armut bedeutet, wurde durch eine in den sozialen Medien und auf Modeblogs (u. a. The Sartorialist) verbreitete und geteilte Fotografie des chinesischen Obdachlosen Xi Li Ge (alias »brother sharp«) ausgelöst bzw. animiert.
12 Siehe auch http://www.ecouterre.com/10-wearable-habitats-to-shelter-you-from-the-apocalypse/ [abgerufen: 22.06.2017].
13 Gilles Deleuze und Félix Guattari: Tausend Plateaus: Kapitalismus und Schizophrenie. Berlin 1992, S. 522. Zu einer kritischen Lesart der inflationären Verwendung dieses Begriffs siehe den Text des französischen Anthropologen Jean-Loup Amselle: Méfions-nous-de-l'idéologie du nomadisme. In: Le Monde, 24.11.2011.
14 Alain Badiou: Gott ist tot. Kurze Abhandlung über eine Ontologie des Übergangs. Wien 2001, S. 67.

Abb. 3: Mary Mattingly: In the Navel of the Moon, aus der Serie Nomadographies, 2007–2009

In der Mode und der Kunst offenbart sich eine nahezu religiöse Überhöhung der Figur des Geflüchteten nicht nur in dem Werbematerial der Kollektion Angela Lunas. So spricht sie von ihrer Kollektion als einer »ode to these people: everyone who can no longer return home due to war and violence«. [15] Die auratisierten Geflüchteten begegnen auch in weiteren Projekten: In Mary Mattinglys Fotografie (Abb. 3) *In the Navel of the Moon* aus der Serie *Nomadographies* (2007–2009) tritt neben die futuristisch-technoide Anmutung eine religiöse Konnotation: Die in einen goldenen Umhang gehüllte Gestalt in Rückenansicht erinnert an die biblische Erzählung von Jesus, der über den See Genezareth wandelte. Die Dramatik der Fluchtbewegungen negierend, wird »der« Geflüch-

---

15 Siehe http://www.ecouterre.com/parsons-student-designed-fashion-line-to-help-syrian-refugees/[abgerufen: 22.06.2017].

tete zum Messias und damit zu einer Lichtgestalt stilisiert. Für die ambivalente Faszinationskraft, die von mobilen, nomadischen Lebensweisen ausgeht, existieren zahlreiche weitere Belege im Bereich von Design und Kunst, so etwa Barbara Peynots *The Urban Nomad Home KIT* (2015, Royal College of Art).[16]

Angela Lunas Kollektion steht formal wie konzeptuell in einer bereits älteren Genealogie gestalterischer Projekte, die ihren Ausgangspunkt in den Analogien von Kleiderhülle und Architekturkörper haben. Eine der frühesten Arbeiten etwa stammt von Lucy Orta (Abb. 4): Ihr *Habitent* (1992) aus der Serie *Refuge Wear* stellt eine tragbare Behausung aus einem aluminiumbeschichteten Polyamid und Polarfleece dar. In Sekundenschnelle kann das mit einem Kompass und einer Art Teleskop ausgestattete Zelt in einen wasserdichten, windundurchlässigen und beidseitig verwendbaren Poncho umfunktioniert werden. Anders aber als zahlreiche rezente Entwürfe an der Schnittstelle von Kleidung und Behausung lässt sich Ortas Arbeit auch als »critical interface« oder »critical dressing« beschreiben, ein Ansatz, bei dem Design im Zentrum eines politischen Engagements steht.[17] In Reaktion auf den Golfkrieg Anfang der 1990er Jahre und der damit einsetzenden Fluchtbewegung der kurdischen Bevölkerung suchte Orta nach einem hybriden und flexiblen Textil, das Schutz und Rückzug bot und als Refugium dienen konnte. Auch die teils performativen und partizipativen Folgeprojekte wie *Connector Mobile Village* der zunächst als Modedesignerin ausgebildeten Lucy Orta drehten sich um Raum- und Materialexperimente und um Politiken der Sichtbarkeit marginalisierter Gruppen wie etwa Obdachlose. Sie sind eine Formsuche nach Möglichkeiten des Verbindens und Zusammenschließens – textile Extensionen, die soziale Kontakte generieren und befördern sollen und soziale Prozesse im Blick haben.[18] Ortas konzeptuelles Design ist ein Mittel und Vehikel, um das Nachdenken über humanitäre Krisen und Fluchtbewegungen zu provozieren und Aufmerksamkeit zu generieren. Ihre Entwürfe sind keine Prototypen einer späteren seriellen Produktion, sie bewegen sich an der Grenze von Design und Kunst. Das von Angela Luna im Nachgang ihrer Kollektion für Geflüchtete begründete Label ADIFF hingegen wirbt mit der *tagline* »Design innovation for global issues«. Ähnlich wie die Brinco Sneakers, die die argentinische Künstlerin und Designerin Judi Werthein für Migranten und Migrantinnen entworfen hat,[19] in einer limitierten Edition

16 Für Abbildungen siehe https://www.rca.ac.uk/students/barbara-peynot/ [abgerufen: 22.06.2017].
17 Susan Elizabeth Ryan: Garments of Paradise. Wearable Discourse in the Digital Age. Cambridge/Mass. 2014, S. 196.
18 Lucy Orta: Lecture: November 25, 2002. In: Unboxed: Engagement in Social Space. Hg. v. Jen Budney, Adrian Blackwell. Ottawa 2005, S. 52–65.
19 http://we-make-money-not-art.com/artist_judi_wer/ [abgerufen: 22.06.2017]. Diese Schuhe bezogen sich in Farbe und Motiv auf Mexiko und das Erbe der Azteken; die Schuhsohle war bedruckt mit einer Landkarte des Grenzgebietes von Mexiko und Nordamerika.

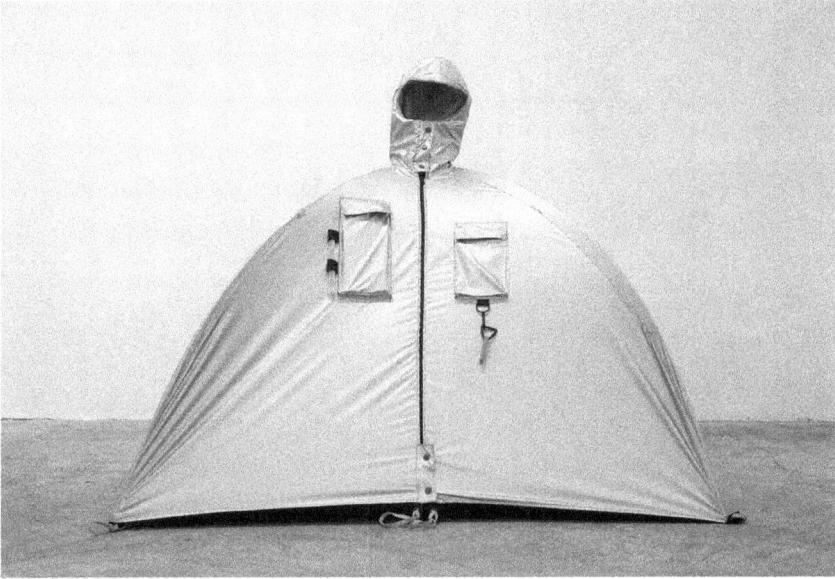

Abb. 4: Lucy + Jorge Orta: Refuge Wear – Habitent, 1992/1993, Aluminium, Polyamid und weitere Materialien, 125 x 125 x 125 cm, Foto: Pierre Leguillon

das Geld für die kostenlose Verteilung des Turnschuhs an der mexikanisch-amerikanischen Grenze einbrachte, will Luna über den Vertrieb ihrer Modelle als Outdoor-Kleidung die finanziellen Mittel für die humanitäre Kollektion erwirtschaften.[20] Neben Menschen auf der Flucht sind als weitere potenzielle Nutzer und Nutzerinnen ihrer Produkte diejenigen adressiert, die infolge von Naturkatastrophen obdachlos geworden sind. Hier zeigt sich einmal mehr, dass die Frontier nicht allein einen symbolischen Anspruch erhebt; vielmehr öffnet sich ein neues Terrain, das auch in ökonomischer Hinsicht erobert werden soll. Und es belegt die Virulenz, aber auch die gegenseitige Bedingtheit eines vielleicht widersprüchlichen ethischen wie auch ökonomischen Impetus in Design-Konzeptionen der ersten Dezennien des 21. Jahrhunderts.

II. Haltepunkte und temporäre Architekturen

Zahlreich sind gegenwärtig auch die Entwürfe für diverse Formen des *emergency shelter* und anderer Architekturen im Kontext von Flucht und Migration.

---

20 Ein Fashionblog-Eintrag von Chantal Fernandez am 25.05.2016 unterstreicht die neue Zielgruppe: Lunas Kollektion »was made«, so heißt es, »with the needs of modern refugees in mind«, unter: http://fashionista.com/2016/05/parsons-womenswear-angela-luna-refugees [abgerufen: 22.06.2017].

Abb. 5: Spiros Koulias: Slice Refugee Hospitality Centre, 2015

Sie stammen sowohl von privaten Architekturbüros als auch von Studierenden entsprechender Studiengänge sowie von Künstlerinnen und Künstlern. Bislang, so schreibt der Architekturhistoriker Stephen Cairns, habe es sich bei der Bauaufgabe »Flüchtlingslager«, aber auch der räumlichen Organisation von Transiträumen an Flughäfen oder Erstaufnahmeeinrichtungen, um eine Art Architektur ohne Architekten gehandelt – gleichsam von oben herausgebildet.[21] Tatsächlich ist das Planen und Entwerfen im Kontext von Migration und Flucht bis heute keine dominante Bauaufgabe. Allein einige singuläre Projekte international renommierter Architekten und Stadtplaner wie Otto Königsberger in Neu-Delhi / Indien, Alvar Aaltos Unterkünfte in Finnland oder die Pappröhren-Architekturen Shigeru Bans aus Gihembe / Ruanda stechen hier heraus und sind teilweise frühe Vorläufer heutiger Konzeptionen.

Ein Ankerpunkt, ein »safe point of passage« will das *Slice Refugee Hospitality Centre* sein. Der Innenarchitekt und Grafikdesigner Spiros Koulias aus Athen hat es speziell mit Blick auf schwer zugängliche Haltepunkte und besonders heimtückische Küstenabschnitte auf den Fluchtrouten über das Meer entworfen. Es handelt sich, wie in der Visualisierung deutlich wird (Abb. 5), um ein direkt in die Klippen gebautes 22-stöckiges Hochhaus mit sicheren Anlegestel-

---

21 Stephen Cairns: Drifting. Architecture / Migrancy. In: Ders. (Hg.): Drifting. Architecture and Migrancy. London 2004. S. 17–47; hier: S. 24. Zur Architektur u. a. von Flüchtlingslagern als Räumen des Transits siehe u. a. Regina Bittner, Wilfried Hackenbroich und Kai Vöckler (Hg): Transnationale Räume = Transnational Spaces. Berlin 2007. Siehe auch Amalia Barboza, Stefanie Eberding u. a. (Hg.): Räume des Ankommens. Topographische Perspektiven auf Migration und Flucht. Bielefeld 2016.

len für Boote im Untergeschoss und einem sozialen Treffpunkt im Dachgarten. Der futuristisch anmutende Bau, dessen Räume mehrheitlich im Inneren des Felsens liegen, will Notunterkunft für bis zu 600 Menschen und zugleich Registrierungsstelle sein. Gegen das Gefühl der Entwurzelung wird ein, wenn auch nur temporäres, Refugium gesetzt – ein Anliegen, wie es auch Shigeru Ban mit Blick auf den angenommen psychischen Ausnahmezustand dieser Schwellensituation formuliert hat: »[...] emergency shelter has to be beautiful«.[22]

Koulias Entwurf wie auch die Vorschläge anderer Architektinnen und Architekten werden über soziale Netzwerke und Plattformen wie etwa Design Indaba geteilt und diskutiert. So auch der zwischen nomadischen und futuristisch anmutenden, extraterrestrischen Behausungen oszillierende Entwurf für ein *Shelter* von Abeer Seikaly (Abb. 6). Die kanadisch-jordanische Architektin erhielt 2013 für ihr konzeptuelles Design den Lexus Design Award und nutzt ultraleichte, aber wetterfeste und flexible Stoffe. Ein fast spekulatives Design, das »traditionelle« mobile Behausungen und auch geflochtene Körbe zitiert, natürliche Referenzen in der Beweglichkeit von Schlangenhäuten und formal in Bienenstöcken findet, sich zugleich aber mit neuesten textilen Technologien und Materialien verknüpft. Das gewebte Zelt kann Energie generieren und speichern, Wasser anziehen und leiten und darüber hinaus zwischen seinen zweifachen Hautschichten weitere elektronische Komponenten, Leitungen und Kabel aufnehmen. Die zu seiner Beschreibung verwendete Metapher – »Weaving a Home«[23] – verweist auf eine in vielen Kulturen gebräuchliche Analogie von Gewebe und Gesellschaft und damit auf die soziale Kraft des Textilen.

Auch in dem Entwurf von Studiomuda, Architekten und ›social designers‹ aus Portugal, spielt die Abgeschiedenheit oder die oftmals schwere Zugänglichkeit von Flüchtlingsrouten eine entscheidende Rolle. Ihr Entwurf sieht ein Objekt vor, das sich vom Fallschirm zum Zelt transformiert. Es handelt sich um eine vorfabrizierte dreieckige Form aus Bambusstangen und einem gitterartigen UV-beständigen und wasserabweisenden Nylon-Gewebe, das, um den Falleffekt zu garantieren, durch eine hölzerne Kiste mit weiteren Hilfsutensilien beschwert ist.

Nicht nur belegen diese wenigen rezenten Beispiele aus der Architektur bereits die schon bekannte Fixierung auf das Nomadische und dessen Verklärung. Bemerkenswert ist hier aber auch das »Transformationsdesign« selbst. Das transitorische Moment oder auch die Metamorphose – von der Jacke zur Schwimmweste, vom Fallschirm zum Zelt – ist in vielen Designkonzeptionen evident. Damit finden, beabsichtigt oder nicht, die liminale Situation, die Schwellen-

---

22 Dazu Daniel Kerber: Soziales Design in humanitärer Praxis. In: Claudia Banz (Hg.): Social Design. Gestalten für die Transformation der Gesellschaft. Bielefeld 2016, S. 85–94; hier: S. 93–94.
23 http://www.abeerseikaly.com/weavinghome.php [abgerufen: 22.06.2017].

Abb. 6 a/b: Abeer Seikaly: Weaving A Home, 2013

phase und die mit ihr nach Victor Turner[24] assoziierte Mehrdeutigkeit und Wandelbarkeit eine konkrete Form und Materialisierung.

Es kommt aber noch eine Art technologische und Material-Frontier hinzu. Denn häufig geht es bei diesem Genre des Designs und der Architektur für

---

24 Siehe Victor Turner: Betwixt and Between. The Liminal Period in Rites de Passage. In: Ders. (Hg.): The Forest of Symbols. Aspects of Ddembu Rituals. Ithaca 1967, S. 93–111. Turner geht auf Arnold van Genneps *rites de passage* (1909) zurück, erweitert diese aber insbesondere um Überlegungen und Beispiele zur mittleren Phase, also der Schwellen- oder Umwandlungsphase. Diese gewinne, so Turner, oft eine gewisse Eigenständigkeit, insofern sie den Angelpunkt der Transformation beinhalte.

Abb. 7: Wallace Neff: Maison Ballons, Dakar/Senegal, 1950er Jahre. Archiv: Le Soleil

Geflüchtete auch um das Erproben neuer Produktionstechniken und Materialien; die vorgeschlagenen und imaginierten *Shelter* tragen so häufig den Charakter von Testbauten. Ein nur kursorischer Blick in die verzweigte, mindestens in die 1930er Jahre zurückreichende Genealogie von Notunterkünften und Schutzarchitekturen, oftmals vorfabrizierter und mobiler Behausungen bestätigt dies: Es trifft etwa zu auf Charlotte Perriands und Pierre Jeannerets *Refuge Tonneau* (1938), die als futuristische Aluminium-Gehäuse als Schutz vor Unwettern konzipiert sind, auf Jean Prouvés[25] Prototypen aus Aluminium für ausgebombte Städter nach dem Zweiten Weltkrieg sowie – kaum bekannt – auf Wallace Neffs von Kalifornien aus weltweit vertriebene Technik der Bubble Houses aus Beton. Eine Luftaufnahme (Abb. 7) zeigt ihren Einsatz in Dakar/Senegal, wo sie Anfang der 1950er Jahre Teile der durch Migration expandierenden Stadtbevölkerung aufnehmen und von den ›Slums‹ und informellen Vierteln fernhalten sollten.[26]

---

25 Die Genealogie temporärer Bauten verweist in verschiedenste Richtungen, u. a. auch in koloniale Baupraxen und -typologien, siehe dazu Tristan Guiloux: The Maison Tropique. In: Fabrication: The Journal of the Society of Architectural Historians 18/2 (2008), S. 6–25. Für ein Beispiel translozierter Heimat siehe Friedrich von Borries und Jens-Uwe Fischer: Heimatcontainer. Deutsche Fertighäuser in Israel. Frankfurt a. M. 2009.

26 Vgl. Kerstin Pinther: Architectures on the Move – Migration and Architecture in Dakar, Senegal. In: Sub-Saharan Africa: Architectural Guide. Hg. v. Philipp Meuser, Adil Dalbai, Ingrid Stegmann. Berlin 2018 (im Druck).

Wie schon bei den textilen Prototypen verbinden sich auch im Bereich der Architektur die sozialen, ethischen und humanitären Aspekte mit dem Zukunftsversprechen neuartiger Technologien und Materialien. Es zeigt sich auch, dass die Entwicklung und Diskussion um die besonderen Erfordernisse solcher Schutzarchitekturen kaum avancierte; bis in die Gegenwart bleibt sie marginal. Bauliche Lösungen gaben allein punktuell Antwort auf konkrete Krisen im Nachgang von Naturkatastrophen und kriegsbedingten Fluchtbewegungen und Migrationen.[27] Eine differenzierte und engagierte Debatte über die Anforderungen an Architekturen für Geflüchtete und die Beherbergung von Wohnungslosen oder durch Naturkatastrophen obdachlos gewordenen Menschen fehlt bislang. Dies legt eine Voraussetzungslosigkeit dieser so komplexen und interdisziplinären Bauaufgabe nahe.

III. Transformationsdesign als soziales Design?

Fluchtrouten, Passagen und Ankerpunkte sind Herausforderungen für Design-Konzeptionen mit sozialem und humanitärem Anspruch. Auf den ersten Blick ergeben sich hier Anschlüsse an ältere, bis in die späten 1960er und 1970er Jahre zurückreichende Design-Positionen. Etwa an Enzo Mari mit seiner Kritik am Autorendesign und seinen Do-it-yourself-Anleitungen oder an Victor Papanek, dessen Buch *Design for the Real World. Human Ecology and Social Change* von 1971 eine kultur- und konsumkritische Haltung einnimmt.[28] Designpraxis, so forderte Papanek, müsse partizipativ und auf die Bedürfnisse der Menschen ausgerichtet sein. Dieser humanitäre Anspruch, der bei Papanek ganz explizit auch die sogenannte Dritte Welt einschloss, erfuhr eine Aktualisierung in der Ausstellung *Design for the Other 90 %*, die 2007 im Cooper Hewitt, Smithsonian Design Museum in New York stattfand. Gezeigt wurden hier soziale Artefakte, die sich nicht allein mit dem Vokabular der Ästhetik fassen lassen, sondern deren Sinnhaftigkeit im Vordergrund steht und die bislang im Design vernachlässigte Adressaten fokussierten.[29] Waren jene kritischen Design-

---

27 Andrew Herscher: Cardboard for Humanity o. J. In: e-flux, unter: http://www.e-flux.com/architecture/superhumanity/68638/cardboard-for-humanity/ [abgerufen: 22.06.2017].

28 Victor Papanek: Design for the Real World. Human Ecology and Social Change. New York 1971 und Cynthia E. Smith: Design for the Other 90 %. New York 2007.

29 Vgl. hierzu Claudia Banz: Zwischen Widerstand und Affirmation. Zur wachsenden Verzahnung von Design und Politik. In: Dies. (Hg.): Social Design. Gestalten für die Transformation der Gesellschaft. Bielefeld 2016, S. 11–25; siehe auch Claudia Mareis: Theorien des Designs. Zur Einführung. Hamburg 2014, hier insbesondere das Kapitel »Epilog: Transformation und Krise«, S. 198–218. Beide Designhistorikerinnen unterstreichen die bis auf die Bewegungen von Arts and Crafts, den Werkbund und das Bauhaus zurückgehende Geschichte gestalterischer Ansätze in Krisenzeiten und betonen deren Anspruch, die Gesellschaft und die Produktionsbedingungen verändern zu wollen.

Positionen in den 1970er und auch 1980er Jahren randständig, boomt das soziale Design heute und ist gewissermaßen im Mainstream angekommen – zumindest was die Aufmerksamkeitsökonomien angeht, denn an tatsächlichen Wirtschaftspartnern zur Umsetzung der Produktideen mangelt es nach wie vor in den meisten Fällen.

Von der veränderten Bedeutung, die dem Design im Rahmen globaler politischer und ökonomischer Instabilität und Krisen zugeschrieben wird, zeugen nicht nur die oben analysierten (Start-up-)Entwürfe, sondern auch die institutionellen Verankerungen des ›Sozialen‹ in den Curricula der Design-Schulen: An der Design Academy Eindhoven etwa wurde im Jahr 2010 ein Master Department Social Design eingerichtet, und auch die New Yorker Parsons School of Design bindet die Ausbildung im Modedesign seit knapp zehn Jahren an Fragen von Gesellschaft und sozialer Verantwortung.[30] Auch neuartige Kooperationen auf dem Feld des Designs – beispielsweise zwischen dem UNHCR Innovation und dem D-Lab des Massachusetts Institute of Technology – spiegeln die aktuellen Paradigmen und Formen des Regierens internationaler Organisationen, deren politischer Sprung von »blue helmets to fashion.«[31] Mit der *cultural-diversity*-Agenda der UNESCO von 2001 werden die *cultural industries* und die Künste nicht nur als wichtige Ressource und Faktor ökonomischer Entwicklung angesehen, sondern auch als Mittel gesellschaftlicher und sozialer Transformation.[32] Zu diesen Entwicklungen passt es auch, dass Planungsmethodik und Entwurfsstrategien aus dem Design, vor allem dem sogenannten *Design-Thinking*, Generatoren eines kreativen Prozesses zur Ideenfindung neuer Anwendungen sein sollen. Kritiker und Kritikerinnen dieser Tendenzen wie Yana Milev in ihrem Buch *Emergency Design* sehen darin vor allem eine Veränderung von Technologien und Märkten.[33] Neue Allianzen manifestieren sich schließlich in einem im Zentrum der Ausstellung *Insecurities. Tracing Displace-*

---

30 Siehe hierzu Eric Wilson: Projekt Parsons: Fashion Schools as Star. In: New York Times, 20.04.2006. Siehe auch Esther Cleven: »Eigentlich sollten wir nicht mehr über Social Design sprechen«. In: Social Design. Gestalten für die Transformation der Gesellschaft. Hg. v. Claudia Banz. Bielefeld 2016, S. 41–59.

31 Gaugele: On the Ethical Turn in Fashion (s. Anm. 7). S. 216. Angesprochen ist hier ein aktuelles Paradigma globalen Regierens, das nicht mehr allein auf UN-Einsätze zur Friedenssicherung zählt; vielmehr wird (zur Prävention neuer Konflikte) auch auf die Künste und die Kreativindustrie als Motor zur Entwicklung und Stärkung der Zivilgesellschaft gesetzt. Siehe auch die Verweise in Anm. 32.

32 Siehe Kerstin Pinther und Ugochukwu-Smooth C. Nzewi: On Building New Spaces for Negotiating Art (and) Histories in Africa: An Introduction. In: Dies. (Hg.): New Spaces for Negotiating Art and Histories in Africa. Berlin 2015, S. 6–20. Weiterhin Hanan Toukan: On Being ›The Other‹ in Post-Civil War Lebanon. Aid and Politics of Art in Process of Contemporary Cultural Production. In: Ibraaz. Contemporary Visual Culture in North Africa and the Middle East 5 (08.05.2013), unter: http://www.ibraaz.org/essays/63 [abgerufen: 22.06.2017].

33 Yana Milev: Emergency Design. Anthropotechniken des Über/Lebens. Berlin 2011, S. 43.

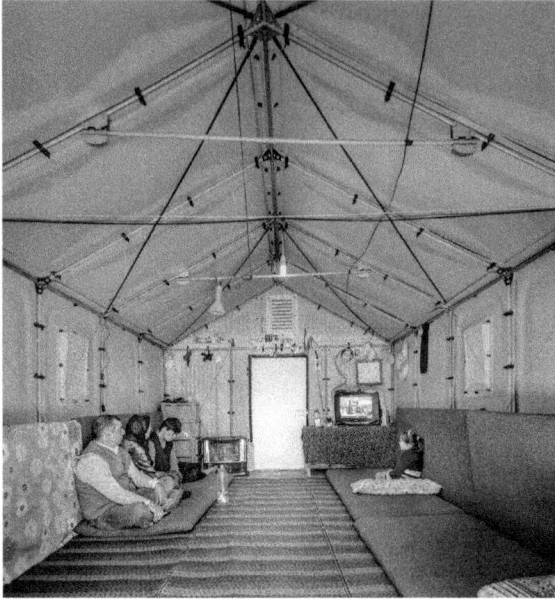

Abb. 8: Ikea/UNHCR/
Better Shelter:
Notunterkunftshaus, 2015

ment and Shelter im New Yorker Museum of Modern Art stehenden Notunterkunftshaus (Abb. 8).

Es ist das Resultat einer Kooperation zwischen dem Flüchtlingshilfswerk der
Vereinten Nationen und der Ikea Foundation, die unter dem Namen Better
Shelter[34] firmiert. Ehe die massenhafte Produktion des Notunterkunftshauses
und sein Vertrieb im Jahr 2015 starteten, wurden erste Prototypen zwei Jahre
lang in Flüchtlingscamps im Irak und in Äthiopien getestet. Als sozial und
ökologisch, nachhaltig, modular adaptierbar, kosteneffizient und sicher vereine
es laut Werbekampagne von Better Shelter alle Kennzeichen eines zeitgemäßen
Designs: Es handele sich um ein temporäres »Home away from Home«, das in
vier Ikea-typischen Paketen zum Selbstaufbau geliefert wird.[35] Nichtregierungs-
organisationen kritisieren solche und ähnliche Initiativen wegen ihres neo-libe-
ralen *bluewashing*-Effektes – dem Reinwaschen oder Aufwerten von Firmen-
Images mithilfe der blauen UN-Plaketten. Wie auch die Ausstellung *Design for
the Other 90 %* wegen ihrer (paternalistischen) Außenperspektive ein teils kriti-
sches Echo fand,[36] rufen auch rezente soziale Designs (für Geflüchtete) ambiva-

---

34 http://www.bettershelter.org [abgerufen: 22.06.2017].
35 Siehe Better Shelter Org: A Home away from Home (2016), unter: http://www.bettershelter.
    org/wp-content/uploads/2015/12/About_Better-Shelter.pdf [abgerufen: 22.06.2017].
36 Die Auseinandersetzung mit der vorgetragenen Kritik spiegelt sich in einer weiteren Ausstel-
    lung: *Design with the other 90 %: CITIES*, die 2012 im Cooper-Hewitt, National Design Mu-
    seum stattfand.

lente Reaktionen hervor. Im Einklang mit den damaligen Einsprüchen, Design *für* und nicht *mit* bzw. *von* den Anderen auszustellen, moniert der Architektur-historiker Andrew Herscher, dass Geflüchtete weiterhin ausschließlich als Emp-fänger von Hilfsleistungen denn als aktiv Handelnde angesehen werden: In Gihembe, so schreibt er mit Bezug auf Shigeru Bans Projekt in Ruanda,

> the architect's invention and resourcefulness replaced the invention and resource-fulness of refugees. The architecture that Ban provided at Gihembe may have been minimal [...] but it was precisely this minimal architecture that limited the capa-city of refugees to build their own spaces and their own lives. That precisely this act of limitation is nevertheless read as humanitarian is more than irony; this rea-ding points to a politics of inequity embedded in humanitarian architecture – if not humanitarianism more generally. Just this same fiction testifies to the actual inequality that motivates the staging of fictions of equality, the recruitment of the refugee as the human figure by means of which architecture seeks redemption, and, perhaps most importantly, the relationship between the refugee's perfor-mance in architectural narratives of humanitarian intervention and her actual life in the humanitarian space of the refugee camp.[37]

Tatsächlich legen auch manche Werbekampagnen für soziales Design ähnliche Blickrichtungen offen (Abb. 9): Mit dem fast schon generischen Bild erschöpf-ter männlicher Geflüchteter in dicken Wolldecken wirbt What Design Can Do: Die tagline »The Art of Impact« oder »Here's your chance to make a diffe-rence« adressiert nicht die Geflüchteten, sondern die Designer und Designerin-nen. Aus einer kritischen Perspektive erweist sich soziales oder humanitäres Design hier eher als regressiv denn transgressiv. Und auch in den Designszenen werden der Anspruch und auch das Vermögen von Gestaltung, Gesellschaft zu verändern, ambivalent betrachtet: Der niederländische Designer und Design-theoretiker Ruben Pater beispielsweise sieht Design die Funktion einer Ersatz-politik einnehmen, welche die Defizite des politischen Systems auszugleichen suche: Die sogenannte Flüchtlingskrise als Designaufgabe zu verstehen, so lässt sich seine Haltung paraphrasieren, sei problematisch, denn Gestaltung könne Politik nicht ersetzen und Politik nicht Gestaltung.[38]

Genau das aber, um mit Jacques Rancière zu sprechen, geschehe seit einiger Zeit auf dem Feld der Kunst. In seinen Schriften konstatiert er eine ethische Wende in Ästhetik und Politik, wobei der Kunst – und dem Design in Teilen offensichtlich ebenso – die Aufgabe zufalle, das zu realisieren, was die Politik nur dem Schein nach realisiert: die Formen des konkreten Lebens zu ändern

---

37 Herscher: Cardboard for Humanity (s. Anm. 27).
38 Ruben Pater: Treating the Refugee Crisis as a Design Problem is Problematic. In: Dezeen, 21.04.2016, unter: https://www.dezeen.com/2016/04/21/ruben-pater-opinion-what-design-can-do-refugee-crisis-problematic-design/ [abgerufen: 22.06.2017].

Abb. 9: What Design Can Do: Better Shelter: Ikea's Refugee Housing Solution, 2015, Foto: UNHCR/Achilleas Zavallis

und nicht nur – worauf sich die Politik beschränkt – die Gesetze und Formen des Staates.[39] Vor diesem Hintergrund ästhetischer Metapolitik, die sich nicht zuletzt in den bereits benannten neuen institutionellen Paradigmen gegenüber den Künsten und der Creative Industries spiegelt, darf Design nicht zu einer »ultimativen Problemlösungsdisziplin«[40] stilisiert werden, die dann in letzter Instanz aber lediglich den zeitgenössischen Krisen und Prekariaten mit zeitgemäßen ästhetischen Formen und Materialien begegnet, also eher affirmiert als sich kritisch positioniert. Gesellschaftliche Transformationen durch Design sind voraussetzungsreicher, als es die gegenwärtigen Diskussionen mitunter nahelegen, und erfordern eine inter- und transdisziplinäre Zusammenarbeit.

---

39 Jacques Rancière: Die Politik der Ästhetik. In: Arch+ 178/6 (2006), S. 94–98; hier: S. 96.
40 Gui Bonsiepe: Ungehorsam der Gestaltung (s. Anm. 6), S. 41.

Burcu Dogramaci

Schiffspassagen
Die Kunst der Flucht übers Wasser

I. Vom Über-Setzen. Fahren und Flüchten auf dem Schiff

Der Begriff der »Passage« verweist auf die Figur des Passagiers, der in einem Lexikoneintrag aus dem Jahr 1848 bezeichnet wird als

> ein Reisender, welcher sich eines Transportmittels bedient, wobei Tag und Stunde des Abgangs und der Ankunft, sowie die Taxe des Personengeldes (inclus. eines kleinen Theils von Gepäck) und der etwaigen Ueberfracht festgesetzt ist. Es werden dazu besonders alle diejenigen Personen gerechnet, welche zu ihren Reisen Dampfwagen, Eilwagen, Diligencen, Postwagen, Dampf- und Packetboote wählen. Der P. hat sich vor, während und nach der Fahrt gewissen allgemeinen Anordnungen zu fügen, welche rücksichtlich der Posten u. Dampfwagen auf dem ihm nach Bezahlung des Passagiergeldes behändigten Passagierscheinen (Passagierzettel, Passagierkarte, Passagierbillet) enthalten sind. [...] Der Reisende ist nicht befugt, anstatt des ihm angewiesenen Platzes einen anderen, wenn auch unbesetzten, selbst und eigenmächtig einzunehmen.[1]

Dieser Eintrag vermittelt, dass die Reise eine komplexe Handlung ist, die von den Passagieren eine Einordnung in ein Regelwerk voraussetzt. Zugleich verlangt sie auch einen Einsatz finanzieller Mittel, die je nach Ausstattung des Transportmittels und Reiseweg differieren können.

Obgleich es im Folgenden um verschiedene, zeitlich disparate Fluchterfahrungen über Wasser gehen wird, lassen sich die erwähnten Herausforderungen doch auf unterschiedliche Schiffspassagen übertragen – gemeint ist die soziale Ordnung auf dem Schiff, das erforderliche Kapital, die vergleichsweise geringe Flexibilität der Passagiere, sich auch jenseits ihrer sozialen Klasse zu platzieren.[2] Es ließe sich behaupten, dass beim Betreten eines Schiffes andere Gesetze wirken, die den Bedingungen von Sicherheit, Ökonomie, Inklusion und Exklusion unterworfen sind. Im Kontext von Flucht hat das Transportmittel Schiff auch eine metaphorische Bedeutung im Sinne eines »Über-Setzens«, die in die Antike und griechische Mythologie zurückreicht. Dort wird der Gang in das Totenreich als Überfahrt mit dem Binsenboot beschrieben: Charon ist der

---

1 Meyer's Conversations-Lexicon, 2. Abt., 2. Bd.: Oun-Peli. Amsterdam, Paris, Philadelphia 1848, S. 862.
2 Siehe hierzu auch den Beitrag von Veronika Fuechtner und die Kurzgeschichten von Lisa Fittko in diesem Band.

Fährmann, der die Passagiere über den Styx bringt. Das »Über-Setzen« über Wasser kann mit der Übersetzung als interkulturelle Praxis verbunden werden. Translation wird in der Übersetzungswissenschaft – bei allem Problembewusstsein für den Begriff der Kultur – auch als interkultureller Prozess oder »cross-cultural event« verstanden.[3] Die translatorische Handlungstheorie geht davon aus, dass Texte bei einer kultursensiblen Übersetzung neu vertextet werden – Translate können kontextorientiert sein oder aber auch nicht.[4] Ähnlich der Praxis des Übersetzens als kreative und kulturensible Hervorbringung von Texten kann sich die Flucht mittels Schiffspassage als komplexer Transformationsvorgang zwischen Ausgangspunkt, Zwischenhalten und Endpunkt einer Reise formulieren. Übersetzungsleistung wird gefordert, wenn Sprach- und Kulturräume verlassen, durchkreuzt und betreten, wenn Ordnungen und Systeme hinter sich gelassen werden, um vorübergehend in das spezifische Regelwerk der Überfahrtsituation einzutreten oder im Ankunftsland neue (Asyl-)Gesetze kennenzulernen, die den Status als Geflüchtete und Aufenthaltsberechtigungen regeln.

Das Übersetzen und die Flucht übers Wasser ist also keinesfalls ein gradliniger Prozess der Abreise und Ankunft. Abschied findet nicht am Hafen des Herkunftslandes statt und auch nicht an der territorialen Grenzlinie eines Staates. Eine Flucht setzt oft längerfristige Planungen voraus, die mit einem imaginierten Abschied lange vor der eigentlichen Abreise einhergehen. Die Passage kann als Übergangsraum gesehen werden, der in sich sowohl das Verlassen und auch das Ankommen vereint, und in dem Erinnerungen, gegenwärtige Erfahrungen und Vorstellungen über die Zukunft zusammentreffen. Das Schiff ist in dieser Perspektive ein unsicheres Terrain; denn gerade die Fluchtsituation ist oftmals gefahrvoll mit undeutlichem Ausgang für Leib und Leben. Damit potenziert sich, was der Schriftsteller Béla Hamvas grundsätzlich für das Reisen notiert:

> Das erste Erlebnis einer Reise ist die rätselhafte Ausdehnung der Möglichkeiten nicht nur in die Richtung, in die man reist, sondern in alle Richtungen, und es bedarf besonderer Geistesgegenwart, um in der plötzlich um ein Vielfaches angewachsenen Welt nicht seine Sicherheit zu verlieren.[5]

---

3 Georgios Floros: Kulturelle Konstellationen in Texten. Zur Beschreibung und Übersetzung von Kultur in Texten. Tübingen 2003, S. 5. Auf die Pluralität und Komplexität von »Kultur« verweist auch Vermeer in seiner Übersetzungstheorie, wenn er von »Parakultur«, »Diakultur« »Idiokultur« spricht. Siehe Hans. J. Vermeer: Skopos und Translationsauftrag – Aufsätze. Heidelberg 1990 (2. Aufl.), S. 35–38.

4 Zu nennen ist hier die »Skopostheorie« von Hans J. Vermeer: A Skopos Theory of Translation (Some Arguments For and Against). Heidelberg 1996; siehe auch Ders.: Übersetzen als kultureller Transfer. In: Mary Snell-Horby (Hg.): Übersetzungswissenschaft. Eine Neuorientierung. Tübingen 1994 (2. Aufl), S. 30–53; hier: S. 41. Siehe dazu auch Said El Mtouni: Exilierte Identitäten zwischen Akkulturation und Hybridität. Würzburg 2015, S. 247.

5 Béla Hamvas: Kierkegaard in Sizilien. In: Ders.: Kierkegaard in Sizilien. Essays. Berlin 2006, S. 111–123; hier: S. 111. Dieses Zitat ist auch Cees Nootebooms *Schiffstagebuch. Ein Buch von*

Dieser Beitrag wird Schiffspassagen im Kontext von Flucht als Resonanz- und Erfahrungsräume künstlerischer Arbeit lesen, wobei sich der Bogen zeitlich vom Exil der NS-Zeit bis zu jüngeren Fluchtphänomenen spannt. Die hier vorgestellten künstlerischen und filmischen Reflexionen reagieren auf die Schwellen- und Übergangsräume, die sich von der Ausfahrt über die Überfahrt bis zur Ankunft erstrecken – und darüber hinaus reichen.[6] Dabei sollte beachtet werden, dass die Erfahrung der Schiffspassage abhängig von politischen Kontexten, ökonomischen Möglichkeiten, der Staatsbürgerschaft der Akteur*innen, Geschlecht, Hautfarbe, Religion differieren kann. Kurzum: Die Bedingungen der Passage sind sehr genau zu beachten, damit nicht der Anschein einer Homogenisierung verschiedenster Fluchtkontexte entsteht.[7] Dennoch soll mit dieser überzeitlichen Perspektive betont werden, dass die Historisierung zeitgenössischer Fluchtbewegungen und ihrer künstlerischen Übersetzung Aufschluss über Kontinuitäten und Zäsuren geben und zu einer übergreifenden Theoretisierung von Schiffsfluchten beitragen können. Mit den folgenden Überlegungen soll auch für eine bereits seit einiger Zeit in der Literatur angemahnte kulturwissenschaftliche Erweiterung der meereswissenschaftlichen Forschung plädiert werden.[8] Die Erforschung der Fluchtwege übers Wasser als künstlerische Resonanzräume wird den Blick auf das Meer nachhaltig verändern.

II. Ausfahrt. Ellen Auerbachs filmische Schiffsflucht nach Palästina

Abfahrt und Ankunft sind die großen Motive der visuell formulierten Migration, vermutlich weil sie sich auf konkrete Orte wie den Hafen, den Bahnhof oder Flughafen beziehen und dabei bereits motivisch das Moment des Transits

---

fernen Reisen (Berlin 2011) vorangestellt, das die Reisen und ihre literarische Aufzeichnung als eine »Archäologie in Bewegungen« (S. 259) versteht.

6 Die Komplexität der Vorbereitung und Durchführung von Schiffspassagen als Fluchtwege zeichnete jüngst für die jüdische Emigration in der Zeit des Nationalsozialismus das Buch »Und draußen weht ein fremder Wind ...«. Über die Meere ins Exil von Kristina von Soden nach, indem es die Beschaffung der Tickets, Papiere, die Schiffe und Häfen sowie die Ankunftsorte und -bedingungen in den Blick nimmt. Kristina von Soden: »Und draußen weht ein fremder Wind ...«. Über die Meere ins Exil. Berlin 2017. Zu diesen Themen siehe auch den Beitrag von Joachim Schlör in diesem Band.

7 Siehe hierzu auch den Beitrag von Jakob Vogel im vorliegenden Band.

8 Eingefordert wird diese kulturwissenschaftliche Perspektive z. B. in: Rudolf Holbach und Dietmar von Reeken: Das Meer als Geschichtsraum, oder: Warum eine historische Erweiterung der Meeresforschung unabdingbar ist. In: Dies. (Hg.): »Das ungeheure Wellen-Reich«. Bedeutungen, Wahrnehmungen und Projektionen des Meeres in der Geschichte. Oldenburg 2014, S. 7 – 22; hier: S. 9.

formulieren.[9] Filmische Aufzeichnungen historischer Passagen der Migration oder Flucht aus dem frühen 20. Jahrhundert sind eher selten. Dies ist sicherlich nicht zuletzt mit dem noch jungen Medium zu erklären; die Filmkamera war in den 1930er und 1940er Jahren für private filmische Zwecke nicht so verbreitet wie etwa eine Kleinbildkamera, die seit ihrer massenhaften Einführung Mitte der 1920er Jahre die Amateurfotografie beflügelte.[10] So sind Fotografien von Fluchtrouten aus der Zeit des Nationalsozialismus in künstlerischen wie in privaten Nachlässen zu finden; eine der wenigen Filme aus dieser Zeit hat sich im künstlerischen Nachlass der Fotografin Ellen Auerbach erhalten.[11]

Im Dezember 1933 schiffte sich Auerbach (damals noch Ellen Rosenberg) von Genua nach Haifa/Palästina ein. Zu Beginn des Jahres 1934 entschied sie sich, gemeinsam mit ihrem Lebensgefährten eine Europareise zu unternehmen, von der sie dann am 31. Oktober 1934 mit dem Schiff »Patria« die Heimreise von Triest nach Jaffa/Palästina antrat. Die »Patria« war 1913 von der Reederei Cyprien Fabre & Cie. erbaut worden und in den 1930er Jahren als Verbindung von Europa in die Levante im Einsatz. Im November 1940 wurde das Schiff von der britischen Mandatsregierung verwendet, um illegale jüdische Flüchtlinge von Haifa auf die Insel Mauritius zu deportieren. Ein Bombenattentat der Widerstandsgruppe Haganah sollte diese Deportation verhindern und das Boot fahruntüchtig machen, führte aber zu Zerstörung und Schiffbruch. Etwa 250 Menschen verloren dabei ihr Leben.[12]

Doch noch in den 1930er Jahren brachte die »Patria« viele Passagiere vom italienischen Festland nach Palästina. Ihre Abreise, die gleichzeitig den Schritt in die endgültige Emigration aus NS-Deutschland bildete, hielt Auerbach in einem Film fest, der unter dem Titel *Überfahrt* firmiert (Länge: 3:16 Minuten).[13]

---

9 Siehe dazu Burcu Dogramaci: Gekommen, um nicht zu bleiben: Bilder der Ankunft als visuelle Repräsentationen von Migration. In: Ars & Humanitas, Revija za umetnost in humanistiko/ Journal of Arts and Humanities, Themenheft: Migracije/Migrations, Bd. 10, 2016, H. 2, S. 31–46; siehe auch Amalia Barboza, Stefanie Eberding u. a. (Hg.): Räume des Ankommens. Topographische Perspektiven auf Migration und Flucht. Bielefeld 2016.

10 Vgl. Erich Stenger: Die Geschichte der Kleinbildkamera bis zur Leica. Frankfurt a. M. 1949.

11 Das erste Mal habe ich diesen Film auf der Ausstellung *Uncertain States* an der Akademie der Künste in Berlin gesehen (15.10.2016–15.01.2017), die sich mit Exil, Migration und Flucht in historischer und zeitgenössischer künstlerischer Perspektive auseinandersetzte. Aus dem Kunstarchiv und Archiv der Akademie der Künste waren einige Objekte von Künstler*innen und Literat*innen ausgestellt, die nach 1933 emigrierten, darunter der Taschenkalender von Heinrich Mann und eben der »Passagen«-Film von Ellen Auerbach.

12 Zur Geschichte der »Patria« vgl. Artur Patek: Jews on Route to Palestine 1934–1944. Sketches from the History of Aliyah Bet – Clandestine Jewish Immigration. Krakau 2012, S. 118–121.

13 In ihrem Text zur Arbeit für die Ausstellung konnte Rosa von der Schulenburg, Leiterin der Sammlung Kunst der Akademie der Künste, Berlin, Auerbachs Film datieren. Eine Grundlage bot der Pass der Fotografin, der zahlreiche Ein- und Ausreisestempel ihrer Europareise von 1934 aufwies. Rosa von der Schulenburg, Email an die Verf., 24.10.2016.

In Berlin hatte sich die Fotografin Ende der 1920er Jahre gemeinsam mit Grete Stern als Fotostudio ringl + pit etabliert und auf Werbe- und Porträtfotografie spezialisiert. Ihre Profession, ihr technisches Wissen und auch ihre Leidenschaft für das Kino erklären, warum sich Auerbach bereits zu dieser Zeit auch für den Film als künstlerisches Medium interessierte und sie in Besitz einer 16mm-Filmkamera war.[14] Bereits um 1930 entstanden die ersten Kurzfilme, darunter *Heiterer Tag auf Rügen!* und *Gretchen hat Ausgang*.[15] Diese Filme dienten Auerbach als Probierfeld zur Auseinandersetzung mit Bewegung, die in Aufnahmen von Wellen oder einer Schaukel unterschiedlichen Ausdruck fand. Auch probierte sie sich im Filmschnitt, um die Aufnahmen in eine spezifische Dramaturgie und einen visuellen Rhythmus zu bringen. Und sie bewegte sich – anders als in ihrem fotografischen Werk jener Jahre, das größtenteils im Studio entstand – bevorzugt im Außenraum. Auerbachs Film von der Passage zwischen Triest und Jaffa konstituiert sich aus Aufnahmen, die scheinbar unprätentiös die Abfahrt und das Geschehen auf dem Schiff zeigen. Für Auerbach, die eigentlich nach England hatte emigrieren wollen, aber kein Visum erhielt, war Palästina nur eine Alternative. Ihre Zukunft dort war ungewiss, zumal sie weder Hebräisch, Arabisch noch Englisch sprach. Zugleich emigrierte sie kurz nach der Machtübernahme, also bereits in einer Zeit, als viele deutsche Juden – vor allem diejenigen, die keine Zionisten waren – glaubten, die nationalsozialistische Diktatur überdauern zu können und deshalb noch keine Emigration ins Auge fassten. Der Zeitpunkt der Flucht ist für das Thema dieses Jahrbuchs zu den »Passagen des Exils« insofern wichtig, als Repressionen, Verfolgung, Verzweiflung und Not in späteren Jahren vermutlich weitaus deutlicher die Wahl der Reiseziele und die Möglichkeiten der Reisewege prägten.[16] Verwiesen sei hier nur auf den strapaziösen Fußmarsch, den Emigranten wie Heinrich Mann oder Walter Benjamin auf sich nehmen mussten, um 1940 aus dem okkupierten Frankreich zu fliehen. Auerbach selbst ging in die Emigration, da ihr Lebenspartner Walter Auerbach Kommunist war und das Paar dem kommunisti-

---

14 Ein ähnliches professionelles und künstlerisches Interesse ließe sich beispielsweise für den Fotografen László Moholy-Nagy anbringen, der um 1930 einige filmische Arbeiten vorlegte, die um Großstadt, Hafen und Arbeit kreisten. Siehe Moholy-Nagys *Marseille Vieux Port* (1929–31) und *Berliner Stilleben* (1931).

15 Inka Graeve Ingelmann: Ellen Auerbach. Das dritte Auge. Leben und Werk. Berlin 2006, S. 41.

16 In den ersten Jahren des nationalsozialistischen Regimes emigrierten jährlich 37.000 Juden; davon ging ca. 1/5 nach Palästina. Der Anteil an Zionisten war nicht unerheblich. Erst 1938 stieg die Zahl der auswanderungswilligen Juden in Deutschland. Vgl. Jürgen Matthäus: Abwehr, Ausharren, Flucht. Der Centralverein deutscher Staatsbürger jüdischen Glaubens und die Emigration bis zur ›Reichskristallnacht‹. In: Claus-Dieter Krohn u. a. (Hg.): Jüdische Emigration zwischen Assimilation und Verfolgung, Akkulturation und jüdischer Identität. München 2001, S. 18–40; hier: S. 26.

Abb. 1: Ellen Auerbach: Überfahrt auf der »Patria« von Triest nach Jaffa, 1934, Filmsequenz, 3:16 Min., Screenshot

Abb. 2: Ellen Auerbach: Überfahrt auf der »Patria« von Triest nach Jaffa, 1934, Filmsequenz, 3:16 Min., Screenshot

schen Korsch-Kreis in Berlin nahestand. Ihre jüdische Herkunft war für die Entscheidung zur Emigration zunächst nachrangig.[17]

Ellen Auerbachs Film beginnt mit dem ablegenden Schiff. Auf dem Deck sind Männer, Frauen und Kinder verschiedenen Alters und unterschiedlicher Generationen zu sehen. Orthodoxe beten, andere schließen sich zu ausgelassenen Kreistänzen zusammen (Abb. 1); in vielen Auswandererberichten wird das Hora-Tanzen zionistischer Jugendgruppen auf den Schiffen und bei der Ankunft geschildert.[18] Das Reiseziel Palästina ist den religiösen und sozialen Praktiken einiger Passagiere also bereits eingeschrieben.

Aus erhöhter Perspektive filmte Auerbach auf den Hafen, die dort zurückbleibenden Menschen oder das unter ihr liegende Deck (Abb. 2, 3).

Diese Vogelperspektive findet sich auch in einer Fotografie, die vermutlich auf Auerbachs erster Überfahrt Ende 1933 entstand und den Hafen von Alexandria zeigt. Diese Aufsicht vermittelt Distanz und zugleich auch ein Moment der Bewegung, denn das Gesehene ist vom Schiffskörper aus aufgenommen, der den Hafen nur als zeitweiligen Standort ansteuert. Aber auch extreme Untersichten prägen die Kamerablicke auf die Takelage (Abb. 4) oder die Decks der oberen Stockwerke; in diesen waghalsigen Perspektiven formuliert sich ein Nachklang auf das fotografische Neue Sehen, das beispielsweise in Aufnahmen aus dem Bauhaus begegnet.

Damit wird auch deutlich, dass der Film *Überfahrt* nicht allein als Dokument zu lesen ist, sondern als künstlerische Auseinandersetzung mit der neuen Sehweise, die die kleinen und handlichen Kleinbild- und Filmkameras möglich

---

17 Vgl. Graeve Ingelmann: Ellen Auerbach (s. Anm. 15), S. 48.

18 Ich danke Joachim Schlör für diesen Hinweis. Zur Geschichte des Hora-Tanzes, der wohl ursprünglich aus Rumänien stammte, siehe Philologos: ›Hora History‹, 11.12.2007, unter: http://forward.com/culture/12226/hora-history-00940/[abgerufen: 04.06.2017].

Abb. 3: Ellen Auerbach: Überfahrt auf der »Patria« von Triest nach Jaffa, 1934, Filmsequenz, 3:16 Min., Screenshot

Abb. 4: Ellen Auerbach: Überfahrt auf der »Patria« von Triest nach Jaffa, 1934, Filmsequenz, 3:16 Min., Screenshot

machten. Denn Ellen Auerbach arbeitete körperlich mit dem Apparat, indem sie ihn in ihre Blickrichtung blicken ließ, ihren Kopf in den Nacken legte, um nach weit oben zu sehen, oder sich vermutlich über die Reling beugte, um weit hinunterzuschauen. Im Film sind diese Bewegungen und Blickwechsel unmittelbar in das Filmbild übertragen; außerdem ist es eben auch eine spezifische Auseinandersetzung mit dem Transportmittel Personendampfer mit seinen vielen Ebenen und der Fülle an Passagieren.

Unter den Menschen, die sich auf dem Schiff befanden und bewegen, sind auch zwei Personen der Zeitgeschichte identifizierbar: Zu einem Gespräch treffen sich Chaim Weizmann und Erich Mendelsohn (Abb. 5), die für verschiedene Facetten jüdischen Lebens in Palästina einstehen. Der Politiker Weizmann war Präsident der Zionistischen Weltorganisation und später der erste Präsident des neu gegründeten Staates Israel. Er repräsentiert das zionistische Verständnis der Einwanderung nach Palästina nicht als Migration, sondern als Heimkehr der jüdischen Diaspora ins gelobte Land Israel. Katharina Hoba und Joachim Schlör schreiben dazu:

> Manchen wird nicht ganz wohl dabei sein, wenn *Erez Israel*, das Land Israel, in eine Reihe mit den anderen Exilländern der deutschen Juden gestellt wird. ›Israel‹, so werden sie sagen, ›ist doch etwas anderes‹. Und damit haben sie zugleich recht und unrecht. ›Nächstes Jahr in Jerusalem!‹ – dieser Wunsch ist über die Jahrhunderte hinweg fester Bestandteil der jüdischen Tradition. Und mit der zionistischen Bewegung wird *Erez Israel* auch zu einer realen Option, ein jüdisches Heimatland zu schaffen. [19]

19 Katharina Hoba und Joachim Schlör: Die Jeckes – Emigration nach Palästina, Einwanderung ins Land Israel. In: Heimat und Exil. Emigration der deutschen Juden nach 1933. Hg. v. Cilly Kugelmann und Signe Rossbach. Begleitbuch Ausst. Jüdisches Museum Berlin. Frankfurt a. M. 2006, S. 103–105; hier: S. 103.

Abb. 5: Ellen Auerbach: Überfahrt auf der
»Patria« von Triest nach Jaffa, 1934,
Filmsequenz, 3:16 Min., Screenshot

Für den Architekten Erich Mendelsohn war Palästina eine wichtige Etappe seiner künstlerischen Emigration, die ihn zunächst nach Großbritannien, dann
nach Palästina und schließlich in die USA führte.[20] In Palästina konnte Mendelsohn viele Auftragsarbeiten und Großprojekte realisieren und somit am Aufbau des neuen Staates partizipieren. Weizmann und Mendelsohn sind in Auerbachs Film also als Personifikationen eines Zukunftsoptimismus lesbar, den
diese Schiffsreise nach Palästina auch prägte. Auerbachs Film artikuliert sich in
gewagten Perspektiven, der Dynamik der Kameraführung und den sich auf
dem Schiff beobachteten bewegten Szenen, die intime Einblicke in die sozialen
Strukturen und die Gemeinschaften an Bord vermitteln.

Zugleich verweist der Film auch auf die Urheberin, Ellen Auerbach, selbst,
die ihre eigene Geschichte der Emigration in diesem Film aufzeichnete, der
seinen Akzent auf dem Moment der Bewegung und der Mobilität (des Blickes,
aber auch der Reisenden) hat. Dem Film *Überfahrt* schloss sich ein zweiter Film
über die Stadt Tel Aviv an, in der Auerbach versuchte, sich ein neues Berufsle-
ben als Fotografin aufzubauen. Der Stadtfilm *Tel Aviv* nimmt seinen Auftakt in
der Schiffsreise nach Palästina, ihm ist also in der überlieferten Kopie im Nachlass Auerbachs in der Berliner Akademie der Künste der Film *Überfahrt* vorangestellt. Hier ist also die Einreise aus Perspektive des Ziellandes rezipiert. Damit
wird aus der Abreise und Überfahrt eine Ankunft im »gelobten Land«. Es
schließt sich dann ein filmisches Porträt jener weißen Stadt am Meer an, in dem
Tel Aviv als verkehrsreiche moderne und europäische Metropole inszeniert
wird.[21] Die Integration des Kurzfilms *Überfahrt* in den zwölfminütigen Werbe-
film Tel Aviv verändert Inhalt und Lesart. *Überfahrt* ist für sich eine Passage ins

---

20 Zu Erich Mendelsohn siehe den Beitrag von Deborah Ascher Barnstone in diesem Band.
21 Siehe dazu ausführlich Graeve Ingelmann: Ellen Auerbach (s. Anm. 15), S. 54.

Ungewisse; somit ist die Reise trotz aller ausgelassener und hoffnungsloser Konnotation doch auch von vielen Fragen und wenigen Gewissheiten geprägt. Aus der Perspektive des Stadtfilms *Tel Aviv* wird *Überfahrt* zu einem Prolog oder Auftakt für ein Leben in Palästina.

Zugleich bildet die Überfahrt und die in diesem Zusammenhang entstandene filmische Arbeit einen künstlerischen Wendepunkt in Auerbachs Œuvre. Noch in Berlin hatten sorgfältig komponierte Objektaufnahmen und Porträts ihr fotografisches Werk bestimmt. In Palästina finden sich dann vermehrt Aufnahmen, die den Alltag, die Bauten und Menschen zeigen. Dabei fällt das Unvermittelte der Fotografien auf,[22] das durch Unschärfen, Anschnitte und unspektakuläre Motive bestimmt war. Das Fotografieren ist in dieser Periode ihres Schaffens ein künstlerisches Mittel der Auseinandersetzung mit einer neuen Umgebung und eine Aneignung von Räumen, die gesehen, erfahren und erarbeitet wurden. Die filmische Überfahrt ist dabei eben auch als Übergang in eine neue künstlerische Zeit und eine veränderte Topografie lesbar; die zeitliche und räumliche Dimension eines erlebten Wandels fallen in dem Film und auch den später entstandenen Fotografien in eins. Der Film *Überfahrt* ist in dieser Lesart also nicht nur ein Dokument der Emigration, die als Reise aufgezeichnet wird. Er ist vielmehr auch in einem metaphorischen Sinne eine künstlerische Neuorientierung, wobei die ästhetischen Paradigmen wie Bewegung, gewagte Perspektiven und Unschärfen durchaus eine Kontinuität in die Vergangenheit wie auch in die Zukunft zeigen, also auf jene fotografischen und filmischen Werke verweisen, die in ihrem Zwischenexil in Palästina entstehen sollten.

III. Schiffbruch. Ein Film über die Fluchtrouten übers Mittelmeer

Der Schiffbruch ist bei dem Philosophen Hans Blumenberg im »Vorstellungsfeld so etwas wie die ›legitime‹ Konsequenz der Seefahrt, der glücklich erreichte Hafen oder die heitere Meeresstille nur der trügerische Aspekt einer so tiefen Fragwürdigkeit«[23]. Dem Schiffbruch auf dem Meer sei dabei der »unbetroffene« Zuschauer auf dem festen Lande zugeordnet. Diese Überlegungen Blumenbergs aus dem Jahr 1979, die auf künstlerische, literarische und philosophische Vorstellungswelten rekurrieren, sind nicht ohne Bruchstelle auf die politische Gegenwart der frühen 2000er Jahre zu übertragen. Und dennoch

---

22 Graeve Ingelmann sieht während Auerbachs Zeit in Palästina eine Hinwendung zur Momentfotografie: »Mit der Emigration löste sich Ellen von ihrem Vorbild Walter Peterhans und sollte nun ihren eigenen, auch von *ringls* Arbeitsweise deutlich abweichenden Stil entwickeln.« Graeve Ingelmann: Ellen Auerbach (s. Anm. 15), S. 50. Zur weiteren beruflichen Karriere Auerbachs in Palästina siehe ebd., S. 55–57. 1936 verließen Ellen und Walter Auerbach Palästina und gingen nach London.

23 Vgl. Hans Blumenberg: Schiffbruch mit Zuschauer (1979). Frankfurt a. M. 2014, S. 13.

motivieren sie dazu, die zeitgenössischen Fluchtbewegungen über das Mittelmeer einer besonderen Lesart zu unterziehen. Der mögliche Schiffbruch ist diesen gelungenen und gescheiterten Versuchen der Flucht übers Wasser von Anbeginn eingeschrieben; die Illegalität des Unterfangens, das Risiko, das den hoffnungslos überfüllten Schlauchbooten oder Kuttern anhaftet, der hohe Preis, der für die Überfahrt bezahlt wird, sind die Voraussetzungen eines möglichen Schiffbruchs. Auch die Zuschauer*innen auf dem Land, die Europäer*innen, die aus der Ferne oder auch (sind sie Bewohner*innen der Inseln) aus der Nähe diese Fluchten wahrnehmen, sind an die Schiffsbrüche längst gewöhnt, reagieren mit Empathie, Aktivismus, aber auch mit Blind- und Taubheit auf das Elend sinkender Schiffe. Vielleicht ist, um erneut mit Blumenberg zu sprechen, die Reaktion der Zuschauer auch damit zu begründen, dass die menschliche Seefahrt von jeher als blasphemische Herausforderung gesehen wird – gegenüber den antiken Meeresgöttern oder der »Terra inviolata«, einer angenommenen Unverletzlichkeit der Erde.[24] Wer also das Meer herausfordert, hat mit dem Schlimmsten zu rechnen. Mit dieser Logik ließe sich meines Erachtens zumindest zum Teil die Ignoranz erklären, mit der über Jahre den Katastrophen auf dem Mittelmeer begegnet wurde. Die Schriftstellerin Maxi Obexer hat bereits 2005 in ihrem Theaterstück *Das Geisterschiff* über ein verdrängtes Schiffsunglück von Weihnachten 1996 geschrieben, als 283 Geflüchtete vor der Südküste Siziliens ertranken.[25] Obwohl Fischer nach Wochen Leichenteile in ihren Netzen fanden, ignorierte die Küstenwache den Vorfall – die Körper wurden ins Meer zurückgeworfen. Erst nach Jahren wurde die Katastrophe publik und wurde dennoch von der italienischen Regierung geleugnet. Obexers Stück weist in eine Zeit zurück, als Grenzübertritte über Wasser noch nicht auf der Agenda der Politik und der Medien standen. Erst die sogenannte Flüchtlingskrise vom Spätsommer 2015 rückte mit einem Schlag eine längst etablierte Fluchtstrecke in den Blick. So lässt sich von einer verspäteten Erfahrung im Bewusstsein der Öffentlichkeit sprechen und von einer vorgeblich neuen Krise, die keine ist – denn schon lange Zeit sind die Europäer, selbst auf sicherem Grund stehend, die Zuschauer bei den Schiffbrüchen der Geflüchteten. Blumenbergs Text bietet eine mögliche Antwort für das weit in die antike Welt zurückreichende Phänomen des Schiffbruchs mit Zuschauern; vom festen Ufer würde die Seenot der anderen beobachtet: »Nicht darin besteht freilich die Annehmlichkeit, die dem Anblick zugeschrieben wird, daß ein Anderer Qual erleidet, sondern im Genuß des eigenen unbetroffenen Standorts.«[26]

Nun ist seit einigen Monaten nicht mehr die Frage, ob es die Bilder der aus Seenot Geretteten in die Medien schaffen, sondern wie sie es tun. Auffällig ist

---

24 Blumenberg: Schiffbruch mit Zuschauer (s. Anm. 23), S. 13.
25 Margareth Obexer: Das Geisterschiff. Stuttgart 2005.
26 Blumenberg: Schiffbruch mit Zuschauer (s. Anm. 23), S. 31.

dabei, dass die Medialisierung der Flucht übers Wasser mit der Homogenisierung der Akteure einhergeht. Denn sie begegnen als Masse Mensch, angeglichen durch Handlung und Haltung, durch die Kleidung – beispielsweise den Schwimmwesten – und nicht zuletzt durch den Status als Gerettete, der sie unweigerlich in eine Abhängigkeit zu ihren Rettern und Helfern bringt. Diese Sicht auf Geflüchtete als anonyme Opfer oder Täter thematisiert auch Heidrun Friese:

> Die Akteure sind durch Visualisierungen und kontrastierende Blicke auf undokumentierte Mobilität aneinander gebunden. Auf der einen Seite spielen Schiffe eine wesentliche Rolle. [...] Auf der anderen Seite werden diejenigen, die auf überfüllten Booten nolens volens ihren Weg suchen, als Opfer dargestellt oder in der Rede von bedrohlichen Flows als Gefahr dargestellt, die unter Kontrolle zu halten sind. Das Grenzregime, die diskursive Konstruktion von Mobilität, etabliert ein Netz von Bildern, die gebraucht und wiederholt werden, um die heraufbeschworene Katastrophe und den permanenten Notfall und den Ausnahmezustand zu legitimieren.[27]

Viel zu selten stehen einzelne Geflüchtete, ihre Beweggründe, Courage und Wagemut in den offiziellen medialen und politischen Erzählungen im Blick. Die Künstlerin Elisabeth Zwimpfer hat in ihrem bildgewaltigen animierten Kurzfilm *Ships Passing In the Night* mit künstlerischen Mitteln ein Fenster zu einer Fluchtgeschichte geöffnet, die Bedingungen, Flucht- und Lagererfahrungen berücksichtigt und Flucht dabei als ein individuelles Erlebnis behandelt.[28] Ein afrikanischer Fischer kauft seine Passage bei Schleusern. Diese »illegale« Einreise ist oft die einzige Möglichkeit, überhaupt die europäischen Außengrenzen zu passieren. Dabei ist allerdings nicht nur die erkaufte Überfahrt lebensgefährlich, bereits auf den beschwerlichen Reisen zu den Küsten verdursten die Geflüchteten, werden ausgeraubt oder ermordet.[29] So beginnt auch die Passage des Protagonisten in Zwimpfers Film auf einem Truck zum Meer (Abb. 6),

27 Heidrun Friese: Grenzen der Gastfreundschaft. Die Bootsflüchtlinge von Lampedusa und die europäische Frage. Bielefeld 2014, S. 185.
28 *Ships Passing in the Night*, Regie: Elisabeth Zwimpfer, Deutschland 2015, Länge: 12 Minuten. Der Film ist Zwimpfers Abschlussarbeit an der Kunsthochschule Kassel, wo sie Illustration und Trickfilm studierte. *Ships Passing in the Night* gewann 2016 den Hessischen Filmpreis in der Sparte Kurzfilm. Der Film ist jedoch auch im Ausstellungs- und Kunstkontext zu sehen, so 2015 im Heidelberger Kunstverein in der Ausstellung *Es war einmal ein Land*. Der Filmtrailer findet sich auf vimeo, unter: https://vimeo.com/153782199 [abgerufen: 01.06.2017].
29 Gerade diese Schicksale noch auf dem Herkunftskontinent bleiben unsichtbar und werden medial kaum berücksichtigt. Cuttitta spricht folglich vom »diskreten Sterben«. Paolo Cuttitta: Das Mittelmeer als Wohlstandsgrenze. In: Monika Eigmüller und Georg Vobruba (Hg.): Grenzsoziologie. Die politische Strukturierung des Raumes. Wiesbaden 2006, S. 251–258; hier: S. 251–253.

Abb. 6: Elisabeth Zwimpfer: Ships Passing in the Night, 2015, Film, Länge: 12 Min., Filmstill

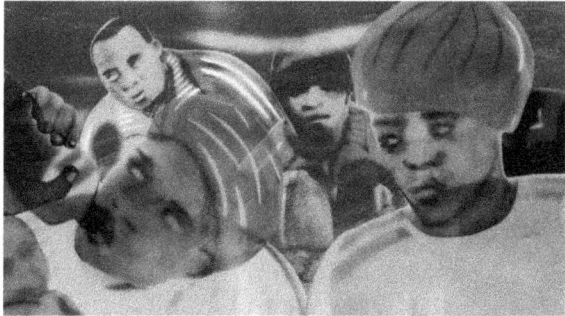

Abb. 7: Elisabeth Zwimpfer: Ships Passing in the Night, 2015, Film, Länge: 12 Min., Filmstill

von dort geht es ins überfüllte Boot (Abb. 7), an dem die großen Schiffe vorbeiziehen.

Der Filmtitel rekurriert auf eine englische Redewendung: »like ships passing in the night« wird für das zufällige Zusammentreffen zweier Fremder gebraucht, die sich danach wieder aus den Augen verlieren, so wie Schiffe auf dem Ozean.[30] Bei Zwimpfer kreuzen nicht nur Schiffe – beladen mit Gütern oder eben mit Menschen – die Wege, nicht nur ein Paar, das sich an der Küste trifft, sondern auch zahlreiche Geflüchtete, die eine Zwangsgemeinschaft bilden, indem sie sich der gefährlichen Überfahrt ausliefern. Erst der Schiffbruch katapultiert die Menschen auseinander, trennt die Passagiere in Überlebende und Sterbende. Der Protagonist des Films kann sich retten und schwimmt um sein Leben an Land, wo er einer jungen Frau begegnet, die Strandgut sammelt. Er wird aufgegriffen und in ein Lager verbracht (Abb. 8).

---

30 Siehe dazu »Tales of a Wayside Inn« (1863) von Henry Wadsworth Longfellow, Kapitel 3: The Theologian's Tale, Elizabeth: »*Ships that pass in the night, and speak each other in passing, Only a signal shown and a distant voice in the darkness; So on the ocean of life, we pass and speak one another, Only a look and a voice, then darkness again and a silence.*« https://en.wikisource.org/wiki/Tales_of_a_Wayside_Inn/Part_Third/The_Theologian%27s_Tale/Elizabeth   [abgerufen: 12.05.2017].

Abb. 8: Elisabeth
Zwimpfer: Ships Passing in
the Night, 2015, Film,
Länge: 12 Min., Filmstill

Für ihren Film führte Zwimpfer Gespräche mit geflüchteten Jugendlichen aus Eritrea, Somalia, Pakistan und Afghanistan über ihre Flucht und ihre Erinnerungen an die Heimat. Sie ließ sie auch Zeichnungen anfertigen, in denen häufig »überfüllte Boote, LKWs in der Wüste und immer wieder Gefängnisse«[31] auftauchten. Diese Erinnerungsbilder boten eine Basis für ihren Film ebenso wie die Lektüre des Berichts *Bilal* des italienischen Journalisten Fabrizio Gatti.[32] Sie informierte sich über Fluchtursachen, die Routen, die Menschen auf der Flucht durch das Binnenland zu den Küsten führen und an denen sie bereits scheitern – etwa, wenn sie von libyschen Einheiten aufgegriffen und zurück in die Wüste geschickt werden. Zwimpfer recherchierte über die europäische Grenzschutzorganisation Frontex wie auch über die Schlepper und die Preise für die gefährlichen Überfahrten vom afrikanischen Kontinent nach Europa.[33] Die Künstlerin führte diese Informationen mit den persönlichen Geschichten der Geflüchteten zusammen und übersetzte sie in einen animierten Film, in dem Gitter und Netze konstant wiederkehrende Motive sind. Fischernetze, Schleppnetze oder die Gitterzäune des Lagers stehen in übertragenem Sinn für die Zwänge und versperrten Wege ein, denen die Geflüchteten begegnen müssen. Technisch erarbeitete Zwimpfer ihren Film auf dem Leuchttisch, indem sie Silhouetten aus Papier und Folie übereinanderlegte, teils mit Aquarellhintergründen arbeitete und die Kompositionen von unten beleuchtete.[34] Sie fotografierte dann Bild für Bild ab, arbeitete also in der Stop-Motion-Technik. Mit dem Licht reagierte Zwimpfer auf die Nachtzeit, zu der ihr Film in

31 Elisabeth Zwimpfer: Ships Passing in the Night, unveröffentlichte Text- und Bildsammlung zum Film, Besitz der Künstlerin, S. 4. Zwimpfer stellte den Jugendlichen darin Fragen zu ihrem Herkunftsland, ihrem Alter, Musik und Filmen, die sie mögen, über ihre Reise und Fluchterlebnisse, über die verschiedenen Fluchtfahrzeuge und die Dauer ihrer Flucht.
32 Vgl. Fabrizio Gatti: Bilal. Als Illegaler auf dem Weg nach Europa. München 2010.
33 Zwimpfer: Ships Passing in the Night (s. Anm. 31), S. 20–22.
34 Diese und folgende technische Informationen stammen von der Künstlerin. Elisabeth Zwimpfer an Burcu Dogramaci, E-Mail vom 21.11.2016.

These are European waters!
We have no more space!

Abb. 9: Elisabeth
Zwimpfer: Ships Passing
in the Night, 2015, Film,
Länge: 12 Min.,
Screenshot

großen Teilen spielt; und sie bezog sich auf die Lichtzeichen der Schiffe. Die Reflexionen der Lichter auf dem Wasser animierte sie, indem sie Ölfarben auf Glas auftrug. Zusätzliche Lichteffekte für die Szenen mit dem Helikopter (Abb. 9) entstanden durch Überarbeitungen und After Effects.

Zwimpfer sieht die Technik, in der sie arbeitet, und die Materialität der Formen in enger Korrelation mit dem Thema des Films:

> Da die Figuren leicht transparent sind, verschmelzen sie oft mit den Hintergründen oder man kann durch sie hindurchsehen. Ich stelle mir vor, dass die Flüchtlinge wohl oft erleben müssen, dass sie übergangen und übersehen werden, oder völlig durchleuchtet werden und alles von sich preisgeben müssen (Anhörungen). Insofern wird durch die Technik die Flüchtigkeit des Daseins und der Begegnungen (nicht nur der Flüchtlinge) vermittelt. Es war mir wichtig, dass die Strandgutsammlerin genauso von der Flüchtigkeit der Begegnung betroffen ist und dass man so versteht, dass die Zäune und Abschiebetechniken in beide Richtungen ihre Auswirkungen haben.[35]

Das Spiel mit Schatten und Licht durchzieht den Film und verleiht ihm durchaus etwas Traum- oder Alptraumhaftes. Dabei bleibt jedoch die Härte des Überlebenskampfes sichtbar, so etwa die Anstrengung, wenn sich der Protagonist übers Meer an Land rettet. Zugleich legen sich Dinge, Personen und Erinnerungen in vielen Schichten übereinander, stürzen durcheinander und verweigern sich einer Ordnung. Sie bilden damit den unsicheren Grund, auf dem sich Geflüchtete fortwährend bewegen müssen. Für ihren Film wählte Zwimpfer Kankan Blues von Kanté Manfila und Balla Kalla aus dem westafrikanischen Guinea, da diese Musik den melancholischen Grundton unterstütze. Außerdem ist der Blues selbst eine Musikform der Migration und als afroamerikanisches Genre eng mit der Geschichte der Sklaverei verbunden. Zwimpfer nennt als Inspiration nicht nur ein bereits lange Zeit existierendes Interesse für den

---

35 Elisabeth Zwimpfer an Burcu Dogramaci, E-Mail vom 21.11.2016.

afrikanischen Blues, sondern auch den Scorsese-Film *From Mali to Misssissippi* (2004).[36]

Die filmischen Arbeiten von Ellen Auerbach und Elisabeth Zwimpfer entstanden in zwei verschiedenen Epochen der Flucht. Während die eine selbst zu den Geflüchteten gehörte und ihre Filmkamera mit künstlerischem Impetus zur Aufzeichnung von Fluchterfahrungen einsetzte (die bei ihr jedoch mehr die Anmutung einer touristischen Überfahrt hatten), bezieht sich Zwimpfer auf die Fluchterzählungen anderer, die sie mit künstlerischen Mitteln in einen animierten Film übersetzte. Das Bewegtbild bot in beiden Fällen eine besondere Möglichkeit, ein Leben im Transit visuell zu formulieren und damit Menschen und Ereignissen, die unsichtbar zu werden drohten, durch künstlerische Mittel Sichtbarkeit zu verleihen.

IV. Ankunft und dennoch auf dem Wasser. Auf dem Wohnschiff

Auch das glückliche Ende einer Schiffspassage bedeutet nicht unweigerlich die Ankunft auf sicherem Boden. In seiner intermedialen und interdisziplinären Arbeit *Bibby Challenge* (2015) erinnert der Künstler Adnan Softić[37] an jene Wohnschiffe, die in den 1990er Jahren in Hamburg-Övelgönne lagen und Geflüchtete beherbergten. Einige von ihnen hatte der Krieg in Bosnien und Kosovo nach Hamburg gebracht; sie waren also gar nicht mit dem Schiff, sondern auf dem Landweg nach Deutschland gekommen. Nun aber, da sie Asyl beantragten, wurden sie zu Schiffspassagieren wider Willen. Die Hansestadt hatte seit Anfang der 1990er Jahre im alten Altonaer Industriehafen am Nordufer der Elbe vier Containerschiffe mit einer Kapazität von insgesamt 2.340 Plätzen platziert: die »Bibby Altona«, »Bibby Kalmar«, »Bibby Stockholm« und »Bibby Challenge«. Zwei der Schiffe wurden ab 1993 als zentrale Erstaufnahmeeinrichtung (ZAST) ausgewiesen. Auf jedem der Schiffe war eine verschieden große Zahl an Geflüchteten und Asylbewerbern untergebracht; teilweise lebten – wie auf der »Kalmar« – 425 Menschen aus 40 Nationen zusammen.[38] Für viele waren diese Schiffe jedoch nicht nur zeitweilige Behausungen, sondern sie verbrachten teilweise Jahre dort, bis über ihr Asylverfahren entschieden wurde. Einer von ihnen war Adnan Softić, der aus Bosnien kam und auf der »Bibby Challenge« lebte; dort wohnten 1997 etwa 550 bosnische Kriegsflüchtlinge,

---

36 Elisabeth Zwimpfer an Burcu Dogramaci, E-Mail vom 23.11.2016. *From Mali to Mississippi*, Regie: Martin Scorsese, USA 2004.

37 Adnan Softić ist in dem vorliegenden Band auch mit einem literarischen Beitrag vertreten.

38 Die Schiffe wurden vom Landesbetrieb »pflegen & wohnen« betrieben. Vgl. Josef Bura und Claudia Leitsch: Flüchtlinge in der Metropole. Spuren in Hamburg. In: Joachim Brech und Laura Vanhué (Hg.): Migration. Stadt im Wandel. Frankfurt a.M. 1997, S. 103–110; hier: S. 105.

Abb. 10: Videoausschnitt aus *Bibby Challenge*, Theaterinstallation von Adnan Softić, 2015

Abb. 11: Theaterinstallation *Bibby Challenge* von Adnan Softić, Kampnagel, Hamburg, 2015

und auf allen vier Schiffen ließen sich zu jener Zeit zusammen etwa 640 Kinder zählen, die hier ihre Kindheit verbrachten und in den engen Behausungen sowie auf dem davorliegenden Hafengelände aufwuchsen.[39]

Bibby Challenge von Adnan Softić ist eine multimediale Collage (Abb. 10, 11), die ehemalige Bewohner*innen des Wohnschiffes auftreten und ihre Erinnerungen verlesen lässt.

Dabei gibt es nicht die eine Perspektive, wie es offizielle Berichte zur Flucht oft suggerieren. Denn während die eine Zeitzeugin ihre Kindheit auf dem Schiff positiv konnotiert, von Freiräumen und sozialen Gemeinschaften erzählt, sprechen andere von der Enge und den Engpässen auf dem Schiff. Daneben wird in *Bibby Challenge* auch Faktisches und Historisches berichtet, so etwa über die Zusammenstellung der Bewohner auf den vier Schiffen, ihre nationalen Zugehörigkeiten. Dieser Pluralität und Diversität von Erzählungen folgt auch das visuelle Material, das Softić auf den Screens aufruft, darunter Renderings, Fotografien und Filme. Leitend ist der Gedanke, wie Flucht und Wasser korrespondieren und wie zeitgenössische Fluchtbilder und -erzählungen zu his-

---

39 In der Literatur wird gerade den Kindern attestiert, dass die Unterbringung auf den Schiffen verheerende physische und psychische Folgen gehabt habe. Vgl. Bura/Leitsch: Flüchtlinge in der Metropole (s. Anm. 38), S. 105.

Abb. 12:
Theaterinstallation *Bibby
Challenge* von Adnan
Softić, Kampnagel,
Hamburg, 2015

torisieren sind, damit sie nicht auf immer geschichtslos bleiben. Softić zeigt immer wieder Auf- und Grundrisse sowie Ansichten der »Bibby Challenge« (Abb. 12), um die Dimensionen dieser Flüchtlingsunterkunft vor Augen zu führen, denn auf jedem der vier Stockwerke befanden sich 115 Zimmer, die zwischen 10 bis 20 Quadratmeter groß waren und oft mehreren Menschen Platz boten.

Ein Teppich auf dem Boden markiert während der Aufführung die Zimmergröße. Bildmaterial aus der Flüchtlingsgegenwart ergänzt das Material und ruft die verschiedenen Konnotationen von Schiffen – als Transportmittel in eine ungewisse Zukunft oder eben als Wohnorte – auf.

Ohne Softićs Arbeit würde es kaum eine Erinnerungskultur an diese Wohnschiffe geben, denn sie legten 2006 ab (Abb. 13), als die Zahl der Geflüchteten zurückging – nachdem das ehemalige Kriegsgebiet befriedet, die Bosnien-Flüchtlinge entweder wieder zurückgeschickt worden waren oder das Schiff als anerkannte Asylsuchende verließen.

Heute sind in unmittelbarer Nähe längst hochpreisige Wohnquartiere errichtet worden. Nichts erinnert hier an die Geschichte dieses Ortes und der hier lebenden Geflüchteten. Die Literaturwissenschaftlerin Ortrud Gutjahr hat Filme identifiziert, in denen diese verdrängte Fluchtgeschichte als Schauplatz ins Bild kommt – darunter *Ich Chef, du Turnschuh* von Hussi Kutlucan (Deutschland 1998).[40] Die Webseite der Hilfsorganisation »Wohnschiffprojekt Altona e. V. Hilfe für Flüchtlingkinder« versammelt Bild- und Textmaterial über die Bibby-Schiffe – auch um die Erinnerung zu konservieren und der Geschichte um Asylsuche und Flucht ein Gesicht zu geben.

Softićs Arbeit zeigt zum einen, dass die Komplexität künstlerischer Arbeiten die adäquate Reaktion auf vielschichtige und sehr spezifische Fluchterfahrun-

---

40 Vortrag von Ortrud Gutjahr auf dem Turkologentag 2016 in Hamburg. Ich danke ihr für die inspirierenden Gedanken zu den Wohnschiffen. Dank auch an Kathrin Wilder für den Hinweis auf *Bibby Challenge* von Adnan Softić.

Abb. 13: Videoausschnitt
aus *Bibby Challenge*,
Theaterinstallation von
Adnan Softić

gen ist, die eben nicht nur auf ein Bild heruntergebrochen werden können.
Zudem führt *Bibby Challenge* vor Augen, dass eine Passage nie an einem Punkt
beginnt oder endet. Passagen der Migration gehen Vorstellungen, Pläne und
Erlebnisse voraus. Und auf den Routen des Exils bleiben Geflüchtete so lange,
bis ihnen tatsächlich eine Ankunft in der Gesellschaft, in die sie ihre Wege
führten, ermöglicht wird. Im Falle der Hamburger Flüchtlingsunterkünfte dauerte die Ankunft bisweilen viele Jahre; für einige war sie sogar unmöglich –
dann etwa, wenn ihr Asylantrag abgewiesen wurde: Asylbewerbern sollten, sofern sie nicht sofort abgeschoben wurden, zwar nach drei Monaten andere
Unterkünfte zugewiesen werden, doch die Bürgerkriegsflüchtlinge lebten teilweise unter äußerst schwierigen Umständen zwei Jahre auf dem Schiff. Auf drei
oder vier Stockwerke verteilt befanden sich in den Schiffen Mehrbettkabinen
mit Stockbetten. Jedem Bewohner / Bewohnerin standen drei bis sechs Quadratmeter Wohnfläche zur Verfügung. Es existierten nur gemeinschaftliche
Wasch- und Toilettenräume sowie eine Gemeinschaftsküche. Die Schiffe waren
nicht wärme- oder schallisoliert; der Wellengang sorgte für Schwankungen.[41]
Die Wohnschiffe, die von außen abweisend und hermetisch wirken, sind im
Foucault'schen Sinne »Heterotopien«[42], die eigenen Gesetzen und Logiken,
Aus- und Einschlussprinzipien folgen und eine Zeitlichkeit außerhalb der Zeit
besitzen – verwiesen sei dabei auf das Warten, das den Tag und die Wochen der
Menschen auf den Wohnschiffen bestimmt. Diese Wohnschiffe sind aber auch
Materialisationen des Exils, wie es Jochen K. Schütze in seinem Buch *Gefährli-
che Geographie* beschreibt:

---

41 In den 1990er Jahren war dieser Teil des Hafens noch eine Industriebrache mit einem touris-
tisch beliebten Sandstrand und einem luxuriösen Altenwohnheim nebenan. Einkaufsmöglich-
keiten und soziale Einrichtungen konnten nur mit dem Bus erreicht werden. Vgl. Bura / Leitsch:
Flüchtlinge in der Metropole (s. Anm. 38), S. 106.
42 Vgl. Michel Foucault: Andere Räume. In: Karlheinz Barck (Hg.): Aisthesis. Wahrnehmung
heute oder Perspektiven einer anderen Ästhetik. Essais. Leipzig 1992, S. 34–46, hier v. a.
S. 39–46 mit den Grundsätzen zur Definition von »Heterotopien«.

Das Exil ist ein Nicht-Ort. Man ist dort nicht zu Hause und nicht in der Fremde, das Exil ist absolut: Es läßt keinen anderen Ort außer sich zu, an dem man zu Hause wäre. Im Exil muß man sich wie zu Hause einrichten, so als sei man hier heimisch, denn man hat keine andere Zuflucht als diese, die keine ist. Man ist mittendrin ausgeschlossen, baut sein Haus ins Bodenlose, so daß es der leiseste Windstoß wegfegt. Exil sind die uferlosen Vorstädte, in die die Stadt zerfällt; wo niemand hingehört und keiner herausfindet, ein lebenslänglicher Übergang.[43]

Schützes Überlegungen entstanden zeitgleich zur Existenz der Hamburger Wohnschiffe, die eben auch Orte sind, an die niemand gehört und die einen steten Übergang markieren: schwimmend auf dem Wasser und doch fest am Hafen liegend, aber doch kein Hausboot, sondern ein behördlich verordneter Wohnplatz, der ein Übergang zwischen Flucht und gesellschaftlicher Ankunft ist. Heute ist die ehemalige Flüchtlingsunterkunft »Bibby Challenge« zu einem vollklimatisierten Hotel in Schweden umgebaut worden. Derweil liegt ein neues Wohnschiff für Geflüchtete im Harburger Hafen und bietet Menschen auf der Flucht erneut eine Unterkunft auf Zeit und auf dem Wasser.

---

43 Jochen K. Schütze: Gefährliche Geographie. Wien 1995, S. 94.

Adnan Softić

Zwischen »Nicht-Mehr« und »Noch-Nicht«

I. Die Verstimmung der Zeiten

Der Augenblick, in dem die eigenen Grenzen erreicht sind und man die Koffer zu packen beginnt, markiert etwas, was einen für immer unterscheiden wird. Die eigene Begrenztheit bemerken, sich schwach, essenziell gefährdet und verletzbar fühlen, Dinge in sich spüren, von denen man gar nicht wusste, dass sie überhaupt existieren. All das gehört zu den denkbar intimsten Erfahrungen, die einem passieren können. Sie sind mit starken Gefühlen der Isoliertheit verknüpft. Und doch ist das Vertriebensein in der Regel eine kollektive Erfahrung. Das ist die absurde Besonderheit des Exils.

Der praktische Nutzen des Flüchtlingskoffers hebt sich schnell auf, und sein Inhalt wird zu einer Sammlung musealer Gegenstände. Die Unvorhersehbarkeit der bevorstehenden Ereignisse erschwert die Vorbereitung der Abreise. Die Habseligkeiten werden mit einer Sehnsucht zusammengestellt, die es sehr bald so nicht mehr geben wird. Eine Sehnsucht, die selbst zu einem Zeitdokument wird. Mit der Ankunft im Exil verliert sie ihre Gegenwärtigkeit und wird zur Geschichte. Die Gegenstände im Koffer bilden ein Gefüge, das aus einem gewaltigen Verlangen entstand, das Leben irgendwo anders fortzusetzen. Erst im Exil wird deutlich, dass der Koffer nur Gegenstände für Lebensbedingungen enthält und nicht unbedingt für das Leben selbst. Im Exil herrschen keine Lebensbedingungen.

Exil ist kein Ort, sondern ein Zustand. Er liegt genau zwischen »Nicht-Mehr« und »Noch-Nicht«. Dort muss man lernen, lange zu warten. Ein neues Werden geht vor sich. Formale Modelle der Wahrheit werden infrage gestellt. Eine Zeit des Nicht-Wissens beginnt. Welch fruchtbare Zeit! Welch furchtbare Zeit!

Hier geraten die Zeiten durcheinander: Die Zeit vor der Abreise, die der Abreise selbst und die der Ankunft prüfen sich ständig, welche von den dreien aktueller und am wichtigsten ist. Eine Asymmetrie zwischen Bild und Ton ist die Folge und die Regel. Die Gedanken, die sich nicht lösen, drängen sich überall auf, sie machen den Ton, der nicht zum Bild passen will – als ob er aus dem Off kommen würde. Oder das Bild wirkt wie aus dem Off, dem Ton entgegengestellt. Welches von beidem gehört zur Gegenwart? Es ist unentschieden, sie wechseln aneinander ab. »Off« ist ein Zusatz-Bild, das sich auf eine beharrliche Weise aufdrängt. Die Schriftstellerin Alma Lazarevska schrieb: »In diesem Glitzern der Ware aus dem Schaufenster schimmert der Schatten des zerplatzten

Kinderschädels, der auf dem Bürgersteig blutet. Und glaubt nicht, dass das eine Metapher ist. Es ist die Realität.«

Das plötzliche Hineinfallen in ein kollektives Denken gehört zu den wichtigsten Erfahrungen des Exils: Dem anderen ergeht es wie mir. Die Wir-Form der Ausgegrenzten zwingt sich auf. Gemeinsame Besprechungen könnten stattfinden, um sich aus der Isolierung zu befreien, aber zunächst ist man sprachlos. Die Nachrichten werden immer wichtiger, die Tagesschau und Tagesthemen werden ihrem Namen gerecht. Sie sind die Ausdehnungen des eigenen Nervensystems.

Der Exilant hält nur »große Sachen« für beachtenswert, da er selbst von einer großen Bewegung vertrieben worden ist. Spannend und komisch wirkt seine Beziehung zu den belanglosen Dingen des Alltags. Sie ist voller Misstrauen. »Sei doch glücklich, dass du überhaupt einen Vater hast!« – Das sind vielleicht seine Gedanken, wenn ein Einheimischer vom letzten Familienstreit erzählt. Das macht das Sprechen nach außen noch unmöglicher. »Was soll der Quatsch, mich Ostereier suchen zu schicken, paddeln oder tanzen zu gehen?« Der Exilant ist ein Spaßverderber. Vielleicht auch ein Klugscheißer. Die Starre, die sich in seinem Körper ausbreitet, entsteht aus entgegengesetzten Energien. Diese Starre, die augenblicklich und für ihn selbst unberechenbar in Wut umschlagen kann, ist frustrierend.

II. Die Haut

Etwas Unerwartetes ist passiert. Etwas so Heftiges, dass man dessen Ausmaß und Bedeutung nicht einmal ansatzweise einschätzen kann. Jeder Versuch, den Lauf der Dinge selbst zu bestimmen oder vorherzusehen, muss scheitern. Die Katastrophe passiert. Sie geschieht einfach so, aus dem Nichts. Sie unterbricht einen an der Stelle, an der man war, was man dort war und mit wem man dort war. Selbst Dinge, die man gern und ungern gegessen hat, wird es in dem gleichen Ambiente und in der üblichen Anordnung nicht mehr geben können. Die Luft wird anders sein. Die Windstärke auch ... Fast alle Fäden und Fasern, die den bisherigen Lebensweg ausgemacht haben, sind zerschnitten. Der Körper und die Psyche schmerzen unter dem Einbruch des Realen. Alle Gewohnheiten müssen, wenn überhaupt möglich, sofort verschwinden, denn vor allem sie sind schuld an stumpfen Schmerzen, an der Trägheit und Starre, an Lähmungen, Apathie und Depressionen. Sie verursachen all jene Gefühle, die eine Teilnahme an der Welt unmöglich machen.

Anstelle von Gewohnheiten müsste ein stets in der Gegenwart gelebtes Leben als neue Gewohnheit treten. Ein Leben, das nicht geknechtet ist von Kultur. Jenseits von ihren Bildern, von denen wir abhängen. Es müsste ein Leben geben ohne Vorlieben. Das würde die Schmerzen klären – nicht unbedingt mildern – und sie in einen neuen Antrieb verwandeln. So könnte ein Rettungsplan aussehen. Dieser Weg ist erstrebenswert, aber oft nur temporär und extrem bedingt zu begehen.

Gewohnheiten sind angeeignete Dinge, die für uns auf eine verborgene Art und Weise sakral sind. Sie spielen eine zentrale Rolle in unserem Leben, ohne dass wir uns ihrer immer bewusst sind. Es sind banale Sachen, und wahrscheinlich gerade deshalb müssen sie vor uns selbst auch geheim bleiben. Die Art, wie wir sprechen, laufen, gestikulieren oder reagieren, wird überwiegend von diesem unbewussten blinden Fleck aus, den wir Gewohnheit nennen, gesteuert. Die Entscheidungen, wie wir alltägliche Dinge tun, wurden irgendwann vor langer Zeit getroffen und gespeichert – von uns selbst und von unserer Umgebung. Abgeschirmt von der Intensität der Gegenwart schützt uns die Gewohnheit, damit wir uns an der Wirklichkeit nicht stoßen und verletzten. Vielmehr hilft sie, uns blind an der Wirklichkeit bedienen zu können. Aber gerade hier liegt der größte Irrtum: Nicht wir können uns bedenkenlos an ihr bedienen, das Gegenteil ist der Fall: Die Wirklichkeit bedient sich an uns.

Das Exil ist der neue Ort, an dem sich die Erfahrung der eigenen Passivität in der Welt kristallisiert. Es ist der Ort der Abhängigkeiten.

Vor dem Exil gab es ein Leben an einem anderen Ort. An diesem Ort entwickelte sich ein Begehren, das wie ein Unterbau des Selbst aussieht, etwas wie die Zellstruktur der eigenen Metaphysik. Dieser Ort, dieses komplexe Gefüge, das ein Begehren im Laufe eines Lebens hergestellt hat, nennen wir »Heimat«. Ein Netz, aus lauter Gewohnheiten gewebt, deren unbewusste Verkettung das Gefühl der Identität ausmacht. Dieses Netz sind unsere Kleider, unsere Trachten, die uns vor dem großen Außen beschützen und von ihm abgrenzen. Vielleicht können wir deswegen so irrational werden, wenn es um Heimatliebe geht. Vielleicht beschützen wir deswegen unsere Fehler, wenn wir auf sie aufmerksam gemacht werden, weil wir das Gefühl bekommen, dass beim Entfernen eines kleinen Puzzleteils das gesamte Gefüge auseinanderfallen könnte. Vielleicht werden die Menschen deswegen so nervös, wenn es um ihre Heimat geht: weil scheinbar alles auf dem Spiel steht.

Im Exil kann es nicht mal eine Sehnsucht nach etwas Gegenwärtigem geben. Das ist die Katastrophe. Die eigene Subjektivität wird in Gänze zerlegt.

III. Die zweite Haut

Der traumatische Moment des Weggehens schreibt sich als tiefe Spur und breite Wunde in jeden einzelnen Vertriebenen ein. Das Verlassen eines Ortes wäre nicht traumatisch ohne die schon erwähnte radikale Unterbrechung des bisherigen Lebenswegs, ohne die großen Risse in dem Gewebe der Gewohnheit, ohne die zerfetzten Kleider des Landstreichers. Die Netze, die unsere Kleider und Trachten waren, die uns vor dem großen Außen beschützt haben, fallen auseinander, lösen sich auf.

Ins Exil geworfen sein. Im Exil gestrandet sein. Ein Flüchtling tritt seiner Lage, seinem Schicksal, seinem Leben zuerst völlig ahnungslos gegenüber. Es ist nichts mehr begreifbar. Fragen drängen sich auf: Was bedeutet es? Was hat es auf sich? Warum befinden wir uns dort, wo wir gerade sind? Was wird aus uns? Warum ausgerechnet wir? Was tun?

Dem Vertriebenen wird die Auseinandersetzung mit der Welt auferlegt. Er gelangt zur Erkenntnis, dass er nicht über sich selbst verfügt, nicht entscheiden kann, wer und was er sein will, und dass er auf Beliebiges reduziert werden kann. Vertrieben-Sein ist eine besondere Art von Passivität in der Welt, aus der eine Art von existenziellem Antrieb generiert werden kann.

Es fordert einen zu einem neuen Umgang mit der Welt auf. Zu neuen Codes, um sich daraus ein neues Netz zu weben. Es fordert auf, die Voraussetzungen für eine neue Kultur zu denken, an diesem neuen Ort, für diese neue Gegenwart.

Doch der Vertriebene muss seine Vergangenheit berücksichtigen. Er darf den Grund der Abreise (die Katastrophe) nicht vergessen. Er muss die neuen Menschen, deren Normen und Bedürfnisse, verstehen. Geschriebene Gesetze sind hierbei die niedrigste Hürde. Und er muss die Entwicklung in seiner Heimat verfolgen, die sich von seiner eigenen immer mehr unterscheiden wird. Darüber hinaus muss er sich mit einer brutalen Entschleunigung seines Alltags abfinden, um daraus schließlich ein neues gegenwärtiges Begehren zu entwickeln, das sich nie vollständig mit dem Begehren der Einheimischen decken wird. Das alles muss er tun und in Einklang bringen. Er muss aus seiner eigenen Haut fahren, um eine neue zu bekommen. Die erste Haut war gegeben. Die neue muss selbst gebaut werden.

Und er tut es – meistens ohne alles: ohne Sprache, ohne Geld, ohne Status. Und ohne Status wird er nirgendwo gehört werden, selbst wenn er sprechen könnte.

Das Exil ist eine hyperpassive Zeit. Der Alltag zieht vorbei. Alles geschieht, und man hat nicht ansatzweise die Wahl, etwas anderes zu leben. Und plötzlich steht man in der Verantwortung, in dem Sinn, dass man eine Antwort geben muss.

In diesen Zusammenhängen entsteht die Pflicht, die einem aufgebürdet wird. Die Pflicht, diesem Knoten oder Komplex einigermaßen gerecht zu werden, also allen Ereignissen gegenüber, die sich in einem Menschen überschneiden. Alle Fäden zu lösen, oder genauer gesagt zu lockern, und ihnen in der Art, wie sie verbunden sind und zueinander liegen, einen gewissen Grad an Optionalität oder Freiheit zu ermöglichen. Sie anzureichern und die gefühlten Engen auszudehnen.

Die Suche nach einer Antwort ist eine naturgegebene Dialektik, in die man hineingeworfen wird, wenn man Teil von so einem Ereignis wird. So gesehen ist es keine Übertreibung, wenn man sagt, dass der Vertriebene näher am Leben steht.

IV. Die neue Sprache

Das, was die Vertriebenen auszeichnet, ist das Neue, das noch nie zuvor Gewesene. Die Druckwelle, von der sie vertrieben worden sind, ist so groß, dass sie ihr vorerst gar nichts entgegenzusetzen haben. Sie müssen ihr Dasein überdenken, sie müssen es auf ihre eigene Weise tun. Sie müssen zum Sprechen kommen. Doch Sprechen zu können setzt immer ein Gehört-Werden voraus. So gesehen ist Sprechen-Können vielmehr eine glückliche Fügung und nicht nur ein einseitig ins Leben gerufenes Meisterwerk.

Am neuen Ort muss ein Gefüge aus neuen Sehnsüchten hergestellt werden. Aus diesen Sehnsüchten kommen wir überhaupt ins Sprechen. Und das ist ein Salto mortale: Die Vertriebenen müssen das gewohnte Leben überwinden, wofür sie nicht bereit sind, weil sie durch Zwänge dorthin gekommen sind, wo sie sind. Und alte Sehnsüchte zu verlassen würde bedeuten, diesen Zwängen nachzugeben, sie auf eine Art zu genehmigen und somit die eigene Vergangenheit zu verlieren.

Die Suche nach Sehnsüchten ist eine naturgegebene Dialektik, in die man hineingeworfen wird. Die offensichtliche Nähe zum Tod, sein ständiges Anklopfen und die Erinnerung, dass er (bald?) da ist, spielen eine außerordentlich wichtige Rolle. Aus dieser Nähe heraus, wird das Leben generiert. Eine neue Art von Lebendigkeit bildet sich in dieser Gegenwart. Mit Rücksicht auf ein Ende klären sich die Grundsätze, und es bilden sich Gewissheiten. So gesehen stehen die Vertriebenen näher am Leben. Mit dem Leben sind hier keine Lebensumstände gemeint, auch nicht die Lebensqualität.

Es treten diverse Versionen einer möglichen Zukunft hervor, ohne dass sie stattfinden. Ohne dass irgendetwas passiert. An dieser Stelle, aus der Notwendigkeit heraus, am alltäglichen Geschehen teilzunehmen, kann eine neue Sprache wachsen.

Die Qualen des Vertriebenen fordern ähnliche Bewältigungsstrategien, wie vom Künstler eine Suche nach Ausdruck gefordert ist. Beide kennen die Suche nach Mitteln, sich das Vergangene zu vergegenwärtigen, um in der Gegenwart anzukommen. Mit ihr zu sein. Die Verortung des Unbekannten führt zur Neuschöpfung von Symbolen. Es geht darum, die Gegenwart in einen Kristall zu verwandeln. Je nach Perspektive können die Strahlen der Vergangenheit immer neu brechen und neue denkbare Horizonte aufzeigen. Diverse Ansichten durchdringen sich und eröffnen Zugänge, die das Vergangene zur Geschichte werden lassen, die nicht mehr gequält ist.

Hier sind Worte Werkzeuge, die einem ermöglichen, das Vergangene zu ertragen. Es zu erzählen, um überhaupt von der Zukunft sprechen zu können. Von der Geschichte hängen künftige Handlungen, Hoffnungen und Träume ab, je nachdem wie man seine bisherigen Bewegungen interpretiert. Ohne Gedächtnis gibt es keine Musik. Ohne Gedächtnis gibt es keine Kultur. Ohne Gedächtnis gibt es gar nichts. Alles existiert in Bezug auf etwas zuvor Gewesenes, auf einen Zusammenhang, auf eine Anordnung.

V. Das Ankommen

Ein Schrei ist die erste Äußerung eines Neugeborenen, nachdem es von seiner Mutter herausgepresst bzw. herausgedrückt wurde. Ich bin der Ausdruck meiner Mutter und ungewollt auf der Welt. Ausgedrückt von einer großen Bewegung ist der Vertriebene ins Exil geworfen. Das erste Sprechen kommt aus diesem Ur-Trauma heraus. Aus einer Notwendigkeit, das Werden zu begreifen. Diesen Urschrei würde es aber nicht geben, gäbe es die Mutter nicht, die ihn hören kann. Gäbe es die Hörenden nicht.

Sollte es aber einmal gelingen, den besagten Salto mortale zu vollbringen, sollte man dieses Meisterwerk, Sprechen zu können, endlich einmal beherrschen, wäre man damit immer noch nicht angekommen. Es bleibt die Frage, an wen man sich richten kann. An wen man dieses Drehbuch sendet. Diese Geschichte darf nicht in irgendeiner Schublade landen. Dieses Meisterstück darf auf keinen Fall in ein vorhandenes Genre einsortiert werden, z. B. eingestuft als Gruselkram, mit der Signatur: Story aus erster Hand. Vielleicht geht es aber auch nicht darum, stets neue Kategorien zu schaffen? Wir wissen doch, dass jedes Leben einmalig ist. Vielleicht liegt das Problem bei denen, die zuhören könnten? Bestehende Gattungen können bei ihnen keine Risse erzeugen. Für den anderen gibt es dort keinen Platz.

Lohnt es sich also überhaupt zu sprechen … Lohnt es sich, einen Brief ohne Empfänger zu schreiben, wenn die Adressaten nicht die Botschaft empfangen können?

Sprechen-Können setzt ein Gehört-Werden-Können voraus. Zuhören genügt nicht. Denn das Auftauchen des anderen ist nicht möglich ohne die Drohung einer radikalen Unterbrechung des Ichs. Erst dadurch kann der andere empfangen werden. Im Hören – in der Abwesenheit des Selbst – gewinnt das Fremde die Umrisse eines Gesichts, und das Gespenst seiner (Be-)Drohung schwindet.

Eine Begegnung anzustreben bedeutet, eine Art von Ökonomie zu verfolgen, in der Gabe und Rückgabe sich nicht gegenseitig bedingen. Die Begegnung mit der Welt ist eine asynchrone Begegnung, in der die Spuren der Arbeit auf eine gewisse Art unsichtbar bleiben. Nichtsdestotrotz: Mit dem Erlernen dieser Sprache und dem Verschaffen des Gehörs müssen Räume entstehen, damit die anderen Sprachlosen nachrücken können. Das ist die Essenz.

PS. Die Geschichte mit Drago

Drago kam auf einem Grillfest auf mich zu und erzählte mir seine Geschichte: Er kam 1991 nach Deutschland, Hamburg. Dort gründete er eine Familie, bekam eine Tochter und gleich danach seine Abschiebung. Er verließ Deutschland mit seiner ganzen Familie, um für alle eine neue Bleibe zu finden. Zwischen 2001 und 2008 waren sie in Deutschland-Frankreich-Spanien-Italien-Albanien-Italien-Albanien-Montenegro-Bosnien-Schweden-Deutschland … Ganz besonders blieb mir die Strecke Italien-Albanien-Italien-Albanien in Erinnerung. Das waren illegale Bootstouren. Einmal wurden sie von der Zollpolizei fälschlicherweise als Drogendealer identifiziert. Sie versuchten, ihr Boot mit einem Netz zu fangen. Zum Glück hat es nicht geklappt. Sie mussten zurückkehren. Ein anderes Mal hat er seiner Gruppe wegen eines Unwetters vorgeschlagen, nicht rauszufahren und die Überquerung an einem anderen Tag zu versuchen … Am nächsten Tag hörten sie, dass eine Gruppe von Flüchtlingen in einem anderen Boot gekentert war.

Eine Woche später traf ich Drago wieder. Er brachte Theresa und mir ein Stück Wassermelone. Wir plauderten. Ich fragte ihn, ob er mir noch einmal die Geschichte erzählen würde, in Form eines Interviews. Nein, lieber nicht. Ich sagte ihm, dass ich selbst ein Flüchtling war. Außerdem würde ich es gern schaffen, dass sich die Leute anhören, was sich z. B. hinter einem Zeitungsartikel mit diversen Statistiken und Zahlen der Flüchtlinge in Deutschland und in Europa verbirgt. Wie schwierig ihr Leben ist, und was es bedeutet, wenn die Behörden es noch schwieriger machen … Er zuckte zusammen, schaute nach oben und sagte: »Du hast recht, das müssen wir machen. Aber ich möchte kein Interview. Ich möchte eine schriftliche Aussage machen.«

Wir verabredeten uns für den nächsten Tag. Ich hatte Block und Stift dabei. Er war nicht pünktlich. Ich rief ihn an.

»Drago, ich warte hier auf dich, du wolltest doch eine Aussage machen?«

»Ich bin gerade in der Stadt mit meiner Frau, einkaufen. Ich komme in einer Stunde. Aber lass uns lieber am Freitag die Aussage schreiben.«

Eine Stunde später war ich immer noch vor Ort. Als er kam, war er überrascht, aber setzte sich neben mich.

»Meine Frau meint, du solltest für mich eine Arbeit finden. Oder meine Aufenthaltserlaubnis klarmachen. Ich habe eine Aussage bei der Ausländerbehörde abgegeben und möchte keine weitere machen.«

Lena Gorelik

Literatur der Passage
Über vergessene Fragen bei Erzählungen von Flucht

»Weil Gott die Dichter auserwählt hat, grub er ihnen auf jedem Pfad eine Grube.« Das schreibt die in Tunesien geborene Dichterin Najet Adouani, die derzeit als Gast des »Writers in Exile«-Programms des deutschen PEN in Berlin lebt, weil sie von heute auf morgen, ohne sich von ihren Söhnen verabschieden zu können, denen sie sagen musste, dass sie in Urlaub fährt, fliehen musste. Fliehen musste sie, weil sie gekämpft hat für das freie Wort und für Frauenrechte. Sie hatte mit Worten gekämpft, mit der Schönheit der Sprache und der Melodie von Poesie, und deshalb musste sie ihre Heimat verlassen. »Da war nur Kälte, Blindheit, Nichts«, sagt sie über den Flug nach Deutschland. Nun lebt sie in Berlin, und sie schreibt, und in ihren Gedichten versucht sie festzuhalten, was sie fühlt. Sie schreibt viel über die Suche nach Freiheit, und sie schreibt über den Schmerz des Schreibens, auch des Schreiben-Müssens, und worüber sie nicht schreibt, ist: Dass sie ihre Söhne vermisst. Dass sie ihre Heimat verlassen musste, bereits zum zweiten Mal übrigens. Dass sie ihre Mutter möglicherweise nie wiedersehen wird. Sie schreibt großartige, leise und mutige Gedichte, die auch ins Deutsche übersetzt werden, aber in jedem Interview, das mit ihr geführt wird, findet sich folgende Frage: »Warum schreiben Sie so wenig über ihre Flucht?«, man könnte sagen über die Passage, über den Weg von hier nach dort. Sie schreibt über die Freiheit, über die Freiheit des Wortes und über die Freiheit zu sein, und sie sehnt sich, nach der Freiheit zu sein von ihrer Passage. »Selbst wenn man über Schmerzhaftes schreibt, breitet man seine Flügel aus. Ich versuche das immer. Den anderen zuliebe, die keine Stimme haben, muss ich frei sein. Nichts kann mich davon abhalten, meine Schwingen auszubreiten«, sagt Najet Adouani.

Die Wege, die wir gehen, sind wir, oder sie sind das, was uns zu dem macht, was wir sind. Schmerzvolle Momente, prägende Begegnungen, Sätze, die wir uns wortwörtlich merken, Anblicke, die wir im Kopf als Fotos knipsen und als Bilder zu merken versuchen, ebenso all das, was wir zu vergessen suchen, und was wohl gerade deshalb so hartnäckig, meist in Ängste, Zweifel und Aggressionen verkleidet, zu unerwarteten Zeitpunkten an die Oberfläche kriecht: All das ist, was uns zu den Individuen macht. Über Menschen, die auf der Flucht sind, sagt man, sie haben ihr Zuhause verloren oder haben ihre Heimat verlassen, aber das ist ein Euphemismus: In erster Linie verlieren sie sich selbst. Sie verlieren die Festigkeit, die das Kennen ist: Man verlässt, selbst wenn sich die eigene Heimat – und in diesem Fall würde ich Heimat in ihrem ursprünglichen Sinne als Herkunftsort, der Ort, den man am besten kennt, definieren – in einem desolaten, lebensgefährlichen Kriegszustand befindet, nicht nur die Schauplätze eines Krieges. Man verlässt Familie, man verlässt Menschen, man verlässt eine Kultur, eine Sprache, man verlässt Geräusche und Gerüche, man verlässt letztendlich sich selbst. Man nimmt nichts mit, Erinnerungen vielleicht, auch die Erinnerung an ein Grundvertrauen, an die einfache, kindliche, auch ursprüngliche Weisheit, dass Zuhause eben Zuhause ist. Sätze wie diese – man nimmt nichts mit außer Erinnerungen – scheinen klischeehaft, aber sie sind im Falle einer Flucht, insbesondere einer Massenflucht, wie wir sie in den vergangenen Jahren erlebt haben, wie die aus dem bekriegten Syrien, eine Realität. Die Erinnerungen ordnet man ein in eine Narration, die diesem Lebensweg, dieser »Passage« – ein, meinem subjektiven Gefühl nach, zu Französisch, zu vornehm klingendes Wort, um diese Art von Weg zu beschreiben – eine Sinnhaftigkeit gibt, die einem ein Leben danach erlaubt. So eine Passage, am Bildhaftesten ist wohl die über das Mittelmeer mit schaukelnden Booten, die dem buchstäblich rettenden Ufer zustreben, ist auch ein Weg von dem, was man einmal war, zu etwas, was man sein wird, ohne eine Entscheidung darüber getroffen zu haben. Es ist ein Weg von einem Ich zu einem anderen, zu einem, das keine Grundlage, keine Konsistenz und manchmal auch keine Zukunft hat.

Diese Passage ist nichts Abgeschlossenes, die Passage ist ein ewiger Zustand. Das hat nichts mit den Alpträumen zu tun, die einen an die Überlebensangst im Mittelmeer oder den Hunger auf der Flucht erinnern, und das hat nichts zu tun mit Erinnerungen, den schönen und den schlechten, aus denen sich unsere Vergangenheit zusammensetzt. Es hat damit zu tun, dass ein Weg von einem Leben ins andere niemals abgeschlossen sein kann. Es hat damit zu tun, dass der Riss, der mit einer erzwungenen Entwurzelung beginnt, ein Teil des eigenen Ichs, der Selbstidentifikation werden muss. Das zu akzeptieren fällt zuweilen nicht leicht. Das gilt im Übrigen für unterschiedliche Akteure: Sowohl für diejenigen, die die Passage erlebt oder auch überlebt haben, als auch für uns, die wir ihr neues Leben bilden. Wenn in politischen, aber polemisch aufgeladenen Diskussionen von gelungener Integration gesprochen wird, so meint man oft didaktisch einen abgeschlossenen Prozess, als hätten die Menschen, die sich dieser Aufgabe – und muss es denn eine Aufgabe sein? – stellen müssen, eine »To-Do-Liste« abzuarbeiten, das, was sie einmal waren, was sie geprägt hat, was sie zu Menschen gemacht hat, hinter sich zu lassen. Die Menschen, die fliehen, die im übertragenen wie buchstäblichen Sinne einen langen Weg hinter sich haben, haben nicht etwas hinter sich gelassen, sondern etwas mitgebracht. Erinnerungen, eine Kultur, eine Prägung, aber auch eben ihre Passage. Eben diesen Weg.

Wenn ich über die Literatur der Passage spreche, so kann ich das in vielerlei Rollen tun. Ich kann das als Literatin tun, als jemand, dessen Arbeit und Glück und Inhalt des Lebens es ist, sich mit Literatur und Literaturen auseinanderzusetzen. Ich kann es als jemand tun, der Literatur der Passage verfasst hat: Als jemand, der Passagen aufgeschrieben hat, eigene, fremde, die mir erzählt wurden, und diejenigen, die in meinem Kopf, man sagt, unter der Feder eines Autors entstanden, was aber eine Lüge ist: In erster Linie entstehen Figuren und Geschichten, entsteht Literatur da, wo Herz und Kopf sich zu streiten beginnen und man nach Worten suchen muss. Ich kann es als jemand tun, der selbst eine Passage hinter sich gebracht hat: Als elfjähriges Kind wurde ich von meinen Eltern – so war trotz der monatelangen Vorbereitungen das Gefühl – von zuhause nach Deutschland verfrachtet, bis ich mich in einer deutschen Schulklasse wiederfand – so passiv war auch dieses Gefühl: Sich wiederfinden, als hätte ich keine eigentliche, zumindest keine eigene, keine gewollte Bewegung vollbracht – in der ich anhand von Zahlen den Mathematikunterricht und anhand von Musiknoten den Musikunterricht erkannte, und ansonsten nicht sicher sagen konnte, in welchem Schulfach ich gerade saß. Ich könnte mich zu entscheiden versuchen, in welcher Rolle ich jetzt hier stehe und etwas zu dem Thema Literatur der Passage erzählen, aber die Wahrheit müsste eine andere sein: Selbst wenn ich mich entscheiden würde, hier als Literaturexpertin zu schreiben, wäre auch meine Passage, mein Weg, ein Teil der Literaturexpertin, die hier formuliert, der Weg wäre nicht abgeschlossen, und abgeschlossen – das kann ich jetzt erst, erst viele Jahre später sagen – wird er hoffentlich niemals sein.

Wenn einer Dichterin wie Najet Adouani – und sie ist nicht die Einzige, die diesem Phänomen begegnet – mit Fragen unterstellt wird, sie habe sich literarisch mit ihrer tatsächlichen, der als solche gelebten Passage auseinanderzusetzen, so ist die Prämisse einer solchen Frage, ihr literarischer Weg müsse dem tatsächlich folgen, aber vielleicht liegt bereits in dieser Aussage zu viel Anspruch. Möglicherweise ist da auch eine Neugierde, ein lebendiges Interesse dahinter, wir wüssten gerne, wie es war, wie es ist. Wenn wir aber solche Fragen stellen, so müssen wir auch immer bedenken, warum und wie und aus welchen Notwendigkeiten heraus jemand erzählt. Ist die Erzählung eine Antwort auf häufig gestellte Fragen? Ist der Impuls einer Antwort einer Schuldigkeit entsprungen?

Ein Dichter aus dem Iran erzählte mir vor Kurzem, er hatte lange Zeit das Gefühl, er müsse seine Geschichte in Deutschland und den Deutschen immer wieder erzählen, immerhin haben sie ihn aufgenommen, ihm eine Zuflucht gewährt. Dankbarkeit, die er nicht mit Taten zu stillen wusste, also hat er sie mit Erzählungen und Geschichten gestillt. Bis der Regen nicht aufhörte und der Sommer sich nicht zeigte und er in Depressionen zu verfallen begann und anfing, genau darüber zu schreiben: über das Ausbleiben des Sommers. Über die Unendlichkeit deutscher Regentropfen. Und er erzählte mir, selbst sichtlich erstaunt, wie er damit über etwas anderes zu schreiben begann: über die Unendlichkeit deutscher Fragen. Als er aufhörte, immer und immer wieder aufs

Neue zu erzählen, begann er über das zu schreiben, wonach sich die Fragen gerichtet haben: über die Passage. Und den Wunsch, diese nicht zu erzählen. Was einer der vielen Wege ist, über Schmerzhaftes, Verlorenes, Tödliches zu schreiben: Man erzählt das Schweigen und all das, was zwischen den Worten steht.

Man kann auch eine Passage erzählen, indem man das Danach erzählt. Abbas Khider, ein irakischer Schriftsteller, der bereits mit 19 Jahren wegen seiner politischen Aktivitäten festgenommen wurde und nach seiner Entlassung floh, hat 2016 einen viel beachteten und mehrmals ausgezeichneten Roman mit dem Titel *Ohrfeige* veröffentlicht, in dem er die Geschichte eines Flüchtlings erzählt, der abgeschoben werden soll und kurz vor der Abschiebung die für ihn zuständige Mitarbeiterin der Ausländerbehörde fesselt, um sie zu zwingen, sich seine Geschichte anzuhören und endlich keine Nummer mehr zu sein. Abbas Khider erzählt vom Bleiben-Wollen und Nicht-bleiben-Können. Er erzählt vom Fremdgefühl und von der Angst und vom Streben danach, ein Mensch zu sein. Er erzählt eine Passage, die nicht an ein Ende führte, weil am Ende nichts war; er erzählt einen Menschen, der keinen Ort hat, weil ihn der Ort, den er verließ, nicht mehr will, und der, an dem er Zuflucht suchte, ihn ebenfalls nicht will. Abbas Khider erzählt das Danach, und das, was nicht übrigblieb, vielleicht erzählt er einen Protagonisten, der kein Mensch mehr ist, und genau, indem er sie nicht erzählt, erzählt er sowohl die vorangegangene als auch die bevorstehende Passage dieses Geflüchteten, der abgeschoben werden soll:

Die deutschen Fahrgäste wollen sich mit mir jedoch über nichts anderes unterhalten. Die Fragen sind immer dieselben:

Woher kommen Sie?

Wann kehren Sie in Ihr Heimatland zurück?

Der 11. September war abscheulich, sehen Sie das auch so?

Können die Araber überhaupt demokratisch denken?

Sind Sie Muslim?

Wie denken Sie über das, was die Amerikaner in Ihrem Land angestellt haben? Sehen Sie es als Befreiung oder Besatzung?

Ist das Leben jetzt besser ohne Diktatur?

Was glauben Sie – wird es mit der Demokratie dort funktionieren?

Nie macht sich einer mal Gedanken über mein gegenwärtiges Leben. Über die Schwierigkeiten mit der Aufenthaltserlaubnis, die Folter in der Ausländerbehörde, die Schikanen des Bundeskriminalamtes, über die Peinlichkeiten des Bundesnachrichtendienstes oder die Banalitäten des Verfassungsschutzes. Und warum fällt niemandem die Tatsache des Polizeirassismus auf? Was bedeutet es für mich, wenn ich weder in der Heimat noch in der Fremde leben darf? Frau Schulz?

Neben dem Schweigen, dem Danach, dem Davor, dem Erfinden neuer Figuren, der Verfremdung von Kontexten und Fakten, dem Sprechen über die Freiheit, wie die eingangs zitierte Autorin Najet Adouani es tut, gibt es noch viele andere Mittel und Wege, Passagen zu erzählen. In meinem ersten Roman *Meine weißen Nächte* – »erfundene« Protagonisten, die mit meiner Familie erstaunliche Ähnlichkeiten hatten – beschrieb ich unter anderem auch einen Teil meiner Passage: Die Zeit, die meine Familie in einem Asylantenwohnheim hinter Stacheldraht hauste, die Zeit, in der meine Großmutter täglich weinte und meine Eltern zu sprechen aufhörten, oder ich mir das genauso merken musste: Dass sie nicht mehr sprachen, vielleicht, weil ich mir nicht merken wollte, was sie tatsächlich sagten. Ich hatte darüber geschrieben, und ich hatte es mit Humor getan, weil sich jede – noch so traurige, noch so desaströse – Geschichte mit Humor erzählen lässt, und weil es auch was Comedyhaftes hat, wenn die Wände in einer Baracke, in der Flüchtlinge zusammengepfercht wohnen, fünfköpfige Familien in 12-qm-große Zimmer untergebracht, so dünn sind, dass, wenn in einem Zimmer gefragt wird, wie das Wetter heute werden soll, jemand drei Zimmer weiter antwortet, dass die Sonne scheint. So kann man das erzählen, so bringt man den Leser zum Schmunzeln und wird möglicherweise auch von der Kritik dafür gefeiert, schwere Sujets mit Humor zu erzählen und der Melancholie eine Leichtigkeit zu verleihen, und was man dann nicht erzählt, und was man erfolgreich verschweigt, sind die Verletzungen und die Erniedrigungen und die Verzweiflungen und auch all die anderen menschlichen Makel, die zwischen den dünnen Wänden weitergegeben werden.

Ich habe viele andere Menschen hier bei uns ankommen sehen müssen, und ich habe sie suchen sehen müssen, ein Gefühl, und ich habe über sie und ihre Suche schreiben müssen, um an diesen Ort zurückkehren zu können. Um über meine eigene Suche zu schreiben. Ich habe 22 Jahre gebraucht, um diesen Ort schreiben zu können. So viel zum Thema Passage als abgeschlossener Moment. Ich habe 22 Jahre gebraucht, um ehrlich schreiben zu können, um den Humor nicht zu brauchen, nicht als Absicherung und nicht als Selbstschutz, und auch nicht, um zu verbergen, wer ich tatsächlich war. Und um sagen zu können, diese Passage, die bin auch ich. Ich habe 22 Jahre gebraucht, um das hier schreiben zu können:

Ich litt unter schlimmen Nebenhöhlenentzündungen, die Holzbaracke wurde nicht beheizt, der HNO-Arzt stach mir wöchentlich Spritzen durch die Stirnhöhlen, während er in einer Sprache auf mich einredete, die ich nicht verstand, und vorher schlug ich auf meine Mutter ein, weil sie mich diesem Mann überließ. Abends kam das Fieber, und kam der Husten, meine Großmutter weinte immerzu, nicht aus Sorge um meine Gesundheit, sie weinte, weil sie dieses neue Leben nicht verstand. Meine Eltern weinten nie.

Mir ist kalt, und das Flüchtlingswohnheim kriecht in mich und breitet sich aus wie ein Fieber. Am nächsten Morgen stehe ich auf, zu früh, von der Angst vor Erinnerungen aus dem Bett gejagt, und mir fehlt die Erkältung, mir fehlt die verstopfte Nase und der Halsschmerz beim Schlucken. Das Fieberthermometer zeigt 36,9. Kopfschmerzen habe ich nicht, aber der Körper fühlt sich fiebrig an, es schüttelt mich, ich setze mich auf den Boden mit dem Rücken an die Heizung. Ich wurde überfahren. Hör mir zu, sagt mir jemand, der mich sehr gut kennt, hör mir genau zu. Das war einmal. Das Flüchtlingswohnheim, das bist nicht du. Das sagt er, aber er behält nicht Recht. Ich bin das Kind, das vor einem Lastwagen stand und Essenspakete entgegennahm, Dosen mit passierten Tomaten und Mais und Thunfisch, es trug sie ins Zimmer und stellte es auf das Fensterbrett, weil in der Küche Lebensmittel ständig geklaut wurden. Ich bin das Kind, das bis heute keine Dosen erträgt. Ich bin das Kind, das sich nachts in den Schlaf zu husten versucht, das von Geräuschen so vieler Fremder geweckt wird, sobald es den Schlaf mal findet. Das Kind liegt im oberen Stockbett und zählt die Löcher in der weißen Decke, und wenn es geweckt wird, so vergräbt es die Nase in der blau-karierten, unangenehm gestärkten Bettwäsche, die alle zwei Wochen beim Wohnheimchef, einem Bulgaren, den die Erwachsenen regelmäßig für verschiedene Zwecke zu bestechen versuchen, gewechselt werden kann. Das Kind ist zu einer Frau geworden, und die Frau hat in verschiedenen Ländern, Städten gelebt, in vielen Wohnungen, Häusern, Hotels, in Hunderten Betten geschlafen, aber jedes verlassen, sobald sie karierte Bettwäsche sah. Ich fühle mich fiebrig, auch zwei Tage nach diesem Besuch, auch, als meine Mutter mich fragt: Wie war es denn nun, im Wohnheim? Ich gebe keine Antwort darauf, weil die Antwort nur eine Frage sein kann: Warum hast du niemals geweint?

Wir legen uns unsere Geschichten zurecht. Ich habe geweint, sagt meine Mutter, heimlich habe ich geweint, nachts habe ich geweint, immer nur um dich. Um mich, wundere ich mich und blicke sie endlich an, weil ich mich nicht an ihre streichelnden Hände erinnern kann, und auch nicht an beschützende Worte. Ja, immer nur um dich, weil ich dachte, dein Bruder ist groß, deine Großmutter hat ihr Leben gelebt, dein Vater kommt schon zurecht, aber was wird mit dir, wenn mir etwas zustoßen sollte, was wird mit dir, dem Kind, das in diesem Land keinen Menschen kennt?

Nachts, sagt meine Mutter, wenn du gehustet hast, damals, als du so krank warst, und ich unterbreche sie, ja, ich weiß, die Wände waren so dünn, sagt meine Mutter. Die Wände zwischen den Zimmern wie die Außenwände: dünne Holzbretter, aneinandergezimmert, und die lustigen Geschichten aus dem Wohnheim gehen so: Fragte einer in seinem Zimmer, wie das Wetter heute sei, so antwortete jemand, der drei Zimmer weiter lebte, die Sonne wird scheinen. Nachts, sagt meine Mutter, wenn du gehustet hast, damals, als du so krank warst, da schrie der Mann aus dem Zimmer nebenan, dessen viel jüngere Frau ihm immerzu drohte, ihn zu verlassen, warum nur habe er sie hergebracht: Tut das Kind weg! Bringt eure Tochter raus, so kann meine Frau nicht schlafen!

Weißt du noch, sagt meine Mutter, nächtelang saß ich neben dir, habe deine Brust gestreichelt, damit der Husten aufhört, und deine Stirn glühte immerzu. Ich erinnere mich nicht, und ich sage nicht, aber ich habe doch oben im Stockbett geschlafen, wie willst du da neben mir gesessen haben. Ich weiß nichts, die Erinnerung betrügt mich, seit ich das Wohnheimgelände nach 23 Jahren wieder betreten habe. Was hat mein Vater gemacht, hat er den Mann zurück angebrüllt, frage ich, und meine Mutter, die nur mit den Schultern zuckt, das weiß ich nicht mehr, auch sie von der Erinnerung betrogen.

Wenn ich das hier, 23 Jahre, nachdem ich das erlebt habe, ein Jahr, nachdem ich das aufgeschrieben habe, vorlese, dann denke ich, dass die Passage nicht nur nicht abgeschlossen ist. Ich denke, dass ich vielleicht, wenn ich das hier vorlese, mich genau in ihrer Mitte befinde.

Wann und wie und wer erzählt also diese Passagen? In Zeiten, in denen sich laute, erboste, hämische Stimmen gegen Menschen aus anderen Ländern erheben, in denen so viele, die Angst haben vor Phänomenen, die sie nicht näher zu definieren wissen, lauthals mit Begriffen wie Überfremdung um sich werfen, bekommen Geschichten von Passagen eine besondere Bedeutung. Und eine größere Bedeutung bekommt auch die Frage, wer und warum und wie sie erzählt werden. So wichtig das Erzählen dieser Geschichten ist, so interessant sie auch in diesen Zeiten scheinen, muss man Acht darauf geben, welche Bilder man erzählt. Und warum. Derzeit haben Autoren ein Portal gegründet, das »weiterschreiben.jetzt« heißt: Es geht darum, geflüchteten Autoren dabei zu helfen, literarisch in Deutschland Fuß zu fassen. Es geht aber auch darum, dass man sich als Autoren begegnet – ein Autor, der einem Kollegen die Hand schüttelt, ein Mensch, der einem anderen begegnet – nicht darum, Hilfe in Hierarchiegebilden weiterzugeben. Jeder der Autoren, die bei diesem Projekt mitmachen und sich Hilfe bei Übersetzungen oder Netzwerkkontakten erhofft, hat in seinem Eingangsstatement deutlich gemacht, als Autor, nicht als geflüchteter Autor wahrgenommen werden zu wollen. Wir Autoren, die wir derzeit immer mehr auch zu politischen, engagierten Autoren werden, müssen aufpassen, dass wir in unserem lauten Einstehen für Demokratie, Vielfalt, Vielstimmigkeit, mit dem Zweck, anderen, die keine Stimme haben, eine zu verleihen, uns unserer Haltung bewusst sind. Der Grat ist schmal, und wir wissen nicht immer, wann wir ihn übertreten. Das geht dann so:

Fremdschämen: Das ist, wenn man sich für Fremde schämt. Ich bleibe sitzen, und ich schüttle meinen Kopf, und ich blicke auf meine Schuhe, und vielleicht laufe ich auch rot an, um das letzte Klischee zu erfüllen, aber später denke ich, vielleicht hätte ich aufstehen müssen, etwas sagen. Mit anderen Worten: Später kommt der Fremdscham das »Fremd« abhanden. Ich saß da nur so, rutschte unangenehm berührt auf meinem Stuhl hin und her, blickte ungeduldig auf die Uhr, wieder zur Bühne. Suchte nach Spuren von Entrüstung in ihrem Blick.

Auf der Bühne stand eine Frau. Die Frau stammte aus Afghanistan. Sie hatte eine dieser Geschichten, von denen man gerne glauben würde, es gäbe sie nur auf der Leinwand, in Romanen, erlebt. Vielleicht ist aber auch »überlebt« das richtige Wort an dieser Stelle. Eine junge, kluge, schöne, ehrgeizige Juristin, die an Freiheit und Wissen glaubte, die gegen ihren Willen verheiratet wurde mit einem Mann, der sie paranoid des wiederholten Betrugs beschuldigte, der sie für diesen nie stattgefundenen Betrug schlug, ihr das Studieren verbot, sie permanent erniedrigte, später so weit ging, die gemeinsamen Söhne zu entführen. Sie hält ein Bild hoch, auf dem sind zwei grinsende Jungs zu sehen: Zwei Jahre lang war dieses Bild das Einzige, was sie von ihren Kindern sah: So lange brauchte sie, um sie wiederzufinden. Noch mal so lange, um mit Stationen in vier Ländern Deutschland zu erreichen. Es wäre schön, wenn Deutschland das Happy End dieser Geschichte wäre, aber das ist es nicht. Viele Jahre in Flüchtlingsheimen, in denen sie als Alleinerziehende schikaniert wurde, ein psychisch erkranktes Kind, ständige Angst vor der Abschiebung, Angst vor dem Mann, der ihr nach Deutschland folgte und das Sorgerecht für die Kinder wollte. Heute, da sie auf der Bühne steht, ist es eine dieser Wundergeschichten: Aus ihr spricht der Charme und die Kraft, sie arbeitet als Übersetzerin und engagiert sich ehrenamtlich, indem sie minderjährigen Geflüchteten ohne Begleitung hilft, ihre Kinder sind, wie sie sagt, Menschen geworden, die anderen ein Beispiel sind.

All das erzählt sie, sie erzählt all das offen, und sie tut das auf der Bühne, und sie hat Bilder mitgebracht von ihren Kindern, ihren Vorfahren, ihrer Familie. Sie erzählt es, damit. Damit wir verstehen, was nicht zu verstehen ist, also damit wir eine Ahnung bekommen, damit *die* Geflüchteten Gesichter bekommen, und die Gesichter Geschichten, und damit die Geschichten Ängste verjagen. Das ist die Hoffnung, und einen Schritt weiter – nämlich, ob diejenigen, die Angst haben, tatsächlich diese Geschichten hören, ihnen zuhören wollen – denkt man lieber nicht. Der Selbstschutz ist einer Machtlosigkeit, einer Verzweiflung geschuldet: Was sonst? Lieber nichts tun? Also tun wir, wir Öffentlichkeitsmacher, wir Kulturschaffende, wir, die wir meinen, eine Stimme zu haben, aber wer hört uns zu. Kaum ein Stadttheater, das nicht das Thema Flucht in einem Stück, einer Performance aufnimmt, keine Lokalzeitung, die nicht neue Nachbarn vorstellt in Serie, kein Literaturhaus, das nicht geflüchtete Autoren zu Wort kommen lässt, und Bilder, Zeichnungen, Fotografien, die Boote auf dem Mittelmeer zeigen, sind auch überall zu sehen. Dahinter steckt ein wichtiger, ein bedeutungsträchtiger Wunsch: Der, lauter zu sein, als die anderen. Die, die mit anderen Bildern um sich werfen, die mit Ängsten spielen, bis sie diese in Ressentiments, Überzeugungen und Wählerstimmen verwandelt haben, schlimmer vielleicht noch in Angriffe. Wir sind uns unserer Verantwortung als Stimmen der Gesellschaft bewusst, man wird jetzt wieder politisch als Autor, Theatermacher, Künstler, mit unseren Mitteln ziehen wir in den Kampf gegen Vorurteile, Backlashes und auch gegen den Hass.

So entstehen Veranstaltungen wie diese, bei der ich unruhig, weil fremdschä-
mend sitze – aber seien wir mal ehrlich, ich sitze nicht nur, auch ich stand auf
dieser Bühne. Autoren haben Geflüchtete getroffen, haben sich ihre Geschichten angehört und sie, literarisch, protokollarisch, lyrisch und journalistisch aufgeschrieben – den Geflüchteten Gesichter und den Gesichtern Geschichten
gegeben –, daraus ist ein Sammelband entstanden, nun werden die Geschichten
in Bibliotheken und Buchhandlungen gelesen, und – jetzt muss ich kurz
zynisch werden – diejenigen, die bereits wissen, dass die Geflüchteten keine
angsteinflößende Masse sind, sondern Menschen mit Schicksalen, hören diesen
Geschichten zu. Die Autoren nehmen weder für Geschichten noch für das Lesen Geld, und das Publikum spendet; die Spenden kommen den Geflüchteten
zugute, ein Kreislauf, der für sich funktioniert. Eine Autorin hat für dieses Projekt die Geschichte dieser afghanischen Frau aufgeschrieben, die sich netter-
weise bereit erklärt hat, nach der Lesung auf der Bühne zu stehen und Fragen
zu beantworten, auch die unverschämter Art. Ob sie Angst vor ihrem Ex-Ehemann habe, möchte jemand wissen, und wie oft er sie geschlagen hat, jemand
anders aus der vierten Reihe. Ob das Kind seine psychischen Probleme überwunden habe, und mit wem die Tochter verheiratet sei, mit einem Afghanen
oder einem Deutschen. Mit einem Polen, antwortet die Frau auf der Bühne,
und ich achte darauf, sie verzieht kein Gesicht. Ob sie wisse, ob ihr nun auch in
Deutschland lebende Ex-Ehemann von den Behörden beobachtet werde,
möchte ein Zuhörer ebenfalls wissen, es könne immerhin sein, er sei ein Schlä-
fer, einer, der mit dem IS sympathisiert.

Die Frau auf der Bühne steht mit einer Geduld und einer Freundlichkeit
Rede und Antwort, sie hält der Übergriffigkeit stand und setzt ihr ein selbstbe-
wusstes Lächeln entgegen, und ich weiß nicht, ob sie das merkt: Dass sie sich
beweisen muss. Der psychisch erkrankte Sohn hat seine Wut auf die deutschen
Lehrer, von denen er sich diskriminiert fühlte, von denen er vielleicht / möglicherweise / wahrscheinlich diskriminiert wurde, überwunden und ist somit
keine Gefahr. Auch die Tochter hat das System verlassen und hat sich keinen
frauenfeindlichen muslimischen (wenn auch keinen deutschen) Mann gesucht.
Wenn sie diese Antworten gibt, so nicken die Publikums-Köpfe. Wenn sie die
Schauergeschichte ihres Lebens erzählt, so werden ebendiese Köpfe geschüttelt,
hinter mir wird gar gestöhnt, man suhlt sich in ihrem Unglück, im Mitleid
zerfließt man, wie ich beim Schreiben im Zynismus zerfließe. Später gibt es
noch Wein, aber keine Häppchen, da schüttelt man noch einmal den Kopf über
das eben Gehörte, die Bücher lässt man sich von den Autoren signieren, und
der aus Afghanistan stammenden Frau bietet man Wasser an: Als Muslimin
trinke sie sicher keinen Wein. Später werden die signierten Bücher in die Hand-
taschen gesteckt, die Weingläser abgeräumt, und auf dem Nachhauseweg denkt
man sich als Zuhörer, wie gut man es doch hat im Leben, und das Leid der
anderen, ach Gott, und hoffentlich haben die Behörden den bösen Ex-Mann

dieser Frau bereits im Visier. Aber zuhause geht man zufrieden ins Bett: Heute hat man was Gutes getan. Man hat Geschichten von Geflüchteten gehört.

Ich habe zusammen mit anderen diese Geschichten erzählt. Wir haben sie erzählt, wie so viele andere das auf die eine oder andere Weise getan haben, wir haben geschrieben, um den Menschen Gesichter und den Gesichtern Geschichten zu geben, und wir taten das für das, was wir für einen guten Zweck hielten. Aber wenn ich so dasitze und die Fragen vernehme, die diese Frau beantworten muss, und nichts sage, und nicht weiß, warum ich nichts sage, denke ich, vielleicht gaben wir auch Geschichten, die nicht die unseren waren, frei. Zum Übergriff frei.

Der jesidische Mann, den ich für dieses Buchprojekt interviewt hatte – es war, wir sind doch alle jetzt auch politische Stimmen, bei Weitem nicht das einzige Projekt dieser Art, das ich unterstützen wollte –, sagte mir vor der vorletzten Lesung aus diesem Buch, zu der ich ihn einlud, er werde nicht mehr kommen. Er will nicht mehr immerzu seine Geschichte erzählen. Er ist einen Weg – eine Passage – gegangen, eine, die ihn jeden Tag aufs Neue bewegt. Diesen Weg würde er jetzt weitergehen, indem er ihn nicht mehr erzählt. Ich hätte ihn gerne für diese Worte umarmt, aber wir sprachen am Telefon miteinander, und außerdem war er sehr schüchtern. Er war einfach ein schüchterner Mensch.

Rezensionen

Sonja Klein, Sikander Singh (Hg.): *Die deutsche Exilliteratur 1933–1945. Perspektiven und Deutungen*. Darmstadt (WBG) 2015. 220 S.; Julia Maria Mönig, Anna Orlikowski (Hg.): *Exil interdisziplinär. Exilformen, Beweggründe und politisch-kulturelle Aspekte von Verbannung und Auswanderung*. Würzburg (Königshausen & Neumann) 2015. 150 S.

Wie jedes über einen längeren Zeitraum aktive Forschungsfeld tritt auch die deutsche Exilforschung in unregelmäßigen Abständen in eine Phase der Selbstbefragung ein, die stets sowohl in die Vergangenheit als auch in die Zukunft weist. Einerseits werden die bislang erarbeiteten Erkenntnisse zusammengefasst, eingeordnet und gegebenenfalls in Form von Handbüchern oder Einführungen zugänglich gemacht. Andererseits stellt sich immer auch die Frage nach den Desiderata und der zukünftigen Ausrichtung der Disziplin. Diese Neuorientierungen gehen nicht selten mit einer kritischen Neubestimmung des Forschungsgegenstandes, der Epochengrenzen und der theoretischen Prämissen einher. Nachdem in den 1990ern bereits ein »Paradigmenwechsel« (Ernst Loewy) diagnostiziert und die »Mythen der Exilforschung« (Lutz Winckler) selbstkritisch hinterfragt wurden, hat insbesondere die jüngste ›Ausweitung‹ der Exilforschung in kulturtheoretischer Perspektive dem Feld eine neue Dynamik verliehen. Wie unterschiedlich die Schlussfolgerungen aus dieser Entwicklung ausfallen können, lassen zwei mehrheitlich vom wissenschaftlichen Nachwuchs bestückte Sammelbände erkennen, die 2015 erschienen sind.

Der von Sonja Klein und Sikander Singh herausgegebene Band *Die deutsche Exilliteratur 1933–1945* stellt sich bereits durch die Wahl des Titels ausdrücklich in die Tradition einer vergangenen Hochphase der Exilforschung und assoziiert die gleichnamigen Publikationen von Manfred Durzak (1973) und Alexander Stephan (1979), die jeweils einen repräsentativen Überblick des damaligen Forschungsstandes bieten. Zurückgehend auf eine Tagung in Saarbrücken,

die als »konstruktiv-kritischer Beitrag zu den Diskussionen über Möglichkeiten und Zielsetzungen einer zukünftigen Exilforschung« (aus dem CfP) angekündigt wurde, versammelt der Band Lektüren zu jeweils einem »literarischen Zeugnis« des Exils von Thomas Mann, Arnold Zweig, Heinrich Mann, Bruno Frank, René Schickele, Alfred Döblin, Bertolt Brecht, Johannes R. Becher, Oskar Maria Graf, Gustav Regler, Franz Werfel, Stefan Zweig, Klaus Mann, Else Lasker-Schüler, Lion Feuchtwanger und Anna Seghers. Unter Verweis auf Brecht positioniert die polemische Einleitung von Sonja Klein die Beiträge des Bandes als eine bewusste Gegenbewegung zur kulturtheoretischen, historischen und komparatistischen Öffnung des Feldes in den letzten Jahren. Bedenkenswerte Argumente für eine kritische Auseinandersetzung mit den Implikationen dieser neuen Perspektiven werden jedoch allzu schnell in eine sogenannte »›konservative‹ Exilliteraturforschung« (16) überführt. Indem sie sich mit Nachdruck auf das NS-Exil und auf den Zeitraum 1933 bis 1945 beschränken, möchten die Herausgeber der Gefahr von begrifflicher Beliebigkeit und Konturverlust begegnen. Neben dem regelrecht ›trotzigen‹ Einhegen des Gegenstandes in seine von Beginn an umstrittenen Epochengrenzen und dem Ausblenden der u. a. bei Brecht prominent verhandelten interexilischen Konstellationen (vgl. 95) ist vor allem das Beharren auf dem bestimmten Artikel im Titel problematisch. Nicht nur, dass es *die* deutsche Exilliteratur als Einheit – wie Klein sogar selbst schreibt (9) – nie gegeben hat, der Titel suggeriert zudem einen weit umfassenderen Epochenüberblick als die einzelnen Beiträge einlösen können. Dadurch wird leider eine Stärke des Bandes verdeckt: Er enthält nämlich einige sehr gelungene, theoretisch informierte Re-Lektüren bekannter und weniger bekannter Exiltexte, die sich gerade nicht aus den ›Flügelkämpfen‹ innerhalb der Exilforschung speisen. Hervorzuheben sind insbesondere Jennifer Tharrs Lektüre von Oskar Maria Grafs *Das Leben meiner Mutter*, Moritz Wagners Ausführungen zu Klaus Manns *The*

Turning Point und Jörg Schusters Analyse von Anna Seghers *Transit.*

Als eine diametral entgegengesetzte Reaktion auf die jüngsten methodischen und theoretischen Verschiebungen in der Exilforschung lässt sich der von Julia Maria Mönig und Anna Orlikowski herausgegebene Wuppertaler Tagungsband *Exil interdisziplinär* lesen. Angeregt von den Öffnungstendenzen des Feldes erproben die 11 Beiträge, inwiefern Philosophie, Geschichte, Soziologie, Gender Studies sowie Literatur-, Kultur- und Politikwissenschaften über das Thema Exil ins Gespräch kommen können. Die Bandbreite reicht dabei von exemplarischen biografischen Studien zu einzelnen ExilantInnen der NS-Zeit (Andreas Marquet, Elisabeth Lebensaft / Christoph Mentschel, Brigitte Rath) über Lektüren im Exil entstandener literarischer (Kristina-Monika Hinneburg) und philosophischer (Julia Maria Mönig) Texte bis zu phänomenologischen Untersuchungen des Fremden (Anna Orlikowski, Irene Breuer) oder allgemein philosophischen Reflexionen über Verbannung (Cem Kömürcü). Mit Beiträgen zum jüdischen Widerstand (Mirja Keller), der russischen Emigration nach der Oktoberrevolution (Katharina Bauer) und dem Wissenschaftsexil (Astrid Jakob) gelingt es dem Band trotz seines vergleichsweise geringen Umfangs, zahlreiche Facetten der aktuellen Exilforschung abzubilden, ohne jedoch einen Anspruch auf repräsentative Vollständigkeit zu formulieren. Wie Claus-Dieter Krohn in seinem Geleitwort anhand einer knappen Skizze der historisch veränderlichen Exilforschung und ihrer wechselnden Paradigmen deutlich macht, ist der Band Ausdruck eines inzwischen nahezu abgeschlossenen Generationenwechsels und zeigt den »Stand und die Möglichkeiten der Exilforschung auf der Höhe der Zeit« (9). Im direkten Vergleich zum ›konservativen‹ Ansatz von *Die deutsche Exilliteratur 1933–1945* muss *Exil interdisziplinär* wohl als das Ergebnis einer ›progressiven Exilforschung‹ gelten.

Sebastian Schirrmeister

Quentin Bajac, Lucy Gallun, Roxana Marcoci, Sarah Hermanson Meister (Hg.) in Zusammenarbeit mit dem MoMA New York: *Die große Geschichte der Photographie: Die Moderne 1920–1960.* München (Schirmer/Mosel) 2016. 416 S.;

Anton Holzer, Frauke Kreutler (Hg.): *Robert Haas. Der Blick auf zwei Welten.* Berlin (Hatje Cantz) 2016. 200 S.;

Katy Barron (Ed.): *Unseen. London. Paris. New York. Photographs by Wolf Suschitzky, Dorothy Bohm and Neil Libbert.* London: Ben Uri Gallery & Museum 2016. 112 S.;

Lucia Moholy. A Hundred Years of Photography 1839–1939. Hundert Jahre Fotografie. Hg. vom Bauhaus-Archiv-Berlin. (= Bauhäusler. Dokumente aus dem Bauhaus-Archiv Berlin, Bd. 4). Berlin 2016. 220 S.;

Kurt Kaindl (Hg.), *Die Fotografin Gerti Deutsch. Arbeiten 1935–1965.* Salzburg (Fotohof Edition) 2011. 142 S.;

James Bauer, Sandra Nagel (Hg.) *Jeanne Mandello. Die Welt im Blick. Perspektiven einer deutsch-jüdischen Fotografin im Exil, 1928–1996. Views of the World. Perspectives of an Exiled German Jewish Photographer, 1928–1996.* Salzburg (Fotohof edition) 2016. 88 S.;

Anna Fischer, Chana Schütz (Hg.) *»Berlin lebt auf!« Die Fotojournalistin Eva Kemlein 1909–2004.* Berlin (Hentrich & Hentrich) 2016. 127 S.;

Anna Patricia Kahn, Ben Peter, Michal Amram (Ed.): *Rudi. Discovering the Weissenstein Archive.* Heidelberg, Berlin (Kehrer Verlag) 2016. 160 S.;

Helena Schätzle: *Leben nach dem Überleben. Devoted to life. Überlebende des Holocaust und ihre Familien in Israel. Survivors of the Holocaust and their families in Israel.* Wädenswil (Nimbus Verlag) 2016. 397 S.;

KZ überlebt. Porträts von Stefan Hanke. Ostfildern (Hatje Cantz) 2016. 264 S.

Im Vergleich zu den 80 Millionen Bildern der Bildagentur Getty Images nimmt sich eine Sammlung von über 30.000 Fotografien bescheiden aus. Doch die im zweiten Buch der dreibändigen Geschichte der Fotografie präsentierten Werke aus dem New Yorker Museum of Modern Art heben den exquisiten Charakter des seit 1940 aufgebauten Bestandes hervor. Widmete sich der 2015 erschienene Band III der Zeit von 1960 bis zur Gegenwart, so steht in dem vorliegenden Band *Die Moderne* der Zeitraum von 1920 bis 1960 im Mittelpunkt. Die acht Kapitel »Die amerikanische Moderne 1920–1940«; »Der neue Photograph 1920–1940«; »Surrealismus und Alltag 1920–1940«; »Amerika und der dokumentarische Stil 1930–1950«; »Geschichten aus dem öffentlichen Raum 1920–1960«; »Studio und Schnappschuss 1929–1960«; »Subjektive Experimente 1940–1960«; »Kreative Photographie 1940–1960« offenbaren den brillanten Bilderschatz des Museums. Im großzügigen Layout platzierte hochwertige und sorgfältig gedruckte Reproduktionen zeigen Meisterwerke der Fotografien aus der ersten Hälfte des 20. Jahrhunderts. Fotos mit ikonischem Charakter von Berenice Abbott, Ansel Adams, Richard Avedon, Margaret Bourke-White, Brassaï, Henri Cartier-Bresson, Robert Doisneau, Walker Evans, Lewis W. Hine, Dorothea Lange, Man Ray, Edward Steichen, Alfred Stieglitz und Weegee. Der deutschsprachige Raum wird vor allem durch Karl Blossfeldt, Albert Renger-Patzsch und August Sander vertreten. Auch wenn die politische Zäsur von 1933 in der Gesamtpräsentation der Sammlung keine elementare Rolle spielt, finden sich doch die Namen diverser Fotografinnen und Fotografen, die ins amerikanische Exil gingen: Josef Albers, Ellen Auerbach, Herbert Bayer, Ilse Bing, Robert Capa, Andreas und T. Lux Feininger, Philippe Halsmann, Lotte Jacobi, André Kertész, Lisette Model, László Moholy-Nagy, Martin Munkácsi, Fred Stein und Grete Stern.

Wenngleich er in dieser Auflistung fehlt, zählt der 1898 in Wien geborene und 1997 in Valhalla im Bundesstaat New York gestorbene Robert Haas zu diesen Fotografen. Anlässlich der gleichnamigen Ausstellung im Wien Museum vom November 2016 bis Februar 2017 erschien das großformatige Katalogbuch *Robert Haas. Der Blick auf zwei Welten.* Während seiner Recherchen zur österreichischen Atelierfotografin Trude Fleischmann stieß der Fotohistoriker Anton Holzer auf Robert Haas' Nachlass, dessen Töchter das Archiv ihres Vaters dem Wien Museum überlassen haben. Der Titel von Ausstellung und Buch ist in jeder Hinsicht doppeldeutig: Er erfasst den Fotografen in seiner Arbeit in der österreichischen Heimat wie im amerikanischen Exil. Er erfasst zugleich Haas' doppelte Qualifikation als Fotograf wie als Grafiker resp. Druckkünstler. Haas begann seine fotografische Karriere Anfang der 1930er Jahre, sehr schnell schuf er sich einen Namen als Fotojournalist. 1937 erstellte er für den österreichischen Pavillon auf der Weltausstellung 1937 in Paris eine 8 x 30 Meter große Fotomontage. Ausführlich dokumentiert der Katalog in Wort und Bild die Arbeiten an dieser Montage, die Haas viel Anerkennung einbrachte. Zwölf Jahre zuvor hatte Haas in Wien mit der »Officina Vindobonensis« ein künstlerisches Atelier gegründet, in dem an-

spruchsvoll gestaltete Bücher, Plakate etc. gedruckt wurden. Der farbig illustrierte Beitrag »... an esteemed man of letters ...« würdigt Haas' Arbeit als Grafiker, Kalligraf und Drucker. Der ebenso großzügig bebilderte Beitrag des Herausgebers Anton Holzer gibt detailliert Auskunft über den »Künstler mit der Kamera« und zeichnet Haas' Lebensweg von Wien über London nach New York nach. Das mattgestrichene Bilderdruckpapier garantiert eine hochwertige Wiedergabe seiner Fotoarbeiten, den Wiener Porträt- und Alltagsaufnahmen, den Fotoreportagen in der Illustrierten *Der Sonntag*, den Straßenbildern in New York, den Porträtfotos (z. B. von Albert Einstein oder Oskar Kokoschka). 20 Jahre nach seinem Tod eine späte, aber würdige Anerkennung des vielseitig begabten (Foto-) Künstlers Robert Haas.

Zahlreiche österreichische wie deutsche Fotografen wählten England als Emigrationsland. Allein die Namen der für die Illustrierte *Picture Post* arbeitenden Fotografen unterstreichen ihre Bedeutung für die britische Fotogeschichte. Zu ihnen zählte der 1912 in Wien geborene und 2016 in London verstorbene Wolf Suschitzky. Ihm, der 1924 in Königsberg geborenen Dorothy Bohm wie dem 1938 geborenen englischen Fotografen Neil Libbert widmete die Londoner Ben Uri Gallery von Mai bis August 2016 die Ausstellung und das Katalogbuch *Unseen: London, Paris. New York.* Von Suschitzky, in der Exilforschung längst kein Unbekannter mehr (zuletzt in: Jahrbuch Exilforschung, Bd. 29), werden eindringliche Beispiele seiner »street photography« gezeigt, Schwarz-Weiß-Fotografien, Mitte der 1930er Jahre entstanden, voller Empathie: vom blinden Bettler, vom Scherenschleifer, vom Milchmann, der seinen Handkarren mühsam durch die Straßen schiebt. Bestechend: seine Fotos von den Buchläden in der Charing Cross Road, den Zeitungen und Bücher lesenden Passanten. Irritierend: sein Foto von der »WAR in WAX«-Ausstellung in der Oxford Street im Januar 1945 mit der deutlich lesbaren Aufschrift »Including THE HORRORS OF The GERMAN CONCENTRATION CAMPS«, verbunden mit dem Zusatz »All in Life-like and Life-size Figures«.

Auf dem europäischen Kontinent scheint die 1924 in Königsberg als Dorothea Israelit geborene Dorothy Bohm eher unbekannt zu sein. Auf der Flucht vor den Nationalsozialisten kam sie allein im Juni 1939 nach England. Nach einem Studium der Fotografie am Manchester

College of Technology arbeitete sie seit 1942 in einem namhaften Porträt-Studio, seit 1945 in ihrem eigenen Atelier in Manchester. Nach Kriegsende führten sie gemeinsame Reisen mit ihrem Mann in das Tessin, später nach Israel, die Sowjetunion, nach Südafrika und Asien. Zeitweilig lebte sie in Paris, New York und San Francisco. 1971 war sie Mitbegründerin von »The Photographers' Gallery«, wirkte für die nächsten 15 Jahre als deren stellvertretende Direktorin. 1998 gründete sie ebenfalls in London die »Focus Gallery for Photography«. Nach diversen Einzelausstellungen zählt die 92-jährige Dorothy Bohm heute zu den Nestoren der britischen Fotografie. Ihre ruhigen, stimmungsvollen Fotos pittoresker (Alltags-)Szenen im Paris der 1950er Jahre erwecken nostalgische Schwärmereien, bezeugen aber vor allem den geschulten Blick der Fotografin für die Erfassung des Augenblicks. Getreu ihrem Motto: »I have spent my lifetime taking photographs. The photograph fulfils my deep need to stop things from disappearing. It makes transience less painful and retains some of the special magic, which I have looked for and found.«

Einen höheren Bekanntheitsgrad darf die in Prag geborene und in Zürich verstorbene Fotografin Lucia Moholy (1894–1989) für sich reklamieren. Viele werden ihre Fotos kennen: das Teegeschirr von Marianne Brandt, die Tischleuchten von Wilhelm Wagenfeld, die Aufnahmen der Bauhaus-Gebäude, der Meisterhäuser, ihre Porträts der Protagonisten wie Walter Gropius, Florence Henri und Georg Muche. Es sind die Fotografien von Lucia Moholy, die unseren Blick auf das legendäre Bauhaus bis in unsere Gegenwart prägen. Doch erst nach der Trennung von ihrem Mann László Moholy-Nagy trat sie aus dessen Schatten heraus. Ihr handwerkliches Können, ihr sachlich-klarer Anspruch ließen fortan eine herablassende Bewertung ihrer fotografischen Arbeiten als »Frauenzimmerarbeit« nicht zu.

Die von Oktober 2016 bis Februar 2017 im Berliner Bauhaus-Archiv unter dem Titel »Die englischen Jahre« gezeigten Fotos präsentierten die Lebensleistung einer Frau, die sofort nach der Machtübertragung an die Nationalsozialisten Deutschland verließ und über Prag, Wien, Paris nach London emigrierte. Neben den englischen Landschafts- und Architekturaufnahmen und den ihren Lebensunterhalt sichernden Porträtfotos dokumentierte die Ausstellung vor allem das Zustandekommen ihres 1939 im Penguin Verlag erschienenen Buches *A Hundred Years of Photography*, einer allgemein verständlichen Fotogeschichte, dessen Auflage von 40.000 Exemplaren schnell vergriffen war. Auch mit diesem erstmals in deutsch-englischer Fassung veröffentlichten Standardwerk würdigt das Bauhaus-Archiv mit Lucia Moholy eine brillante Fotografin, die im Exil und viele Jahre darüber hinaus in bewundernswerter Weise ihr Leben meisterte.

Parallel zu der Schau im Bauhaus-Archiv rekonstruierte das Verborgene Museum in Berlin in Zusammenarbeit mit der Galerie Fotohof Salzburg die Lebenswege gleich zweier Fotografinnen. Unter dem Titel »Schicksal Emigration« präsentierten die Kuratoren Kurt Kaindl und Sandra Nagel Fotos und Dokumente zu Gerti Deutsch (1908–1979) und Jeanne Mandello (1907–2001).

Gerti Deutsch, als Tochter eines jüdischen Seilerei-Besitzers in Wien geboren, absolvierte zwischen 1933 und 1935 eine Ausbildung zur Fotografin an der Graphischen Lehr- und Versuchsanstalt in Wien. Ein Jahr später emigrierte sie nach England und eröffnete in London ihr Atelier »Gerti Deutsch of Vienna«. Bei einer Bewerbung für *Weekly Illustrated* lernte sie ihren späteren Mann Tom Hopkinson kennen, der 1940 Chefredakteur von *Picture Post* wurde. In dieser von dem Emigranten Stefan Lorant gegründeten Zeitschrift erschien am 17. Dezember 1938 Gerti Deutschs erste Fotoreportage. Die Trennung von Tom Hopkinson 1950 bedeutete zugleich das Ende ihrer Arbeit für *Picture Post*; bis dahin hatte sie mehr als 60 Bildreportagen zu kulturellen wie politischen Themen für die Illustrierte geliefert. Dabei handelte es sich um Bildstrecken mit bis zu 20 Aufnahmen. Berührend sind ihre Fotos von jüdischen Kindern bei ihrer Ankunft aus Deutschland 1938, beeindruckend aber auch die Fotos von österreichischen Kriegsheimkehrern. Es zeichnet das begleitende, von Wolf Suschitzky eingeleitete Katalogbuch aus, mehrere Beispiele von Deutschs Pressefotografien zu reproduzieren, sowohl in der von *Picture Post* gedruckten Form als auch in der Präsentation von Vor- und Einzelstudien. Die Dokumentation ihrer Arbeiten berücksichtigt auch ihre Fotografien aus Nachkriegsösterreich, von den Salzburger Festspielen wie nicht realisierte Buchprojekte, so z. B. einen geplanten Bildband über Japan. Gerti Deutschs Anspruch an ihre Fotos zeigt die gelungene Mischung von Überraschung und Entdeckung

(»pictures that will have the quality of surprise and discovery«). Das Katalogbuch bezeugt Deutschs engagierten Blick sowie ihre Fähigkeit zur geschickten Bildkomposition.

Der zweite Teil der Doppelausstellung galt der in Frankfurt geborenen und in Barcelona verstorbenen Jeanne Mandello. Zwischen 1926 und 1928 durchlief sie eine Ausbildung an der Photographischen Lehranstalt des Lette-Vereins in Berlin. Im Haus ihrer Eltern richtete sie sich ein Fotoatelier ein und erstellte Porträt-, Innen- und Außenaufnahmen wie Landschaftsfotografien. Gemeinsam mit ihrem ebenfalls jüdischen Mann Arno Grünebaum (1905–1990) floh sie im Januar 1934 nach Paris. Hier eröffneten sie ein eigenes Studio und spezialisierten sich auf Modefotografie; namhafte Modefirmen zählten zu ihren Auftraggebern. Die Besetzung von Paris durch deutsche Truppen unterbrach ihre fotografische Karriere. Nach Internierung im Lager Gurs floh sie mit ihrem Mann nach Uruguay. Mit einer geliehenen Kamera gelang ihr ein Neuanfang, zuerst mit Porträtaufnahmen, aber auch mit Arbeiten für die Tourismusbranche; unter dem Namen »Los Mandello« wurden sie zu einem Begriff in Uruguay. Jeanne Mandello erweiterte hier ihr Spektrum als Fotografin, arbeitete mit Fotogrammen und Solarisationen. Nach Trennung von ihrem Mann und Heirat des Journalisten Lothar Bauer lebte sie wieder in Europa, zuerst in Hamburg, später in Frankfurt a. M., schließlich in Barcelona. Obwohl Jeanne Mandello bei ihrer Flucht ihr gesamtes Archivmaterial zurücklassen musste, ihr Atelier versiegelt und im Rahmen der »M-Aktion« im Januar 1942 leergeräumt wurde, gelingt der Kuratorin und Buchautorin Sandra Nagel ein stimmiges, fein illustriertes Porträt ihrer Protagonistin. Das von ihrer »Wiederentdeckerin« Ute Eskildsen eingeleitete und von Marion Beckers vom »Verborgenen Museum« abgeschlossene Katalogbuch *Jeanne Mandello. Die Welt im Blick* liefert einen ansehnlichen Querschnitt durch das Werk einer fast vergessenen Fotografin, die zu den Pionierinnen der Fotografie des 20. Jahrhunderts gezählt werden kann.

Wenngleich keine Emigrantin soll die Biografie einer weiteren Fotografin nicht unerwähnt bleiben. Zeitgleich zu den Ausstellungen zu Lucia Moholy, Gerti Deutsch und Jeanne Mandello zeigte das Berliner Centrum Judaicum in Kooperation mit der Stiftung Stadtmuseum Berlin die Ausstellung »Berlin lebt auf! Die Fotojournalistin Eva Kemlein 1909–2004«. Die gebürtige Berlinerin, Tochter jüdischer Eltern, war gemeinsam mit ihrem Mann im August 1942 untergetaucht und überlebte in unterschiedlichen Verstecken die Judenverfolgung in ihrer Heimatstadt. Die über diese Jahre gerettete Leica sollte ihr ein »zweites Leben« ermöglichen. Der aus dem Moskauer Exil zurückgekehrte Journalist Rudolf Herrnstadt (1903–1966) und der Schriftsteller Fritz Erpenbeck (1897–1975) warben sie im Mai 1945 für die Redaktion der *Berliner Zeitung* an. Fortan arbeitete sie als Bildreporterin, seit 1946 auch für das *Neue Deutschland*. Sie wurde zu einer wichtigen Chronistin Berlins nach 1945, sie dokumentierte das Leben in der Trümmerstadt, die Sprengung des Berliner Stadtschlosses, vor allem aber das aufblühende Theaterleben im Osten wie Westen. Von Eva Kemlein stammen Fotos von Bertolt Brechts deutscher Uraufführung von »Mutter Courage«, von Proben zur »Dreigroschenoper«, der Aufführung resp. szenischen Lesung von Peter Weiss' »Die Ermittlung«, aber auch eindringliche Porträts und Aufnahmen von Bertolt Brecht, Ernst Busch, Hanns Eisler, Heiner Müller, Peter Stein und Helene Weigel. Nicht nur die großzügig präsentierten Fotografien im Begleitkatalog, sondern auch die Texte der Schriftstellerinnen Irina Liebmann und Jenny Erpenbeck, der beiden Kuratorinnen Anna Fischer und Chana Schütz, von Karl-Heinz Noack, Hermann Simon sowie von Lothar Schirmer würdigen in Eva Kemlein eine beeindruckende Persönlichkeit der Berliner Zeitgeschichte.

Nicht nur die USA und England waren Emigrationsländer für deutschsprachige Fotografen. Der in Iglau / Mähren geborene Rudi Weissenstein (1910–1992) emigrierte 1936 nach Palästina. Seit sein Vater dem Achtjährigen eine Kamera schenkte, interessierte er sich für Fotografie. Nach einer Ausbildung an der Graphischen Lehr- und Versuchsanstalt in Wien arbeitete er von 1934 bis 1935 als Fotograf in Prag. Ausgestattet mit einer Presselegitimation gelangte der junge Zionist nach Palästina und arbeitete hier als Pressefotograf. Gemeinsam mit seiner aus Wien stammenden Frau Miriam gründeten sie 1940 das Fotoatelier »Photohouse Pri-Or« in Tel Aviv, wobei »Pri-Or« für »Frucht des Lichts« steht. Seine Witwe betreute bis zu ihrem Tod 2011 das mehrere Hunderttausend Negative umfassende Fotoarchiv ihres Mannes. Das im Haupttitel schlicht *Rudi* genannte, englischsprachige, von seinem Enkel Ben Peter zusammengestellte Fotobuch präsentiert eine breite Werk-auswahl des Fotografen. Zugleich berichtet der Enkel von der innigen, keineswegs konflikt-freien Zusammenarbeit mit seiner Großmutter Miriam, von ihrem gemeinsamen Ringen, an das Lebenswerk Rudi Weissensteins zu erinnern und das historisch einmalige Archiv zu erhalten. (Auch der 2011 entstandene, preisgekrönte Film »Life in Stills« erzählt dies in berührender Weise.) Das nun vorliegende Buch präsentiert nicht allein Weissensteins legendäres Foto von der Deklaration des Staates Israel durch David Ben-Gurion 1948, nicht nur die zahlreichen Künstler- und Politiker-Porträts von Leonard Bernstein, Marc Chagall, Isaac Stern bis hin zu Golda Meir, Shimon Peres und Itzchak Rabin. Die Auswahl zeigt vielmehr das Leben im Kibbuz, deren Bewohner, junge Einwanderer, die Urbarmachung der Wüste zu fruchtbarem Ackerland; die Fotos präsentieren moderne Architektur ebenso wie Landschaftsaufnahmen. Ein sympathisch-offenes Gespräch mit dem Enkel Ben Peter, überschrieben »Rebuilding an Archive. A Story of Loves«, beschließt diesen unaufdringlichen Rückblick auf die Gründer-zeit des jüdischen Staates und dessen Chronis-ten.

Eine Gesellschaft, die nach den Berührungs-punkten und Überschneidungen der For-schungsfelder Exil und Shoah fragt, wird die Augen vor zwei Fotobänden nicht verschließen, die sich dezidiert den »Entronnenen«, den Über-lebenden deutscher Judenverfolgung, zuwen-den. Zehn Jahre nach Martin Doerrys Buch »Nirgendwo und überall zu Haus. Gespräche mit Überlebenden des Holocaust« widmet sich der Band *Leben nach dem Überleben* allein den Überlebenden des Holocaust in Israel. Es ent-stand aus der Zusammenarbeit der 1983 gebore-nen Fotografin Helena Schätzle und der 1987 gegründeten Hilfsorganisation AMCHA (heb-räisch = Dein Volk), die Überlebende des Holocaust und ihre Familien durch Psychothe-rapien und soziale Aktivitäten unterstützt, mit ihren Traumata zu leben. Auf den ersten Blick bietet sich ein irritierendes Layout; farbige Fotos zeigen zumeist alte Menschen in der freien Natur, an unwirklichen Orten, am Strand, im Gebirge, im Gras, auf öffentlichen Plätzen, in Wohnungen, im Kreis der Familie, zusammen mit Kindern, allein, lachend, ernsthaft, traurig. Breiten Raum nehmen Zitate aus Überlebensbe-richten ein, die durch ihre Prägnanz berühren und zugleich die Drangsale erahnen lassen, mit denen die Überlebenden umgehen müssen.

Neben diesen »Lebensbildern« stehen die Le-bensläufe von 22 Personen, deren biografische Stationen, illustriert mit Schwarz-Weiß-Foto-grafien, vorgestellt werden. Alle Texte sind drei-sprachig auf Deutsch, Englisch und Hebräisch gedruckt. Die Publikation erschien anlässlich der gleichnamigen Ausstellung, die im Januar 2016 im Auswärtigen Amt in Berlin eröffnet wurde und noch an weiteren Orten gezeigt werden soll. Im Grußwort hob der damalige Außenminister Frank-Walter Steinmeier hervor: »Dieser ganz persönliche Blick zurück auf die Vergangenheit von Holocaust-Überlebenden erinnert uns in Deutschland daran, dass das düsterste Kapitel unserer Geschichte und die na-tionalsozialistischen Verbrechen immer noch präsent sind.«

Einen ähnlich direkten Zugang wählte der 1961 geborene Fotograf Stefan Hanke für sein Foto-buch *KZ überlebt*. Auch diese Veröffentlichung erschien als Begleitpublikation zur gleichnami-gen Ausstellung, die zuerst im Frühjahr 2016 in der Gedenkstätte Theresienstadt gezeigt wurde, anschließend im Dokumentationszent-rum Reichsparteitagsgelände Nürnberg, vom Januar bis März 2017 in der Gedenkstätte Auschwitz-Birkenau, danach bis Ende April 2017 im Kunst- und Gewerbeverein Regens-burg. Über viele Jahre hat Stefan Hanke den Kontakt zu Überlebenden nationalsozialistischer Konzentrationslager gesucht. In seinem Band porträtiert er 121 Menschen, in großformatigen Schwarz-Weiß-Aufnahmen, aus unmittelbarer Nähe aufgenommen, mit persönlichen Erinne-rungsstücken, Fotos oder Dokumenten, fotogra-fiert in privaten Zusammenhängen, aber auch an den Orten ihres einstigen Leidens. All diesen Porträts stehen Kurzbiografien gegenüber, die die Lebensstationen der Porträtierten nachzeich-nen, ihr Leben nach dem Überleben schildern. Zu den Bekannteren gehören Wladyslaw Barto-szewski, Esther Bejarano, Adolf Burger, Arno Lustiger, Max Mannheimer, Kazimierz Piechow-ski, Coco Schumann, Kazimierz Smoleń und Helga Hošková-Weissová. Doch für alle – ob prominent oder nicht – gilt wohl der Satz des ehemaligen Auschwitz-Häftlings Shlomo Vene-zia, der zu Stefan Hanke sagte: »Ich habe über-lebt, ich wurde aber nicht gerettet.«

Wilfried Weinke

Archiv Bibliographia Judaica: *Lexikon deutsch-jüdischer Autoren.* Bd. 21: *Nachträge und Gesamtregister.* Berlin, Boston (de Gruyter) 2013. 283 S.

Vor fünf Jahren erschien der letzte des auf 20 Bände angelegten Lexikons deutsch-jüdischer Autoren. Mission erfüllt. Schon ein Jahr später folgte ein Band mit Nachträgen und nützlichen Registern. Unter den 13 Nachträgen werden die Biografien des Kunsthistorikers Ernst Gombrich (1909–2001), des Redakteurs Hermann Sinsheimer (1884–1950) und des Pädagogen Hans Weil (1898–1972) für Exilforscherinnen und -forscher von besonderem Interesse sein.

Das 1983 gegründete Archiv hatte es sich zum Ziel gesetzt, all jene Juden zu erfassen, die zwischen 1750 bis 1950 in deutscher Sprache geschrieben und veröffentlicht haben. Für diesen 200 Jahre umspannenden Zeitraum deutsch-jüdischer Geistes- und Zeitgeschichte hat das Archiv ca. 65.000 Autoren erfasst, von denen nur eine Auswahl in den vorliegenden Bänden aufgenommen werden konnte. Auf verifizierbare Daten gestützt, enthält das Lexikon ca. 1.300 biografisch-bibliografische Artikel zu Schriftstellern, Wissenschaftlern, Künstlern oder Personen des öffentlichen Lebens.

Band 21 des Lexikons liefert nicht nur das alphabetische Gesamtregister der Autoren, sondern zusätzlich Geburts- wie Sterbe-, Wirkungsort und Berufsregister. Darüber hinaus schlägt dieser Nachtragsband einen Bogen zur sogenannten »Steininger-Sammlung«, einer Mikrofiche-Dokumentation zur jüdischen Kultur in Deutschland 1840–1940. Dortige Fundstellen für die im Lexikon genannten Autoren werden exakt angegeben. Ein zusätzliches Register benennt die Teilnehmer am Ersten Weltkrieg. Den Abschluss des Bandes bilden – unterschieden nach Ort und Namen – Deportations- und Internierungsregister.

Dass dieses in Umfang und Akribie Hochachtung abfordernde Mammut- wie Standardwerk seinen Abschluss gefunden hat, verdankt es vor allem dem unermüdlichen Engagement der redaktionellen Bearbeiterin Renate Heuer (1928–2014). Noch zu Lebzeiten krönte sie damit ihr Lebenswerk, zu dem auch die Herausgabe von 27 Bänden in der Reihe »Campus-Judaica« zählt.

Wilfried Weinke

Christian Fleck: *Etablierung in der Fremde. Vertriebene Wissenschaftler in den USA nach 1933.* Frankfurt / New York (Campus) 2015, 475 S.

Die Forschungshöhepunkte zur Wissenschaftsemigration liegen fast 30 Jahre zurück. Im Mittelpunkt standen dabei Fragen nach dem Transfer von Ideen, Fragestellungen und Theorien und deren Hybridisierung in den Wissenschaftsgemeinschaften der Zufluchtsländer, vor allem in den wichtigsten, den USA und Großbritannien. Die Emigrations- und Akkulturationsforschung haben davon ihren paradigmatischen Ausgang genommen. Der österreichische Soziologe Christian Fleck, mit seinen Arbeiten ebenfalls schon lange in diesem Geschäft, legt jetzt einen etwas anders gerichteten Zugriff vor, für den jene Zusammenhänge den Hintergrund bilden, sein Gegenstand aber ist, wie der Titel des Buches andeutet, der konkrete, kleinteilig dargestellte Etablierungsprozess in der Fremde.

Konkret geht es um die Hilfsmaßnahmen, die die Aufnahme und Unterbringung der aus Deutschland geflohenen Gelehrten überhaupt erst möglich machten. Zentrale Einrichtungen dafür waren der in London gegründete Academic Assistance Council (später Society for the Protection of Science and Learning), das in New York entstandene Emergency Committee in Aid of Displaced German / Foreign Scholars sowie die dort gebildete einzigartige University in Exile an der New School for Social Reearch. Schließlich die Rockefeller Foundation als größte in der Flüchtlingshilfe engagierte philanthropische Stiftung, die mit ihren gigantischen internationalen Förderprogrammen vor allem nach dem Ersten Weltkrieg die meisten der aus Deutschland vertriebenen Wissenschaftler kannte, viele waren von ihr vor 1933 bereits gefördert worden. Die durch die Vertreibung frei gewordenen Mittel wurden von der Stiftung geräuschlos in ein Flüchtlingsprogramm umgewandelt und bildeten einen ersten Baustein für die Unterbringung der deutschen Gelehrten an amerikanischen Universitäten.

Alle diese Dinge sind bekannt, kaum eine Forschung zu den geflohenen Wissenschaftlern kommt ohne die Basisinformationen jener Hilfsmaßnahmen aus, zumal sie in der Regel nicht selbstlos waren, sondern reale Interessen – vor allem in den USA – erkennbar waren. Sie sind allerdings auf den Einzelfall bezogen. Fleck geht den alternativen Weg, er erklärt aus der Sicht der Institutionen, bei denen sofort ins Auge springt, dass der AAC seine Mittel für die Unterbringung der Deutschen durch Selbstbesteuerung unter den britischen Kollegen aufbrachte, während das EC und auch die University in Exile sehr schnell von einzelnen Philanthropen oder Institutionen sogleich relativ große Summen erhielten, die Hilfen auf viel umfassenderer Basis erlaubten.

Tenor des Werks ist, dass diese spontanen, schon im Sommer 1933 beginnenden schnellen Hilfen nur möglich wurden, weil auch in den Aufnahmeländern die Meinung vorherrschte, dass sich der Nationalsozialismus nicht lange an der Macht werde halten können. Die Unterbringung der *refugee scholars* an den Universitäten sollte daher vorübergehend und für diese kostenneutral sein, um den eigenen Kollegen und dem wissenschaftlichen Nachwuchs im Lande vor dem Hintergrund der Weltwirtschaftskrise nicht die Berufschancen zu nehmen. Auch die Geflohenen wurden nur in den Altersgruppen zwischen 35 und 55 Jahren gefördert. Schließlich wurde in den verschiedenen Gremien des EC (Vorstände, Trustees etc.) darauf geachtet, möglichst keine Juden als Repräsentanten zu wählen, um die in den USA vorhandenen massiven antisemitischen und xenophoben Strömungen nicht noch weiter anzuheizen.

Obwohl der Autor von den Institutionen her argumentiert, dient ihm eine Unzahl von Flüchtlingsbiografien als Beispiel für deren Interaktionsprozesse. Ständige Herausforderungen waren die Erwartungen der insgesamt nur wenig beteiligten Universitäten und Colleges an die Aufzunehmenden, zumal sich nach einiger Zeit die Kurzfristigkeit der Maßnahmen als Illusion erwiesen hatte. Prätentiös waren aber auch zahlreiche Flüchtlinge, die häufig nicht begriffen, dass Primadonnen-Allüren wie einst in Deutschland und Österreich nicht nur in der amerikanischen Wirklichkeit nicht angemessen waren, sondern auch ihrer Lage nicht entsprach. Auf einen wichtigen Aspekt macht der Band aufmerksam mit seinen zahlreichen Hinweisen auf die Begutachtungen der zu Fördernden durch in den USA und GB bereits bekanntere deutsche *refugee scholars*. In gewisser Weise stützt der Band solche Hierarchisierungen, da er nach dem allgemeinen Teil in gleichem quantitativem Umfang noch einige ausgewählte österreichische Biografien in jeweils eigenen Kapiteln präsentiert.

Claus-Dieter Krohn

»Politisierung der Wissenschaft«. Jüdische Wissenschaftler und ihre Gegner an der Universität Frankfurt am Main vor und nach 1933. Hg. von Moritz Epple, Johannes Fried, Raphael Gross und Janus Gudian. (= Schriften des Frankfurter Universitätsarchivs, Bd. 5). Göttingen (Wallstein) 2016, 505 S.

Der Buchtitel nimmt ein Schlagwort des Philosophen Karl Löwith auf, welches das Selbstverständnis der kurz vor Beginn des Ersten Weltkriegs gegründeten und von jüdischen Mäzenen finanzierten Stiftungsuniversität Frankfurt in den 1920er Jahren einfing. Es diente zuvor als Motto der dem Buch vorangegangenen Tagung 2014 zum 100. Jubiläum der Universität. Absicht ihrer Gründer war es gewesen, erstens die weitgehende Ausschließung der Juden im Kaiserreich von wissenschaftlichen Karrieren zu überwinden, woran sich auch in der Weimarer Republik nur graduell etwas änderte. In den Geisteswissenschaften konnten Juden an vielen Universitäten nach 1918 wohl noch promovieren, aber die Habilitation setzte die Taufe voraus. Zweitens sollten von der jungen Universität gezielt Erkenntnisse zur praktischen Lösung der Gegenwartsprobleme gewonnen werden. Sie wurden besonders wichtig vor dem Hintergrund der sozialen und ökonomischen Probleme nach Ende des Ersten Weltkriegs, als die junge Universität ihren Lehrbetrieb aufnahm. In diese Jahre fiel überhaupt die Professionalisierung der modernen sozialwissenschaftlichen Disziplinen wie der Soziologie, der Politischen Wissenschaften oder die Transformation der makroökonomischen deutschen Staatswissenschaften hin zu differenzierteren, detailorientierteren Spezialwissenschaften wie etwa die Konjunktur- oder Wachstumstheorie im Sinne der angelsächsischen Politischen Ökonomie.

Ziel des Jubiläumsbandes ist es, die innovativen, auf die Autonomie der Wissenschaften und zugleich auf das gesellschaftliche Gemeinwohl verpflichteten Konzepte der mehr als 100 in Frankfurt tätigen Gelehrten mit jüdischem Familienhintergrund darzustellen und diese kreativen Ansätze in die heute im angelsächsischen Raum sprichwörtlich gewordene »Weimar Culture« einzubetten. Sie konnte ihre vielfach verklärende Wirkung vor allem in den USA nur durch die vielen von den Nationalsozialisten nach 1933 vertriebenen und jenseits des Atlantiks auch mit offenen Armen empfangenen Wissenschaftler entfalten. Nicht von ungefähr

wurden an der Universität Frankfurt mit Abstand die meisten Gelehrten im Vergleich zu den
anderen deutschen Universitäten vertrieben.
Der Band beschränkt sich allerdings nicht auf
die Gruppenkonstellation der »liberalen
deutsch-jüdischen« Wissenschaftler, sondern bezieht in weiterer vergleichender Perspektive auch
die in Frankfurt tätigen »deutsch-völkischen«
Gelehrten ein, da die Herausforderungen der
neuen Demokratie für alle gleichermaßen gal-
ten.
Hier fangen die konzeptionellen Probleme des
Bandes an. Die Einordnung der Wissenschaftler
ins jüdische Milieu reflektiert nirgends, dass das
Zuschreibungen der Nazis bei ihrer Ausgren-
zungspolitik waren. Viele der Gelehrten, gerade
in Frankfurt, hatten politische Einbindungen,
über die der Band kaum etwas sagt. Die einlei-
tend beanspruchte Darstellung der scharfen
Konfrontation jener beiden Gruppen fand nicht
statt, da die Beiträge bis auf die wenigen einlei-
tenden Übersichtsartikel alle streng biografisch
argumentieren. Im Gegenteil, betont werden
vielmehr die fließenden Grenzen zwischen den
Repräsentanten der unterschiedlichen Richtungen mit ihren Werken, wobei unter anderem
bei einigen der berühmten Wissenschaftler jüdischer Herkunft durchaus rechte völkische
Gesinnungen auffallend waren. Dafür steht insbesondere der Historiker, ehemalige Freikorps-
Kämpfer und Georgianer Ernst Kantorowicz
(vgl. dazu meine Rezension im Jahrbuch Exilforschung 33/2015, S. 303 f.), dessen Biografie
des Stauferkaisers Friedrich II. von 1927 einen
kaum verklausulierten antidemokratischen Auf-
ruf zum »deutschen Erwachen« enthielt, was ihn
1933 bei den Nazis allerdings nicht schützen
sollte. Bisher weniger bekannt war das Verhalten
des 1938 aus Wien geflohenen Politikwissen-
schaftlers Eric Voegelin, der in den Band aufgenommen worden ist, weil er sich mit seinen
rassepolitischen Untersuchungen 1933 Ernst
Krieck, dem neuen NS-Rektor der Frankfurter
Universität, anzudienen gesucht hat. Auf der
anderen Seite des weltanschaulichen Spektrums
findet man den Historiker Walter Platzhoff,
dessen Weltbild aus dem Kaiserreich stammte
und der die Entlassungen nach 1933 dann op-
portunistisch für die eigene Karriere nutzte,
während der Verwaltungsjurist Ernst Forsthoff
wie sein Lehrer Carl Schmitt vor und nach 1933
vehement gegen den demokratischen Pluralismus wetterte, nach Ausbau der unbeschränkten
Führermacht Hitlers um 1935 aber auf stille

Distanz zu den Nazis ging, weil jene eine moderne Leistungsverwaltung unmöglich mache.
In der recht konventionellen Auswahl werden
einige der Personen, die wegen ihrer Originalität
schon ausführlich erforscht worden sind, mit
Beiträgen (in englischer Sprache) aus der Feder
häufig amerikanischer Autoren präsentiert.
Diese sind von den ehemaligen Emigranten geprägt worden oder haben über sie wissenschaftlich gearbeitet. Dass aber, um nur ein Beispiel zu
nennen, Martin Jay, der 1973 mit der ersten
Gesamtstudie zur »Frankfurter Schule« bekannt
wurde, hier noch einmal zum gleichen Thema
referieren musste, ist merkwürdig, da es diverse
jüngere amerikanische Wissenschaftler gibt, die
unter aktuelleren Fragestellungen neuere Pio-
nierarbeiten zum Thema vorgelegt haben. Ob
die ausführliche Einleitung, die lediglich Bekanntes zur historiografisch gut untersuchten
Frankfurter Universitätsgeschichte wiedergibt,
sich im Übrigen mit überflüssigen, teilweise un-
beholfenen Reflexionen über den Sinn von Jubi-
läen oder die politische Substanz der Geschichtswissenschaften abmüht, ein guter Einstieg ins
Thema ist, mögen die Leser entscheiden.

Claus-Dieter Krohn

Robert Zwarg, *Die Kritische Theorie in Amerika.
Das Nachleben einer Tradition.* (= Schriften des
Simon-Dubnow-Instituts, Bd. 27). Göttingen
(Vandenhoek & Ruprecht) 2017, 464 S.

Der Titel des Buches ist missverständlich. Keineswegs wird die Geschichte und Wirkung der
Kritischen Theorie der sogenannten Frankfurter
Schule im amerikanischen Exil vorgestellt. Dies
hat vor einigen Jahren Thomas Wheatland mit
wünschenswerten Details getan (Rezension dazu
im Jahrbuch Exilforschung 28/2010). Tenor der
Wheatland-Arbeit war die begrenzte Wirkung
des Horkheimer-Kreises in den USA während
der Exiljahre, die Selbststilisierung seiner intellektuellen Botschaft als »Flaschenpost« symboli-
sierte das. Erst seit den 1950er Jahren fand eine
intensivere Rezeption im Kreise der legendären
»New York intellectuals« statt, die eine Dekade
später von der studentischen Protestgeneration
befördert ihre große Breitenwirkung erzielte.
Ohne die Bewusstseinsbildung durch die Kritische Theorie, so Wheatland, wäre die intellektuelle »New Left« im Kontrast zur alten sozialisti-

schen Linken nie entstanden, wie er im Schlussteil seiner Darstellung knapp und treffend darstellt. Dieser späte Aneignungsprozess war für ihn die fruchtbarste Phase der transatlantischen Ideengeschichte und des Imports deutschen philosophischen und sozialwissenschaftlichen Denkens – auch im Vergleich zum frühen Ideentransfer der Emigranten in den 1930er Jahren, da jetzt die materiellen Rahmenbedingungen etwa durch freien Reiseverkehr ganz anders waren.

Die 1970er bis 1990er Jahre sind ebenfalls Gegenstand der Zwarg-Studie, einer in Leipzig vorgelegten Dissertation. Mit großer Akribie hat sich der Autor am Beispiel der beiden aus dem Universitätsmilieu 1968 und 1973 entstandenen Zeitschriften *Telos* und *New German Critique* (*NGC*) der Rezeption der Kritischen Theorie im Rahmen der westlichen, nicht zuletzt von deutschen exilierten Intellektuellen beförderten Marxismus-Analyse durch die Neue Linke vorgenommen. Während sich die erste an der Universität Buffalo entstandene gezielt von der Akademisierung der Theorie-Debatten abzugrenzen suchte, verstand sich die andere an der Universität Madison gegründete als Forum aktueller Theorie-Diskurse, wobei sich beide von der Kritischen Theorie die nötigen Anregungen für die Klärung des Theorie-Praxis-Verhältnisses erhofften, nachdem über dieser Frage zunächst die Studentenbewegung und später auch die Neue Linke in die Krise geraten war. Dass die Kritische Theorie dafür wenig zu bieten hatte – bekannt ist das Diktum Theodor W. Adornos, dass radikales Denken bereits emanzipatorische Praxis sei –, wurde erst spät bemerkt. In den USA dauerte dieser Erkenntnisprozess erheblich länger als in Deutschland mit der kuriosen Erscheinung, dass Herbert Marcuse in den 1960er Jahren international unbestritten als Guru und Stichwortgeber der Proteste galt, aber nicht als früherer Repräsentant der Kritischen Theorie angesehen wurde, während in den 1970er und 1980er Jahren Adorno im Mittelpunkt stand, während Walter Benjamin seit den 1990er Jahren entdeckt wurde. Letztere standen nicht mehr für Hoffnungen und Praxisbezüge, sondern für Kulturpessimismus, spekulative Geschichtsphilosophie und die »Aporien der selbstbezüglichen Vernunftkritik«, wie der Autor Jürgen Habermas zitiert.

Die spannenden Diskurse des keineswegs homogenen Denkraums der New Left werden mit großer Detailfreude, gelegentlich allzu positivistisch ausgeleuchtet. Ein Beispiel dafür ist das Kapitel über das Entstehen und Erscheinen der ersten systematischen Untersuchung von Martin Jay *The Dialectical Imagination. A History of the Frankfurt School and the Institute for Social Research 1923–1950*. Die seit 1968 vorbereitete, 1973 publizierte Dissertation, die von dem bekannten Forscher der intellektuellen Emigration aus NS-Deutschland H. Stuart Hughes betreut worden war, erhielt ein breites nationales und durch Übersetzungen in diverse Sprachen internationales Echo. In den USA wurde sie als bahnbrechend und »Goldmine an Informationen« beurteilt, gleichwohl schieden sich die neulinken Geister bei der Rezeption. Dem Autor, der selbst kein politischer Aktivist war, wurde unter anderem vorgehalten, dass er nicht in der Lage sei, sowohl die spezifische Substanz des Theorie-Programms der Frankfurter als auch deren Stellenwert im Kontext der weiteren Theorieentwicklung zu definieren. Nicht von ungefähr verdankte sich die Gründung der *NGC* der heftigen Pro-und-Contra-Debatte über Jays Schlüsselwerk. Und kein Zufall ist, dass die jungen Herausgeber und Redakteure der beiden Zeitschriften selbst Kinder oder Enkel meist osteuropäischer Einwanderer waren und wie die des *Telos* ihre Zeitschrift als politisches Waisenkind oder gar als »selbst auferlegtes Exil in der kontinentalen Philosophie« verstanden.

Der Autor begreift seine Arbeit weniger als Beitrag zur intellectual history, sondern mehr als Beispiel zur Konstellationsforschung. Danach erscheint die Lektüre und Interpretation der Texte europäischer Herkunft durch die jungen amerikanischen Intellektuellen als zeitspezifische Suche nach neuen authentischen Erfahrungen. Dabei erhellt sie die gedächtnisgeschichtlichen Bezüge von der aktuellen »eindimensionalen Gesellschaft« etwa Herbert Marcuses zu der in jenen Jahren in den USA auratisierten *Weimar Culture* und deren Vermittlung durch die einst exilierte linke deutsch-jüdische Intelligenz. Ähnlich wie bei Wheatland waren die 1960er und 1970er Jahre für Zwarg die Zeit des Übergangs von der Latenz zur Präsenz in der Wirkungsgeschichte der Exilanten und Emigranten aus NS-Deutschland.

Max Stein

Jörg Später: *Siegfried Kracauer. Eine Biographie.*
Berlin (Suhrkamp) 2016, 744 S.

Siegfried Kracauer gehört zu den Leuchttürmen
der legendären Suhrkamp-Kultur, deren Repräsentanten, u. a. auch Theodor W. Adorno, Walter Benjamin oder Ernst Bloch, Herbert Marcuse und andere, den Bewusstseinswandel der
Nachkriegsgeneration in den 1960er Jahren
nicht allein in der Bundesrepublik Deutschland
geprägt haben. Allesamt waren das Linksintel-
lektuelle, die vor 1933 gegen die schon damals
verkrusteten, auf die Ökonomie reduzierten Par-
teimarxismen unterschiedlicher Couleur mit ihren messianischen Utopien zeitgemäßere Theo-
rieentwürfe unter dialektischer Einbeziehung
von Ökonomie, sozialer Wirklichkeit und vor
allem der Kultur vorlegten. 1933 wurde diese
Diskussion abgebrochen, da fast alle wegen ihrer
– nach dem Verständnis der Nationalsozialisten – jüdischen Herkunft Deutschland verlassen
mussten.

Über dieses Milieu, die »kritische Theorie« im
weitesten Sinne, hat es seit den 1960er Jahren
umfangreiche Forschungen gegeben. Für jeden
dieser Meisterdenker liegen Werkausgaben vor,
so auch für Kracauer; eine erste erschien bereits
Anfang der 1970er Jahre, eine ergänzende quasi
zweite folgte in den letzten Jahren. Eine genaue-
re Biografie Kracauers ist erstaunlicherweise
bisher aber nicht geschrieben worden. Das ist
umso erstaunlicher, als er seit Mitte der 1920er
Jahre wegen seiner Beziehungen als Redakteur
der *Frankfurter Zeitung* zum Mittelpunkt jenes
Intellektuellenkreises geworden war und außerdem als origineller Denker zum Stichwortgeber
für die Konzeption der kritischen Theorie im
Frankfurter Institut für Sozialforschung wurde.
Deren Schlüsselbegriffe wie Massenkultur, Kul-
turindustrie, Verblendungszusammenhang, Zer-
streuung etc. gehen fast alle auf ihn zurück, wie
seinem paradigmatischen und heute erst recht
kanonischen Feuilleton-Aufsatz »Das Ornament
der Masse« von 1927 zu entnehmen ist.
Späters Werk schließt diese Lücke. Es bietet viel
mehr als eine Biografie. In der engen Verzahnung von Kracauers Lebensumständen und der
Analyse seiner Schriften ist es ebenso eine subtile
Werkanalyse, die wiederum eingebettet ist in
den politischen und epistemologischen Diskurs
jenes einzigartigen intellektuellen Netzwerks der
»Eigentlichen«, wie Adorno sie später nannte,
mit ihren unterschiedlichen Temperamenten
und gegenseitig inspirierenden Kontroversen.

Herausgekommen ist so eine breite, souverän
argumentierte Übersicht über die unterschiedlichen Zugriffe und originellen Reformulierun-
gen undogmatischer linker Gesellschaftstheo-
rien in den Jahren der Weimarer Republik sowie
ihre weitere Entwicklung im Exil nach 1933,
zunächst in Frankreich und ab 1940 in den
USA.
Man wird sagen können, dass die Kracauer-Bio-
grafie in ihrer kontextuellen Breite eine Intellek-
tuellen-Geschichte der Weimarer Republik und
des folgenden Exils nach 1933 ist. Die Jahre
Kracauers und seiner Frau und Kooperations-
partnerin Lily in Paris, wohin sie unmittelbar
nach dem Berliner Reichstagsbrand geflohen
waren, wurden nach der baldigen Entlassung als
FZ-Redakteur von elenden materiellen Bedingungen bestimmt, belastet zusätzlich vom all-
mählichen Zerfall des alten befreundeten
»Denkkollektivs« (Adorno, Benjamin, Bloch).
All dies verstärkte Kracauers ohnehin prekäres
Selbstbewusstsein, seine durch eine freudlose Jugend, berufliche Anfänge im ungeliebten Archi-
tektenberuf sowie schweren Sprachfehler verfes-
tigte Obsession der Nichtzugehörigkeit, die
andererseits Grundlage seiner viel zitierten »Exterritorialität« als kreativer Idealzustand des Ge-
sellschaftsanalytikers wurde.
Kracauers Versuche, sich in Paris als journalisti-
scher Schriftsteller mit seiner »Gesellschaftsbio-
graphie« *Jacques Offenbach und das Paris seiner
Zeit* (1937) eine neue Existenz aufzubauen,
scheiterten. Das parallel zu Benjamins *Passagen*-
Projekt entstandene Werk wurde literarisch zwar
hochgelobt, war aber finanziell ein Misserfolg.
Im Übrigen sind in der Biografie die bekannten
Probleme der Exilanten in Frankreich nach Beginn des Zweiten Weltkriegs und die letztendli-
che rettende Flucht in die USA mithilfe Varian
Frys in Marseille bzw. des amerikanischen Emergency Rescue Committee ausführlich nachzule-
sen. Neue Einsichten sind dabei zu der Frage
herausgekommen, welche Möglichkeiten wissenschaftlich Tätige im Konfliktfall zwischen
überbuchten regulären Einreisevisen in die USA
nach der üblichen Quotengesetzgebung und einer Non-Quota-Zulassung hatten und welche
Risiken die jeweilige Wahl bei noch nicht gesi-
cherter Berufsperspektive jenseits des Atlantiks
enthielten.
Eine erstaunlich zügige berufliche Integration
bot sich Kracauer nach der Ankunft in New
York Ende April 1941. Weniger die alten
Freunde um Adorno und das Institut für Sozial-

forschung, sondern befreundete Kunsthistoriker, so der Mitemigrant Richard Krautheimer und der Amerikaner Meyer Schapiro, leisteten Vermittlungsarbeit, sodass er sofort nach der Landung in ein großes Projekt der Rockefeller Foundation zum neuen Feld der »Kommunikationsforschung« eingebunden wurde. An verschiedenen Institutionen wurde dazu gearbeitet. Kracauer kam in der Film Library des Museum of Modern Art (MoMA) unter, deren nationale und internationale Filmschätze die Grundlage für seine seit den 1940er Jahren erschienenen Schlüsselwerke zur totalitären Propaganda, zunächst der Nationalsozialisten, während des Kalten Krieges dann im Ostblock (*Satellite Mentality*, 1956), zur Filmsoziologie (*From Caligari to Hitler*, 1947) und später auch zur Filmtheorie (1960) bilden sollten.

Die neuen Kollegenmilieus aus dem Kreis der berühmten New York Intellectuals gaben, so der Biograf, »dem Neueinwanderer von Anfang an das Gefühl, gebraucht zu werden« (415). Hier lebte er auf, Englisch sprach er, der sprachlich Gehemmte, sogleich »hemmungslos, ohne Angst vor Fehlern« und schrieb so auch sehr schnell. Seine Akkulturation verlief offenbar zügig und erfolgreich, zwar nicht in festen beruflichen Einbindungen, in den ersten Jahren häufig auch noch am Rande des Existenzminimum, aber über die Jahre mit ausreichenden Stipendien unterschiedlicher Stiftungen versorgt. Die neue Freiheit und die ihm gestellten Aufgaben ließen alte Ängste und Zweifel allmählich in den Hintergrund treten; eine Rückkehr später nach Deutschland kam für ihn und seine Frau nicht mehr infrage.

Der Preis für die verdienstvolle breite Sicht des Autors sind allerdings gelegentliche Flüchtigkeiten formalen wie inhaltlichen Charakters. Der Fundstellennachweis ist in den ersten Teilen des Buches nicht immer zuverlässig, Karl Mannheims Begriff der »freischwebenden Intelligenz« verdankt sich nicht deren freien Berufen »ohne Sozial- und Rentenabsicherung« (172), sondern ihrer sozialen Unabhängigkeit. Der Vorsitzende der Reichs-Rundfunk-Gesellschaft hieß nicht Horst, sondern Hans Bredow (158) und die New School for Social Research in New York, eine Zuflucht für viele vertriebene deutsche Wissenschaftler, war eine selbstständige Hochschule und nicht Teil der Columbia University (293, 419), um nur einige Beispiele zu nennen.

Claus-Dieter Krohn

Deborah Vietor-Engländer: *Alfred Kerr. Die Biographie*. Reinbek (Rowohlt Verlag) 2016. 720 S.

Es ist erstaunlich, dass bis jetzt, 68 Jahre nach dem Tod des berühmten Theaterkritikers Alfred Kerr (1867–1948), keine umfassende Biografie erschienen ist; zumal schon 1997 aufgrund der wiedergefundenen und erneut publizierten »Berliner Briefe« durch Günther Rühle seine Wiederentdeckung angesagt schien. Diese Lücke wurde nun durch die kenntnis- und materialreiche Veröffentlichung der Germanistin Deborah Vietor-Engländer geschlossen, die u. a. an Kerrs Werkausgabe beteiligt ist. Die Stärke liegt vor allem in der steten Spannung zwischen Kerrs ereignisreichem Leben und der Zeithistorie. Neben persönlichen Erlebnissen Kerrs, seinen Freund-, Feind- und Liebschaften findet sich hier eine reiche Sammlung an Debatten über Theater, Literatur und journalistische Kritik. Doch auch zeitaktuelle Diskussionen um das jüdische Selbstverständnis, den Aufstieg Berlins zum kulturellen Zentrum und das politische Geschehen vom Kaiserreich bis hin zum Zweiten Weltkrieg werden skizziert.

Die Machtübernahme Hitlers 1933 markiert einen Einschnitt auch in Kerrs Lebensweg. Dieses Jahr trennt die ersten drei Teile der fast 640 Seiten langen Nachzeichnung von Kerrs Leben vom vierten Teil, der mit »Sturz ins Nichts« überschrieben ist. Überwiegend chronologisch wird zunächst von der Kindheit in Breslau berichtet, anschließend vom Studium und der Promotion in Literaturwissenschaften in Berlin. Es folgt der Aufstieg als Kritiker, die Begegnungen mit anderen Größen der Zeit und der durchaus kontrovers bewertete wachsende Einfluss im Berliner Kulturbetrieb. Während der Weimarer Republik nimmt das politische Engagement gegen die aufstrebende Rechte zu ebenso wie die Beschäftigung mit der eigenen jüdischen Identität angesichts des wachsenden Antisemitismus. Auf die späte Familiengründung folgt bald die gemeinsame Flucht über Paris nach London. Das Exil ist von Geldsorgen, Auftragsnot und sozialer Isolation geprägt. Trotzdem wird Kerr von einem ungebrochenen Optimismus angetrieben, der ihn immer wieder neue Projekte entwerfen lässt, so das Filmskript *Letizia* über Napoleons Mutter oder seine programmatische Schrift *Ein Jude spricht zu Juden*. Leider konnten diese Ideen wie die meisten anderen aus dieser Zeit nicht verwirklicht werden. Die letzten ca. 80 Seiten enthalten einen umfänglichen wissenschaftlichen Apparat inklusive Literaturverzeichnis, detaillierte Anmerkungen und ein Personenregister.

Ausgiebig wird aus teils unveröffentlichten Dokumenten zitiert; was sich nicht auf Kerrs Seite beschränkt, auch die Aufzeichnungen der jeweiligen Korrespondenz- und Fehdepartner werden konsultiert. So ist z. B. zu erfahren, dass Kerr und Thomas Mann um dieselbe Frau, Katia Pringsheim, warben (wobei Mann Erfolg haben sollte) und Bertolt Brechts Abneigung gegenüber Kerr aus der enttäuschten Hoffnung auf dessen Gunst resultierte. Hingegen wähnte Kerr sich mit Gerhart Hauptmann befreundet und unterstützte seine Karriere mit reichlich positiven Kritiken (was sich mit dessen sympathisierender Haltung zu Beginn des NS-Regimes radikal änderte), während Hauptmanns Tagebucheinträge eine Geringschätzung Kerrs verraten.

Die Schilderungen sind eingängig, sie neigen allerdings zuweilen zu einer akribischen Detailliertheit, so etwa, wenn die Außentemperatur in Kerrs Geburtsnacht und die Monatsmiete des Elternhauses aufgezählt werden oder wenn die nicht enden wollenden Streitereien zwischen Karl Kraus und Kerr in erschöpfender Länge behandelt werden. Besonders gelungen sind die Passagen, in denen individuelle Biografie und Kulturgeschichte enggeführt werden, weshalb Vietor-Engländers Band weit mehr darstellt als lediglich die auf dem Klappentext angekündigte »exemplarische Geschichte eines großen Schriftstellers«.

Carla Swiderski

Peter Lange: *Ein amerikanischer Europäer. Die zwei Leben des Dirigenten Hans Schwieger.* Berlin (Metropol) 2015, 466 S.

Der Name des deutsch-amerikanischen Dirigenten Hans Schwieger ist heute so gut wie unbekannt. 1906 in Köln geboren und 1937 über Japan in die USA emigriert, gehörte er zu jenen Jahrgängen verfolgter Musiker, die zur Zeit des Machtantritts der Nazis noch zu jung waren, um schon einen Namen in der Musikwelt zu haben, und gleichzeitig zu alt schienen, um völlig neue berufliche Wege einzuschlagen. Was seine Biografie aber ganz besonders sein lässt, sind die Motive und Umstände seiner Flucht. Selbst

nicht jüdischer Herkunft, war er seit 1932 mit einer Jüdin verheiratet, weswegen er ab 1933 starkem Druck ausgesetzt war. Letztlich war es seine aus Holland stammende Frau Elsbeth, geb. Bloemendal, die zur Scheidung drängte, um seiner Karriere als Dirigent nicht im Weg zu stehen. Sie kamen überein, die Ehe zwar offiziell auflösen zu lassen, später aber, wenn die Zeitläufte es erlaubten, ein zweites Mal zu heiraten. Sie ging zurück zu ihren Eltern nach Amsterdam, er nahm ein Engagement in Danzig an. Er wollte weit weg von seinen letzten Wirkungsstätten in Mainz und Krefeld sein, wo er nicht nur angefeindet, sondern auch massiv von SA-Trupps bedroht worden war. In Danzig bekam er durchaus verlockende Angebote auf einen Dirigentenposten im Reich, gleichwohl ließ Schwieger sich 1937 nach Japan versetzen, weil er von dort aus leichter in die USA kommen konnte. Mittels vorgeschobener Kündigungsgründe löste er Ende Januar 1938 seinen Vertrag mit der Ueno-Akademie in Tokio und konnte so quasi legal ausreisen. Gleich nach seiner Ankunft in Kalifornien beantragte er die amerikanische Staatsbürgerschaft, und schon vier Monate später traf seine Frau Elsbeth in New York ein. Hier wurden beide gleich danach ein zweites Mal getraut.

In der nun erstmals vorliegenden umfassenden Biografie über Hans Schwieger wird der Lebensweg des Dirigenten, der bis 2000 lebte und Europa und Amerika bis zum Schluss in sich zu vereinigen wusste, detailliert dargestellt. Der Verfasser stützt sich einerseits auf autobiografische Aufzeichnungen Schwiegers sowie auf zwei Mitschnitte von Interviews bzw. Gesprächskonzerten mit ihm, andererseits und vor allem aber auf archivalische Quellen aus sämtlichen Städten und Ländern, in denen Schwieger als viel gereister und emigrierter Künstler gewirkt hat oder in Erscheinung getreten ist. Ganz und gar im digitalen und Internet-Zeitalter angekommen, bekennt der Verfasser freimütig, dass ohne heute mögliche schnelle Zugriff auf Quellen das Buch nicht möglich gewesen wäre (24). Nicht nur, dass heute digitale Zeitungsarchive auf dem Bildschirm aufgerufen und eingesehen werden können, sondern auch, dass darüber hinaus Suchmaschinen es ermöglichen, Bewegungsbilder »auch von unbekannten, normalen Emigranten in den USA« (438) erstellen zu lassen, bedeutet eine ungeheure Erleichterung der Recherchearbeiten. Ob nun darauf hin die Exilforschung der NS-Zeit »jetzt richtig Erfolg versprechend noch einmal beginnen« könnte oder sollte, wie der Verfasser etwas überspitzt schreibt (ebd.), bleibe dahingestellt.

Wie in der Exilforschung überhaupt sind auch bei der hier vorliegenden Dissertation zwei Aspekte bestimmend: Es geht zunächst um die vom NS-Regime verursachten Brüche in der Biografie des / der Geflüchteten, und es geht sodann um etwaige, von Migranten angestoßene Veränderungen in der Kultur des Gastlandes. Für alle aus Europa vor den Nazis nach Amerika geflohenen Musiker und Musikerinnen, darunter auch Dirigenten wie Fritz Busch, Ingolf Dahl, Richard Lert, Klaus Pringsheim, Julius Prüwer, Joseph Rosenstock, William Steinberg, Fritz Stiedry, Arturo Toscanini und Bruno Walter, um nur einige aus der Berufsgruppe, der auch Schwieger angehörte, zu nennen, gilt, dass sie nicht nur Flüchtlinge, sondern immer auch Botschafter der europäischen Kultur waren. Der Verfasser nennt folglich Hans Schwieger einen »amerikanischen Europäer« (s. Buchtitel), und er hebt dabei hervor, dass dieser für das Musikleben im mittleren Westen der USA eine selbstredend deutsch geprägte Aufbau- und Bildungsarbeit geleistet habe.

Besonders in Kansas City im Bundesstaat Missouri, wo Schwieger 23 Jahre lang Chefdirigent war, habe er kulturelle Entwicklungsarbeit geleistet und aus der »Cow-City« eine überregional anerkannte Musikstadt der Vereinigten Staaten gemacht. Er führte neben den Abonnementkonzerten eine Reihe mit populäreren Programmen und zusätzlich noch eine Reihe für zeitgenössische Musik und besondere Raritäten (»Connoisseur-Concerts«) ein. Er förderte die Ausbildung junger Musiker und unterrichtete selbst an der Universität, um für Nachwuchs in seinem Orchester zu sorgen. Beliebt waren auch seine Einführungen in die Musikprogramme, die sich durch Sachkenntnis und einfache Diktion auszeichneten. Er war einer der ersten, die nicht nur im Rundfunk, sondern auch im Fernsehen auftraten – noch vor Leonard Bernstein. Am Ende hatte er die Bürger und Geldgeber von Kansas City so für sich eingenommen, dass sie ihn einmal damit überraschten, bei einem Konzert in Bonn, wo Schwieger als Gastdirigent am 18. September 1963 den Festakt zur Eröffnung der neuen Beethoven-Halle bestritt, in der ersten Reihe zu sitzen und ihm zu applaudieren. »Über 70 gut situierte Musikliebhaber und Förderer des Orchesters in Kansas City – Geschäftsleute, Anwälte, Journalisten – haben sich ein Flugzeug gechartert und sind über Frankfurt nach Bonn gereist um zu erleben, wie ›ihr‹ Dirigent Hans Schwieger in der Geburtsstadt Beethovens gefeiert wird« (399).

Die Gastdirigate, zu denen Schwieger in Amerika und später auch in Europa vermehrt eingeladen wurde, sind in dieser monumentalen Biografie wohl ziemlich vollständig angeführt. Dazu werden die jeweiligen Passagen aus Kritiken der Konzerte zitiert, die oft lobend, immer aber auch teilweise verhalten kritisch sind. Welchen künstlerischen Rang der Dirigent Schwieger tatsächlich hatte, bleibt offen. Der Verf. selbst enthält sich in dieser Hinsicht eines Urteils, und dem Leser wird auch nicht die Gelegenheit gegeben, sich selbst ein Urteil zu bilden. Wie sonst bei Biografien über ausübende MusikerInnen üblich, fehlt eine Diskografie. Überhaupt ist der fachmusikalische Anteil an Informationen weniger verlässlich als der lebens- und kulturgeschichtliche Anteil. »Die« Orchestergesänge von Richard Strauss (149) gibt es nicht, desgleichen kein »e-moll«-Klavierkonzert von Beethoven (159) und keine »Es-Dur-Sinfonie« von Hindemith (394). Dass *Così fan tutte* die »bekannteste Mozartoper« sein soll (264), ist zu bezweifeln, unhaltbar auch die Aussage, dass in Wagners *Tristan und Isolde* »die ersten atonalen Akkorde« der Musikgeschichte vorkämen (304). Dem Verfasser, der sich selbst mit Bezug auf Musik als »interessierten und kundigen Laien« einschätzt (30), wäre ein musikhistorisch informierter Lektor zu wünschen gewesen, der dann auch den Tippfehler bei Erwähnung von Strawinskys *Psalmensinfonie* (nicht »Palmensinfonie«, 312) entdeckt hätte.

Derartige Mängel können aber den positiven Gesamteindruck des wunderbar gedruckten und inhaltlich fundierten Buchs nicht schmälern. Sein Text ist flüssig formuliert, alle Zitate sind ins Deutsche übertragen, Fotos und Faksimiles von Personen und Gegenständen (Programmzettel, Plattencover u. Ä.) sind ins Narrativ eingestreut. Der Verfasser zeigt sich von der Vielfalt und Reichhaltigkeit dieses Emigrantendaseins beeindruckt, wahrt indessen eine objektive Position, die sich nicht zuletzt darin zeigt, dass auch problematische und fragliche Verhaltensweisen des Protagonisten angesprochen werden. So hatte Schwieger keine Bedenken, nach dem Krieg Profiteure des NS-Regimes wie Werner Egk oder Wilhelm Kempff zu treffen und mit ihnen zu musizieren. Er entsprach dem Klischee des ›unpolitischen Musikers‹, dem das Tagesgeschen letztlich »Wurst ist« (Stefan Zweig), sofern nur gut musiziert werden kann. Hierin einbezogen war sogar sein eigenes Lebensschicksal. Peter Lange: »Es ist Hans Schwieger vermutlich nie in den Sinn gekommen, sich als Opfer des NS-Regimes zu betrachten und daraus Vorwürfe oder Ansprüche abzuleiten. Das hätte er auch – wie in seinem späteren Lebensbericht deutlich wird – als eine Verhöhnung der tatsächlichen Opfer angesehen.« (402)

Peter Petersen

Stephen S. Kayser. Fluchtlinien. Interview mit Sybil D. Hast. Hg. und aus dem Englischen übersetzt von Petra Weckel, mit einem Vorwort von Guy Stern. (= Schriftenreihe der Wilhelm-Fraenger-Stiftung Potsdam). Berlin (Verlag für Berlin-Brandenburg) 2016. 304 S.

Ein Interviewmanuskript von 1987, hervorgeholt aus den Archiven der University of California, Los Angeles (UCLA) und ins Deutsche übersetzt, bildet den Grundstock dieser Veröffentlichung. Die Übersetzerin und Herausgeberin Petra Weckel stieß im Zusammenhang mit ihrer Promotion über den Kunsthistoriker und Volkskundler Wilhelm Fraenger auf dieses verschriftlichte Gespräch mit dem damals 87-jährigen Stephen Kayser (1900–1988), geführt an zwölf Terminen mit dessen UCLA-Kollegin, der Professorin für Literatur und Sprache Sybil D. Hast. Die Publikation bietet Einblicke in das Leben des Kunst- und Kulturhistorikers, Musik- und Kunstkritikers, Universitätsprofessors, Gründers und von 1947 bis 1962 ersten Leiters des Jewish Museum in New York und der Künstlerin Louise Kayser-Darmstädter. Als Ehepaar gingen sie gemeinsam 1935 zunächst ins tschechische, 1938 dann ins amerikanische Exil. Sowohl Guy Stern in seinem Geleitwort als auch Weckel in ihrer biografischen Einführung widmen der Person und dem Werk Kayser-Darmstädters ein besonderes Augenmerk. Nicht zuletzt war sie das Bindeglied zwischen Kayser und Fraenger. Der Interviewteil verhält sich dazu gewissermaßen diskrepant: Kayser als Sprecher ist der tatsächliche Protagonist, und nicht, wie in der von Stern und Weckel herausgearbeiteten Perspektive, das Ehepaar Kayser/Kayser-Darmstädter. Der Wissenschaftler und Museumsmensch teilt sein vielseitiges Wissen zu jüdischer

Kultur und Ritualkunst, zur geliebten Oper, zur Kunstgeschichte sowie seinen reichen Erfahrungsschatz eines Zeitzeugen unter dem NS-Regime und in der Exilsituation mit. Selten sind die Stellen, an denen Kayser-Darmstädters Wirken sowie gemeinsame Aktivitäten zum Vorschein kommen. Gelegentlich fragt die Interviewerin gezielt nach, zum Beispiel als es um die Einrichtung der Präsentation des neu gegründeten Jewish Museum in der Stadtvilla der Familie Warburg geht, an das Kayser vom Jewish Theological Seminary of America zum Direktor berufen worden war. Kayser spricht bereitwillig und wertschätzend, aber nur kurz vom maßgeblichen Beitrag seiner Frau, der bei der Gestaltung auf ihre bühnenbildnerischen Kenntnisse zurückgriff. Eine Begebenheit macht die generationsbedingte Genderproblematik besonders deutlich: Nach dem gemeinsamen Umzug nach San José, Kalifornien, durfte Kayser-Darmstädter dort nicht Malerei unterrichten, obwohl eine entsprechende Stelle gerade frei war. Denn ein Gesetz verbot es, Ehepartner gleichzeitig anzustellen. Kayser bedauert diesen Umstand in der Retrospektive. Wie sein Lebensbericht indessen zeigt, war es ihm unter den Bedingungen des Exils möglich, einen beachtlichen Karriereweg zu beschreiten.

Von besonderer historischer Relevanz sind Kaysers Schilderungen der Umstände des Exils, zu dem Verwandte aus den USA mit Affidavits und geliehenem Geld verhalfen, sowie seine Reflexionen über den Kulturbetrieb im Dritten Reich. Kayser offenbart sich als leidenschaftlicher Geschichtenerzähler, dem größtenteils angenehm zu folgen ist. Eine Anekdote von Richard Strauss, den er persönlich kannte, über Paul Hindemith kommentiert er mit dem Satz: »Si non è vero, è ben trovato.« (Wenn es nicht wahr ist, ist es nicht schlecht erfunden.) Angesichts der Subjektivität von Oral History hat der in diesem Kontext geäußerte Kommentar eine unabsichtlich selbstironische Dimension.

Der Interviewteil enthält einige Wiederholungen, die einerseits den Lesefluss stören. Andererseits stützen sie jedoch den authentischen Eindruck eines von teils wochenlangen Pausen unterbrochenen Gesprächs mit einer betagten Person. Versprecher, Missverständnisse, gelegentliches Aneinander-vorbei-Reden wurden für die Publikation nicht wegrediert. Nur vereinzelte Korrekturmängel lenken wirklich ab. Der Anhang mit einem Nachwort von Weckel zu der Entstehungsgeschichte dieser Publikation, einer tabellarischen Biografie zu Kayser und einer Darstellung des Interviewrahmens von Hast bildet eine informative Ergänzung. Hilfreich wäre allerdings ein Namensregister gewesen, da Kayser sich zu vielen bedeutenden Persönlichkeiten seiner Zeit äußert. Eine brauchbare Orientierungshilfe würden je Abschnitt auch vorangestellte Stichpunkte zu den Inhalten bieten, da der sprunghafte Erzählstil etwas herausfordernd ist.

Kayser hatte ein besonderes Bewusstsein für Sprache. In einem 1940 gehaltenen Vortrag im German Jewish Club fragte er aus der Perspektive des Exils: »[...] die Sprache, die wir mitbrachten, jetzt das Werkzeug von Horden, die nicht nur diese Sprache zerstören, – sollen wir sie noch mit in die Zukunft nehmen?« [Stephen Kayser: »Tod und Leben sind in der Macht der Sprache«, Aufbau, Jg. 6, Nr. 15 (12. April 1940), S. 8]

Die Übersetzung von Kaysers selbst dargelegter Lebensgeschichte aus dem Amerikanischen ins Deutsche macht seine Erzählung wieder zu einem Teil der deutschsprachigen Geschichtsschreibung; die Zukunft übersetzt einen Zeitzeugen in seine Muttersprache zurück, die er in Zeiten der Degeneration durch den Nationalsozialismus nahezu aufzugeben bereit war – und sie tut recht damit.

Marta Koscielniak

Irene Below, Burcu Dogramaci (Hg.): *Kunst und Gesellschaft zwischen den Kulturen. Die Kunsthistorikerin Hanna Levy-Deinhard im Exil und ihre Aktualität heute*. (= Frauen im Exil, Bd. 9). München (edition text + kritik) 2016. 358 S.

Dass die Themen Gender und Exil im Fach Kunstgeschichte und in der Wissenschaftsgeschichte allgemein nicht an Bedeutung und Aktualität verloren haben, macht der von Irene Below und Burcu Dogramaci herausgegebene Sammelband auf vielfältige Weise deutlich. Die Publikation fasst die Ergebnisse des von Irene Below initiierten gleichnamigen Symposiums zusammen, das im Februar 2014 im Exilarchiv 1933–1945 in der Deutschen Nationalbibliothek Frankfurt a. M. stattfand, unterstützt vom Ulmer Verein – Verband für Kunst- und Kulturwissenschaften.

Der Sammelband setzt neue Forschungsimpulse zum Leben und zum Werk der in Vergessenheit geratenen deutsch-jüdischen Kunstsoziologin und Emigrantin Hanna Levy-Deinhard, das in mehreren Sprach- und Kulturräumen entstanden ist. Die einzelnen Beiträge der internationalen und intergenerationellen AutorInnen, u. a. Zeitzeugen Deinhards wie Nicos Hadjinicolaou oder Martin Warnke, folgen den Lebensstationen der Kunsthistorikerin von ihrem ersten Studienort in München ins Exil nach Paris, Brasilien, die USA, Israel und letztlich ihrer Rückkehr nach Europa. Dabei werden ihre vielfältigen Forschungsinteressen beleuchtet, ihre wegweisenden wissenschaftlichen Leistungen im Kontext ihrer künstlerischen und wissenschaftlichen Netzwerke diskutiert sowie im Hinblick auf deren Aktualität und Einfluss auf die heutige Kunstgeschichtsschreibung hin untersucht.

Aus den Beiträgen von Burcu Dogramaci / Karin Wimmer und Nicos Hadjinicolaou geht hervor, dass Hanna Levy-Deinhard, 1912 in Osnabrück geboren, ab dem Sommersemester 1932 am Kunsthistorischen Seminar in München studiert. 1933 verlässt sie mit ihrem Partner, dem Cellisten Fritz Deinhard, das nationalsozialistische Deutschland und führt ihr Studium ab März an der Sorbonne in Paris fort. In engem Austausch mit dem marxistisch orientierten Kunsthistoriker Max Raphael schließt sie dieses 1936 mit einer Dissertation zum Thema *Henri Wölfflin. Sa théorie. Ses Prédécesseurs* ab.

Der von Daniela Kern analysierte Briefwechsel zwischen Deinhard und dem Sozialphilosophen Max Horkheimer beschreibt ihre äußerst schweren Bedingungen der Emigration nach Brasilien, die ihr schließlich mit dessen Hilfe aus seinem New Yorker Exil im Oktober 1937 gelingt. In Brasilien ist sie unter anderem für die neu gegründete nationale Behörde für Denkmalschutz *SPHAN* (Serviço do Patrimônio Histórico e Artístico Nacional) als Professorin tätig. Ihr Forschungsinteresse und ihre Publikationen zur brasilianischen Kolonialkunst in den 1940er Jahren sind eng mit ihrer Erfahrung als Emigrantin verknüpft, so Jens Baumgarten, und weisen ihr den Platz einer Pionierin auf dem Gebiet der postkolonialen Kunstgeschichte zu.

Die Frage nach dem Verhältnis von Kunst und Gesellschaft ist in Deinhards wissenschaftlicher Arbeit zentral und wird in einer Vielzahl von Beiträgen, z. B. von Jens Kastner, Norbert Schneider oder Amalia Barboza, aus unterschiedlichen Perspektiven untersucht und diskutiert. 1967 erscheint Deinhards Hauptwerk *Bedeutung und Ausdruck. Zur Soziologie der Malerei*, das bis in die 1970er Jahre hinein als wichtige Referenz in der Herausbildung eines kunstsoziologischen Forschungsansatzes gilt und auch in Deutschland, vor allem von der jungen Generation ideologiekritischer KunsthistorikerInnen des Ulmer Vereins, so Irene Below in ihrem Beitrag, rezipiert wird. Die Tatsache, dass Deinhard in ihrer kunstsoziologischen und rezeptionsästhetischen Forschung eine historische Perspektive einnimmt und aktuelle Tendenzen auf diesem Gebiet kaum Berücksichtigung finden, sieht Wolfgang Kemp auch in ihrer isolierten Position im Exil in den USA seit Januar 1948 begründet. Finanziell auf die Lehre unter anderem an der New School for Social Research in New York angewiesen, beklagt sie, dass ihr kaum Zeit für eigene Forschung bleibt. Während sie ihre Forschungsinteressen einerseits um Urbanisierung und modernen Städtebau erweitert, so Dogramaci, hat sie andererseits mit Ablehnung und Misserfolgen zu kämpfen, wie der Beitrag von David Kettler zeigt. Von 1956 bis 1957 erhält Deinhard eine Gastprofessur am Technion in Haifa, Israel. Nach ihrer Emeritierung kehrt sie 1978 nach Europa zurück, wo sie 1984 in Basel stirbt.

Vor dem Hintergrund der Exil- und Genderforschung ist es den Herausgeberinnen gelungen, die Lebensstationen der Kunsthistorikerin Hanna Levy-Deinhard aus vielfältigen Perspektiven zu skizzieren und zu beleuchten. Die Recherchen der AutorInnen des Sammelbands haben teilweise noch unbekannte, umfassende Primär- und Sekundärquellen ans Licht gebracht und somit eine fundierte Grundlage zur Weiterführung des Diskurses geschaffen. Von besonderem Interesse sind dabei die wissenschaftlichen Leistungen Deinhards, insbesondere im Hinblick auf ihre Vorreiterrolle in den Bereichen der Kunstsoziologie, Rezeptionsforschung und der postkolonialen Kunstgeschichte, die analysiert, diskutiert und in die Geschichte des Fachs eingeschrieben werden. Damit leistet der Sammelband einen wichtigen Beitrag zur Rezeption und Anerkennung wissenschaftlicher Innovationen weiblicher Protagonisten in der Wissenschaftsgeschichte, die nach wie vor ein Forschungsdesiderat darstellen.

Anna Sophia Messner

Ludger Pries: *Migration und Ankommen. Die Chancen der Flüchtlingsbewegung.* Frankfurt / New York (Campus Verlag) 2016, 208 S.

Der Verfasser nimmt die »Dynamik der Flüchtlingsereignisse« des Jahres 2015, die allein fast eine Million Zuwanderer nach Deutschland brachten, zum Anlass einer Bestandsaufnahme der aktuellen europäischen und nationalen Flüchtlingspolitiken. Dies geschieht unter drei Prämissen: 1. Die Fluchtbewegungen seien mit ein Gradmesser der Globalisierung sozialer Prozesse; 2. Sie bestehen nicht aus unwissenden individuellen Bittstellern, sondern sie sind transnationale Netzwerke, die zwar gelegentlich ihre Identitätspapiere verlieren, nie jedoch ihre Handys als universales Kommunikationsmedium; 3. sollen die Leistungen und das Versagen der europäischen Flüchtlingspolitik dargestellt werden, die schon seit den 1990er Jahren vor allem durch die Entwicklungen in Afrika (Ruanda, Eritrea, Somalia) und dann während des »arabischen Frühlings« mit den Problemen konfrontiert war. Trotz vielfältiger Bemühungen, so u. a. die Schaffung eines Gemeinsamen Europäischen Asylsystems (GEAS) seit 2007, habe sich die Politik der europäischen Staaten als »organisierte Nicht-Verantwortung« erwiesen (24). Daran schließt der Autor die Hoffnung, dass die Flüchtlingskrise der Gegenwart dennoch die Chance bietet, ein europäisches Gemeinschaftsprojekt zu schaffen, um in der globalisierten Welt bestehen zu können.

Für die komparativ arbeitenden ExilforscherInnen bietet der Band eine anregende Lektüre; präzise werden die aktuellen europäischen Mobilitätsregeln und rechtlich-normativen Grundlagen des Flüchtlingsschutzes (u. a. Schengen 1985, Maastricht 1992, Dublin I bis III 2003 ff., GEAS 2007) vorgestellt. Weil sich daran aber im Ernstfall kein Land hielt, blieben die Entscheidungen den Rechtsordnungen der einzelnen Nationalstaaten überlassen. Basis dafür sind die Genfer Flüchtlingskonvention von 1951 und in Deutschland der Artikel 16 / 16a des Grundgesetzes. Spanien zum Beispiel hatte schon früh Abkommen mit den nordafrikanischen Staaten geschlossen, sodass in der westlichen Mittelmeerregion kaum die gefährlichen Fluchtrouten entstanden sind.

Am Beispiel Deutschland lassen sich die Reichweiten nationaler Flüchtlingspolitik darstellen. Da die Wanderungen heute durchweg als *mixed migration flows* stattfinden mit dem Ergebnis, dass selten mehr als 20 Prozent überhaupt den Asylstatus erreichen, sind nationale Aktionen nicht weniger zweifelhaft. In den letzten Jahren hat sich in Deutschland ein Regime eingependelt, das aus unterschiedlichen Gründen (NS-Vergangenheit, Humanitätsfragen, Zurückhaltung bei Ausweisungen etc.) dazu geführt hat, dass im Grunde alle bleiben konnten (nach immer komplizierteren Rechtsvorschriften). Das wiederum hat sich in den Fluchtnetzwerken schnell herumgesprochen und dazu geführt, dass sich die Flüchtlinge nicht nach den Dublin-Regeln im Ankunftsland registrieren ließen, sondern in den Ländern ihrer Wünsche mit den in der Regel höchsten Sozialstandards, vor allem Deutschland und Schweden. Wie die nationalen Rechtsnormen gestärkt oder das GEAS befördert werden könnten, wenn die Entscheidungen über die Aufenthaltsorte den Migranten selbst überlassen bleiben, darüber sagt der Band allerdings nichts.

Deutlich macht er andererseits, dass die Integration der Migranten in Deutschland alles andere als geräuschlos war und ist. Er belegt damit die bekannte Tatsache, dass Flüchtlinge zu keiner Zeit in keinem Land in größerer Zahl mit offenen Armen aufgenommen wurden. Dies ist eine nicht weniger zu berücksichtigende Konstante wie die Migrationen als transnationale soziale Prozesse. Die komplexen Abläufe der Integration unter solchen Rahmenbedingungen hat die Exilforschung mit dem Akkulturationstheorem in den letzten Jahren mit großer Klarheit entwickelt. Bestätigt wurde sie von den neueren hybriditätstheoretischen Ansätzen, die den Diskurs der *postcolonial studies* bestimmten. Im vorliegenden Band wird das »Ankommen« der Migranten dagegen am deutschen Beispiel auf etwas naive Weise entfaltet. Unter der alten, längst überholten Prämisse, dass Deutschland kein Einwanderungsland sei, werden die Vertriebenen-Wanderung nach 1945 und die brüchige Gastarbeiter-Integration nach dem Anwerbestopp 1973 als Negativfolie herangezogen, um eine zu überwindende Kontinuität geringer Aufnahmebereitschaft zu imaginieren. Dass sie nicht grundsätzlich ist, sondern von der Zahl der Ankommenden und deren sozialer Struktur bzw. den eigenen Integrationsleistungen mitbestimmt wird, das spielt in dieser Darstellung eine viel zu geringe Rolle wie auch die Frage nach einem für alle verbindlichen, einfach zu überschauenden Rechtsrahmen. Da könnte die aktuelle Debatte hierzulande noch viel von den einschlägigen Bestimmungen der klassischen Einwanderungsländer USA, Kanada oder Australien lernen.

Max Stein

Kurzbiografien der Autorinnen und Autoren / Author Biographies

Sylvia Asmus, Dr. phil., Studium der Germanistik, Kunstgeschichte und Kunst-pädagogik in Frankfurt a. M., Studium der Bibliothekswissenschaft in Berlin, 2010 Promotion. Seit 2011 Leiterin des Deutschen Exilarchivs 1933–1945 und des Ausstellungsbereichs der Deutschen Nationalbibliothek in Frankfurt a. M. Mitglied im Wissenschaftlichen Beirat der Gesellschaft für Exilforschung e. V.; Ausstellungen (Auswahl): »*... mehr vorwärts als rückwärts schauen ...*« – *Das deutschsprachige Exil in Brasilien 1933–1945.* Ausstellung und Begleitbuch in Kooperation mit Marlen Eckl 2013; *Fremd bin ich den Menschen dort.* In Kooperation mit dem Deutschen Literaturarchiv, 2012. Publikationen (Auswahl): »*... mehr vorwärts als rückwärts schauen ...*«. *Das deutschsprachige Exil in Brasilien 1933–1945.* Hg. mit Marlen Eckl. Berlin 2013; *So wurde ihnen die Flucht zur Heimat. Soma Morgenstern und Joseph Roth, eine Freundschaft.* Hg. mit Heinz Lunzer und Victoria Lunzer-Talos. Bonn 2012.

Deborah Ascher Barnstone is professor of architecture at University of Technology Sydney. She is a licensed architect as well as an historian. Her primary research interests are twentieth and twenty-first century German and Dutch art and architecture and classical modernism. She has a particular interest in dismantling historical myths by re-examining received histories in order to uncover alternate interpretations of the past. She has published widely in scholarly journals such as *Journal of Architectural Education, Journal of Architecture,* and *New German Critique,* and in edited volumes. Recent monographs are: *The Break with the Past: Avant-Garde Architecture in Germany, 1910–1925.* Oxford / New York 2017; *Beyond the Bauhaus: Cultural Debates in Breslau, 1918–1933.* Ann Arbor / Michigan 2016.

Renate Berger, Professorin für Kunst- und Kulturwissenschaft, freie Autorin in Berlin. Zu ihren Forschungsschwerpunkten gehören Künstlerinnen des 18. Jahrhunderts bis zur Gegenwart, Ausdruckstanz und Russisches Ballett, Künstlerpaare, Geschichte der Biografie und Autobiografie, Theater-, Film- und Literaturgeschichte der 1920er Jahre in Deutschland und den USA. Publikationen (Auswahl): *Tanz auf dem Vulkan: Gustaf Gründgens und Klaus Mann.* Darmstadt 2016; *Paula Modersohn-Becker – Paris, Leben wie im Rausch.*

Bergisch-Gladbach 2007; *Rodolfo Valentino – Männlichkeit als Passion*. Hamburg 2003; *Liebe-Macht-Kunst. Künstlerpaare des 20. Jahrhunderts*. Köln, Wien 2000.

Donna West Brett, Dr., is an Early Career Development Fellow in Art History at the University of Sydney. She is a recipient of the 2017 Australian Academy of the Humanities, Ernst and Rosemarie Keller Award; an Editorial Committee member for the *Australian & NZ Journal of Art*, and Research Leader for the Photographic Cultures Research Group. Her recent and forthcoming books are: *Photography and Ontology: Unsettling Images* (ed., with Natalya Lusty; Oxford 2018); *Photography and Place: Seeing and Not Seeing Germany After 1945*. Oxford/New York 2016. Brett's essays include: »Forgetting Ilse Bing.« In: *Photography and Failure: One Medium's Entanglement with Flops, Underdogs, and Disappointments*. Ed. Kris Belden-Adams. London/Oxford 2017; »Interventions in Seeing: GDR Surveillance, Camouflage & the Cold War Camera.« In: *Camouflage Cultures: Beyond the Art of Disappearance*. Ed. Ann Elias, Ross Harley and Nicholas Tsoutas. Sydney 2015.

Darcy Buerkle is Associate Professor of History at Smith College, where she is also an affiliate faculty member in the Program for the Study of Women and Gender and a recent director of the Five College Women's Studies Research Center (2013–15). In 2012, Professor Buerkle held the Walter Benjamin Chair in German Jewish History and Culture at the Humboldt University, Berlin. She is the author of numerous essays and her book, *Nothing Happened: Charlotte Salomon and an Archive of Suicide*, was published in 2013 by the University of Michigan Press. Professor Buerkle's current research includes the Austrian born Jewish director Fred Zinnemann's early work and a related book project tentatively titled *The Force of Elsewhere: Image, Affect, and Travel 1935–1950*.

Dawn Chatty, Prof. Dr., is a social anthropologist whose ethnographic interests lie in the Middle East, with a focus on forced migration and development issues such as conservation-induced displacement, tribal resettlement, modern technology and social change, gender and development, and the impact of prolonged conflict on refugee young people. Chatty is both an academic anthropologist and a practitioner, having carefully developed her career in universities in the United States, Lebanon, Syria, and Oman, as well as with a number of development agencies such as the UNDP, UNICEF, FAO, and IFAD. Her most recent book is *Syria: The Making and Unmaking of a Refuge State*. London 2017. With the award of a Leverhulme Trust Major Research Fellowship in 2005, she completed *Dispossession and Displacement in the Modern Middle East*. Cambridge 2010.

Burcu Dogramaci, Prof. Dr., Studium der Kunstgeschichte und Germanistik in Hamburg. 2000 Promotion. 2005 Förderpreis des Aby M. Warburg-Preises. 2007 Habilitation. 2008 Kurt-Hartwig-Siemers-Wissenschaftspreis. Seit 2009 Professorin für Kunstgeschichte an der Ludwig-Maximilians-Universität München. 2016 ERC Consolidator Grant des Europäischen Forschungsrates für ihr Forschungsprojekt *Relocating Modernism: Global Metropolises, Modern Art and Exile*. Mitherausgeberin von *Exilforschung. Ein internationales Jahrbuch*. Forschungen zu Exil und Migration, Stadt und Architektur, Fotografie, Skulptur, Mode. Publikationen (Auswahl): *Re-Orientierung. Kontexte zeitgenössischer Kunst in der Türkei und unterwegs*. Hg. mit Marta Smolińska. Berlin 2017; *Rosa und Anna Schapire – Sozialwissenschaft, Kunstgeschichte und Feminismus um 1900*. Hg. mit Günther Sandner. Berlin 2017; *Kunst und Gesellschaft zwischen den Kulturen. Die Kunsthistorikerin Hanna Levy-Deinhard im Exil und ihre Aktualität heute*. Hg. mit Irene Below. München 2016; *Heimat. Eine künstlerische Spurensuche*. Köln 2016; *Migration und künstlerische Produktion. Aktuelle Perspektiven*. Hg. Bielefeld 2013.

Lisa Fittko (1909–2005) war Schriftstellerin und eine österreichische Widerstandskämpferin gegen die nationalsozialistische Diktatur. Sie und ihr Mann Hans Fittko verhalfen zahlreichen Menschen über die Pyrenäen zur Flucht aus dem besetzten Frankreich. 1941 gelang dem Paar selbst die Emigration nach Kuba. 1948 siedelten sie nach Chicago über. 1985 erhielt Lisa Fittko durch ihre Autobiografie *Mein Weg über die Pyrenäen* weltweite Bekanntheit. 2001 wurde für Lisa und Hans Fittko auf dem ehemaligen Fluchtweg in Banyuls-sur-Mer eine Gedenkstätte errichtet.

Veronika Fuechtner, Associate Professor of German at Dartmouth College and Adjunct Associate Professor of Psychiatry at Geisel School of Medicine. Studies in German Literature and Media, History, and Political Science at Philipps-University Marburg, FU Berlin, Washington University in St. Louis (M.A. 1994), and at the University of Chicago (Ph.D. 2002). Awards from the American Council of Learned Societies, the American Psychoanalytic Association, the Deutsche Schillergesellschaft, the Max Planck Institute for the History of Science, the National Endowment for the Humanities, and the Social Sciences Research Council. Publications include *A Global History of Sexual Science 1880–1960*, co-edited with Douglas E. Haynes and Ryan M. Jones. Berkeley 2017; *Imagining Germany, Imagining Asia*, co-edited with Mary Rhiel. Rochester 2013; *Berlin Psychoanalytic*. Berkeley 2011.

Lena Gorelik, geb. 1981 in Sankt Petersburg, kam 1992 zusammen mit ihrer russisch-jüdischen Familie als »Kontingentflüchtling« nach Deutschland. Ihr erster Roman *Meine weißen Nächte* (erschienen im Herbst 2004) wurde vom

Magazin *bücher* als »der beste neue Roman über Deutschland und absolut hinreißendes Buch« gelobt, ihr zweiter Roman *Hochzeit in Jerusalem* (erschienen im Frühjahr 2007) war nominiert für den Deutschen Buchpreis 2007. Im März 2011 erschien ihr Buch *Lieber Mischa*, 2012 folgte das erste Sachbuch *Sie können aber gut Deutsch*. Die Autorin wurde mit dem Bayerischen Kunstförderpreis, dem Ernst-Hoferichter-Preis und dem Förderpreis Friedrich-Hölderlin-Preis der Stadt Bad Homburg und dem Preis der Ravensburger Verlage ausgezeichnet. 2015 erschien ihr Roman *Null bis Unendlich*, 2017 *Mehr schwarz als lila*. Lena Gorelik schreibt als Essayisten für diverse Zeitungen und Rundfunkanstalten.

Anne Hultsch, PD Dr., Studium der Ostslavistik, Westslavistik und Ev. Theologie in Hamburg und Prag. 2001–2014 wissenschaftliche Mitarbeiterin am Lehrstuhl für Slavische Literaturwissenschaft an der TU Dresden. 2008 Promotion. 2014 Habilitation. Lehrbeauftragte an der TU Dresden und der Karls-Universität Prag. Seit 2016 Projekt an der Sächsischen Landesbibliothek – Staats- und Universitätsbibliothek zur wissenschaftlichen Erschließung einer Sammlung tschechischer Avantgardebücher. Forschungen u. a. zu Exil und Transkulturalität, I. A. Gončarov, Lyrikübertragungen, Buchgestaltung. Publikationen (Auswahl): *Experimentelle Poesie in Mitteleuropa. Texte – Kontexte – Material – Raum*. Hg. mit Klaus Schenk und Alice Stašková. Göttingen 2016; *Ein Russe in der Tschechoslowakei. Leben und Werk des Publizisten Valerij S. Vilinskij (1901–1955)*. Köln 2011.

Verena Krieger, Prof. Dr., Studium der Kunstgeschichte, Philosophie und Geschichte in Bochum und Köln. 1996 Promotion. 2004 Habilitation. 2008–2011 Univ.-Professorin an der Universität für angewandte Kunst Wien. Seit 2011 Lehrstuhl für Kunstgeschichte an der Universität Jena. Forschung zu Ambiguität, Künstlerkonzepten, Avantgarde und Politik, Erinnerungskultur, Gender, Methodenfragen, Zeitlichkeit. Publikationen (Auswahl): *Wiederholungstäter. Die Selbstwiederholung als künstlerische Praxis in der Moderne*. Hg. mit Sophia Stang. Köln 2017; *»When exhibitions become politics«. Geschichte und Strategien politischer Kunstausstellungen seit den 1960er Jahren*. Hg. mit Elisabeth Fritz. Köln 2017; *BrandSchutz//Mentalitäten der Intoleranz. Begleitbuch zur Kunstausstellung*. Hg. Jena 2013; *Die Wiederkehr des Künstlers. Themen und Positionen der aktuellen Künstler/innenforschung*. Hg. mit Sabine Fastert und Alexis Joachimides. Köln 2011; *Ambiguität in der Kunst. Typen und Funktionen eines ästhetischen Paradigmas*. Hg. mit Rachel Mader. Köln 2010; *Kunstgeschichte und Gegenwartskunst. Vom Nutzen und Nachteil der Zeitgenossenschaft*. Hg. Köln 2008.

Elizabeth Otto, Associate Professor of Art History, State University of New York at Buffalo. Studied Art History and Women's Studies at Oberlin College (B.A. 1994), Queen's University Canada (M.A. 1997) and the University of Michigan (Ph.D. 2003). Awards from Alexander von Humboldt Foundation, American Association of University Women, Berlin Program for German and European Studies, German Academic Exchange Service (DAAD), and LMU Munich's Center for Advanced Studies. 2017–18 Fellow at National Humanities Center, completing two books: *Haunted Bauhaus* and, with Patrick Rössler, *Bauhaus Mädels*. Otto is the author of *Tempo, Tempo! The Bauhaus Photomontages of Marianne Brandt*. Berlin 2005; and the editor of *Bauhaus Bodies* (with Patrick Rössler, forthcoming) and *The New Woman International: Representations in Photography and Film. 1870s–1960s* (with Vanessa Rocco). Ann Arbor 2011.

Anna Parkinson, Associate Professor of German, Northwestern University. Studied German as well as Gender and Sexuality Studies at Cornell University (Ph.D. 2007). Awards from the Mandel Center for Advanced Holocaust Studies at the United States Holocaust Memorial Museum, the German Academic Exchange Service (DAAD), and the Mellon Foundation. Select publications: »A Sentimental Reeducation: Postwar West Germany's Intimate Geographies.« In: *Emotion and Space* (forthcoming); »›In der Fremde zu Hause‹: Contingent Cosmopolitanism and Elective Exile in the Writing of Hans Keilson« (forthcoming); *An Emotional State: The Politics of Emotion in Postwar West German Culture.* Ann Arbor 2015; »Adorno on the Airwaves.« In: *German Politics and Society* (2014); »Aptitudes of Feeling.« In: *New German Critique* (2011).

Kerstin Pinther, Prof. Dr., Studium der Kunstgeschichte und Ethnologie in Frankfurt a.M. und München. Von 2010 bis 2014 Alfried Krupp von Bohlen und Halbach-Juniorprofessorin für die Kunst Afrikas am Kunsthistorischen Institut der Freien Universität Berlin. Seit 2014/2015 Professorin für Islamische Kunstgeschichte/Kunstgeschichte Afrikas (Vertretungsprofessur) an der Ludwig-Maximilians-Universität München. Forschungen zur zeitgenössischen Kunst Afrikas, v.a. Westafrika und Ägypten, Architektur & Urbanität, Design. Seit 2017 DFG-Forschungsprojekt zu *Fashion & Styles in African Cities* (Lagos & Douala). Zahlreiche Ausstellungskurationen, zuletzt *Flow of Forms/Forms of Flow. Designgeschichten zwischen Afrika und Europa* (2017). Publikationen (Auswahl): »Artists' Archives and the Sites of Memory in Cairo and Algiers«. In: *World Art Studies* 6/1 (2016): *Special issue on art and the archive.* Hg. v. Ferdinand de Jong, S. 169–185; *New Spaces for Negotiating Art (and) Histories in Africa* (= *African Art and Visual Cultures* Bd. 2). Hg. mit Ugochukwu-Smooth C. Nzewi und Berit Fischer. Berlin 2015; *Afropolis. Stadt, Medien, Kunst.* Hg. mit Larissa Förster und Christian Hanussek. Köln 2010 [engl. 2012].

Martin Schieder, Prof. Dr., lehrt seit 2008 als Professor für moderne und zeitgenössische Kunstgeschichte an der Universität Leipzig. Zuvor war er u. a. Stellvertretender Direktor am Deutschen Forum für Kunstgeschichte in Paris (1997–2001), Senior Fellow am Center for advanced Study in the visual Art in Washington (2001), Scholar am Getty Research Institute in Los Angeles (2013–2014) sowie Gastprofessor an der Freien Universität Berlin (2004–2008) und an der Université de Sorbonne Paris IV (2015). Er hat zahlreiche Veröffentlichungen zur Kunst vom 18. Jahrhundert bis zur Gegenwart, zum deutsch-französischen Kulturtransfer sowie zu den Exile Studies, Exhibition Studies und Studio Studies vorgelegt. Zurzeit bereitet er ein Buch über die Schiffspassage des Künstlers ins Exil in den 1930/40er Jahren vor.

Joachim Schlör, Prof. Dr., Studium der Empirischen Kulturwissenschaft und Politikwissenschaft an der Universität Tübingen. 1990 Promotion, 2003 Habilitation an der Universität Potsdam. Koordinator des Graduiertenkollegs *Makom: Ort und Orte im Judentum*. Einladungen an das Collegium Budapest (2001) und das IfK Wien (2003). Seit 2006 Professor for modern Jewish/non-Jewish Relations, University of Southampton, UK. Editor *Jewish Culture and History* (Routledge), Co-editor *Mobile Culture Studies. The Journal*. Forschungen zur Stadt- und Migrationsgeschichte. Publikationen (Auswahl): *Nights in the Big City: London, Paris, Berlin 1840–1930*. London 2016; *»Liesel, it's time for you to leave«. Von Heilbronn nach England. Die Flucht der Familie Rosenthal vor nationalsozialistischer Verfolgung*. Heilbronn 2015; *Mobile Culture Studies* 1 (2015): *Die Schiffsreise/The Sea Voyage*. *Endlich im Gelobten Land? Deutsche Juden unterwegs in eine neue Heimat*. Hg. Berlin 2003.

Adnan Softić, Künstler, Filmemacher, Theaterregisseur und Autor, studierte Film und Ästhetische Theorie an der Hochschule für Bildende Künste Hamburg. In seinen Werken befasst er sich mit historischen und erinnerungspolitischen Themen. Er ist mit zahlreichen installativen, multimedialen Ausstellungen im In- und Ausland vertreten. Mehrfach ausgezeichnet, zuletzt mit dem Villa Massimo Stipendium in Rom. Mehr Informationen unter www.kinolom. com.

Juliane Sucker, Dr. phil., hat Germanistik, Romanistik und Betriebswirtschaftslehre in Freiburg/B., Paris und Berlin studiert. 2014 Promotion in der Neueren deutschen Literatur an der Humboldt-Universität zu Berlin; Förderung durch die Friedrich-Ebert-Stiftung. Forschungsschwerpunkte: Exilliteratur des 20. Jahrhunderts, insbes. deutsch-jüdisches Exil, Leben und Werk Gabriele Tergits; Publikationen (Auswahl): »Austauschzone. Ein Kommentar zu Entstehung und Signatur von Gabriele Tergits ›Käsebier erobert den Kurfürstendamm‹«. In: *Jahrbuch zur Kultur und Literatur der Weimarer Republik* 17 (2016).

Hg. v. Sabina Becker, S. 19–32; *»Sehnsucht nach dem Kurfürstendamm«. Gabriele Tergit – Literatur und Journalismus in der Weimarer Republik und im Exil.* Würzburg 2015; *Bilder des Jüdischen. Selbst- und Fremdzuschreibungen im 20. und 21. Jahrhundert.* Hg. mit Lea Wohl v. Haselberg. Berlin, Boston 2013. Lebt und arbeitet in Hamburg und Schwerin.

Ivo Theele, Dr., Studium Neuere deutsche Literaturwissenschaft, Medienwissenschaft und Sportwissenschaft in Paderborn. 2014 Promotion. Seit 2013 Wissenschaftlicher Mitarbeiter an der Europa-Universität Flensburg. Forschungen zu Exil, Flucht und Migration, Intermedialität, Kinder- und Jugendliteratur, Literaturdidaktik. Publikationen u. a.: »Das Unsagbare der Flucht zur Sprache bringen. Uticha Marmons Roman ›Mein Freund Salim‹«. In: *Flucht-Literatur. Texte für den Unterricht.* Bd. I. Hg. v. Dieter Wrobel u. a. Baltmannsweiler 2017; »Der ›Schlepper‹, das unbekannte Wesen. Formen der Fluchthilfe in Maxi Obexers ›Wenn gefährliche Hunde lachen‹ und ›Illegale Helfer‹«. In: *Niemandsbuchten und Schutzbefohlene.* Hg. v. Thomas Hardtke u. a. Göttingen 2017; »›Warteraum‹ Exil. Raum als Narrativ eines Krisenzustands«. In: *Warten als Kulturmuster.* Hg. v. Daniel Kazmaier u. a. Würzburg 2016.

Jakob Vogel, Prof. Dr., Studium in Bonn und Paris. 1995 Promotion an der FU Berlin. 2005 Habilitation an der TU Berlin. 2006–2008 Stellvertretender Direktor des Centre Marc Bloch, Berlin. 2008–2011 Professur an der Universität zu Köln, seit 2011 Professor für Geschichte Europas (19. und 20. Jahrhundert) am Centre d'Histoire von Sciences Po, Paris. Forschungen zur Geschichte der Nation und des Nationalismus, Wissens- und Wissenschaftsgeschichte, Europa und seine globalen Verflechtungen. Publikationen (Auswahl): *Europa: Notre histoire.* Hg. mit Etienne François, Thomas Serrier u. a. Paris 2017; *Shaping the Transnational Sphere. Experts, Networks and Issues from the 1840s to the 1930s.* Hg. mit Davide Rodogno und Bernhard Struck. Oxford, New York 2015.

Personenregister / Index of names

Exilforschung. Ein internationales Jahrbuch

Herausgegeben im Auftrag der Gesellschaft für Exilforschung/ Society for Exile Studies von Bettina Bannasch, Doerte Bischoff, Burcu Dogramaci, Claus-Dieter Krohn und Lutz Winckler

Band 1/1983
Stalin und die Intellektuellen und andere Themen
391 Seiten

»… der erste Band gibt in der Tat mehr als nur eine Ahnung davon, was eine so interdisziplinär wie breit angelegte Exilforschung sein könnte.«

Neue Politische Literatur

Band 2/1984
Erinnerungen ans Exil
Kritische Lektüre der Autobiographien nach 1933 und andere Themen
415 Seiten

»Band 2 vermag mühelos das Niveau des ersten Bandes zu halten, in manchen Studien wird geradezu außergewöhnlicher Rang erreicht …«

Wissenschaftlicher Literaturanzeiger

Band 3/1985
Gedanken an Deutschland im Exil und andere Themen
400 Seiten

»Die Beiträge beschäftigen sich nicht nur mit Exilliteratur, sondern auch mit den Lebensbedingungen der Exilierten. Sie untersuchen Möglichkeiten und Grenzen der Mediennutzung, erläutern die Probleme der Verlagsarbeit und verfolgen ›Lebensläufe im Exil‹.«

Neue Zürcher Zeitung

Band 4/1986
Das jüdische Exil und andere Themen
310 Seiten

Hannah Arendt, Bruno Frei, Nelly Sachs, Armin T. Wegner, Paul Tillich, Hans Henny Jahnn und Sergej Tschachotin sind Beiträge dieses Bandes gewidmet. Ernst Loewy schreibt über den Widerspruch, als Jude, Israeli, Deutscher zu leben.

Band 5/1987

Fluchtpunkte des Exils und andere Themen

260 Seiten

Das Thema »Akkulturation und soziale Erfahrungen im Exil« stellt neben der individuellen Exilerfahrung die Integration verschiedener Berufsgruppen in den Aufnahmeländern in den Mittelpunkt. Bisher wenig bekannte Flüchtlingszentren in Lateinamerika und Ostasien kommen ins Blickfeld.

Band 6/1988

Vertreibung der Wissenschaften und andere Themen

243 Seiten

Der Blick wird auf einen Bereich gelenkt, der von der Exilforschung bis dahin kaum wahrgenommen wurde. Das gilt sowohl für den Transfer denkgeschichtlicher und theoretischer Traditionen und die Wirkung der vertriebenen Gelehrten auf die Wissenschaftsentwicklung in den Zufluchtsländern wie auch für die Frage nach dem »Emigrationsverlust«, den die Wissenschaftsemigration für die Forschung im NS-Staat bedeutete.

Band 7/1989

Publizistik im Exil und andere Themen

249 Seiten

Der Band stellt neben der Berufsgeschichte emigrierter Journalisten in den USA exemplarisch Persönlichkeiten und Periodika des Exils vor, vermittelt an deren Beispiel Einblick in politische und literarische Debatten, aber auch in die Alltagswirklichkeit der Exilierten.

Band 8/1990

Politische Aspekte des Exils

243 Seiten

Der Band wirft Schlaglichter auf ein umfassendes Thema, beschreibt Handlungsspielräume in verschiedenen Ländern, stellt Einzelschicksale vor. Der Akzent auf dem kommunistischen Exil, dem Spannungsverhältnis zwischen antifaschistischem Widerstand und politischem Dogmatismus, verleiht ihm angesichts der politischen Umwälzungen seit 1989 Aktualität.

Band 9 / 1991

Exil und Remigration

263 Seiten

Der Band lenkt den Blick auf die deutsche Nachkriegsgeschichte, untersucht, wie mit rückkehrwilligen Vertriebenen aus dem Nazi-Staat in diesem Land nach 1945 umgegangen wurde.

Band 10 / 1992

Künste im Exil

212 Seiten. Zahlreiche Abbildungen

Beiträge zur bildenden Kunst und Musik, zu Architektur und Film im Exil stehen im Mittelpunkt dieses Jahrbuchs. Fragen der kunst- und musikhistorischen Entwicklung werden diskutiert, die verschiedenen Wege der ästhetischen Auseinandersetzung mit dem Faschismus dargestellt, Lebens- und Arbeitsbedingungen der Künstler beschrieben.

Band 11 / 1993

Frauen und Exil
Zwischen Anpassung und Selbstbehauptung

283 Seiten

Der Band trägt zur Erforschung der Bedingungen und künstlerischen wie biografischen Auswirkungen des Exils von Frauen bei. Literaturwissenschaftliche und biografische Auseinandersetzungen mit Lebensläufen und Texten ergänzen feministische Fragestellungen nach spezifisch »weiblichen Überlebensstrategien« im Exil.

Band 12 / 1994

Aspekte der künstlerischen Inneren Emigration 1933 bis 1945

236 Seiten

Der Band will eine abgebrochene Diskussion über einen kontroversen Gegenstandsbereich fortsetzen: Zur Diskussion stehen Literatur und Künste in der Inneren Emigration zwischen 1933 und 1945, Möglichkeiten und Grenzen einer innerdeutschen politischen und künstlerischen Opposition.

Band 13/1995

Kulturtransfer im Exil

276 Seiten

Das Jahrbuch 1995 macht auf Zusammenhänge des Kulturtransfers aufmerksam. Die Beiträge zeigen unter anderem, in welchem Ausmaß die aus Deutschland vertriebenen Emigranten das Bewusstsein der Nachkriegsgeneration der sechziger Jahre – in Deutschland wie in den Exilländern – prägten, welche Themen und welche Erwartungen die Exilforschung seit jener Zeit begleitet haben.

Band 14/1996

Rückblick und Perspektiven

231 Seiten

Methoden und Ziele wie auch Mythen der Exilforschung werden kritisch untersucht; der Band zielt damit auf eine problem- wie themenorientierte Erneuerung der Exilforschung. Im Zusammenhang mit der Kritik traditioneller Epochendiskurse stehen Rückblicke auf die Erträge der Forschung unter anderem in den USA, der DDR und in den skandinavischen Ländern. Zugleich werden Ausblicke auf neue Ansätze, etwa in der Frauenforschung und Literaturwissenschaft, gegeben.

Band 15/1997

Exil und Widerstand

282 Seiten

Der Widerstand gegen das nationalsozialistische Herrschaftssystem aus dem Exil heraus steht im Mittelpunkt dieses Jahrbuchs. Neben einer Problematisierung des Widerstandsbegriffs beleuchten die Beiträge typische Schicksale namhafter politischer Emigranten und untersuchen verschiedene Formen und Phasen des politischen Widerstands: z. B. bei der Braunbuch-Kampagne zum Reichstagsbrand, in der französischen Résistance, in der Zusammenarbeit mit britischen und amerikanischen Geheimdiensten sowie bei den Planungen der Exil-KPD für ein Nachkriegsdeutschland.

Band 16/1998

Exil und Avantgarden

275 Seiten

Der Band diskutiert und revidiert die Ergebnisse einer mehr als zwanzigjährigen Debatte um Bestand, Entwicklung oder Transformation der historischen Avantgarden unter den Bedingungen von Exil und Akkulturation; die Beiträge verlieren dabei den gegenwärtigen Umgang mit dem Thema Avantgarde nicht aus dem Blick.

Band 20 / 2002

Metropolen des Exils

310 Seiten

Ausländische Metropolen wie Prag, Paris, Los Angeles, Buenos Aires oder Shanghai stellten eine urbane Fremde dar, in der die Emigrantinnen und Emigranten widersprüchlichen Erfahrungen ausgesetzt waren: Teilweise gelang ihnen der Anschluss an die großstädtische Kultur, teilweise fanden sie sich aber auch in der für sie ungewohnten Rolle einer Randgruppe wieder. Der daraus entstehende Widerspruch zwischen Integration, Marginalisierung und Exklusion wird anhand topografischer und mentalitätsgeschichtlicher Untersuchungen der Metropolenemigration, vor allem aber am Schicksal der großstädtischen politischen und kulturellen Avantgarden und ihrer Fähigkeit, sich in den neuen Metropolen zu reorganisieren, analysiert. Ein spezielles Kapitel ist dem Imaginären der Metropolen, seiner Rekonstruktion und Repräsentation in Literatur und Fotografie gewidmet.

Band 21 / 2003

Film und Fotografie

296 Seiten

Als »neue« Medien verbinden Film und Fotografie stärker als die traditionellen Künste Dokumentation und Fiktion, Amateurismus und Professionalität, künstlerische, technische und kommerzielle Produktionsweisen. Der Band geht den Produktions- und Rezeptionsbedingungen von Film und Fotografie im Exil nach, erforscht anhand von Länderstudien und Einzelschicksalen Akkulturations- und Integrationsmöglichkeiten und thematisiert den Umgang mit Exil und Widerstand im Nachkriegsfilm.

Band 22 / 2004

Bücher, Verlage, Medien

292 Seiten

Die Beiträge des Bandes fokussieren die medialen Voraussetzungen für die Entstehung einer nach Umfang und Rang weltgeschichtlich singulären Exilliteratur. Dabei geht es um das Symbol Buch ebenso wie um die politische Funktion von Zeitschriften, aber auch um die praktischen Arbeitsbedingungen von Verlagen, Buchhandlungen etc. unter den Bedingungen des Exils.

Band 23/2005
Autobiografie und wissenschaftliche Biografik
263 Seiten

Neben Autobiografien als Zeugnis und Dokument sind Erinnerung und Gedächtnis in den Vordergrund des Erkenntnisinteresses der Exilforschung gerückt. Die »narrative Identität« (Paul Ricœur) ist auf Kommunikation verwiesen, sie ist unabgeschlossen, offen für Grenzüberschreitungen und interkulturelle Erfahrungen; sie artikuliert sich in der Sprache, in den Bildern, aber auch über Orte und Dinge des Alltags. Vor diesem Hintergrund stellt der Band autobiografische Texte, wissenschaftliche Biografien und Darstellungen zur Biografik des Exils vor und diskutiert Formen und Funktionen ästhetischen, historischen, fiktionalen und wissenschaftlichen Erzählens.

Band 24/2006
Kindheit und Jugend im Exil
Ein Generationenthema
284 Seiten

Das als Kind erfahrene Unrecht ist vielfach einer der Beweggründe, im späteren Lebensalter Zeugnis abzulegen und oft mit Genugtuung auf ein erfolgreiches Leben trotz aller Hindernisse und Widrigkeiten zurückzublicken. Kindheit unter den Bedingungen von Verfolgung und Exil muss also einerseits als komplexes, tief gehendes und lang anhaltendes Geschehen mit oftmals traumatischen Wirkungen über mehrere Generationen gesehen werden, andererseits können produktive, kreative Lebensentwürfe nach der Katastrophe zu der nachträglichen Bewertung des Exils als Bereicherung geführt haben. Diesen Tatsachen wird in diesem Band konzeptionell und inhaltlich anhand neu erschlossener Quellen nachgegangen.

Band 25/2007
Übersetzung als transkultureller Prozess
305 Seiten

Übersetzen ist stets ein Akt des Dialogs zwischen dem Selbst und dem Anderen, zwischen kulturell Eigenem und Fremdem. Übersetzen bedeutet insofern auch deutende Vermittlung kultureller Verschiedenheit im Sinne einer »Äquivalenz des Nicht-Identischen« (P. Ricœur). Ein kulturtheoretisch fundierter Übersetzungsbegriff ist daher geeignet, die traditionelle Exilliteratur aus den Engpässen von muttersprachlicher Fixierung und der Fortschreibung von Nationalliteraturen herauszuführen. Er regt dazu an, das Übersetzen als Alternative zu den Risiken von Dekulturation bzw. Akkulturation aufzufassen und nach Formen der Lokalisierung neuer Identitäten zu suchen, welche in der Extraterritorialität der Sprache und in der Entstehung einer interkulturellen »Literatur des Exils« ihren Ausdruck finden. Der Band präsentiert Überlegungen und Analysen zu Übersetzern und Übersetzungen von bzw. durch Exilautorinnen und -autoren (u. a. Hermann Broch, Heinrich Mann, Hans Sahl, Anna Seghers). Er enthält Studien zu Sprachwechsel und Mehrsprachigkeit sowie Beispiele eines Schreibens »zwischen« den Sprachen (Walter Abish, Wladimir Nabokov, Peter Weiss), die eine geografische und zeitliche Entgrenzung der »Exilliteratur« nahelegen. Ein Register aller Beiträge der Bände 1 bis 25 des Jahrbuchs rundet den Band ab und gibt einen Überblick über den Stand der Exilforschung.

Band 26 / 2008
Kulturelle Räume und ästhetische Universalität
Musik und Musiker im Exil
263 Seiten

Das Themenspektrum des Bandes reicht von allgemeinen Überlegungen zum Doppelcharakter von Musik als »Werk und Zeugnis« über Musik in Exilzeitschriften, die Migration von Musiker/Komponisten-Archiven, die Frage nach »brain drain« und »brain gain« in der Musikwissenschaft bis zum Beitrag von Musikern in der Filmindustrie und einer Fallstudie zum Exil in Südamerika.

Band 27 / 2009
Exil, Entwurzelung, Hybridität
254 Seiten

Vor dem Hintergrund des Begriffs Hybridität, einem der Schlüsselbegriffe in den Kulturwissenschaften, versammelt der vorliegende Band Beiträge, die dazu anregen sollen, Vertreibungen und Entwurzelungen sowie die damit verbundenen Integrationsprozesse unter differenten gesellschaftspolitischen Verhältnissen, insbesondere auch im Zeichen der heutigen Massenwanderungen zu vergleichen.

Band 28 / 2010
Gedächtnis des Exils
Formen der Erinnerung
276 Seiten

Mit dem Zurücktreten der Zeitzeugen haben sich die Formen der Wahrnehmung des Exils verändert: Gedächtnis und Erinnerung bilden Ausgangspunkt und Rahmen der wissenschaftlichen Auseinandersetzung. Der Band stellt Institutionen des kulturellen Gedächtnisses wie Archive und Bibliotheken vor und untersucht Formen der Erinnerung und des Vergessens am Beispiel von Ausstellungen, Schulbüchern und literarischen Texten.

Band 29/2011
Bibliotheken und Sammlungen im Exil
272 Seiten

Private Bibliotheken sind Spiegelbilder von Interessen und Leidenschaften ihrer Eigentümer, sie dokumentierten einst sozialen Aufstieg und Ansehen in der bürgerlichen Kultur. Der Nationalsozialismus hat wesentliche Teile davon zerstört, eine Mitnahme dieser Überlieferung ins Exil war die Ausnahme. Bisher ließen sich immerhin überlebende Zeitzeugen ansprechen, doch solche Informationsquellen versiegen allmählich, sodass »Archive« zur künftigen Basis der Forschung werden. Während es im Bereich der Nachlassermittlung bereits umfassende Kenntnisse gibt, ist das Wissen über die verlorenen, zerstörten oder geretteten Bibliotheken derzeit noch unterentwickelt. Daher richtet der vorliegende Band den Blick auf dieses Überlieferungssegment. Dabei geht es nicht allein um die Texte, sondern auch um die Materialität, Ästhetik und haptische Bedeutung von Büchern jenseits ihrer Funktion.

Band 30/2012
Exilforschungen im historischen Prozess
358 Seiten

Die Exilforschung ist auf dem Wege der Historisierung. Eine übergreifende Bilanz steht indes noch aus. Nach drei Jahrzehnten seines Erscheinens erhellt der neue Band des Jahrbuches, wie sich die Exilforschung als eigenes Forschungsfeld entwickelt hat. Exemplarisch werden Eindrücke von den Forschungsaktivitäten in einzelnen Ländern und den transnationalen Netzwerkaktivitäten vermittelt. Auf systematische Fragestellungen und aktuelle Forschungsinteressen wird hingewiesen. Neben jüngeren Wissenschaftlerinnen und Wissenschaftlern gehören zum Kreis der Autoren einige Akteure der ersten Stunde mit ihren Deutungen aus der Doppelperspektive von beteiligtem Zeitzeugen und distanziert analysierendem Historiker.

Band 31/2013
Dinge des Exils
394 Seiten

Neben den traditionellen Bereichen der politischen Geschichte des Exils und der Erforschung von Exilliteratur sind in den letzten Jahren neue kulturwissenschaftliche Fragestellungen in den Blick der Exilforschung gerückt. Mit den »Dingen des Exils« werden in dieser Dokumentation Gegenstände fokussiert, in denen sich Erinnerungen an die verlorenen Heimaten, an das Herausgerissen- und Unterwegssein, aber auch an das Ankommen und an die Erfahrung differenter Bedeutungszuschreibungen in unterschiedlichen kulturellen Kontexten symbolisch verdichten. Zugleich zeigt das charakteristische Fremdwerden der Dinge infolge der Exilsituation die Bedeutung materieller Kultur auf, die hier interdisziplinär aus literaturwissenschaftlichen, historischen, kunst- bzw. musikwissenschaftlichen und archivwissenschaftlichen Perspektiven erkundet wird.

Band 32/2014
Sprache(n) im Exil
361 Seiten

»Aus einem Land kann man auswandern, aus der Muttersprache nicht« – mit diesen Worten behauptet Schalom Ben-Chorin, der 1935 als Fritz Rosenthal aus Deutschland nach Palästina emigrierte, den Anspruch auf kulturelle Zugehörigkeit jenseits staatlicher Machtansprüche und territorialer Grenzziehungen. Traditionelle Vorstellungen von sprachlicher Verwurzelung und einer zwingenden Verbindung von Sprache und Nation werden hier infrage gestellt. Das Exil verändert jedoch nicht nur Einstellungen zur Herkunftssprache, sondern erzwingt auch eine existenzielle Auseinandersetzung mit fremden Sprachen. Sprachpraxis und -denken Vertriebener reflektieren auf vielfältige Weise Prozesse von Sprachwechsel, (Selbst-)Übersetzung, Sprachmischung, Sprachverlust oder -bewahrung. Die Beiträge des Bandes erkunden, auf welche Weise das Exil »in fremden Sprachen« Einstellungen gegenüber einzelnen Sprachen, aber auch gegenüber Fragen von Ein- und Mehrsprachigkeit auf spezifische Weise prägt und verändert. In Bezug auf neuere linguistische Untersuchungen sowie aktuelle kulturwissenschaftliche Forschungen werden Dokumente und literarische Zeugnisse des Exils neu gelesen. Manche Textzeugnisse, die bisher nicht beachtet wurden, kommen so erstmals in den Blick. Zugleich leisten die Beiträge in ihrer Fokussierung auf die Bedeutung von Sprache(n) unter den spezifischen Bedingungen des Exils auch einen Beitrag zur Ausdifferenzierung linguistischer und kulturwissenschaftlicher Forschungen zu Sprachwechsel und Mehrsprachigkeit sowie zum vielfältig ideologisierten Konzept der Muttersprache.

Band 33/2015
»Kometen des Geldes«
Ökonomie im Exil
320 Seiten

Der Titel »Kometen des Geldes« geht auf einen 1933 erschienenen Essayband des später in die USA emigrierten Schriftstellers Paul Elbogen zurück, der berühmte Wirtschaftskapitäne porträtiert. Kometenhafte ökonomische Erfolge gelangen im Exil jedoch nur selten. In den Studien und Fallgeschichten dieses Bandes kommen ausführlich dokumentierte ökonomische Aspekte des kulturellen Exils und die Arbeit von Hilfsorganisationen zur Sprache. Sie beleuchten bislang weitgehend unerforschte materielle Lebensbedingungen von Personen unterschiedlicher sozialer, ideologischer und professioneller Zugehörigkeit in allen Phasen des Exils, wobei auch die Enteignungen 1933/38 in familiären und Firmennetzwerken thematisiert werden. Die Beiträge beschäftigen sich mit Berufsgruppen wie Bankiers, Geschäftsleuten, Wissenschaftlern, Schriftstellern und Künstlern sowie mit dem wirtschaftlichen Beitrag der Vertriebenen zur Entwicklung in den Fluchtländern. Analysiert werden ferner die Kostenstrukturen in den französischen Internierungslagern sowie der Tauschverkehr als Überlebensstrategie in gesellschaftlichen Randbereichen. Der Band zeigt dabei ebenfalls, wie ergiebig die nochmalige Lektüre von bereits bekannten Quellen und (literarischen) Dokumenten des Exils im Kontext des Themas sein kann.

Band 34/2016
Exil und Shoah
407 Seiten

Der Band lotet Berührungspunkte und Überschneidungen der Forschungsgebiete Exil und Shoah aus. Er zeigt nicht nur, wie komplex und weitreichend diese beschaffen sind, sondern auch wie prägend das aus Exil und Shoah synthetisierte Wissen für den wissenschaftlichen und künstlerischen Diskurs weit über die Nachkriegszeit hinaus war. Aus unterschiedlichen Perspektiven und im Kontext unterschiedlicher Disziplinen fragen die in dem Band versammelten Beiträge nach den Folgen, die das Wissen um die Shoah und um ihr Ausmaß unter deutschsprachigen Exilanten und Emigranten in ihren literarischen Zeugnissen und wissenschaftlichen Arbeiten erkennen lässt; von wesentlichem Interesse sind dabei auch Zeugnisse, literarische Werke und wissenschaftliche Werke aus der Zeit des sogenannten Nachexils. Abgesehen von der Frage nach den Auswirkungen der Erfahrung von Exil und Shoah auf individuelle Biografien und Lebensentwürfe, geht es in den Beiträgen dabei immer auch um die Frage nach den künstlerischen, wissenschaftlichen und philosophischen Neuorientierungen, die diese Erfahrungen verlangten und bewirkten. Dazu gehört auch das Nachdenken über grundlegende Fragen der deutschen und europäischen Kultur und Geschichte, des Antisemitismus und der menschlichen Psychologie, zu dem sich viele Exilantinnen und Exilanten unter dem Eindruck des Holocausts gezwungen sahen. Darüber hinaus wird die sich ständig befragende und neu konstituierende Fortschreibung der Erfahrung von Holocaust und Exil in Texten, die bisher nicht eindeutig diesen Bereichen zugeordnet wurden, analysiert und bewertet.

Ausführliche Informationen über alle Bücher des Verlags im Internet unter:
www.etk-muenchen.de

Doerte Bischoff (Hg.)
Exil – Literatur – Judentum
351 Seiten, € 39,–
ISBN 978-3-86916-327-7

Am Beginn des 21. Jahrhunderts, in dem die Erfahrungen von Vertreibung, Exilierung und Migration von immer mehr Menschen geteilt werden, kommen vielfach spezifisch jüdische Exiltraditionen und Gemeinschaftskonzepte auf neue Weise in den Blick. Stellen die mit diesen Traditionen verknüpften Konzepte von Diaspora, Kosmopolitismus und Mehrsprachigkeit Alternativen zu nationaler Orientierung und Assimilationserwartungen dar, die sich für die europäischen Juden spätestens nach 1933 als fatale Sackgasse erwiesen hatten? Der erste Band der Reihe »Exil-Kulturen«, »Exil – Literatur – Judentum«, versammelt eine Vielzahl an Perspektiven auf jüdische Auseinandersetzungen mit Exilerfahrungen und -konzepten, wobei mit dem Fokus auf deutschsprachige jüdische Intellektuelle und Literaten, die vor dem Nationalsozialismus ins Exil flohen, immer auch die Frage nach Traditionsbrüchen und den Grenzen der Übertragbarkeit und Verallgemeinerbarkeit jüdischer Geschichte(n) zur Diskussion gestellt wird.

et+k

edition text+kritik · 81673 München · www.etk-muenchen.de

treibhaus
Jahrbuch für die Literatur der fünfziger Jahre
11 · 2015

Die große Schuld

et·k
edition text + kritik

Die große Schuld
409 Seiten, € 39,–
ISBN 978-3-86916-440-3

70 Jahre nach dem Ende des Zweiten Weltkriegs stellt dieser Band die Frage, wie die Literatur im Land der Täter die NS-Verbrechen thematisiert hat. Dabei kommen literarische und philosophische Texte sowie Film, Rundfunk und Fernsehen zur Sprache. Wie dauerhaft die NS-Ideologie nachwirkte, zeigen die Spruchkammerakte Erwin Guido Kolbenheyers, die Trivialisierung des Nürnberger Ärzteprozesses, die mythologisierenden Reiseberichte aus dem von Deutschen massakrierten Griechenland, die Darstellung der Zigeuner in erzählenden Texten. Für die »Schuld« der Überlebenden stehend die Texte von Peter Weiss, George Tabori und Johannes Bobrowski ein. Eingeleitet wird der Band mit einer erstmals gedruckten Erzählung von Alexander Kluge.

et+k
edition text + kritik · 81673 München · www.etk-muenchen.de

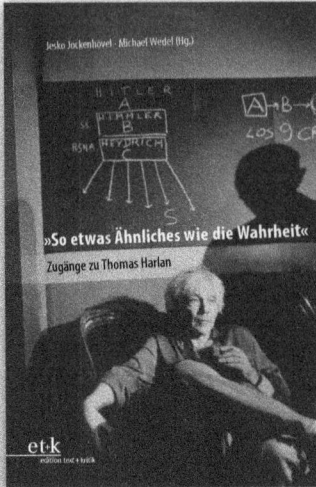

Jesko Jockenhövel /
Michael Wedel (Hg.)
**So etwas Ähnliches
wie die Wahrheit**
Zugänge zu Thomas Harlan
2017, 233 S., s / w Abb.
€ 29,– (D)
ISBN 978-3-86916-557-8

Theater, Film, Literatur – für seine unbequemen Themen hat sich der
Erzähler und Aufklärer Thomas Harlan (1929–2010), Sohn von
NS-Regisseur Veit Harlan, zu verschiedenen Zeiten immer wieder
neue Ausdrucksformen gesucht. Eine Konstante bildet dabei die
Auseinandersetzung mit dem Erbe des Nationalsozialismus. Harlan
kann als Wegbereiter der strafrechtlichen Aufarbeitung des
Holocaust gelten und hat sich in seinem künstlerischen Schaffen –
von seiner frühen Theaterarbeit bis in sein literarisches Spätwerk
hinein – ein Leben lang intensiv mit der NS-Zeit und der eigenen
Familiengeschichte auseinandergesetzt. In den 1970er und 1980er
Jahren machte er als engagierter Filmemacher und politischer
Aktivist von sich reden.

et+k

edition text+kritik · 81673 München · www.etk-muenchen.de

www.ingramcontent.com/pod-product-compliance
Lightning Source LLC
Chambersburg PA
CBHW032316280326
41932CB00009B/830